中央党史和文献
研究宣传专项引
导资金重点项目

# 大别山革命历史回忆资料丛编

## 解放战争时期卷　上

主编：田青刚

本卷主编：李志坚

中原出版传媒集团
中原传媒股份公司

大象出版社

·郑州·

# ★ 目　录 ★

# 忆中原突围前和陈少敏同志的一次会见

◎ 左德星 [①]

  1946 年 6 月，震惊中外的中原突围，是人民解放军中原军区六万英雄儿女，在党的英明领导下，为完成党中央交给的大量牵制敌人，支援华东、华北、东北解放区作战的战略任务，英勇地打击五倍于我的美式装备的蒋介石国民党军队的"围剿"、追击、堵截，艰苦地克服酷暑、严寒与江河山岳险阻，战胜饥饿疲劳，粉碎国民党反动派企图制造新的"皖南事变"阴谋的重大胜利，也是中原人民解放军用鲜血和生命谱写的一曲气壮山河的革命英雄主义凯歌。整整 40 年过去了，在中原突围前，陈少敏同志亲自动员我们转移的那一段难忘的经历，却一直铭记在我的心头。

  1946 年年初，我和肖永钧、李明钦、肖秀清等同志从各自的工作岗位，奉命调集到设在宣化店附近的中原军区民主建国大学学习。经过游击战争环境短期工作，以及跟随大部队由路西（京汉铁路）转移到路东的艰苦锻炼，我们从大后方和敌占区到解放区参加革命的知识青年，能够有集中学习的机会，是非常难得的。当时能亲自听到军区司令员李先念和政治委员郑位三等首长的报告，以及刘子久副校长和李昌教育长等同志的讲课，直接接受党的教育和培养，无不感到是此生莫大的幸福和光荣。在宣化店又亲眼见到八路军三五九旅和豫西支队等老大哥部队威风凛凛的

---

①左德星，男，63 岁，区爱卫会离休干部、区人大代表。

军容，格外令人振奋。

这时正是停战协定下达不久，国民党反动派背信弃义，假和平谈判之名，行阴谋备战之实。以第五战区刘峙为主，集结30余万军队，对我中原军区实行军事围困和经济封锁，企图一举将我们消灭掉。正在这个关键时刻，董必武和吴德峰同志代表党中央到边区慰问。当时欢迎亲人的队伍，从宣化店排成很长的行列，直达镇外。气氛热烈，盛况空前。在欢迎大会上，董老和吴老相继发表了热情洋溢的讲话，军区政委郑位三同志也讲了话，他们号召大家要百倍地提高警惕，严防敌人制造第二次"皖南事变"。当时真有"山雨欲来风满楼""黑云压城城欲摧"之势，我们的处境十分险峻。

为了保存革命力量，减轻战斗部队的负担，中原局决定疏散转移非战斗人员。4月份的一天晚上，中原局组织部干部科科长李其祥到黄家寨队部，找我们四个人谈话。这次谈话除再一次分析当时的形势和我军的处境，主要是动员我们经武汉向苏皖边区转移。听到李其祥同志这样一说，我们顿时在思想上起了极大的波动，这主要是因为当时我们响应中共中央南方局的号召，从大后方重庆来到鄂豫皖边区参加革命，历尽艰难险阻，胜利地实现了多年以来梦寐以求的愿望，这时的心情犹如长期流落在外的孩子找到亲娘一样。同时感到我们来边区时间较短，直接接受党的教育时间不长，要我们离开边区，这个突如其来的决定，好像让婴儿离开母亲怀抱，感情上确实难以割舍。当时，我们都抱有这样的想法：誓与部队共存亡，跟着部队突围出去，即使牺牲了，也死而无憾。经过李其祥同志和中原局组织部副部长张成台同志先后几次谈话，我们的思想一直不通。最后，李其祥同志通知我们，陈大姐要亲自找我们谈话。

陈少敏同志当时是中原局组织部部长。我们一到边区，就听说她是一位英勇善战、威震敌胆的指挥员。鄂豫皖边区党政军民，男女老少，人人都尊称她"大姐"。提起陈大姐的名字，人们无不尊敬爱戴她，接到陈大姐要亲自和我们谈话的通知，当天晚上，我们几个人在一起慎重地考虑了一番，一致认为这是出乎意料的事，感到惊奇。同时认为必须要有充分的思想准备，不能再固执己见，要做好走的打算。

4月的宣化店，春光明媚，阳光和煦。这天一大早，我们四个人一起来到中原局组织部。陈大姐正在和一位女同志谈话。只听到那位同志说："我到边区已经8年了，和边区有血肉联系，我怎么能离开?!"说时声泪俱下。我们稍等了一会儿，陈大姐结束了和那位女同志的谈话，马上就接待了我们，只见她魁梧奇伟，精神抖擞，满面红光，神采奕奕。经李其祥同志介绍，她和我们一一亲切握手。当时她那种亲切和蔼和平易近人的作风顿时消除了我们的紧张情绪。她开门见山地提出了我们不愿接受组织部要我们转移这个决定的问题。她首先问我们："你们是来干什么的呀?"几乎是异口同声，我们丝毫未加考虑，连忙答道："是来参加革命的。"紧接着她说："那很好嘛！这个任务就是革命工作嘛！当前，摆在我们面前的形势已经很明显，敌人要置我们于死地。我们必须突围，冲出去就是胜利。突围必须轻装。把非战斗人员先疏散转移出去，一方面减轻部队的负担和压力，便于行动；另一方面也为革命保存了有生力量，减少不必要的牺牲。这是党组织的决定，执行党的决定，从当前来说，就是一项极为重要的政治任务，对你们参加革命不久的知识青年来说，是最大的锻炼，也是一次严峻的考验。"说完了这些话，她严肃地提出了这次谈话所要解决的主要问题："你们究竟去不去?"经过她这次的启发教育，我们思想豁然开朗，精神振奋，当即坚定地回答："我们坚决接受这次考验，去!"

两天以后，经组织部具体安排部署，我们就出发了。在到达当时江汉军区二地委所在地安应以后，情况发生变化。起初，政委文敏生同志告诉我们："有批伤病员正待北上，去晋冀鲁豫边区。你们可以混杂其中，一道北上。"后因军调处三人小组国民党一方坚持不让非伤病员北上，致未能成行。后来，文政委又决定让我们通过天汉湖区回到汉阳家乡，如能向苏皖边区转移就转移，否则就地暂时隐蔽下来。到天汉湖区以后，当时天汉沔县县委书记吴云鹏同志也是这个意见。他指示我们说："能转移就转移（指向其他解放区），不能转移就利用社会关系就地隐蔽下来。同时还要想办法隐蔽一部分不能随部队突围的同志。"于是我们按照他的指示，回到蔡甸柏林庄，这时已是6月。中原军区开始突围，国民党反动派向我解放区发动全面进攻。由江苏高邮、宝应通向苏皖边区的交通线也中断了。我们就在汉阳乡下利用华英小学教员的合法身份隐蔽下来，直到1948年，我们又回到了江汉军区。

时光易逝，今年已是中原军区突围40周年，也是民主建国大学建校40周年。

陈大姐已经离开我们 8 年了，中原突围前和我们那次会见的幸福情景，犹历历在目。她那种无产阶级革命家的光辉形象，一直在我们脑海里萦回。那次会见给我们的亲切教诲，使我终生难忘。她那种教育青年诲人不倦的革命精神，永远激励我们奋勇向前。

原载中国人民政治协商会议武汉市汉阳区委员会文史资料征集委员会：《汉阳文史资料》第 1 辑，1986 年，第 11 ～ 14 页。

# 董老指引我们突出重围

◎ 方　敏

## 一

1946年中原突围时，我是鄂东军区独二旅警卫营政治教导员。

1946年1月14日，停战协定生效后，中原军区所属三个军区已被蒋军割成"品"字形，我野战纵队所能控制的地区方圆仅200多里，全部防区内的人口不过200万。部队生活非常艰苦，吃上顿，愁下顿，有时靠摸田螺、挖野菜度日。党中央、毛主席非常关怀，曾先后派周总理、董老到宣化店看望部队，揭露蒋介石发动内战的阴谋。6月份，蒋介石密令郑州绥靖公署主任刘峙，从6月22日起，统一指挥13个军30多个师的兵力运动集结，再行缩小对我的包围圈，并计划于7月1日向我周党畈、宣化店、黄波站等中心区发起总攻。

在党中央、毛主席的英明指挥下，我中原军区于敌向我发起总攻前5天，即6月26日毅然进行突围。向西突围的主力部队又兵分两路：李先念、郑位三所率部队为北路的一支，王震同志所率部队为北路另一支；王树声所率部队为南路。到7月1日，南、北两路突围部队全部胜利越过平汉路，突出了包围圈。

突围时，中原军区对江汉、鄂东、河南三个军区也分别作了部署。我所在的鄂东军区独二旅5000多人为配合主力部队突围，奉命就地坚持，牵制敌人。开始时，我们以团为单位集中兵力进行活动，仅 3 个独立团就牵制了敌人 8 个正规旅和 10 多个保安团，敌人号称以十四个半旅对付我们一个旅。7 月下旬，我们分散坚持大别山的斗争。当时情况非常紧张，敌人前堵后追，整整三个多月我们没有进过房子，风餐露宿，跋山涉水，过河时鞋里灌进了沙子，都没有时间倒一倒，脚底磨出了一个个细窟窿。

在大别山坚持的这三个多月中，我们警卫营一部（另一部跟随旅长）一直跟着张体学同志。张体学同志挂了根棍子，只要摆脱了敌人，哪怕是很短的时间，也命令部队就地休息下，枪一响再走。部队就地休息，前后左右要放出警戒，有时主力走了，警戒也来不及收。这样部队逐步化整为零，敌人惊呼张体学旅在大别山化为一百几十股了，我们这一股是张体学、赵辛初（地委组织部部长）、陈忠祥（旅直手枪营政委），我和其他团营干部、地方干部、警卫员、通信员等 18 个人。在这样艰苦的条件下，张体学同志对革命的前途仍然满怀信心，他对我们说："我们这 18 个人是一所随营学校，等大军回来，我们要配合大军打垮蒋介石！"但是，后来张体学同志的警卫员叛变了。这个警卫员对我们的活动情况非常清楚，我们在山上待不下去，只好下山。一度，我把张体学、赵辛初等同志带到我们家乡蕲春和广济、方选拔弯、栗木桥、苍霞湾一带进行活动。在这样的情况下，张体学同志决定派他的秘书（姓夏）到南京梅园中共代表团同董老联系，请求指示。

二

蕲春一带地下党的力量很强。当时蕲、广中心县委书记是朱文焕，我任军事部长。我在家乡活动一段时间以后，约在 12 月上旬，张体学同志派人给我送来我的组织关系介绍信，叫我到南京找董老。我请地下党员方二弟（裁缝）缝了一件棉袍，介绍信缝在棉袍腋下的夹缝里，又通过方二弟向保甲长弄了一个通行证，由堂兄方润生伴送从蕲春坐轮船到汉口。而后我独自乘轮船到南京。

到了南京码头，下船找了部三轮车，先到我三哥（国民党国防部二厅参谋）家。三哥问了我的情况，说："你们这样干行不行？"我说："怎么不行！蒋介石总有一天要当我们的阶下囚。"我问他梅园在什么地方，他给我画了张梅园的地图，告诉我梅园新村 30 号的位置，还说："梅园附近特务很多，你走路要大大方方的，不要东张西望，免得引起人家注意。"他让我在前面走，他们夫妇俩在后面尾随，一直跟着我到了梅园新村。

到了梅园新村 30 号，我一敲门，传达室一个工作人员出来问我找谁，我说找我舅舅，他问："你舅舅是谁?"我答"董必武"。他看了看我的装束就笑了起来，说："你是从鄂东来的吧?"我心里一下踏实了，但还是问："你这里是 30 号吧?"他笑着说："你不是已经到了吗?! 张体学、赵辛初比你早两天就到了，我带你去见他们。"这时我心里的一块石头才落了地，在敌人的心脏里找到自己的党，一股暖流涌遍全身。

张体学、赵辛初同志住在梅园 17 号。我见到张体学同志高兴地说："你给我的介绍信还在棉袍里哩!"陈忠祥同志是在我之前还是之后到达，我已记不清楚了。在梅园，我们一共住了十多天，这时周恩来同志已经离开了。董老和办事处的同志对我们的生活关怀备至，尤其是对我们如何安全北撤，设想安排得细致入微。董老除在 30 号接见我们一次以外，还经常到我们的住处来看望我们，嘘寒问暖，我记得很清楚的就有三次，第一次董老到 17 号来看我们，当他知道我是何定华同志的亲弟弟时，亲切地同我谈起了家常，他说："是党派你哥哥去做方觉慧（同族叔叔，国民党中央委员）的工作的，你还有一个哥哥在国防部二厅当参谋，我在方觉慧家见过他。"当我说到就是他夫妇尾随护送我到梅园时，董老说："那危险。前几天国防部抓了 20 多个人，说是共产党嫌疑分子，不知你哥哥在不在里面。"第二次，那天正值南京学生和市民因抗议沈崇事件举行示威游行，我们站在窗口隔着玻璃向外看，正好董老来了，董老既严肃又亲切地批评我们："你们干什么! 你们在这里，国民党警察局里没有你们的户口，给他们发现了来查户口怎么办? 只有严守秘密，才能确保安全。"第三次，董老特地来告诉我："国防部抓的人中没有你哥哥。"这是多么周到、多么细致的关怀啊!

对我们的安全北撤，经过周密筹划安排以后，张体学、赵辛初同志乘飞机赴北平军调部叶剑英同志处转延安，我们几个经董老多方交涉，决定坐救济总署的轮船从上海赴烟台。我们一行七八人坐汽车悄悄从梅园出发，由何莲芝、邱南章同志护送乘火车到上海。一出站，就坐上朱副官带来的两部小轿车到达周公馆。

# 三

在上海周公馆大约住了两天。上船前，董老设宴送行。席间，董老给我们讲了当前的形势，并着重指出：救济轮如靠青岛，你们要做好思想准备，可能会被国民党抓去坐牢。我们一听，异口同声地说：那我们还是回到大别山同敌人周旋去。董老亲切耐心地劝说："万一出现刚才说的情况，你们在敌人监狱里待两年就会出来的。这次朱副官同你们一路去，就是设法不让船靠青岛。"

记不得是早晨还是晚上，我们一行六七人上了救济轮。船长是美国人，同船的还有一个到烟台赴任的国民党"救济专员"。轮船到青岛前，这个大鼻子船长态度强硬，扬言要在青岛靠岸。朱副官利用他同"救济专员"的矛盾，进行了针锋相对的斗争："靠不靠由你，但运赴解放区的物资被国民党抢走了，你要负全部责任！"朱副官的态度得到了"救济专员"的支持，物资被抢光了，他去当什么专员呢?!经过斗争，轮船终于没有在青岛靠岸。一过青岛，船长的态度也就软下来了。

还有这样一件有趣的事，当船行到烟台港外时，船上用无线电同岸上联系进港，我方不予理睬，弄得船长惊慌失措地命令："快离开，八路军的炮厉害呢，前些日子把一条船打成两截。"朱副官从容不迫，到船头一打旗语，就联系上了，允许轮船进港。大鼻子船长说："你们真厉害呀，开我这么大的玩笑。"

我们到山东解放区不久，我华东野战军就取得了莱芜战役大捷，活捉了李仙洲，实现了我们"泯灭蒋匪方雪恨"的心愿。同时，梅园中央代表团经中央组织部把我们的组织关系转到了山东分局，不久，我和陈忠祥等同志即被分配到山东新五师工作。

原载中国人民政治协商会议湖北省蕲春县文史教文卫委员会：《蕲春文史资料》第 5 辑，1997 年，第 1 ~ 5 页。

# 宣化店与中原突围

◎ 肖健章、栗在山、郑绍文等

　　宣化店是位于鄂、豫两省交界处礼山（今大悟）县境内的一个小镇子，居住着百十户人家。灰瓦片盖顶的房子，油漆剥落的门面，石砌的高低不平的街道，到处都凝聚着历史的风烟。站在 T 字形的街口环顾，四周群山起伏，逶迤相连。竹竿河像条弯曲的带子从万山丛中飘来，紧傍着小镇流过。一条随山势蜿蜒起伏的砂石公路沟通鄂、豫两省，通往武汉。在"二十四史"问世以前，这个小镇子并不见经传，但在抗战胜利后的解放战争初期，这里却一度成为国共两党逐鹿中原的焦点和全国人民关注的中心。当年，作为解放战争之序幕的中原突围就是在这里进行的。

## 一、一纸密令震动了全国

　　抗日战争胜利后，由原新四军第五师、八路军三五九旅和河南军区部队组成的中原军区，根据国共两党所达成的《双十协定》的有关条款，奉命进驻宣化店，集结部队待命，国民党当局却先后调集 30 万大军大举进攻中原解放区，以至把中原军区的 6 万部队包围压缩在以宣化店为中心的狭小地区之内，以待时机成熟便聚而歼之，进而夺取中原乃至全国。在经过一番紧张的部署之后，蒋介石于 1946 年 4 月下旬密令其各部：统一在 5 月 4 日至 9 日对宣化店发动总攻击，一举"围歼"中原部队。中原军区获取到这一情报后火速电报中共中央，一时间震动了延安、北平、重庆及全国。

延安。一直关注着中原局势变化的中共中央军委主席毛泽东，接到中原局的电报即与朱德、刘少奇等研究决定：以中共中央发言人的名义发表声明，揭露制止"这一重大流血阴谋"，并郑重指出："如果国民党当局竟纵容国民党内挑战分子掀起中原的血战，则中国共产党不能不认为中国全国范围的内战，已由国民党方面再一次发动。其一切后果均须由国民党当局负其全责。"

北平。率中共代表团在军调部与美蒋代表进行和平谈判的叶剑英，对参加代表团的来自中原解放区的谈判代表聂洪钧和栗在山指示说：蒋介石决心大打，辰微（指5月4日）即开始行动，大举"围歼"中原部队，你们立即乘飞机去延安，向党中央毛主席汇报情况。

重庆。率中共代表团参加政治协商会议的中共中央军委副主席周恩来，根据党中央的指示在5月1日晚与"三人小组"的国方代表徐永昌举行会谈，并举行记者招待会，公开揭露了国民党当局欲"围歼"中原部队的阴谋。随之，周副主席便奔走于重庆、南京与武汉之间，呼吁（签署）协议，停止内战，并向美蒋代表提出了共同视察宣化店，召开军事调停会议的建议。在舆论和全国人民要求和平的呼声中，国民党方面只得暂时停止了"围歼"中原部队的计划，同意了周恩来的建议。

5月8日下午，由国共两党和有美方代表参加的军事调停会议——习称为"宣化店谈判"——在宣化店竹竿河西的原湖北会馆举行。参加调停会议的各方代表和有关人员分别是：国民党方面徐永昌的代表王天鸣（国民党武汉行辕副参谋长）、美国方面的代表白鲁德（军调部执行处处长）、共产党方面由周恩来带领中原军区司令员李先念和中原军区副司令员兼参谋长王震参加；此外，还有军调部驻汉口第九执行小组、驻宣化店第三十二执行小组的各方代表和武汉各报记者等，共计40余人。这次"调停"，在会议桌上取得了一定成果，并且在汉口杨森花园签署了关于停止中原军事突围的《汉口协议》。但是，第三十二执行小组国民党方面的代表陈谦酒后吐真言，对第九执行小组的共方代表马寒冰说："总裁是决定要消灭你们的。现在搞的不过是缓兵之计，哪里有什么和谈呀！"

## 二、加紧准备突围

5月16日，一列灰黑色的闷罐车从广水车站出发，沿着平汉铁路向北开去。

车内闷热，但却充满欢笑，躺着的、坐着的、站着的都是中原部队的伤病员、眷属及医护人员等计1000多人。他们是根据《汉口协议》中关于"同意中原军区伤病员及眷属和照顾伤病员的医护人员共一千名，由广水乘火车北上，运送至安阳转移晋冀鲁豫解放区"条款之规定，乘上这趟列车的。为保证此条款的切实执行，还根据周恩来副主席的提议组成了由国共两党和美国方面参加的"三人护送小组"，负责监督处理一应事宜。

一路上关卡道道，哨兵林立，密集的集团碉堡和道道封锁线，接连从眼前掠过，到处都弥漫着浓重的战争气氛。火车到安阳停下，有人正准备下车透口气，"三人护送小组"的共方代表张文津忽然大喊："危险！"

原来，国民党部队一路上制造事端未遂，就在安阳这最后一站设下了陷阱：在车站两旁埋设地雷，在高处架起机枪火炮，一旦有人下车踩响地雷便一齐开火。多亏一路上保持着高度警惕的张文津这一声大喊，才使得这场惨剧得以避免。

经过反复交涉，列车终又启动，继续向北开去，只走出四五公里远就进入了华北解放区。早已等待接应的华北部队、民兵和乡亲们敲锣打鼓，燃放鞭炮，抬着担架拥上来呼喊："同志，辛苦了！""北上的战友们，热烈地欢迎你们！"

为了不让首长惦念，张文津一完成任务便随车返回。在宣化店，李先念听了张文津的汇报说："这一下我们可以轻装上阵，拼他个鱼死网破了！"说罢即下令，加强准备突围！

## 三、"樵夫"与武装侦察班

东山至柳林车站一带。

位于宣化店以西的东山，山石嶙峋，竹树繁茂。在啾啾鸟鸣声中，有两个腰别板斧、肩扛冲担的樵夫沿山路走来。一路很少说话，只是留神地左顾右盼。头顶6

月骄阳来到一片偌大的密林中时，走在前头的一个樵夫擦把汗说："占魁，这儿绿荫遍地，凉风习习，好不舒服，可真是个集结部队的好地方！"

另一个樵夫点头道："嗯，藏个万儿八千的没问题。"

原来这俩樵夫并不是打柴人，而是根据李先念的指示，三五九旅侦察科派出的侦察员何占魁和王大刚。此行的任务是选择部队集结点和突围路线。当他们从密林中走出时，每人挑上了一担柴。

从东山顶上流下的一道小溪出现在眼前。流水淙淙，水清见底，一路蜿蜒着向西流去。何占魁和王大刚挑着柴担跳下溪流，蹚了几步，又说："水不深，流不急，部队可以从这走。""对，除骡马以外，迫击炮、重机枪都可以通过。"

小溪穿过平汉路下的涵洞，流入路西的东双河。行走在溪中，可以听到国民党哨兵的说话声，通过溪岸边的土堤向上望去，可以看到国民党部队所修的碉堡。因为路西已经派去了其他侦察员，走到涵洞附近时，王大刚问道："何参谋，咱们还往前走吗？"何占魁把柴担换个肩说："走，咱们的柴还没卖出价钱呢！"片刻后，何占魁和王大刚歇在了小溪和东双河的交汇处。平汉路碉堡上的敌哨兵以为那是两个樵夫，只瞟了一眼便转过头去。

几乎与此同时，十三旅旅长周志坚派出的一行12人的武装侦察班，正站在戴家庙山上进行侦察。放眼望去，在山脚下的平汉路东侧分布着敌人的5个集团工事，大小碉堡计有15个。平汉路西侧有一道宽约300米的河道，那便是东双河。从河对岸的何家店不时传来军号声，显然驻有部队。在山的南端和北端，便是柳林车站和黄庄，原为国民党整编第六十六师在平汉路上的重点防御地段，不知近来有无变化。观察良久，作战参谋曹明刚一挥手说："还没嗅到铁路味儿呢。走，再往前靠靠！"

借着地形地物的掩护来到山脚下，从五六十米外的集团工事里传来了吆五喝六的打牌声。曹明刚使个眼色，两个战士立即行动，不大一会儿捉来一个"舌头"。曹明刚命人取出这"舌头"口里的一团乱麻，道："我们是李先念李司令的部队。只要你老老实实回答我的问话，保障你生命安全！""舌头"四下看看，不由得点了点头。

"你们部队的番号？"

"整编十五师一三五旅四〇四团二营六连。"

十五师？这说明敌人又增加兵力了。曹明刚略一寻思，又问："什么时候调来的？"

"昨天。"

"柳林一带的兵力？"

"一个团。"

"分布情况？"

"团部设在柳林车站，何家店驻有两个辎重连，其他的都在平汉路两侧的碉堡里……"

入夜后，开始火力侦察。一梭子冲锋枪子弹打出去，戴家庙山下枪声大作。随着曹明刚手中的冲锋枪继续喷吐火舌，所暴露出的火力点都变成一个个符号，被标到了作战地图上去。

## 四、一支"红金"香烟

汉口。

位于汉口岳飞路的"四川味腴餐厅"二楼雅座，笑语欢声，杯觥交错。中原军区驻汉办事处少将主任郑绍文和副主任吴德峰正在这里请客。被宴请的客人是美新处处长福斯德、美新处中文部主任张同、图片部职员陈枫和邹荻帆等。作陪的是军调部驻汉第九执行小组的共方代表马寒冰。这是一次标准的社交宴会，只是"彼此见见面""聊聊"而已。但是，到尽欢而散送客出门的时候，马寒冰却暗暗地握住了陈枫的手。原来，陈枫和邹荻帆并不是美新处图片部的普通职员，而是中原军区汉口情报网的地下交通员。一刹那，陈枫悟到：今天郑主任亲自出面请客，必是有什么紧急任务。否则，在宣化店战事日趋尖锐复杂的情况下，他是绝对不会举行这种宴会的。想到这，陈枫也暗暗用劲握了握马寒冰的手。

几天后，身着戎装的马寒冰大摇大摆地来到了设于原隆茂洋行的图片部，一见到陈枫就说："陈先生，我们想要些图片资料。"

"好，好。美新处处长办公室已经关照过了，所有的图片资料都对你们大开绿灯！"

分手时，马寒冰悄悄地对陈枫说道："你赶快设法通知岳建中，今晚8点到办事处去，吴德峰同志要与他面谈！"

岳建中是另一个地下交通员。当晚 8 点，他西装革履，还特意戴上一副眼镜，准时来到了德明饭店东二楼。坐在服务台旁装成茶房的一个特务打量他一眼问道："你找谁？"

"我是《武汉日报》的！"岳建中傲慢地斜那特务一眼，进了中原军区驻汉办事处吴德峰的房间。

"形势越来越严重了。"吴德峰一握住岳建中的手就说，"这次请你来，是根据军区首长的指示，研究一下新的情报传递方法。以后，你们从刘绵同志那儿取到情报就交到陈枫那儿去，由我们派人到图片部去取，然后利用合法身份直接送到宣化店去。只有这样才能争取时间。再说，我们以要图片的名义去取情报，国民党可能以为我们想同美国人打交道，一下子也想不到这方面来。"

"好，这比通过江汉军区要快多了，也安全些。"

打入国民党武汉行辕机要室的中尉课员刘绵，这天校对文件时大吃一惊。原来这是刚刚拟就的一份关于"围歼"中原部队的绝密文件，不仅有军队的数字、番号、兵种、武器装备、驻防地点、作战计划，而且还有军用电报密码、随军特务名单、军运计划等等。敌人这不是要动手了吗！刘绵想到这，忙四下一瞟，见没人注意自己，才暗暗松了口气。接着便设法复制了一份，通过直接领导自己的武汉地下党负责人刘实交给了岳建中。岳建中将情报抄在一小张极薄的纸上，卷到了一根"红金"香烟里去，到了约定的时间，马寒冰又来到图片部。陈枫笑脸相迎，"啪"地打开烟盒说："马先生，请抽烟！以后还要劳您的大驾，在福德斯处长面前为兄弟多美言几句哩！"

"好说，好说！"

马寒冰从烟盒中取出那支混夹在"大前门"中的"红金"，衔在了嘴上。

在中原军区驻汉办事处，吴德峰看了这份情报说："十万火急，快送往宣化店！"

## 五、南辕北辙

6 月 16 日，蒋介石在南京向国民党郑州绥靖公署主任刘峙下达"围歼"中原部队的密令，大意云：从 6 月 26 日起开始运动集结兵力，缩小包围圈，各部统一于 7 月 1 日对宣化店共军发动总攻击。如聚歼不成，其必向东突围。故此命令：将总兵力的三分之二摆在第一线突击，另三分之一的兵力摆在安徽阜阳至舒城一线，准备堵击。发起总攻之后，务必在 48 小时内聚歼中原共军，在中原地区创造出一个惊天动地之奇迹。为达成此举，特着令武汉行辕部队均归郑州绥署指挥。

刘峙接此密令后，即召参谋长赵子立商议，言说早在今年 3 月的绥靖会议上就已制定了使用优势兵力，将李先念主力"围歼"在宣化店地区的计划。经过几个月的苦心经营，各部队均已到达指定位置，在李先念部周围建立起了不可动摇的活动堡垒。如今总裁密令已下，正可谓是"万事俱备，只欠东风"了。说罢，即令赵子立制定具体作战计划。

其实，在此之前的四五月间，聂洪钧和栗在山奉叶剑英之命从北平到延安汇报的时候，党中央和毛泽东主席就已经做出了中原主力部队往西突围的决策了。当时，毛泽东还风趣地对栗在山说："啊，你叫栗在山，你'立'在山上打游击啦！……"

## 六、迎着黎明的曙光

宣化店，中原军区司令部作战室。

深夜，烛光映照着挂在墙上的巨幅军用地图，映照着李先念、郑位三、陈少敏、王树声、王震等中共中央中原局和中原军区领导人的面孔。一个作战参谋站在地图前，介绍过国民党部队步步进逼的情况又说：据悉，刘峙正在拟定作战命令。还有，刘峙为便于就近指挥，不日将从郑州南下，在驻马店设立指挥部。

李先念听到这里说："好呀，他既然找上门来了，那就好好较量较量吧！"

大战前夕的这次中原局和中原军区联席会议，根据党中央的指示最后确定的突围部署为：主力部队分作南北两路向西突围。北路又分为两支，其中，李先念率军区机关和第二纵队的十三旅、十四旅的第四十五团为一支；王震率三五九旅和军区警卫团、干部旅为另一支。这两支部队突破平汉路后向川鄂陕边界地区转移。南路由中原军区副司令王树声率第一纵队（欠第一旅）和十五旅的第四十三、四十四两个团，突破平汉路后直插鄂西北的武当山区，然后在那里开辟新的根据地。而一纵（第）一旅则由皮定均率领，掩护上述两路主力部队转移，完成任务后即向东突围，到苏皖解放区去与新四军主力会合。河南、江汉、鄂东等 3 个军区的独立旅和地方武装均化整为零，在原地坚持游击斗争；并决定将这一突围方案立即电报党中央。

会议结束时天已破晓，李先念等迎着黎明前的曙光走出作战室。

## 七、频传的电波

6月19日：中共中央电示各中央局："观察近日形势，蒋介石准备大打，恐难挽回。大打后，估计六个月内外时间，如我军大胜，必可议和；如胜负相当，亦可能议和；如蒋军大胜，则不能议和。因此，我军必须战胜蒋军进攻，争取和平前途。"并专电中原局："蒋决定大打，你处须随时注意敌情，准备突围。"

20日，中原局电报党中央："现处于严重包围之中，主力向西突围。"

21日，中原局再电党中央："为争取主动，请允许在月底开始实施主力突围计划。"

同一天，刘峙下达了战斗命令。

22日，中央电示中原局："同意立即突围，愈快愈好""生存第一，胜利第一，预祝你们胜利"。

## 八、演戏与"探视"

阵阵枪声伴着一片片硝烟从山峦间腾起。6月22日，已经完成"秘密包围"的国民党部队开始了"缩小包围圈"的小型战斗。宣化店却依然沉浸在欢快宁静的气氛之中。部队照常训练，街上人来人往，参谋和警卫人员谈笑着从中原军区司令部走出走进，和平日一般无二。坐镇驻马店指挥"围歼"中原部队的刘峙接到报告说：看来李先念还未察觉我之意图。遂命令各部加紧缩小包围圈。

从24日起，宣化店以东的百雀园一带出现了大战前的迹象，中原部队川流不息地向东调动，并加紧抢修工事。但一到天黑，这些部队又悄悄开回原地，而一到天亮又急急地向东开去。原来，这是奉命掩护主力向西突围的一纵一旅在大施疑兵之计。不明底里的刘峙接到报告中又说共军主力必是想往东突围无疑，便又命令东线各部，加紧战前准备！

26 日，在周恩来副主席与美蒋代表曾进行过谈判的原湖北会馆——此时已改为军调部第三十二执行小组住的"国际招待所"——锣鼓喧天，管弦悠扬，原新四军第五师文工团和楚剧队正在这里联合演出传统戏《打渔杀家》《反徐州》《古城会》等剧目。坐在前排的第三十二执行小组美方代表白罗素中校看得好不有味，还不时地鼓掌叫好。一个随行人员忽然走进剧场，对白罗素悄悄耳语了几句什么。白罗素听了大吃一惊，对坐在他身旁的共方代表任士舜说："任先生，李司令现在哪里？他怎么没来看戏？"

任士舜略微一惊，说："这不是明摆着的事吗？几天来，国方部队不断向我进攻，李司令正在司令部忙哩！他怎么能来看戏呢？"

白罗素听了将信将疑，犹豫一阵还是决定要打个电话。电话打到军区司令部，耳机里传来鄂东独立旅旅长张体学的声音，言说李司令偶感了风寒，正在休息。白罗素说："请转告李司令，鄙人马上带医生前来探视。"对方说："不必了，李司令刚刚服过药，睡着了，我代表李司令深表谢意。"

其实，就在白罗素等走进剧场看戏前不久，李先念和郑位三、王震等中原局和中原军区首长已离开了宣化店，此时正指挥着突围部队向集结点秘密转移呢！为了防止突围大计被白罗素搅毁，张体学放下电话听筒就下令发报，火速把所发生的事报告给了李先念。李先念一接到电报就策马回返宣化店。当白罗素带着医生驱车赶到中原军区司令部时，李先念也刚刚躺在床上，此事日后被编成了个故事，题目就叫《李先念智斗白罗素》，至今仍在民间流传。


## 九、突袭柳林店，飞越平汉路


枪炮轰鸣，喊杀震天。就在宣化店演戏的这天黎明时分，以集结在东线的国民党第七、七十二、四十五、四十九等 4 个军向我发起进攻为起点，东线战斗打响。傍晚又电闪雷鸣，下起倾盆大雨。皮定均指挥着一旅部队凭借着抢修起的工事和熟悉的地形地物，与进攻之敌展开英勇顽强的战斗和机动灵活的周旋，一直把敌 10 万大军死死地拖在了东线。

西线平静无战事，但分别由李先念、王震、王树声指挥率领的突围主力部队，在东线战斗和鄂东独立旅等部的掩护配合下，却先后集结完毕，完成了突围准备。

29日这天，雨过天晴，云蒸霞蔚。李先念顶着火辣辣的日头登上平汉路柳林店车站附近的东山，奉命先行选择突破口的十三旅旅长周志坚和三十七团团长夏世厚迎上来敬礼、报告。李先念手持望远镜仔细地观察过柳林车站和柳林至黄庄车站一线的情况后下令："以柳林为突破口，三十七团做前卫，打开口子以后即担任警戒任务，阻击黄庄之敌南下，掩护主力过路！"随后便去看望集结待命的部队。

在一片开阔的林间地带，李先念对他十分熟悉的部队亲切地点点头，就像每次打仗前一样地进行战前动员，讲到激动之处时，他大声疾呼："全国都在看着我们，各解放区的部队都在看着我们，党中央毛主席正在企盼着我们胜利！我们一定要胜利！一定要突破眼前敌人这平汉路封锁线！一旦前面的同志倒下去，后面的就要立即冲上去，就是爬也要爬出去！突破平汉路封锁线就是胜利！"

整个部队压低声音齐呼："突破平汉路封锁线，我们一定胜利！"

这天入夜以后，天上繁星闪烁，地上草虫蛰鸣。晚8点，三颗红色信号弹升起，三十七团突袭柳林店车站，一举突破了敌人苦心经营了半年之久的平汉路封锁线。李先念指挥率领着军区机关和所属部队飞越平汉路，在夜色掩护和响成一团的枪炮声中向西开去。

几乎与此同时，王震指挥着三五九旅等部队如同一把利剑一样，在李家寨车站一带劈开敌封锁线，也越过了平汉路。

两天后，王树声指挥率领的南路突围大军也在花园以西的王家店附近突破平汉路封锁线，向鄂西北方向开去。

此一举，亦即从1946年6月26日东线战斗打响，到29日北路突围大军飞越平汉路的中原突围，亦称"宣化店突围"——打响了解放战争的第一枪，从而揭开了解放战争之序幕。

（王乱记　整理）

原载政协孝感市委员会文史资料委员会：《孝感文史资料》第1辑，1994年，第148～162页。

# 困守在宣化店的日子里

◎ 王际亮

1945 年年底，我们中原军区机关和主力部队，在下山摘桃子夺取胜利果实的反共部队进逼下，由平汉线西转移到平汉铁路东，在大悟县的宣化店周围布防。1946 年 1 月 10 日，国民党与我党签订的停战协定生效后，我军为了争取全面和平，就地待命，进行休整。为此，我中原军区机关和布防在宣化店地区的主力部队整整苦熬了 160 天。

在此期间，蒋介石调集了 30 多万人，把我们中原部队主力包围在东西不到 50 里，南北不到 200 里的狭小地区，并在经济等方面进行严密的封锁。这时我们每天除准备打击敌人的进攻以外，最大的困难，是物资问题，特别是粮食问题。在这狭小地区，要想完全解决我们几万人的吃粮问题，那是不可能的。除周恩来、董必武等同志从武汉给我们送来部分粮食和给养外，主要靠我们自己克服困难了。这时我在中原军区警卫团警卫连三排任排长，住在距离宣化店 3 里路的千人畈。我们连里每人每天定量是半斤粮，有时供应不上，只发二三两粮食。粮食不够吃，便发动大家挖野菜、打树叶、刮树皮来煮稀饭吃，每天只喝两顿稀饭。部队在精简整编后，实行四四的编制，每连 4 个排，每排 4 个班，每班 12 人。我们全排一共 50 人。我排在宣化店街上担任卫戍司令部的任务。最多的一天发过 50 斤粮，一般只发给 25 斤粮，有时粮不够，一天只发给 10 多斤。因此每天要派人出去打野菜 100 多斤，做成菜稀饭。我们也经常看到军区首长的警卫员出外挖野菜。有一次，我问李先念司令员的警卫员小王："你们挖这么多野菜干什么？"他回答："给首长做菜饭吃。"我说："首长吃小灶还吃野菜饭？"小王说："这是首长们自己规定的定量，每人每天只吃半斤粮食。"并说："领导干部和机关要带头克服困难。"有一次，我看见首长办公熬了一个通宵，怕首长身体吃不消，于是和炊事员商量，没有在饭内放野菜，还挨了首长的批评，责问我和炊事员为什么不给他做菜饭吃？并要我们多想部队的广大干部、战士。有一次，我们在街头上看到周总理、董副主席，从武汉派人、派专车给我们送大米、白面来了，我们干部战士都高兴得跳了起来，有的人还流出了幸福的热泪，都感到这是党中央毛主席在我们最困难的时刻送来了无限的温暖和战胜一切困难的力量。

我们部队向铁路东转移时，国民党军队很快就占领了我们枣阳、随县一带的革命根据地。在根据地内的被服厂来不及转移，都就地分散隐蔽了，不能给部队做冬衣，一直到了阴历的腊月部队还没有发棉衣。我们都穿着单衣，脚上穿着一双草鞋，很多人的脚都冻得裂着血口子，有的脚肿得像包子。这时上级千方百计派人四处去买棉布、棉花。宣化店街上只有两家裁缝店，8台机子，解决不了部队棉衣紧缺的问题。于是，上级决定把两家裁缝店的师傅和工人集中裁成的衣料和棉花一起发给干部战士自己做，把一些裁剪衣料掉下来的布头边角，发给下面做布袜子穿。这一下我们的干部战士可忙了，到处找师傅学做棉衣、布袜子，有的忙得整夜不睡觉。舞惯镰刀、锄头和枪杆子的手又学拿绣花针，可不习惯。有的战士开始学做棉衣时，把手扎得流血。发下来的籽棉花，找不到工人弹，就发动每个干部战士，找竹条和树枝抽打。大家都看到被抽打的棉花由粗变细，由硬变软，由紧变松，人人都乐得直笑。千人畈的老婆婆、小姑娘和年轻的妇女们，看到我们很多人不会做针线活，她们都主动来给我们做衣服。开始我们怕影响她们做家务活，婉言谢绝。她们说："我们军民都是一家人，哪能说两家话。你们的困难就是我们的困难。同志们住这里后，每天都帮我们干活，不是集肥送肥下地，就是锄草，难道我们帮你们做衣服不应该吗？"我们连长杜金明同志把全连集合起来，让孙大娘介绍了如何做棉衣、布袜子的经验。杜连长说："会做衣服的就自己做，互相帮助做。不会的就请房东老乡帮忙做，但不要影响她们的家务活，还可以和她们换工。"他要求在3天内必须穿上棉衣和布袜子。我住的房东陈老太婆，一边帮我做棉衣，一边说："帮自己同志做点棉衣算得了什么？你们在外面吃这样的苦，抗日救国，还不是为了我们老百姓，遭殃军（指国民党军队）来了，对我们老百姓不是打骂就是抢粮，我们哪能安心种田？年轻的姑娘更不能见他们的面，还能做棉衣？"由于老百姓主动帮助我们，全连在忙过两天两夜之后，人人都穿上了新棉衣和布袜子。不到5天时间，在宣化店一带的部队都穿上了自己动手做的棉衣和布袜子。

我们部队住（驻）宣化店之后，只发过一次钱。每人发一元国民党的法币，当时只能买到一条洗衣服的肥皂。这时每月的菜金都很紧张，哪还有钱发津贴？发的钱听说是各个解放区的军民捐献支援我们的。当时没有鞋子，就找百姓要点稻草打草鞋穿；没有洗脸手巾就用手蘸水擦脸之后，用衣袖拭一下；没有钱买牙刷牙膏就用水漱口。我们排七班机枪手李得山同志，原先是国民党军队抓壮丁当兵的。我们把他新中国成立后，经过教育，进步很快，在各方面表现很好，打了几次仗都很勇敢，机关枪也打得很准，就是烟瘾大，没有钱买烟吸。他的烟瘾发了，就到处拾烟头。有时拾不到烟头，就拾树叶子当烟吸。我找几个班长和党员研究后，就上山打了两挑柴火上街卖了，买回几斤烟叶子分给全排几个烟瘾大的人。李得山也分到了一份。他很受感动，和从国民党军队解放过来的几个战士在一块儿说："在共产党军队这边，我们虽然没有发饷，但是官兵平等，上下都一样，都是为了老百姓翻身求解放，不打人也不骂人，官兵在一起像亲兄弟。我们当兵的有什么困难，他们干部都能随时看到。我们没钱买烟，他们就主动去卖柴买回烟叶子。有时菜稀饭不够时，他们干部叫我们战士先吃，他们最后吃。我们没有鞋子穿，他们把自己打的草鞋给我们战士穿。有时晚上不睡觉还偷偷给战士打草鞋。国民党军队那边当官的钱多还喝兵血，对下面当兵的不是打就是骂，当兵的有困难，死与活他们才不管呢！"他们互相表示，部队再苦也要决心干到底，就是饿死，打仗牺牲也甘心情愿。

我军在宣化店地区苦斗苦熬了整整5个月零10天，拖住了国民党30多万美式装备的主力部队向我华北华东和东北解放区进攻，使各解放区争取了时间，做好迎击国民党军队发动全面进攻的准备工作，为在内战中消灭敌人、取得胜利创造了条件。1946年6月底，蒋介石向我宣化店进攻，企图在24小时内消灭我们中原部队。我军突围以后，根据党中央指示，配合我们全国各个解放区消灭进攻的敌人，又拖住了蒋军24个主力师和大量的保安团地方部队，直接支援了全国作战，为保卫延安、保卫毛主席做出了贡献。从 1946 年 6 月底我军突围起到 1947 年 2 月底止，8 个月时间内，我人民解放军共歼灭敌军 71 万多人，正如 1947 年 11 月陈毅同志在淮阴汲冢地区接见我们五师部分干部时所说："没有你们在宣化店地区的坚持，没有你们艰苦卓绝的中原突围，全国战场要取得今天这个形势是不可能的。"同年 12 月，刘伯承、邓小平同志在尖山县苏家河会见原五师干部会上指出："如果没有一年前的中原突围，也不会有一年后的千里跃进大别山。"有的人可能会提出：中原部队突围中不是受到了很大损失吗？是的，中原部队在苦斗苦熬苦战中是受了不小的损失，这是一次全国战略作战胜利中所付出的代价。毛主席在 1946 年 10 月的《三个月总结》中曾高度评价："过去的三个月内，我中原解放军以无比的毅力克服了艰苦困难……但从全局来看，中原坚持与突围是成功的。"

原载徐蓬主编、吴河海副主编：《征途：纪念新四军第五师建军 50 周年》，华中师范大学出版社，1991 年，第 116 ～ 120 页。

# 中原南田善后救济医院历险记

◎ 牛　健

随着岁月的流逝，中原胜利突围的壮举，已经40多年了。

中原突围胜利了，不少同志惦念着被迫留在南田善后救济医院的战友们！全国新中国成立后，也还有同志打听他们的下落。这篇短文，就笔者所知，简略地加以叙述，以慰读者和我本人的心愿。时间久了，手头又无资料，错误难免，尚请了解情况的同志，不吝赐教。

## 救济医院

1946年伊始，刚刚抗战胜利不久的中国，全面内战却一触即发。拥有6万英雄部队的中原解放区地处战略要地，又是全国解放区比较孤立的突出部。蒋介石发动内战首先从这里开刀。他调遣了30多万军队围困、袭击和不断蚕食我中原解放区，将我主力部队及其领导机关，压缩在以鄂东宣化店为中心、方圆只有200里的狭小地带。在这狭小地带的周围，国民党部队还赶修了无数碉堡，在经济上实行严密封锁，妄图陷我于绝境！

党中央和毛主席对我中原部队极为关怀。1946年春天，先后派董必武、周恩来等中央首长到宣化店视察和慰问，并与国民党及美国代表谈判，签署了中原停战协议，建立了监督停战的"军调部第三十二执行小组"。同时，为解中原解放区军民的燃眉之急，利用"战后联合国救济总署"（设在中国的分支叫"行总"）关于"救济工作不分政治、不分种族、不分宗教"的原则，通过我解放区救济总会（会长董必武）中原分会代表李实与湖北救济分署谈判，争得了在宣化店设立善后救济办事处。为了工作方便，中原局通过我地下党组织的关系，谋得了我党在白区工作的吴显忠同志担任湖北救济分署专员兼宣化店救济办事处主任的职务。

4月，办事处在宣化店成立之后，先后开展了各项救济工作。其中，在宣化店以西约20里的南田湾建立了中原善后救济医院。医院的任务除给群众治病外，就是利用善后救济的合法名义，收治我军除已合法赴华北解放区的伤病员外，还有一些不能随队的伤病员。这也是一种应变措施，一旦国民党部队大举进攻，部队被迫转移时，我们的伤病员可以继续得到掩护和治疗。中原突围时这个医院的伤病员和工作人员约100多人，医院的工作人员，绝大多数都是解放区抽调的。记得医院的院长是刘惠民，医生有魏老头、汪钦文，还有一个跟吴显忠从武汉来的刘忠医生，护理员冯太和（女），司药查文远等。

## 代表身份

宣化店救济办事处成立之后，边区行署领导许子威、李实把我和胡波、李海滨（女）、钱锋、王汉宾、童炼等十多个同志从当时的中原民主建国大学调到这个办事处，组成了鄂东专区救济工作队，由我任队长。工作队就驻在鄂东专署所在地罗山县以南的定远店附近，和贺建华专员及其他专署干部生活在一起。大约是6月中下旬，边区形势进一步恶化，行署和办事处通知我们，把救济工作移交给专署，速返宣化店。两天之后，我们回到了宣化店，见到了行署陈守一、丁连三秘书长和李实处长，进一步了解到边区的形势。为应对突然事变，这时边区已经有组织地疏散了非战斗人员，我们也是被动员疏散的对象。但当时我们坚持要继续留在边区，不愿疏散。恰好在这时，我患上了严重的土漆过敏症，全身上下肿得连睁眼、吃饭、拿东西、走路都困难。在这种情况下，行署领导只好决定我和胡波等同志将计就计，继续留在办事处工作，准备将来视情况，化装赴华北或其他解放区，或投亲靠友，自谋职业，团结群众，迎接反攻。

在部队突围的前几天，吴显忠同志派我作为办事处驻南田救济医院的代表，一面治病，一面工作。就这样，我和胡波等同志来到了南田医院。

中原突围时，我们正在医院里，像孩子乍一离开母亲一样，一种难以言状的孤独感笼罩在心头。好在我患的土漆过敏症来得猛，好得也很快，不几天就痊愈了。

中原突围后，医院与边区领导失去了联系，又得不到真实消息，医院的前途、伤病员的安全，都很难预卜。医院多数同志只知道我们是办事处派来的救济人员，不了解我们的真实身份。就是原来相识的同志，也装作不曾认识的样子。我们在这里一面做些调查工作，一面劝慰伤病员安心休养，请他们相信救济办事处是要负责到底的，以此来稳定大家的思想。值得庆幸的是，在部队突围之后，国民党部队进驻医院前的两天时间里，医院及其周围留下的群众，除不可避免地产生了某些恐慌外，社会上很平静。这说明边区的群众基础是很好的，也说明我军突围前各项工作进行得井然有序，加之张体学同志率部就地坚持打游击，使少数坏人不敢轻举妄动。

中原突围，粉碎了蒋介石"围歼"我中原部队的阴谋，打乱了他全面内战的部署。蒋军除惊慌地追击、堵截我突围部队外，很快侵占了宣化店等地。他们趾高气扬，不可一世，像疯狗一样，到处搜查我工作人员和物资。搜来搜去，也没有搜出什么东西来。后来，他们在救济办事处设在宣化店的那个"化干戈为玉帛"的农具厂，搜出了用来制造农具的破旧步枪和手榴弹，如获至宝，并以此为借口，把这个农具厂的干部抓去审问。后经救济办事处和分署专员甘乃大小姐出面交涉，这个被抓干部才获得释放。听说，在宣化店和周围村镇还抓了些人，有的被国民党部队残杀了！

救济医院所在地南田，地处偏僻的山村。国民党部队两天后才来到这里，团部设在距南田几里路的张家湾。他们派了一个排驻扎在医院，监视医院的"动静"。接着这个排和附近湾子里驻的部队，就络绎不绝地来到医院看病索药，对我医护人员和伤病员进行百般刁难，寻衅找碴儿，检查伤病员中有无枪伤，在医院进行搜查。搜出了医院用以自卫的两支步枪和几枚手榴弹后，更是穷凶极恶地说："这里是新四军医院。"把医护人员和伤病员软禁起来，不准随便外出，并胁迫基本恢复健康的伤病员到他们连队当兵。他们的团长徐中华亲自出马来到医院，强行把伤病员、工作人员集合起来"训话"，他血口喷人，污蔑谩骂共产党新四军破坏停战协议，他还假惺惺地对伤病员表示"慰问"，并当场发给每个伤病员一个银圆，梦想以此小恩小惠来收买人心。面对这一连串的伎俩，虽然大家没有当面与之抗争，但是，始终没有一个到国民党部队去当兵的。

敌人绝不会就此罢休，每个同志都做好了迎接更严峻考验的准备。

## 不期而遇

如何渡过难关，摆脱困境？同志们的心是相通的。那就是：既不向敌人屈从，也绝不能坐以待毙！

在这危急时刻，我和胡波、钱锋等同志一有机会就交换意见，研究对策，及时确定由我回宣化店办事处汇报医院的困境和请示解决的办法。

由于当时的那种特殊情况，在党的组织生活上没有横的联系。所以我对吴显忠同志的政治面貌，也是若明若暗的。虽然他给我留下的印象比较好：工作认真，敢于坚持救济原则；为人正派，待人热情诚恳；生活简朴；等等。但是，在中原突围后的逆境中，他的思想和态度会不会有变化？这次汇报结果如何？还难以预料。

在回宣化店的路上，没有什么行人，我边走边琢磨汇报内容的腹稿。头脑怎么也安静不了，忘记了伏天的炎热，不知不觉走了约一半路程，我抬起头来，瞭望四方，希图能碰到个老乡，了解点情况。一抬头就发现迎面有两乘轿子，正对我而来。我简直不敢相信自己的眼睛。稍定神就想到：一定是国民党的地方官来了。心情不免有点儿紧张，想躲也来不及了。但是转念间，想到我是一个救济工作职员，怕他何来？便壮起胆，大模大样若无其事地走我的路。眼看就要和轿子碰面了。这时，两乘轿子先后落地，停了下来。接着从轿里走出一个人来。我定睛看时，真是喜出望外：那不是别人，正是吴显忠主任。他笑着向我招呼："牛代表辛苦了！"他一面和我亲切握手，一面向我介绍走出另一乘轿子的一个洋人，湖北救济分署视察专员密爱华先生（美籍）。当他俩知道我专程回办事处汇报工作时，吴主任高兴地对我说："密爱华先生和我正要到医院去视察。"遂要我和他们一道返回南田医院。这途中的不期而遇，竟迎来了"援兵"。吴显忠主任还一定要我乘坐他坐的那乘轿子。我推让不下，破天荒乘上了轿子。后来知道，吴显忠同志为我便于工作，有意让轿给我坐，以提高我这个代表的身份。

## 转危为安

我们来到医院的时候，已经是中午了。稍事休息，用膳后，就由刘院长、魏医生和我向密爱华专员、吴显忠主任汇报。他们两个对国民党部队破坏救济工作的恶劣行径表示愤慨，并对我们进行了劝勉。晚上，他们还找了伤病员和工作人员，进行个别了解和慰问。他们耳闻目睹了国民党官兵川流不息到医院看病索药的丑态，还查阅了看病人员登记名册，这些都为与国民党驻军交涉做了准备。

吴显忠同志在接受汇报时，还担任了密爱华先生的翻译。

第二天上午，由进驻医院的国民党部队那个排的排长带路，我带着些礼物，来到离医院几里路的张家湾——国民党驻军团部，拜会了这个团的徐团长。向他递交了密爱华、吴显忠的名片，并邀他到医院会晤。这位道貌岸然的团长，看了名片和礼品，特别是得知从武汉来了救济工作官员——美国人密爱华专员后，媚态溢于言表，对我也格外殷勤。我们简短寒暄后，这位团长便由一名副官陪同急急忙忙地和我一道来到了医院。

在医院办公室简单寒暄一番后，吴主任首先递给团长一本救济工作的小册子和曾经第三十二执行小组在宣化店由国民党、中共和美方代表共同签署的保护救济工作的《通知》，并扼要说明了救济工作的原则。开始，这位团长诡称他们的部队是"遵守并执行了这些原则的"。接着，密爱华直率而又彬彬有礼地指出了国民党部队有损救济工作的几个问题。其大意是：一、前不久有自武汉运往宣化店的救济物资被"贵军"（国民党军队）拦截；二、"贵军"官兵川流不息地到医院看病、要药；三、"贵军"要这些需要治养的难民去当兵；四、"贵军"搜查救济医院，把医院在"贵军"到来之前，用以自卫的两支步枪和几枚手榴弹拿去，并以此指责这个医院是新四军的医院。接着密爱华强调指出："美国对中国是有直接军事和经济援助的。救济物资是联合国所筹集，专为救济第二次世界大战中遭到战祸的各国难民的……"这位团长丑态百出，他顾不得拭额头上的汗水，结结巴巴地辩解说："拦截救济物资，非敝团所为。友邻部队是否有此行为？我不敢保证。"对其他几个问题，在事实面前，他不得不承担了"对部属管教不严"的责任，并保证他的部队不再发生有碍救济工作的事情。最后，密爱华请他把设在医院的岗哨撤走，这位团长开始以"这是为了美国友人和医院的安全"为幌子，不肯撤哨兵。密爱华风趣而又幽默地说："这里一直是安全的，有'贵军'驻扎附近，就更不会有什么问题了。"并有点儿生气地指出："昨夜，一个哨兵，在我窗前走来走去，最难理解的是哨兵用手电筒照射我的房间和铺位，叫人不能入眠！"越来越显得尴尬的团长，不再分辩了，他当即叫副官把驻医院那个排的排长叫来，训斥一顿，并当场命令，把哨兵撤了。到此，这次会晤，出乎预料地胜利结束了。

在我们的挽留下，这位团长和我们一道在医院共进了午餐。气氛较上午轻松愉快多了！

经过这次会晤，不像谈判的"谈判"，医院暂时转危为安。我们紧绷的心弦也随着舒松下来了！

# 遣散人员

当天下午，这位团长阿Q似的和我们言欢告辞了。密爱华和吴显忠高兴地在医院又住了一夜，才放心地返回了宣化店。我和其他同志一道，抓紧这个有利时机，加紧工作。根据办事处关于"基本康复的伤病员从速遣散"的精神，我们分别找伤病员和工作人员谈话，动员能走和愿意走的，即行遣散，并告诉了具体办法：自报去处，可投靠亲友，也可以自谋职业；可以个别走，也可以三五个结伴同行，均由救济办事处填发遣散证明护照并发给路费。基本上采取的是中原突围前疏散非战斗人员的那种办法，只是未公开讲明"待机而动，迎接反攻"罢了。但在这一点上同志们都是心照不宣的。

没有想到这次遣散比突围前的条件有利得多。这是因为部队突围后，国民党部队被吸引开了，包围圈、封锁线已不复存在，以救济机关发的遣散证明护照能够通行无阻。所以，不到两个星期的时间，就有近百人被遣散走了。这些被遣散的同志，有的回到了原籍，有的到了其他解放区。像当时的医生汪钦文、护理员冯太和（现名冯屏）到了邯郸白求恩医院工作（新中国成立后转调北京铁路总医院工作）。据说，刘忠医生现在湖北沙市人民医院工作。

胡波（现在天津化工公司）、钱锋（现在湖北长江日报社）、童炼、李旭久和我五人以救济职员身份，在医院遣散工作基本结束时，经吴显忠主任批准，以办事处行将撤销遣散成员为由，持赴北平求学的护照和证明信件，从宣化店经广水乘火车到了安阳，换乘胶皮轮马车，一共不到一个星期，就出乎意料地到达了晋冀鲁豫中央局所在地邯郸，我们又回到了组织的怀抱。

我们离开南田医院时，还有二十来个伤病员和个别工作人员。有的属于无家可归、无亲可投又缺乏自谋出路者；有的则需要继续治疗。我们离开宣化店前，吴显忠主任一再让我们放心，他说："办事处要负责到底。"在中原突围后，办事处撤回武汉时，这二十来个尚未遣散的同志，作为难民跟吴显忠一道到武汉，并分别得到了妥善安置，无一受难。

中原突围后的南田善后救济医院，在险恶的环境中脱险了。这是党中央和中原局首长亲切关怀的结果，也是与我解放区人民群众条件好分不开的。作为我党地下工作者的吴显忠同志，审时度势，灵活恰当，善始善终，使医院万无一失，他是很有功劳的。在这里，对美籍友人密爱华先生，在关键时刻主持正义，坚持救济工作原则，力解医院之危的精神，表示敬意。

原载徐蓬主编、吴河海副主编：《征途：纪念新四军第五师建军 50 周年》，华中师范大学出版社，1991 年，第 144 ～ 152 页。

# 忆武汉记者随周恩来同志去宣化店

◎ 徐 实

一

1946年1月19日，政治协商会议（即旧政协）在重庆召开之前，中国共产党代表团为了让会议能在和平气氛中顺利进行，向国民党提出了一系列合理建议，经过坚决的斗争，迫使国民党与共产党于1月5日达成停止国内军事冲突的协议，并商定由共产党代表周恩来、国民党代表张治中、美国政府代表马歇尔组成三人会议（简称"三人小组"），会商解决国共双方军事冲突以及有关问题。1月10日，国共双方代表正式签订《停战协定》。同日，双方下达了于13日午夜生效的停战令。根据协定，在北平设立由共产党代表叶剑英、国民党代表郑介民、美国政府代表罗伯逊组成的军事调处执行部，由执行部派遣军事调处小组分赴各地负责执行《停战协定》。可是蒋介石却以这次签订的协定作为缓兵之计，只等他的军事部署就绪，马上就破坏协定。国民党为了配合它向东北、华北、华东进行全面的攻击，在华中地区调动了11个军26个师共30余万兵力[1]向湖北礼山县（1952年改称大悟县）宣化

---

[1]据中共中央党史研究室《中国共产党历史》第一卷下册载："以8个整编师又2个旅，约22万人，围攻中原解放区。"以下各篇记述，以此为准。——编者注

店为中心的中原军区 6 万部队进行严密的军事包围和经济封锁。从 1946 年 1 月到 4 月底达四个月之久，并下令在 5 月 4 日到 9 日向中原军区部队发动全面进攻。在这关键时刻，共产党代表周恩来于 5 月 1 日在重庆举行记者招待会公开揭露国民党的罪恶阴谋。4 日，周恩来代表从重庆飞往南京向国民党和美国政府代表提出共同前往宣化店实地调查国民党军队违约行为的紧急建议，国民党和美国政府代表被迫接受了这一建议后，周恩来代表同国民党代表徐永昌、美国政府代表白鲁德（当时张治中、马歇尔不在南京）于 5 月 5 日从南京飞抵武汉，6 日，启程去宣化店。当时我在《新湖北日报》工作，报社派我随同周恩来副主席前往，到今年 5 月已过去了 37 年，但往事还历历在目。现在回忆这段历程，周恩来同志坚韧不拔的革命精神，始终是令人难忘的。

## 二

5 月 6 日晨，我们到汉口杨森花园集合，在朝霞初放、晴空万里的景色中，四辆专车开离武汉向宣化店进发。周恩来副主席跟他的秘书坐一辆小吉普车，国民党代表徐永昌以年迈不能前往为由，由武汉行辕参谋长王天鸣、第三处处长邓定远作代表坐另一辆小吉普车，美国政府代表白鲁德跟他的翻译坐一辆小吉普车，武汉各报派出的记者 20 多人和军事调处执行小组任士舜等 3 人共 30 余人坐一辆大吉普车。

专车很快驶离市区，擦过黄陂县城垣，转眼过了木兰山、长轩岭，在整个行程快走一半到了名叫石棵松这个地方的时候，却被一条河流挡住了车行的通道。这条河原来是一条四五米宽的溪沟，上有石桥可过。两三天前连降暴雨，山洪暴涨，河水不但淹没了石桥，而且水面宽达百米。吉普车不能通过停了下来。身着武装的周恩来副主席跳下车来，出现在我们眼前。他十分仔细地观察了地形和河床的深浅，思考了一下，对国民党代表王天鸣、邓定远说："河并不深，可找一些人来把车子抬过去。这是你们管辖的地段，你们能否去找一下？"王天鸣无法推辞，从东村跑到西村才找来几个保长。周恩来副主席立即嘱咐他们出去找人。这几个保长出去之后不再返回。王天鸣、邓定远等得十分焦急。邓定远无可奈何地对记者们说："王参谋长是陆军中将，我是少将，这次竟被自己过河卒子将了一军。"眼看水势在继续上涨，周恩来副主席立即找任士舜设法。任士舜迅速爬上山坡，振臂高呼："我们共产党中央的周副主席来了，我们是到宣化店和平谈判的，请大家来帮我们抬车过河。"农民群众听说周副主席来了，又是任县长的号召，一拥而来100多人。他们首先下水探清石桥的方位和河水深度，再把吉普车抬上肩，齐心协力，一步一移地把四辆吉普车全部抬过了河。这时我们才知道军事调处执行小组共方代表任士舜，曾任中原解放区黄孝县县长。

车上所有人员在周恩来副主席的号召下都脱下衣裤，只穿汗衫，一手高举随身衣物，一手找一同伴互相搭肩，彼此搀扶，涉水过河，周副主席和他的秘书搀扶在一起领导我们前进。在100多米宽、齐腰深的急流中，周副主席不时提醒我们："手要扶紧，要避开漩涡，要注意河底的石块。"过河后已是黄昏，大家分别借宿在农民家里。

7日晨，专车继续向宣化店进发，由于公路多年失修，路面凹凸不平，坡度大，急弯多，大吉普车走得慢，又常生故障，被小吉普车丢下很远。当大吉普车于下午3点到达河口村的时候，周副主席在这里已等候多时了。任士舜宣布还要在这里留宿一夜。我同《大公报》的吉彭信、《大刚报》的余湘等趁此机会采访了周副主席。周副主席对我们说："这次去宣化店的目的是国共双方代表亲临冲突的地区，共同了解违反《停战协定》这一事实，再根据事实分清责任商谈解决问题的办法。我们总的目的是争取和平、民主和统一。希望国民党能做出积极的反应。"又说："你们可去参观一下解放区，看看那里的军民对和平与打仗的态度。"任士舜对我们说："周副主席上午就到达这里了，因为等待你们的大吉普车才停留下来，还做了一些说服工作。"后来我们才知道，王天鸣、邓定远曾坚持三辆小吉普车直开宣化店，把大吉普车上的记者丢在河口村。他们唯恐新闻记者看到解放区的真实情况。

## 三

8日晨，继续前进，专车快接近礼山县禹王城中原军区警戒线时，中原军区已派代表来迎接。这天车行顺利，中午就到达了宣化店，在当地军民列队欢迎的锣鼓声中，周副主席立即去宣化店竹竿河西岸的湖北会馆与国民党、美国政府的代表进行谈判。各报记者都住在宣化店正街南端中原军区司令部招待所。

下午，我们在中原解放区《七七日报》工作人员陪同下参观了宣化店。宣化店在湖北省礼山县（今大悟县）东北，（南北）相距70公里，是一座山区集镇，有公路南通武汉，北达河南省罗山县，为鄂、豫两省要冲，战略地位十分重要。中原军区于1945年10月24日组建于河南省桐柏山地区，1946年元月，中原军区部队转移到河南省光山、罗山、新县和湖北省礼山一带时，中原军区司令部和部队机关才进驻宣化店。时间虽仅四个月，却把这座穷困的集镇治理得很有生气，一切日用品都有供应，军区机关附设的各类工厂的产品又补充了市场供应的不足，粮食、布匹是能自给自足的。受到国民党宣传而受了蒙蔽的记者们无不感到新奇。

下午6点，中原军区召开了一次招待酒会。会上军区首长接见了各报记者。司令员李先念、副司令员王树声、参谋长王震、政委郑位三、政治部主任王首道、党委负责人陈少敏、行政公署主席许子威和副主席杨经曲等都一一跟我们交谈。他们的态度平易近人，谈吐温文尔雅，使人感到亲密、诚挚。在觥筹交错中，周副主席、李先念司令员一再提议为争取和平、民主、团结而干杯。

晚8点，又举行了一次文艺晚会。在多盏煤气灯的照明下，李先念司令员致欢迎词后，周副主席上台发言。他说："我今天既是主人，又是客人。我以主人的身份欢迎来宣化店谈判的客人和参观的记者们。我们欢迎我们的客人为维护和平做出有益的贡献。未来的道路虽然还很曲折，我想只要为人民利益着想，目的是可以达到的。我以客人的身份感谢宣化店的主人，你们已做了许多有益于和平的工作，今后还要做，我相信会做得更好。"周副主席的讲话，激起了热烈的掌声。国民党代表王天鸣接着上台发言，他也谈什么和平，立即遭到与会的一位干部提出质询。这位干部说："王参谋长口口声声说和平，如果真要和平，为什么行辕派那么多军队围困我们？"王天鸣无言可对，幸亏李先念司令员给他解了围。讲话结束后，军区文工团作了文艺演出。演完独幕话剧《把眼光放远点》后，正准备上演另一节目时，周副主席即征询坐在他身旁的记者们对节目的意见，大家都说要看解放区的秧歌剧。文工团遵照周副主席的指示，改演了刚从延安学回的秧歌剧《兄妹开荒》。演出结束时已近午夜，周副主席立即同军区的首长开会商讨，一直到天明。

我们于6日晨从武汉出发，到此时已是整整三天，很少看到周副主席休息、睡眠，但他一直是精神奕奕，谈笑风生。在一切困难面前指挥若定，应付自如，永远不知疲劳而忘我地战斗着。

## 四

9日晨，我们离开宣化店之前，李先念司令员、王震参谋长在边区参议会参议员陪同下召开了一次记者招待会。李先念司令员说："这次宣化店会谈只能摆出军区部队被围困的事实，国民党不能不承认这些事实，至于解决问题的办法有待由周副主席到武汉继续磋商。"又说："我们是要和平的，如果国民党一定要打，我们能够奉陪。"王震参谋长说："不要以为我们人少，装备差，真正打起来，国民党部队的伤亡不一定比我们少。"军区首长对和平与战斗的立场是十分鲜明的。行署副主席杨经曲会后对我说："以前在武汉见过你，现在是第二次，我想第三次见到你的时候，全国已解放。"解放区的首长对中国的前途看得是多么清楚。

周副主席回到武汉后，与国民党代表徐永昌、美国政府代表白鲁德在汉口杨森花园继续会谈。经过周副主席的坚决斗争，迫使国民党和美国政府代表于5月10日签订了《汉口协议》后，返回南京。《汉口协议》共七条，概括起来分两点：一、双方继续遵守1月10日的《停战协定》，不许进攻；二、同意中原军区伤病员和眷属及照顾伤病的医护人员千名转移到华北解放区。《协议》签订后，中原军区的伤病员和眷属开始转移，先后转移了800多人。到6月下旬，国民党军队从各个进攻点集结，对中原军区部队进行大包围，中原军区部队遵照周副主席在宣化店时的战略部署，粉碎了国民党的"围歼"阴谋，武装胜利突围离开了宣化店。

原载长江日报新闻史志编辑室编：《武汉新闻史料》第二辑，1983年，第73～78页。

# 一场特殊的战斗

## ——回忆中原解放区的善后救济工作

◎ 吴显忠

    1945 年 7 月，我在昆明西南联大读书，忽然得到组织上要我去解放区工作的通知，心里非常兴奋，立即整理简单的行装，赶到重庆，会合肖良恺和王远松同志，乘木船顺江东下，向鄂中进发。

    夏日的长江，水宽浪高。木船载着我们在激流中颠簸向前。船经万县时听到日本帝国主义宣布无条件投降的消息，渴望投入新的斗争的心情更为迫切。8 月底，我们终于到达了鄂豫边区根据地，在安陆桑树店见到了新四军第五师的一支部队。从白区来到了党的怀抱和同志们的身边，真比回到了家里还使人高兴。部队首长黄民伟同志热情地接待了我们，并向我们介绍了情况。当时由于形势变化很快，部队正在尽量利用社会关系安置干部，准备轻装转战。组织上决定：良恺同志随部队行动；我和远松同志离汉川和沔阳老家都只有一两天路程，都先回老家隐蔽。

    12 月的一天，我得知杨显东同志在武汉就任行政院善后救济总署（简称行总）湖北分署（简称分署）副署长。他曾是我的领导和同事，找到他也许可以找到一个为党工作的地方。就这样，我来到了汉口。果然，由杨显东同志和分署秘书孙慰祖同志介绍，经署长周苍柏同意，我被任命为分署专员。就在这全国内战迫在眉睫的严峻时刻，我们在党的领导之下，开始了一场特殊的战斗。

# 一

刚到这个陌生的机关，首先我想到的是要尽快地了解这里的情况。通过几天的耳听眼看和杨显东、孙慰祖同志的介绍，我终于弄清了联总、行总这些机关的来龙去脉。

原来，在第二次世界大战结束后，联合国就为各个受战争灾难的国家专门设立了善后救济总署（简称联总）。这个机构在中国的分支就是行总。联总和行总在我国好多省都设有分署，直接掌管善后救济物资。据称它们的救济原则是"三不分"，即不分政治、不分地域、不分宗教。照理说来，应该是"只要有难，就要帮助"，而实际情况却完全不是这样。当时，联合国被操纵在美帝国主义手中，美帝与国民党又打得火热。所以，联合国的下属机关——联总当然主要是"救济"国民党了。联总运到中国的救济物资，基本上是国民党独揽，起到了为国民党"输血"的作用。

但是，在湖北分署却有着一个有利条件和特殊情况，这就是在这个分署里不仅有我党地下党员和许多进步分子，而且分署副署长杨显东与我党关系密切。他同我党同志一起，曾于1937年和1939年先后创办过"汤池训练班"和"鄂北手纺织训练所"。在1942年，杨显东同志在重庆与董老经常联系，他曾和我一道去曾家岩我十八集团军重庆办事处看望过董老。署长周苍柏与我党关系也很好。抗战期间，他在重庆任上海银行经理时，曾经募集药品、器材、经费支援解放区。他的儿子德佑就是共产党员，参加过党领导的演剧队，在抗战中病逝。还有分署顾问李范一与我党的关系也极深，他也是"汤池训练班"和"鄂北手纺织训练所"的主要筹办人之一。可以说，分署几位领导对我党是积极支持的。这个有利形势，使得我们要改变联总在湖北的救济物资的去向有了可能。

为了将这里的物资搞到中原解放区去，解决解放区的急需，杨显东和我们几个同志经常在一起，借谈机关公事为名讨论策略。有一次，大家会在一起，议论开了。

有的同志说："我们就利用他那个'三不分'的招牌，把救济物资发到解放区去。"

有的同志讲："应该搞点工厂、企业，这样，一旦分署工作结束，我们有一个退路。"

还有的同志认为："要分给国民党贪官污吏一点物资，这样可以迷惑他们，使我们站得住脚。"

议论来，议论去，终于制定出了我们的斗争方案。方案将救济物资分为三个去向：给国民党贪官污吏点儿，办点儿工厂、企业，大量地发放给解放区。我们把这个方案形象地比画成为三个同心圆：最外面的圆是我们斗争的策略，中间的圆是我们打下的基础，最里面的圆才是我们工作的核心。为了实现这些设想，我们还通过王远松同志与中原解放区联系。

中原解放区了解到以上情况，也及时派了林涯萍同志来武汉与我们商讨办法。当时，林涯萍同志有一个本家，是武汉工商界开明人士，本来可以掩护林涯萍同志，但是，我们还是不放心，为了避免特务对她盯梢，把她安排在汉口汉正街一个佛堂里隐蔽下来。我经常利用下班或其他机会去佛堂里与她商谈。有一天晚上，还请她到杨显东同志家里去，就如何为解放区争取物资进行讨论。

经过这一段时期的工作，我们认为时机已经成熟，决定让林涯萍同志出面代表中原解放区直接与联总、行总交涉，公开争取善后救济物资。正在林涯萍同志准备在分署露面时，董必武同志和王震同志来到了分署。他们带着周恩来副主席在上海找行总署长蒋廷黻写的信，与湖北分署正式谈判中原解放区的善后救济工作。这样，林涯萍同志很快就返回边区汇报去了。

二

董老、王震同志在分署紧张工作，谈判进行得很顺利。到了2月，行总湖北分署决定派杨显东同志和我，偕同联总湖北分署署长萨克乐夫（美籍）、技师康宁（法籍）一起，带着装满30多辆卡车的救济物资，随同第九执行小组中的我方代表薛子正、国民党方面代表刘天民和美方代表怀特去当时中共中央中原局中原军区司令部所在地——宣化店。

那天早晨，我怀着兴奋的心情，踏上了从汉口到宣化店的旅程。由于有一段路很不好走，直到天黑，车队才抵达离宣化店三四十里路的禹王城。解放区派了一些同志来欢迎我们，其中有许多同志都是杨显东同志和我的老同事和老战友。可是，当时为了避免暴露我们之间的关系，我们都没有与战友们打招呼。当老战友蔡承祖、陈贤雄等同志坐上我们的车时，虽然彼此心情都很激动，却不能公开地做出一点亲热的表示，只能暗中紧紧地握手……

汽车继续向前奔驰，我是归心似箭，总觉得车开得太慢了。夜晚8点钟，终于到达了宣化店，受到了李先念、郑位三、陈少敏、许子威等领导同志的热情欢迎。我们被安置在宣化店对河的礼山中学，显东同志和我同住一个房间。待到夜深人静，他摸过河找中原局书记郑位三同志去了；我也借着天黑来到了中原解放区行政公署（简称行署）主席许子威同志的驻地。我与他是久别重逢，可这时却顾不上叙旧，就开始互通情报。我拿出了从分署带去的行总发的关于善后救济工作的小册子《做什么？怎样做?》《行总善后救济工作计划》等，交给了子威同志。他接过去，仔细翻阅，连连点头，并马上找来几位正在连夜准备谈判资料的同志，指示他们参考这些小册子的内容，把他们整理谈判的资料进行了修改与补充。

第二天，三方代表的谈判开始了。中原局指派的许子威同志和行署公路局局长沈德纯同志代表解放区救济总会中原解放区分会（简称解总分会），与联总代表萨克乐夫、康宁、行总代表杨显东和我进行了谈判。行署秘书黄海滨和庄果同志任翻译。会上，许子威同志讲得有根有据，合情合理，萨克乐夫、康宁听后连连称赞，佩服得很。在这个实际上是"四对二"的谈判桌上，谈判结果是可想而知的，加上萨克乐夫、康宁的态度也较好，很快就决定了向中原解放区进行善后救济的原则。三天后，谈判基本结束，杨显东同志和萨克乐夫返回武汉，我跟康宁继续留在解放区，进一步了解情况，准备具体救济方案。

经过战争的破坏和国民党反动派的封锁，原鄂豫边区的灾情确实严重。我们跟着子威同志、中原局机关报《七七日报》记者一道，去礼山、罗山、光山等地查看，目睹了灾民疾苦及田园荒芜、房屋倒塌的情况，我们深感在中原解放区举办善后救济工作的必要性和紧迫感。

经过调查，我们对边区的灾情掌握得更全面了，并拟定好了善后救济方案，随即动身回分署汇报。边区为了进一步说明情况，争取物资，特派了解总分会负责人李实、庄果和黄参议员三位同志随同我们一起到了武汉。

在武汉，经过又一次谈判，分署同意了我们提出的方案。同时，决定在中原解放区设立行总湖北分署宣化店办事处（简称办事处），并委派我为分署专员兼该处主任。

正在我即将上任之时，经过解总分会李实和庄果同志协力争取，分署决定将行总分配给分署的980多吨面粉在距宣化店约40里地的京汉路杨家寨车站下车，全部救济中原解放区。这一行动，直接为办事处日后开展工作创造了物质条件。这时，我就抓紧时间与分署各组（室）联系工作、刻关防、印名片、组织办事处班子，准备走马上任。

## 三

1946年4月，分署宣化店办事处成立了。随即，我就去了解杨家寨车站面粉卸车情况。运输面粉的工作由中原解放区娄光琦和余益庵同志负责。我们在从宣化店到杨家寨的大路上，看见成群结队的战士和农民在转运面粉，秩序井然，转运速度也很快，心里非常高兴。

回到宣化店后，中原局组织部部长陈少敏同志找到我，亲自主持召开了有关人员参加的座谈会，及时总结研究白区工作。以后，中原局还指定许子威同志与我建立党的组织关系和联系日常工作。

初到宣化店，我们充实了办事处的人员，许多在解放区工作的同志参加了我们的行列。为了便于在中原解放区辖区内普遍开展善后救济工作和准备以后的干部的转移，我们按中原局的意图，成立了一个上百人的善后救济工作队，并将名册报经分署备了案。与此同时，我们还排除一切干扰，抓紧时间继续向边区运送物资。第一次，我们装了20多辆大卡车的物资从分署出发，车行至汉口岱家山，就被武汉警备司令部稽查处的哨卡拦住，不让通行。经过我们再三以善后救济工作"三不分"的原则与他们交涉，以联总、行总、解总三方协议同国民党当局说理，并动用各种社会关系，终于获准放行，将物资运到了中原解放区。

分署宣化店办事处设在礼山中学内，仓库安排在宣化店镇上。行总的十轮大卡车，一批又一批地向这里运送着物资。联总、行总的负责人，只要来到宣化店，都受到了中原军区司令员李先念同志亲自主持的宴会招待。李先念、郑位三、陈少敏、许子威等同志还在百忙中抽出时间，亲切慰问和接见运送物资的汽车司机。

在办事处，我们学习周恩来副主席以"三不分"的原则为武器，跟行总办交涉的典范，开展合法斗争。我们按照行总的工作计划，依据里面所提出的项目，为我所用，抓紧时机开展了中原解放区的各项善后救济工作。

那时，从汉口到宣化店的公路路面很坏，给我们运进物资带来很大不便。为此，我们开展了交通复原工作，开始修理汉宜公路和宣化店大桥。按规定，善后救济物资只准发给老百姓，不让发给部队。而当时边区的实际情况是老百姓困难，部队更困难。怎样才能解决这一问题呢？我们就采取"以工代赈"的方法，也就是说不管你是军队还是民工，谁修了路、修了桥，我们就给谁发粮食、发物资。这样一来，就把矛盾解决了。在医疗卫生方面，我们在宣化店设立了门诊部，还在离宣化店约20里地的南田设立了南田善后救济医院，既给老百姓治疗，也让部队同志养伤、治病。在南田医院里住院的大多数人是中原部队的伤病员，不过，这些伤病员都化装成了老百姓。在难民遣送方面，我们还大量使用"难民证"，发救济物资、发路费，必要时还发给化装用的旧衣，帮助边区党组织的一部分确定转移的同志顺利转移。有些负责干部需要转移的，我们还特别用从分署带去的《分署证明书》或办事处印制的《办事处证明书》（即护照），把他们装扮成分署职员或办事处职员等不同身份转移出去。办事处的杨敏同志甚至拿出所有私人的衣物供转移人员使用。有些化装突围的同志到了武汉，我们还通过分署的关系，帮助他们解决食宿和继续前进的车船、路费、物资等问题。那时采用这种方式转移的我党我军同志共有500多人。在宣化店，我们还设立了社会服务部，为农民（主要也是部队复员同志）举办了小本贷款，解决他们的具体困难。同时，我们还在宣化店东郊开办了一个农具厂，把五师库存的一些破枪改制成铁锹、钉耙、犁铧等农具，供给农民和部队搞生产。当时约计用了物资3000吨、现金50000元。农具厂竟引起当时到达宣化店的中外人士的注目。进步画家司徒乔参观了农具厂，对我们化兵器做农具的事实大加赞扬，并在现场画了一幅题为《化干戈为玉帛》的油画。后来这幅画拿到国统区展出，曾经轰动一时。由于善后救济工作的开展，我们还利用合法身份，经常在武汉和解放区之间进出往返，为两地的我党同志传递情报。有一次回武汉办事，我以办事处负责人的身份，进入汉口德明饭店执行小组我方代表驻地联系工作。借此机会，为当时在美国新闻处工作的我党地下党员陈枫同志传送了给吴德峰同志的一个重要军事情报（新中国成立后，德峰同志见到我还一再提及此事）。在这期间，郑位三同志曾多次约我个别交谈，分析形势，指示方法。他认为，我们的许多工作都卓有成效地打破了反动派的封锁，扩大了边区的政治影响，其重大意义就不是数字所能估量的。据以后得知，在行总全国各分署中，举办解放区善后救济工作的，除青岛分署之外，就只有湖北分署了。

联总许多正义人士对国民党反动派的贪污腐化、不为人民办事，印象很坏。他们来边区后，看到边区军民是完全两样，办事处的工作成绩显著，感到耳目一新。联总医师密爱华（美籍）每到宣化店门诊部和南田医院，就马上替病员精心诊断，热情护理。有一次，他参加南田善后救济医院病员联欢会，当晚会开到很热烈的时候，他竟高兴地应病员之请，与同他一道来的女护士米勒（美籍）跳起舞来。农村的稻场不太平整，他把鞋子跳掉了一只，索性脱掉另一只鞋子，光着脚板继续跳。联总技师李敦白（美籍）对解放区的感情很深。他总是穿一身普通的工作服，能说一口流利的中国话，到了那里，一时看看这，一时问问那，对什么都感兴趣。他一再对我说："这里的战士差不多每人有扑克，说明他们会玩；每个人都爱笑，说明他们快乐。"后来，听说他原是美国共产党员。不久，他从中原解放区到了华北解放区。中华人民共和国成立后，一直在我国工作。

联总有许多这样支持我党的人士，但也有一些反动分子。正当我们工作顺利进行的时候，联总内的反动分子却使出了坏心眼儿，诬蔑我们把善后救济物资都给了共产党，没有发给老百姓。为此，他们开着汽车，亲自到宣化店农村去"检查"。其实，他们哪里会晓得，我们共产党人在任何困难的情况下都是与人民同甘共苦的。"检查"的结果，发现农民家里有我们发放的救济物资，这一小撮反动分子只好哑口无言，灰溜溜地走了。

四

1946年6月底，中原突围，我们的工作就要受到更为严峻的考验。在突围前那个紧张的时刻，李先念、郑位三、陈少敏等领导同志对我们的去向极为关心。陈少敏同志还亲自交代顾大椿同志，要他约好我与地下党组织关系的联系办法。郑位三同志指示我："回分署后，要尽量待在原机关。原机关待不住，就通过原机关的关系换一个机关。换一个机关还不行，就回解放区。"

此时此际，我既为突然又要离开党而难过，又为办事处同志的安危惆怅。从个人利害说，我最好能随大部队一起走。所以，当6月底率领独二旅留守部队最后撤离宣化店的张体学同志亲自到办事处向我告别，表示部队不能保护我们的时候，我内心真是百感交集。"共产党员无论何时何地都不应把个人利益放在第一位，而应让个人利益服从民族的和人民群众的利益。"如果我个人随部队走了，分署的工作怎样处理？周署长、杨副署长及李范一先生怎么向国民党交代？我们只有遵守组织决定，千方百计地克服困难，留下来坚持下去。

方针既定，我们就分析了留下后的形势。我们认为办事处是"三不分"的产物，是分署的派出机构。共产党在宣化店，我们应当存在；国民党到宣化店来了，我们也可以存在。于是，在执行小组三方代表最后离开宣化店时，我们写了一个通知，说明办事处的立场，要求国共双方都应当对它予以保护，同时附上了办事处全体工作人员的名单，并请我方代表和美、蒋代表共同签名，以免国民党部队进驻宣化店后我们受到迫害。

我们的部队和机关撤走后，宣化店暂时处于"真空"状况。地方秩序混乱，白日关门闭户，路断人稀；入夜枪声四起，处处火光。广大人民群众沉沦在恐怖和忧伤之中……

不久，国民党军队侵占了宣化店。武汉分署谣传我被国民党部队扣押。原来曾经多次到过办事处的联总社会福利专家甘乃大小姐（美籍）得知这一情况，主动要求驱车到宣化店看我。到宣化店后，她要求让我上车去接她，不见到我本人，她拒不下车，其盛情感人。与此同时，侵占宣化店的国民党部队在我们农具厂发现了几条坏枪支，便将该厂一个干部带走。甘乃大小姐早知我中原"化干戈为玉帛"的故事，所以，她一听说抓了农具厂的干部，怒不可遏，马上要我们派人把国民党部队驻宣化店的一个李营长找来，我当翻译，她说明了那些枪支的来源和用途后，很严厉地斥责那个营长："赶紧将我们的那个工作人员放回。否则，我要去武汉行辕告发你！"吓得那个营长立即照办。

在这以后，我到武汉与杨显东同志再三磋商，感觉到我们办事处的人员分署派去的少，边区推荐的多，长期留在宣化店，难免出问题。但是，如果将办事处乍然撤离宣化店，又恐怕国民党部队会质问："为什么共产党在这里，你们搞善后救济，共产党走了，你们就不搞了呢?"我们分析来讨论去，最后决定成立分署鄂东（第三）工作队，由刘隽同志任队长，去宣化店接替办事处。在交换的那一天，为了让我们走得热闹一些，武汉地下党还安排陈枫同志带着一位青年放映员，拿出一些美国新闻影片去宣化店放映。为了减少麻烦，利用国民党怕外国人的虚弱心理，由甘乃大小姐、密爱华医师和在分署兼任翻译的中国医师周金黄到宣化店接我们回武汉。于是，我们办事处人员分乘三辆卡车，由密爱华、周金黄医师带20多名化装成难民的重伤病员，分乘两辆卡车先行；由甘乃大小姐和我带中原解放区推荐的10多名办事处人员，乘另一辆卡车压队。为了慎重起见，在走的前一天，密爱华、周金黄和我特地到禹王城国民党部队驻地，会见了他们的旅长江涛，打了招呼，所以，我们在沿途得以"免检"，顺利到达了武汉，胜利地结束了这一场特殊的战斗。

原载鄂豫边区革命史编辑室编:《中原突围》第二辑，湖北人民出版社，1984年，第54～64页。

# 英勇善战　相机歼敌

◎ 刘昌毅

　　1946 年 6 月，蒋介石在美帝国主义的支持下，悍然撕毁停战协定，调集重兵，向中原解放区大举进攻。我中原人民解放军，遵照党中央、毛主席关于"立即突围，愈快愈好。生存第一，胜利第一"的英明决策，在李先念、郑位三同志为首的中原局和中原军区的领导下，以气壮山河的英雄气概，兵分数路，杀出了 30 万敌军的重重包围，胜利地实现了战略转移。当时，我作为第一野战纵队副司令员，参与指挥了突围战役的南路作战及以武当山为中心的反"清剿"斗争。

　　6 月 25 日晚，我一纵（一旅留下掩护主力突围）由河南光山泼陂河一带向鄂西北方向突围，纵队领导（司令员王树声、副政委刘子久、参谋长张才千、政治部主任吕振球）带机关在三旅后跟进。适逢大雨滂沱，山洪暴发，道路泥泞，部队行动困难。30 日，纵队机关在警卫团和四、七团各一个营的掩护下经过一夜的行军作战，消灭沿途设伏的敌人近一个团，于 7 月 1 日清晨进抵平汉铁路王家店。这时，天已大亮，敌加强了王家店铁路沿线的阻击力量，国民党六十六师三十七、三十八团对我实施前阻后追，情况十分危急。上午 9 点，纵队以七团三营及警卫团一个营为北翼，四团一个营为南翼，向铁路沿线之敌发起攻击，战斗进行得非常激烈。天空中，敌机俯冲扫射，狂轰滥炸；地面上，敌火炮、装甲列车与铁路两侧的明碉暗堡构成交叉火网，对我实施拦阻射击。我两路突击分队利用镇边残垣断壁，交替掩护，展开攻势；后卫部队英勇阻击敌追兵。经过几十分钟激战，摧毁敌暗堡和装甲列车，击退敌守卫部队，终于打开了一条通道，使纵队机关及部队迅速通过了铁路。

部队越过平汉线，在安陆赵家棚集结，然后继续西进。7月7日，我们在宜城县流水沟收集到6条小木船，每次只能渡一个多连。在背后有强敌追击、空中有敌机轰炸扫射的情况下，经过两天两夜战斗，纵队主力强渡汉水，安全到达西岸。但与敌血战的阻击部队三旅八团、二旅六团一个营及部分后勤人员3400人，未来得及渡河，由三旅副旅长闵学圣带领进入伏牛山区坚持斗争。

7月21日，我三旅七团、二旅四团在谷城县西南石花街之苍峪沟，歼灭了阻拦我前进的敌一八五旅五五三团一部500余人。8月上旬，纵队进至房县冠木河（今属神农架林区）地区，敌整编十六旅尾随紧追，不断对我袭扰。13日，我率七团两个营在一段险要山道两侧设伏，以假象造成敌人错觉，待敌全部进入我伏击圈时，我军轻重火器齐发，打得敌人仓皇失措，后无退路，前临悬崖绝壁，成了瓮中之鳖。此仗，我一举全歼该旅四十七团一加强营800余人，缴获迫击炮4门、重机枪4挺，我军仅轻伤一人。这两次战斗，对于我军打开鄂西北的局面起了重要作用。但是，也引起敌人震惊，武汉行营迅即调来大批部队，加强了对鄂西北的"清剿"力量。

8月底，党中央和中原局为适应斗争形势的需要，决定在鄂西北的部队归一纵建制，成立鄂西北军区。为坚决执行党中央的战略部署，继续牵制敌有生力量，配合各主要战场的斗争，部队分散到武当山周围的十余个县，发动群众，建立政权，开辟根据地。9月中旬，我带领七团攻打均县草店和县城南关，消灭敌一保安团，缴获一批弹药和部队过冬急需的物资。特别是弄到一幅比例尺为二十万分之一的鄂西北地图，解决了纵队一直使用省区图不便于指挥作战的燃眉之急。其后，七团等部队进至老（河口）白（河）公路以北、汉水以南地区机动作战，掩护各分区展开工作。该团在汉水边消灭郧县保安团1000余人后，与敌六十六师和十师在均县娘娘山、郧县茅坪展开激战。茅坪战斗中，敌两个旅将我七团及襄河大队包围在山上。我重创敌军后，毅然采取敌进我进战术，于黄昏时分大胆地从敌人防范最严密的地段实施突破，穿越老白公路，回到武当山区。

鄂西北军区部队迅速展开，使敌人惊恐万状。国民党最高当局多次电令武汉行营加紧"清剿"。敌以数十倍于我之兵力，采取"分割进剿"的策略，切断我各游击区的联系，逐步将我军从各活动区域挤压出来。随着冬季的到来，斗争形势日趋恶化，部队连续作战，弹药极缺，服装、粮食等给养得不到补充；加之鄂西北地薄人稀，许多地方连吃水都很困难；部队几度进入神农架原始森林，在荒山野岭、天寒地冻的恶劣条件下作战，战斗和非战斗减员不断增加。部队面临着严峻的考验。

1947年2月初，鄂西北军区在远安县老观窝召开党委常委紧急会议。遵照党中央既要坚持对敌斗争又要保存实力的指示，会议决定精简军区机关，并报请中央将年老体弱的同志（包括军区领导）转移到华北，年轻力壮的充实部队。在会议举行的第二天，老观窝北面的部分部队受敌袭击被冲散，党委经过反复研究，同意我带两个警卫连、侦察队及机关部分干部前去收拢。不到几天，就收拢了七团的几个连及其他分队千余人。敌人发觉了我们这一行动，便扩大包围圈，集中兵力对我堵截。2月6日（农历正月十六），敌整编六十六师将我部围困于保康县西的康家山。这里地形险要，敌人居高临下，情况对我十分不利。我侦察队及一个营刚刚从两山之间沟底通过，准备占据路两侧的制高点，敌人就将部队拦腰切断，并猖狂叫嚣："这一回你们再也跑不出来了！即使你们再能打，是飞毛腿，也跑不出这方圆60里的包围圈！"这一仗关系我军生死存亡，为了突出重围，我一面指挥部分兵力在正面迷惑敌人，一面命令七团七连从侧翼迂回，攻占敌制高点。该连在王挺基连长的带领下，利用晨雾攀上峭崖，似天兵突然出现在敌人面前，用仅有的5枚手榴弹（其中一枚不响）和只有少量子弹的5挺轻机枪，将扼守在江家山顶对我威胁最大的敌一加强连全歼，并缴获了敌人的通信联络信号。我们利用敌人的联络信号，以假乱真，边打边走。傍晚时，从韩家垭子向千家老林突围。途中，部队几次被敌阻截冲散，又几次在约定地点会合。我指战员以"压倒一切敌人而绝不被敌人所屈服"的英雄气概，经过三天三夜的浴血奋战，终于胜利地冲出重围。然而，部队唯一的电台被打坏，与上级和友邻部队失去了联系。

2月下旬，正当部队在荆当远地区继续与敌周旋时，王树声同志派联络员给我送来一封信，信中说："经中央批准，我和刘子久等人即日化装北返，张才千已率四团过长江找李人林部。今后你同党中央直接联系。现在敌人集中全力对付你，日后如何行动由你自定。望保重。"我即召开干部会议传达了王树声同志的信，并对部队今后行动方向做了研究。大家认为，大别山是我党坚持武装斗争的老根据地，群众基础和地理条件较好，目前已成为敌人控制比较薄弱的地区。为摆脱四面围追堵截之敌，会议决定：再渡汉水，重返大别山。同时，为便于指挥，将部队编为两个大队，加上三个直属连和机关约 1000 人。

汉水是一道天然屏障，敌人妄图借此阻止我部东渡，在河两岸加强防守。4 月初的一个夜晚，部队以强行军抵钟祥县石牌以南汉水西岸。侦察连找来了一位老渔翁，这位老人的独子不久前送二旅五团过河时被敌人杀害。当他听说我们也是八路军，是当年的红军时，立即用他隐藏的一只小木划子，载着我两名作战勇敢富有经验的同志，趁夜幕划向对岸，在敌人眼皮底下巧妙地弄到一条船。有船就是胜利。我们很快地渡过去一个连，将敌一保安队全部缴械，并夺来六条大船，赶在敌追兵到来之前，将集结于西岸的部队全部安全渡过汉水。为了表示对老渔翁的敬意和对他死去儿子的抚恤，我们给了他 30 块银圆，并嘱咐他很快隐蔽，以免再落敌手。

二渡汉水的成功，是我军由被动变为主动的转折点，从此踏上了夺取新胜利的征途。曾几何时，康家山战斗中敌六十六师致电武汉行营，声称业已全歼的鄂西北我军，仅月余光景，又奇迹般地出现在大别山区。

1986 年 1 月于广州

刘昌毅，原名刘昌义，中原突围时任中原军区第一纵队副司令员、鄂西北军区副司令员，离休前任广州军区副司令员。本文系作者《两渡汉水，驰骋皖西》的一部分，标题为编者所定，正文略有删改。

原载中共郧阳地委党史资料征集编研委员会办公室编辑：《纪念中原突围胜利四十周年专辑》，1986 年，第 26 ～ 30 页。

# 中原突围记

◎ 邹作盛

## 在停战的日子里

1946 年 1 月 10 日，国共两党宣布了停战令。

乍听，这是一个好消息，人们以为它会带来和平。然而，就在停战令公布的那天，国民党军队即向我中原解放区发起进攻。次日，夺取了我息县县城。14 日，又攻占了我光山县县城。15 日，又向我定远店进犯。接连十几天，共以十几个师的兵力，分途向我大洪山、白兆山和四望山等地区连续不断地进攻。

那时，我在中原军区司令部参谋处工作。情况报告一个接一个地送到参谋处，使我们的心（肺）都快气炸了。

原来，所谓"停战""和谈"，都是美帝国主义和国民党反动派的缓兵之计。他们玩弄反革命的两手，企图拿"停战""和谈"做幌子，来达到"假和平，真备战"的目的。

早在抗日战争期间，国民党反动派就保存实力，妄想在抗日胜利后独占中国人民抗战的胜利果实，所以日寇投降后就对我各解放区发动了进攻。

鄂豫解放区地处长江中游、武汉外围，敌人进攻时首当其冲。我党为了集中力量，反对内战，曾命令我新四军五师撤出了鄂皖边、鄂南和石（首）公（安）华（容）

等解放区。但是国民党得寸进尺，反而进一步进占了我襄（河）西、襄南、鄂中、鄂东等解放区。

日寇投降后，我党中央为了加强中原战略区的斗争，决定王震同志率八路军南下支队（即三五九旅）由湘、粤北返，王树声同志率豫西军区部队南下，在桐柏地区与新四军五师会师，组成了中原局与中原军区。

停战命令公布后，我为严格执行停战命令，中原局和中原军区领导机关立即率领6万余主力部队，由桐柏山区转移到鄂、豫交界的以宣化店为中心的罗山、礼山（今大悟）、经扶（今新县）、光山地区。不料，国民党反动派竟调集了11个军26个师30余万人的正规部队，构筑起6000余座碉堡，将我重重包围。

在被围期间，国民党反动派口头上高喊"和平"，表面上装腔作势地要遵守停战协定，执行停战命令；实际上却向我军驻区不断地蚕食进攻。北平军事调处执行部，曾派第九执行小组于1月23日、28日先后奔赴罗山、应山视察调处。国民党反动派虽被迫与我签订了"罗山协议""应山协议"，答应制止国民党军队不得继续向我进攻，可是国民党军队一天也没有执行过协议。

到4月底，国民党军队向我中原部队的大小进攻，竟达700余次之多，并在驻马店、花园、潢川、商城等地设立了指挥所。据确息，国民党反动派准备在5月4日至9日向我中原部队展开全面出击，妄想歼灭我中原部队，然后向我华北、华东、西北、东北等其他解放区大举进攻。

中原内战的局势，已如箭在弦上，一触即发。

就在这最严重的时刻，我党驻重庆代表周恩来同志于5月1日在重庆公开揭露了反动派的这一罪恶阴谋；4日，奉党中央之命，由重庆飞抵南京，举行中外记者招待会，再次揭露了反动派的罪恶阴谋；5日，由南京飞汉口；6日，即携北平军事调处执行部的美方代表白鲁德与国民党的代表徐永昌（王天鸣代行）以及随员、随行中外记者共40余人，由汉口启程来大别山区视察；8日，抵达中原局与中原军区司令部的驻地——宣化店。

当晚，军区首长召集我们机关和各单位来的代表一起开了个欢迎会。会上，周恩来副主席给大家讲了话。一开始，他就如同谈家常一样地说："我既是客人，又是主人。"这话使人听来多么亲切、温暖。接着他又说："你们在这里艰苦奋斗，处境非常困难，党中央和毛主席对你们都很关心。"大家听了这话，又联想到党中央不久前曾派董必武同志携带着各解放区和国统区上海、北平、武汉、重庆等地下党募集的救济款三万万元与一批黄金白银，来宣化店向中原军民进行慰问的情景，都很感动。欢迎会之后，周副主席还给我们分析了形势，介绍了和国民党谈判的经过，并且强调指出：国民党反动派有两手，一手文的，一手武的。文的、武的都是一个目的：消灭人民力量。我们必须以革命的两手，对付反革命的两手！……

周副主席的指示，鼓舞了我们全体同志的斗志。

而后，周副主席与美蒋代表回到汉口，于5月10日又在汉口的杨森花园，签订了"汉口协议"，规定双方指挥官必须制止一切冲突，停止一切违犯停战命令的部队调动和建筑碉堡工事。北平军事调处执行部并增派第三十二执行小组驻宣化店，以监督"汉口协议"的执行。

其实，这都是美帝国主义者与国民党反动派骗人的手段。在这以后，他们反而变本加厉地进一步对我进行军事围困，继续派遣特务到我区进行造谣、放毒、暗杀，加紧实行经济封锁，严禁食盐、粮食、布匹、医药进入我境内，用高价收买我区粮食输出。正当青黄不接的季节，我6万余人的部队，聚集在一个方圆不及200里的山区，天天喝稀饭、吃野菜，缺吃、少穿，困难极了。

时至6月底，国民党反动派在他的美国主子的支持、帮助下，经过五个多月的调兵遣将，以为发动全面内战的准备工作已经完成。他们就以中原地区为起点，开始向我全国各解放区大规模地进攻了。

## 突破重围

在反动派看来，以其30万之众，操美制精良武器，于方圆200余里之内，攻我中原六万之师，简直易如反掌。于是密令其部队从6月26日起开始行动，务于7月1日向我发起总攻，限"四十八小时全歼"我军。

显然，在这种情况下，我们只有突围，摆脱这种困境，保存有生力量才是上策。大战来临前的一天下午，李先念司令员等领导同志来到我们作战室里，走近标着敌情的图前，仔细查阅。看了一会儿，指着地图说："看，南面是长江天险，西边是桐柏山区，两下都是国民党的后方，只有北、东两面是我华北、华东解放区，自然敌人要在这两面布置重兵啦。"经过一番讨论，首长们确定了事先研究的方案，并具体作了部署：先由皮定均同志率领一纵一旅向东佯动，掩护大部队向西突围，而后转入华东解放区；中原局和中原军区领导机关率二纵之十三旅和十五旅四十五团为北路之一支，王震副司令员率三五九旅、干部旅为北路的另一支，两支部队平行向西突围，经桐柏山区直下陕南；王树声副司令员率一纵的二、三旅包括二纵十五旅之四十三、四十四团为南路，西越平汉铁路后，进入鄂西北；河南军区部队于掩护北路突围后转入豫西地区；江汉军区部队除留少数武装坚持原地斗争外，其余转入襄河以西地区；鄂东军区部队于掩护主力突围后留原地坚持斗争。最后，李司令员强调指出："最要紧的是出敌不意。"

敌人从 6 月 26 日起开始行动，我们的部队也从 6 月 26 日起开始行动。

我是随中原局与中原军区领导机关一起行动的。所见所闻，主要是北路突围部队的情况。

6 月 27 日，乌云笼罩着大地。快黄昏了，机关工作人员和警卫部队隐蔽地由河东移到河西，陆续到了距宣化店 3 里多远的地方集合。当地的人民群众纷纷跑来观看，不少人在议论："奇怪！为什么他们在这里驻了几个月，突然之间就要走了？"特别是那些生长在老根据地的老头儿、老婆婆，纷纷走拢来，贴着我们干部、战士的耳朵问："同志，你们真的是要走吗？"我们的干部和战士答复他们说："是换防。"

这时，张体学同志率领鄂东军区的部队已到宣化店"接防"。中原军区司令部的门口，仍挂着司令部的牌子，照样站着门卫。宣化店的街上，仍是人来人往，部队照样出操唱歌。领导机关已经离开了，竟使那些住在河西国际招待所里的第三十二执行小组的"洋人"们和国民党的特务，完全蒙在鼓里。后来他们大概是发现了什么，竟于 28 日提出要见李司令员，借以试探虚实。为了迷惑敌人，正在西进途中的李司令员接到我方代表发来的电报后，即刻带了几个警卫战士，飞马赶回宣化店，接见了他们。

从宣化店至平汉路，行程百余里。我们经过两天隐蔽的行军，于 1946 年 6 月 29 日下午，到达了平汉铁路东侧 20 里的长冲。由李先念、郑位三、陈少敏、文建武和任质斌等同志率领的中原局、中原军区领导机关以及十三旅、十五旅四十五团和军区警卫团都集结在这里。

狭长的长冲蜷伏在大别山西麓的尽头。连绵的山峦，葱郁的丛林，成为掩护部队的天然屏障，交通要道和山口都布置了岗哨。我们的队伍分别集合起来，由各级干部进行战斗动员。干部们立即清理文件，进行轻装，战士们检查武器弹药……

早在前两天，军区司令部就派二纵队副司令员周志坚同志率领三十七团靠近了平汉铁路边，监视铁路线上的敌人，侦察突围的路线，选好突围点。这时，李司令员与二纵文建武司令员等，到达了离铁路不远的地方，找到了周副司令员，倾听了他们的汇报。接着，李司令员亲自到靠铁路不远的仙石岩去观察。陡峭的仙石岩，高踞在群山之上，银亮的铁轨在脚下蜿蜒伸展。李先念同志举起望远镜向西眺望，远处的山峦连绵起伏，层层叠叠。近处，封锁铁路的何家店与柳林车站的敌军据点，一个一个的碉堡呈现在眼前。平汉铁路从信阳至广水段，是国民党六十六军防守的，由一八五旅的一个辎重营驻守柳林车站和何家店，共二三百人兵力。经过观察，并没有发现增兵的迹象。

"嗬，蒋介石以为他的 30 万兵力在我们周围构筑了万里长城，偏偏在这里有个缺口。"李先念同志放下望远镜，向文建武和周志坚同志说道，嘴角上露出了几丝笑纹。

李先念同志观察后回到山下，和文建武、周志坚、三十七团团长夏世厚同志仔细研究突围作战计划。为了迅速通过平汉线，确定我军兵分两路：南路由王震同志率领从信阳以南、武胜关以北的李家寨突破；北路由李先念等同志率领从柳林车站与何家店之间突破。

李司令员掏出怀表叫在场的几个指挥员对了对表，叮嘱道："今天晚上 10 点钟以前，你们一定要以迅雷不及掩耳的夜袭战术，拿下何家店与柳林车站，掩护中原局和军区领导机关部队突围。突得过去，就是胜利；突不过去，就是惨败！"紧接着又说："你们今晚担负的任务是光荣的，只能胜利，不准失败！"

"我们坚决执行命令！"夏世厚同志严肃地回答。

在苍茫的暮色里，我们的部队沿着峡谷继续向西行进。天空飘起了毛毛细雨。天漆黑，路又滑，很不好走，特别是领导机关的干部和工作人员，行军的速度越来越慢了。这可急人啦!倘若天明以前,我们的部队抢不过平汉路,那就有极大的危险。反正是在深山密林里行军,高山挡住了敌人的视线,不会暴露目标,军区首长立即下了一道命令:凡是不好走的地方,有悬崖深壑的地方,都点燃一堆堆的柴火或插上一支支点燃的蜡烛,一下子,几里路长的蜿蜒曲折的柴堆火和烛火,像一条镶了无数珍珠的彩带,照亮了崎岖的山路,部队行军的速度加快了。

9点多钟,机关部队到了扇子山脚下,距平汉路只有七八里地了。突然从前面传来一道命令:"不准吸烟,不准点火,不准大声喊叫!"于是,柴堆火、烛火没有了,火光全灭了。掉队的人不敢喊,不敢叫,一个一个的紧跟着。赶不上了,便学猫叫,雀子叫,前前后后进行联络。跌倒了,爬起来又往前赶。

继续往前走,到了戴家庙,快出山口了。遥望着黑沉沉的远方,隐隐约约出现了一排排、一簇簇的灯火。显然,前面就是平汉路了。前面又传下来一道命令:"原地休息,不准吸烟,不准说话,不准咳嗽!"

忽然,从何家店方向传来了两声清脆的步枪声。接着,轻、重机枪和手榴弹也响了。原来掩护我们突围的三十七团,9点多钟就接近了敌人。一营攻打何家店,他们采取十年内战时期"土坦克"攻坚的办法,用手榴弹炸掉敌人的碉堡,消灭了一些敌人。二营攻打柳林车站,当他们摸进了敌人的营房时,敌人睡得像死猪一样,缴了他们的械都不知道,还在说梦话呢。

经过大约一个多小时的混战,何家店与柳林车站的敌人基本上被消灭了。可是铁路沿线驻的都是六十六军的正规战斗部队,近处远处的敌人听到枪声,急忙从南北两方增援来了,战斗更加激烈,三十七团一营迅速占领何家店左右高地,向平汉路的南方堵击;二营迅速占领柳林车站左右高地,向平汉路的北方堵击;三营封锁黄庄,迫使敌人不能前进。

由于我三十七团英勇顽强的抵抗,前面一批战斗部队已经从缺口中冲过去了,接着就是领导机关的工作人员跟随前进。在雨夜里,同志们出了山口,过急流,穿竹林,翻越泥泞的平汉路基,还冒着枪林弹雨越过一段开阔地,最后经白云寨进到甘家冲,脱离了敌人的火力封锁。天亮时,我们登上了铁路西通往中华山的高山。遥远东方的天边,一片金黄色的朝霞,捧出一轮红日。许多人经过一夜的奔跑劳累,滚得浑身都是泥。相见之后,大家都高兴得尽情地欢呼、拥抱:"嗬,你过来了!""嗬,你也过来了!"

## 征途上

突破了平汉线,部队大踏步前进,一口气奔出好几十里。

时针已指向 10 点。我们的部队,还是昨天下午 4 点多钟在长冲吃的晚饭,经过一夜的行军战斗,除在路上吃了点干粮——炒米外,18 个小时没有进熟食,肚子实在饿了。军区首长命令部队,沿途找树林隐蔽休息,找村庄做饭。并命令把侦察电台立即架了起来。"嘀嘀嗒嗒"的声音刚一发出,就截获了一份情报:敌人已进入宣化店,张体学同志率领的部队,已巧妙地离开,跳出了重围。蒋介石的南京总部正在命令郑州绥靖公署主任刘峙,要他十万火急地督促进攻我中原部队的各路兵马,严格搜查,"活捉李先念、郑位三、王树声、王震、陈少敏"等,千万不能放走,拿获者有重赏。李先念、郑位三、陈少敏同志,正在路边的一间小茅棚里吃饭,译电员把这个消息告诉了他们,他们笑得连筷子上夹的黄瓜片都掉到地上了。

为了迅速摆脱敌人,我们由河南信阳南部的大庙畈继续前进。

这天已经是 7 月 1 日了。我们在行军路上,许多连队还以极简单的仪式,边行军,边召开了纪念会。有的连队把马克思、恩格斯、列宁、斯大林、毛主席的画像高高挂在前头一个班的枪尖上,大家向领袖像敬了礼。有的连队,政治指导员把一面有着镰刀铁锤的红旗高高举起,领着大家呼了口号:"伟大的中国共产党万岁! 伟大的中原突围胜利万岁!"……

7 月 2 日,我们在四望山中的泉口店与吴家大店休息了一天。这里是我们的老根据地。山势雄伟,地形险要。全体指战员连续几天没有吃过一餐好饭,睡过一次好觉。人民群众见到自己的队伍回来了,积极筹粮筹草。指战员养精蓄锐,准备再战。

在休息的过程中,司令部通过联系了解到:东路突围部队皮定均部,正在由鄂皖边的松子关向苏皖解放区前进;南路突围部队王树声部,已越过平汉路,正在向鄂西北地区前进;留在鄂东地区坚持游击战争的张体学部,早已进入黄冈、麻城一带大别山区牵制敌人。黄河以北我华北解放区刘邓部队,为了配合我中原部队突围,势欲南渡,使敌人更为恐慌。关于我军这次的突围行动,敌人作了完全错误的估计。

刘峙在郑州召开的记者招待会上说："吾人若不健忘，当能忆及去年11、12月间李先念曾全部兵力实行西窜（注：抗战胜利后，五个月的反内战），当时襄樊被其包围，光（化）、谷（城）受其震撼。此次共军之窜扰，其蓄意盖在鄂北、豫南一带，形成一广大新割区。"为了防我实现这一"计划"，蒋介石急令刘峙把驻河南许昌、确山、明港的四十一军，驻襄阳、南阳、谷城的第十军，火速调往天河口。企图于7月4日以前，在天河口对我北路突围部队南北夹击。不料，我军在泉口店与吴家大店稍事休息后，即轻装前进，于7月4日前即越过天河口，待敌军赶到这里时，早已见不到我军踪影。

接着，蒋介石又令刘峙让四十一军、第十军与驻方城、舞阳、桐柏的第十五军日夜兼程前进，企图在7月7日以前，把我们的部队聚歼在湖北与河南交界处，唐河以南的苍苔地区。谁知，我军又以一天一夜180里的急行军，抢先过了苍苔。

地面陆军堵击不成，敌人又借助于空军。他们派来12架飞机，赶到唐河、白河的上空，企图封锁唐河、白河，迫我背水作战。但是敌人的这一阴谋仍然失败了。我们已在7月7日和8日两天，抢渡了唐河、白河。

敌人想从空中封锁失败后，就要河南内乡、邓县一带有名的土匪头子、保安司令别廷芳，纠集三四千人的保安部队与民团，堵住我们的去路。

军区首长鉴于敌人追堵日急，为了缩短行军距离，加快行军速度，又决定分为两路：李先念、郑位三等同志率领五师一部主力掩护中原局与中原军区的领导机关为右翼，王震同志率领三五九旅与干部旅为左翼，向淅川方向前进。

7月12日黄昏，左翼部队进入丘陵起伏的地带。到达内乡以南的师岗时，先是正前方响了几枪，而后，周围的山冈上、树林里都响起了枪声。我们抓住几个敌探一问，原来是"鳖司令"（别廷芳）率领着保安团队与民团，在这里利用山包、石岩、土坎等有利地形放冷枪，同我们打"麻雀战"。其意图是要迟滞我们的行军速度，好让国民党的正规部队赶上来，与我们决战。

我们深知，挡路的不是一只"虎"，而是一只"狼"。可是，后面的却是一只"虎"——紧跟在我们后面的国民党两个正规师。我们前不怕"狼"，后不怕"虎"。哪里发现枪声，便向哪里派出一支部队，把他们赶得远远的。这群乌合之众一下就被我们俘虏了200多。路的两旁平静了，我们的部队又继续前进。

敌人原以为我们的行动在鄂北豫南一带就会停止的。可是，我们到了天河口没有停止，到了苍苔又没有停止。他们派飞机到唐河、白河上空阻击没有成功，派"鳖司令"和我们打"麻雀战"又没有成功，于是急急忙忙求助于他的美国主子，要第九执行小组与第三十二执行小组即从汉口坐飞机跟随我们的部队，从空中散发传单，要我们停止，并向我中原军区李先念司令员投递了一封信。信云：

中共中原军区李司令员鉴：

　　第九执行小组及三十二执行小组业于十四日上午到达老河口，决为和平作最后之努力，务请将军接到此信后，即刻发电与九小组贵方代表取得联络，同时派能全权负责之高级官一员于十六日前前来老河口协商，如贵司令员亲自来此，则更觉光荣，除请政府代表通知第一线，允许通过及保护外，盼先电复。

　　专祝平安！

第九执行小组

七月十四日

这，显然是"黄鼠狼给鸡拜年"。我们没有理他，部队仍然在继续前进。

## 抢渡丹江

敌人四次企图围堵截击我们的计划落了空，蒋介石恼羞成怒，把十五军军长武廷麟撤了职。并令四十一军、四十七军、十五军、第十军分别于南阳、镇平、内乡以南以及丹江沿岸的淅川一带堵击我们，令二十师、十三师继续紧跟我们尾追，令驻陕县九十军的六十一师、驻关中的胡宗南部第一军第一师，星夜赶赴河南、湖北、陕西三省的交界处、入陕的咽喉——荆紫关，堵我去路。7月13日，我们的部队进到淅川一带时，淅川城、马蹬铺和李官桥都已被敌四十一军的一二四师与四十七军的一二五师及宛西的保安团占领。

在敌人正从东、南、北三面包围拢来的紧急情况下，军区首长当即决定，以十三旅的两个团断后，三五九旅迅速包围淅川城，三十八团迅速包围马蹬铺，机关部队迅速抢渡丹江，摆脱敌人。

丹江，本来不宽，水也不深，平时卷起裤腿就可以徒涉过去。可是这几天来，由于山洪暴发，变得像条小黄河了。奔腾的江水，一浪接一浪地翻滚咆哮，巨浪击着江边的岩石，激起几尺高的浪花。江边见不到一个老百姓，找不到一只船。经过10多个小时雨夜行军赶到江东岸的500多名机关干部和工作人员，浑身湿透，看着眼前滔滔江水，不觉倒抽口气。有的就背靠背地坐在公路两旁的泥地里，有的靠着柳树打盹。

李司令员走到江边，就叫我们把地图打开。他说："过不去，飞也要飞过去！"当时就指示我们，一定要找出一条可以渡得过去的路线来。参谋处连续派了几次人去探水，回来汇报都是说："水深，流急，过不去。"李司令员把他的随从参谋简佐国同志叫来，严肃地说："简佐国，你把警卫队会水的战士都带上，一定要探出一条全部人马可以徒涉过去的路线来！"

简佐国同志和警卫队的魏赤龙队长带了30多名会水的警卫战士，来到江边，东寻西找，才在乱草丛中找到一个躲藏着的70多岁的白胡子老头儿来。根据老大爷的指点，在离淅川城两三里处选定了渡江点。他们立即把枪套在脖子上跳下了水，手挽手，肩并肩，按照老头儿指引的路线，与洪水搏斗着前进。眼看着探路的同志们进到江心，只有头部露出水面，一个个黑点，随着汹涌的波涛忽隐忽现。岸上人们的心都系在这几十个黑点上，唯一的希望是，他们能顺利渡过去，迅速探出一条全部人马能渡得过去的路线来。当勇士们离对岸只有几十米远时，躲在岸边临时工事里的敌人突然开枪。警卫队的机枪手，站在水里，端起机枪就是一梭子，接着所有冲锋枪也开了火。一排手榴弹掷了出去，打得敌人扭头就跑。警卫队的同志们冲上岸去，迅速占领了土寨子。

土寨子被我们占领了，但土寨子后面小山包上还有敌人仍在顽抗。他们居高临下，火力也不弱，对我威胁很大。简佐国同志又迅速地涉过江来，随即跨上一匹骏马，飞奔回来，向李司令员汇报说："渡江的路线找到了，再过几个钟头，水浅一点，所有的人都可过江。对岸的岸边阵地和土寨子都被我们占领了，只是土寨子后面的山包还不能攻克，需要增援。"

李司令员听了汇报，突然目光闪闪地注视着我，当机立断地命令道："你马上把领导机关所有带枪的人都组织起来，从中挑选八九十个能打仗的，你当连长，张松当副连长，马上过江拿下对面的那个小山包，掩护领导机关与后续主力部队顺利过江！"

在这关键时刻，谁不想为胜利做贡献呢！"带枪的站出来！"我只喊了一声，很快就组成了一个战斗连，立即出发。

这时，雨过天晴，太阳开始偏西，淅川城与马蹬铺方向的枪声还很紧。我们脱下了军装，把枪套在脖子上，十人一组，胳臂扣着胳臂，涉水前进。

我回头一看，只见李司令员高高地站在岸边的远处，手里拿着望远镜，很关切地在眺望着我们。

好容易渡了一半，敌机像一阵旋风，向我们头上飞来了。它飞得很低，连机身上的国民党党徽和阿拉伯数字都看得见。三架敌机穿梭似的飞来飞去，一面向江面轰炸扫射，一面向休息在公路旁的机关工作人员扫射。几个会踩水的同志急了，抬着机枪手，端起机枪对空就是一梭子弹。飞机飞高了。战士们高兴地说："你再来吧，再来，我们就要把你请下来同我们一起蹚水！"

我们继续在水里前进着，忽然感到脚底下的河床硬了，水也浅了，大家一齐都松开了手，高喊一声"冲！"便冲上了岸。上岸后，很快就插进土寨子与魏赤龙队长带的警卫队员会合了。我们马上兵分三路，直冲到小山包跟前。

这里的敌人原来是两个保安中队，虽然他们人数比我们多一倍，机枪也有好几挺，可是见我们援兵一到，撒腿就跑。我们立即找老百姓借来锄头、铁镐、铁铲，加修了战壕、单人掩体，在这里坚守着。

晚上10点多钟，听到江中有人言语，中原局与中原军区领导机关的干部、工作人员和大部队开始过江了，拂晓之前，部队全部顺利通过。

第二天早晨，天刚刚亮，敌机又来了。敌人的重兵，也正赶到了江边。我们的主力部队，早已把轻重机枪架在江边"恭候"着。敌人想在淅川丹江东岸一带消灭我们的阴谋又破了产。

这时，第九执行小组与第三十二执行小组又派飞机于7月15日赶到淅川以西一带山区的上空，向我们的李司令员投下了第二函。内容与第一函一样，只是把"于十六日前前来老河口"改为"于十八日来淅川"而已。我们没有理他。接着，又于16日投下了第三函。这次说得更加"巧妙"了。说什么"政府代表已同意在贵司令所派代表到达以后，双方停战二十四小时"，"三十二小组于七月十六、十七、十八三日于该县府候驾"，等等。所有这些，只不过是敌人玩弄的缓兵之计，妄图借机迟滞我军行动，待其调兵遣将，对我聚而歼之。我们当然不会上他的当。

## 血战南化塘

过了丹江，我们每个人头上戴一顶树枝编的伪装防空帽，沿着山间小道，向梅家铺方向前进。

敌人又调兵遣将，以第一军、四十一军、九十军、第十军、十五军等5个军共10个师的兵力，企图于淘河南岸的狐狸垭、白桑关地区，对我再组织一次合围。当敌人的合围圈形成之前，我们的部队已由狐狸垭与白桑关之左侧，神速地插了过去。

7月14日，当我先头部队王震同志所率领之三五九旅，进抵荆紫关西南之鲍鱼岭、南化塘一线时，敌人已有三个师进到了这一线。三五九旅经过两天一夜的激烈战斗，才突破敌人的封锁。

7月17日，当我新四军第五师的部队进抵南化塘时，原坚守在鲍鱼岭、南化塘的敌军，大部分追击我三五九旅去了，而国民党号称"天下第一军"的胡宗南部第一军第一师，却盘踞在鲍鱼岭、南化塘，顽强地堵住我们的去路，企图与尾追我们的两个师及从其他方面增援来的五六个师配合起来，歼灭我于南化塘一带的山谷之间。

这里四面都是奇险的高山。山上多岩石、灌木、丛林、荆棘、茅草。我们到达这里时，正是白雾茫茫的早晨，什么也看不清。先头部队打响了。隔了不久，白雾才散开，抬头一望，前面的每座山顶，所有的垭口、道路险处，都有敌人构筑的工事——土堡、盖沟，一个个地都向我们张开着黑沉沉的射击孔，我们已入了虎穴。这时，在我们的两翼都有敌人的重兵，后有紧紧尾追的敌人。四周的敌人紧缩拢来了，距离越来越近，枪声越来越紧。中原局与中原军区领导机关几百名工作人员，被压到了一条深山沟里。

郑位三、李先念、陈少敏、文建武、任质斌以及十三旅旅长吴世安等领导同志都到了指挥阵地，经过研究决定：从正面突破，杀开一条血路！先念同志很激动地说："打！老虎要拦武松的路，武松手里还拿着一条打虎的棒呢！"

攻击的命令下达了：三十七团从正面主攻，三十九团从南面掩护，三十八团从三十七团的右翼进攻，以四十五团断后。我们从上午 10 时起，开始向正面的敌人全面发起第一次冲锋。敌人凭着有利地形和工事以及美国装备顽抗，我们未能得手。接着组织第二次、第三次冲锋，连续组织了五六次冲锋，也只能攻到山腰，占领敌人的部分阵地。部队不休息，也没能做饭吃，一直打到下午。眼看左右的敌人和后面的敌人快拢来了，情况十分严重。

李司令员说："叫夏世厚来！"

夏团长胸前挂架望远镜，腰里插把小手枪，带了个警卫员，一双鞋子踩得泥冬冬的，满身大汗地跑来了。

"夏世厚同志！"李司令员严肃地对他说，"你迅速组织你们团的队伍，拿下玉皇山山顶敌人的主要阵地，杀开一条血路！……"

夏团长的警卫员连忙从水壶里倒了一茶缸子水递给他，他一口气就把它喝得光光的，然后说："坚决完成任务！"说着便向李司令员行了一个军礼，扭头快步向他的队伍走去。他马上就把李司令员所交代的任务和战斗部署通知所有的营连干部，决定：二营主攻；一营攻右翼；三营随二营前进。三十七团的健儿们立即行动起来。共产党员、共青团员、战斗英雄、特等射手们，每个人的腰里都插上三四个手榴弹，一个个瞪起眼睛，挺起胸膛，站到自己队伍的前列。冲锋号一响，只见二营营长李俊山同志的衣袖挽得高高的，两条臂膀像两条铁棍，左手向腰间一插，右手提起盒子枪向前面一指，大喊了一声："同志们，冲呀！"霎时间，山腰里像是刮起了大风，二营的队伍旋风般扑了上去。一、三营也都冲了上去。一瞬间，南面的三十九团，右面的三十八团，后面的四十五团，一齐配合，同敌人展开了激烈的冲杀。敌人的火力——轻重机枪和大炮，我们的火力——轻重机枪和小炮，一齐开火，子弹在空中呼啸，炮弹把树干截断，把荒草引燃，把地皮掀翻。烟尘滚滚，漫山遍野弥漫着一股浓厚的火药味。喊声、杀声、枪炮声、调动部队的军号声，交织在一起，震得山鸣谷应。……眼看着担任正面主攻的三十七团离敌人的主要阵地——玉皇山的山顶只有 1000 米、100 米、50 米、30 米远了，突然发出一片像山崩地裂、惊天动地般的呼喊，上百颗手榴弹在敌人的阵地上开了花。一阵浓烟腾空而起，寒光闪闪的刺刀刺向敌人的胸膛。

我们所有的队伍都打得很英勇，四十五团、三十八团、三十九团，都顶住了数倍于我的敌人。在所有的阵地上，同志们重伤不喊叫、轻伤不下火线。三十七团的谢教导员负了重伤，他躺在地上还喊："同志们，冲呀！快冲呀！一定要保护我们的有生力量，保护我们的党！……"通信员李本元脚上负了重伤，爬不起来，在地下滚到了一个隐蔽地点，瞄准敌人射击……经过党的培养教育的队伍，个个都是钢铁战士，在敌人面前只有仇恨和勇敢。不少同志倒在血泊中，献出了自己的生命，不少同志负了重伤，救护人员去抬他时，还说："你们快走，快突围，不要管我！……"

守在玉皇山山顶的敌人被我们打垮了。我们控制了玉皇山山顶及玉皇山两旁的山头阵地，顽强地抗击着敌人，中间形成了一条突围的巷道。将近黄昏，天又下起毛毛雨来。我们的机关、部队，便冒雨沿着这条杀开的血路继续前进！

## 胜利到达陕南

突围出了南化塘，沿途仍是崇山峻岭、盘旋曲折的羊肠小道。7月20日，我们大队人马抵达东赵川，又和敌二十师打了一仗。原来敌师长赵锡田在南化塘战斗之前，已收到其上峰的严令，若不能在荆紫关以南地区紧紧尾追，配合前面的堵击部队歼灭我军，定以"军法从事"。赵锡田为了保官保命，立功受赏，亲自督阵，集中了全部兵力，拼命地往上攻。战斗从中午起，共进行了16个小时，敌人先后共发起17次冲锋，都被我打垮了。我英勇的四十五团，以三个营击退了敌人十多个营的进攻。20日晚，我们的机关部队，从前坡岭东南3里的小沟全部通过。赵锡田想在东赵川孤注一掷，立功受赏的幻想又破灭了。

21日下午，敌人又以军调部执行小组的名义，向我投下了第四函。原来他们前三函投下后，见我们置之不理，于是第三十二执行小组于16日即由老河口乘吉普车紧跟我们部队尾追，用汽车和我们的两条腿赛跑。17日，他们到了河南的南阳，我们便到了荆紫关、南化塘一线；18日，他们赶到了西峪口，我们又绕行到了南化塘西南的秦家漫。因此，他们又不得不于19日赶到龙驹寨，给留在老河口的第九执行小组火速发电报，要他们在21日下午，再用飞机向我们投下第四函。说什么"此次为和平最后一次尝试。如二十四日仍不能与贵司令代表取得联络时，则九小组及三十二小组于二十五日赴西安，三日后即赴北平请示"云云。同前几次一样，我们还是没有理他。

继东赵川战斗之后，在梁家坟、漫川关又粉碎了敌人的堵击。7月28日，我北路突围部队——中原局与中原军区领导机关，终于到达陕西南部之商南，与龚德芳同志率领的原在陕南活动的游击队会合了。从6月27日离开宣化店起，到达陕南止，共1个月零1天，行程2000余里，敌人以近10万的兵力，前堵后追，左右包围，沿途日夜枪声不绝，我军共击破了敌人十次有计划的围堵截击。

我们这次突围，历尽了人间艰险。从河南平原进入山区以后，人烟逐渐稀少，特别是进入大山区以后，往往几里路见不到一户人家，粮食就成了大问题。刚开始，还可买到土豆和玉米，以后连土豆和玉米也买不到了。有的连队，有时几乎是颗粒俱无，靠山上的野果、野菜充饥。记得7月21日，部队进到黑龙洞时，许多指战员实在饿得走不动了，军区首长不得不下令杀马吃，杀了马既无油盐，又无锅煮，只好烧柴火把它烤熟，一面行军一面吃。最困难的是过了丹江经过梅家铺以后，有几十里路程，当地人叫它"七十二道脚不干"，说的是那段路：两山之间，经常随着山势的蜿蜒、曲折、旋转，形成一条深沟的人行小道。沟，是阴森森的；河水，是冷冰冰的；路，是不定型的，时而是沟，时而是河，时而是路。我们经过这段地区时，除找不到粮食，日夜行军作战得不到休息睡眠外，一双脚可成了问题。脚要走路，必须穿鞋。从宣化店出发，每人身边至多不过携带了两三双布鞋或布草鞋，连续行军，又是泥又是水的，早已穿破了。以后虽然在沿途购买补充了一些，但因雨天太多，一双鞋穿不上两三天就破了。通过"七十二道脚不干"时，许多同志的脚上已经没有了鞋。山路有刺有碎石，小河沟里全是流沙和一些小鹅卵石。有的同志只好用破布把脚包裹起来，有的同志连破布也找不到，就光着脚走。由于小河沟太多，脚成天泡在水里，脚上的皮就像是用水泡透了的海蜇皮。有些小河沟，是经过山上长年积累的霉烂腐朽的树叶和草渣而流下来的水，水中有毒。这样，脚板与脚背，就长出了一些小圆白泡。最讨厌的是走了一段湿路，又要走一段干路；走了一段干路又要走一段湿路……走干路时，经太阳晒，风一吹，脚上的那些小白泡便干燥、破裂、流血，又痒又痛。再走湿路时，脚又浸在水中，痒得痛得更难受。

当时我们是在深山老林中行军，既找不到担架也找不到人抬，有许多同志就是为此而掉队了。负了伤的同志，有病的同志，以及脚痛掉了队的同志，我们无法把他们带走随军行动，只好把他们搀扶至深山老林，留下一部分钱，寻找贫苦群众，安置在石洞中或贫苦群众的家中。

经过了千辛万苦，我们终于胜利地到达陕南。数月来，我中原部队牵制了国民党几十万军队，有力地配合了华北、华东、东北等各解放区的斗争。党中央与中央军委指示：为了继续牵制国民党的军队，配合华北、华东等各解放区战场的作战，中原军区的部队，必须在豫鄂陕、鄂西北地区创建敌后根据地，广泛开展游击战争。7月29日，在商南龙驹寨西南之土地庙召开了领导会议。8月2日，奉党中央与中央军委之命，正式成立了豫鄂陕区党委，以汪锋同志为书记，并成立了豫鄂陕军区，以文建武同志为司令，汪锋同志兼政治委员。此时，我原河南军区的部队与原一纵三旅的八团以及原新四军的第十五旅均到达了陕南。在区党委与军区党委领导之下，东至洛宁、西峡，西至蓝田、柞水、镇安，南至荆紫关、漫川关，北抵陇海路，纵横千余里的土地上，成立了五个军分区，创建了新的根据地，继续对敌人展开了新的斗争。

原载中国人民解放军战士出版社编：《星火燎原选编之八》，中国人民解放军战士出版社，1981年，第144～165页。

# 宣化店的斗争与中原突围

◎ 肖健章

　　抗日战争刚刚胜利，蒋介石就迫不及待地想要东进华东、控制华北、抢占东北，在全国部署内战的兵力。而新四军第五师雄踞中原，正好扼住了蒋介石内战部署的咽喉。因此，从日本帝国主义宣布无条件投降的那天起，他就调集了五个战区二十多个师及九个游击纵队，气势汹汹地从四面八方向中原扑来，企图把抗日有功的新四军第五师消灭，扫除发动全面内战的第一个障碍。一时间，中原上空笼罩着黑沉沉的内战乌云。

　　为了加强中原地区的武装力量，大量牵制蒋军，党中央命令王震、王首道等同志率八路军三五九旅南下支队从广东北返，令王树声等同志率嵩岳军区部队和冀鲁豫军区王定烈同志带领的水西八团从豫北南下，与新四军第五师会合。1945 年12 月 24 日，八路军、新四军三支主力部队在桐柏地区胜利会师，并以五师为主体，李先念同志为司令员，郑位三同志为政委，组建了中原军区，形成了六万余人的中原解放军。

　　中原军区的建立，对蒋介石倾巢出川，挑起全面内战，造成了极大的威胁，因而也更引起了他的仇视和恐慌，他咬牙切齿地叫嚷要在 11 月份"肃清"中原解放军。这一计划被粉碎后，他们又重新纠集大量兵力，疯狂地向桐柏地区紧逼。为了摆脱困境，争取主动，按照中央的指示精神，中原军区机关和主力部队由平汉路西向东转移，拟到安徽五河一带，逐步向新四军主力靠拢。当部队行至湖北礼山（今大悟县）和河南光山一带时，国共双方于 1946 年 1 月 10 日签订了停战协定，并在同日下午下达了停战令，规定双方应在 1 月 13 日零点就各自位置停止一切军事行动。中原军区恪守停战协定，立即命令停止东进，并决定以宣化店为中心就地待命。宣化店地处鄂豫交界，位于中原军区各部队的中心，地理条件较好，军区统帅机关驻扎此处比较适宜。但是当时国民党六十六军宋瑞珂的军部驻信阳，他的部队疯狂地在平汉路东侧抢占地盘，特别是在停战令下达以后，他们还抢占了离宣化店仅几公里或十几公里的周党畈、定远店、大兴店等地，对中原军区机关造成直接威胁。在迫不得已的情况下，军区派十三旅、十五旅消灭了宋部的两个团，占领了以定远店为中心的几个重要村镇。一纵队、二纵队就地部署，一面休整待命，一面准备同敌人谈判。三个独立旅在河南、江汉、鄂东地区活动待命。我们在宣化店与国民党反动派进行了将近半年的针锋相对的斗争。

在宣化店的五个月零十天，正值国共两党重庆谈判不久，蒋介石玩弄反革命两手，假和谈，真内战。一面在停战协议上签字，一面命令国民党军队"迅速占领有利地形，对共军严密封锁，分进合击，彻底消灭中原共军"。在这样一种极端复杂和困难的情况下，我中原部队贯彻执行党中央关于"配合华北、华东、东北的斗争，粉碎国民党的进攻"的战略方针，以革命的两手，对付国民党反动派的反革命两手，在政治上、军事上、经济上同敌人针锋相对地展开了艰苦卓绝的殊死斗争。

当时，我们一方面通过谈判不断揭露蒋介石假和谈、真内战的阴谋，以求得国内外舆论对我方的同情和赞助，迫使蒋介石慑于国内外舆论，不敢轻举妄动，铤而走险，从而赢得更多时间，使我中原部队和华北、华东、东北各解放区做好牵制敌军和还击蒋介石发动全面内战的准备工作；另一方面，教育广大指战员认清国民党反革命两手的反动本质，认清和平绝不可能，内战不可避免，使中原部队六万健儿明确自己肩负的战略任务，丢掉幻想，准备斗争，发扬我军团结一致、顾全大局、艰苦奋斗、英勇顽强的光荣传统，不惜用最大的代价，完成坚守中原、拖住 30 万敌军的光荣任务，用自我牺牲的精神换取革命战争在全国各个战场上的更大胜利。

为了同国民党进行有理、有利、有节的斗争，元月底，中央指示，要中原军区先念同志前往武汉会见周恩来同志，共同商讨同国民党谈判的方针与策略。当时我在军区司令部当参谋。李先念同志要我随从他一起到武汉。我们到武汉后，住在当时的法租界的德明饭店里。两天后，周恩来同志同国民党第二厅厅长郑介民及美国代表马歇尔，还有张治中到达武汉。经过几天艰巨的谈判斗争，终于达成了成立军事调停处武汉执行小组的协议，并由美国上校福尔德、国民党少将邓维仁、我方代表任士舜及军调部的我方代表薛子正等人任执行小组成员。在谈判过程中，国民党仍玩弄反革命两面手法，表面上进行和谈，暗地里却调兵遣将，妄图"围歼"我军。他们部署和建立了四个指挥所（花园、信阳、潢川、商城），其中花园是武汉行辕的指挥所之一，周喦任总指挥。他们调遣了 11 个正规军、26 个师的兵力，计30 余万人，把我中原部队包围在东西不到 50 公里、南北不到 60 公里的狭小地带。他们在宣化店邻近几十个县的范围内，强征民夫，收编伪军，拆毁民房，砍伐树木，构筑了数万个碉堡，挖通了 10 万多条战壕，对我步步紧逼，梦想把我中原部队一口吞掉。针对国民党的军事蚕食政策，我们同敌人展开了反蚕食斗争。当时两军对垒，剑拔弩张，几乎天天有战斗，日日闹摩擦，在五个多月的时间里，抗击了蒋军千余次的疯狂进攻，捍卫了中原大地，牵住了敌军的鼻子，有力地配合了全国各解放区的斗争。

国民党反动派为了消灭中原解放军，在进行军事蚕食的同时，还实行了严密的经济封锁。我中原六万大军不但粮食极为缺乏，有时甚至连饮水、烧柴问题都难以解决。至于必需的医疗药品，更是无从谈起。指战员们一连几个月过着缺粮少菜的艰苦生活。在那样极端困难的情况下，中原部队的六万健儿不怕苦、不畏难，不屈不挠，只要能拖住敌人，再苦再难也毫无怨言。为了粉碎敌人的经济封锁，机关、部队开展了生产自救，小分队分散到各个地区，就地筹款、筹粮，有时夺取敌军的粮食、物资来补充自己。由于广大指战员的艰苦努力，加上党中央的亲切关怀和援助，终于战胜了敌人的经济封锁，坚持了中原斗争。

在中原部队同国民党进行艰苦卓绝斗争的日日夜夜里，党中央、毛主席、周恩来同志、董必武同志给予中原部队指战员极大的关怀和支持，鼓舞了六万健儿的士气，激发了斗争热情，坚定了必胜的信心。

3 月上旬，正当中原部队被围困的最困难的时刻，先念同志派我跟随中原局代表任质斌同志以军调部执行小组工作人员的身份去延安，向毛主席汇报部队情况，请求给予经济支援和请示下一步的行动方针。我们在毛主席身边度过了不寻常的两天。临走时,毛主席请我们吃了晚饭。他首先问先念和位三同志好,并做了重要指示,对中原部队在敌人重重围困的条件下坚持斗争给予了高度评价。毛主席指出,中原部队要用最大的毅力拖住国民党最多的军队,尽量争取拖住敌人更长时间。还说:你们在那里艰苦奋斗,牵制国民党军队30多万,掩护各解放区工作的展开,将来各解放区打胜仗也有你们的功劳的。现在你们拖住国民党30万大军,将来即使你们突围时部队被消灭得一个没有,只要各解放区打胜仗,对你们来讲,也是一个伟大的胜利。毛主席还亲自在我的笔记本上题了"努力奋斗"四个字。

3月30日,毛主席派董必武同志到宣化店看望和慰问部队。董老给中原部队带来了大批金子、银圆和药物,又通过在国民党湖北省担任救济总署署长的杨显东同志,运来了大批救济物资。杨显东同志还亲自到宣化店了解情况,商讨安排运送大米、白面、药物及各种食品、罐头。党中央、毛主席和董必武同志对于中原部队政治上和物质上无微不至的关怀,像春风一样,温暖着困难之中艰苦奋斗的六万中原健儿,更加激发了指战员不畏艰险、不怕流血牺牲、誓同敌人奋战到底的决心。

特别是我们敬爱的周恩来同志,在中原斗争最紧张的时刻,肩负着毛主席、党中央的重托,以他政治家、外交家和军事家的卓越才能,为延缓内战危机,赢得抗击全面内战的准备时间,奔走呼号于渝、汉、宁之间,并亲赴中原军区司令部所在地湖北宣化店,同国民党反动派进行了针锋相对的斗争。

1946年4月间,国民党企图"围歼"我中原部队的部署已基本就绪。但是,我其他战场还击全面内战的准备工作还没完成。在这种情况下,继续推迟国民党大举进攻中原、进而发动全面内战的时间是我党我军当务之急。在内战一触即发的关键时刻,周恩来同志决定亲自到宣化店实地视察。4月3日,周恩来同志电告美国代表马歇尔,提议同到宣化店视察。但美国佬和蒋介石是一丘之貉,他们所谓调停是假,帮国民党打内战是真,所以对周恩来同志的提议采取拖延政策,尽管周恩来同志一再催促,但美国人仍然不付诸行动。针对美蒋阴谋,周恩来同志先声夺人,连续举行数次记者招待会,一针见血地揭露了国民党反动派进攻中原解放区的罪恶目的,指出:重重围困我中原的部队,"显系反动派有计划之阴谋,企图在东北攻占长春以前,突然发动全国性之大内战"。接着周恩来同志义正词严地警告国民党:"中原军区新四军、八路军计有六万人之众,如国民党反动派敢于进攻,破坏停战协议，以至全国泛滥，其全部责任，当由国民党负之"，"如果不听正告，国民党以三十万之众，企图消灭六万八路、新四军，就是内战的开始"。在周副主席的据理力争下，美蒋迫于进步舆论的压力，马歇尔不得不同意派北平军调部执行处长、美国人白劳德做其代表和国民党军令部长徐永昌随同周副主席去宣化店视察。

1946年5月3日，周副主席由重庆飞往南京，一下飞机，立即发表讲话，再次揭露了蒋介石集团假谈判、真内战的反革命两面派手法，并严正指出："首先协议停止中原内战，以免牵动全局，发展成为全国内战。"5月6日下午6点，周副主席又坐飞机飞抵汉口，连夜和有关方面商议去宣化店的事宜。国民党军令部长徐永昌托病不去宣化店，派武汉行辕副参谋长王天鸣做他的代表。周副主席随即带着白劳德和王天鸣，一起乘车去宣化店。

8日清晨，中原军区的首长们聚集在宣化店的南头街口，凝望着汉口方向。约11点钟，几辆吉普车驶到街口，周副主席带着秘书宋平、李金德同志下了车，广大指战员怀着久旱盼春雨一样的心情，热烈欢呼、鼓掌，欢迎周副主席到来。周副主席向全体指战员频频招手，表示亲切慰问，然后，由先念同志陪同，进入了中原军区机关所在地。周副主席一刻也没有休息，立即召开会议，先念同志要我铺开一张五万分之一的军用地图，然后他向周副主席汇报部队的情况和敌我双方的态势。周副主席俯身细看，不时用红蓝铅笔打着记号，时而静静地听着同志们的发言，时而站起来来回踱步。这些情况表明，周副主席在部署着一场重大战役。大家讲完后，周副主席精辟地分析了时局，重申了毛主席的指示和我党的战略方针，进一步揭露了国民党的阴谋诡计，指出和平绝不可能，内战难以避免，他要求中原部队一面要拖住敌人，尽量延长时间，一面要随时做好迎击敌人进攻的准备。周副主席沉着、刚毅地说："内战没有什么了不起，三十万军队包围你们也没有什么了不起。中央信任你们，相信你们有能力粉碎敌人的进攻，到时来一个四面开花，作战略转移，来一个两条腿同汽车赛跑，把围困你们的国民党三十万军队搞得五零四散，精疲力竭，再来一个一个地消灭他。"

晚上，为了欢迎周副主席，军区组织了一次文艺晚会，晚会后，周副主席又继续召集中原军区的领导同志开会，周副主席认真分析了中原战场上敌我双方的态势，了解了地形地貌，议定了中原部队战略转移的方针。

第二天，周副主席在礼山中学召开了军调处会议，到会的还有中外记者40余人。我方干部战士用大量的事实揭发控诉蒋军进犯我阵地，烧毁我村庄，杀害我军民的暴行。周副主席站在中外记者面前，挥动着中原军区出版的《七七日报》及前线的报告，再次揭露了蒋介石破坏协议、破坏和平的阴谋。周副主席以军事家特有的洞察力向美国人、蒋方代表以及中外记者指出：国民党军队"打下中原，必然进攻东北。中原内战是全国内战的爆发点。"周副主席再次呼吁："现在，全国需要和平，内战应无条件停止，千百万人的生命所系，如何能拖，又如何忍拖！"这样，在中外记者和国际舆论的压力下，国民党反动派不得不同意签订停止进攻中原的协议。9日下午，周副主席又回到武汉，10日即签订了停止中原内战的协议。根据这一协议，我中原部队乘有利时机，采取合法手段，转移了2000余名伤病员和非战斗人员，以及部分被国民党蚕食地区的我地方干部，精干了部队，抓紧做好了突围前的各项准备工作。

6月上旬，先念同志把我和宋世荣同志找去交代任务，根据周副主席在宣化店的指示，要我们两个人起草一个关于突围设想的报告。报告中提了三个方案，并分别对各方案的利弊进行了分析和陈述。其一，是执行停战协定签订前夕的方针，东进到五河，靠近新四军主力部队。但此方案意图比较明显，易于为敌掌握，一经执行，国民党必然在我东进时进行包围和截击。其二，是沿平汉铁路由南向北转移，刘邓大军由北向南接应。这一方案的缺点是，沿平汉路的敌军交通方便，机动性较强，便于集中兵力对我军进行堵截。其三，是向西转移，穿越平汉线，到达鄂西北武当山和陕西南部，与当地的地方游击武装会合，建立根据地。这一方案有利条件较多。报告写好以后，经中原局认真讨论，决定三个方案一并上报中央，并提出执行第三方案的倾向性意见，待中央定夺。时隔不久，中央即来电批复，同意第三方案，并补充了到陕南和鄂西北的有利条件，即把中原部队主力摆在川陕边的同时还可以牵制胡宗南的部队。

关于突围的具体部署，经中原局和军区研究并报中央批准后，决定由先念同志率军区机关和二纵的十三旅及十五旅四十五团为北路的一支，挺向陕南；王震同志率三五九旅和军区警卫团以及干部旅为北路的另一支，与军区其他部队齐头并进；王树声同志率一纵队（欠第一旅）和十五旅四十三、四十四团走南路，直插武当山。

河南、江汉、鄂东三个军区的独立旅及各地方武装化整为零，原地坚持斗争。一纵队的第一旅由皮定均同志率领，声东击西，掩护全军转移，完成任务后立即向东突围，和皖苏的新四军主力会合。

也正是在这个时候，蒋介石部署消灭中原解放军已经就绪，即背信弃约，定于7月1日发起总攻。从6月22日起，国民党的13个军30多个师在我军周围进行蚕食，企图再度缩小包围圈。6月26日，又向我边缘开炮，战火由此扩大。敌人估计，聚歼不成，我必向东突围，以便和苏皖地区的新四军会合。所以，他们将这次总攻兵力的三分之一（11万人）摆在东线准备堵击。蒋介石反动派认为，他们这一部署，可算得珠联璧合，天衣无缝。在48小时之内消灭中原解放军大概是稳操胜券，万无一失了。

可是，我党中央和中原军区早已看穿了蒋介石的阴谋，按照党中央预先批准的计划，恰恰同蒋介石的阴谋反其道而行之。为了迷惑敌人，我军采取了声东击西的疑兵之计。6月25日起，担任掩护主力部队转移的皮定均旅故意繁忙地在我东北前沿阵地加固工事。与此同时，他们为了迷惑敌人，还有意川流不息地频繁调动部队，夜间把部队秘密地拉到西边，白天又急匆匆地向东开进，佯装成我主力部队要全力向东转移的姿态。王树声、韩东山及李人林等同志率领的三路部队，也分头向东、南、北三个方向移动。与此同时，我方继续同军调部武汉执行小组谈判，揭露国民党反动派企图"围歼"我中原部队的阴谋，并指出了他们兵力部署情况和行动的方向。此外，在我主力部队开始突围行动的那一天晚上（6月26日），我们还安排军调部执行小组的三方代表在宣化店祠堂里看戏。这一系列的做法，给敌人造成了严重错觉，他们认为我主力部队向东转移是毋庸置疑了，暗自盘算着不久就可把我军一网打尽。

26日黄昏，我中原主力部队南北两路大军按照预定方案开始秘密地向平汉铁路运动。夜10时许，在宣化店地区的南北方向，已是枪声大作，炮声隆隆，中原突围战役打响了。为了使我中原军区机关及主力部队在29日拂晓前尽快穿越平汉铁路，冲出敌人的重围，我军选择了平汉路上敌人防守最为薄弱的武胜关以北的柳林作为突破口。所以，突围的第一仗，就是要消灭柳林之敌。我先头部队三十七团在夏世厚同志带领下，迅速占领了柳林附近的所有阵地和制高点。这样，不仅使驻守柳林之敌的残部被迫退守柳林街巷，只能依靠碉堡、工事据守，而且，连柳林至广水一线的所有敌人都被迫处于守势，龟缩在工事、碉堡里，不敢露头。因此，中原军区机关在天刚拂晓时顺利通过了平汉铁路，而后，南北两路主力齐头并进，翻山越岭，涉水渡河，朝陕南和鄂西北方向大踏步前进。直到 28 日下午，国民党反动派才从"睡梦"中猛醒，发现中了计，上了当，急不可待地命令他们的东线部队冲破我军防线，向西追击我军主力，可是，他们已经望尘莫及了。这时，我皮定均同志率领的一旅胜利完成了阻击任务，早已迅速撤离阵地，一下子迂回到敌人背后，按照预定的计划，向东转移，直奔皖苏。

由于党中央的英明决策和我中原部队广大指战员的英勇奋战，敌人的第一道包围圈被一举突破，蒋介石企图"围歼"我中原部队的部署已被我完全打乱，他的各路"围歼"大军也被我军冲得七零八落。武汉行辕花园前线指挥所的总指挥周碞面对我军势不可当的突破能力，一筹莫展，束手无策。蒋介石眼看在宣化店地区一举"围歼"我军的美梦已成泡影，又仓皇地调兵遣将，对我军围追堵截。他任命郑州绥靖公署主任刘峙为"围歼"我军的总指挥。尽管刘峙一面下令尾追，一面下令堵截，又派汽车运兵，又命飞机轰炸，但为时已晚。我军突破敌人重围以后，迅速向预定方向挺进，所到之处，势如破竹。蒋介石、刘峙重新组织的"围歼"计划又告落空。蒋介石立即调动胡宗南驻潼关的所谓"天下第一军"，迅速到丹江右岸拦截我军。但我中原部队素有不怕艰苦、不怕疲劳、连续作战的优良作风，指战员们昼夜兼程，边走边打，以迅雷不及掩耳之势，很快就渡过白河，跨过丹江。当胡宗南第一军第一师赶到丹江右岸附近的荆紫关的时候，王震同志率三五九旅和军区警卫团也赶到荆紫关，没给敌人喘息的机会，立即向敌人发起了猛攻。激战三四个小时，击溃了所谓"天下第一军"的先头师，并俘虏其一部。接着，我十三旅又进击南化塘，经过一天一夜激战，击溃了胡部另一个师的两个团。这两次较量，使这个不可一世的所谓"天下第一军"元气大伤。两天后，我十五旅四十五团在前坡岭经过血战，又击溃了赵川阻击之敌的一个团。至于沿途所遇到的一些国民党保安旅、县大队等乌合之众，他们更是闻风丧胆，不堪一击了。

打了几个硬仗之后，我中原主力突破了敌人的重兵封锁，但是，过了西赵川之后，军区机关又与胡宗南从镇安调来的一个师遭遇，敌人在梁家坟附近的一个小山沟里企图伏击。在先念同志亲自指挥下，指战员们沉着应战，军区机关警卫部队机智勇猛地对敌人进行了顽强反击，打退了敌人的多次冲锋。我三十七团在夏世厚同志率领下，迅速突破了敌人的右翼，连续向敌人发起冲击。两军对阵勇者胜。这次战斗，仅两个多小时，就把敌军全部击溃，造成敌人重大伤亡，还有一部分当了俘虏，创造了一个团打垮一个师的模范战例。中原军区机关也得以安然脱险。

这次战斗后的第三天清晨，中原军区部队同陕南游击队在中村附近张家湾会合，开辟了以中村为中心的游击根据地，不久又同陕南地方党接上了关系。接着，中央派汪锋同志到了陕南。这时，部队一面休整，一面组建陕南军区，成立区党委，并将部队展开，建立了五个军分区，继续同胡宗南的部队及国民党地方武装打游击战和运动战。其他各路部队也相继突破了敌军重围，着手部署新的任务。鄂西北军区以大踏步前进、大踏步后退的战术，沿长江两岸处处打击敌人。王震同志率领的三五九旅到达吕梁山一带后，建立了区党委和吕梁军区。皮定均同志带领的一纵队一旅突围进到皖苏地区与新四军主力会合后，不久就编为华东野战军独立师。到此为止，中原突围战役即告结束。

1947年，我们随第二野战军千里跃进，重返中原，如尖刀插入敌人心脏，处处给敌人以毁灭性的打击，不断取得自卫反击的新胜利，实现了周副主席在1946年5月9日离开宣化店时的预言："到时来一个四面开花……再来一个一个地消灭他。"

原载鄂豫边区革命史编辑室编：《中原突围》第一辑，湖北人民出版社，1983年，第112～123页。

# 周恩来同志指挥我们战斗

◎ 任士舜

1946 年 5 月，正当国民党反动派阴谋向我中原部队发动全面进攻的时候，由于周恩来同志的积极斗争，美蒋代表被迫同意成立军调部第三十二执行小组，进驻中原军区司令部所在地宣化店监督停战。

我是第三十二执行小组中共方面代表，曾经幸福地跟随周恩来副主席从武汉到宣化店，同美蒋代表进行了针锋相对的斗争。

30 多年过去了，那一段难忘的经历却一直铭记在我的心头……

## 周恩来同志在宣化店

1946 年 5 月 6 日，阴沉的武汉，大雨滂沱。早上 8 点钟，以周恩来同志乘坐的吉普车为主导，三方代表、工作人员和新闻记者共 60 余人，分乘四辆吉普车和两辆卡车，向宣化店进发。战后的公路坑坑洼洼，吉普车颠簸着缓缓向前。雨点拍打着车窗，荒芜的田野，饱经战祸的村庄，国民党为包围我军而修筑的密集的碉堡群，不时从车前掠过。周恩来同志身穿草绿色军呢制服，双臂交叉在胸前，靠在车后座上，凝神地望着战火中的中原大地。

由于连日大雨，山洪暴发，溻水支流上涨的河水，冲断了公路上的桥梁，把通向河口、宣化店的公路拦腰切断了。

吉普车、卡车在黄陂县的十棵松河岸边一辆一辆地停了下来。

从抗日战争开始，直至 1946 年 1 月 10 日国共双方发布停战命令以前，这一带一直是新四军第五师的游击区，现在却成了国民党军队的防地。在这里，蒋方人员以为他们可以张牙舞爪，大显威风，立即找来当地的国民党乡、保长，大声吆喝道："你们怎么让水把桥冲断了？快些想办法把汽车弄过河去，不然，当心你们的脑袋！"

乡、保长急得满头冒汗，四处找人。原来，农民见到穿黄军服的国民党军人，早都四散跑开了。约莫过了半个多小时，乡、保长跑回来，摇头叹气说："一个人都找不到，我们实在没有办法。"这时，蒋方代表王天鸣到美方代表白鲁德面前咕噜了一阵，走到周恩来同志面前，做出无可奈何的样子说："周先生，您看是否转回汉口，等水退了改日启程？"

周恩来同志早就洞悉国民党反动派害怕到宣化店视察，他对王天鸣没有搭理，却转身问我："小任，你有办法吗？"他知道我原是黄陂县县委书记，对这一带是熟悉的。

"好，我找人！"我接受了任务，立即找当地群众，告诉他们党中央的周副主席来了，是到宣化店去的。大家听到这个消息竞相传告，首先是韩家楼子的，然后是其他湾子的人，从树林里出来，簇拥到周恩来同志身边，像欢迎亲人似的纷纷向他问好。雨后初晴，木兰山一派葱郁。周恩来同志面带笑容，亲切地问道："乡亲们，我们要到宣化店和平谈判，你们有办法帮助我们过河吗？"

"有办法！"人群中一位 50 多岁的老大爹，围着汽车一打量，首先点名喊出了十来位身强力壮的彪形大汉，又派人到湾里拿来绳子、抬杠，然后，他组织大家把吉普车捆绑停当，打着赤脚，喊起号子，一辆、两辆、三辆、四辆，硬把吉普车都抬过了河。

人民群众这种对待共产党同对待国民党截然不同的态度，使在场的一位美国记者十分惊讶。他举起照相机，一连拍下抬车过河的几个镜头，然后竖起大拇指，用中国话说："奇迹，奇迹！"

当美蒋方面的人员被农民背过河后，周恩来同志这才迈着稳健的步子走向河边，乡亲们急忙跑过来争着背他。

周恩来同志恳切地说："乡亲们，你们为了争取和平，给予我们很大的支持，我很感谢你们。二万五千里长征，跋山涉水，是我们共产党的本领。今天，我不能再麻烦你们了。"说着便由警卫员陪伴着，一步一步地蹚进水中。河水越来越深，渐渐地淹齐他的腰部。浑浊的波涛在他胸前翻涌，他却微微含笑，镇定从容，终于安全地涉过河水，到达了彼岸。

周恩来同志涉水渡河走了不远，因为滠水干流山洪更大，冲断大桥，当晚只好住在姚家大湾贫农雷绍忠的家里。

周恩来同志非常关心群众疾苦，吃晚饭的时候，特地到厨房揭开锅盖，看这家人吃什么。当发现锅里全是野菜时，他喊警卫员把随身带的口粮倾入锅中，煮成野菜粥，和这家人同吃。雷绍忠感到过意不去，周恩来同志却笑着说："我们是一家人，就应该同吃一锅粥啊!"

第二天山洪退了，我们发动姚家大湾的农民群众，把吉普车和卡车抬过滠水干流。当晚，在河口长途汽车站，周恩来同志和我都住在站长办公室里。虽然经过两天跋山涉水的辛劳，但是他仍然神采奕奕，详细地向我了解中原地区的情况，关切地询问新四军第五师几位领导同志的身体健康状况，了解我们在这一带的群众基础。听了我的详细汇报以后，他继续问："我们一路经过的那座大山是木兰山吧?"我说："是的。"

周恩来同志感慨地说："木兰山，是黄麻起义军转战的地方，又经过抗日战争，群众是拥护我们的。抬车过河这件事，足以说明人心的向背啰。"

周恩来同志在房中踱着步子，煤油灯把他高大的身影映在墙上。他一边走着，一边向我分析形势，对我的工作作了详尽指示。周恩来同志说："你原来做地方工作，打游击。现在，你的战场转移到谈判桌上来了，这也是战斗嘛。中央很关心五师和这一带的人民，我们要求和平转移，国民党方面始终阻挠。我们应该在谈判桌上揭穿国民党'假和平，真备战'的阴谋，推迟内战全面爆发。但是，我们绝不能寄希望于蒋介石发善心，我们的态度仍是立足于打! 谈归谈，打归打，谈判决不能妨碍打仗，这是首要前提。你必须学会善于在谈判桌上同国民党打仗，懂吗?"

"我懂!"这时已近午夜，我劝周恩来同志休息，他却叫我先睡。等我一觉醒来，他还在翻阅着文件、地图。这时，公鸡啼明了。

5月8日上午，我们继续朝宣化店进发。明媚的阳光在大别山脉的层层山梁上抹上了一层金辉，山峦更加葱郁。我们很快到达了目的地。这时，锣鼓声声，鞭炮齐鸣，宣化店的人们都为周恩来同志的到来而欢欣鼓舞。周恩来同志下车走向欢迎的人群。李先念、王震等中原军区领导同志一一迎上前来，同周恩来同志亲切握手。

宣化店是大别山区的一个小山镇，四周青山环抱，竹竿河从中流过。河的东岸，是宣化店大街，中原军区司令部设在那里；河的西岸，有一所中学，早年是"湖北会馆"，这时成了接待外宾的国际招待所，接待三方代表、工作人员和新闻记者。第三十二执行小组的三方代表和工作人员一来，就都住在这里。

周恩来同志在宣化店一直逗留到第二天早上。他一下车，就亲切地接见中原军区党政军领导同志和战士，提醒大家肃清和平麻痹思想，立足于打，准备突围。在谈判桌上，他率领我方代表揭穿国民党假和平真备战的阴谋，英勇机智地同美蒋代表进行了针锋相对的斗争，迫使他们做出让步。9日上午，送别周恩来同志以后，中原军区副司令员兼参谋长王震同志找我说："周副主席很关心你，你一定要坚持针锋相对的斗争方针，绝不能辜负周副主席的期望。今后既要随时请示，又要在策略允许的范围内独立思考。同美蒋代表打交道，不准泄露机密，不准暴露策略……"

听着王震同志的叮嘱，想起周恩来同志的关怀，我激动地说道："请相信我，一定完成党交给我的任务！"

## 针锋相对的斗争

为欢迎第三十二执行小组的到来，9日晚上，中原军区在竹竿河东岸的大礼堂里举行欢迎晚会。李先念同志致欢迎词，恳切地表明了我党坚决维护和平的态度。他说："我们中国唯有和平才能有民主，唯有民主才能变落后贫弱的中国为进步的富强的新中国，只有国共两党的团结，全国各党派的团结及社会贤达的团结，特别是国共双方军队的团结，才会有和平。和平的具体表现就是团结。我们相信，只要中国团结得很好，真正实行人民所能接受的民主政协决议，那么，中国人民是可以建立一个独立富强的新中国的。"

李先念同志的讲话，激起了与会者的热烈掌声。一位来自武汉的《大刚报》记者走到我的面前，激动地说："李将军讲得好极了！我是随周恩来将军来的，眼见为实，耳听为虚，现在兄弟才清楚，谁真心维护和平，谁是战争狂人，请相信我的笔吧！"

与我们的态度相反，国民党方面却剑拔弩张，不久就露出其狰狞面目。5月下旬，敌新十五军四十五团突然发动进攻，抢占河口东北我独立二旅控制的一个制高点。独立二旅旅长张体学同志立即向第三十二执行小组送来备忘录。我邀集美蒋代表开会，把备忘录当面宣读，并向蒋方提出了强烈抗议。蒋方代表陈谦说："任中校，根据我军报告，是贵军向我进攻……"

"备忘录呢？把你们的备忘录拿出来吧！"

"这个，这个，……"陈谦支吾其词，无话可说了。

我要执行小组到现场实地调查。貌似公正的美方代表哈斯克上校不得不同意我的意见。于是，三方代表一起到了河口。美蒋代表为了拖延时间，制造假象，他们一唱一和。比如，陈谦叫累了，要休息一会儿；哈斯克要煮咖啡喝。就在我们停歇在河口的时候，国民党的汽车又一辆一辆地载运士兵向北开去。我指着汽车向陈谦质问："陈上校，请看这是什么？"

我和美蒋代表分头把张体学同志和国民党团长请来，一同到了被敌人抢占的那个制高点上。山顶上有两道战壕，北面朝宣化店方向的那道，是国民党军队新挖的，南边我军原挖的战壕，却被他们用土填上了，旁边还有一座新坟。

陈谦跑到一个国民党军官面前耳语了一阵，转身气势汹汹地向我说："我代表我方向你方提出强烈抗议！请看这道战壕是朝北的，这证明这里本来就是我军防地嘛。"

我从他们刚刚填上的战壕上抓起一把新土，指着他们挖的战壕说："这道工事是你们刚刚挖的，你们把我们的工事填上了。那不都是新土吗？陈上校，不必掩耳盗铃了吧！"

陈谦为了摆脱被动的窘境，继续大喊大叫："是你们进攻我们，你们还打死我们的郭排长，他的坟就在这里。我要求为死者哀悼！"

我说："还是首先查清楚，这里本来属于谁，是哪一方进攻吧！"

三方代表派人把伪保长找来，要他证实哪方发动进攻。这保长认得我，当陈谦向他挤眉弄眼时，他看着我，胆怯地低下了头，连声说道："我搞不清楚，搞不清楚，枪炮子弹天上飞，我们都躲在屋里，不敢看。"

我说："你听枪声是哪边先响起来的呢？"

保长说："开始是南边打枪，以后山上响枪，又打到北边去了。"

三方代表都做了记录。

国民党部队进攻我军的真相查明了，我走到坟前说："我们应当对郭排长的死表示哀悼。你们的士兵是不愿意打仗的，郭排长也是不愿意打仗的。抗战这么多年了，我们都是中国人，为什么要互相残杀呢？郭排长本来不愿意打仗，发动内战的好战分子却命令他向我方进攻，结果他被打死了，他是死于发动内战的好战分子手里。我们应当对郭排长的死表示哀悼。中国人不打中国人！士兵们，再不能替好战分子当炮灰了。"

听着我的话，国民党士兵都流露出难过的神情。这时，国民党军队的一个团长站出来说："任中校，请不要做共产主义宣传！"

"我说过一个共产主义的词吗？我只是要求和平。"我说。

三方代表来到国民党部队营房开会。在会上，美方代表哈斯克上校终于宣布调查的结果是：国民党新十五军四十五团首先向我独立二旅发动进攻，抢占了我制高点。

张体学同志接着发言，限令国民党军队必须在 24 小时内撤出侵占的我军阵地，否则，破坏停战协定，挑起内战的责任，将由蒋方全部承担！

经过这次现场视察的谈判斗争，美蒋两方乱作一团。哈斯克上校骂陈谦无用，陈谦埋怨国民党军队是笨猪。第二天，陈谦偷偷溜回汉口。1946 年 6 月 3 日，重庆《新华日报》发表消息指出："三十二执行小组正待回宣化店开小组会议，陈谦又不经小组同意，擅自返汉，致使小组工作停止七日之久。"及时揭露了蒋方阴谋。

## 突围前后

1946 年 6 月下旬，在蒋介石密令其部队集结，准备全面进攻我中原部队的时候，第三十二执行小组的蒋方代表为探听我方动静，突然提出备忘录称："据了解，共军集结，准备突围。"这真是恶人先告状。既然国民党反动派准备向我进攻，我们为什么不能突围呢？但是，为了防止泄露军事机密，我退还备忘录，严厉驳斥说："纯属造谣！"蒋方代表的试探没有结果，美方代表白罗素中校赤膊上阵了，他求见李将军。他们认为，如果我们的李司令员仍在宣化店，就说明我军没有采取突围行动；如果李先念同志不在，就说明我军的确准备突围了。我向竹竿河对岸的中原军区司令部打电话后，回答美方代表："李将军身体欠佳，改日再行会见。"其实，这时李先念同志已率领主力部队和中原军区机关向西接近平汉路运动，留驻宣化店的是张体学同志率领的部队。29日上午，白罗素中校又找我，说"要向李将军送药，向李将军表示慰问"。"盛情难却"，我只好再次转达。过了一会儿，驻守司令部的同志回电话说："先念同志非常感谢，欢迎白罗素中校立即前来。"于是，我陪同美方代表白罗素中校和随行人员，跨过竹竿河上的木桥，来到了东岸。这里一切如常：操场上，我们的战士们有的出操，有的唱歌；司令部里，干部们正在学习。白罗素中校进入李先念同志的住室。

先念同志从床上坐起来表示欢迎。

"呵，李将军，听说贵体欠佳，我们深为挂念。这是美国最新药品，愿将军早日恢复健康！"

先念同志对美方代表的"友好关怀"深致谢意。

回到河西的执行小组驻地以后，美蒋代表和工作人员一个个喜形于色，看起来他们坚定地相信，我军对国民党军队即将发动的进攻毫无准备，国民党方面要在48小时内全歼我中原部队的美梦快要实现了。殊不知按照周恩来同志来宣化店预定的突围方案，此时我军已兵分四路，准备突围。李先念和王震同志率领的主力部队一部，已向西运动靠近平汉铁路信阳至广水段；王树声同志率领的主力部队一部，已运动靠近平汉铁路广水至花园段；佯装主力靠近东线、北线吸引敌人的是皮定均同志所部，留在宣化店中原军区司令部迷惑敌人的，是张体学同志所部。当美方代表求见李先念同志时，李先念同志已离开宣化店30里了。他接到张体学同志的电报后，果断地做出了接待白罗素中校的决定，扬鞭催马返回宣化店，引导美方代表堕入五里云雾之中。

29日下午，竹竿河畔的国际招待所一片"友好气氛"，为答谢美方代表对李先念同志的"关心"，我方为美蒋代表摆下了丰盛的筵席，供他们开怀畅饮，打牌取乐。

他们频频举手干杯，也许是预祝他们即将取得的"胜利"吧!

夜间下起了蒙蒙细雨，群山隐没在云雾之中。张体学同志过河来到国际招待所第三十二执行小组，首先找到我说："我们已经突围了。为了避免暴露机密，事先没有通知你。王震同志指示：你要坚守阵地，和平的旗帜不能丢掉!"然后，他由我陪同找到了美蒋方面的代表说："很遗憾，国民党军队撕毁《停战协定》，向我们进攻。我们突围了。"

酒气熏天的美蒋代表如梦初醒，气急败坏，无可奈何。我和他们一同上了吉普车，向武汉开去。20分钟后，我听到了隐约的枪声。中原部队开始突围了，第三次国内革命战争开始了!

沿着河汉公路，向我分进合击的国民党军迎着我们的吉普车开来。在黄陂站，我敦促美蒋代表下车，向国民党军队调查。

"你们是哪一部分?"我向国民党军队的一个营长询问。

那营长见我佩带中校符号，误认我是他们的长官，向我行了军礼，立即神气活现地说："我们是新十五军四十五团。我们一个军都开上来了，今天晚上要全歼共军，活捉李先念!"

我提醒美蒋代表做了记录，然后向美方代表说："中校，是谁发动内战，破坏和平，难道不是十分清楚吗? 请您向马歇尔将军忠实地报告。"

吉普车开动了。蒋方代表气愤地伸出头来，向敌营长骂了一声："混蛋!"

到了武汉，我向我中原军区武汉办事处主任郑绍文同志和汉口第九执行小组的我方代表薛子正同志介绍了情况。我们向美蒋方面强烈要求举行记者招待会，以揭露国民党军发动内战破坏和平的真相。国民党武汉行辕副长官郭忏却举办鸡尾酒会，为第三十二执行小组"洗尘"，以求掩盖罪行。不久，周恩来同志从南京打来电话，叫三方代表都到南京汇报。

第九执行小组和第三十二执行小组的三方代表在7月9日下午飞抵南京，郑绍文同志同机到达。他以中原军区武汉办事处主任身份接见记者，发表了谈话。第二天，各进步报纸都发表了消息。7月11日，重庆《新华日报》登载的是:

（本报南京十日电）军调部武汉第九小组美方代表何柱竖上校、国方代表卢济时少将、中共代表薛子正上校，驻光山与宣化店之第三十二小组美方代表白罗素中校、国方代表李柱流中校、中共代表任士舜中校，昨天下午由汉抵京，同行者有中共中原军区驻汉代表郑绍文。郑少将告记者：国方此次违反停战协定进行聚歼，该区中央军之部队已于上月三十日占领中原军区司令部所在地之宣化店，……二十九日，三十二小组离宣化店时已闻枪声，行至距宣化店三十二里之黄陂站时，已与国民党进攻军队新十五军四十五团在途中相遇。三十日上午九时，七十九军新十三师三十七团攻占宣化店。

到了南京以后，周恩来同志对我说："现在内战已经全面爆发，中原部队已按原定计划突围。但是和平的旗帜不能丢掉，谈判工作很重要。怎么谈判？要在政治上争取主动，谈对谈，打对打，同国民党进行针锋相对的斗争。谈判一点也不能妨碍打仗。"最后，周恩来同志十分关切地对我说："离开了部队，我知道你很难过。仗打胜了，国民党还要找我们谈。不过，那时的情况就不是现在这样了。"

我怀着十分敬仰的心情，紧紧握住周副主席温暖的手，依依告别，回到第三十二执行小组，继续同美蒋代表进行着针锋相对的斗争……

（郭令炘　采访整理）

原载鄂豫边区革命史编辑室编：《中原突围》第二辑，湖北人民出版社，1984年，第 5 ～ 15 页。

# 董老在宣化店

◎ 孟 远

那是 1946 年 3 月，大别山里的初春，显得格外寒冷。当时，被蒋介石国民党 30 万军队围困在宣化店地区的中原解放区部队，为了完成战略坚持任务，正在忍受着饥饿，与敌人进行艰苦卓绝的斗争。

这时，一个喜讯传来：董必武同志要来宣化店。

中原军民听到这个喜讯，真是高兴极了！

3 月 30 日下午，董必武同志偕同我们党驻汉代表吴德峰同志，从汉口乘车抵达宣化店。

这天凌晨，《七七日报》社长夏农苔同志撰写的欢迎董老的社论还未脱稿，印刷厂的工人同志多次跑来催取。农苔同志翻阅着自己熬了通宵写成的部分，总觉没有表达中原被围军民的心意。

他踱出门外，凝视着东方升起的曙光，忽然一个念头闪现：写诗——用诗写一篇欢迎董老的社论！

他回到油灯下，展纸疾书，一篇用诗写的社论，很快脱稿：

祝福你，董老！

犹如一阵温暖的春风拂去了我们的愁容，

又好比冬天的太阳使我们忘却了寒冬。

是你啊，董老！

是你带来了亲切的慰问，带来了革命的热爱，

使我们又有兴致热情地歌唱起来，

使我们的愁眉变成了笑容，

是你的来临使我们欢笑在危难中，

…………

我们欢迎而又感谢，

感谢你不辞劳苦来解救我们的苦痛，

感谢你无时无刻不在关心我们，

关怀着我们这一群八路军、新四军和中原解放区的广大群众。

是你的老当益壮的革命精神感动着我们，

使我们在敌后斗争了八年，使我们突破了内战的重围，

使我们在这弹尽粮绝的时刻，还能够苦熬坚持，屹然不动！

我们又亲眼看到你那和善的面容，

听见你的声音，那永远听了向前的诲人不倦的醒钟。

你还是那样康健，那样焕发，

丝毫看不出老态龙钟。

祝福你，董老！

愿你永远健康！愿你幸福！愿你的革命事业不断地成功！

我们将永远追随着你，学着你的榜样。

我们要为中国彻底民主而斗争。

我们也要更努力地苦熬坚持，

为了我们的生存，为了拯救我们自己于危难之中。

农苔同志写的这首诗，刊载在董老到达宣化店那天《七七日报》的社论位置。

3月31日晚上，中原局和中原军区在宣化店中原军区礼堂举行了一个隆重的晚会，欢迎董老。

郑位三同志代表中原局和中原军区致欢迎词后，便由一个文工团团员朗诵了农苔同志用诗写的社论《祝福你，董老》。董老慈祥地站在主席台上，静静地听完了朗诵，

说"谢谢同志们!"并带头鼓掌。接着他深情地谈起了他为什么要赶来慰问英雄的中原部队。他说:"创建新四军五师部队,我虽尽了一份力量,后来又看到这支部队在敌后战斗中生长壮大。今天,又看到华北八路军来到中原会师,为和平民主事业共同战斗在武汉外围,担负党中央交给的伟大战略任务,所以特别高兴。同志们,你们是八年抗战和几个月来反内战前线上的英雄,为国家民族和中国人民做出了很大的贡献,出了很大的力量。然而,不仅未获褒奖,反而被反动派封锁、围困,受苦受饿。我怎么能不来看一看呢?"董老讲到这里,全场被董老的关怀而感动,一致起立向他致敬。他接着又说:"党中央毛主席都关心你们,其他解放区正在接济你们。重庆办事处的同志也节省了钱支援你们。我虽然是代表中央来慰问你们,但也可以说就是代表全国各解放区来慰问你们!"会场上响起一片热烈的掌声。他加强语调说:"我来虽然不能完全解除你们的困难,但我相信经过八年磨炼的同志们,是能克服这个困难的!同志们要克服困难,只有紧密地团结在党的周围。我们共产党之所以不同于其他团体,能克服困难,就是依靠团结。"董老的讲话,的确像"醒钟",召唤着同志们胜利地进行斗争。

晚会结束了,同志们簇拥着董老。董老慈祥地在同志们中间微笑……

4月2日,董老在宣化店接见了新华社和《七七日报》记者。

记者问:中共参加政协的代表团,如何关心中原的财粮困难?

董老回答说:代表团得知中原军民被围困而遭到财粮困难时,陆定一同志马上赶写文章,呼吁各界人士督促国民党政府立即解除军事围困,密切注意事态发展,制止国民党反动派发动内战。结果重庆办事处经常收到各解放区和蒋管区人民的慰问信。晋冀鲁豫边区各界得悉中原被围困的消息,一致愤慨,开展了规模盛大的声援运动。他们已经决定拨粮一万担,急救中原部队,并呼吁全国声援。我这次路过武汉的六天逗留期间,武汉各界民主人士亦对中原形势十分关注。

4月7日凌晨,董老乘车返回武汉。李先念、郑位三和陈少敏等领导同志亲自送行。三五九旅秧歌队扭着秧歌给董老送别。

董老抵汉的第二天,就亲笔给中原军区首长和被围困中的全体军民写了一封亲切致意的信,原文是:

《七七日报》转中原军区李司令郑政委及全体军民同志：

　　此次必武奉中共中央之命，到中原军区慰问，承同志们热情欢迎，不胜感激，尤其是同志们艰苦奋斗的精神，更令人十分感动。惟今后的斗争仍万分艰苦。希望我军区党政军民同志，发扬过去优良的革命传统，继续为中国的和平民主团结统一而奋斗。特此致谢，并致敬礼！

董必武　四月八日于武汉

董老在这封信上的指示和勉励，为中原六万健儿胜利地实行武装突围增添了巨大的力量。

　　原载鄂豫边区革命史编辑室编：《中原突围》第二辑，湖北人民出版社，1984年，第16～19页。

# 秘密转移

◎ 张　烽

一

　　1946 年 4 月，正是国民党反动派准备彻底撕毁《双十协定》、发动进攻中原军区的前夜，30 万国民党军队，在豫鄂地区紧紧包围了我中原部队。4 月 25 日，国民党军队又占领了我军防守的要地小界岭，战争一触即发。为了便于部队的战斗行动和保存干部，组织上决定要一部分不适宜随队的老弱人员和女同志，秘密越过敌人封锁线，转移到其他解放区去。这时候，我怀孕有六七个月了，留在部队已不可能，只得接受了秘密转移的任务。

　　当时，国民党反动派阴谋分割我山东解放区，又将在抗战初期掘开的花园口黄河大堤重新堵住，使黄河恢复战前故道。这样，以前因黄河改道逃亡到豫南各地的豫东难民，就在我军帮助下，结成一队队旅伴陆续返乡。我和孟松涛、周道、李伟等四位女同志及两位年老的参议，准备利用这个机会，化装为难民，同难民队伍一起，混过敌人封锁线，然后再转移到其他解放区。难民队伍中有一个姓蔡的中年男人，同旅部管理科有过交往，我们托管理科同他接洽，说有几个家属要和他同行，请他沿途照顾，他一口答应了。4 月 30 日，我们化装成难民模样，四位女同志还仿照豫南农妇打扮，盘了发髻，跟着这队难民从白雀园向北出发。

临走以前，组织上谆谆嘱咐我们："一路要多加小心，保存自己。秘密越过敌人封锁线，转移到其他解放区去，是党交给你们的任务。"组织上还特别指出："一路上困难是很多的，必须十分警惕，随机应变，以免发生意外。"

我们同难民走了一整天，傍晚时候，在半当岗宿夜了，半当岗是个二三十户人家的小村子，位于光山县到潢川县公路的旁边，南距我军最前一道哨兵线15里，北距敌人头一道封锁线7里，是敌我之间的"真空地带"。但是，走进村子，我们感到有一种异样的气氛，两旁屋子里有人鬼头鬼脑地注视我们，有几双眼睛特别令人可疑。而且，和我们到达的同时，从敌据点潢川方向有一个人策马而来，一身商人装束，下马后径自走进茶店歇脚去了，但却不停地用阴险可疑的眼睛搜索着难民群。

难民们分散借宿在群众家里。这里的群众极其贫苦，土墙茅屋已经摇摇欲坠，破陋不堪。我和孟松涛同志以及几个女难民睡在一起，躺在贴墙脚铺下的席子上。夜渐渐深了，屋后稻田里的蛙声也渐渐稀落了，女难民都睡熟了，我和孟松涛同志步行了一整天，加上我又有六七个月的身孕，疲乏得真是动也懒得动。但是，我们两人却怎么也睡不着，心潮不住地翻腾，总想着眼下的严重局势。当然，我完全相信我们的部队，他们一定会取得胜利，粉碎敌人的"围歼"阴谋。但是，离开部队，对自己来说总是痛苦的，分别才一天，却宛如过了漫长的时间，止不住要深深地惦念那些亲爱的战友。国民党反动派，面对着日寇像一条夹着尾巴逃跑的狗；对人民，却又像龇牙咧嘴的豺狼。老百姓遭受日寇的烧杀，创痛未平，而现在，万恶的国民党反动派，又要强把战争灾难加在他们头上来。明天，我们将通过敌人封锁线，能不能顺利通过呢？想到这里，又不能不想起那几双可疑的眼睛，它为什么老盯住我们几个人？特别是那个骑马的人，为什么不早不晚恰恰在这个时候出现？而且行动鬼祟，眼神狡诈？……我自己安慰自己，也许是自己情绪太紧张了，因而疑神疑鬼。但是，我又想起了组织上的谆谆嘱咐："一定要多加小心，十分警惕。"

夜更深了，从破墙缝里漏进来的月光移到了门槛边，远近的犬吠声凄厉断续，使这荒凉的小村更增添了几分恐怖的气氛。我仍然睡不着，孟松涛同志也睁着眼睛凝想着什么。

蓦地，隔墙传来了叽叽咕咕的说话声，声音很小，显然是压低了的。但这时更深人静，墙壁又只用高粱秆抹上了一层黄泥。所以，还能听清。谁呢？我不由得侧耳细听。

"这几个人是什么人？什么职务？什么姓名？你有没有见过？"一个粗嗓子问，语气很急促，带着威胁的声调。

我的心剧烈地跳动起来，难道暴露了吗？

"见过！见过！"一个人战战兢兢地回答，他的豫西口音非常耳熟："那个胖胖的，脸圆圆的叫孟松涛；那个瘦瘦的，肚子大了的叫张烽。"我大吃一惊，汗毛都竖起来了。

"什么职务？"这是另一个人的声音。

"这两个在豫西时候都当过区委书记，现在做什么，我不清楚。"

"不会错吗？"

"不会！"

"你能认清吗？"

"能！"

我差点儿叫出声来。"糟糕，碰上叛徒了！"我摸一摸孟松涛，她也很紧张，耳朵还贴着墙壁屏息谛听着。"是他！"我猛地记起来了。这个回答的人是随我们部队南下的豫剧团里的丑角演员，他经常手里摇把小扇子，扭扭捏捏地走出台来，嘴里唱着："燕儿燕儿朝东飞，个个尾巴都朝西……"我也看他几次戏，大概他也认识我们。最近听说他开了小差，却万万没有料到他竟已堕落成为敌人的走狗。

随后，那个丑角演员便被支使出去了，特务们又说起什么来，声音更低，只能断断续续听到一两句，但大略内容还是可以弄清的。他们将对我们进行搜查，检查我们的手指，以证明我们不是难民，还想收买几个难民做证人，而后就逮捕我们。

我们明白，我们是落到虎口边了。怎么办呢？我捏着一手心汗，用低得只能面对面才能听见的声音，同孟松涛研究了对策。我们明白，一场严峻的考验来到了。这是一场生死的斗争，我们会遵照党的教导去做我们应做的一切。

但是，特务们没有马上下毒手，他们打着手电筒四处察看了一遍，就在隔壁睡下了，不多时就响起了鼾声。这是多么好的机会呀！孟松涛同志碰碰我，低低地问道："现在怎么办？"

"跑！"

"可是，她们怎么办呢？"她指的是周道、李伟两位女同志。

是的，这个问题把我们为难住了。她们两位女同志和两位参议员分睡在别的屋子里，要招呼他们一起跑是办不到的。我们考虑了一下，决定还是我们先跑，只要能跑出去一个，而且快跑，还来得及通知部队赶来营救他们；要是现在招呼他们一起跑，反而会一个也跑不成，害了大家。

我们轻轻地爬起来，忽然，一个女难民醒来了，张大眼睛望着我们。莫不是特务派来监视我们的？我大吃一惊。但是，借着昏暗微弱的月光，我发觉她的眼光温和善良，大概她也听到了特务们的谈话，对我们流露出关切而又同情的神色，我对她摇摇手，意思是叫她不要走漏风声，她点了点头。于是，我们蹑手蹑脚走出后门，拔腿就跑。

出后门就是稻田。这时候，麦子割了，才插了秧。这一带我们从来没有来过，夜色茫茫，高一脚、低一脚，走不几步就滑到稻田里，弄得满脚满裤都是泥水，我们顾不得这些，只管走，原想先往东，向右转就折向南面了。可在这棋盘似的稻田埂上走了不久就迷失了方向，转来转去还是在老地方。这不能不使我们急得要命，要是迟一步，不要说通知部队来营救那几位同志，就连我们自己也有被敌人搜捕到的危险。正在又慌又急，谁知又闯进了恶狗村，一群狗狂吠猛扑地包围了我们，引得周围几里路内的狗都叫了起来，真是一犬吠影，百犬吠声，愈叫愈凶。我们又急又怕，全身被冷汗湿透了，这倒不单纯为了要提防恶狗的攻击，更主要的是怕狗吠惊醒了那帮披着人皮的豺狼，跟踪追捕，我们就跑不掉了。

冲出恶狗包围，忽地拐上了大路，但是我们却因迷失方向而犹豫起来了。幸好，孟松涛同志找到了北斗星的位置，这使我喜出望外。于是，我们就按着北斗星的相反方向，不管后面有无敌人追赶，顺着大路向南直奔。然而，我的肚子又作梗了，一阵阵作痛，它拖住了我的脚步。我咬紧牙关，迈步前进，终于渐渐落在孟松涛同志后面。

她放缓脚步，关切地问我："能行吗？"

我咬咬牙，挥挥手，喘吁地答道："没关系，快跑！"事实上，我多么想能坐下来喘口气呀！但是，不行，四位同志的生命就决定在时间上，要是我们晚到了一步，那就……

我尽量克制着生理上的痛苦，快步赶上去。直到前面传来了我们哨兵威严的喝问声："哪一个？站住！"我们才停下来，喘得简直透不过气。这时，我已经挪不动脚步。然而，心头的喜悦却是无法形容的。

一经说明情况，部队立即派侦察班跑步前去。拂晓时候，侦察班赶到半当岗，救回了四位同志，只可惜那几个国民党特务却不知怎地闻风逃走了。

转移失败了。从各种迹象判断，国民党特务是早就掌握了线索的。那么是谁出卖我们的呢？这个答案随后得到了揭晓。当时，我军被围后，国民党反动派派遣大批特务潜入我军驻区，刺探军情，进行放毒、造谣等卑鄙活动。敌人更严密注意着我军人员的秘密转移。那个姓蔡的中年男子，被国民党特务收买了。因为姓蔡的只知道我们是普通的部队家属，所以特务们才约定在半当岗摸清我们的底细，准备在后一天我们进入敌人的警戒线后立即下手逮捕。至于那个开小差的丑角演员，在通过敌人岗哨时就被扣起来了，这次被牵来做了走狗。

## 二

到6月中旬，局势更趋紧张，国民党反动派对我中原军区的围攻部署已经最后完成。我军也加紧进行突围准备。我们旅担任掩护主力突围西进的艰巨任务。这时，组织上要我们再次紧急转移。

鉴于上次失败的经验教训，这一次决定分散行动，以免目标太大易于暴露。组织上决定要我和李明祥同志一起，他化装成小商人，我化装成家庭妇女，装成是结伴而行的同路人，准备转道徐州去江苏或山东解放区。徐州当时是国民党反动派发动反人民内战的重要基地，特务控制极严，而我们又人地生疏，组织上恐怕我们发生意外，才要我们先去开封，然后再联系到徐州，并确定了路线，交代开封、徐州的联络点和联络记号，又替我们弄到了两张国民党区公所发的从罗山到徐州的通行证。

可是这一天依旧没有走成。半路上，开始下起雨来，愈下愈大，我们只好找一个村子避雨。坐下不久，有几个人也匆匆跑来"躲雨"。但是，从举止上看，可知不是好人。他们贼溜溜地端详了我们一会儿，忽又站起身来冒雨走了。这里离敌人封锁线已不远，是不是去通风报信了呢？我隐隐感到不妙，李明祥同志忽地站起身来果断地说道："快走！我们往回走！"

我们才出村子不久，后面就响起了枪声。李明祥同志急急对我说："快走！敌人是在远方向我们射击的！"

天还在下着大雨，一条沙河挡住了我们的去路。来的时候，我们是从独木桥上走过来的，现在仓促间却找不到这座桥了，只好涉水而过。这条河本来不深，但倏忽间山洪涌进河床，走到河心，河水已经齐我的胸口，一个浪头打来，我立脚不住，眼看就要被冲倒，李明祥同志回过身来一把把我拉住，好不容易才上了对岸，等回到联络站，我们两人浑身上下都湿透了。

原来，随着局势更加紧张，敌人对封锁线的防备也更加严密，他们禁止任何人通行。因此，要想白天公开通过，是毫无希望的了。联络站决定安排我们黑夜潜行，这当然是非常危险的，只要出一点儿差错，那后果就不堪设想。然而，我们一定要转移出去，除开这条路，旁的路是没有的。我明白，秘密转移，同样是一种斗争，既然是斗争，那么，有的时候，是非冒点风险不可的。

联络站派一位内线交通员给我们做向导。这位同志是一个忠厚朴实的农民，见到我们，脸上浮起带点憨厚的微笑，讲起话来样子也很腼腆。这一夜，乌云满天，几步之外就什么也看不清了，这真是一个非常难得的好时机，他领着我们东拐西拐，净走荒僻的小路、田埂、野地、浅滩，这时才显出他是那么机警、沉着。他对当地的地形、敌人的工事布置、巡逻队的活动规律，熟悉极了。起初，我看着左右前后都是敌人碉堡，枪眼里闪烁着明灭的灯光，心里还有些惴惴不安。随后，渐渐地，我就放心了。我相信这位向导是能够把我们带出封锁线的。我们有时差不多就在敌人碉堡旁边走过去，连敌哨兵的咳嗽声都听得清清楚楚。他却不慌不忙地时而示意我们蹲下，时而示意我们快走。有时，我们隐伏在暗处，敌人的巡逻队就在我们不远处切嚓切嚓地走，我不免有些提心吊胆。然而，这位同志仍然神色自若。有一段路程，他又笑着宽慰我们说："这里不要紧，你身子不便，慢慢走。"

这样，时停时走，弯弯绕绕，走了一夜，到天明时，终于穿过了设有层层工事的封锁线，深入到敌人后方来了。这里离信阳已不远，敌人对行人已不很注意，交通员抢着挑了我们的行李，成了我们的"挑夫"。到了信阳火车站，售票处人们拥挤着、叫喊着、怒骂着，争先恐后抢购车票。李明祥同志一头钻进人群里买票去了，交通员却还陪着我不走。我用眼色请他回去，他装着一副苦脸说："挑了一上午，肚子还空着哩，等这位先生买票回来，请他再添点吧！"我立刻会意到，他是要亲眼看着我们买到票，才算放心。这种阶级的友谊，同志的爱，是多么的崇高而又使人温暖，只可惜当时不便询问，至今也不知道这位交通员的姓名。

我们买到了下午两点钟去郑州的火车票。一夜紧张行走，我的确很疲劳了，找个地方坐下来，刹那间千思万绪，都涌到心头来。我们进入国民党统治区了，这种混乱嘈杂的场面使人心烦意乱，恍同隔世。但是，我们不是孤独的，还有一条红线把我们联系着，我们将要循着这条红线，回到解放区去，然后开始我们新的斗争。

我意识到，经过敌人封锁线，只不过是开了一个头，后面还有无数困难在等待着我们。我下意识地摸了摸我的肚子，怀孕八个多月了，一天比一天沉重起来，不觉叹了口气，暗暗自语："没有你，我该是多么轻快！"

上火车的混乱场面，我还是第一回领略到，人们从窗口向车厢里钻，从人身上踩着爬进去，有的还被挤跌在车底下，大人骂、妇女叫、小孩哭，乱成一片。我和李明祥同志好不容易上了火车，走进车厢一看，座位早被国民党军官和太太们占据了，不管旅客怎么多，车门口和走道上怎么挤，他们却躺着，摊开双手斜倚着，一个人占据了两三个人的座位，还趾高气扬，不顾羞耻地在大庭广众打情骂俏，举动猥亵，笑声轻浮。有的旅客想在他们占着的空位上坐下来，他们不但不让，反而凶神恶煞地骂起来："滚开，你不长眼睛吗？妈的！"旅客们慑于他们的淫威，只好挤在车门口、过道里。他们对这些军官和官太太们敢怒不敢言，内心却充满着憎恶和仇恨！我看看李明祥同志，他一张脸绷得紧紧的，默默地在过道里放下行李，安顿我坐下来。

火车摇摇晃晃地开动了，很慢很慢，每个小站都要停靠很久，南下的军用列车却满载着士兵和武器装备，一列列不断从窗外飞驰而过。沿途，日寇留下来的碉堡、护路沟和"日支合作，共同反共"的标语，都完整如故。我又望了望李明祥同志，他脸上闪着轻蔑的冷笑。

火车往北驶行，我的心也随着车轮的转动而激动起来。西面车窗之外就是豫西呀！豫西人民在党的领导下，经历了英勇的抗日斗争，进行了减租减息，刚刚得到新生。然而，现在国民党反动派卷土重来，又把他们推到苦海里去了。我们在忍痛撤离豫西半年中，遇到过多少从豫西逃出来的群众，他们向我们控诉了敌人对豫西人民的残酷大屠杀，爱国抗日的群众，反被国民党反动派活埋、截肢，被害得家破人亡。豫西正沉浸在血海和泪海里。望着晨曦中的嵩山远影，它还是那么巍峨，气概万千。我不觉联想到，豫西人民是会像嵩山那样永远屹立着的，总有一天，他们会重新拿起武器像反抗日本帝国主义那样，把国民党反动派埋葬在革命的火海里！

到达郑州已经是次日 11 点钟了，在火车上挨过一昼夜的滋味是难以尽述的。郑州车站军运更紧张，到处是待运的国民党军队和堆积如山的美国军火，乘客们更是拥挤不堪。因为客车班次少，我们没买到去开封的票。怎么办呢？这里是不宜久停的，我曾在离郑州不远的巩县第一区工作过，抗战胜利前后，我们进行过减租减息的斗争，很多反动地主大多逃来郑州。当然，也许他们现在又离开郑州了。然而，总有个"万一"呀，"万一"被他们中的一个碰到，那我们就完了。正在筹思对策，忽见乘客们都向一列火车拥去，车厢里已经挤得水泄不通了，很多乘客都往车顶上爬。我们一问，这列车正是向东开往开封的，没有车票也可以上，只是要罚一倍钱就是了。我对李明祥同志说："老李，上，爬到车顶上去！"

他有点儿犹豫，担心我怎么能爬到车顶上去。然而，没有时间犹豫了。我提起行李就走，他跟上来，我从车厢连接处踏着铁把手，心一横，居然爬到车顶上去了。

这几个钟点趴在车顶上的滋味，比在车厢里挨过一昼夜更不好受，车头的煤烟屑像雪粒似的扑来，使人不敢睁开眼睛。每次开车、停车的剧烈撞动，驶过岔道的剧烈摇摆，更随时都有使人滚落下去粉身碎骨的危险。火车过黄河大桥（郑州至开封间的黄河铁桥）了，铁轮撞击着悬空的铁轨发出隆隆的吼声，与桥下汹涌的波涛声相呼应，向下望一眼，禁不住使人心惊。但是，希望在支撑着我，开封在望了，在这个敌人统治着的古城里，同样有我们的同志在战斗，我们很快可以见面了。

可是，当我们在开封按照地址找到秘密联络点时，房东回答我们说："出门快一个月啦！没有回来过。"

我们的心弦顿时抽紧了，这才想到，这一时期来国内形势急转直下，地下党组织采取了更隐蔽的措施。这里的关系没接上，如果到徐州后也找不到党组织怎么办呢？我们快快地离开了这个地方，再挤上火车，第二天到了徐州。果如所料，当我们按照约定的地点找到一家茶店后，得到的回答同样是："不在，上南京去了！"

红线被切断了，虽然是 6 月天气，我却像一下子被推倒在冰窖里，从头到脚都凉了。谁能体会到我当时失却依托的忧虑和焦急呢？远离部队，找不到地下党；临产在即，经过这一阵子奔波，说不定会早产的；而当时敌人对我山东、江苏解放区的进攻也快要发动了，徐州正是他们的重要基地，车站特务横行，旅馆经常有宪兵盘查，我们在徐州无亲无故，又不能久留，稍有失误，事情就糟了。

李明祥同志同我一样心急如焚。从这里到山东或者江苏解放区去，情况、路线、交通什么都不熟悉，要没有组织上的指引和帮助，简直是不可能的，那就等于自投虎口。

情急智生。我想起，倒不如经彰德（安阳县）回太行去。我在太行工作过，我的家就在那里，口音、路线都熟，这样就可以借口回家探亲，骗过敌人的盘查。我同李明祥同志商量，他也同意。可是，他认为，我可以说成是回家探亲，他怎么说呢？我问他，在这一带有没有亲戚，要是有亲戚，我们不妨假装夫妻，请他弄一张"回家探亲"的证明，这样就"名正言顺"了。

他想了想，说道："有一个堂兄在开封，不过多年不见了，不知道还在不在。要是在，他倒能够帮一下忙，而且，他也不知道我参加八路军。"

我高兴地说："那我们去碰碰看吧！"

于是又挤上火车，回到开封。幸好，我们找到了李明祥的堂兄，他摆着个旧货摊。他们夫妇见到李明祥和"堂弟媳"，真是喜出望外，殷勤接待了我们。李明祥按着编好的一套话，对他们娓娓地谈起怎么样在彰德娶了媳妇，怎样在"丈人"家里做古董生意，这回是到英山去探望妹妹，顺便来拜访堂兄、堂嫂……然后，装作有意无意地说起："出门的时候，风声还不紧，就没有开证明；现在回去，路上万一碰到耽搁，半路生了孩子就麻烦了。大哥能不能替我们弄一张证明，路上方便些？"他堂兄一口答应了下来，并且还挽留我们多住几天。

我同"堂嫂"睡在一起，她诉说着物价飞涨，捐税奇重，生活是愈来愈艰难了。又诉说如何在日寇压迫下熬过八年，没想到胜利后国民党带来了这样一副局面，战争还要打下去，以后谁知道会怎么样？是呀！战争的影响已经波及每个家庭了，要消灭这场战争，只有消灭国民党反动派！想到这里，真使人归心似箭，恨不得早一点回到自己的岗位上。她的话也勾起我对部队、对我的战友的深切怀念，他们现在怎么样了呢？

第三天，李明祥的堂兄替我们弄到了"回家探亲"的证明。我们婉言感谢了他夫妇俩的继续挽留，又换车北上，到了彰德。

到彰德后一打听，这里敌我占领区没有什么变动，出城北五里就是解放区！我们雇了马车赶紧上路。这五里路内，敌人几步一岗，层层盘查，好在我是本地人，哪里来，哪里去，家在哪里，回去做什么，回答得一清二楚，加上那张"回家探亲"的证明，一道道岗哨都通过了。到了最后一道封锁线，敌人搜查更严，把我们每个衣角被角都搜遍了，又仔仔细细地打量了我们一番，然后，恶声恶气地说道："走！"

我强忍住愤怒和屈辱，默默地坐上马车，从这里再往北就是解放区了。马儿跑得欢了，鞭子响得清脆了，赶车老大爷咿咿的吆喝声也活泼了。这里的空气多清新呀！长久的敌占区的沉闷生活告一段落了，多日的奔波劳累、焦急、忧虑，一下子都烟消云散了。在几经波折、历尽艰苦后，我终于又回到解放区了，这是多么的幸福呀！

直到我来到太行军区，才知道我军中原突围早已开始，艰苦的战斗正在进行。于是，我的心又飞向了中原部队。到7月底，我分娩了。一天，太行军区作战科科长安怀同志跑来大声说道："张烽，好消息！"他随即打开《新华日报》太行版，上面登着一条醒目的大标题：《彻底粉碎蒋军围歼阴谋，皮定均将军所部胜利到达苏中》。

他们突围了！这就是说，他们在掩护我军主力突围之后，自己也突围出来了！我赶紧抢过报纸，贪婪地读了这一则报道，不知不觉地流下了眼泪。我兴奋地大声说："我们胜利了！我们都胜利了！"

原载《铁流千里》编写组：《铁流千里——中原东路突围纪事》，四川人民出版社，1986年，第45～57页。

# 回忆中原突围中的三旅七团

◎ 何德庆 [1]

    1946 年 6 月下旬，蒋介石在我中原解放区周围调集 30 万大军，挖了 10 多万条战壕，修了 6000 余座碉堡，将我中原部队重重包围，妄图在 7 月 1 日发起总攻，聚歼我中原部队，然后再向华东、华北、西北解放区展开全面进攻。我中原部队遵照党中央和毛泽东同志关于"立即突围，愈快愈好，生存第一，胜利第一"的指示，在中原局和中原军区的领导下，以动天地、泣鬼神的大无畏英雄气概，兵分南北两路杀出重围，胜利实现了中央战略转移的决策。从此，中原突围战役就以中国人民解放战争的起点载入了史册。

    中原军区一纵队三旅七团，是中原突围南路部队主力团之一。这个团从 1946 年 6 月参加突围，在其后 16 个月的战斗中，曾两渡汉水，两过平汉路，转战千余里，历经战斗百余次，歼敌 5000 余人，还牵制了大量敌军。当然，部队也付出了很大代价，曾减员到 300 余人，后又发展到 2200 多人与刘邓大军会合。在艰苦卓绝的历程中，七团指战员发扬我军坚定、勇敢、顽强，不怕牺牲、艰苦奋斗和压倒一切敌人而绝不被敌人所压倒的革命英雄主义精神，用鲜血和生命谱写了一部壮丽的战史。

    45 年过去了，但当年战友们为执行中央决策，艰苦作战，前仆后继，震撼人

---

①何德庆同志系原中原军区一纵三旅七团政委

心的战斗情景，至今依然历历在目，每每忆及就激动不已，夜不能寐。

## 突出重围

1946 年 6 月，我在七团任政治委员。24 日，我和团长阙子清率全团营以上干部到三旅旅部驻地大熊湾参加旅里召开的干部会。会上，闵学圣旅长和张力雄政委传达了中原军区关于突围的部署和纵队首长的指示，并对突围的准备工作做了具体安排。

次日，天将黄昏时狂风暴雨。我们团作为南路突围前卫团按计划撤出阵地，准时到达集结地——河南省光山县泼陂河浒湾。团长和我即向全团干部战士先后宣布突围命令，做战斗动员，要求全体指战员充分认识突围的艰巨性，严格执行"三大纪律、八项注意"，坚决服从命令，听从指挥，圆满完成上级交给的各项任务，以保证随后跟进的纵队机关和部队顺利突围。当晚 10 时，部队冒着滂沱大雨向西突围。山洪暴发，天黑路滑，部队行动困难，前进速度较慢，经过两夜一天的急行军才到达中原局所在地湖北宣化店，并得知中原局和中原军区机关及二纵已于拂晓前西撤，宣化店由张国华的独立旅接防。29 日，我团西进至礼山（今大悟）县阳平口时，发现敌整编六十六师一八五旅已先我而至，据险对我疯狂阻击。纵队首长当机立断："甩开阻击之敌，绕道王家店，过平汉路，全速西进。"于是，部队向南疾行 90 里，绕过对面之敌，在第二天拂晓前到达花园车站东北的小河溪一带。然而，敌人又抢占了铁路沿线的高地，在路西磨山上布置了火炮和机枪阵地，组成交叉火网，对我必经之路严密封锁。同时，敌新十三旅一部自广水南下向我堵击。我南路部队 15000 余人被阻在平汉铁路东边王家店附近的丘陵及田畈地带，形势十分严峻。一纵司令员王树声、副司令员刘昌毅命令我七团迅速拔掉铁路上的钉子，打通前进道路。上午 9 时，我带着三营沿山地向王家店车站敌碉堡发动攻击，指战员们冒着敌人猛烈的炮火冲过去，阙团长带着一营突入敌封锁线。我一纵二旅四团断后阻击。当时整个战斗打得异常激烈。空中有敌机俯冲扫射，狂轰滥炸；地上有敌火炮，装甲列车与铁路两侧的明碉暗堡构成了交叉火力对我实施拦阻射击。但我两路突击分队利用残垣断壁，交替掩护，展开攻势。三营营长李文忠和部队一起连续摧毁敌人四个明碉暗堡，占领了山头阵地，压制住敌人的火力点，一营则堵击横在铁路上的装甲列车，使之动弹不得。同时，三连连长邓明才带部队攻下两个碉堡，俘敌十多人，副连长李成林带领一排攻打王家店，还组织火力对空中敌机进行射击，迫使敌机不敢低空俯冲。经过一个多小时的血战，我们将敌人经营了半年多的防线撕开了一里多宽的口子。纵队司令员王树声高呼"共产党万岁""毛主席万岁"的口号，指挥部队排成十几路队形，齐头并进，横越平汉铁路向西突去。待纵队机关和大部队全部平安过了铁路，我团才边打边撤过了平汉路。战斗中，九连连长王小高、班长张宋学等20余人伤亡。过了铁路，我团又在漩水河东岸构筑临时工事，对铁路上的敌人进行阻击，防止敌人反扑。大部队全部过了漩水，我团才过河改作后卫。至此，我南路突围部队胜利地冲出了敌包围圈，彻底粉碎了敌人再次制造皖南事变的阴谋。趁着初战获胜的豪情和喜悦，我跃入河中痛痛快快地洗了个澡。嬉水时，我不由得想起了那年3月，中原军区司令员李先念到泼皮（陂）河同我们团以上干部谈话时讲的一席话。那天，在敌军围困的险境中，先念同志自信地对我说："何德庆，你看我们能不能突围出去？我就不相信敌人会把大路小路全都竖起来。"我受他的情绪感染，也十分有把握地讲："日本帝国主义都被我们打败了，这几个国民党兵算个啥。只要上级决定了，要我们向哪个方向突围，我们都能打出去。"时间才过去3个月，敌人的所谓"钢铁封锁线"和"铁壁合围"，在我英勇的人民解放军面前统统不堪一击，给后人留下的只是千古笑柄。这一天，正是我党诞生25周年纪念日，我们以突围的胜利庆祝了这个伟大的日子。

## 艰苦转战

部队突出重围后，于7月2日进至安陆县东北的赵家棚稍事休整后继续西进。7月4日在安陆涓水东岸平林一带，遇上大雨，河水暴涨，找不到渡船，又无法徒涉，遂沿东岸向北绕道随县西南的安居渡过涓水。

7月9日从茅茨畈出发，旅部决定由八团担任后卫阻击尾追之敌，七团改为前卫赶到汉水边，抢占渡口，搜集船只，掩护部队西渡汉水。7月11日，我团抵达宜城流水沟以北的雅口渡口，搞到大小木船7只，每次只能摆渡100多人。时值雨季，河水猛涨，河面宽广，渡河比较困难。第二天，纵队和旅直、九团开始分批渡河。此时，尾追我军的敌七十五师六旅已同后卫部队八团打响，展开激战。闵学圣旅长亲自指挥八团，坚守阵地，阻止敌人前进。当晚，我团派三营先渡河，在郑集一带构筑工事，防止武汉方向来敌对我堵击。其余部队仍然留在河东掩护大部队渡河。13日，三架敌机飞临渡口上空，向我渡河部队及木船进行轰炸扫射。一营组织火力对空射击，天黑时才最后渡河。由于敌机轰炸，有的木船被击沉，有部分人员失散。事后，我们得知闵旅长及与敌血战的阻击部队3400多名未能渡河的同志，沿河北上，经大洪山进入河南伏牛山区坚持斗争。

我们过河之后，即进入鄂西北地区，敌六十六师之一八五旅、新十三旅、六旅十七团，十旅二十八、二十九团，十六旅四十七团等部动用投降的日军汽车，采取"超越追击"的战术已先行进入鄂西北，占领了主要城镇和交通线。国民党武汉行营主任程潜于7月18日下达电令，部署兵力在鄂西北对我"清剿"，必欲置我于死地。此后，我军开始了艰苦转战的新历程。

此时，我团担任纵队后卫，向武当山方向前进。当接近谷城县西南石花街附近时，前卫部队二旅同堵我去路的敌军展开激战。7月21日，我团接到命令，由后卫赶到大部队前面去增援，夺取石花街南面敌军盘踞的几个山头阵地。这天烈日当头，酷热异常，全团指战员不顾疲劳和炎热以急行军速度赶去，与二旅四团一部、三旅九团一部协同向拦我去路的敌六十六师一八五旅发起猛攻。我们在石花街以东十余里的苍峪沟向敌反击，苍峪沟长十多里，是石花街东面的屏障。阙子清团长带领部队从中部沟底向山上攻击，实行中央突破。四团从山尾向敌进攻。至中午12时左右，我军歼敌300余人，俘敌百余人，缴获轻机枪十几挺、步枪百余支和大批子弹，攻占了制高点。我军取得了进军鄂西北以后的第一次大胜利，残敌退守石花街。当晚，在预定发起攻击石花街的半个小时前，我们接到命令，为避免引来老河口敌军增援，影响我军进程，撤销原攻击计划，部队乘胜收兵向房县武当山地区前进。

当我三旅部队进至武当山东麓菠萝岩一带时，遭到由陕南来增援阻我西进的敌第十军的阻击。激战一天，西去之路没能打通。为了避免与敌打消耗战，纵队命令部队转向房县以南山区绕道前进。但在我军转向房南地区后，敌七十五军十六旅始终尾追，我进敌进，我停敌停，不断对我进行袭扰。七团担任后卫的部队几乎天天同敌人作战，弹药消耗太大，零星伤亡和伤病员掉队时有发生。为了摆脱敌人的紧追，在获悉敌七十五军十六旅四十七团的一个加强营远离其大队有两天多行军距离后，纵队命令七团消灭这个营。这个营 800 多人，附迫击炮 4 门，重机枪 4 挺，傲气十足，孤军深入，咬住我们。据此情况，刘昌毅副司令员与我和阙团长一起研究，决心全歼之。8 月 13 日，我团奉命在房县西南冠木河地区的莲花观、松木岭一侧设伏。当天下午，一营和二营埋伏在大道一旁的青杠林里，刘副司令员亲自带领警卫连两个班的战士埋伏在我军经过的一条羊肠小道边的一间独立屋里，架好两挺机枪，对准来路尾追之敌。尾随我之敌人进入了伏击区，他们先派一个尖兵排下山试探，三个尖兵、尖兵班、尖兵排依次走近了刘副司令员设伏的独立屋。看到尖兵排进到独立屋前几十米处，山林依然寂静无声，大股敌人放心地大摇大摆地跟着过来了。当敌人走到独立屋门前时，刘副司令员掌握的机枪突然怒吼起来，我团听到枪声与号令立即向敌人开火，一时枪声大作，晕头转向的敌人自副营长以下大多数被击毙或掉下山崖摔死摔伤了。还有一部分缴枪投降当了俘虏。敌这个加强营 800 余人全部被歼，4 门迫击炮、4 挺重机枪、20 余挺轻机枪、400 多支步枪、万余发子弹和电台都成了我军的战利品。我团仅有少数人负伤，团政治处副主任张宏盛左眼负伤失明。纵队、中原局和中央军委先后发报表扬了这次漂亮的伏击战。这一仗之后，敌人再不敢那么嚣张了。部队得以在冠木河附近休息了五六天，继续西进。

苍峪沟和冠木河战斗的胜利，对于我军打开鄂西北的局面起了重要作用。但也引起了敌人的震惊，武汉行营迅即调来大批部队，加强了对鄂西北的"清剿"力量。

8 月下旬，党中央和中原局为适应斗争形势和需要，决定鄂西北的所有部队都归一纵建制，成立鄂西北军区。为坚决执行党中央的战略部署，继续牵制敌有生力量，配合各主要战场的斗争，部队分散到武当山周围的十余县，发动群众，建立政权，开辟根据地。8 月 25 日，部队进至房南田家山时，遇到敌六十六师的堵击。纵队命令我团和九团夺取大道两边敌占制高点，打通前进道路。七团激战一个多小时后，消灭 200 多敌人，攻下了几个山头。中午过后，敌人又集中炮火和兵力反扑，妄图夺回失去的阵地，敌我展开了阵地争夺战。九连在阵地上打退了敌人五次进攻，因弹药消耗殆尽，战士们用刺刀和滚石打退了敌人在强大炮火掩护下的进攻。尽管九连八班长何振元等六位同志光荣牺牲，九连指导员康俊玉、一排长乔明章等负伤，但阵地寸土未丢，保证了纵队机关和部队的安全西进。

8月27日，一纵和由罗厚福同志带领的江汉军区部队在房县西南的上龛会合。根据中央及中原局指示，两支部队的团以上干部在房县西面一个叫狮子岩的村庄里开了两天会，组建了鄂西北区党委和鄂西北军区，讨论了发动群众、建立政权等问题，决心开辟鄂西北根据地。经中央批准，任命王树声为区党委书记、司令员兼政委，刘昌毅为第一副司令员，罗厚福为第二副司令员，刘子久为第一副书记兼副政委，文敏生为第二副书记、第二副政委兼组织部部长，张才千为参谋长，吕振球为政治部主任，以上同志和刘子厚均为党委委员，军区下设四个军分区（以后又成立了五分区），准备开展游击战争，牵制敌人主力，配合西北、华北和华东三个主要战场的斗争。会后，各部队立即下去帮助地方党委展开了根据地建设的各项工作。七团被确定为由军区直接指挥的野战团，担任机动作战任务，由刘副司令员带领到老（河口）白（河）公路以北、汉水以南地区活动，以打击敌人，掩护各分区战略展开。9月初，七团随军区直属部队进至房县西部的下坝、大木厂一带，作短期休整时，敌人发现我军停止西进，便开始了对我军的分割和"清剿"。为了粉碎敌人的阴谋，我团奉命开进武当山周围的房县、均县、谷城地区进行游击运动战，主动出击，打击敌人。9月19日，我团由房县西向东翻越武当山，袭击均县老白公路上的草店，消灭驻守的均县保安团一个中队百余人。打均县县城时，又占领南关，缴获了一批粮食、食盐、布匹、棉花等过冬急需物资，城外守敌百余人缴械投降。更让人感到高兴的是，在战利品中有一幅二十万分之一的鄂西北地图，解决了纵队首长一直使用省区图不便于指挥作战的燃眉之急。这两仗我团仅伤亡十余人。对此，中央军委当天就来电传令嘉奖，说每次歼保安团一营一团，正规军一连一排，就能振奋军心民心，解决衣粮，建立根据地，鼓励各部队多打此类胜仗。9月26日，在谷城石花街以西，七团将企图夹击我之敌整编六十六师一八五旅五五三团、五五四团全部击溃，给敌五五四团以重大杀伤，共毙、伤、俘敌250余人，缴获轻机枪8挺，步枪百余支，子弹两万余发。我军伤亡十多人，五连连长刘振铎同志不幸牺牲。此后，敌人发现我团是主力团，便调六十六师一八五旅紧跟不舍，向我团不断进攻。为了争取主动，我团在老白公路以北地区，同敌周旋，三次拖着敌人翻过武当山的老君堂、太子坡、紫霄宫，弄得敌人疲惫不堪。但在敌人对我实行跟踪"追剿"、迎头堵击并用的战术前，在敌人"消灭七团，活捉刘昌毅"的狂叫声中，我团处境艰险，加上给养无着，伤病员缺医少药，人员与武器弹药无法补充，我们也确实困难重重。"沧海横流，方显英雄本色"。如此严峻的形势，七团指战员始终英勇作战，牵制敌人，打击敌人，掩护领导机关，配合主战场的斗争。我们几乎天天与敌人打仗，有时一天打几仗，虽大量杀伤了敌人，但部队也受到了很大损失。然而全团上下士气高涨，都感到为了大局，我们做出的牺牲、付出的代价再大也值得。

10月中旬，我们摆脱了敌一八五旅的紧追，下武当山越过老白公路，发现敌郧县保安团驻守汉水南岸青山港一带，刘昌毅副司令员命令我团消灭它。利用夜幕掩护，我们迅速将敌包围，连夜发起攻击，敌保安团除团长带少数人逃走外，全团被歼，大部敌人缴械投降。经统计，歼敌1000余人，缴获轻机枪十几挺，长短枪400余支和大量弹药。

消灭郧县保安团以后，部队迅速离开青山港地区，从老白公路以北向公路以南转移。经过六里坪时，同守敌发生激战。三连长邓明才同志负伤，三排长陈小三等同志不幸牺牲。这时，在鄂西北区党委领导下，整个军区部队迅速展开，建立了北抵汉水，南接长江，西至大巴山的游击根据地。敌人更加不安，惊恐万状。国民党最高当局多次电令武汉行营"加紧清剿"。敌以数十倍于我的兵力，采取分割"进剿"的策略，切断我各游击区的联系，逐步将我军从各活动区域挤压出来。随着冬季的到来，斗争形势日趋恶化。11月下旬，当七团再次转向老白公路以北、汉水以南地区机动作战时，敌六十六师调集八个团的兵力严密封锁公路和汉水，妄图在这个狭小地区内将七团消灭。11月26日，敌一八五旅和一九九旅在均县娘娘山、园岭山一带，对七团进行包围合击。激战一天，敌军受重创之后，停止进攻，七团即撤出阵地，转移到十堰镇以北茅坪一带。

第二天，敌上述两个旅和敌十师增援的一个旅，严密封锁老白公路各要道，防我由路北向路南转移，并以四个团的兵力向茅坪一带我阵地发起猛攻。激战竟日，敌多次进攻，均被我击退。后因弹药殆尽，敌我展开了肉搏战，一营代理教导员赵良一，带领二连在阵地上拼刺刀，他接连刺死3个敌人后，被敌人子弹射中胸部壮烈牺牲。二连王颜龙等几名战士也在拼刺刀中牺牲，敌人丢下几十具尸体溃退下去。此战，我团伤亡100多人，八连连长牛贵林在乱石尖山头牺牲，副连长汪德均负伤，一连卫生员张占奎在抢救伤员时负重伤，团部通信员李振莫也负了重伤。直到傍晚，我们才撤出战斗，就地掩埋了烈士的遗体后，大胆地从敌六十六师与十师的接合部冲杀出来，出敌不意插到东北方向的汉水边，连夜向西转移，准备在黄龙滩附近穿越老白公路，回武当山地区。

当我团行进到距黄龙滩十几里的一条大沟（郑家沟）时，部队准备在沟里暂时休息一下，然后回武当山。这时，因经过两天两夜的行军作战，部队十分疲劳，很多战士一坐到地上就睡着了。不到半小时，周围山头突然机枪、步枪和小炮一齐向沟里打来，并发射出很多照明弹，我团陷入敌人设置的埋伏圈内，情况十分严重。刘昌毅副司令、阙团长和我命令部队立即抢占西北高山，组织部队撤退，部队全都上了山头，脱离了险境。我们伤亡不大，只是在反冲击中有少数干部战士失散。一营教导员陈宝坤身负重伤躺在担架上，在紧张的突围战斗中丢失了。战友们深感对不起他。后来我们得知，陈在突围时，因抬担架的民夫跑了，他只身拖着受重伤的一条腿，艰难地爬着，爬到马蹄沟的后半山后再也爬不动了，只好隐藏在一条小沟内，天亮后被搜山的敌人发现被俘。敌人对他审讯多次，他均以假口供哄骗敌人，没有暴露身份，没有泄露党的秘密。在敌集中营里伤势稍好转即设法逃了出来，忍受着伤痛、饥饿等困苦，积极寻找部队，终于回到了华北解放区。

我团从老白公路以北回到武当山地区后，进行了几天的休整。军区首长决定七团同军区直属部队向南转移，到四分区的南（漳）、保（康）一带活动。12月上旬，鄂西北军区机关和七团2000余人由武当山附近出发，在王树声司令员、刘昌毅副司令员和刘子久副政委率领下，向东南急进至保康的前后坪一条深沟时突遭敌三面包围。敌人用火力封锁渡口，阻止我前卫部队过河。同时，埋伏在周围山头的敌军用猛烈的炮火向在沟内行进的大部队轰击。前后坪这条沟长约5里左右，是一个长口袋形的峡谷，一侧是绝壁，一侧坡陡无路，但可攀登。战斗打响时，整个机关部队2000多人，正行进在沟内。在这万分紧要时刻，军区首长命令七团掩护军区直属部队攀登上西面山，然后突围。我们利用沟底的石头组织全部火力对准三面之敌进行还击，经过大半天的激战，掩护军区首长和直属队安全脱险后，我们边打边向山头攀登。由于坡陡，重武器和马匹无法带走，只好砸坏丢在沟内。到黄昏时，七团部队冲出敌人的伏击圈，安全爬上右翼高山，冲出敌人的包围。部队伤亡和失散约

100人左右，连夜行军40多里，到达保康县金斗附近的大山区。由于减员较多，部队进行整编，将三个营编为两个营，保留一营、三营建制，并精简团直属队，充实战斗连队。

整编后，七团转到保康南千家老林一带活动。随着敌人"清剿"的加紧，战斗频繁，天天打仗，有时一天打三四仗，弹药消耗了得不到补充；大山区地瘠民穷，人烟稀少，筹粮困难，部队有时一天一顿饭也吃不饱，有的高山上连喝水都困难。天下大雪，指战员还穿着单衣单裤，草鞋穿烂了，不少人打着赤脚在雪地里行军作战。干部战士绝大多数都无被盖，休息时只好在篝火旁相互依偎着睡觉。药品更缺，碘酒、红药水和纱布都已用光，只能用粗布蘸盐水洗伤口，用布条包扎，伤口因此化脓几个月都不能愈合。重伤员和病号不能随队，只好在老乡家里休养，不少伤病员在敌"清剿"中被俘或牺牲。如三连长邓明才在保康县龙坪乡养伤时，遭敌袭击牺牲；四连副指导员孟光真，在千家老林战斗失散后隐蔽在老乡家，不幸被敌发现包围，向外突围时牺牲。

12月下旬，我团奉命分两路行动。由团长阙子清、参谋长王秦五、政治处主任毛昶熙、副主任张宏盛率领团直和一营，返回武当山、房（县）、谷城地区打游击，收容失散人员；由我和副团长江家银率领三营在南漳、保康一带游击作战，配合四分区的反"清剿"斗争。

12月24日，阙团长带领团直和一营由保康的茨姑塘出发，在金斗、后坪一带同敌周旋一周后，于1947年元旦北渡南河，遇敌阻击，我们边打边踏水冲过了河。数九寒冬，身边是呼啸的子弹，脚下是冰彻透骨的河水，上岸后很多同志的裤子都成了冰筒子。更糟糕的是，过南河后仍然四处遇到敌人的包围和堵击。1月5日，部队向东转移到房县与谷城交界的乌牛观一带。次日，我们通过乌牛观小溪向一座丛林小山行进，接近山垭口时，敌人突然出现在山垭口，居高临下用火力把部队困在虎头岩下的山沟里。阙团长命令一营长杨连生组织力量冲上去。因敌我力量悬殊，敌人又占据有利地形，部队伤亡惨重未能冲上去，部分人返到背后小山梁，部分人分散从山谷向下撤退。我团的团长、参谋长、主任、副主任和通信班的十几个人也登上了背后的小山梁。这时，山梁上有一营的战士30多人，团长决定由参谋长王秦五和毛昶熙主任、张宏盛副主任把一营现有人员组织起来，从左前方山头突出去，自己带通信班留在山梁上打掩护。王参谋长等带领的 30 多人越过小溪登山时遭到埋伏敌人强大火力的阻击，队伍被打散，没能冲出去。敌人狂叫，要团长等缴枪投降。阙子清同志破口大骂，失散的同志听到团长的声音，即向山梁靠拢。二连指导员杜树金带领几名战士携轻机枪一挺登上山来。团部文书王生魁（现名王世昌），副班长高志福，通信员唐金华、李振英等人也上来了，加上阙团长、杜树金和一些战士，山梁上共有 16 人。团长果断地决定向西北方向突围。他们在团长带领下边打边走，坚持到天黑。当晚天降大雪，一部分同志分散地冲出了包围圈，有的后来找到了部队，有的回到华北解放区，也有一部分同志牺牲或被俘。但被俘的同志多数人坚贞不屈，以各种形式坚持斗争，几经曲折又回到了部队。

我和胡鹏飞参谋长带领的三营即一大队，江汉部队孔令甫和梁诚同志带领二大队，均在刘昌毅副司令员直接领导指挥下，我们曾几次向西找阙团长，想与他们会合，均未能成功。农历正月十六，就是 1947 年 2 月 6 日那天，敌六十六师五五三团、三十七团等将我们围困在保康县南边的康家山一带，妄图一口吃掉我们。这天，天下大雪。我们在后坪受到西边山上的敌人堵截，便向东爬上康家山。上山后才发现敌人从保康城出来，我们前进与后退的路均为敌人所卡死，我部被围困在康家山上了。这里地形险要，沟深崖陡，康家山只是一条狭窄的山梁。敌人从四面来合围我们，形势十分危急。2 月 6 日，部队坚持到黄昏时，我们沿山向千家老林方向突围，一路上听到敌人猖狂叫嚣："这一回你们再也跑不了啦，即便你们再能打，是飞毛腿，也跑不出这方圆 60 里的包围圈"。登上半山腰时，活捉了两个敌兵，从俘虏口中了解到敌军部署后，加快了登山速度。我们部队于拂晓前爬到半山坡时，被驻扎在这片的敌人发现了。敌人狂叫着"捉活的"，用火力猛击我军。在这紧要时刻，我们快速爬上千家老林山顶，从康家山胜利地突围，使敌人"围歼"我军的阴谋彻底失败。突围中，我们唯一的一部电台丢失了。接着，我们又经保康的堰湾、大坪和南漳的长坪、板桥转移到荆门、当阳、远安的接合部山区与敌继续周旋。

经过两个多月的连续战斗，部队减员很大，我们大队只剩下 300 多人。其中连以上干部只有我、营长李文忠、教导员王嘉惠、连长王挺基、政指 ××× 和团部参谋郭怀玉、王崦峰等。部队转移到荆当远地区后，由于这一地区物产较富，筹集粮食和物资较为容易，部队生活较前有所改善，加之气候逐渐转暖，指战员的体质有所好转。但敌六十六师仍集中兵力对我紧追不舍，部队经常处于反包围的紧张战斗中，战斗十分频繁、艰苦。特别困难的是弹药匮乏。每次突围、掩护，总要消耗一些弹药。在敌强我弱，敌人采取大部队行动的情况下，想用打歼灭战的办法缴获弹药十分困难。我们只好用吃掉敌人一个尖兵班、尖兵排的办法来补充弹药。

此时，军区司令员王树声已经中央批准回华北。为了保存有生力量，继续坚持敌后斗争，1947年4月18日，刘副司令员召集紧急会议，和汪乃贵、张力雄、张秀龙、胥治中、胡鹏飞、何德庆等领导干部一起研究分析鄂西北地区形势和部队今后的行动方向。会上大家统一了思想，认为我们在鄂西北坚持近十个月斗争，上级交给的牵制敌人以配合主战场斗争的任务已经完成；我们电台已丢，不便与上级联系，仍留在山大人稀、地瘠民贫的鄂西北山区对我不利，本着"生存第一，胜利第一"的指示精神，应该打到外线去，打回大别山。那里，我军曾坚持武装斗争几十年，群众基础好，是继续牵制和打击敌人的好战场。

## 驰骋皖西

1947年4月18日，我们从钟祥石牌镇再次东渡汉水，摆脱了鄂西北的顽敌，争取了克敌制胜的新前景。这一天我们急行军跑了180里，把敌人甩掉了。半夜十一二点钟过河，过河的有江汉部队二大队孔令甫和梁诚同志带的三个连，我和胡鹏飞同志带的七团三个连，还有刘副司令员带的警通连，共七个连近千人，由刘副司令统一指挥。我们早已编成两个大队，一大队大队长胡鹏飞、政委是我，二大队大队长孔令甫、政委是梁诚，另有一个干部队。敌人万万没有想到我们会在这个时候打回大别山，已将铁路沿线的主力调往鄂西北堵击我军，地方上只有些保安团、民团、区乡公所的反动武装。我们边打边走，在京山北面的一个镇子消灭了敌保安中队，经安陆、应山，终于到达了平汉铁路边上。就在1946年7月突围时过铁路的老地方，花园以北广水以南胜利越过平汉铁路，回到大别山区。部队行进到大悟县二郎畈，我正在吃饭，哨兵报告：敌人来了。我拿起望远镜一看，对面山上山下敌已布满，估计不下2000余人，正向我军扑来。我立即指挥部队抢占附近河对面的山头，阻止敌人逼近，自己也端起机枪向敌猛射，将敌人阻截在山下低洼地带，掩护领导和部队安全东进。第二天，部队来到七里坪以北的卡房。老区的群众看到我们回来了，个个喜形于色，还关切地说：你们不要在这里久停留，二旅五团在这里就受了损失，快做饭，吃了就走吧！我们按照乡亲们的嘱咐，没有停留，吃了饭，就向皖西奔去。

从七里坪到皖西，一路都是在原来的老根据地行军，到处爬山，哪山高就往哪山爬。经过新县，从商城南部进入安徽立煌县（今金寨县）时，该县保安团赶来袭扰，双手沾满革命人民鲜血的反共老手顾敬之也带领匪部在后尾追，形势顿时危急。刘副司令员同我们一起研究后，利用吊浆崖的有利地形设伏，狠狠打击了尾追之敌，一举毙伤敌七八百人，缴获了迫击炮、机枪、步枪等大批武器弹药和美式电台一部。部队不仅转危为安，而且得到充分补充，指战员们斗志更旺，满怀信心地向着开辟皖西根据地的征途进军。

行进在大别山区，大伙儿心中特别激动，大别山，革命的山，正像群众山歌里唱的那样："树也砍不完，根也挖不尽，留得大山在，到处有红军！"十几年前，刘副司令员和我们部队的一些干部就长年累月围着大别山与敌人拼杀。之后我们到华北抗日前线，现在我们又回来了，在革命与反革命的最后决战即将开始的紧要关头又回来了。部队进至安徽潜山县境内，当地群众告诉我们说这里有新四军，有党组织。我们听了异常高兴，日夜兼程，翻山越岭，寻找兄弟部队。兄弟部队也听到我们过来的消息，便派人寻找我们。4月27日那天，在潜山县大佛寺我们终于和皖西工委书记桂林栖同志率领的皖西游击大队胜利会合了。战友们相互紧紧地拉着手，表示祝贺。一个多月艰苦的战略再转移结束了，新的战斗任务在等着我们。

5月上旬，我们部队和皖西游击大队转移到潜山后冲休整，并召开了领导干部会议，研究坚持和发展皖西斗争的若干问题，决定实行统一领导，成立皖西人民自卫军及临时指挥部，由刘昌毅任司令员，桂林栖任政委。下设三个大队，一大队队长胡鹏飞，政委是我；二大队队长孔令甫，政委梁诚；三大队队长钟大湖，政委张伟群。张秀龙、汪乃贵、张力雄等旅领导化装转移到华东地区去了。当时，二大队在岳西、霍山等地活动，三大队仍在桐城、舒城一带活动。一大队作为全区的机动作战部队，主要活动于潜山、安庆、太湖、岳西、怀宁各县。那时皖西的敌军基本上是保安团、自卫队等地方反动武装，正规军只有广西部队的一个营，而且是分散驻防。为了开辟和扩大皖西根据地，我们采取由近到远、由小到大、逐步扩大的方针，主动出击，首先拔掉游击根据地基本区周围的敌据点，然后向外展开。五六月间，我一大队连克潜山的源潭铺、水吼岭，舒城的毛坦厂，桐城的芒镇关以及怀宁的石牌镇等据点。七八月间，向南打到太湖、望江、宿松境内，向北打到六安境内，先后攻克望江城、徐家桥和五河等地。4个月内我们打了大小胜仗40多次，共毙伤敌军3000余人，缴获各种枪支1000多件和大批弹药及军用物资，缴获粮十几万斤。我们的人员也得到补充，除以俘房兵补充外，自愿参军的农民也逐渐增多，部队本身不断发展壮大。部队连续战斗的胜利，使皖西游击根据地不断扩大，由原来在岳西、潜山的几个乡，扩大到岳西、潜山、太湖纵横100余里的20多个乡。迫使敌人撤出许多据点，牵制敌驻在安徽合肥一带的桂系军队未能北移。我们还打开敌人的粮仓把粮食分给群众，对多数乡公所我们则争取他们成为两面政权，挂国民党的牌子，为我们送情报、筹粮款，搞得敌人惶恐不安。敌人多次从舒城、桐城出来进攻我们，还从南京派部队来袭击我们，我们成了插入敌人心腹地区的一支威慑力量。8月，我们皖西部队和游击队已发展到4000余人，统一整编为三个支队。由一大队及潜山、怀宁两个县大队组成一支队，支队长胡鹏飞，政委还是由我担任，副政委刘秀山，参谋长张有道；二支队由原二大队和新发展的游击队组成，支队长孔令甫，政委梁诚；三支队由皖西游击队为基础组成，支队长钟大湖，政委张伟群。以后又成立了三个分工委，工委书记由各支队政委兼任。为了巩固和发展根据地，集中力量打击敌人，指挥部又决定以一支队为基础组建三十七团，下辖三个营，共2200余人。一营营长李文忠，教导员王嘉惠，副营长曹柏喜；二营营长武斌，教导员文彬，副营长刘常胜，副教导员杜克；三营营长胡裕楚，教导员左德新，副营长宁道贵、副教导员张凯辉。团部由团长陶怀德、政委张力行、主任温恩生等领导直接指挥作战。


## 编入刘邓大军


1947年七八月间，刘邓大军突破黄河天险，千里跃进大别山，打乱了蒋介石的整个部署，恰似一把利剑插进蒋介石反动统治的心脏，扭转了整个战争的形势，使我军由战略防御转为战略进攻。8月底，我们这支孤悬敌后的人民武装，在岳西县拔掉清真、王河等据点后，进至储家冲休整。我们从国民党报纸上看到了我刘邓大军挺进大别山的消息，并得到刘邓大军在羊山集全歼敌整编六十六师，活捉敌师长宋瑞珂的胜利捷报，指战员受到极大鼓舞。这时，敌安徽保安团一个营纠集潜山、岳西敌县大队，分兵三路对我进行偷袭。三十七团在刘司令员和桂林栖政委的直接指挥下，向敌发起猛攻，经过一个多小时的战斗，毙伤敌百余人，俘敌200余人，缴获长短枪300余支，子弹数万发，我军伤亡十余人。

战斗结束后，我们由岳西出发，前往霍山去同南下的刘邓大军三纵队会合。部队在霍山的漫水河即与三纵副政委阎红彦带领的部队会合了。两支部队欢喜若狂。我们这支于1944年年底，由刘邓首长在太行山派出南下，转战中原的英雄部队又回到刘邓大军身边，其激动心情是无法用语言形容的。许多从太行山南下的同志，激动得热泪盈眶，像久别母亲的孩子，回到了母亲的怀抱。随后，三十七团根据上级命令，积极配合大部队行动，协助三纵部队解决了过冬棉衣和经费问题，又于9月上旬由北向南对敌人展开进攻，连克皖西五城两镇，接二连三地打胜仗，震动了整个长江中下游地区。

10月下旬，刘伯承、邓小平同志在太湖县的刘家畈召开会议。刘昌毅、桂林栖和我们几个干部参加了会议。会议由野战军副政委张际春主持。第一个在会上讲话的就是邓小平政委，接着是刘伯承司令员。这时皖西军区组建起来了，鄂东军区恢复了，王树声同志回到鄂东军区，彭涛和曾绍山同志在皖西军区，整个大别山都被我们控制起来了，尾追的敌人已经缩回去，华北、华东的形势也已根本改变过来。刘邓首长讲了整个军事政治形势，讲了跃进大别山的重大意义和创建大别山根据地的有利条件，真是鼓舞人心啊，听得人浑身是劲。会前，刘昌毅同志向刘邓首长汇报了我们坚持皖西斗争的情况，刘邓首长在会上表扬坚持皖西斗争的全体指战员说："你们这支部队，在敌人后方英勇战斗，牵制了敌人，实际上配合了我们的作战，是有贡献的。"小平同志还对我说："听说你何德庆很能打仗哪！现在给你改个行，你到七旅当副旅长怎么样？"听了邓政委的话，我很感动，我是带兵的人，当然喜欢研究打仗，也想把仗打好，就是常常不如人意。但我们七团的指战员坚定、勇敢、阶级感情深、政治觉悟高，是敢打敢拼的一支好部队。此后，野战军司令部决定成立皖西军区，并决定三十七团归属七旅建制。皖西军区后调派陶怀德、张力行、温恩生等同志担任三十七团的团长、政委、政治处主任。从此，三十七团的 2000 多名指战员即汇入刘邓大军中，编入二野三纵队，1949 年在大军渡过长江后，三十七团编入二野三兵团十军的三十师，团的番号为九十团。

七团这支部队，从中原突围到坚持鄂西北斗争，以后转战皖西与刘邓大军会合。在 16 个月的时间里，驰骋鄂皖，血战千里，在艰难困苦的条件下，同数倍于我的敌军鏖战不息，经受了一次又一次严峻的考验，取得了重大胜利。部队经历了由大变小，又由小变大的历程，始终拖不垮打不烂，保持了人民军队的英雄本色。回顾这段英勇悲壮的历程，我愈加感到今日胜利得之不易，愈加缅怀那些为了中国人民的解放事业英勇献身的战友，也更激励我在以江泽民同志为核心的党中央领导下，为建设有中国特色的社会主义祖国贡献余热的斗志。

（华布　整理）

1990 年 12 月 22 日

原载中共十堰市委党史办公室党史研究室编：《中国共产党十堰地方史资料 1926—1949》，1991 年，第 75 ～ 90 页。

# 强大的精神力量鼓舞我们胜利东进

◎ 欧阳挺

在人生的旅程中，有许多难忘的事。我最难忘的是 1946 年参加中原突围，东进到达苏皖解放区与华中兄弟部队胜利会师的情景。当时，我是中原军区第一纵队第一旅二团参谋长，部队在突围中经历的千辛万苦，同志们在艰险面前坚韧不拔的顽强毅力，敢于战胜敌人和克服困难的无畏气概，永远留在我的记忆里，成为鼓舞和激励自己前进的精神力量。

## 穿越大别山区

6 月 26 日黄昏，天雨路泞，西边传来隆隆炮声，我中原军区机关及纵队主力正由宣化店、泼陂河地区分南北两路向西突围。我旅位于纵队驻地泼陂河以东的白雀园地区，四面临敌，为了钳制东线之敌，掩护主力部队向西突围，我团在沙窝地区与敌展开激战，然后向西南行进，在刘家冲隐蔽起来。6 月 28 日，我旅先向西后向南，再突然掉头向东，于第二天凌晨从麻城以北之黄土岗、福田河之间，突破敌潢（川）麻（城）公路封锁线。这天，我团为前卫，尖兵连在跃过潢麻公路前，曾捕捉敌整编七十二师某部后方人员，得知福田河驻有敌正规部队，我旅如脱弦之箭向鄂、豫、皖三省交界的大别山腹地驰去，于 6 月 30 日进抵瓦西坪。7 月 1 日，部队冲破敌整编七十二师一部的拦截，翻越鄂、豫、皖三省交界的大牛山，于 7 月

3 日抵达金寨县以南的吴家店地区。

时逢雨季，连日大雨滂沱，直下得山水倾泻，溪流陡涨，山道泥泞不堪。我们团是从太行山经中岳嵩山南下到大别山的部队，除少数团营领导干部是老红军，出生在南方，参加过南方游击战争外，绝大多数同志是来自河北、河南、山西等省的北方人。他们不习惯在南方作战，尤其是不适应雨多、水多和潮湿的气候，而此时恰逢淫（阴）雨天气，行军中由于鞋子紧张，有的同志只好赤脚走路，一到宿营地，两脚打泡、充血，疼痛难忍。由于连日行军，十分疲劳，部队在吴家店休整 3 天后，继续东进。

7 月 7 日，部队从吴家店出发，一路上，旅政治部宣传队的同志，又是张贴标语，又是广播新闻，鼓励战士前进。一次，战士们听到国民党飞行员刘善本驾驶一架飞机起义的消息，人人兴高采烈，个个精神振奋。7 月 10 日，我团是前卫，我带领几个侦察员跟随前卫营行进，当部队快到青风岭时，前面跑过来几个农民，神态紧张地告诉我们说："前面有部队来了！"听到这个紧急情况，我们一面通知部队马上做好战斗准备，一面立即报告团长。尖兵连跑步前进，抢占前面一座小山，前卫营又派出一个加强排迅速攀登道路右侧的一座大山。当我们尖兵连占领那座小山后，隔着一坡凹地，敌人也占领了对面的山岭，双方形成对峙状态。这时，旅长皮定均、团长钟发生相继来到我前卫营。得知当面之敌是地方部队安徽省挺进纵队第二团，皮旅长当即下令我团组织进攻，消灭这股顽敌，坚决拿下青风岭。钟团长立即命令一营由左翼迂回上山，二营担任主攻，由右侧向敌进攻；命令机炮连连长于越唇将缴获日本战斗机上的两挺重机枪配置在正面作火力骨干，集中全团的轻重机枪向敌射击，掩护主力进攻。战斗中两挺重机枪发挥了巨大的威力，扫射在敌人阵地前沿，瞬间，树叶被烧，燃起一道道火龙。接着，冲锋号一吹，一营、二营指战员由左右两侧向敌发起猛攻，只一个多小时，全歼敌安徽省保安二团，痛快淋漓地打了一个歼灭战。青风岭攻下了，全旅沿着打开的通道，继续东进。

7 月 11 日拂晓，我们到达淠河西岸的磨子潭，得知敌整编四十八师一部已赶到淠河东岸高地阻我东进。这时三团已先期渡河，迅速抢占有利地形，掩护旅直、一团在天亮前渡过淠河。我团是后卫，得到旅部命令，情况紧急，立即由范家场出发，急行军 20 余里赶到磨子潭淠河渡口。这时，天已大亮，前面枪炮声激烈，敌人占领对岸一座小山，以重机枪封锁渡口。淠河支流，水不宽而深，河中间有一二尺水深及胸，部队在敌火力封锁下强行渡河。当团卫生队渡河时，有些十二三岁的小卫生员，由于水深流急，敌机枪弹又射在河面上"扑""扑"作响，生命危在旦夕，卫生队队长刘守权同志带领几个大个子医护人员，在弹雨激流中将这些小同志一个个抢救过去。7月13日，旅侦察队奇袭了大别山东麓的毛坦厂，我们终于穿越了大别山区。

## 横穿皖中平原

敌人的围追堵截被我们突破了，险峻的大别山被我们征服了。可是连续五天的山地行军作战，部队确实十分疲劳，许多战士两脚都走肿了，有的战士的脚趾，由于水泡、沙磨都溃烂了，泥水、血浆粘在一起，简直不忍心看下去。多么坚强勇敢的战士啊！在他们的脚下踩过多少山山水水！战胜过多少凶恶狡猾的敌人！可如今两只脚都被裹住了，连日来出现了严重的掉队现象。部队出山以后，同志们只有一个愿望，希望上级下个命令，作一个短暂的停留，哪怕是一天也好，使部队指战员的体力稍微恢复一下，再继续前进。

可是进入平原，我军易暴露，敌情更严重。我们从途中截听敌人的电话和捕捉敌人情报人员的口供中，得知敌整编四十八师是专门对付我们的。倘若我们一停下来，敌人就可能合围而来，我部就有被歼灭的危险。这一严重情况，迫使我们不能在皖中平原有一天的停留，必须昼夜兼程继续前进。面对严峻的敌情，旅首长做出果断的决定："继续走！日夜不停地前进。"

继续强行军的命令下达了。旅党委发出了战斗号召：我们是共产党领导的部队，不少同志参加过红军长征，雪山草地都过来了，还怕这点困难吗！回忆我们旅的战斗历程，由太行山强渡黄河到中岳嵩山开辟豫西解放区，由豫西南下桐柏山，又从桐柏山转战到大别山，两年来历尽艰辛，什么样的困难没有遇到过？什么样的敌人没有战斗过？眼下的困难对于我们这支具有光荣革命历史的部队来说，又算得了什么！党中央关怀着我们，各解放区兄弟部队支援着我们，中原主力西进部队直接配合着我们，华中兄弟部队又在迎接着我们，我们并不是孤军奋战，过了津浦路就是解放区了，坚持到底就是胜利！决定和号召下达到部队，个个精神振奋，斗志昂扬，迸发出一股强大的精神力量。

7月14日，乍一出山，天地空旷，视野骤然开阔起来。多年来，我们这支部队都是与山结伴，过惯了在深山密林奇峰峻岭中穿来穿去的生活，如今一到平川，道路纵横，目标明显，同志们马上意识到情况有利于敌而不利于我，精神陡然紧张起来，加快了行军步伐。

7月15日，我们三团巧取官亭镇，跨过六（安）合（肥）公路。7月16日，一团奇袭吴山庙，歼灭敌安徽省一县保安队。那天，我团是后卫，下午2时许，敌人向我后方袭击，钟团长下令二营六连向敌人压过去，六连长崔义文立即带领全连指战员像猛虎扑食一样，抢占有利地形，挡住了敌人的攻击，掩护部队继续前进。17日凌晨，我部在合肥以北之下塘集，跨过淮南路，进入定远地区。在淮南地下党的帮助下，我们顺利地通过定远地区，于7月18日到达津浦路西侧池河集以北地区。五天五夜连续行军500里，对于这支在山区已经连续行军五天，疲劳已极，脚烂腿肿的部队来说，真是一次空前的磨炼。

是什么力量使这支部队具有如此坚强的意志和毅力呢？是党的领导和强有力的政治思想工作，是我军光荣传统和战斗作风的发扬光大。在行军途中，大家发扬了我军团结互助的革命精神，所有营以上的领导干部都坚持步行，把马让给脚烂严重或生病难行的同志骑。连、排干部则帮助战士扛枪，背背包。每匹牲口的后头，都跟着一长串苦行者，彼此搀扶着，轮换着走一段骑一段，年纪小的卫生员、公务员则轮流拉着马尾巴前进。那时，人人都是宣传员，鼓励别人克服困难，坚持前进，人人又都是宣传对象，从别人身上得到鼓舞自己前进的力量。

实践证明，旅首长定下的决心是非常正确的。我军的坚韧性、顽强性和行军作战的神速，都远在敌人的料想之外。敌人最高指挥官及其指挥机关都被搞昏了头脑。敌整编四十八师蹲在皖西大别山东麓，总想等我旅一停下来，就"合围歼灭"我们，他们万万没有想到我们出山之后会不停顿地日夜前进，使敌人的"围歼"计划一次又一次地落空。

## 冲过津浦铁路

7月19日中午，部队来到离津浦铁路只有40多里的红心铺。

大家听说快到津浦路，顿时激动起来。是啊，艰难之行已千里，现在终于到津浦路边，只要一过铁路，就到苏皖解放区了。可是过铁路必有一场恶战，敌人岂能让我们安安稳稳地过去，届时攻碉堡，抢山头，与敌人拼杀，战斗将是非常激烈的。同志们一个个摩拳擦掌，精神大振，不想爹，不想娘，只想今晚痛痛快快干一场。大家下定决心，今晚一定要冲过去，最后胜利一定是我们的！

可是这时敌情是怎样的呢？铁路沿线的敌人又是怎样部署的呢？我们一点儿也不了解。可幸，我团一营抓住了两个伪装成老乡的敌谍报员，从相貌、语言上猜测他们不是本地人，一审问，他们果真是敌第七军（桂系主力之一）从嘉山县（明光镇）派出来的。这两个人原本都是憨厚、朴实的农民，是被国民党政府抓壮丁抓来的。一经我们开导便说出真话："嘉山以北是七军防地，嘉山以南是整编四十八师防地，此外还有杂牌军孙良诚的部队。"怕我们不信任，他们还发誓说："就是把我们活埋，我们也是这样说。"这一下我们了解了铁路沿线敌人的基本部署，敌情是严重的，敌七军、整四十八师都是国民党军的主力，但我们选择的嘉山以南过路地段，恰好是他们的接合部，这对我是非常有利的。而最为有利的是，铁路两侧曾是新四军二师的根据地，群众条件非常好。

7月19日黄昏，部队出发了，旅首长命令我团单独行进，从嘉山以南张老营以北过路。我团以二营为前卫。团首长带团指挥所人员走在前卫营前头，我和二营营长武占魁带几个侦察员、通信员走在尖兵连前头边侦察边行进，越走距铁路越近，心情越来越紧张。7月20日拂晓前，我们来到津浦路边，距铁路有一里许，发现路西侧有一碉堡隐约可见，此时东方已出现了鱼肚白，这给战士们带来更加紧张的心情。部队稍停一下，我和武占魁同志带几个侦察员缓步来到一个瓜棚，有四个看瓜的老乡正在熟睡中。把他们喊醒后，这几个老乡告诉我们说："前面就是铁路，这个碉堡里没有人。"在这个时候得到这样一个情报，真是无价之宝呀！人民群众在关键时刻帮了大忙。这时，我团为前卫。我立即向后传，将这个情况报告给团首长，此时，旅首长也赶上来了。听我们汇报情况后，皮旅长立即下了决心："过路。"部队提枪前进，人人屏住气在碉堡下穿过，一步步向铁路靠近。先过一条小溪，而后踏上路基，一过铁路就上山，大家密切注视着前方，准备随时战斗。当快到一座山岭时，天微明了，只听后面铁路附近"砰""砰"的枪声，接着一声巨响后，一列火车开来，枪炮声、手榴弹爆炸声响成一团。这时，后面传来旅首长命令："前卫营继续前进，轻重机枪下来！"心想一定是后卫打响了，我们前卫营此时此刻最重要的是快速前进，抢占有利地形，准备打一场恶战。尖兵连像一支利箭飞上前去，后续部队陆续跟上来了，顷刻之间，四周山头枪声密集，后面愈战愈烈。一阵激战之后又沉寂下来，我团下去参加战斗的机枪也赶上来了。他们迎着东方的朝霞，晨风吹拂着他们的长发，个个精神焕发，笑逐颜开，称赞这最后一战打得漂亮。原来我旅二团、三团及旅直过完铁路后，天已大亮，一团刚上铁路，敌人就打上来了。滁县之敌开出一列满载士兵的列车堵在过路道口，企图截住我军后尾，迟滞我军前进。旅首长当即命令已过路的三团部队占领路东侧有利地形，集中二团、三团的轻重机枪，向敌列车上的部队猛烈开火。我一团指战员在路东火力掩护下，兵分数路，端着冲锋枪，拿着手榴弹，像猛虎下山，直朝敌人冲去。一阵激战，敌死伤惨重，不得不开着列车向明光车站逃去。我旅全部冲过了铁路，又继续前进在山间的小路上。

我前卫团翻过大山，经过一段开阔地，对面又是一座大山，当部队正在前进时，对面山上传来"砰""砰"的枪声。此时，太阳已过中午，钟团长判断有可能是华中兄弟部队迎接我们来了，随即命令司号长吹号联络，号声过去，对面山上回来号音，果然是自己人。他们跑步下山，见到我们连声大喊："欢迎！欢迎！"消息传开，同志们的疲劳全消失了，大家相互拥抱，热情欢呼："到家了！与华中兄弟部队胜利会师了！"

苏皖解放区的人民群众欢天喜地，满腔热情地接待了我们，大娘、大嫂、姐妹们，为我们做饭、洗衣、缝补，一切勤杂劳动都包下来了。青壮年同志用椅子、门板、小竹床捆成担架，将我掉队实在走不动的同志，一个个抬到驻地。人民群众待我之亲，像久别的游子回到娘的身边。我们吃睡三天，才恢复了体力。数天之后，我团奉旅部命令开赴淮阴，又踏上了新的征程。

原载李少瑜、曾焕雄主编:《鏖战大别》，军事谊文出版社，1993年，第102～108页。

# 生死攸关的决定

◎ 罗耀星

1946 年 6 月，白雀园上空战云密布，阴霾四起。人民公敌蒋介石公然撕毁"停战协定"，举起屠刀，重开内战。霎时间，一股战争气氛骤然加剧，部署在我中原解放区周围的蒋匪军，蠢蠢欲动，一场恶战即将爆发。

6 月 24 日下午，皮定均旅长、徐子荣政委突然接到纵队的特急电报，要他俩限于下午 6 时前赶到纵队司令部泼陂河驻地。皮、徐首长立即动身，策马扬鞭，一口气跑了四五十里，火速赶到泼陂河接受任务。当返回白雀园驻地时，已是 25 日清晨了。

首长们跳下战马，稍事休息，擦了擦疲倦的眼睛，决定立即召开党委会，传达纵队首长指示，研究如何完成上级交给的光荣而艰巨的任务。由于敌情万分火急，时间刻不容缓，旅首长命令我们司令部的参谋，立即分头通知各团团长、政委和有关方面的指挥员，快马加鞭，火速赶到旅部开会。就这样，一场生死攸关的紧急军事会议，于当日午后在白雀园初级中学的一间教室里召开了。

当时，我作为司令部的参谋参加了这次会议，担任记录。会议的气氛是严肃而紧张的，皮旅长首先讲话了，他说：

"同志们，蒋介石悍然不顾全国人民的和平愿望，决心挑起全面内战。他已经下令于 6 月 26 日向我中原部队发动进攻。为了粉碎敌人的'围歼'阴谋，中原局根据中央指示，决定主力分南北两路向西突围，到陕甘宁边区。同时决定留下我旅作为掩护，以保障主力部队突围的侧后安全，待完成掩护主力西进任务后，我们可以视当时情况选择突围方向。"讲到这里，皮旅长稍停顿，接着又说：

"军区、纵队党委把最艰巨的任务交给了我旅，这是党对我们的最大信任。我们一定要发扬孤悬敌后、独立作战的光荣传统，坚决完成上级交给我们的光荣任务。现在，我们先讨论一下如何完成掩护主力西进的任务，然后再讨论我们自身怎样突破敌人的包围圈。"

皮旅长的讲话铿铿锵锵，落地有声。他的话音一落，会议室中顿时一片沉静。坐在皮旅长旁边的郭林祥副政委，看到这种情况，急忙插话说："大家的思想不要过于紧张，想抽烟的同志可以抽烟嘛!"他这么一说，会场的气氛像解了冻似的，顿时活跃起来，大家你一言我一语，为胜利完成掩护任务献计献策。经过一番讨论，旅党委最后决定，以白雀园为中心，用一团、二团的部分兵力，原地抗击，正面吸引敌人，部分兵力东西佯动，迷惑和牵制敌人，同时集结重兵在手，相机打击敌人。这样，不仅可以迟滞敌人，减轻对我主力西进的压力，而且也为下一步自身突围创造了有利条件。待主力越过平汉铁路后，再自行选择方向，突出重围。旅首长把各团任务做了部署后，各团领导纷纷表态："请首长放心，我们坚决完成军区和纵队党委交给的光荣任务。"

接着，会议转入了如何突破敌包围圈的大讨论。掩护主力西进任务完成后，我们向哪个方向突围?怎样突出重围?这是关系到全旅指战员生死存亡的大问题。对此大家特别谨慎，反复思考，会议又一次由沉静突然活跃起来，各团指挥员，以精练的语言，提出一个又一个突围方案。有的提出跟随主力西进，到陕甘宁边区，但这样做会把敌人全部吸引过去，不仅对主力行动不利，而且自己也有被敌前后夹击的危险，这个方案很快就被否定了。有的提出向南突围，但南面不远就是长江天堑，又临近武汉，要想突破敌人江防封锁，渡江南下是很难成功的。有的提出回豫西根据地，或者北渡黄河到华北解放区，但这与主力突围方向基本一致，容易暴露我军总意图。旅党委经过反复研究，权衡利弊，最后决定与主力背道而驰，向东突围，到苏皖解放区，与华中主力会师。这样，可以把敌人的兵力吸引到东边，减轻对我主力西进的压力，达到继续牵制敌人的目的。

方向定了，如何突出重围?选择什么路线?怎样才能做到既牵制敌人又保存自己？大家都在聚精会神地思考，翻来覆去地研究……有的主张集中兵力，选择敌人空隙，强行突破；有的主张多箭头分路突围，然后到指定地点会合。会议从午后一直开到黄昏，仍无结果。那是一个多么难产的突围方案啊！

黄昏时分，一阵雷雨下了起来，雷雨声中夹杂着从西南方向传来的隐隐约约的炮声。显然，敌人已经开始行动了，炮声隆隆，时间紧迫，大家都觉得要赶快决策。然而，他们也深深知道这突围方案，关系着全旅指战员的生死存亡，任何轻率的决定和否定，或是稍有半点儿的疏忽，都将会导致不堪设想的后果。会议在紧张而又不慌乱的气氛中进行。爽朗的谈吐，伴随着挥动的手势，充分显示出我军指挥员令人信服的沉着勇敢和军事智慧。从旅团首长镇静而又坚定的脸孔上，可以看出突围必胜的信念在他们心中是何等强烈啊！"沧海横流，方显出，英雄本色。"一个个光彩照人、充满着军人气质的英武姿态，显得分外鲜明。

晚饭后，紧急会议趋向高潮。会议室里点燃了两盏汽灯，隆隆炮声仍在上空回荡。随着时间的推移，讨论的深入，具体的突围方案渐趋成熟，会议的气氛更加热烈。时间过得真快！当警卫人员给汽灯两次充气时，马蹄钟的时针已磨过了 12 点，又一个凌晨来到了。就在这夜深人静的时刻，一个完整的突围行动方案伴随着爽朗的欢笑声终于形成了。

徐子荣政委经过反复深思后，站了起来，他比画着手势，慎重地说：

"我想这样，等主力过了铁路，我们是否可以先虚晃一枪佯装跟在主力后面，走他一天或半天，就很快隐蔽起来，闪过敌人的锋芒，然后出敌不意地来个回马枪，向东急进。"徐政委的话音一落，参谋长张介民、一团团长王诚汉、二团团长钟发生、旅作战科长许德厚等几乎同时站了起来，脸上露出微笑，连说：

"好！这个方案好。"

这时，方普副旅长走到军事地图前，补充说：

"我们追随主力向西行进一段后，就地隐蔽起来，而后再转身向东，跳到敌人后边。这样，当敌人摸清我们的意图时，我们早已把他们甩掉了。"

方副旅长说完后，徐政委转身征求皮旅长的意见：

"老皮，您看怎么样？"

皮旅长早已胸有成竹，他表情刚毅镇定，不慌不忙地站了起来，只见他略加深思后往桌面上一拍，斩钉截铁地说：

"好！就这么办。"

这一拍，坚强有力，是关键时刻的一拍，是生死攸关的决定。它凝集着旅党委的集体智慧，蕴含着战胜敌人的信心和决心。后来，全旅指战员在皮、徐首长的率领下，先原地抗击，后向西佯动，到刘家冲隐蔽，再向南急进，避开敌之阻击，然后来个 90° 大转弯，猛然掉头东进，突破敌封锁线，经历 24 个昼夜战斗行动，终于胜利地到达苏皖解放区，实现了震惊中外的伟大战略转移。

（本文由湖北省军区中原突围史专题编纂室作修改和补充）

原载李少瑜、曾焕雄主编：《鏖战大别》，军事谊文出版社，1993 年，第 109 ～ 112 页。

# 筹　款

◎ 左云鹏


中原突围途中，独二旅六团作为旅的先头部队，奉命边行军打仗边筹集给养，以备部队突围和坚持斗争的需要。团党委决定，组建借募工作组完成这一任务。我作为借募工作组的副组长，亲身经历了这一艰巨而又复杂的斗争，至今仍记忆犹新。

## 突如其来的任务

记得突围作战的第二天，天气骤变，黑云四面压来，狂风大作，暴雨如注，山洪夹着砂石咆哮而下，加上密集的枪炮声，俨然要把天穹震塌下来。随着一声巨雷，击碎如墨的低云，天空又豁然开朗起来。这时，我团已突破敌军重重包围，把尾追之敌远远地甩在后面。指战员们攀崖附壁，披荆斩棘，迅疾地爬上麻城龟峰山之龟尾，休息待命。雨后的炎日火辣辣的。我顾不得如蒸的阵阵热浪，想抓紧打个盹儿以恢复体力。忽然通信员跑来说："左股长，政委请你马上去一下。"我应声前往，只见团首长坐在一起，正在等候着。黄世德政委见我来了，示意我坐下，然后神情严肃地说："上级命令我团在突围过程中抓紧筹款，以备部队突围和坚持斗争之用。经团党委研究决定，这个任务交给钟铁夫副主任和你共同负责完成。"接着，石建金团长、刘敏主任又强调了执行这一任务的重大意义及其艰巨性，勉励我们要发扬艰苦奋斗精神，克服一切困难，完成党交给的光荣任务。当即宣布了借募工作组的名单：由钟副主任任组长，我任副组长，三营副营长刘书清、宣教股林明先、宣传队队长陈政为工作组成员。决定刘书清率一个排随组警戒，陈政率宣传队做宣传动员工作，团军需处派一名会计点收款项。最后，黄政委指出：借募工作政策性强，稍有不慎，不仅影响任务的完成，而且会影响我党我军的声誉。要我们马上研究一个方案向团党委汇报。

我们接受任务时，深深感到任务的艰巨、复杂和紧迫。部队在不停顿地行军、打仗，借募工作必须在行军、作战的间隙中进行。由于我们经过的地方都是国民党统治区，多是山区小镇，不仅群众基础薄弱，而且富商较少，财源有限，他们受国民党反动宣传的影响，对我军存有一定的疑虑和误解，别说召集他们进行宣传动员难，恐怕在我军到达之前他们早已躲起来了。但是，一想到这是党在非常时期交给的非常任务，完成得好坏将直接影响到部队突围和坚持斗争的成败，因而毫不犹豫地接受了任务。我们立即抓紧休息时间，召集全组同志进行了传达和研究，并在行军前向黄政委做了汇报：一、借募以预征税、赋的名义进行，开具收据，将来抵交我政府税、赋；二、严格执行党的合理负担政策，尽量做到不超越借募对象的负担能力，保护工商业；三、严格遵守三大纪律八项注意，不许侵犯群众的利益，不准以强制手段逼人交款，以免损害我党我军声誉；四、由军需处派人点收款项。

## 兵分两路，边打仗边筹款

突围作战的第三天，部队经罗田滕家堡北侧，再经僧塔寺折道向南，沿途打垮了一些国民党的县自卫队和乡保武装，俘获了几名敌军官。为了摸清将经过集镇的情况，我和陈政同志在行军中分别找俘虏谈话。我找的是一名姓胡的中队长，了解到有关大河岸、骆驼坳等镇的一些线索，心中有了一点儿底。当天到大河岸宿营时，借募组的全体同志放下背包即兵分两路，开展工作：一路由陈政带队，迅速分散到居民中摸底；一路由我带领，找来保甲长和商会会长，召集工商户开会做宣传动员，讲明预征税、赋的意义和政策。后来，我和陈政又碰了一次头，综合核实情况，结果发现：大河岸最少有五六家较大商户，其中一家经营绸缎兼百货的商号资本达数千元之多，这就增强了我们打好借募工作第一仗的信心。我们当即提出该镇预征税、赋指标为 2500 银圆，交由保长和商会会长共同承担，并由他们会同商户公议各户应征数额，借募组参加进去做工作，随时掌握动态。由刘书清派战士配合宣传队员随各户提款，交由军需处会计刘某汇总并分户开具收据，当夜将款项押送团军需处。我们的筹款工作，从罗田的大河岸开始，经骆驼坳等地，入浠水县境，在洗马畈、鸡鸣河和蕲春县之圻阳坪、野鸡畈等集镇均筹过款，每镇数额大都在 1000 银圆左右。

为了抢时间做好筹款工作，借募组的同志总是随先头部队行动，部队一宿营就紧张地开展工作。从调查摸底、找人开会，到收齐款项、押送到团军需处，都必须在部队行军前做完。因此，部队宿营后别人可以吃饭、休息，而借募组的同志往往吃不上饭，睡不成觉，甩下背包就工作，背起背包就赶路，饥渴、困乏一起袭来，完全靠斗争意志支撑着。在这极端困难的情况下，没有人叫过一声苦和累，总是面带完成任务的喜悦，愉快地踏上新的征途。搞借募，本身就够紧张的了，有时还要担风险。记得一次，我们在蕲春县圻阳坪筹款时，部队已出发了，而款子一时收不齐，怎么办？警戒排和宣传队的同志只好留下来督催。突然，担任警戒的一个战士前来报告：敌人追来了，离此地不到 5 里。在这十分紧急的情况下，刘书清副营长当即指挥大家赶快撤离，而同志们还是坚持到收齐款项后才跑步赶上部队。

## 坚持合理负担，保护群众利益

7 月上旬的一天，战士们顶着凌晨的疏星，迎着欲堕的一弯落月，向凤凰山前进。黎明前，部队停下来稍事休息。忽然几片乌云挟着西风从背后飞来，接着，天空洒下了淅沥的雨点。我和林明先、陈政等同志趁着雨水带来的一点清凉，边休息边议论昨夜的工作情况，认为初战成绩不小，但问题也不容忽视。如大河岸那家经营绸缎兼百货的大商号，开始不到会，催促之下才来一名店员，后在借募组指名邀请出席时才露面。此人显然想逃避预征。一计未逞，又装穷叫起苦来，企图转嫁负担。为了抓紧时间，我们只得指出其经营规模和地租收入，是该镇的大户之一。经这么一点，这位大商号老板才诺诺认账，其他几家较大的商户也连连表示如数交纳。对几户小商贩，我们则当场宣布免于预征。在工作中，我们深深体会到借募工作必须先解开大商户这个主要环节，只有这样，才能因势利导，环环紧扣，真正做到合理负担，保护群众利益。议论起来，时间过得真快，不觉天已大亮，雨霁日出，我们跟随部队继续行进。黄昏时，抵达骆驼坳宿营，我们又开始了紧张的战斗。

原载李少瑜、曾焕雄主编:《鏖战大别》,军事谊文出版社,1993年,第171～174页。

# 战斗在鄂皖边的日日夜夜

◎ 易 鹏

1946 年 6 月，在震惊中外的中原突围中，驻守宣化店东线的中原军区鄂东独立第二旅，完成了迷惑敌人、掩护中原主力部队向西突围的任务后，即分路向东突围，继续牵制了国民党三个整编师近 5 万人的兵力，从而减轻了主力部队西进的压力。突围中，独二旅 6000 余名指战员，冒着倾盆大雨，克服山河险阻，突破了敌军的重重包围、堵截，于 7 月 17 日在安徽省岳西县冶溪河胜利会合。此后，我奉命留在鄂皖边坚持斗争，和战斗在鄂皖边的同志们一起，度过了含辛茹苦、出生入死的日日夜夜，留下了终生难以忘怀的记忆。

## 受命坚持

在冶溪河，部队稍事休整。我同大家一样，整装待发，准备继续东进苏皖解放区。7 月 17 日下午，旅部忽然通知我和黄宏伸去谈工作。我俩急匆匆地赶到旅部时，旅政委张体学、旅长吴诚忠、副政委熊作芳、副旅长何耀榜、政治部主任余潜和原地委组织部部长赵辛初等，正在一起商谈工作。稍等了一会儿，张体学就对我们说：部队将按原定计划继续东进，与苏皖部队会合，而你们要留在鄂皖边坚持斗争，发展鄂皖边游击根据地，为日后我们部队重返大别山创造条件。这是一个很重要也很艰巨的任务。经研究决定，鄂皖边地区的工作，由易鹏负责。体学还谈了坚持鄂皖边地区斗争的有利条件，以及工作中应注意的事项。他特别强调"要有长期艰苦斗争的思想准备"。何耀榜还插话说："任务是非常艰巨的。要从最困难的方面着想，向好的方面争取。要多找些山洞，在洞里多藏些粮食，准备在情况严重时钻山洞。"体学还向我们交代，为了减轻东进部队的负担，有少数体弱干部和女同志，也随我们一道行动，要我们负责安排在地方或帮助找关系送到解放区去。

赵辛初还告诉我们：在突围前两个月，鄂东地委已派钟子恕、邹一清、张凤林、华加文、李壁东、黄明清等一批干部到鄂皖边，并且已成立了蕲（春）太（湖）英（山）浠（水）边县委。要我们首先找到他们，了解情况，抓紧时间部署工作。

临别时，张体学握着我的手，深情地说："我们东进后，估计短时间难以取得联系，只要发扬党的优良传统，认真执行党的政策，紧紧依靠群众，加强团结，一切困难是可以克服的。"

旅部还派了一个排，交由我们带领在鄂皖边坚持斗争。

从旅部出来，已近黄昏。金色的晚霞映照着巍然屹立的大别山群峰，铺洒在崎岖坎坷的山间小道上。我和黄宏伸边走边议，不觉回到了住地。草草地吃罢晚饭，便立即召集已确定随同我们一道留在鄂皖边坚持斗争的同志，简要地传达了上级的决定和今后的斗争任务。随即各自收拾行装，连夜出发。


## 紧急部署


新月刚刚升起，我们顶着天空中闪闪繁星，踏着山间羊肠小道，斗志昂扬、精神抖擞地快速行进着。天刚蒙蒙亮，就赶到蕲北桐山冲，经过联系，当天下午就与钟子恕、华加文、詹绪辉、黄明清等会合。

我向他们传达了上级的决定和指示，又听取了他们的汇报，了解了他们的情况。原来钟子恕等4月份奉命来此以后，就组成了蕲太英浠边县委，钟子恕任书记，华加文、黄明清、詹绪辉为委员，还成立了县指部，华加文任指挥长，带领了一支有40余人的武装部队。当时敌情较松动，他们乘机广泛开展工作，重建了四安寨、田家桥、桐山冲3个区委，各区都建立了便衣队。

我和钟子恕等着重商讨了今后的工作部署问题。我们分析了形势，一致认为：

部队东进后，敌人会对鄂皖边地区加强争夺，特别是我们活动多、群众基础较强的地区，更会加倍摧残，斗争将会激烈而残酷。因此，应抓住目前敌情尚较松动的时机，除加强原基础较好的田家桥、桐山冲、四安寨3个区的工作外，还要大力恢复和发展青草坪、朱家冲、乌沙畈、仙人冲、龙井河、杨家老屋等老区，以及其他新区的工作，尽量发展、扩大游击区，创建新的游击战争立足点，以便在日后敌人"清剿"时有较为广阔的回旋余地。我们还共同认识到，面对严酷局势，要坚持下去，必须更加深入地做好宣传、组织群众的工作，严格执行政策，积极开展统战活动，依靠群众，广泛团结社会各阶层人士，发展进步力量。

蕲太英浠边工作部署安排就绪以后，我和黄宏伸率领部队又翻山越岭，绕过敌人封锁线，赶到蕲东的王裕冲，并在那里建立了蕲（春）宿（松）太（湖）边县委，书记黄再兴、县指挥长朱志山。我们根据这个地区的特点，决定加强王裕冲、张德斌冲、曹家大山、郑家山、九檀冲、孙家冲等老区的群众工作，充分利用两省交界、敌人统治相对薄弱的有利条件，多创建些隐蔽斗争的立足点。以此为依托，南向蕲（春）黄（梅）广（济）山区发展，北向蕲（春）太（湖）英（山）浠（水）边靠拢，以便在严酷的斗争中，互相配合，互相支持。

当天晚上，我们转移到王裕冲咀上湾，听说干鹄就在附近寨里山养伤。干鹄是原新四军五师连长，抗战胜利前夕腿部负伤，经组织安排留下养伤。我们派人将他请来，他一来就激动地说："我的腿很快就会好的，请组织给我分配工作。"我和黄宏伸商量后，当场答复他，待伤好后，到他家乡广济县干仕地区工作。我们走后，干鹄伤未痊愈，就主动带了几个人到干仕区，组织、领导便衣队，开展斗争。

我们离开王裕冲到了郑家山，于保诚带着几个同志找来了。于保诚原是独二旅干部大队的。他是在我们离开冶溪河之后，奉旅党委之命到鄂皖边来坚持斗争的。于保诚告诉我，组织上又决定建立浠（水）蕲（春）英（山）罗（田）边县委。由徐协农任第一书记，于保诚任第二书记，李璧东任第三书记，周觉南任组织部部长，袁斗南任宣传部部长，林水生任军事部部长，欧少君任军事部副部长。这样，在鄂皖边山区，就共有3个县委了。

在与于保诚等研究工作时，我们认为，浠蕲英罗边地区是连接四方的交通要道。抗战期间，这一地区又只是我们的游击区，工作基础薄弱，敌人统治较严。因此，强调要做艰苦细致的群众工作和大力开展统战活动，尽量采取隐蔽活动的方式，不要过分张扬、暴露，争取多建立一些隐蔽的游击战争立足点。

## 形势骤变

敌人来得很快。7月下旬，敌整编七十二师一六九旅就进驻了蕲北张家塝，纠集敌县自卫队，开始对蕲北、蕲东进行"清剿"。一天，我们住在曹家大山正在动员干部和地方武装积极准备开展反"清剿"斗争时，突然，独二旅副参谋长郑重和孙超各带一支小部队匆匆赶来。我很奇怪，他们不是随独二旅东进吗？怎么又到了这里？他们告诉我，就在我离开冶溪河的次日，独二旅转移到了玉珠畈，任务骤然发生了变化。那天下午，延安党中央发来电报，依据全局的战略部署，令独二旅留在鄂皖边坚持游击战争。电报指示："望紧紧依靠群众，必要时将部队以团、营、连分散，以能打民团及打一个连、一个营之顽军为标准，巧妙地对付敌人，注意部队纪律，到处帮助人民，在鄂皖边建立根据地。"根据党中央指示，部队停止东进，并立即重新做了部署：将独二旅3个团改称为3个支队，计6个小团。由副政委熊作芳带领300余人去皖西与当地武装会合，传达中央指示，并领导皖西地区的斗争；副旅长何耀榜带一部分部队到鄂豫边东西大山，赵辛初和六团副团长漆少川带一个营去黄冈，开展（黄）冈、麻（城）地区的游击战争，其余主力由张体学、吴诚忠等率领，留在鄂皖边地区坚持斗争。为了统一领导与指挥鄂皖边的游击战争，中原局决定成立中共鄂皖地委，张体学任书记。

独二旅停止东进，国民党"围剿"的部队立即蜂拥而来，造成了鄂皖边极其严峻的斗争形势。参与"围剿"的敌军，有整编七十二师、四十八师、五十八师等正规军，还有鄂皖边的保安团，总计近5万兵力，并组成"清剿司令部"，统辖两个"绥靖区"，分一线二线，多层"围剿"。蒋介石在南京亲自过问，武汉行辕重点督战，企图在3~6个月内将我独二旅全部"肃清"。敌军依仗着近十倍于我的兵力和优越的交通、通信条件，以鄂、皖两省4个保安团及熟悉本地情况的各县自卫大队与区、乡自卫队为前哨，以纠集的众多特务为耳目，张牙舞爪，扑向独二旅及我地方武装部队。

敌军依据地域和我军活动地区部署了一个又一个包围圈。我们活动较多的蕲北、蕲东、浠蕲边的三角山、蒋家山、广济的十八堡，黄梅的四山（小溪山、垄坪山、古角山、考田山），皖西的宿松、太湖、岳西与湖北毗连的边境地区，更是敌人"围剿"的重点。尤其是8月以后，敌情一天比一天严重。独二旅和我地方武装经常是一日数战，突破了这层包围，又陷入敌人另一层包围。有时，我们部队刚住下，村外就响起了枪声，米未下锅，又要投入战斗。

敌在重兵"围剿""追剿"的同时，还分兵、分地区"清剿""驻剿"。在我经常活动的地区或必经的道口，由点到线到面，设立据点，大修碉堡，分兵驻守。仅在蕲太英浠边，所建据点、碉堡由原40余处（座）增加到近100处（座）。这样，就把蕲太英浠边山区犬牙交错地分割、封死，给我军的行动、给养、伤病员的安置等造成极大困难。独二旅和我地方武装指战员，天天打仗，夜夜行军，吃不上饭，睡不上觉，更谈不上休整，疲惫至极。加上连日阴雨，赤足行军，脚磨破了，腿走肿了。因此，伤病员和失散、掉队人员与日俱增，部队减员严重。同时，由于国民党军队及其县自卫大队、区乡自卫队大肆搜捕，隐蔽在地方的伤病员和男女工作人员，随时都有被捕或牺牲的危险。独二旅六团政委黄世德在蕲春田家桥女儿寨一次突围奋战中，为掩护部队突围，壮烈牺牲。

独二旅面对恶劣的环境，虽然遭到重大损失，但由于广大指战员吃大苦、耐大劳，英勇奋战，也给予了敌人重大打击。参与"清剿"的敌3个整编师，由于连续行军作战，也减员甚多。据敌俘反映，敌军建制少则减员20%，多达40%；上层长官因"清剿"不力连连撤换。尤其是敌近5万兵力陷入鄂皖边泥坑不能自拔。武汉行辕两次欲调整编四十八师驻守平汉铁路线，均因"清剿"未能达到预期目的而未遂。鄂皖边的坚持对支援中原部队主力突围西进，乃至全国解放区战场的作战，起了不可低估的战略配合作用。

## 敌人上山我下湖

鉴于敌人集中重兵对山区疯狂"围剿"，为避其锋芒，争取主动，我们便考虑反其道而行之，跳出敌军的"重点围剿区"，向山外转移，到敌人视为后方的南部丘陵、湖区活动。

8月中旬，一个伸手不见五指的黑夜，我和黄宏伸、郑重带领部队，翻山越岭，攀藤附葛，好不容易赶到黄梅大古岭附近的一个村庄。记得1940年，我在新四军鄂东独立团工作时，曾在这里打过游击。这次到来，虽然面对敌军的恐吓、威胁，群众仍一如既往，热情地为我们买米购菜，主动向我们反映敌情。并由群众协助，我们很快找到了地委派到这一带开展工作的邹一清和程树生。通过同他们交换情况和意见，证实了我们原来的考虑，那就是沿江和湖区一带的敌情，较之敌重点"清剿"的北部山区，确实要松动一些。何况抗战期间，我们在湖区又有工作基础和影响，而且坚持在万丈湖工作的胡藩等已在那里扎下了根。于是，我们决定，除留少数武装继续坚持山区斗争外，陆续派蔡琼、余士钧、周利松分批带领小部队到黄（梅）宿（松）边、黄（梅）广（济）边湖区，开始隐蔽活动，逐步站稳脚跟，建立游击根据地。

又一个黑夜，我们冒着滂沱大雨，赶到广济县十八堡。在那里，正好碰上了在广济活动的张凤林、居文焕和在蕲南活动的何启、陈幼卿，进一步了解了沿江湖区的情况和开展工作的有利条件。经研究决定：何启、陈幼卿、徐光道负责开辟蔡受、大公寺、黄河厂，赤西的管家窑、李家窑、西湖咀、西河驿，赤东的菩堤坝、关山河、苏家圩、清水河一带地区；张凤林、居文焕、鲁岱负责开辟四望山及沿江一带地区。

我们还在一起具体研究了开辟沿江湖区工作中应特别注意斗争策略及急待解决的紧迫问题。

在斗争策略上，要注意不树敌过多。对社会上层分子或头面人物，则尽可能团结他们。对国民党基层乡、保人员，根据不同情况，分别对待，采取不同方式，尽量做到争取、控制和利用。只是对其中个别死心塌地地与我为敌，对我造成危害的，则予以打击惩办，杀一儆百。争取、控制和利用乡、保人员，不仅堵塞了敌军的耳目，也解除了群众因害怕接近我们而遭到报复的顾虑，大大有利于我们的活动。

当时，我们面临着一个十分突出的紧迫问题，就是部队没有给养。大家讨论认为，越艰苦，越要考虑不能增加群众负担，不侵犯群众利益，严格做到买卖公平，购物付款。所需款项只能向地主、祠产和大、中商人合理地征税筹集。为此，指定陈幼卿带手枪队深入敌占区筹集经费。

由于各地同志努力实施，工作取得了很大进展。如广济干仕区区委书记干淑斌、副书记干鹄充分发挥当地人情况熟悉、关系多的长处，灵活地运用斗争策略，尽力做好统战工作，在干仕区创造了一个良好的局面。当时，这个地区的龙秋乡要更换乡长，干、胡两大姓都要推荐本姓人当乡长，争执不下，而胡姓要推荐的人极为反动，干姓推荐的人又不能为胡姓所接受。区委通过当地开明人士从中斡旋，折中推选一名干、胡两姓都能接受的小教员干辉容出任乡长。此人在当地小有名气，思想较进步，抗战时期和我们有统战联系。他当乡长后，经常向干淑斌、干鹄透露敌情。干鹄又设法通过关系推荐一名和我们有统战关系的陈协华当该乡自卫队长，多数士兵也是我们派进去的。因而，这个有30人、20条枪的乡自卫队基本上为我所控制。还有一位姓李的敌警备队长，经过干鹄开展统战工作，在敌人"清剿"中，一直与我们保持秘密联系，经常向我们传递情报。

## 体学西进又归来

8月下旬，张体学率独二旅主力，由北部山区突围到广济八堡石门湾同我们会合。独二旅经过一个多月不停顿的浴血奋战，损失严重，团、营、连建制大部不健全。他随身带来的部队仅约800人左右。

张体学刚到十八堡，尾追的敌人就跟着来了。他原以为敌是一个连，摆开阵势，准备将其歼灭。后侦察发现是一个营，为避免损失，便迅即撤离战斗。此时得到军委电："同意你率主力一部至罗（山）商（城）经（扶）行动。"于是，张体学决定向西行动。临行前，他交代我们当晚派地方武装袭击广济县城梅川镇，迷惑、牵制敌人。我们便派姚广顺带一个排，出敌不意，突然袭击了梅川，搞得敌人惶恐不安，连忙派兵增援。张体学率部顺利地离开了鄂皖边。我们料想增援的敌人会进行报复，当晚即离开十八堡，转移到蕲广边横岗山、龙顶寨、清水河、黄河厂一带活动。果然不出所料，敌人很快派重兵"清剿"十八堡，到处搜山，结果扑了一个空。

独二旅主力向西转移后，虽然"带走"了一部分尾追的敌军，但鄂皖边的形势仍然非常严峻。尤其是北部山区，敌妄图消灭坚持在鄂皖边活动的我地方武装，重新做了部署，在蕲黄广和浠罗英分别设立了"三县联防指（挥）部"，与毗连的安徽敌军配合"清剿"，并大肆增修碉堡，严密封锁上山的道路，强迫群众下山并村。凡能为我立足的山上村舍，一律强迫搬到山下，更不准留下粮食和炊具，阴谋将我困死、饿死在山上。同时，敌人还经常搜山、烧山。

敌人这些反动措施，确实给我们增加了极大的困难。在山区坚持的我县、区武装和工作人员，在敌人包围、分割的地区活动一举一动都容易受到国民党特务、乡保人员和反动分子的监视。敌人还运用"一家通共，五家连坐""通共不报，格杀勿论"的残酷手段，造成极端严重的白色恐怖。因此，在山区坚持的同志，处境相当困难，有时整天吃不上饭，历尽了艰难险阻。

尤其严重的是，面对严酷的斗争局面，有个别人经不起考验，动摇甚至叛变，如蕲宿太边县委书记黄再兴就叛变投敌了。敌人利用他们四处进行反动宣传、策反，搜查捉人。由于他们了解我们内部情况和行动规律，对我危害也特别大。蕲太英浠边县委委员、土地革命时期老党员詹绪辉，就是被叛徒出卖后被捕的。他英勇不屈，被敌人用电刑致死。还有鄂东专员贺建华，红二十八军军医、蕲太英浠边县医院院长袁立山，也是由于叛徒出卖，被捕牺牲的。

然而，我们绝大多数干部战士，仍然英勇奋战，坚持斗争，有不少同志在斗争中献出了宝贵生命。如蕲太英浠边县指挥部指挥长华加文、指挥部手枪队队长朱学良、警卫排副排长田锡成等，都是在敌人"清剿"中，与敌英勇战斗，光荣牺牲。蕲太英浠边县委书记钟子恕，在太湖鸡笼尖被"清乡"的敌军包围，负伤后跳崖，侥幸脱险。还有的干部战士，家属被捕，房屋被烧，任凭敌人威胁利诱，仍然斗志昂扬地坚持斗争。

面对敌人的分片"清剿""驻剿"，我们改变了过去固守一方的老办法，寻找敌人的薄弱环节，更加机动灵活地在敌人驻防的夹缝中穿插游击，兜大圈子。时而集中、时而分散，时而上山、时而下湖，忽南忽北，忽东忽西，跋山涉水，风餐露宿，晚上行军，白天隐蔽，一日数移，飘忽不定，使敌人无规律可循，无目标可捕，徒唤奈何。

11月初，我们抓住"驻剿"广济十八堡的敌人撤返县城的间隙，到那里进行短期休整。我和黄宏伸、郑重在袁家冲的张婆岩刚住下，就听到黄梅方向传来的枪声。经侦察，原来是西进归来的张体学与小股敌人遭遇了。此时，张体学带领着30余人的队伍，我们立即将他接应到张婆岩。同时，地委组织部部长赵辛初和孙超也带七八人来到了这里。

当晚，张体学主持召开了有赵辛初、黄宏伸、郑重、孙超和我参加的会议。在我简要地汇报了他西进以后坚持斗争的情况后，张体学说：3个多月来，我们在对敌斗争中虽然损失很大，但我们拖住了敌人近5万军队，支援了兄弟部队的作战，所付出的代价是值得的。在斗争中还锻炼了一批干部，保存了一部分队伍，为今后的恢复和发展打下了坚实的基础。当前的关键是咬紧牙关，继续坚持。坚持下去就是胜利！会议最后决定，由黄宏伸、郑重带数十人的武装继续在山区坚持，并与山区各县（工）委取得联系；张体学、赵辛初、孙超和我带领80余人的武装到沿江湖区活动。

## 梅园新村传指示

张体学西进返回时，已经没有电台了，同党中央和中原局的联系已中断半月。为了得到党中央的指示，经研究决定派广济县干仕区区委书记干淑斌化装到南京梅园新村中共代表团办事处（由干定华护送带路），向周恩来副主席汇报情况、请示工作。

11月上旬的一个雨夜，张体学、赵辛初和我迎着寒风凄雨赶到广济干仕区。在干鹄的安排下，我们在他家乡二龙斗、东门山下一带活动了20多天。干淑斌从南京回来了。我们迫不及待地听他传达副主席的指示。周副主席首先阐明了全国各个战场的斗争形势和党中央的正确决策、方针。他指出：全国总的局势是迅速向有利于我党的方向发展。大别山地区目前虽然还很紧张，但为时不会很久了。周副主席还充分肯定和赞扬了我们坚持大别山斗争的意义和作用。他说，李先念率领主力突围后，敌人留在中原的一部分主力就压在独二旅身上了。你们虽然付出了很大的代价，但对全局起了战略牵制作用。他还指示和鼓励我们：目前，江南的敌人比较空虚，你们可以相机渡江活动。大别山的领导干部带领部队分散坚持活动，这样很好，便于坚持斗争。

大家听了周副主席的指示，心情都很激动。他不仅给我们指出了斗争的方向，而且体现了党中央对我们的关怀，增强了我们坚持斗争的信心。在讨论时，张体学说：我们要根据周副主席的指示，进一步部署鄂皖边的工作，并尽快传达下去。尽管目前困难还很大，只要大家团结一心，依靠群众，我们这支力量不但可以保存下来，还可得到相应的发展。

随后，我们就转移到广济四望山、栗木桥和蕲南的方家畈、苏家垱等地，分别向黄梅的邹一清，广济的居文焕、张凤林、鲁岱、周元瑞，以及蕲南的何启、姚广顺、陈幼卿、徐光道等，传达了周副主席的指示，并对黄梅、广济、蕲南的工作做了安排。

不久，张体学、赵辛初根据大别山斗争形势日益严峻的情况，又和我商量，决定再派体学的秘书程全去南京梅园新村向中共代表团汇报与请示工作。程全到南京后，周副主席已返回延安。他向董必武汇报了独二旅的情况。董老听后立即电报周副主席并转中央、中原局，指出：大别山很重要，它是战略要地，大别山的游击战争要继续坚持，要想尽办法保存革命种子，以待将来发展。董老还指示说：张体学在那里目标大，身体又不好，请他将工作安排好后化装转移到南京，然后到解放区去。程全回来后，立即传达了董老的指示。

12月14日晚，我们冒着大雨，从黄梅花园山茅林庵赶到蔡家湾蔡琼家中。当晚，张体学召集有赵辛初、邹一清、孙超和我参加的会议，他提出，根据董老的指示，他和赵辛初准备化装去南京中共代表团办事处，留下我们继续坚持鄂皖边斗争。他要求大家树立信心，加强团结，依靠群众，继续坚持，保存力量，以待时机发展，迎接革命高潮。他还嘱咐我们必要时可同黄冈中心县委取得联系，还说郑铎带着一支队伍在蕲北和浠水蒋家山一带活动，让我们今晚就进山找他们，会合在一起坚持斗争。

就在这次会议上，张体学代表鄂皖地委宣布，决定建立鄂皖边中心县委，由易鹏担任中心县委书记，负责领导坚持鄂皖边的斗争。张体学宣布后，随即由赵辛初代笔，用体学的名义写了一封致各县委的信。原文是："何启、余士钧、钟子恕并各县委诸同志：关于鄂皖边今后诸问题，一切由易鹏同志面告，易为中心县委书记。"

当晚，邹一清、马启春、贺导海、刘君带一个班护送张体学、赵辛初到黄宿边。然后，邹一清派戢记虎找帅耀东，通过社会关系，他俩化装安全到达南京梅园新村中共代表团办事处，后经北平转赴延安。

## 鱼水深情渡危难

邹一清、贺导海、马启春、刘君带领一个班在返回途中，两次遭敌包围截击。他们英勇抗击，分散突围，随后陆续归队，只有贺导海失去联系。贺导海是随三五九旅南下的营长、老红军。他操天（门）沔（阳）口音，在当地极易暴露，大家都为他的安全十分焦急。原来贺导海在战斗中失散后，到了黄宿边翟家冲一个潘姓独户人家。当潘家得知贺是与邹一清一道战斗的共产党，便不怕株连，冒着危险将他收留、隐藏。在敌人频繁的"清剿"中，这家农民整天为贺观风放哨，一日三餐送茶送饭，直到半月以后，贺才与邹一清、刘君取得联系，平安归队。

在同张体学、赵辛初分手的当晚，我和孙超带着60余人的地方武装，冒着隆冬的风雨，进山给各县（工）委传达地委指示，并依照张体学临别时的嘱咐，寻找郑铎。郑铎是独二旅的团级干部，听说他带着一支部队在山区活动。如能同他会合，将有利于我们坚持斗争。天刚破晓，我们赶到了黄梅垄坪山，刚吃过早饭，敌"清剿"部队就密密麻麻地在对面搜山。我们隐蔽在山这边的村庄里。敌人的行动我们看得见，听得着。虽然对山相望，但由于群众的掩护，我们在这里安全地住了一天。

吃过晚饭，天气由阴转晴。在月光下，我们沿着崎岖的羊肠小道来到蕲东的郑家山。为了我们的安全，当地群众让我们白天在山林中隐蔽，他们在山下为我们侦察敌情，随时报告情况。我们部队所需的生活物资，也都由群众为我们采购送来，他们同时也把做好的热饭热菜送到山林中来。

我们又转到蕲北山区。这里是我们过去活动较多、也是敌人重点"清剿"的地区。几个月来，敌人在这里昼夜"清剿"，烧杀奸淫，不少群众的牲畜、粮食被抢，房屋被烧。尤其是对同情和支持我们的基本群众，更是残酷杀害。刘家山有位刘大伯，他是我游击据点中的秘密联络员，给我们做过很多工作，还埋藏了钟子恕交给的枪支。因坏人告密，被敌人抓到田家桥碉堡，严刑拷打，但刘大伯守口如瓶，敌人一无所获，将他枪杀，并示众三日，方准收尸。处于水深火热的群众见到我们，像见到久别的亲人一样，不顾仍然笼罩着的白色恐怖，主动地为我们烧茶送饭，反映敌情，时时刻刻关照我们。

回顾鄂皖边那腥风血雨的斗争岁月，我深切地感到，在数十倍于我的敌人夜以继日、反复"围剿"的险恶情况下，我们之所以能生存、能坚持下来，并能发展，就是因为鄂皖边广大基本群众把我们当亲人。他们冒着杀头、毁家的危险，舍生忘死地爱护自己的子弟兵。是他们，主动地源源不断地告诉我们敌情，使我们一次又一次地化险为夷；是他们，千方百计地隐藏、掩护、照顾我们的伤病员，免除了我们的后顾之忧；是他们，帮助我们渡过了一个又一个难关。此外，还应当提到，有的开明人士，也为我们的斗争做过贡献。如广济干仕郭德元村，有位曾在北伐时期任过国民党县长、军参谋长的郭雨嘉，经干鹄长期的统战工作，他认清了形势，在我们最困难的时候，敢于站出来为我们说话。一次，干鹄将几个伤病员隐藏在郭德元村疗养，村里人都知道了，有人担心连累身家性命，希望转移走，有个别坏人企图向敌告密领赏。郭雨嘉闻讯，挺身而出，以他在村中的威望告诫说："要把眼光看远点，共产党是消灭不了的，不能做绝情的事。"由于他的出面，终于保证了伤病员康复归队。

## 在战斗中求发展

1946年年底至1947年春，敌人仍在鄂皖边加紧"清剿""驻剿"，鄂皖边一直处于敌强我弱的态势，我们的处境仍然十分艰难。但由于全国形势朝着有利于我的方向迅速发展，敌人在鄂皖边的正规部队逐渐有所减少，而且士气低落；还由于沿江湖区游击根据地不断发展，扩大了我们的回旋余地。因此，在继续反"清剿"的同时，我们开始从隐藏斗争转向主动寻机出击，抓住敌人的薄弱环节，机动灵活地袭扰、打击敌人，在战斗中求发展。并且及时调整组织，不断扩大队伍，配合全国解放战场，迎接曙光的到来。

在蕲北，我们迎来了1947年元旦。由于敌人对山区连续数月重点"清剿"，蕲太英浠边县委的幸存者钟子恕和黄明清已被迫转移去了黄冈，在黄冈中心县委领导下继续坚持斗争。后虽一度重新组建了蕲宿太边工委，但不久工委书记鲁教瑞又不幸被俘，工委副书记曾少怀也牺牲了，山区处于一片白色恐怖之中。为了打击敌人的嚣张气焰，鼓舞群众的革命斗志，同时也为了给我们要找的郑铎发出一个信号，我们突袭了田家桥敌乡公所自卫队。这一仗，不仅震惊了敌人，而且也鼓舞了群众。可是仍然得不到郑铎的信息。直到后来我们才知道，郑铎早已化装到解放区去了。

另一方面，敌人发觉我们在湖区活动较多，又集中兵力对滨江湖区地带进行"清剿"。一天晚上，活动在黄梅湖区的马启春、贺导海、蔡琼等14人，由于敌人加紧对湖区的"清剿"，他们决定暂时离开感湖，乘船向西转移。当到达黄连咀渡口时，适逢狂风暴雨，炸雷闪电，不料船小负载过重，船在港中沉没，牺牲了6人，余下8人毫不气馁，继续顽强坚持斗争。后来，他们通过九江敌仓库保管员的关系，购买了小钢炮1门、步枪8支，又重新迅速发展到约有30人的游击队，在黄广边和太湖区开创了新局面。

为了牵制敌人对沿江湖区的"清剿"，元月上旬，我们又突袭了蕲春莲花庵敌乡公所自卫队，破坏了敌人的通信设备，张贴了标语，还通过镇商会，筹集了一笔我们急需的经费。

在此期间，我和孙超带领部队返回到广济十八堡仰天窝，群众很快告诉我们：黄宏伸、郑重带领部队就驻扎在附近村庄。我们立即派人联系，很快和他们会合了，并向他们传达了张体学、赵辛初化装启程赴南京前的指示，研究了今后坚持鄂皖边斗争的有关问题。这时了解到，他们和我们分开在山区活动将近一个月里，由于敌人不断"清剿""驻剿"，活动范围逐渐缩小，处境极其困难。有一天，他们在广济十八堡沈家垴突遭敌独立五团"清剿"部队的包围。他们临危不惧，个个机智勇敢地突出包围圈。有的同志虽被冲散，但由于当地群众的掩护，除黄宏伸的警卫员因伤过重而牺牲外，其余同志很快都陆续归队了，并且大家更加团结一致，顽强地坚持斗争。

旧历年前，我们转移到黄梅的考田山。马启春、贺导海、邹一清带着部队也到那里同我们会合了。敌黄梅县自卫队跟着就来"清剿"。我们连夜翻过界岭，隐蔽地住在一个靠山的村庄。为了解决春节的给养，派营教导员程国英带手枪队下山筹款。他们到蕲春的芭桥，刚找到商人把款筹齐，就遭到敌人围攻。虽然他们都安全地归来，但暴露了我们的驻地。次日清晨，敌人就追踪而来。我们会合在一起的两支部队迅即向黄梅梅水山转移。此时天降大雪，呼啸的北风迎面刮来，如针扎脸，雪花落在眉梢，顷刻凝成冰凌。赶到梅水山，已是黄昏，认为敌人不会来了。谁知饭刚做好，敌人已踏雪跟踪而来，包围了我们。我们冒死突围，与敌展开肉搏战，当场击毙4个敌人。敌军猝不及防，乱了阵脚。我们乘机打破了敌军的包围，终于胜利地冲杀出来了。在突围时，我们的机要股长周浩、战士郑泰山英勇牺牲。敌人进山"清剿"，妄图消灭我们，结果没有得逞，最后不得不悄悄收兵下山，龟缩在碉堡里。这次战斗教训了敌人，从此，敌地方团队再不敢像以往那样轻举妄动了。

梅水山战斗同时也给了我们启示。在整个鄂皖边，虽然敌强我弱，但在战术上，我们可以随着斗争形势的发展，逐步变被动为主动，寻找和选择敌人的薄弱环节或抓住孤立之敌予以打击。战后，马启春、邹一清仍带队返回黄宿边湖区，我们转到广济四望山地区过春节，部队进行休整，总结经验，以利再战。

这时，干鹄提供了一个情况：广济郑公塔敌乡公所自卫队有30多人，没有修碉堡，戒备不严。于是，我们来个长途奔袭，突然冲进乡公所，缴获步枪30余支。同时，贺导海、鲁岱、蔡文明也带武装奔袭栗木桥敌县政府警备队，将敌碉堡团团围住。在军事压力下，周惠明又通过统战关系辅以政治攻势，我一枪未发，敌警备队长便被迫从碉堡的枪眼里丢出6支步枪。

4月，我和黄宏伸、郑重、孙超带队伍在蕲广边的陈三房一带活动。一天，敌蕲春县自卫队一个中队前来"清剿"。我们预先在其途中设伏。当敌人趾高气扬地钻进伏击圈，我们一阵猛打，敌晕头转向，丢弃一箱子弹，落荒而逃。马启春和蔡琼还率部从田家镇附近横渡长江，到江南突然袭击敌人，使敌人惶恐不安。

6月，贺导海、鲁岱、蔡文明率部夜袭蕲春高家新铺敌乡公所自卫队，缴获步枪6支和一些弹药。接着，又打广济仓头埠，敌乡公所自卫队闻风而逃。追击中俘敌1人，缴获手枪1支。他们还乘胜捉了4个横行乡里、敲诈勒索、群众痛恨的税丁，缴获步枪3支。

7月，马启春、蔡琼带领部队长途奔袭黄梅县王家河，消灭敌乡公所自卫队一个班。黄宿边余士钧率部深夜奇袭广济县花桥敌乡公所自卫队，缴获步枪30余支。

各地频频出击，震动了敌人。于是，敌人又纠集兵力对蕲黄广南部进行"清剿"。我各地武装即避其锋芒，转大圈子。我和黄宏伸、郑重、孙超带部队辗转伸进鄂皖边山区。活动一段时间后，得知敌人在蕲黄广南部的"清剿"已经结束，便又突然转回蕲黄广南部与马启春、邹一清、蔡琼等带的部队会合。8月，敌人又都集中在山区"清剿"，沿江一带兵力比较薄弱。我们决定趁此机会攻打广济南部重镇龙坪。事前，我们进行了侦察和周密部署。龙坪地处长江之滨，交通方便，离武穴30余里，离广济县城梅川80余里。敌在武穴和梅川各驻有一个正规营。按当时的交通条件，这两处的敌人若向龙坪增援，至少也得两个小时。而龙坪仅驻敌县自卫队一个排，分守两个碉堡，战斗力不强。凭着我们100多人的武装，采取突然袭击的手段，打下龙坪是完全有把握的。于是我们隐蔽在离龙坪10余里的村庄，封锁消息。漆黑的夜幕降临了。部队静悄悄地摸进龙坪，首先将龙坪街头碉堡的哨兵捉住，一枪未发就冲了进去，俘虏、缴获了全部人枪，然后放火烧了碉堡。接着，对另一座碉堡采用火力封锁和火攻的方法，并结合政治攻势，迫使敌人乖乖地投了降。龙坪之战，我无一伤亡，俘敌排长以下40余人，缴获步枪40余支、机枪1挺。龙坪商会会长赶忙前来交了税款。龙坪战斗后，蕲南游击总队长姚广顺又在黄河厂龙顶设伏，袭击了罗开三带领的敌乡公所自卫队，缴获步枪3支，子弹两箱；何启、朱启文率部袭击敌白沙乡乡公所，活捉敌乡长刘逐鹿（经教育释放），缴获手枪1支、步枪10余支。

龙坪之战，大振了我们的军威，增强了鄂皖边军民斗争的信心。它标志着敌人一年来的"清剿"已经失败，标志着我们坚持鄂皖边斗争已经取得了重大胜利，我们这支孤悬敌后的地方游击队日益成长壮大。

## 健全组织与机构

随着形势的发展，摆在我们面前的一个重要课题是，需要不断完善组织机构，加强党的领导。1947年3月初，我们在广济四望山竹林湾召开了各地负责同志联席会议。出席会议的有黄宏伸、郑重、邹一清、张凤林、何启、孙超和我。在会上，我首先同大家商量："张体学、赵辛初走时，由于处于极其艰苦的分割局面，会合很困难，他们当时决定成立中心县委，只确定我为书记，没有确定中心县委委员。现在形势有所好转，为了加强集体领导，推动今后的工作，很有必要确定中心县委委员。"大家赞同我的提议，经过酝酿讨论，一致同意黄宏伸、郑重、邹一清、张凤林、何启、孙超为中心县委委员。为了建立统一的军事指挥机构，会议决定建立鄂皖边军事指挥部，一致推选黄宏伸任指挥长、我兼任政治委员、郑重任副政治委员、孙超任副指挥长。会议还根据当时各地的斗争情况，决定成立黄（梅）广（济）边、广济和蕲（春）南3个党的工作委员会。黄广边工委由邹一清任书记，蔡琼任副书记，马启春为工委委员兼游击总队长，所属游击队到与刘邓大军会合时，已发展到100余人。广济工委由鲁岱任书记，贺导海任工委委员兼游击总队长，下属干仕区委（书记干鹄）和龙坪湖区（负责人胡藩）、阳城田家镇区（负责人蔡文明）两片，还有活动在龙顶寨一带的陈农、田广。广济工委所属游击队与刘邓大军会合前，也发展到100余人。蕲南工委由何启任书记，姚广顺、陈幼卿为工委委员，姚广顺兼游击总队长。在蕲南工委领导下，根据斗争需要，分三片活动：以漕河、八里湖、刘公河、槐树山为一片，由何启、朱启文负责；以西河驿、西湖里、管家窑为一片，由徐光道负责；以黄土岭、菩堤坝、竹瓦店、清水河为一片，由方敏、陈幼卿、白玉清负责（不久，方敏经领导批准化装转移）。蕲南边游击总队开始有50余人，各片改建为漕河、菩堤、彭思桥3个区委，分别由何启、徐光道、陈幼卿兼任区委书记后，武装亦有相当的发展。除游击总队保留有50余人枪外，各区又都建有10~20余人枪的便衣队，总计100余人。

会后不久，王兴发在黄梅同我们会合了。他是随熊作芳赴皖西，途中被敌人打散，在黄梅绿府龙潭宋家岭群众家里隐蔽了一段时间，才找到了我们。经中心县委研究，决定增补王兴发为中心县委委员兼鄂皖边军事指挥部副指挥长。

5月中旬，经中心县委研究决定，又组建了蕲宿太边工委，由胡云德任工委书记兼游击总队长。还建立了蕲东、张家塝、檀林河3个区委，殷实、刘治平、曹国廓分别担任区委书记。上述地区与刘邓大军会合时，游击武装发展到六七十人，同时又组建了黄（梅）宿（松）边工委，任命余士钧为书记，还组建了一支30余人的游击队（余士钧于刘邓大军来鄂院边前夕，在对敌战斗中英勇牺牲）。

张体学、赵辛初走后，我们和上级党组织就一直没有联系。我们活动在偏僻山区，孤悬敌后，消息闭塞，对党中央的方针、要求及全国各解放区战场的斗争形势均不了解，仅能从当地来往商人中打听到一鳞片爪、道听途说的消息。我们是多么渴望能直接听到党中央的声音啊！可是，这时党中央驻南京梅园新村的代表团办事处已撤回延安，不能再派人去了。经过反复研究，我们决定派孙超率一个排到皖西去寻找在那里坚持斗争的同志。孙超率部经过长途跋涉，穿过敌人层层封锁，终于在皖西找到工委书记桂林栖。孙超带回了党中央这段时期的许多指示精神和各解放区捷报频传的喜讯，还带回了桂林栖为支援我们而派来的原独二旅的营级干部胡云德。这些，对我们都是极大的支持和鼓舞。

## 清脆的枪声报喜

1947 年 10 月的一天，一轮红日冉冉升起，从浓雾中渐渐露出笑脸，映照着鄂皖边山山水水，多姿多彩。广济县周国政农家的屋顶上刚刚冒起了袅袅炊烟。指挥长黄宏伸便派刘君、张民权到芦家河侦察情况，以便决定我们当晚的行动方向。

时近中午，刘君等匆匆回来。他们报告了一个重要消息：从广济到黄梅横山的公路上，有大队人马络绎不绝、秩序井然地由西向东开进，不拉夫，不扰民，士兵们灰色的军帽上戴着防空伪装，天上有国民党飞机盘旋侦察。公路两旁的群众也没有以往国民党大部队过境时的那种惊恐神情，仍照样在田畈里干活。他们对这种异常现象都感到奇怪，但也不敢贸然前去接触。

难道是我们自己的军队？我们虽然都这样判断，但由于事前从未得到这方面的任何消息，也必须慎重从事。于是，就让刘君赶快吃罢午饭再探再报。

我们焦急地等待了约 3 个小时，忽然，山背后传来了清脆的枪声。大家以为发生了敌情，迅即持枪集合，准备投入战斗。当我们冲出村头，却见刘君、张民权兴冲冲地从后山跑来，又举枪对空连连射击，同时高呼："我们的大军来啦！""天亮了！""我们胜利了！"

我们立即迎上去，急切地问："怎么回事？"

刘君气喘吁吁地叙述了他们侦察的情景。开始，他们到横山公路旁的一个山包上悄悄地蹲着观察，只见公路上大队人马，浩浩荡荡，前不见头，后不见尾，不像是国民党军队。但怕万一出错，在步兵通过时，他们没敢吱声。后来，见到用牲口拖着大炮的炮兵部队过来了，才忍不住大喊："你们是什么队伍？"他们心想，如果万一是国民党军队，炮兵没有步枪，他们也来得及脱身。结果，对方听了以后，很和气地回喊："你们是什么人？"刘君大胆地走近部队，并说："我们是新四军！"对方马上高兴地答道："我们是中国人民解放军！"

我们又问刘君："你们为什么放枪？"

刘君笑着说："这样大的喜事，还不该庆贺庆贺——只有用枪声代替爆竹向大家报喜！"

接着，张民权告诉我们：大军一位营教导员说，部队行军不能耽搁，今晚要打黄梅县城，让我们到县城去会合。

顷刻，整个部队沸腾了。有的同志高兴得手舞足蹈，有的同志高唱革命歌曲，有的同志激动得热泪盈眶。

当晚，我和同志们兴致勃勃、情绪高昂地赶到黄梅大河铺，同六纵十八旅的后续部队会合，得知先头部队已经攻克了黄梅县城，旅部驻扎在城北的渡河桥。次日上午，旅长肖永银、政委李震亲切地接待了我们。我们汇报了坚持鄂皖边斗争的情况，肖旅长则介绍了全国解放战争的大好形势。我们问他需要什么帮助，他说，目前最大的困难是对大别山地形不熟悉，如果有份大别山的详细地图就太好了。我们立即将珍藏的一份大别山区地图取来交给他。他看了非常高兴。

同六纵十八旅一起活动了几天后，我们返回蕲东的王裕冲。在那里，中心县委召开了会议，参加会议的有黄宏伸、郑重、王兴发、孙超和我。会议首先研究了迎接和支援刘邓大军的有关问题。当时，刘邓大军刚到，经济比较困难，正在筹集棉衣。中心县委与所属工委商量决定，将我们在艰苦环境中筹集到而又舍不得花的财物都贡献给了大军。

中心县委还着重讨论研究了如何抓住有利时机开创新局面的问题。为了开展蕲东工作，决定把伸进我们活动中心地带的白水畈敌乡公所自卫队这个钉子拔掉。次日黄昏，我们部队包围了白水畈，经激战，将守在碉堡内的敌人全部俘虏，共缴获40余支枪，还缴获机枪1挺，从而沟通了蕲北和蕲东的直接联系，对这地区工作的开展起了重要作用。

# 亲切的会见

10月25日，正当我们按照中心县委的部署，分头到蕲黄广南部地区各工委传达会议精神、安排工作的时候，忽然，六纵十八旅参谋长亲自到广济四望山找到了我。他说，刘邓首长给所属部队发电报指名要找我去。我当即随他赶到刘邓大军司令部驻地——张家塝范家湾。

走进司令部，刘伯承司令员、邓小平政委热情地接见了我。邓政委亲切地握着我的手说："你们辛苦了！"接着，张际春副政委、李达参谋长和刘子久等相随进屋。邓政委询问了鄂皖边及我们坚持斗争的有关情况，我一一做了汇报。

刘司令员问我："你们有多少人？"

我回答说："我们在大军来之前只有300多人，现在发展到四五百人了。"

后来，刘司令员走向挂着地图的墙边，指着地图上蕲南地区问："这一带地形怎么样？"

我从1940年随新四军鄂东独立团东进鄂皖边以来，长期在蕲黄广地区工作、战斗，对这一带地形是比较熟悉的。我走上前去，瞄着地图，指着蕲南一带说："这里南临长江，北靠大山，中间一带是丘陵、平原。在这条公路上，从大路铺，经清水河、高山铺，到蕲广相交的东界岭之间，是一条屉斗形的狭长谷地。"刘司令员听得很认真，不时地点点头。我又详细地介绍了谷地两侧的山峦走势，高低大小和各处通路。

听了我的介绍，刘司令员又回到桌前，用亲切的四川口音轻松而诙谐地说："我带了点'尾巴'，打算在这里割掉。"

我禁不住问："这'尾巴'有多大呢？"

刘司令员微笑着说："万把多人。"

"万把多人！"我十分惊讶，因为对我这个长年钻山沟、打游击、小敲小打的人来说，确实是个震耳的大数目，可刘司令员却说得那么幽默而轻松，好大的气魄呀！我顿时喜出望外，连声说："这太好了！太好了！打赢这一仗，对鄂皖边人民该有多大鼓舞！对我们地方工作该有多大推动！"

刘邓首长见我高兴的神情，会心地相视而笑。

刘司令员收住笑容，神情庄重地问我："打仗的伤员有没有办法安排？"

我坚定地答道："我们保证安排好！"

"担架呢？"刘司令员又问。

"我们去组织筹办。"我满怀信心地说。

这时，邓政委走了过来，亲切地说："好！易鹏同志，你今晚不要走，就住在这里，明天我们一起行军。"

我正要离开司令部，邓政委又对领我去住处休息的同志交代说："他们坚持大别山的斗争，十分辛苦。你去安排一下，要搞点好的饭菜。"

当时，我年轻，能吃、能跑、能睡，从来不知什么叫"失眠"，可是，这一夜，我却兴奋得失眠了。

次日上午，我随大军到了胡家凉亭。下午，我又应召随刘子久进了云林宫刘邓司令部。邓政委一见我就说："你来得很好，高山铺战斗打响了，仗打得很顺利，你赶快回去动员群众上前线抬伤员，帮助部队运武器、弹药。"

我明快地答道："我这就去蕲北白水畈安排布置，坚决完成任务。"


## 高山铺支前


刘邓首长接见我，中心县委和各工委的负责同志就预感到刘邓首长将有重大任务下达。当我传达了刘邓首长交代的支前任务后，他们都非常兴奋，立即全力以赴地深入下去宣传、动员、组织群众，担负起支前重任。蕲北、薪南、广济3个地区的广大群众都踊跃支前。当天下午，即组织2000多民夫、1900多副担架，在王兴发、孙超等一批干部的带领下，赶赴高山铺前线，听候调用。同时，配合大军后勤人员到刘公河、莲花庵设立临时战地医院，在桐梓河、边街，从高山铺到蕲东一带，设立了一个又一个伤员接待站，在白水畈、张德斌冲设立了临时后方医院。

在激烈的战斗中，经过组织动员的民夫和战场附近的群众，冒着枪林弹雨，积极支援大军歼敌。大军打到哪里，民夫和担架就跟到哪里，及时运送粮食、弹药，抢运伤员。26日夜，敌我激烈地争夺簸箕尖阵地，竹瓦店朱四房湾农民张仁和运送干粮正好来到这里。他刚翻过山顶，左胸被敌弹击伤，昏倒在血泊中。苏醒后，他忍着剧痛，咬紧牙关，背着干粮袋，爬到我军前沿阵地用手指着背上的干粮袋又昏了过去。战士们从他背上取下干粮袋，发现布袋已被子弹打穿多处，血迹斑斑。后来，张仁和被转到莲花庵临时医院抢救，终因伤势过重而牺牲。

由于数量众多的民夫和担架队奋不顾身、夜以继日地抢搬抢运，既充分保证了战场上所需粮食、弹药，又一个不漏地及时将伤员转运至蕲北野战军临时后方医院。各工委还组织沿途群众送茶水、献食品。伤员每到一地，群众的慰劳品一担又一担地送到子弟兵身旁。高山铺战斗结束没两天，全部伤员都安全运到了设在蕲北的临时后方医院。10月30日，刘公河等地的群众在蕲宿太边工委的带领下，抬着宰好了的肉猪，担着肥鸡、鸡蛋、豆腐、面条，响着乐器和鞭炮，浩浩荡荡地步行50多里，送到设在蕲北张德斌冲的临时后方医院。

为安排、医治伤员，解除大军的负担，临时后方医院在蕲宿太边的张德斌冲一带，设立了3个医疗所：院部和第一所设在冲口宋家树，总负责人陈远高；二所设在冲顶曹家大山，所长刘君，副所长苏登升，协理员陈志远；三所设在孙家山，由医生乔寒光负责。名曰"院""所"，实际是借用的民房。全部伤员分散安（置）在冲里的谈家沟、龙井岸、曹家大山、石榴树、杨家山、桐油畈、桥边河、孙家山、宋家树、土库楼等湾共200余户群众家里。伤员的护理及生活、安全，除医护人员之外，主要靠护理户的群众和地方工作人员负责。特别是重伤员的护理，洗伤口、洗血衣、喂茶饭、接大小便等，多由群众包了下来。

整个山冲洋溢着民拥军、军爱民的鱼水深情……

## 踏上新征程

刘邓大军千里跃进大别山，在高山铺战斗取得了歼敌1.26万余人的重大胜利，对推进全国解放战争向纵深发展，对大别山开创革命斗争的新局面，具有特殊的意义。我们都沉浸在胜利的喜悦之中。

11月1日夜，皓月当空。邓小平政委以中原局书记的身份，在胡家凉亭云林宫主持召开了关于鄂皖边地方工作安排部署的会议。出席会议的有六纵十六旅政委张国权，有随刘邓大军一起南下的刘仰峤、赵辛初和胡广恩，还有在鄂皖边坚持斗争的黄宏伸、郑重和我。

邓政委首先在会上说，中共鄂豫区党委、行政公署和军区已经成立，接着宣布了第五地委、专署和军分区班子的组成：由刘仰峤任地委书记、易鹏任副书记，赵辛初任专署专员、胡广恩任副专员，张国权任军分区司令员、刘仰峤兼任政委、黄宏伸任副司令员、郑重任政治部主任。还决定建立蕲南、蕲北、英山、黄梅、广济5个县委。在鄂皖边坚持斗争中，保留、培养和锻炼了一批干部，充实了地、县、区的领导班子。从六纵十八旅抽调五十三团划归第五军分区领导。以后，我们又以在鄂皖边坚持斗争的地方武装为基础，组建了第五军分区第十四团。

宣布上述决定之后，邓政委简要而明确地讲了全国的形势和我们的任务。他指出：当前全国斗争的形势，越来越有利于我们。现在我军已胜利地在大别山实行了战略展开。高山铺战斗的胜利，给敌人以沉重的打击，我们在大别山已经站稳了脚跟。当前的任务是，力求建立巩固的根据地。最后，邓政委强调要大力发动群众，扎扎实实做好各项工作，迅速开创新的局面。他的重要讲话，为我们以后的工作指出了明确的方向，极大地启示和鼓舞了我们。

会后，我激情满怀地走出胡家凉亭云林宫，迎着黎明的曙光踏上了新的征程……

岁月如梭，那段艰苦斗争岁月距今不觉已40多个春秋了。回顾坚持鄂皖边斗争的日日夜夜，最令我难以忘怀的是那些在斗争中牺牲的革命先烈。他们中许多人的音容笑貌和壮烈牺牲的情景时常萦绕脑际，缅怀难忘，也激励和鞭策着我追忆并记下那段斗争历史，以表达对他们的深切悼念！今天，在加快改革开放，建设具有中国特色的社会主义伟大事业中，他们忠于党、忠于人民、无私无畏、英勇献身的精神，仍然是我们应当继承和发扬的宝贵财富。

原载李少瑜、曾焕雄主编：《鏖战大别》，军事谊文出版社，1993年，第175～200页。

# 在中原突围后的日子里

◎ 邱进敏

中原突围前夕，鄂东区党委书记张体学同志派人将刘名榜、肖先发、徐锡煌、马友才和我叫到卡房回龙桥，召开紧急会议，传达了李先念、郑位三同志让我们留在大别山，坚持游击战争的命令。根据李先念、郑位三同志的指示，会上决定撤销原豫东南地委和县区政权，成立罗（山）礼（山）经（扶）光（山）中心县委，刘名榜同志任书记。中心县委下设罗礼、经光、麻城、黄安（今红安）四个县委。

1946年6月29日，中原军区部队主力在李先念等同志的率领下，胜利地冲出了蒋介石惨淡经营半年之久的包围圈，分别进入陕南、鄂西北一带，开始在那里创建新的根据地。不久，奉命掩护主力突围的鄂东军区独二旅也化整为零，分散战斗在大别山。在此形势下，重建不久的罗礼经光中心县委毅然挑起了领导大别山军民坚持游击战争的革命重担。

一

中原部队离开大别山后，国民党反动派为了扑灭这里的革命火种，调来了一个新编正规旅，加上当地的民团共纠集了数万兵力，对中心县委领导下的只有90余名队员组成的游击武装进行了疯狂"围剿"。他们逢湾筑寨，逢路设卡，小湾并大村，集镇驻重兵，甚至不惜采取"五家连坐"等反动措施，企图隔绝我们与群众的血肉联系，进而将我们"彻底肃清"。

在严重的白色恐怖下，我们的处境一天比一天恶化。我们吃的是野菜树皮，穿的是破麻布片，住的是山洞、窑棚，睡的是稻草窝，简直有点儿像野人生活。少数意志薄弱者经受不住这严峻的考验，当了可耻的叛徒。国民党军队和反动民团由叛徒带路，逐个山头逐个山头地"清剿"，我们整天在敌人的隙缝里钻来钻去，稍有不慎，就会落入敌人的圈套，遭到覆灭。

1946年秋的一天，我带着六个便衣队员住在大坡湾一户姓陈的群众家里。坏蛋陈道里发现后立即报告给了保安团团长黄古儒。半夜时分，陈道里领着一二百个团丁包围了大坡湾。那天，由于过度疲劳，我们睡得正香，丝毫未觉察。情况万分危急。

说来也巧，我爱人赵月荣正好醒了，她似乎听见有动静，忙叫醒我，说："老邱，你听！是不是砍树的（指敌人）来了？"我一惊，坐起来侧耳细听，果然是"砍树的"来了。我急忙喊醒其他几个队员。为了缩小目标，我们各自为战，分别向外突围。第二天，我通过群众才了解到：我们的人一个也没被抓住，可陈家夫妇却因为我们遭到敌人的一顿毒打。

在战争年代，最可恨的是那些叛徒。因为他们对游击队和县委机关的活动规律、活动范围比较清楚，他们带着民团搜山，常常弄得我们措手不及。1946年冬天，老县长肖先发带人摸黑下山搞粮食，不幸从悬崖上掉下来，受了重伤，被抬到周八家养伤。肖先发的警卫员（小名傻子）因受不住考验，投降了敌人。这天，傻子带着十几个敌人搜到了周八家。这个叛徒在一家群众的木楼上发现了肖先发。肖先发怒斥叛徒道："你这个无耻的东西，你自小投身革命，是革命将你抚育成人，你却背叛了革命，今天你要怎么样？要升官发财就把我交出去！"傻子被骂得无地自容，忙下楼带着敌人走了。肖先发同志虽然侥幸免遭敌手，但不久伤势恶化，不幸牺牲了。

那时，面临的危险和困难是难以想象的。每一个革命者都经历过最严峻的考验。为了鼓励大家坚持下去，一天夜里，我把经光便衣队的六位同志集合到三合湾的小河坎上开会，我说："大家都是自愿参加革命的。要干，就要革命到底；要不干，就趁早散伙回家。眼下革命是碰到了困难，但共产党是肯定垮不了的！主力部队是一定会打回来的！"同志们异口同声地说："干！和敌人拼到底！要死，我们也要在战场上去死!"我们这几个人后来几乎都坚持下来了。

<br>

二

1946 年 10 月份,鄂东独二旅副旅长何耀榜同志率领一个团,从黄冈北上,准备到天台山找刘名榜同志。不料,部队中途遭到敌人阻击,全部被打散了,只剩下何耀榜和警卫员等数人。刘名榜同志得知消息后,就带人下山找他们。不几天,何耀榜与刘名榜在高山冈会合了。会合后,中心县委决定由何耀榜同志任第一书记,刘名榜同志改任第二书记。从而加强了中心县委的领导力量。

此后不久,我们转移到郭家河一带活动。张波、宁淮带 200 多人从确山过来了,他们经宣化店、卡房的牛冲,翻杨树岭,一路上与敌血战,真可谓"过五关,斩六将",部队的伤亡也不小。他们到达郭家河以后,就向老百姓打听中心县委的消息。老百姓不认识张波,就来向我报告说:"有个叫张波的,来打听刘书记和你。"我怕是敌人玩的诈术,就先派了几个人下去侦察。侦察员回来讲:是自己人。我连忙下山去接头,一看,果然是张波和宁淮!在那种情况下,战友之间一日不见,真有如隔三秋之感。我们三个紧紧拥抱了好长时间才松开。

我们各自叙述了离别后的遭遇,又共同分析了当前的敌情。认为西边有敌人的正规军,北边武昌和岭南边的郭家河已为川军六十六师所盘踞,我们事实上已处在敌人的包围之中,部队应立即向外转移,脱离险地。事不宜迟,我们在老乡家简简单单地吃了些东西后,由我带一个加强班在前开路,从大、小二关冲到陈家冲,最后到连康山。一进连康山,敌人就莫奈我何了。

张波和宁淮此后一直在那一带坚持,直到与张才千的中原独立旅胜利会师。他们在那里与我们此呼彼应,客观上相互起了很好的配合作用,给敌人造成了一定的威胁。

<br>

三

敌人见"肃不清"我们,也围不垮我们,便又生出更为毒辣的一计。他们将刘

★ 149 ★

名榜和中心县委其他领导人的家属抓进了监狱，企图以此瓦解我们的斗志。

刘名榜同志的母亲、爱人及女儿被抓进监狱后，吃尽了苦头。这还不算，民团头子、反共老手黄古儒还押着刘老太太，到山头上去喊话，叫刘名榜同志出来投降，不然，黄古儒就要杀掉刘书记的亲属。刘书记在山上听得一清二楚。第二天，他派人给黄古儒送信说："我们的家属你可以杀，但你姓黄的我也不是不能杀！"这样，黄古儒才未敢轻举妄动。

除了捉我们的家属，敌人还到处张贴布告，悬赏捉拿刘名榜和我。甚至无耻地以金钱美女、高官厚禄来诱使我们就范。我当时收到大地主邱举贤的劝降信，信上除许诺给我什么官、什么美女、什么田产房屋外，还胡说什么"二贤弟自新，国府宽怀，既报国恩，又洗族耻"。我一看，肺都要气炸了！我找到邱举贤问："国民党弄得老百姓家破人亡，有什么国恩？你邱举贤一家奸淫烧杀、无恶不作，算不算族耻？"邱举贤无言以对，默然而退，从此再也不敢对我提劝降的事了。

为了救出被捕的群众，打击反动派的嚣张气焰，我们中心县委在六人庵召开会议，决定采取两项行动：一是杀一批极端反动的伪保长；二是以我的名义给民团头子黄古儒、县长李健刚写一封警告信。会后，我们连夜分头行动，一夜杀死了十几个反动保长。与此同时，我给伪县长李健刚写了封警告信，通过金銮山上的道人陈光海（黄古儒的坐探）交给了李健刚。信是这样写的："李健刚，新四军抗日有功，你们发动内战，有种的硬刀硬枪地干！为什么拷打群众、拷打家属？警告你：你的家我也不是不能去，马上把群众、家属放了！谁投降谁，走着瞧吧！"这一下击中了敌人的要害，极大地震动了敌人。不几天，李健刚找个借口，将被捕的家属交人取保，全部释放了。刘老太太出狱后见到我就说："进敏，你好狠啊！原来我老想着你们杀人越多，黄古儒和李健刚越会给我加罪。哪晓得七杀八杀，倒把我们给'杀'出来了。"说得我们哈哈大笑。

其实，在那场你死我活的斗争中，除了战斗，别无生存之法。

就拿粮食来说吧。当时国民党军队和地方反动民团将入山要隘全部卡死。我们要下山搞粮食或者群众想给我们送点粮食，都要冒九死一生的危险。况且，群众在当时已是贫困不堪，我们怎能忍心再加重群众的负担呢？

1946年秋末，凉意早早地侵入了大别山区。我们这些衣着单薄，"天当房子地当铺"的游击队员，生活更是苦不堪言。已是连续几天断炊了，我们简直就像霜后的瓜藤——蔫了架儿。怎么办呢？我向刘名榜同志请示之后，决定带几个人下山走一趟，即便是闯龙潭入虎穴也要搞些粮食回来。于是，第二天早晨，我带着杨保志、罗传经等四位同志下山了。我们刚走到玩下店与界河之间的蚂蚱口，见迎面走来一个国民党兵，只见他将长枪扁担似的扛在肩上，边走边哼着淫秽的小调，根本没注意到我们。我向杨保志和罗传经一使眼色，他俩顿时忘了饥饿与疲劳，饿虎擒羊般地扑上去，一个扼喉，一个夺枪，那小子连挣扎一下都没来得及就当了我们的俘虏。

在路旁的树林里，我对他进行了审讯。我厉声地问他："你是干什么的？要讲实话！否则……"我做了抹脖子的手势。那小子"扑通"一声跪倒在地，结结巴巴地直求饶命。他说："我是个采买。后边，有三个连长，带着一个排的兵力，从七里坪领饷转来。在后边，马上就到。"我们一听，正中下怀。我立即做了分工，由两个战士负责掩护，我和老杨、小罗三人负责截击。分工完毕，我、老杨、小罗都装作农民，若无其事地在庄稼地里扯着草。

一袋烟的工夫，果然见三架抬子向这边走来，后边跟着二十几个吊儿郎当的士兵。他们压根儿也没想到在他们驻地附近会埋伏着游击队员。他们大摇大摆，毫无戒备。眼看敌人一步步走近了，我刚要下令动手，突然小罗的枪走火，我和老杨急忙掏出手枪，干掉了走在最前边的两个家伙。敌人被这突如其来的攻击吓蒙了，纷纷逃窜，那三个当官的逃得更快。我们在抬子里一搜，搜出了几只大皮包，里面共有 900 多万元纸币，还有消炎粉、奎宁等药品，这些东西对我们来说真是太珍贵了。

逃跑的敌人回过神来，见只有我们几个人，就"嗷嗷"叫着回头向我们扑来。我们急忙收拾好战利品，一转身，上了九焰山。上了山就是我们游击队的天下了。

蚂蚱口截击战，不仅解决了我们急需的粮食、药品，更重要的是鼓舞了游击队的斗志，更坚定了我们坚持到胜利的信心。

四

大别山的人民，不愧是经过一、二次国内革命战争锻炼的人民，不愧是有光荣传统和优良品质的人民。即使是在最困难的情况下，他们仍然对党无限忠诚，仍然坚信革命一定会胜利。正是有了这样的群众，正是我们和群众有如此血肉般的联系，才使我们这些"革命火种"得以保存下来。

一次，刘名榜同志带几个游击队员几天几夜没吃上饭，饿得头晕眼花，艰难地爬到六人庵后边的山洞里；刚坐下来喘口气，敌人就围了上来。他们只好忍着饥饿和疲劳，手牵手从悬崖上溜下去，这才躲过敌人的包围。甩开敌人后，刘名榜同志和游击队员黄本兴骑上一棵大松树，想同村里群众取得联系，搞顿饭吃，不料村里也有敌人。群众怕老刘他们中了敌人埋伏，急忙让一个小女孩给他们送信，使刘书记他们避免了损失。夜晚，黄家洼的群众做好米饭，熬好甜酒，送到了刘书记他们隐蔽的地方，游击队员们才饱餐一顿。

有一次，我们便衣队被敌人冲散了，我一个人隐蔽在王斗冲对面的小山上。一夜未曾合眼，第二天四肢无力，饥肠辘辘，口干舌燥。正当我饥渴难耐之时，小路上来了一个挑土粪的农民。我仔细一看，原来是扶苗子的二哥。我轻轻地喊了声："二舅！"他发现是我，忙放下挑子，惊异地说："是你呀，进敏！你么样跑到这儿来了？"我指着肚子说："这里在造反。二舅先去搞点吃的来再说吧。"他答应着，挑着土粪往回走去。

不多会儿，他又挑着土粪忽悠忽悠走上山来。他见我有些诧异，忙刨开土粪，从里面取出一个油纸包。我打开看，原来是包香喷喷的油炒干饭。我不管三七二十一，一阵狼吞虎咽，还没用上三分钟，就结束了"战斗"。然后我问他："我们的人有被敌人捉住的没有？"听他说一个也没被捉去，我才放下心来。

告别了扶苗子的二哥，我决定上连康山，估计打散的战士们也都在那里。走到落刀坪，我到一位老大娘家里准备要点水喝。刚坐下，敌人就撵来了。大娘急忙把我藏到房子后边的黄豆棵子里。然后，她装作没事的样子，坐在院子里洗衣服。我听见一个敌人说："昨天夜里，邱进敏的人被我们打散了，他们是不是到你这里来了？"大娘回答道："邱进敏常到我这里落脚，要水喝、要饭吃。只是今天没见到。干脆各位老总都莫走，就在这里等着，说不定邱进敏要来呢。""在这里等个屁，我们还要上连康山捉那些打散的共党。邱进敏若到你这里来，你要早些报告！"敌人说完就走了。

听见敌人走远了，我才从黄豆棵子里钻出来。我谢了大娘的救命之恩，就要继续上路。大娘说什么也要我吃点东西再走。直到看着我吃下了一大碗挂面，她才依依不舍地送我登上山路。临别时她说："孩子，河水有涨有落，革命难免有遭难的时候。你们可要坚持下去，大娘就盼着革命成功啊！"这发自肺腑的语言，实在感人万分。我是个轻易不动感情的人，这次却两眼湿润了，还有什么比人民的感情更深厚的呢？人民，是我们的再生父母，没有他们，我们在大别山是一天也坚持不住的。

五

在严酷的岁月里，在远离党中央而又失去联系的情况下，我们在中心县委的领导下，坚持了一年多的游击战争。我们多么盼望主力部队早日打回大别山啊！

1947年七八月间，从黄河边过来的人争相传说刘邓大军打过了黄河。国民党的报纸上也载有"刘伯承败走淮南，企图窥视武汉"之类的消息。不几天，"围剿"我们的国民党正规部队全部撤走了。种种迹象表明，确实是我们的主力部队打回来了！中心县委立即发出通知，做好迎接大军的准备！

8月底，我们听说大军已攻克了新集城。游击队员们高兴得又是跳又是唱。我也情不自禁地吟出了一首顺口溜："蓝天高来白云飞，鸟儿欢唱鱼摆尾。喜讯传遍大别山，眉飞色舞游击队。"我向队员们下令："理发！睡觉！明天下山迎接主力！"

第二天，我派了两个人到鸡公寨去向何耀榜和刘名榜同志汇报。然后，我带着八个人下山了。出了裴象往西走了几十里，中午到达仰天窝。那是个独家小湾。我让队伍停下来，在那家吃了午饭再走。有个同志提出要站岗，我说："站个屁！站岗还要轮流吃饭，耽误时间。不站！吃了好走！"

谁知，大军攻占县城后，城内守敌闻风逃窜。伪县长李健刚和叛徒胡元成带着保安团的手枪队向西溃逃，正好经过这个湾。我们正在吃饭，听见外边有响动，就问："什么人？"敌人一听，立即转过身来将小村包围了。我听见伪县长李健刚在外边吹嘘："今天捉不住邱进敏，也要叫他带上'花'！"我气得牙根直痒。看来，一场恶仗是不可避免的了。我脚一跺，手一挥，提着枪第一个冲出屋子。小春、小罗、焦洪涛、郭先成跟着冲了出来。我们五六支驳壳枪一扫，立即将敌人的包围圈撕开了一条口子。我们丝毫不敢怠慢，箭一般地冲出包围圈，上了大山。这次突围，我们有两个同志不幸牺牲，其中还有一个是知识分子。

这次受挫，给我的教训太深刻了。只因为我一时思想麻痹，才招致两个同志白白牺牲，至今想来，仍痛悔莫及。这血的教训，足诫千古。前不久（1984年年底——整理者注），我去仰天窝为那两位牺牲的同志立了碑，以表对他们的哀悼，以表我对错误的痛悔。

# 六

我将仰天窝受挫的经过向刘名榜同志做了汇报后，刘名榜同志指示我再次下山，一定要和大军接上头。8月31日，我和经光县委副书记冯一鸣同志带着几个游击队员，再次下山。

当我们行至陡山河乡刚店村附近时，见大路上有不少部队在行动。是自己人还是敌人？我们拿不定主意，不敢贸然前去。为了谨慎从事，我和冯一鸣同志商量，决定写封信，先派一个同志下去试探试探。

我将信交给游击队员张宗保，对他如此这般地交代了一番。张宗保点点头走了。

他揣着信，装扮成樵夫模样，坐在路旁一边抽烟一边仔细打量着眼前的队伍。其实，当时部队已改称"中国人民解放军"。但由于我们跟外界的党政军组织都失去了联系，对此一无所知。再加上张宗保同志不认识字，他见那些士兵都没戴"八路军"或"新四军"的臂章，所以不敢将信交出去。一会儿，几个士兵走过来和蔼地问他："老乡，你在这儿干什么？"他装作害怕似的答道："我是砍柴火的。刚才有几个拿枪的人，非逼着我给你们送一封信。不然，他们就要杀我。"他从怀里取出信。

一个士兵将信拿去交给了教导员。教导员看罢，扬起信大声说："同志们！是我们的红色游击队！游击队和我们联系上了！"

张宗保也顾不上我事先跟他规定的暗号了。他简直是发疯般地喊道："同志们！快下来呀！是自己人！"我们跳着、喊着，飞一般地扑进了亲人的怀抱……第二天，我们被送往六纵司令部临时驻地——新集。六纵政委杜义德、司令员王近山热情地接待了我们。杜政委说："刘司令员、邓政委很关心你们游击队，正派人四处寻找你们。真没想到你们倒先找来了！"我也将坚持大别山斗争的情况和我们所掌握的敌情向首长做了详细汇报。与此同时，刘名榜同志也带着中心县委的部分人员在火莲畈附近和六纵十七旅旅长李德生同志会合了。至此，我们这支孤悬在敌后的游击武装，终于和刘邓大军胜利会师了！

不久，刘伯承司令员、邓小平政委在光山南向店亲自接见了刘名榜同志和我。二位首长关切地询问了我们坚持斗争的情况，我们一一做了回答。邓政委听后风趣地问："你们是怎么活下来的？"我们说："一靠群众，二靠枪杆子！"刘司令员和邓政委频频点头，说："对，靠群众，靠枪杆子！离开了这两样，我们就活不成！"

刘邓首长的亲切会见，使我终生难忘。以后，我们就在刘邓首长的直接指挥下，开始了重建大别山根据地的伟大斗争。

（张光怀　整理）
1985 年 5 月

原载中共信阳地委党史资料征编委员会编：《丰碑：中共信阳党史资料汇编》第八辑，1985 年，第 394 ～ 405 页。

# 威震敌胆的新四团

◎ 汤楚英

中原军区鄂东独立第二旅在坚持大别山游击战争的过程中，曾将分散游击后会合起来的主力一部整编为新四团，在旅政委张体学的亲自率领下继续西进转战，给追堵之敌以沉重打击。当时，我在新四团任团长，艰苦转战在大别山区，度过了极其艰难的日日夜夜。

## 大灵山会合　新四团战立

1946 年 7 月中下旬，奉中共中央和中原局之命，鄂东独二旅留在大别山坚持游击战争。旅党委决定，部队化大团为小团，将原来的四、五、六团改为四、五、六支队，每个支队下辖两个小团。我原在六团任参谋长，这时改任小九团团长。部队分散行动以后，敌情日趋严重，我们的处境更加严峻。敌人除分别在各县主要城镇和交通要道伏击、阻击与"围剿"外，还在各县山区平原之大小村庄，迫使群众搞"五家连坐""移民并村"，妄图割断我军与人民群众的联系。更为恶毒的是，他们坚壁清野，米内下毒，井中投药，在我军经常出没的地方，诱卖桐油给部队食用，指战员吃后成连成排地中毒，腹部绞痛，上吐下泻。当时，正值梅雨季节。指战员忍饥挨饿，披风浴雨，为了甩掉敌人，部队昼夜兼程，一天转移几次，行军百余里。有的同志腿走肿了，脚磨破了，裂出寸把长的口子，仍咬紧牙关，爬陡壁，涉急流，穿越敌人的封锁线。

在这极端困难的条件下，张体学政委身先士卒，和战士们同甘共苦，渡过难关。他把马让给伤病员骑，自己拖着瘦弱的身躯，同指战员一起翻山越岭。他常叮嘱教导大家说："形势是严峻的，困难是重重的，坚持大别山斗争的任务是光荣而艰巨的。我们要坚持以毛泽东同志的军事思想为指导，以大无畏的革命精神和坚韧不拔的顽强毅力，去克服艰难险阻，粉碎敌人的围追堵截，把他们牢牢地拴在大别山区，为支援华东、华北和东北解放区的作战，做出应有的贡献。"

在体学同志的鼓舞下，大家情绪高涨，斗志昂扬，对坚持大别山游击战争充满着胜利信心。有的同志在行军途中，仍兴高采烈地高唱着"行军打仗翻山走，拖垮追敌反共狗，坚持斗争我必胜，粉碎敌人围追"的革命歌谣。

然而，由于敌情相当严重，我们经常处于敌追堵之中，有时遭到敌重兵伏击，部队被打散，伤亡和非战斗减员严重。虽然有时打过一些胜仗，也未能改变被动局面。

10月中旬的一天，张体学政委和原四团副政委郑铎带领的旅直和四支队、五支队各一部250余人，和原六团团长石建金及我率领的六支队一部230余人，经过辗转战斗，终于在浠水县境内的大灵山胜利会合了。战友重逢，格外高兴。班与班、排与排围拢来坐在一起，叙谈部队分开后粉碎敌人围追堵截的战斗情景。有个战士高兴地跳起来，讲述他在罗田反击战中毙伤多少敌人，在浠水杨树坳战斗中生擒匪首、缴敌机枪的战斗过程。当他谈到某某战友为掩护部队转移而壮烈牺牲时，同志们难过得流下了眼泪。

张体学政委首先对英勇善战的指战员们进行了鼓励和表彰，然后嘱咐大家好好洗个澡，痛痛快快地睡上一觉，迎接新的战斗。接着，他召开了连以上干部会议，根据三个多月反"围剿"斗争的实际，结合当前的敌情，认真分析了形势，并对下一步部队的战斗行动做了周密的安排。体学同志说："目前形势十分严峻，敌情相当严重。为了实施统一指挥，灵活机动地打击敌人，决定：一、部队进行整编，成立新四团，下辖5个连队；二、干部进行调整，原六团团长石建金调旅部任参谋长，原六团参谋长汤楚英任新四团团长，原四团副政委郑铎任新四团政治委员，李道友调新四团任作战参谋；三、根据中央电示精神，决定部队向西行动与转战鄂中的李人林部会合，迎接新的任务。"

## 首战骆驼坳　冲出敌重围

新四团成立后，各连抓紧时机休整一天。翌日下午 3 时，部队按新的编制，从四面八方跑步来到集合场。张体学政委和郑铎同志分别讲了话。体学同志说："中央和军委时刻在关心着我们，经常来电指挥我们作战，祝贺表彰我旅突围的胜利。我们是久经考验的革命战士，是掩护军区主力向西突围、粉碎敌人'围剿'的英雄健儿，是留在大别山腹地长期坚持斗争、迎接战略反攻的红色种子。我们一定是坚持到最后胜利，迎接大军重返大别山！"他讲完后，新四团全体指战员在"团结就是胜利"的口号声中出发了。

部队先向大灵山东南方向飞速前进，经过下田铺、大岭，突然折转西北方向的仰天窝、一日山、白莲，在罗田境内的骆驼坳以南的大屋咀宿营了。翌日天刚破晓，全团便按时到达集合地点。旷野异常寂静，旅团首长没有讲话，命令部队马上出发，继续向西挺进。部队行军不到半小时，突然周围响起了枪声，接着，机关枪也吼叫起来。体学同志根据枪声四起的情况判断，敌人已发现我们西进的意图。经手枪排捉来的俘虏供称，原来这股敌人是三十四旅一〇一团、一〇二团，他们妄图趁我立足未稳之际，将我"围歼"在大屋咀一块小山林地带。张政委得知这一情报后，果断地命令我和李道友同志率一连、四连及特务连，不惜一切代价，集中火力压制敌人，并抓住时机，从敌人守备的薄弱地带杀出条血路，猛打猛冲，快速占领骆驼山西北制高点，用火力掩护部队转移。

敌人做梦也没有想到，今天和他交锋的新四团是由身经百战的钢铁战士组成的英雄群体。尤其是四连连长李子贵、特务连指导员陈永清，都是久经沙场的勇士。在应付紧急情况的关键时刻，他俩临危不惧，冷静沉着地指挥部队战斗。眼看敌人得意忘形铺天盖地冲过来时，我和李道友率领 3 个连，选择好有利地形，乘敌冲锋混乱失控之机，命令司号员吹起了冲锋号，以排山倒海之势，快速神奇地杀向敌阵。李子贵、陈永清身先士卒，带领战士们冲锋陷阵，并亲自端着机枪把敌人扫射得晕头转向，魂不附体，不到 20 分钟就占领了骆驼山以西的制高点。然后，调转头来用 10 挺机枪和数百支步枪一齐向敌密射,掩护二连、三连和旅团直属队安全转移脱险。

狡猾的敌人并不甘心失败,又集中兵力向我阵地猛扑过来。李道友和陈永清两位骁勇的指挥员,镇静地坚守在阵地前沿,站起来高喊:"瞄准敌人,靠近点再狠狠地打,叫这些祸国殃民的匪徒尝尝我们钢铁新四团的厉害!"瞬间,敌人进入了我射击圈。一声令下,子弹似瓢泼大雨扫向敌群,只打得敌人滚的滚,爬的爬,抱头鼠窜,四处溃逃。经过几个小时的激战又一次粉碎了敌人的"围歼"阴谋。这一仗,毙伤敌数十人,我仅伤 15 人,牺牲两位同志。战斗结束后,部队迅速向严家坳、土木坳和黄冈大崎山方向转移,踏上了继续西进的征途。

## 奇破熊家店　巧调离山虎

骆驼坳一战,我们甩掉了敌三十四旅两个团的尾追。敌人又调集新十三旅三十七、三十八、三十九共 3 个团的兵力,采取前堵后追、两面夹击的战术,妄图"围歼"新四团于大别山区。

面对新十三旅貌似强大的敌人,张体学政委率新四团拭目以待,按原定路线,向严家坳、大崎山方向挺进,于当天晚上抵达夫子河西南之象棋山下宿营。

次日中午,部队继续西进。敌新十三旅三十七、三十九两个团紧追不舍,三十八团已从我西进左侧贾庙、狗皮岩、七树坳等地,直插傅家山,抢先占领了熊家店,妄图前后夹击,把我新四团"围歼"在叶家桥与李太子河、谢家畈之间的平原地区。敌人做梦也没有想到,张政委正是大崎山地区的"活地图",他神机妙算,早已识破敌人的阴谋诡计。部队从象棋山下出发之前,他就已做了周密的部署,胸有成竹地说:

"尾追的敌人好办,我们边打边走,打不赢就跑,关键是要警惕敌前伏后追的夹击情况发生。"

"如果在行军途中发生敌人伏追夹击的情况咋办?"当时我们焦急地问他。

张政委镇静自若地对我说:"要沉着冷静,捕捉战机,你和李道友率一连、四连在我后边行进,到时听我指挥,不要随意出击。"我边走边想,张政委又在施展一场妙计了。

果然不出张政委之所料，当我先头部队快接近谢家畈北边的小河边时，伏击之敌沉不住气，仓皇地向我射击。张政委用望远镜一看，皱着眉头分析了敌情，观察了地形，然后转身严肃地对我说："汤楚英，命令你和李道友率一连、四连做好战斗准备，听我的号令出击！"

转瞬间，无垠的旷野响起了"嘀嘀嗒，嘀嘀嗒"的军号声。号音就是命令，我和李道友立即率领一连、四连以迅猛的动作向熊家店东北王家寨、李店方向出击，以假象引诱迷惑敌人，目的是调虎离山，给二连、三连和特务连创造战机，突破敌封锁线。

一连、四连刚一出击，埋伏在熊家店的敌三十八团快速东调阻击我军。敌人上当了，郑铎政委乘"虎"离山之际，带领二连、三连和旅团机关猛打猛冲，向熊家店转移。敌人发现我主力西突后，又急忙调转头来阻我西进，但为时已晚，反而形成被我钳形夹击之态势。我团抓住这一有利战机，狠揍"离山虎"，打得敌人丧魂落魄，弃枪而逃。盛气凌人的"离山虎"，霎时成了束手就擒的瓮中之鳖。经过一个多小时的激战，毙伤敌30多人，俘敌17人，缴获步枪13支。熊家店战斗的胜利，不仅赢得了我军西进的主动权，同时狠狠打击了敌人的嚣张气焰。战斗结束后，战士们边走边议论说："这次战斗打得巧，打得妙！"还有的战士编了顺口溜唱道："张政委真高明，调虎离山胜神兵，吓得追狼不敢进，揍得恶虎断了魂。"

## 激战滑石冲　转移至矿山

10月中下旬，部队继续西进。沿途经姚家寨、青店嘴，通过岐（亭）宋（埠）公路，再经八里湾，直达黄陂县境的王家河。部队经过长途跋涉，十分疲劳，就地野营休息。据侦察员报告，尾追的敌人相距不到5里，各连队抓紧做饭吃。饭后，部队途经王家独屋，翻过黄陂至孝感间的凤毛岭，斜路插到胡家小寨。这时天已大亮，敌新十三旅又耍新花招：三十七团从我左侧隐蔽地直插黄陂坳，三十九团从我右侧鬼鬼祟祟地直抵黄家冲、陈家大屋，三十八团尾追紧跟不舍，妄图采取左右包抄尾追的战术把我团"围歼"在滑石冲夹沟内。

张体学政委面对新的敌情，感到纳闷，心想敌人从两面夹击，尾追之敌行动又如此缓慢，其中必有奸计，必须认真对付。当部队在胡家小寨吃饭的时候，他就不顾征途的疲劳，带领警卫员攀登胡家小寨至滑石冲山坳上观察敌情，谨防落入敌人的圈套。他举起望远镜远眺，果然不出所料，敌人正在从黄陂坳、涂家巷、马家楼子、李家新寨四面包抄过来。在这万分危急的时刻，张政委当即命令司号员吹紧急集合号。各连队听到号音，马上丢下碗筷飞步登上山坳。这时，合围的敌人已开始向我射击了。体学同志命令各连准备战斗，突出重围。团政委郑铎和李道友即率三连神速地从滑石冲敌合围处冲杀出去，占领马家楼子对面周家大湾后山的制高点，掩护部队向矿山转移。我即率四连阻击尾追之敌，随后跟旅团机关与特务连转向矿山。一连、二连、三连的勇士们冒着枪林弹雨，一鼓作气杀敌，很快突破了敌军的包围，抢占了周家大湾后山的制高点，并凭有利地形，组织火力居高临下压住敌人。我带领四连阻击尾追之敌，并趁势越过合围线。经过3小时的鏖战，我们击退敌3次冲锋，于下午3时部队才安全抵达矿山。这次战斗，毙伤敌70余人，俘敌15人，我仅轻伤6人，重伤3人，牺牲2人。旅机要科科长失踪，电台被迫封埋。

滑石冲战斗结束后，部队向黄安（今红安）两道桥方向转移。后因西线敌情严重，继续西进有被敌合歼于平汉线两侧的危险，遂折转向东，重返鄂皖边，坚持大别山的游击战争。

## 紫云寨设伏  痛歼众顽敌

当天下午，部队轻装隐蔽地从矿山东北敌守备薄弱的陡壁处，悄悄地突破了敌包围圈。得意忘形的敌人还蒙在鼓里，未察觉我们的行踪，直到翌日向矿山步步逼近合拢时才醒悟过来。而这时，我们已远离矿山70余里了，途经十里铺，于上午8时许抵达两道桥刘家河歇息。张体学政委命令团部作战参谋李道友说：

"赶快通知各连，一小时内将饭煮好，吃完饭后部队随时准备行动。两道桥不是久息之地，要严密监视黄安方向敌——八旅的行动。"

各连按照张政委的指示，很快地将饭菜抬到晒场，司务长吹哨催各班开饭。战士们急忙围拢来准备吃饭，有的同志刚取出碗筷正要吃饭时，突然哨兵鸣枪发出紧急信号：敌人来了！战士们说，张政委真了不起，我们还没有吃饭，敌人就提前来了。

顿时，北边响起了枪声，越打越近，战士们不管三七二十一，个个狼吞虎咽地赶紧吃饭。有个战士说："快把肚子填饱点，好有劲儿收拾那些狗娘养的！"

正在这时，两位手枪队员气喘吁吁地跑来向张政委报告，北面村子已发现敌人。四连连长李子贵在旁边插嘴说："叫他们来送死吧，来多少我们收拾、埋葬多少！"

张政委面对这些临危不惧的钢铁战士，满意地笑了。他急转身命令郑铎率旅团直属队及一连、二连、三连向山上转移、诱敌上山；同时，命令我和李道友带四连和特务连秘密攀登紫云寨高地设伏，等敌人上来时打他个措手不及。

紫云寨东南是一片松树林，西边是光秃秃的山坡。我们爬上紫云寨高地后，即埋伏在东边的松树林里。战士们屏住呼吸，双目怒视，等待着报仇雪恨的时刻到来。当敌人在西边山坡似蝗虫般地往山上蠕动时，我们看得清清楚楚。李道友按捺不住满腔怒火，急不可待地对我说：

"老汤，战机来了，我们干吧！"

当时，我和李道友埋伏在约两米长的巨石后面，眼看敌人距我们只有20米远了，我即命令司号员吹冲锋号，顿时激昂的军号声响彻回荡在山谷中，连长李子贵和指导员陈永清高声喊道：

"同志们冲呀，为劳苦大众立功的时刻到了！"

战士们似猛虎下山，扑向敌阵，用刺刀捅、枪托砸，直杀得敌兵没有还手之机，一个个乖乖地跪倒举枪投降。此次战斗，我们毙俘敌连长以下60余人，缴获机步枪42挺（支），子弹30余箱，我团无一伤亡。当敌人后续部队赶到时，我们已远离紫云寨，赶赴仙人山方向了。

不久，部队重返鄂皖边，坚持大别山游击战争。这就是新四团成立前后，在转战大别山区的峥嵘岁月里，坚持斗争的光辉战斗历程。

原载李少瑜、曾焕雄主编：《鏖战大别》，军事谊文出版社，1993年，第220～227页。

# 苍山不断赤旗飘

◎ 马友才

鄂东北的天台山、老君山一带，我们通常称为东西大山。自黄麻起义以来，这里一直是我党在大别山坚持革命斗争的重要根据地之一。中原突围前，中原局就决定派刘名榜同志带一部分武装留在这个地区，重组中心县委，以天台山、老君山为中心，继续坚持斗争。突围后，鄂东独立第二旅奉命留在大别山区坚持游击战争，由副旅长何耀榜带领的一部分武装，又辗转回到东西大山，与刘名榜会合，从此，开始了新的斗争。

在这里坚持斗争的同志，紧紧依靠地下党组织和广大革命群众，顽强战斗，度过了极其艰难的峥嵘岁月，终于迎来了刘邓大军南下，夺取了最后胜利。

## 突围东进又留下

1946 年 6 月 26 日，中原军区部队奉命分南北两路开始向西突围。鄂东独二旅担负掩护中原局、中原军区隐蔽转移和主力向西突围的重任。张体学政委率领警卫营一个排和六团一个营秘密地来到宣化店。独二旅在完成掩护任务后，于 29 日晚开始分路向东突围。

当时，旅部跟四团一起行动，经黄安（今红安）县西张店进入天台山。部队在天台山的高山岗集合时，吴诚忠旅长讲了话，他动员部队进一步轻装，克服一切困难，向苏皖挺进，与华中主力部队会师。第二天，部队冒雨行军，当部队进至麻城乘马岗地区时，与敌遭遇，原来敌人发现我军向东突围后，便调集重兵前来堵截。与敌激战一场，杀伤了部分敌人，我亦有20多人负伤。后因敌严密封锁，部队无法通过，我们又折了回来，到了林店。这时，张体学带领的警卫排和六团两个连也赶到了，与我们会合。旅党委在林店召开了紧急会议，决定部队分开行动，突破敌封锁线。

当时，我在旅部任供给部部长，跟随张体学政委一起行动。后因人员太多，加之又要负责部队的给养，行动不便，于是一分为二，分两路行动。政委熊忠孝带领部里的男女干部七八十人，随四团政委肖德明带领的部队行动；我带一个班的武装负责保护经费，随旅部一起行动。这笔经费计有1亿元法币，是突围前到中原军区供给部领来的。为了保险，我们选了身强力壮、忠实可靠的战士挑运。

7月中旬，我们在张体学政委率领下，出麻城西张店、福田河，渡举水，经木子店，抵达罗田滕家堡，与五团会合，再经英山杨柳湾，于7月17日到达安徽岳（西）太（湖）边的冶溪河。这时，五团、六团也赶到了，全旅会合，指战员们跳跃欢呼，庆祝突围的胜利。

旅党委在冶溪河召开了团以上干部会议。原决定部队在冶溪河休整三天，继续东进，后接到中央电报，要我旅停止东进，留在大别山区坚持斗争，牵制敌人，配合华东、华北解放区的作战。根据党中央的指示，会议决定部队以团、营、连分散活动，在鄂皖边建立根据地，并做了具体部署，把四团、五团、六团改称为四支队、五支队、六支队。会议还确定动员随军家属和伤病员分散到地方去隐蔽。

这次会后，我因有病，组织上决定让我到蕲春去隐蔽休息。我到那里后，找到了鄂皖边地区负责人易鹏同志，跟随他转了几天，病情加重，我要求另找地方隐蔽。可能是因为劳累过度的缘故，休息了几天，病情渐渐好转。恰好六支队政委黄世德带部队来了，我便随他一起走。当时黄世德所带的部队，四支队、六支队的人都有，无一定去向。六支队一营教导员何海清提出要下湖，黄世德则想上蕲春的将军山。两种意见，不知谁好，七转八转，后来还是上了将军山，遇到了四支队政委肖德明带少数部队在那里活动。经了解，原来肖德明所在的四支队也分成了几股，先是张体学政委带去一个营，剩下的部队由旅长吴诚忠、继任支队长康洪山、政委肖德明、政治处主任冯一鸣（现名冯益民）各带一部，分散行动。

我们会合后，大家都很高兴。记得当时是 9 月上旬，黄世德、肖德明都想找到张体学，了解部队情况和下一步的打算。听说体学同志在英山那边，晚上我们连夜从将军山出发，向英山方向前进。拂晓前，抵达蕲春乌沙畈女儿寨，我们上山隐蔽休息，突然发现前面路上有人走，这时，天已蒙蒙亮，黄世德站起来用望远镜一看，发现是敌人来了，随即向部队喊了一声："赶快隐蔽！"敌人已进至山脚下了，听见黄世德的声音，立即向我们开枪。我们随即分成两路跑步往后撤。黄世德、何海清带一部向我们来时的方向走；我和肖德明带一部，向侧面方向跑去，跑了好一阵又与冯一鸣所带的一部会合了，共 80 余人，好不容易才算突出了敌人的包围圈。可是黄世德他们怎样了呢？我们很不放心，便派黄的警卫员带一个班前去寻找。后来得知黄世德政委在乌沙畈女儿寨与敌奋战时，为掩护部队突围，不幸中弹，光荣牺牲。敌人将黄世德同志的头割下来，拿到张家塝去悬挂在树上"示众"。噩耗传来，大家不胜悲痛，脱下军帽，向这位身经百战、屡建战功的老红军默默致哀！

我和肖德明带的这一部，冲出敌包围圈后，决定继续往英山方向前进。到了英山县城附近不远，得知张体学政委已转战到西边去了，当时敌人在后面紧追不舍，我们又转移到罗田县天堂寨，休整了一个星期。经大家研究，决定继续西进，沿途找张体学。9 月中旬，我们抵达浠水县的汪岗一带，分乘三条船，夜渡上巴河，进入黄冈县境。这时，部队失散，只剩下 30 多人。后经黄冈大崎山，西渡举水，到达黄安八里湾附近的翁家店。正当我们向老百姓了解敌情时，敌八里湾乡公所武装跟踪而至。我们立即出发，转移到觅儿寺以西与黄陂交界的地方隐蔽起来。当时，我和肖德明、冯一鸣商量，张体学去向不明，为继续坚持大别山斗争，决定回到天台山去，与刘名榜部会合。我们经高桥河，取道杨百楼，进入佛塔山，在傅家坳休息了一天。第三天，走阳台山，经介灵寺，过福德桥，甩掉尾追的敌人，一头钻进了天台山，回到了我们当年打游击的地方。

## 重建天台山根据地

突围前，独二旅党委就决定留下原鄂东地委委员、经扶县委书记刘名榜，原经扶县副县长肖先发和邱进敏等，率一个连的武装，在东西大山打游击。突围后，形势日益恶化，连长叛变。刘名榜和肖先发便带 10 余人在天台山南面的山沟里活动。邱进敏带 10 余人在天台山北的郭家河至白沙关一带活动。原五师后勤部部长徐锡煌亦留在天台山。他将张五福、余应福等 5 人组织起来，在高山岗一带开展武装斗争。

从突围以来，首先回到天台山的是独二旅副旅长何耀榜和五支队支队长彭超，带有七八个人在天台山南麓的腰磨冲隐蔽。然后与在这里坚持斗争的同志取得了联系。我们进山后，陆续回到天台山的有六支队一营副营长谭正彪等 2 人，已经突围到平汉路西的原五师某团政委（后牺牲）所带的 10 余人，还有郑位三的弟弟郑植惠也从路西过来了。上述各路人马合计起来，约有 100 人。这就是中原突围后，在天台山坚持武装斗争的全部力量。我们初进山时，尚无统一的领导机构。何耀榜等来到这里后，重新调整了中心县委领导机构，何耀榜、刘名榜为主要负责人，徐锡煌、肖德明、彭超、肖先发、邱进敏和我为中心县委委员。

天台山和老君山一带，群众基础非常好。比如，高山岗吴芝鳌（原红二十八军战士）、徐仕诚、秦敬安，鸡公寨下的杨先文、杨绍贵、余绍文、余绍禄、周明传、周明新等，他们中有的是地下党员，还有河南潘家湾、牛坑冲的一些基本群众。他们千方百计掩护和支持我们，为革命贡献了很大的力量。

我们是 9 月 25 日左右进入天台山的。开始，在观音岩休息想弄点儿饭吃。敌黄安县金牛乡公所武装跟踪追击而来。对山里的地形都不熟，我带着大家往深山沟里钻，敌人不敢再追了。我们到了土门坳，向群众打听天台山的敌情，他们很警惕，什么都不讲。我们拿出银圆，请一位群众去豆腐铺看看有没有敌人，他也不干，最后，我提出暂时到山上去隐蔽，请他们帮忙弄点儿饭吃，算是同意了。天将黑，我们下山去吃饭。村子前面忽然来了一个人，老远就大声地喊土门坳的甲长，通知他明天去七里坪开会。那人边喊边进村来，正与我相遇。他看了一会儿，说："你是马部长吧？"我回答说："是呀！"原来他是何耀榜派来的。此人姓黄，是卡房村人。突围前，我为部队办棉衣，他曾给我带过路。他说："何耀榜、刘名榜他们都住在腰磨冲里。敌人追击你们时，我们看见了，但不知是什么人。因此，派我装成国民党保公所的人，以通知甲长去开会为名来探听一下虚实。"土门坳的群众一见是自己的人回来了，家家户户都高兴极了。我要黄同志把大家都带到腰磨冲去，他不同意，说："领导讲了，只能派两个人前去接头。"我只好请他把大家带到一个安全地方去休息，他同意了。后来，我和肖德明去见了何耀榜和刘名榜，何让肖德明和冯一鸣把部队带到郭家河去与邱进敏一起活动，把我和另外3个人留下了。

这时，大家都住在腰磨冲，何耀榜住在净石岗前面山咀上的个窑棚里，那里地势高，不管哪边有人进来都可以看见。我和谭正彪等10余人随何耀榜在一起，住在净石岗附近新搭的一个棚子里。刘名榜、肖先发、徐锡煌等带领的20多人，住在腰磨冲里边新搭的一个棚子里。大家以腰磨冲为集合点，分开活动。

开始，腰磨冲的形势还不太紧张，虽有地方反动武装时常进山袭扰，但问题不大。10月底，国民党驻黄安七里坪的正规军派出一个团进天台山"清剿"，周围几个县的保安队配合，把通往老君山、天台山的所有道路都堵塞了。敌人进来3天以后，将烟宝地以上所有村子里的老百姓赶出了山。敌人"进剿"的那天，我们那个队正住在溜石板上面的河坳。我带几个人转移到团鱼嘴去隐蔽，偎在丛林岩洞里。白天怕冒烟，夜晚怕冒火。谭正彪带几个人转移到老君山下的北岩去隐蔽。北岩下面有一石洞，他们住在洞内。老君山顶的寺庙里、土地岭、洪家岗等处都住满了敌人，谭正彪他们被围在中间。北岩只有一户姓刘的老百姓，是礼山（今大悟）县搬去的。他一面给老君山上的敌人送菜，一面给谭正彪他们送饭，掩护得很好。

敌人在"清剿"中没有几天工夫就把天台山、老君山变成了无人区。我们不能没有群众。于是，何耀榜、刘名榜决定离开腰磨冲，转移到别的地方去。当时情况紧张，无法统一行动，从此我们就分开了。刘名榜、肖先发、徐锡煌转移到天台山东面的鸡公寨，我们随何耀榜转移到老君山南面的对天河。情况越来越紧张，我们这边比他们那边的人多些，仅团以上干部就有好几个，大家对当地情况不熟，给养困难，吃饭穿衣成了大问题。天气冷了，许多人没有棉衣，只穿着两件单衣服。何耀榜便派肖德明、谭正彪和我带20多人到仙居顶一带去搞经费和棉衣。我们转了一圈什么也未弄到，反而损失了两位同志，一位是老干部，另一位是我的警卫员，他们在宣化店附近与敌遭遇时牺牲。

我们回来以后，大家觉得这样下去不行。几个主要干部就在对天河黑沟对面山上的一个石洞里开会研究。会议由何耀榜主持，主要讨论了如何度过困难的冬天，把革命斗争坚持下去的问题。会上肖德明、郑植惠提出打回老家紫云区的郑家堂、肖家湾一带去坚持斗争，何耀榜同意了。会后，肖德明带着他的警卫员小林同郑植惠一道走了。其余的人就组成几个队：何耀榜带着持有短枪的 10 多人转移到老君山的北岩一带隐蔽；彭超带七八个人到烟宝地、溜石板一带活动；我和谭正彪带 13 人到礼山县黄陂站东面的三角山一带活动。当时的主要任务是保存革命力量，争取与基本群众取得联系，筹集经费。我们的纪律规定，筹款时不能乱打枪，只能收税。我们队就在山沟里找烧炭窑的和小手工业者收点税。当时，三角山下有个村子，家家做香，我们要他们来扯税票。这样，经济来源就找到了门路，比在老君山对天河的情况好多了。

1947 年 1 月中旬，我们隐蔽在三角山石板冲的一户人家。一天，房东告诉我们说：老君山里打了一仗，敌人搞了些破被絮、破锣罐……听到这个消息，我和谭正彪顿时一怔，敌人打的是不是何耀榜他们？要是真的，现在情况怎样？我们商量后，决定带领部队前去看看。

天正下着大雪，我们走到三角山，雪越下越大。天快黑了，无处歇脚。我们想，这么大的雪，敌人不会搜山了，决定到三角山庙里去住一宿。这个庙原来是有道人住的外，因敌人搜山，道人被赶下山去了。我们一走进去，嗬，里面有人！原来是快过阴历年了，老道回庙里给菩萨烧香贴金。我们自带的有粮食，借老道的炊具做饭吃，然后大家安下心来，伸直腿子，美美地睡了一大觉。第三天下午又动身，天将黑时到了老君山。我们先到北岩何耀榜住过的石洞里看了看，什么也没有，夜晚摸到洪家岗，有个叫余老大的在山上烧炭，我们摸进了他的窑棚，他说有个彩号住在这里。接着他告诉我们，他们挨打的地方不是我们去看的那个石洞，而是另一个石洞，在卡房那边，是国民党经扶县卡房保公所的林让山带小保队打的。因为他们在那个石洞里待的时间太长了，暴露了目标。敌人这次袭击，打死我保卫干事 1 人，打伤了旅警卫营一连连长陈义德。何耀榜由于同志们的掩护，转移到了对天河的石家洼。我们到隐蔽地看过陈义德以后，就去找何耀榜了。

石家洼只住有姓余的一户人家，兄弟 7 人，开荒种了一些田。敌人"清剿"时，他家被赶到山外面的熊家河去住。老余在搬走之前，暗地里跟我们的同志交代："我搬到熊家河去以后，首先向保长要求，争取留下一人在山里烧炭；如果不行，我在山上某石洞里放有粮食和加工用的筛、簸、筐等。"后来，在老余的一再要求下，保长准许他留下一人在石家洼里面烧炭。我们找到窑棚里，何耀榜派去的人刚走。我们请烧炭的余家兄弟去送信，告诉何耀榜，我们回来了。过了一天，何耀榜派人来通知我们去见他。原来清风岭上有个叫桃树冲的小院子，后山有个石洞，他就住在那个石洞里。

春节到了，原来从对天河转移出去的三支队伍慢慢都回来了，共计30多人。我们请石家洼烧炭的买了点肉，何耀榜找他的一个远房亲戚送来了三斗米，大家聚在一起过了个团圆年。到1月23日，粮食吃完了，没有办法，我们将桃树冲稻场上的稻草复打一次，打出了一些谷又无地方加工。七找八找，发现杨家岗有一户人家未搬走（敌人搜山时漏掉的）。他是肖先发的老表，他帮我们整成米，这样又过了几天。

1947年2月，形势发生了变化。敌正规军从天台山、老君山区撤走了，剩下的只是一些地方反动武装。由于局势的变化，国民党的乡、保长也不得不考虑给自己留条后路。我们建议何耀榜出山，到宣化店那一带去活动。再说，他在山里活动太久，衣服、鞋子都破了，没有换的；头发长得老长也没法剃。他出山了，这些问题就可以解决。开始，他的脚行动不便，不想出去。后经大家再三劝说，他带着20多人到了宣化店以西活动。

何耀榜是宣化店西边茶坳人，抗战期间，他多半在家乡一带活动，颇有威望。这次他回家乡后，一方面向亲戚、朋友和原来的统战对象做工作；另一方面将特别反动的保长杀了两个，于是很快打开了局面。有几个保长主动跟我们联系，向我们提供情报，供应钱粮。其中有个叫刘清扬的保长公开对我们讲，你们需要什么可直接找甲长要，我已跟他们打了招呼，保里认账。国民党乡长要他的小保队打共产党，刘清扬说："打不了怎么办呢？"问得乡长没有话答。后来，我们又活动到宣化店南面邬子铺一带，有两个乡的乡、保长和绅士都不敢公开与我们为敌。

有一次，我们住在宣化店附近一个姓何的独户人家里，他家有兄弟俩，老大在家种田，老二在宣化店教书，是国民党的特务头目。何耀榜有意拿出派头来对老大说："你去跟老二说一说，我们住在你家里，叫他回来一下。"老大去跟老二讲了，老二没有直接回家。他去跟何耀榜的堂叔父（当地的绅士）讲："何耀榜住到我的家里，我要带人去把他赶走。"何的堂叔父反问道："如果你赶不走怎么办呢？还是回去一下吧！"老二不敢带乡保队回家，但又不能不回家。老二回到家里，开始他大大咧咧的一个劲儿地讲国民党怎么怎么好，共产党如何如何不好。何耀榜拿出更大的派头严厉地对老二说："俗话说得好，来者不善，善者不来，你的所作所为我们都知道了。告诉你，从今以后不能做坏事。"在何耀榜义正词严的训斥下，老二不敢再耍威风了。"擒贼先擒王"，我们把宣化店南面的一些乡长、保长和绅士控制以后，老百姓就敢同我们接近了。我们有了群众，什么事情都好办了。

## 迎接刘邓大军南下

何耀榜带领我们在宣化店周围活动了近一个月，到了4月间，我们又回到天台山东面的潘家河一带与刘名榜会合。不久，就在鸡公寨山上开了个会，调整充实了罗（山）礼（山）经（扶）光（山）中心县委和军事指挥部，何耀榜任书记，刘名榜任副书记，徐锡煌任指挥长。下辖3个县委：经光县委，书记邱进敏，副书记冯一鸣，在郭家河以北至莲塘山一带活动；罗礼县委，书记肖德明，我为副书记，在宣化店东南面一带活动；黄安县委，书记彭超，在天台山南面的福德桥一带活动。

由于前一段工作有基础，开始情况很好。不久，原罗礼经光中心县军事指挥长居宗彩叛变投敌，由武汉行辕回到了宣化店。他带着国民党的一批武装特务，取走了我方埋藏的一些武器和物资，到处诱降和搜捕我方人员。加之敌人又在每个保公所加修碉堡，严密封锁，我们在宣化店一带无法立足，便撤回到老君山南面的阳台山一带活动。

在天台山地区坚持斗争已半年多了，我们与上级党组织和其他地方党组织失去了联系。我们知道蕲黄广地区有党组织，但路程太远不好联系。后听说漆少川在黄冈活动，他们离蕲黄广比较近可能有联系，了解上级的情况。再说，我们这里经济非常困难，很想到外地去寻求支援。4月下旬，何耀榜派肖德明到黄冈去，找到了漆少川，了解了他们那边的情况。并带回一些钱来。这条联络线接上后，7月，何第二次又派肖德明和彭超去黄冈。他俩走后没几天，刘邓大军就南下了。

肖德明和彭超去黄冈之后，黄安、礼山两县委的同志基本上合在一起活动。刘名榜派我和谭正彪等7人到黄安台南一带搞经济工作。我们计划到佛塔山徐屋榨去找徐寿山要税款，他在河口镇做生意。临走时，刘名榜告诉我们："刘邓大军快要来了。

这个消息是国民党经扶县保安团团长黄古儒部下的一个中队长写信给我讲的。那个中队长跟我有统战关系。"我和谭正彪带着人到了徐屋榨，徐寿山不在家，税款也未收到。大家又转身回到我的老家隐蔽了半天。天黑前，我们伪装成国民党的小保队，到联山那边去，路上遇着河南的猪贩子赶着一大群猪。我们盘问了一下，他们误认为是国民党的队伍，就照直讲了。原来这个猪贩子是黄古儒的亲戚。他说："我们黄团长驻扎的陡山河，从来没被八路军打开过，这一回他全让了，七里坪也空了城。"我们听到这个消息，联想到出发时刘名榜谈的情况，刘邓大军可能是真的来了。就再也顾不得向猪贩子要税，顺着大路，从刘家河到石家湾，一鼓作气跑到了周家湾后面的杨家岗。

第二天到了石家洼，山里的群众打了一头野猪，煮一满罐肉招待我们。吃过饭，我们翻山越岭赶到潘家河。这时，何耀榜住在余家冲的一个棚子里。他的腿开始烂了，老远就能闻到腥臭味，完全不能活动。刘名榜住在经扶县潘家湾后面的山洞里。我们来到了余家冲，群众劝我们还是隐蔽为好，便到余家冲后面山上蹲着。过了一会儿，来了一个人，说是送信的，我们派人前去接待他。打开一看，信上署名的有鲍先志等3人，其中有任士舜。前两个人我们不知道，任士舜是原新四军五师的干部，大家都熟悉。我们看过信，认为刘邓大军是真的来了。因为何耀榜不能动，我们就带着送信人去找刘名榜。他还是那么警惕，说："白天我们不能去，要接头，晚上去。"为什么刘名榜还在怀疑呢？他看见送信的那个人原是五师的，突围后回家去了，表现怎样不清楚。在当时情况下，作为领导人完全应该这样考虑。但是，信中指名要刘名榜到经扶县去接头，他又不能不去。到了晚上，除留孙才甫等人照顾何耀榜，其余的共40余人都集中出发了，但刘名榜总是放心不下，怕出问题。当我们走到经扶的杜家湾时，遇河南的小保队打了几枪，刘名榜马上命令说："算了，算了，赶快回去！"大家又各回各的山洞，隐蔽起来。

9月2日，刘邓大军进驻七里坪。第二天，刘名榜又派人去通知我们，说大军到了七里坪，晚上在白果树店集合，到七里坪去与大军会合。我们从北门进城，在大军驻七里坪的一个营部里接了头。他们把我们安置在潘氏祠堂里住下，外面加派了岗哨。次日上午，大军派了一副担架，送刘名榜到旅部去。旅部当时住在火连畈对面的一个叫黄石冲的村子里。刘名榜跟刘邓大军六纵十七旅旅长李德生见了面，这才算正式接上了关系。刘名榜回来以后，我们驻地门前的岗哨也撤了。就在这天下午，我在北门河边散步，遇见了汪进先、任士舜。久别重逢，大家高兴得不得了，互相倾谈了突围后的情况。我在街上找熟人弄了点儿东西给他们吃。我们边吃边向他们谈了黄安地区的情况。

两天后，大军派我们3个人仍然回到白果树店，监视可能从北面追击我军的敌人。另派几个人去接何耀榜。第三天，敌人从华家河向七里坪进攻，大军在烟宝地与敌人打了一仗。战斗结束后，撤出七里坪，何耀榜随大军转后方医院治病。刘名榜、徐锡煌等原来在当地坚持斗争的同志都回到白果树店一带。9月底，上级决定湖北、河南两省的同志分开。刘名榜到经扶任县长，他带走了邱进敏等同志。我们湖北的同志有10余人，在徐锡煌带领下，配合大军在黄安一带打游击。

刘邓大军挺进大别山，给国民党反动派以沉重的打击。黄安县内的反动武装纷纷逃往县南和黄陂境内。

11月间，李先念率领由原中原军区部队组成的十二纵队到达黄安县北边，驻七里坪东的秦家畈一带。我和徐锡煌去秦家畈看望先念同志。他住在秦家畈靠西头的一家青砖房子里。突围后一年多了，第一次见到他，我们都非常高兴。他留我们吃午饭，向我们询问了地方的一些情况后，同我们谈了成立新江汉军区的事，准备打过铁路，重返江汉。我们吃完饭，就向他告辞了。过了些天，我在石咀铺南面的殷陈家开会时，听说刘伯承、邓小平首长住在赵河的西汪店，召开营以上干部会，可惜我赶去时，他们已经走了。

自中原突围开始，直到与刘邓大军会合，我们一直在大别山区艰苦转战，与敌周旋，度过了艰难的日日夜夜。回忆这段历史，更加激励我继承和发扬革命传统，为加速我国社会主义现代化建设而努力奋斗。

（郭家齐 整理）

原载李少瑜、曾焕雄主编:《鏖战大别》，军事谊文出版社，1993年，第233～244页。

# 鄂皖边轶事

◎ 钟子恕

## 建立鄂皖边人民民主自卫队

1946年3月的一天，张体学、赵辛初等同志召集邹一清、张凤林、李壁东、华加文和我开会。

张体学同志首先宣布了一个决定："根据中原局和中原军区的指示，决定建立鄂皖边人民民主自卫队，任命邹一清同志为队长，钟子恕同志为政委，华加文同志为副队长。同时成立自卫队党委，以钟子恕为书记，邹一清为副书记，张凤林、李壁东、华加文、詹绪辉为委员。"接着，赵辛初同志说："鄂皖边是咱们的老地盘，自我们撤离后，国民党反动派打击报复革命群众，建立反共政权。这次派你们回去，就是要联系和发动群众，恢复党的组织，建立起我们自己的政权。"

张体学环视了一下我们在座的每位同志，然后拿出一枚鲜红的公章，十分严肃地说："这枚'鄂皖边人民民主自卫队'的公章，你们要好好地保存和使用。目前，国共和谈尚未破裂，你们要打出'民主自卫队'的旗号，公开宣传和平、民主，以此来生根立足。"

这次会议后，我们根据张体学、赵辛初同志的吩咐，加紧进行了组织准备工作。4月上旬的一天夜里，我们带领一个精干的小连、2挺机枪、10余名干部总共70余人，秘密地离开独二旅驻地，连夜到达东大山，在地方同志的帮助下，于第三天夜晚到达蕲春田家桥。

"老钟，咱们是不是碰个头，把下一步的工作安排一下。"

邹一清一住下便向我提出建议。

我表示赞同，并补充道："先派几名手枪队员，把在附近坚持斗争的詹绪辉等同志找来，听听他们的介绍，一起研究下一步的行动。"

几天后，坚持蕲春、太湖、英山、浠水边斗争的詹绪辉、查信忠、黄必德等几位地方负责同志都会集到一起来了。

久别重逢，大家都非常高兴，千言万语，不知从何说起。我们最关心的是鄂皖边地区的党组织和坚持斗争的同志们的情况。碰头会上，詹绪辉同志首先介绍了这方面的情况。他说："自从部队撤走以后，国民党特务和地主、劣绅武装勾结起来，破坏我们的组织，吊打、关押革命群众积极分子，大肆建立特务组织，收罗情报人员，搞得基本群众不敢接近我们。我们被迫把重伤员隐蔽起来，把轻伤员组织在一起打游击。"

听到这些情况，我们都很气愤。国民党在和平谈判的幌子下大搞白色恐怖，我们只有针锋相对，才能生存和发展。会上，我和邹一清同志传达了独二旅首长的指示，大家结合鄂皖边地区的形势，具体研究和部署了下一段的工作，确定分头行动、分工负责。张凤林回广济，李壁东到浠蕲边，邹一清去黄梅，我和詹绪辉在蕲太英浠边，各自负责该地区的群众宣传和组织联络工作。

打这以后，我们即分头召开当地开明士绅和保甲长座谈会，宣传我党和平、民主的主张和诚意，逐步获得他们的信任。同时，个别访问群众，召开群众大会，宣传和平建国、实行耕者有其田、取消苛捐杂税、反对抓兵拉夫等政策主张，取得广大群众的支持和拥护。在此基础上，我们积极恢复和发展党组织，建立自己民主的政权，工作进展得很快。截至6月，已在蕲太英浠边建立了田家桥、仙人台、桐山冲3个区委。

## 成立蕲太英边县委

正当我们的工作蓬勃开展的时候，传来了中原军区部队被迫分路突围的消息。

鄂东独二旅在完成掩护中原首脑机关隐蔽转移和主力向西突围的任务后，在张体学、吴诚忠等的率领下向东挺进，于7月17日来到岳西、太湖边的冶溪河、玉珠畈地区，进行休整。这时，张体学特地派人来通知我，让我火速赶到旅部领受任务。

当我到达旅部驻地玉珠畈时，看到周围都驻满了部队。了解到这次独二旅突围，由于指挥果断，地形熟悉，6000多英雄健儿顺利地跳出了敌人重兵的包围，所属四、五、六3个正规团，随军干部大队及旅直机关，几乎完整无缺地保存着。

在一间房屋里，我见到了张体学等几位旅领导同志。几个月不见，体学同志显得更加消瘦了，但精神不减，两只炯炯有神的大眼闪烁着锐利的光芒。他在简单地询问并充分肯定鄂皖边人民民主自卫队的工作之后说："国民党撕毁停战协定，大规模的内战已经爆发，鄂边地区的和平民主运动已不成现实。你们应立即取消'鄂皖边人民民主自卫队'的番号，建立蕲太英浠边县委，你任书记，华加文、詹绪辉、黄明清为委员。同时成立军事指挥部，以华加文任指挥长，你任政委。"

说到这儿，张体学点燃一支烟，沉思了片刻，继续说："党中央、中原局赋予了我们新的重任，独二旅停止东进，要留在大别山地区坚持游击战争，继续牵制敌人，配合主力部队行动。目前，敌人动用了几个旅的兵力围追堵截我们，我们面临的形势非常严峻。"

接着，他和旅部其他几位领导同志向我详细布置了工作，让我们首先成立几个小区和便衣队，在山地打游击，掩护我军伤病员，并设法将地、县级干部转移到解放区。

受领任务后，我和原鄂东专员贺建华、县长魏天一，以及一批区乡干部和伤病员，迅速返回蕲太英浠边地区。根据张体学等旅领导的指示，先将伤病员及贺建华等同志分别安置好，然后将县委和指挥部组建起来，把区乡干部和部队分成几个小区活动。

果然，不出体学同志之所料，敌人"围歼"我中原军区主力不成，便疯狂地对鄂东独二旅进行了大规模的"围剿"。形势变得非常严峻。我们蕲太英浠边县委，为适应斗争形势，也只能以掩护安置伤病员、保护干部为工作重点。各区小队将重伤员隐蔽在山洞里，派熟悉情况的同志照护；轻伤员则与武装队员一起，机动灵活地开展游击活动。

# 鸡笼尖突围受伤

在坚持游击战争的日子里，我们行无常规，住无定址，有时一天之内与敌人遭遇几次，可谓险象环生。

1946年9月的一天，我与营长何德明等同志，带领一支小部队，从敌人的包围圈里突围到太湖县桐山乡鸡笼尖的一个小山上隐蔽，没想到被敌人发现了。敌人兵分3路向我们进攻，何德明同志率先突围出去，我和大部分同志被困在山上。鸡笼尖的这座山只有3条路，全被敌人占据着。敌人仗着人多势众，一步一步地向山顶逼近，口里还一个劲儿地叫喊："捉活的，捉活的!"我当即指挥部队一边还击，一边往山顶撤退。突然，一颗子弹击中我的左大腿，只觉得腿一软，便跌倒在地。我急忙爬到一块大石下，把公文包和随身携带的印章、文件等物藏好，以免落入敌手。

在同志们的帮助下，我边打边退，走到几十米高的悬崖边。眼看无路可退了，而敌人正蜂拥上来。在这生死存亡的紧急时刻，我向周围的战友说："绝不能落入敌手，咱们跳崖吧!"战友们相互点点头，二话没说便纵身跃下悬崖。

不知过了多久，我迷迷糊糊地苏醒过来，天空已是一片漆黑，什么也看不见。我顺手摸了摸，只觉得周围和身上湿漉漉的，原来我跳入了一个不大的水坑里。我静静地躺了一会儿，强支起身子，往前爬行。猛然间，听到前面有响动，"是不是我们的同志呢?"我心里暗想，继续向前爬去。等到靠近那人时，我高兴地叫出声来，原来是我们的司务长朱应顺。

朱应顺同志受伤较轻，他搀扶着我在黑夜中摸行。由于天热，走不多久我身上的湿衣就干了，血和泥把裤腿浆成了硬筒，走起路来沙沙地响，实在难受。我们两个人一起走了一段路，又听见前面有人的声音，我俩立即分开隐蔽，没想到从此就这样失散了。当时，我既不便喊，又不能四处寻找，只好独自一人往蕲春县牛头冲方向爬去。

第二天黎明，我终于爬到一户群众家里。自我介绍后，群众收留了我，并烧水给我洗澡，包扎伤口，弄吃的东西。为了避人耳目，那位群众把我藏在他家附近的一个山洞里，接连送了两天饭，并主动为我打听部队的下落。第三天一大早，那位群众便跑到山洞来，告诉我田家桥来了新四军。我一听有了组织和部队的下落，高兴得热泪滚落而下，真恨不得一下子回到领导和同志们身边。当时，经过两天的休息和群众的精心照料，我的伤势已有所缓解。于是，坚持要到田家桥找部队，群众执拗不过，也只好同意。好心的群众把我接到家里，做了顿饭吃，又换上了便衣。我依依不舍地告别了群众，艰难地踏上了去田家桥的路途。

经过艰苦跋涉，我终于在田家桥中路沟上段，找到了部队。原来是张体学同志带领的300多名独二旅的干部和战士。体学同志知道我受了伤，关切地让警卫员带我到医务室换药、包扎。随后，他对我说："敌人对我们追得很紧，鄂皖边地区的形势还会进一步恶化，你在思想上要有充分的准备。这次我带部队，准备再往西去，有可能的话，将贺建华、魏天一等同志也带到西边去，另找关系转移。"我忙问："你对我有什么指示？"体学说："你目前的任务是养伤，伤好后可组织收容掉队同志和伤病员，继续在蕲太英浠边游击。"

这次体学同志在田家桥住了没几天，就带着部队和魏天一等干部往西去了。贺建华同志当时由袁立山同志负责掩护，因一时无法找到而未能带走。没想到不久他被敌人搜山时发现，壮烈牺牲。噩耗传来，同志们都十分悲痛。

我从体学他们那里拿了一些药物后就离开田家桥了。经过短期休养，伤势好了许多。不久我就收容了20多位掉队的同志，组成一个便衣队，在蕲太英浠边地区坚持游击战争。


## 与赵辛初同志在一起

1946年9月中旬，时任鄂皖地委组织部部长的赵辛初同志，来到了我们蕲太英浠边的三角山地区。他派手枪队员在蕲春桐山冲找到我，让我带上部队与他一起行动。当晚，我在回龙池北面的小湾子里见到了辛初同志。他带了一支20多人的小部队和一挺轻机枪。我们会合后一起研究了下一步的行动路线，当晚宿营在三角山半山腰的一个小湾里。

第二天清早，我们吃过早饭，正要整装上路时，突然湾前响起一阵激烈的枪声，开门一看，黑压压的一大群敌人，正快速向我们住的湾子扑来，离我们只有百十来米距离。

"你们快走，我来掩护！"在这危急时刻，一位姓何的看护长顺手抓起一支长枪，压上五发子弹，边说边冲出大门。这位英勇的共产党员，毫无畏惧地站在门前的一块大石上，对着蜂拥而来的敌人连射五枪，有效地迟滞了敌人的行动，然而他自己却献出了宝贵的生命。我和赵辛初等同志趁机钻入后山的密林中隐蔽起来。敌人见无法追寻，又怕吃亏，只好胡乱地放了一阵枪，便收兵回营了。

这次遇险后，我们又辗转来到田家桥牛头冲，在岗上一个独屋里住了下来。当时，我们想找一找在这一带坚持斗争的黄明清同志，向他了解一下情况，没想到黄明清没找到，却走漏了消息。住在田家桥大竹林和龙井河的敌整七十二师两个连，于一天拂晓将我们住的屋子包围了起来。

哨兵及时发现了敌人，向辛初同志和我报告了情况。辛初同志沉着镇静，与我商量对策。我说："摆在我们面前的只有一条路，就是冲下山去，过龙井河，上查儿山，这就安全了。"辛初同志点头表示同意。

我向辛初同志要了一些子弹，两个人提着快慢机，带头冲杀出去，直奔龙井河。敌人眼看着我们过了河，上了查儿山，追了一阵也就收兵了。可惜在这次杀出包围中，我们仅有的一挺机枪丢掉了。

打这以后，我们又屡屡遭遇险情。一天晚上，我们来到英山闵家畈紧挨山边的一家农户做饭吃。这家夫妻两口加上两个小孩，三间房有两个门朝外。我们吃完饭，天已黑得伸手不见五指。我吸取前几次遇险的教训，让辛初同志带人到紧靠山边的门口先走，我留下付饭钱。突然打来一阵排枪，辛初机敏地跑进树林，我与另外4位同志却被敌人封在屋内。我立即压上10发子弹，对着门外一阵连射，趁势夺门冲出屋子，沿山边钻入树林中。敌人再不敢追，胡喊了一通"缴枪不杀"，便悻悻而去了。

第二天清晨，我们找到了辛初同志。他对我说："这样下去不是办法，我想到黄梅和广济去找体学同志，商量一下如何坚持斗争的问题。这段路我也比较熟悉，你们不必护送了。你回蕲太英浠边去，一定把黄明清同志找到，两个人有个商量，有利于坚持斗争。"

辛初同志交代完后，便赶着上路了。我与他在一起行动，算起来前后共15天，

4 次被敌包围，由此可见当时敌情何等严重！

## 化装找部队

辛初同志走后，我在田家桥乌沙畈找到了黄明清同志，我们会合在一起，共有 10 多个人。这时敌情越来越严重了，我们被敌人"围剿"得几乎无容身之处，更让人痛心的是与组织也失去了联系。至 12 月，我们原在一起的 10 多个同志因失散、掉队和伤病，只剩下黄明清、邵成德、叶甲喜、宋水山和我 5 个人了。由于消息闭塞，敌情严重，加之天气渐冷，阴雨连绵，我们的处境愈加艰难。记得当时我写了这样一首打油诗："树林雨淋漓，两天不见吃，蒋匪'围剿'紧，虱子长成堆。"这首打油诗确实反映了当时的境况。

为了求得生存，我们急切寻找组织，于是格外注意打听。一天，从一位做生意的人口中，得知麻城的河南交界地区有新四军活动，我们几个人一合计，决定化装去寻找。

我们化装成蕲春县田家桥搞续谱的，到麻城去找姓田的人家续谱，大家把短枪藏在身上，当天晚上赶到三角山贾家坳，后经英山鸡鸣河、罗田鸭子畈等地。赶到浠水县的团陂街。当时天色已黑，我们又饥又渴，就找了一家小饭店住下。这天晚上我们吃了一顿饱饭，睡了一个好觉，没想到却惹出了麻烦。

那晚我们睡的是稻草铺，一个同志不小心把手枪掉在被子里了，第二天一早起床叠被子时一掀，手枪落在地上震响，被老板娘看见。老板娘一下子冲进屋里惊叫："哎呀！这怎么得了，哪里续谱的人还有这种东西？要是被国军发现还不杀我的头！"

黄明清忙上前去解释道："大嫂，别害怕，快做饭给我们吃，吃了饭我们就走，等我们走了约 5 里地，你再去报告，这样国军就不会怪罪你了。"大嫂连忙答应说："好，好！"

我们结账离开小饭店后，一路小跑往黄冈贾家庙方向行进，没多久后面就响起了枪声。只见 30 多个敌兵，飞快地跟踪追来。我们飞步钻入山林，沿着山林往杜皮咀方向转移。敌人一直尾追了两个多小时，见无法追上，只好作罢。

这天下午 4 点多钟，我们一行 5 人来到杜皮咀刘太婆家中。刘太婆是我们的基本群众，一见到我，她惊讶不已，直问我怎么来的。我向刘太婆道清了原委，并请她老人家帮助打听一下部队的下落。刘太婆满口答应，先把我们安置在屋后树林隐蔽处，然后出门去找部队。

天快黑时，刘太婆回来了。她对我说："我找到了漆少川，把你们的情况都说了。少川要我告诉你，部队目前非常分散，不易找到，不如留在这里与他一起行动，就地隐蔽，以待发展。"我们5人简单地商量了一下，只好同意了。

是夜，漆少川同志派梅建明、林国安两位同志来到刘太婆家，将我们5人做了安排：邵成德、叶甲喜、宋水山编入手枪队，我到竹林塝苏长人家暂时隐蔽休息，黄明清在另一地方隐蔽。

到苏长人家后，洗了一个澡，苏便将我送到一个大石洞里住下。这个石洞很干燥，两个洞口都只能进出一人，可里面却较大，能容纳20余人，红军时期林维先、熊桐柏等都曾在此隐蔽养伤。我在洞中会见了漆先庭、欧少伦同志，并一起睡了几天，每天早晚都是苏长人送饭来，有关情况也皆由他通报。

此后不久，少川同志告诉我说："何耀榜同志在东大山一个山洞里隐蔽，刘敏、廖鹏同志在罗田隐蔽，林桂华同志已经英勇牺牲了，曹建亭同志带手枪队负责通信联络。为了适应斗争形势，已经成立了新的黄冈中心县委，我任书记，程鹤鸣同志任副书记，你原是蕲太英浠边县委书记，现在到了黄冈，也任中心县委副书记。"少川同志征求我有什么意见，我当即表示："没有意见，听从组织安排。"漆少川同志最后说："那好，咱们分个工。为了侦察敌情。扩大我们的活动地区，请你到滚子河，黄明清到白福寺，一定要把这两个据点发展起来。这两个地区的工作情况，就由你负责与我和县委具体联系。"

1947年初春的一天，万里晴空，温暖的阳光照在身上，给人以阳春早到的感觉。我和黄明清同志带上各自原来的手枪，满怀喜悦和信心，踏上了新的路途，开始了新的斗争。

（何光耀　整理）

原载李少瑜、曾焕雄主编：《鏖战大别》，军事谊文出版社，1993年，第259～267页。

# 一支活跃在敌后的手枪队

◎ 梅建明

中原突围后，在黄冈地区活跃着一支威震敌胆的手枪队，这就是以林桂华为书记的黄冈中心县委领导的手枪队。当时，我在手枪队任队长，在林桂华同志的亲自带领下，同反共老手朱怀冰进行了针锋相对的斗争。回忆起这段难忘的历史，至今仍历历在目。

1946 年 7 月，我鄂东独立第二旅在掩护中原军区主力向西突围后，奉命留在大别山区坚持游击战争。国民党蒋介石为"肃清"鄂东的所谓"匪患"，急忙派反革命老手、国民党中央委员朱怀冰来黄冈任县长，扬言"要在 3 个月内剿清共党"。他们抛出一个所谓"建设新黄冈计划"，提出什么"整顿保甲""训练壮丁""移民并村""封山清乡""增哨设卡""五家连坐"等措施，一时使黄冈地区陷入白色恐怖之中，颇有"黑云压城城欲摧"之势。在这严峻的形势下，我黄冈地区的党组织、游击队和广大革命群众，面临着血与火的考验。然而，3 个月后又是什么形势呢？这里的党组织不仅没有被消灭，反而更有"燎原之势"，革命红旗不但没有倒下，而且比过去举得更高。现仅就这支手枪队在林桂华同志领导下与敌斗争的几个片段，作些忆述。

## 冲破"囚笼"

朱怀冰这个老狐狸，对付我们的手段，首先就是"移民并村"。他把方圆几百里的山村强行合并，将所有山上的小湾，全部移民搬到山下大湾里集中居住，想造出一个"囚笼"把我们关在里面，妄图割断我们与人民群众的联系。他要求，凡是搬走的村庄，粮食一粒不留，衣物一件不存，锅、碗、瓢、盆全部带走，然后把门封起来，妄图把我们饿死、冻死在荒山野林。还搞什么"五家连坐"，不准"窝匪""通匪""济匪"，说什么"一家通匪，五家问罪"，等等，其手段之毒辣，前所未有。在一片白色恐怖的形势下，我黄冈中心县委及其领导的手枪队陷入极端困难的境地。

记得在1946年9月中旬，林桂华同志带领我们在贺家坳许家社的一次战斗中，手枪队的衣、被等物全部丢光，我们与上级党组织又失去联系，我带着突围出来的7个手枪队员，蓝天当被，大地当床，露宿在荒山野林，几天吃不上一顿饭。有个队员头部受伤，缺衣少药，我们只好安排他在三庙河韦家田一砖窑里养伤。林桂华同志在突围中不幸中弹，身负重伤，后被敌抓去，我们只剩下5个人，决定到麻城去找副书记程鹤鸣同志，因未找到又返回郭家山下一个山沟里住了三天两夜。当时已是深秋季节，山风吹来凉飕飕的，我们身上还穿着单衣，加上没有吃的，又冷又饿，真是饥寒交迫。后来，到了李家大湾上面的一个独户人家，户主胡明清听说我们4天没吃饭，非常同情，趁敌人不在，急忙给我们做了一点儿饭吃，真香啊！过了几天，我们又来到百丈岩独户石浦龙的空屋里，在楠竹椅上睡了一夜，因天气冷，5个人只好偎在一起，互相取暖。

长期这样下去，怎么生存？不行，我们得下山去找群众，冲破这个"囚笼"！千难万难，依靠群众就不难。为了打破敌人切断我们与群众联系的阴谋，早在敌人"移民并村"时，我们就安排未暴露身份的党员同群众一起进村。这些党员进村后，一面做群众的工作，千方百计冲破敌人的"囚笼"，运用各种隐蔽手段，给我们送饭和衣物；一面收集敌人情报，发现敌人有什么动静，马上派人向我们报告。我们有时也化装潜入村里，与党的秘密联络点取得联系，解决了许多困难。经过艰苦的工作，一些革命群众主动与我们接近，为我们排忧解难。他们给我们磨些米粉，装在布袋子里，里面放一块竹片，利用天黑偷偷地给我们送来。他们还帮我们筹款买布，解决过冬的衣服。记得在玉方阁有一个姓陈的木匠，他非常同情我们，通过他找到一个地主兼工商业者陈子益，搞来500块银圆，买了一批布匹，然后他又找到可靠的裁缝，给我们每人做了一套过冬的衣服。就这样，我们在群众的支援和帮助下，渡过了一个又一个难关，终于顽强地生存下来了。

## 拔除"钉子"

朱怀冰在实行"移民并村""五家连坐"的同时，又在各重要隘口、交通要道设"递步哨"，严密监视我们的行动。一旦发现可疑的人就严加盘问，甚至杀害。当时，在我们活动的周围，如漆柱山、杜皮咀、两河口、丫树坳、马鞍山、枫村湾、周家山、杨泗坳等地，都设有敌人的"递步哨"。他们的头头都是些地痞流氓，我们称之为"钉子"，对我们开展各项活动影响极大，手枪队决心拔掉它。

在这些"递步哨"中，要数漆柱山的"递步哨"最坏。国民党黄冈县保安大队部设在贾庙，而漆柱山距贾庙仅3里左右，这里有个三岔口，是通往罗田、上巴河、黄州、浠水、新州的主要干道。故漆柱山的"递步哨"有"贾庙大门"之称。县保安大队长吴振华为"肃清匪患"，特派地痞陈南山负责此地的"递步哨"，要求他"昼夜监视"，做到"万无一失"。据说，中原突围后，鄂东独二旅五团有两名战士掉队，误入漆柱山，被陈南山的"递步哨"严加盘问，因不是本地口音，陈硬要送他俩到贾庙大队部去。这两个战士拔腿就跑，险被捉住。还有一次，也是五团掉队的一个战士路过漆柱山时，被陈南山的"递步哨"捉住，当即押送到贾庙大队部，后惨遭杀害。

我们得知这一情况后，决定拔掉漆柱山这个"钉子"。一天下午，我们在蔡家河漆吉成家吃过晚饭，林桂华同志带我们手枪队出发，这时，太阳已经下山了。当我们行进至上湾附近时，突然遇到一位甲长带着乡丁王华山去收款。那乡丁警惕性很高，急忙把枪口对准我们说："不许动!"

"混蛋，你是什么人? 连老子都不认识。"我不慌不忙地回答他。

"我是县保安大队王克逸的侄子王华山，你们是……?"他听我们的口气很硬，便把枪口朝下。说时迟，那时快，手枪队员小周一个箭步冲到王华山的身旁，用手枪对准他的脑袋厉声道:

"他就是手枪队队长李梅伢（梅建明当时的名字），你没听说过?"

这炸耳的声音，顿时使王华山魂飞魄散，瘫在地上。那位甲长急忙跪下，叩头不止，连说饶命。那王华山仗势欺人，无恶不作，经常以收款为名，到处敲诈勒索，骗取钱财，强奸妇女，甚至逼死人命。我义愤地掏出了手枪，准备把他干掉，为民除害。当时，林桂华同志给我使了个眼色，轻声地对我说："你何不借刀除奸！"我明白了他的意思，决定把这个坏蛋送到漆柱山"递步哨"去除掉。

当天晚上，我剥下王华山的军衣，化装成县保安大队的长官，带手枪队队员小周和小王，往漆柱山方向走去。为了防止他吐露真情，我们用一根绳子将王捆住，并在他嘴里塞上一块布。不一会儿，我们便来到了漆柱山，见哨棚外边有烟火时明时暗，肯定里面有人。我知道他们带的武器不过是大刀长矛，便毫无顾忌地朝哨所走去。当我走至离哨棚约 10 米远时，敌人还没有发现。

"你们哨听谁负责？老子走到跟前来了，怎么还没发觉？"我大声喝道。

两个哨兵闻声，警觉地拿起长矛，对着我问道："你是谁？"

"老子这一身衣服，你还看不出来！"

一束手电光照来，见我穿的是县保安大队的衣服，两个哨兵急忙放下长矛，恭恭敬敬地站在我的面前，连说：

"对不起，奴才有眼不识泰山，因天黑看不清楚，请长官原谅。"哨棚里的十几个哨兵，听说"长官"来了，都跑了出来。

"你们这里谁负责？"我大声问道。

"长官，是我负责。"一个贼头贼脑的人跑了出来，给我敬了个礼。

"你就是漆柱山哨所的头头陈南山吗？"

"你……你怎么知道？"

"在你这里抓到过好几个共党分子，吴大队长还表扬过你，我怎么不知道。"

"你是……？"这时，小周和小王押着王华山走过来了。

"我是县保安大队部的侦察参谋，从牛溪乡转来，路上抓到名'共匪'，他说是从你们这里逃出去的，我看还是由你们来处理吧！"我指着王华山对他说。

陈南山打开手电筒，看到王华山身穿老百姓上衣，下穿新四军的裤子，额头上汗珠滚滚，嘴里塞着一块布，半信半疑地说：

"那我来审问一下吧！看他到底是由哪里钻出来的。"

"嗯，你还不相信我？"当陈南山正要扯王华山口里那块布时，我边喊边用手枪将他的手挡了过去。

"不，相信，相信……"

"好吧！我今天倒要看看你杀人的胆量。"

"长官，我借用你的手枪行吗？"

"混蛋，你放哨为什么不带武器？"

陈南山见借枪不行，便从旁边的人手中夺过大刀。这时，王华山惊呆了，欲喊喊不出，只好跪在地上求饶。我一脚将他踢倒在地，塞在嘴里的那块布擦在地上掉下来了。王华山大声喊道："我不是……"他的话还未说出，陈南山的第一刀已砍断了他的喉咙，接着，两刀、三刀，陈南山连砍八刀，把王华山的头和身子分了家。然后，陈南山对我说："长官，今天我杀了这个'共匪'，你给我写个证明吧！"

"要什么证明，你用篾箕将他的头装上，抬到吴大队长那里去，就是最好的证明。"

"是，长官，还有什么吩咐？"陈南山真的找了一个篾箕，装着王华山的脑袋，准备到贾庙大队部向吴振华邀功请赏。

"把你们的人集合起来，我有话对你们讲。"我对他说。

陈南山遵命，全体集合，共18个人。我老老实实地告诉他们：

"今天杀的不是什么'共匪'，而是保安大队长王克逸的侄儿王华山。"陈南山一听，全身发抖，篾箕落地，不知所措地望着我：

"你是……?"

"我们是新四军的手枪队，他就是你们吴大队长天天要捉的李梅伢队长。"小周急忙答话。小周的话音刚落，陈南山早已吓得骨酥腿软，连忙跪下求饶：

"李队长，你就饶了我这条狗命吧，今后我再也不敢了……"

"那你杀害我军掉队战士的账又怎么算呢？今天，我代表人民处决你！"说罢，我掏出手枪，对准陈南山的脑袋，叭、叭两枪，结束了他的性命，并警告在场的其他人："你们以后再敢抓共产党，就跟陈南山一样的下场！"听了我的话，他们各自回家去了。

漆柱山的"钉子"拔掉了，地头蛇被铲除了，群众无不拍手叫好。我们的这一行动，狠狠地打击了敌人的猖狂气焰，大大地鼓舞了我们的斗志。从此，敌公开的"递步哨"不宣而散，少数存留的"递步哨"，也成了聋子的耳朵——摆设，朱怀冰布置的"钉子"战术，遭到了彻底的失败。

## 打掉"耳目"

朱怀冰为了探听我军的行动，每个村庄都设有情报组，作为他的"耳目"，以便了解我军情况，及时对付我们。充当"耳目"的，除地痞流氓、反动保长外，还有我党的自首变节分子。前者倒不可怕，后者却给我们造成很大的威胁。

记得有一次，我从冈麻边回到杜皮咀，住在应家畈姓周的家里。桂华同志就是此地人，他家住在杜皮咀芦峰坎下的何家冲。杜皮咀有个剃头匠，是国民党情报组成员。一次他到何家冲剃头，得知林桂华就住在这个湾子，立即向保长徐丙银密告。徐得到这一情报，如获至宝，急忙通过杜皮咀情报组负责人向乡公所报告。乡公所于当天下午即派来40余人枪，把何家冲包围了。当时，桂华同志手中拿的是一支三保险手枪，与他一起的老严同志拿着一支冲锋枪。桂华同志从门缝里朝外一看，发现带敌人前来搜捕的正是原我手枪队队员林某。桂华禁不住满腔怒火，厉声骂道："叛徒，你不走，老子一枪打死你！"林某吓跑了，老严乘机掩护桂华同志冲出了重围。事后得知是剃头匠告的密，准备"杀一儆百"，惩办告密者。后来，由于他认罪态度好，表示今后再不与我为敌，才免于惩办。

还有一次，因筹集经费，我带着手枪队队员到铁冶林家塘去找地主林助伦，找他支出500块银圆。当时，他说现在没有钱，叫我们三天后的晚上去取款。我怕他去告密，上敌人圈套，掏出手枪警告他："如果你耍什么花招，我这玩意儿可不认人哪！"林助伦见到我手上的枪，吓得连忙叩头说："不敢，不敢！"

后来，此事不知怎么被此地敌情报组组长钟斋敏侦知了，他急忙跑到保公所去告密。三天后的晚上，保长杨明容带着二三十人枪埋伏在林助伦的竹园里，等待着我们去上钩。这个竹园外有一堵墙，敌人的枪口从墙缝里正对准林助伦的大门，倘若我们如期去取款，其后果将不堪设想！可是，我们也有自己的耳目，地下党员戴中堂是林助伦的外甥，他得知有人告密后，即向我们报告，因而未中敌人圈套，林助伦在其外甥的影响下，也主动如数地把500块银圆交给了我们。后来，我们把敌探钟斋敏抓住了，本想就地枪毙，由于几位老人托保，才免他一死。从此以后，这个地区的敌情报组成员畏惧我手枪队，不敢随便告密了。

朱怀冰妄想在三个月内消灭我们的计划彻底破产，黄冈地区的党组织及其领导的手枪队依然存在，越战越强。

(丁保国整理，湖北省军区中原突围史专题编纂室作了删改和补充)

原载李少瑜、曾焕雄主编:《鏖战大别》,军事谊文出版社,1993年,第277～284页。

# 历尽艰险夺胜利

## ——记中原突围中的三五九旅女战友们

◎ 汪志平

1946 年 6 月，国民党反动政府在美帝国主义支持下，不顾中国共产党和全国人民要求和平民主、反对内战的正义要求，悍然撕毁停战协定和政协决议，集中 30 万人的兵力围攻我中原解放区。6 月 26 日晚，我中原军区部队按照党中央预先批准的计划，分路举行突围。三五九旅是向西突围的北路部队中的一支劲旅。该旅于 6 月 26 日晚开始行动。敌人调集大量兵力前堵后追、左右夹击，并逼迫沿途群众坚壁清野，还动用飞机侦察、扫射。我军出敌不意，攻敌不备，经过激烈战斗，冲破了敌人吹嘘为铜墙铁壁的平汉铁路封锁线，强渡水涨浪急的丹江，激战鲍鱼岭，转战于山高路险的秦岭崇山中，渡渭河，过陇海路，克服了难以忍受的饥饿疲劳，经历了艰苦卓绝的斗争，于 9 月 1 日胜利到达陕甘宁边区。历时 68 天，浴血奋战 200 余次，日夜兼程 5000 余里，不少同志献出了宝贵的生命。在这支既会打仗，又会生产的不可战胜的英雄部队中，也有女战士。

三五九旅的女战士都是参军不到两年的年轻的新兵：一部分是 1944 年年底前后，由于不满意国民党消极抗战、积极反共政策和不愿当亡国奴，从大后方和沦陷区到边区的知识青年；一部分是部队南下时沿途招收的具有爱国思想的农村青年。出于对祖国的热爱、对人类理想的追求，为了自身的解放，她们毅然舍家别亲，自愿跟着共产党领导的军队干革命。在这些女同志中，中原突围前，部分人因病或其他原因，经组织批准，化装转移到其他解放区，故突围时部队的女同志不多，而且多在旅直属队或团部工作。她们虽没有拿枪直接与敌人拼杀，但激烈的枪炮声她们亲耳所闻，战友们血染征衣、英勇牺牲的情景她们亲眼所见，敌人欲置我军于死地的威胁她们亲身体验，饥饿、干渴、疲劳、疾病、日晒夜露同样折磨着她们。枪弹炮火随时都能夺去她们的生命，她们天天都在克服着困难，承受着比男同志更多的困难，终以顽强的毅力，与男同志一起完成了战略转移任务。

## 在战斗中学习锻炼

在旧社会，生长在城市中的女学生，很少参加体力劳动，一般体力较差。农村女青年虽体力较强，但到部队不久，所遇到突围这样艰苦环境的考验，也是严峻的。突围时，敌强我弱，敌人有汽车、火车等交通工具可以利用，而我们仅凭两条腿。为了先敌一步抢占有利地形，或甩掉敌人的追击，部队要急行军，跋山涉水，行进在几乎是人迹罕至的崎岖小道上。开始时，女同志常掉队，特别是夜行军，在漆黑之夜，伸手不见五指，掉了队遇到三岔路口，不知该往哪里走，真急死人。遇到沟沟坎坎，常常跌跤。在老同志的帮助指点下，她们行军几天后，脚力逐渐增强，也懂得了在急行军、夜行军时，高度集中精力，步步紧跟前面的同志，即使体力差一些，也能跟上。如果意志松懈，失去信心，掉下一步，那就会越掉越远。走夜路时，要注意观察前面同志的动作，很快就能感应出下一步是过沟还是跨坎，虽看不见但也不会摔跤。6月30日零点后，部队在武胜关北面的李家寨穿过平汉铁路时，被敌发觉，敌人以猛烈火力阻挡我军前进，经过激战，部队突破了敌人的封锁。开始是急行军，还涉过了一条河床很滑的小河，过铁路线是跑步，接着又是急行军，一气儿就走了三四十里，女战友们都紧紧地跟上了部队。

部队进入秦岭山区后，天天爬山越岭，山高路险，女战友们开始上山是先快后慢，最后气喘吁吁爬不动，不得不停下休息。爬过几座山后，她们懂得了上山开始时绝不能爬得太快，太快心跳加速，就无法继续爬了；如果开始时压着步子把劲儿使匀，就能坚持较长的时间，看起来慢实际较快。爬山时，有个拐杖可省力不少，因此，她们遇到爬大山时，都忘不了找根树枝当拐杖。部队在秦岭中转战 20 余天，女战友们与部队一同爬过了无数的大山小山。

部队天天奔波在荒郊野外，每人从早到晚都是一头灰尘一身汗。开始女同志到了宿营地就忙着洗头、洗衣服，走累了不想吃或吃得较少。老同志告诉她们，在艰苦的战斗环境中，一要吃饱，二要睡好，才能保持体力，讲卫生要看具体情况，最重要的是用热水烫脚，它有利于恢复脚力。这些指导，女战友们从实践中体会到是完全正确的。到了宿营地，再饿再累，也要找些柴草烧热水烫脚；有点儿休息时间，就抓紧睡觉，行军途中休息几分钟，也会坐在路旁打个盹儿；不管食物口味如何，都尽量吃饱。从连续行军中，她们懂得了远路无轻担，一次又一次地轻装，但生活用品中的茶缸、干粮和鞋子是绝不能丢掉的。七一八团的张亚侠，为了减去梳头、洗头的麻烦，彻底除掉头上的虱子，干脆剃了个和尚头，像个男孩子，同志们都称她是"假小子"。

　　突围途中，筹措给养十分困难，后勤部门是供应不了鞋子的。而天天爬山过河极费鞋子，老同志都利用休息时间打草鞋。然而，女战士们大多数从未穿过草鞋，更不会打草鞋，就向老同志学习，弄来一些稻草学着打。开始鞋底草挼得不紧，鞋耳子也打得不牢，出了废品，练了几次就学会了。7月的一天，在秦岭山区，部队经过一天激战，打退了敌人，又忍着极度的疲劳，连夜行军。第二天在赵家河一带休息了一天。同志们没有光睡觉，而是利用这点时间整理军容，如理发、洗澡、洗衣服，还把暂时用不着的被服轻装下来打布"草鞋"。不少女同志也学着打布"草鞋"。布"草鞋"比稻草鞋结实柔软，穿在脚上既舒服又美观。穿上自己打的布"草鞋"，享受着自己的劳动果实，更觉甜美。当然那些替换下来的旧鞋只要还能穿，谁也舍不得丢。

　　女战友们在突围中还学会了野炊，从采摘野菜充饥中学会了辨认几种野菜。在战斗中，这些年轻的女战士，学会了许多军事知识，特别是如何利用地形地物避免敌人的火力杀伤。而更重要的是她们提高了政治觉悟，增强了跟着中国共产党革命到底的决心，培养了不怕牺牲的精神和艰苦奋斗的作风。七一九团的傅兆南到中原军区前是重庆的中学生，她年纪较小，个子不高，又长得一个娃娃脸，同志们都把她当小妹妹看待。突围开始时，她走三四十里地就腰酸腿痛，遇到下雨天摔得满身泥水，狼狈不堪。通过封锁线时，子弹在头顶呼啸，她心慌腿软，越想快跑越跑不动。进入秦岭山区后，战斗频繁，环境更为艰苦，她见有的女同志奉命离开部队化装突围，也曾产生化装突围的思想，但广大指战员不怕牺牲、顽强拼搏的精神感染了她，老同志的关怀、鼓励、教育帮助了她，敌人的残酷激起了她的义愤，她决心与大家一道闯过难关。7月中旬的一天，七一九团与旅部向玉皇山（顶）前进时，被敌包围，由于敌众我寡，战斗了一天，尚未击溃敌人，形势危急。旅长郭鹏、政委王恩茂将旅部的非战斗人员组织起来，投入战斗，一鼓作气，拼杀出一个缺口，突出重围。傅兆南在这次战斗中，一颗子弹从她的右腿踝骨边擦过，当时无感觉，到了集结地才感到疼痛，用手一摸还在流血，幸好只伤了一层皮，涂了点红汞，照常行军。经过一个多月的转战，她瘦了，但战胜艰难险阻的决心与毅力使她变得更坚定、更结实了。她不仅爬高山不再气喘、跳沟过坎不在乎、道路泥泞不摔跌，而且在枪林弹雨中心不慌、腿不软了。她不仅能照顾自己，还能帮助别人，帮助有病的同志扛枪。她由一个天真活泼的小女孩，变成了一名坚强的女战士。

有的女同志在突围前只是具有爱国思想、民主要求的青年群众，经过突围战役的洗礼，她们深刻认识到中国共产党的伟大、光荣、正确，愿为共产主义事业奋斗终身，积极申请入党，经党组织审查批准为共产党员。

## 战胜艰难完成任务

中原突围战役自始至终都是艰难的，而在秦岭山区的日日夜夜则更为艰难。不仅国民党刘峙的部队在继续围歼追击，胡宗南的10万大军也进入了陕南，部队天天处于连续行军作战中。加之秦岭山区层峦叠嶂，沟壑纵横，地势险要，人烟稀少，地瘠民贫，部队得不到军需给养补充，体质减弱，病号增多，出现了罕见的困难。女战士们凭着满腔革命热情，发扬我军团结一致、艰苦奋斗、英勇牺牲的光荣传统，战胜了种种艰难，完成了战略转移任务。

秦岭山区的道路，大都是两山夹一沟，沟走完了就翻山，过了山又是沟，路沿沟走，蜿蜒崎岖，一会儿是沿沟小道，一会儿又是沟底水路。在水上有的搭个独木桥，有的搁上几块大石头，有的还需涉水。女同志过独木桥时摇摇晃晃，小心保持着身体平衡，同志们开玩笑说她们在"扭秧歌"。好在水不深，掉下去也淹不死，多少减轻了她们心里的恐惧。河里的石头是按男同志步伐的跨度搁的，女同志通过时，必须跳跃一下才能到位，女同志们自己戏称为"多级跳"。而在涉水时，男同志们往往脱掉鞋袜赤足过去，而女同志怕脱鞋穿鞋耽误时间而掉队，总是穿着鞋过去。涉水的地方又多，脚就整天泡在湿鞋里，整个脚都泡白了，甚至脱皮，感染溃烂。没有药物，又不能休息，脚一沾地就疼痛难忍，但必须咬紧牙关坚持下去，不能掉队。七一七团的汪志平在打布"草鞋"时，布料不够，将长裤截成了短裤，两条腿上的小裂口清晰可见。团政委贺振新将自己仅有的一盒万金油给了她。万金油虽不是治裂口的药，但也充分体现了首长对战士的关怀。她的脚掌上各有一个两分宽、半寸多长的大裂口，脚一着地就痛。老同志告诉她将煮熟的土豆剥去皮，砸成粘胶状，填在裂口里，再用布贴上"封条"，就能治好。她如法炮制，果然行军时不痛了。

那时女同志最怕掉队，因为掉队有当俘虏的危险。为了跟上部队，她们就拼命走。往往部队途中休息时，她们还在走。等她们走到休息地，部队休息结束，又开始前进了，她们只得不停地继续前进，有时从早到晚连续行军十几个小时。七一九团的朱秀莲同志，是1945年部队南下路过湖南时参军的农村青年，突围时已怀孕，部队行进在稻田坎上时，她走不快，为了让部队快速行军，她就下稻田，在田里走。她凭着坚强的意志和健壮的体魄，硬是拖着沉重的身子走到了陕甘宁边区。

秦岭山区，气候多变，一会儿骄阳似火，一会儿又是大雨倾盆，部队晴天一身火，雨天一身泥。一天，部队冒雨行军，没有雨具，人人淋得像落汤鸡。前锋部队披荆斩棘，踏出的小路，泥泞难行，不少女同志摔了一跤又一跤，满身泥水，心里着急，头上冒汗，用手一摸，脸上是泥，结果变成了"泥菩萨"。

俗话说："上山容易下山难。"的确如此。七一九团在大府村乘敌不备，冲出了敌人的包围后，攀树枝，扒悬岩，爬上了一座无路的陡峭高山，谁知山的那一面更陡峭，下山更难，敌人就在附近，如不迅速下山，被敌人发现，困在荒山上，不被打死也得饿死，必须尽快下山脱离险地。何团长当机立断，选了一处易于滑行的山坡，指挥大家像小孩坐滑梯那样滑下去。那时正值雨后，陡坡更为光滑，中途无法停止，从山上一直滑到山脚下。有的女同志滑得头昏脑涨，一时爬不起来。为了避免后面滑下来的同志冲倒，只得挣扎着爬到一边去休息一会儿再爬起来继续前进。有的同志脱离险境后诙谐地说："今天我可算开洋荤了，坐飞机了！"

部队自进入秦岭山区后，天天早上四五点钟出发，晚上八九点钟才宿营。因给养困难，只得分散"开伙"，同志们到达宿营地后，要自己找食物"开伙"，往往要忙到晚上 10 点多钟才睡下，早上 3 点多就得起床，好歹做点热的吃；在正常情况下，也只能睡四五个小时；遇到连夜行军，一小时也睡不成。而秦岭山区，人烟稀少，部队只能在野外露宿。山区昼夜温差较大，晚上也较冷。女同志们为减轻负担，轻装得只剩下一个布单，晚上只得找些干草盖在身上抵挡寒气。睡眠时间少，部队疲惫不堪，屁股一沾地就能睡着，那时能睡上一觉就是最美好的享受。

最大的困难还算是没有吃的。山区本来就贫瘠，加之国民党军队所过之处洗劫一空，老百姓苦不堪言。部队为了生存，只得向群众买点儿不成熟的苞米、土豆和摘些野菜、野果充饥。一次部队行军打仗连续 34 个小时未吃饭，不得已啃了地里的苞米秆，离开时在地头放上钱，还写张条子说明原因，向种苞米的群众致谢，充分表明我军在任何情况下，也严格遵守群众纪律，秋毫无犯，尽管有时饿得前胸贴着后背。由于经常挨饿，饥不择食，再加上过度劳累，部队普遍体质下降，不少同志得了胃病，闹拉肚子的人不少。男同志拉肚子，因在荒郊野外，往往离开队伍不远就蹲下去，而女同志则要走到别人见不着的地方。女同志闹腹泻时，一天不知道要多走多少路。

突围战役中，多次出现前有堵敌、后有追兵、两侧也有敌人夹击的危险处境，全凭着我军指挥员英勇果断、身先士卒，战士们不怕牺牲、英勇战斗，总是化险为夷。在那危急时刻，女同志也沉着勇敢，冒着枪林弹雨，与部队共同前进。8 月中旬的一天，单独在秦岭山区活动，负责吸引牵制敌人的七一七团在翻过鸡公岭，行进在一条长约 5 里的山沟中，向林口子前进时，沟两边是无法攀登的悬崖绝壁，前面林口子沟口两侧小山被敌控制，封锁了我军必经之路。后面尾追之敌正与我后卫部队激战，部队有被消灭的危险。率领七一七团的副旅长徐国贤当即指示以两排兵力，以猛烈的火力，向沟口两边小山头勇敢冲杀，终于摧毁了敌阵地，占领了林口子两翼山头，部队则趁机冲出了沟口。在部队爬上了沟口对面的大山后，山上有一段路暴露在敌人火力下，子弹嗖嗖地从头顶飞过，打到地上噼啪噼啪地响，后面激战的枪声阵阵传来，被饥饿、疲劳、病痛折磨着的女同志没有畏惧，没有退缩，她们紧跟部队冲出沟口，爬上大山，通过枪林弹雨的地段，连续急行军几十里，安全到达宿营地。在这次战斗中，伤亡了 14 位同志，其中有一名营教导员与一名排长，他们用自己的鲜血换来了部队的胜利，人们永远不会忘记他们。

## 绝不离开部队

在中原突围那样罕见的艰苦环境中，三五九旅中那些原来缺乏锻炼的女战士之所以能胜利到达陕甘宁边区，首先是因为这支部队是中国共产党领导下的英勇善战的英雄部队。在突围过程中，同志们发扬了我军团结一致、顾全大局、不怕牺牲、英勇奋斗的光荣传统及机动灵活的战略战术；而就女战士本身来说，则是因为她们在部队首长的关怀、同志们的帮助、我军优良传统作风的熏陶下，逐步坚定了我军必胜的信心。部队到达延安后，有记者采访她们，当问到突围中她们是怎么想的这一问题时，她们当中有的回答："只要还有一口气，就要跟上部队。"这一朴实无华的回答，反映了当时绝大多数女战士的思想和态度，也反映出当时斗争的残酷性，跟上部队就是生存，就是胜利；而掉队则意味着死亡和失败。在这生与死、胜利与失败的搏斗中，当然是选择前者而不是后者。一息尚存，绝不离开部队。正是这一选择使她们变得勇敢坚强。饥饿了，勒紧裤带；疲劳了，强打精神挺住；病痛时，咬紧牙关忍着；摔倒了，爬起来再走。

七一八团的汪卓明同志，体质较弱，性格文静，不少同志认为她的身体难以经受起突围艰苦环境的磨炼。更为不利的是在突围时她患了脚气病，行路艰难，她本可化装突围，当组织上几次让她化装走时，她都坚决要求跟着部队，最后终于克服了重重困难，以顽强的毅力同部队一道到达陕甘宁边区。

到达陕甘宁边区后，三五九旅旅部宴请随军突围的"学生兵"时，女学生兵只剩下汪志平、张亚侠、傅兆南、汪卓明等 4 人，还有 26 名男"学生兵"，一共才 30 名。

时光流逝，当年那些英姿飒爽的女战友们现在都是两鬓斑白的老奶奶了，尽管她们都已离休安度晚年，但战争年代那些顽强斗争的精神，那些令人难忘的日日夜夜，至今仍激励着她们，鼓舞她们余热生辉。

汪志平，湖北武汉市人，1926 年 1 月生。1944 年 12 月参加革命，1946 年 2 月加入中国共产党。曾任中原军区第十五旅宣传员、三五九旅七一七团宣传干事。中华人民共和国成立后，曾任河北石家庄市十五小学校长、北京结核医院人事干部、黑龙江萝北县委办公室主任、合江地区人民银行政工科长等职。

傅兆南，湖北钟祥县人，1927年生。1945年7月参加革命，曾任新四军第五师青干班学员、群众工作团二六队队员，三五九旅政治部文工队员、司令部管理科文教干事、七一九团政治处干事、五师家属队副队长。中华人民共和国成立后，曾任骑兵七师干部部科长、新疆阿尔泰地委组织部干部科副科长，喀什地区妇联副主任、疏勒县委副书记，四川重庆市妇联办公室副主任，新疆统计局办公室副主任等职。

原载《鄂豫边区革命史》编辑部、湖北省妇女联合会编：《中原女战士》上，中国妇女出版社，1991年，第370～378页。

# 回忆王震三五九旅南征和中原突围

◎ 吴庭芳

1944 年 11 月，在国民党消极抗日、积极反共的反动决策下，日本帝国主义疯狂向豫湘桂进攻，人民处于水深火热之中。为了争取抗战局势的迅速好转，党中央毛主席决定由在陕甘宁边区南泥湾进行大生产的三五九旅组织第一梯队和第二梯队，进军湘鄂地区，建立抗日根据地，并和新四军第五师李先念部会合，逐步向南发展，与广东的东江纵队连成一线，创建华南红色抗日根据地。我当时随军南下，亲身经历了这段难忘的战斗生活……

## 南征的准备和南征

1944 年秋，在南泥湾进行生产的三五九旅正积极准备秋收之时，突然接到旅司令部的命令，限半个月内务必将本单位所有事情处理完毕，有的移交兄弟部队，有的交给当地政府，整装待令出发。紧接着，部队进行了组织调整，第一梯队共组织了七个大队，每个队都以共产党员、生产模范、先进工作者等精兵强将为骨干组成。编队完成后于 10 月中旬出发。日行军 90 里，到达了党中央所在地延安。

在延安郊区，部队继续加强练兵，营以上干部集中听取了中央领导对全国形势的分析和有关任务、政策等指示。全军都换了新的冬装，补充了武器弹药，备足了干粮，除小米外，每人还发了 3 斤煮熟的牛肉及烤干馍粉，准备在路上最困难时食用。带给补充新四军第五师李先念部队和广东东江纵队的干部大约近千人编成了第六大队、第七大队。南征第一梯队总兵力约 5000 余人。

临出发前，党中央主要领导同志毛泽东、周恩来、朱德、任弼时等在延安飞机场送行。毛主席检阅部队并讲了话。要求大家要团结一致，不论到哪里，都要遵守八路军的光荣传统及三大纪律八项注意，要准备吃大苦耐大劳，困难过去就是胜利。毛主席还幽默地说："同志们到我们的家乡去吃大米，刘地图（即建立根据地），把我们党的红旗插到我们的家乡去。"

1944 年 11 月 9 日，部队从延安出发。从延安到黄河边，从永平镇到绥德吴堡县，直到蟒蜊裕黄河边，沿路群众都组织欢送。鲁艺的全体学员也参加了秧歌队欢送道别。全体指战员感动得热泪盈眶。因王震于 1940 年一到陕北就赶走国民党何绍南的部队，担任绥、米、假、吴、清警备区的专员，所以当地群众对王震司令员非常拥护，群众唱年歌唱道：八路军打走何绍南，来了一个王专员。王专员他领导得好，保佑老百姓都平安。

过了黄河，部队到了山西的临县、离石。这里属晋绥军区的三分区，又越过离石公路，到达吕梁山区，稍事休息一天。太阳刚开始落山时，部队从方山县出发，过汾河，在日军占领的数十个碉堡中穿过，向同蒲铁路挺进，于第二天拂晓到达平遥县的一个村庄，一夜行程达 200 里。在进入太岳区后，部队和一一五师会合了，部队在这里进行了休整。因三五九旅所持武器都是华北敌后抗战中缴获日军的，不论轻重机枪还是步枪都是六五式子弹，而在南方找这种子弹比较困难，所以都换成了打七九子弹的枪支。部队在休整期间，听取了部队首长对华北和太岳地区的斗争形势报告及有关继续南下的方针政策中应注意和解决的问题的指示。

原准备到沁水城以东南渡黄河再到河南，但日军和国民党部队已获知我部南渡的意图，因此，在黄河西岸严密布置兵力封锁阻击。正当我南征部队研究如何强渡时，接到前哨侦察员报告，说黄河上游有一个地段已冻成冰桥。这真是一个喜讯！王震司令员立即带领部队连夜兼程，向黄河地带进发，第二天一早就到达垣曲县以东一个有六七尺厚、七八十米宽的冰桥旁，全军人马从冰桥上渡过了黄河天险。副政委王恩茂说："真是天助我也。"一过冰桥，王震司令员就宣布已接到党中央、毛主席的贺电，并向全体指战员宣布了贺电。全体指战员听了后精神振奋，斗志昂扬，雄赳赳、气昂昂地继续南进。

部队进入河南省境，敌情变得更加复杂而严重，沿路有日军据点和国民党部队，还有反动地方民团和反动派的散兵游勇，日军据点内还有伪军和汉奸，为了尽量减少阻力，达到顺利南下的目的，部队采取了争取、团结为主的策略，首先派侦察员与当地民团联系，说明我们是共产党领导的南下抗日部队，宣传我党的抗日方针政策，经过宣传争取，多数地方民团都在围墙上打起白旗（当时河南很多地方的大村镇都有围墙），但也有少数民团和国民党部队极力阻拦我南征部队，与我发生了多次激战，主要有以下几次战斗：

1. 通过陇海路时，在千秋镇受到国民党部队的阻击。经反复交涉无效，我军经一个多小时的反击，将敌人击退，歼灭敌人 300 余人，缴获各种枪支 100 多支。

2. 强渡沙河。河南鲁山县县城内驻有日军的一个联队，并配有数辆坦克。我南下部队分两路渡过沙河，一路由王震司令员率领，另一路由郭鹏副司令率领。那时我在三支队三连任指导员，归王震司令员领导。晚上出发前，王震司令员命令我们三连派一个排掩护全军通过沙河。我们按时到达后，因敌情紧急，王司令员命我连马上过沙河。因一连误了出发时间，王司令员便改命一连一排掩护全军渡过沙河。战士们在严寒的冬天，连棉衣裤也顾不得挽起就跳进河水中，过河后，全身衣服上的水马上结成冰块，一路叮当响。战士们就编了顺口溜：一辈子难忘过沙河，满身冰块叮当响，虽然难受很艰苦，不带开水能解渴。负责掩护任务的我一连一排和敌人展开了生死搏斗，因敌强我弱，大部分同志光荣牺牲了，个别难找到部队的同志则跑回了老家，有的负伤后被当地群众救助。一连指导员刘发柱（刘原是九团政委陈文斌的警卫员）也光荣牺牲了。

3. 瓦岗战斗。部队强渡沙河，行进到河南确山县的瓦岗时，又受到日军的阻击，敌人布置轻重机枪严密封锁我军通过的路口。王震司令员给一支队五连（原南泥湾七一八团三营七连模范连）下达死命令，一定要在天黑之前拿下对面山头，掩护全军通过。五连连长别了 5 个手榴弹，拿了一把马刀，率领一个排的兵力在轻重机枪的掩护下，攻上了敌人所占的山头，消灭敌人 30 多名，五连连长在撤退时却被敌人冷枪击中，光荣牺牲。当天晚上，我军顺利通过瓦岗山口。第二天敌人集结1000 余兵力分数路向我军扑来，我军连夜急行军越过平汉铁路，迅速转移，搞得敌人昏头昏脑，不知所向。

4. 陡沟战斗。经过长途行军，我南下部队准备在陡沟休整后和李先念的新四军会合，但当地国民党反动派驻军 1000 多人却向我军发起攻击。我军采取分步合击的战术，经过一昼夜的战斗，将敌人全部击退，歼敌 300 多人，缴获枪支 100 余支。战斗结束后，我军又连夜渡过淮河，经过两天的行程，于 1945 年 1 月底到达湖北的大悟山与新四军第五师胜利会合。

从革命圣地延安出发，到湖北大悟山与新四军第五师会合，历时 78 天，行程4000 余里，沿路冲破日军及国民党反动派的重重封锁，终于取得了南征的重大胜利。南下部队所经地区，严格地执行了三大纪律八项注意，受到沿途群众的拥护和赞扬。

与新四军第五师会合后，我们受到了五师全体指战员的热烈欢迎，到处都是欢迎的标语，数千名官兵和当地群众敲锣打鼓夹道欢迎，"欢迎老大哥"的口号声和锣鼓声震荡着大悟山沟。第二天召开万余人欢迎大会，李先念师长首先致欢迎词，随后郑位三政委和陈少敏同志做了当地的形势报告，王震同志做了答谢词。

## 开展鄂南根据地，为继续南进创造条件

我们和第五师会合后，带给五师的干部顺利交给五师，六大队的建制取消。南下部队在第五师和当地党委的统一领导下制订了开展鄂南根据地的计划。经过半个多月的休整补充，为了加强向南挺进的力量，新四军第五师派十三旅旅长兼四十团团长张体学率部队打前战带路。和我南下部队一同南下，于 1945 年 2 月中旬南渡长江。一过长江就是通城，那天正是阴历的年三十晚上，下着倾盆大雨，全体指战员都因路滑难走摔了不少跤，全身上下都是泥巴，群众知道我们是抗日的新四军部队后，便踊跃给我们做饭吃。当地驻有两个保安大队约 300 余人，听到我大部队已过长江的消息后，仓皇逃到山上。事后据当地老百姓反映，两个大队的家属和小姐太太们，因路滑难走，丢掉的绣花鞋从泥泞中拾了一箩筐，传为笑话。

两个保安大队不敢和我们正面接触，而是在我前进路上打冷枪，使我数名战士受伤，我部队直追到崇阳县政府。经过我军政策宣传后，这些地方保安部队主动

表示不与我们为敌,这就扫清了前进的道路。一路上,我军对敌作战主要有以下几次:

1. 三溪口战斗。敌人竭尽全力阻止我开展根据地工作,在大冶、鄂城一线的日军集结伪军 1000 余人向我一大队进攻,连续数次猛攻我阵地。我军坚守阵地,英勇还击,经过六七个小时的激战,消灭敌人 400 余人,缴获轻重机枪 20 余挺,步枪 300 余支,我们大队六七十人伤亡。经此一仗,我军声威大震长江两岸,群众挑上大米、面粉前来慰问,拍手称赞说从未见过把日军打得这样惨的部队。

2. 大田畈战斗。这是我军南下以来取得的最大胜利,共消灭日军主力部队 400 余人,缴获各种枪支 300 余支,大大削弱了日军的有生力量,使日军胆战心惊,不敢轻举妄动。我军取得了建立鄂南根据地的有利条件。

3. 大源镇战斗。虽经张体学部队和我三大队反复争取,那些顽固坚持反动立场的鄂南专区保安团仍然聚集六七百人向我军进攻,经数小时激战,我军歼敌 200 余人,缴获各种枪支 150 余支。

4. 鹤口之战。我三支队从崇阳向湖南平江浏阳转移,经通城的鹤口时遭遇日军南进。我三支队共五个连英勇奋战数小时,将敌人打退,杀伤日军 50 余人,缴获步枪 7 支。所获武器是日军第一次运来的新枪,即九九式步枪,步枪的瞄准尖上都安有小镜子,此枪瞄准率极高,专用来打我指挥员,致使我 5 名连长除一个胸部受伤外,牺牲了 4 名,受伤的战士也都是头部和胸部中弹。

5. 三眼桥和长寿街战斗。三支队到达平江浏阳一线,只有平江警察大队一个排,战斗仅十分钟便逼使敌人撤退,我军进驻了三眼桥。得悉平江县警察大队队长的妻子是我党领导人任弼时的妹妹,我们与其取得了联系,她给我们提供了不少情报。在三眼桥休整几天后,我们渡过汨罗江,攻打长寿街。因敌人修筑的碉堡工事坚固,又有援兵来临,攻打未成功。随后连夜转移到梅仙、醴陵、桃花山、小花沙一带打游击。

6. 黄岸市战斗。这是一次与国民党反动派王陵基九十九军九十二师的遭遇战。凌晨 3 点多,我部经过黄岸市时,被敌哨兵发现,立即发生激战,因天黑,双方分不清敌我,我前面部队和后尾部队多次和敌人冲杀,有的通过,有的被冲散,我一支队队长陈宗尧在冲散拼杀中光荣牺牲,王震司令员在敌人甩过来的手榴弹爆炸之前,被警卫员尹光普(外号"大洋马",身高 2.10 米)推到五六尺深的田坎下,手榴弹爆炸，司号长和另一警卫员被炸身亡，尹光普头部受轻伤。这一仗双方死伤都不少，有的是被敌人打伤的，有的是自己误伤的，一支队参谋长尹保仁腰部受重伤后被送到桃花山养伤。被打散的部队几天后陆续归队。陈宗尧在华北抗战和保卫陕甘宁边区及南泥湾生产中，是一位有名的战将，他牺牲后，王震司令员泣不成声。第二天，部队撤到小长沙、桃花山一带休整，我当时任一大队一连政治指导员，带着 20 余名战士上山，在山上碰到旅部副政委王恩茂带着两名警卫员，他喊道："你们是什么人？"我说："我们是一大队一连的。"他说："快来！"我们在山上转了一天，傍晚才碰到旅部侦察员，由侦察员带我们找到大部队。

## 南下广东继续扩大抗日根据地

遵照党中央毛主席要"巩固和扩展在鄂南、湘中、湘南、粤北连成一线的抗日根据地，以便为对日反攻做好充分的准备"的指示，我南下部队除留少数兵力在湘北鄂南一带和敌人坚持斗争外，主力部队则冒着酷暑沿粤汉路南渡湘江。虽然渡江和沿路受到当地顽固保安部队的阻击，但都被我军击退，也有一些经我军宣传南下政策后被争取过来，协助我军工作，壮大了抗日力量。当地群众得知我们是毛主席和共产党领导的从陕北延安南下的部队后，都争着给我们送茶水、带路。1945 年 8 月中旬，部队到达衡山一带时，突然接到党中央发来的振奋人心的特大喜讯：苏联红军已出兵东北消灭了日本关东军，迫使日本帝国主义宣布无条件投降。在此有利形势下，我军昼夜行军，力争尽快和曾生同志领导的广东东江纵队会合。当部队走到离东江纵队还有 200 多里行程的时候，遭到国民党反动派六七个师 20 多万人的四面围堵。在这数十里不见人烟的深山中，我军几千人夜晚冒雨露宿，白天靠吃生南瓜、玉米、土豆、野菜充饥，转了几天仍没有找到突围口，只得连夜向八面山转移。八面山是湘鄂边境的一座大山，山顶只有一间破烂的房屋，住着一位曾在大革命时期打过游击的 60 多岁的老者，他被国民党追捕，逃到这里种地度日。由于饥饿，战士们将老人种的一片有五六亩的玉米连秆和棒都吃掉了。王恩茂反复向老人做工作，并付了白洋。部队还召开了连以上干部会议，讨论如何突围。有两种主张，一种是化整为零，化装向北渡江，和第五师会合，另一种则主张坚决突围出去。王震司令员和各大队长都是这个主张。王震司令员坚定地说："坚决打出去，打得剩下一个营，我就当营长，剩下一个连，我就当连长，剩下一个排，我就当排长……"这一有力的决定使所有同志受到鼓舞。我们动员老者把他所有的粮食卖出，分给战士，用茶缸煮来吃。老者还主动带路，当天天黑走了几个小山头，来到一个小树林里，战士们开始从山上往下溜，有的头被碰破，有的手被扎破，衣服被树枝挂烂，到天亮才来到山底下。刚到山底，又遭到国民党一个保安团的阻击，在极度疲劳的情况下，我一大队前哨尖兵连发起冲锋，歼敌30余人，缴获步枪10余支，胜利地突破了敌人的包围。国民党反动派得知我已从八面山突围后，又从江西、湖南各地调动兵力向我前堵后追，妄图将我军消灭于湘鄂接合部之间。迫使我军昼夜边走边打。走到江西永新一个村子时，离我四连连长张友清的家只有两里路，他参加红军十几年，离家后就没有了音信。部队准备在此做饭吃，张连长写了个纸条叫家人快来见面，送信人未回，国民党部队就追来了，我们把未煮熟的饭带上就又出发了。行军途中最困难的是大部分指战员都没有鞋子穿，光着脚板走路，不少战士的脚鲜血直流。我连战士寇传民，因脚流血在路边休息，正遇王震司令员经过，王震司令员问："为什么不走？"战士说："脚上流血了，很痛。"王震同志马上将自己脚上的鞋脱下一只，说："好，你穿一只，我穿一只。"此后，该战士从未掉队，一直跟部队回到延安。

在突围后的昼夜行军中，沿途几次碰到日军，这时已宣布无条件投降的日军见我军路过都不打了，还主动将机枪和步枪交给我们，但国民党反动派的军队仍在穷追，如不迅速北渡长江就有全军覆没的危险，所以必须昼夜急行军。战士们连饭也顾不上吃，更谈不上休息和睡觉了。每天都受到敌人的堵击，只有在经过村子时向老百姓买个红苕充饥。有时一天要打几仗。经过千辛万苦，克服重重困难，我部终于在张体学率领的四十团的掩护下，于当年的9月中旬胜利地北渡长江，和新四军第五师胜利会合，再次受到五师全体同志的热烈欢迎和慰问。在这次艰苦的行军作战中，部队减员较大，有的伤亡，有的掉队，有的负伤后被国民党俘虏，部分掉队的同志化装后回到了部队。被敌人抓去的战士以后经和平谈判一部分回到了部队。如八团的教导员赵信仁就是因受伤被国民党抓去的，经和平谈判后回到了部队。该同志后来在山西汾孝战役中光荣牺牲。

部队回到鄂豫边区后，经过补充训练，恢复了三五九旅的原七一七团、七一八团、七一九团的建制，在中原地区党委和第五师党委的统一领导下，在鄂豫边区的枣阳、随县、信阳一线与国民党反动派做斗争。这时正值毛主席到重庆和蒋介石谈判，中原地区已基本处于停战阶段，但仍有少数反动的国民党部队顽固不化，向我驻地进攻，我军在离枣阳县10公里驻地训练时，国民党王陵基一个加强团向我进攻，被我军打退，我军进驻枣阳县城内，缴获该团后勤装备和大批的枪支弹药及几十箱白洋和法币，大大增强了我军的装备财力。正如王震司令员在讲话中所说的：蒋介石是我们的好后勤供给部长。

日本帝国主义投降后，蒋介石积极发动全面的更大规模的内战，海上、空军、陆地加紧往东北、华北调动精锐部队准备打内战。在此情况下，党中央、毛主席命令原计划由副旅长苏静和贺庆积等同志组织领导的我军第二梯队的南下部队停止南下，开往东北，归于一二九师建制，接受日军的投降并迎接国民党反动派发动的内战。

我南下部队三五九旅和新四军第五师进驻鄂豫皖边区宣化店一线，我所在的第九团就驻扎在距宣化店20里的村庄里。我们在那里进行军事、政治训练，积极备战，直到1946年6月下旬的中原突围。

## 中原突围

1946年年初，国民党反动派不守信义，动用30万军队包围封锁了以宣化店为中心的我中原军区6万多人的部队，企图将我军困死、饿死在中原。在这异常困难的时刻，我军除派工作队下乡，动员群众交公粮外（当地群众叫"征田户"），只能靠买杂粮和寻找野菜充饥。

蒋介石原计划在1946年5月1日向我中原部队大举进攻，企图消灭我中原部队。得知消息后，党中央派董必武亲自到宣化店和国民党驻军谈判，要其执行停战协议。经过有理有节的说理和政治斗争，终于制止了这次武装攻击，化解了反动派的进攻。但蒋介石不但未减轻对我军的围堵，还继续从四川、江西等地调动装备精良的军队，由不到30万人猛增到以王陵基、王建波、薛岳等为首的40多万人的部队，以加强对我中原部队的包围，准备在1946年的7月1日对我中原部队和党政机关发动进攻，企图制造第二个皖南事变。在此危急情况下，奉党中央和毛主席的命令，我军于6

月 27 日晚向西突围。在极端秘密的情况下，我三五九旅连夜通过平汉铁路向西前进。我们从驻地开拔时，对群众宣传说是进行野外演习训练，连借群众的碗筷都未还，门板未上。这一夜很顺利地通过了平汉铁路，一枪未发。当国民党反动派得知我部队已从宣化店向西突围的情报后，便派兵前堵后追，我部队连夜急行军 100 多里，甩掉了敌人的围堵，6 月 29 日上午，五六架敌机配合地面部队向我部狂轰滥炸，我部一面抵抗敌人的进攻，一面在大山老林中休息，准备夜行军。

经过几天的夜间急行军，部队已到达离荆紫关 40 余里的地方。原计划通过荆紫关即可到达山西晋南永济等地，后侦察员报称荆紫关已被敌人封锁。王震司令员当即决定迅速强渡丹江。丹江水深四五尺，又无渡船，只得按照一个排几十人手拉手渡河，结果年龄小的和个子矮的被水冲走十几人。我连（即七一八团一连）负责掩护，是最后渡过丹江的。

一过丹江就到了陕北地区，局势更加险恶，驻守西安的胡宗南的部队从南向北堵后面，追兵继续追击。陕南的山阳、柞水等县是最艰苦最危险的地区，长沟口一战非常艰苦，也是最关键的一战，敌人在四面山上都布置了大量的兵力，连老百姓砍柴的小路都被封锁了，山洞里都有敌人的轻重机枪封锁。王震司令员下命令坚决打过去，命令一连一排天黑前坚决攻下封锁我军前进的一个山洞。我连副连长带上爆炸班在轻重机枪的掩护下，用五六个捆好的手榴弹一举爆炸成功，副连长和 8 名战士光荣牺牲，我一班长张德成腿部负伤，我叫卫生员将其伤口包扎好，正在为找不到群众抬伤员着急之时，见一位给前面部队带路的老大爷返回，我便把老大爷叫住，对他说：我们这位同志负伤，无法走路，请带回你家养伤，伤养好后让他自己想办法找部队。当时只给了老大爷 5 元白洋（1947 年 9 月，张德成回到部队）。随后部队进入山沟。这时所有马匹都跑丢了，王司令员和我们一起徒步前进，直到天明才出了山沟。过一条公路又被敌人堵住去路。蒋介石下令要活捉王震，并说谁抓到王震奖 5 万元。在我军的英勇斗争面前，蒋介石的梦想被彻底打破。在此次战斗中，我原三大队参谋长颜龙炳右臂受重伤，不得已医生将其右臂锯掉，但终因昼夜行军疼痛难忍，又受饥挨饿，最后光荣牺牲。

部队到达陕北的山阳城时，该城保安团一见我军就撤退了。部队命令各连备粮，因前面要经过三天三夜路途的无人烟的草地。我连连长带了一个排去搞粮食，不到半小时，山头上就响起了敌人的轻重机枪声，粮食未能买到，旅部命令我连掩护全军进了山沟。最后我连在进山沟时花了10元白洋买了老乡的一头牛（突围时各连排长、连长、指导员各带100元白洋作为全连人员的伙食钱），上山后，全连战士分吃了些牛肉。在山阳、柞水一带10余天，每天在大森林中转来转去，吃的都是苞谷、野菜，最后转到四川的留巴县过川陕公路，胡宗南的几个团封锁了公路，我八团二营冲过公路，登上对面的山，掩护全军通过。又经几天的急行军，部队到达甘肃的平凉地区，说前面有个小村子，大家都跑步前进，后面的同志以为是发现了敌情，也拼命向前跑，结果到了一个只有5户人家的小村子，约有10余亩地的玉米，大家将玉米和玉米秆都吃了个空，王恩茂同志向群众解释说部队三天未吃东西了，请他们理解和原谅，并付给白洋，请他们拿上钱到别处买玉米吃。群众得知此情况后纷纷给部队烧开水、煮玉米粥喝，并主动给部队带路。

第二天攻打龙王庙，敌人在此布置了两个师的兵力，我部分两路从早上打到中午，最终攻克了龙王庙，向甘肃庆阳方向前进。在经过铁路沿线时，侦察员报告说山对面铁路上敌人只有一个营的兵力。如何打过去？几位领导意见不一致，郭鹏副司令员的意见是等到天黑再打过去，王震司令员则认为不能延长时间，马上派一个连打过去，争论中王司令员很激动，他夺了我连战士的枪就往前冲，并说要亲自带头打过去。郭副司令拉住王震，马上命令在我一营两个连三挺重机枪的掩护下，冲上山头，最终占领了敌人阵地，掩护全军通过了陇海铁路。第二天上午，部队到达庆阳县的太平镇，和迎接我们的独立三旅会合了。

在太平镇，部队受到了当地群众敲锣打鼓的热烈欢迎，沿街摆满了米饭和馒头，还有西瓜，全体指战员深受感动，走了60多天，今天总算是见到了亲人，非常激动。独立旅的同志看到我们大部分战士衣着单薄且无上衣，光着脚板，回想当年南泥湾生产时那样好的部队被国民党反动派搞成这个样子，也感慨万千。部队到达庆阳后，经过一个星期的休整，穿上了从延安运来的服装，并配备了武器装备，又恢复了三五九旅雄赳赳气昂昂的气势。

回到延安时，我们受到30余万军民的夹道欢迎，群众和中央机关的同志纷纷给王震、郭鹏、王恩茂敬酒，并将红枣和花生往战士的衣服口袋里装，真是热闹。从南方回来的同志一致要求见毛主席，毛主席得知后，很快答应了，在中央大礼堂接见了全体指战员,并请连以上干部吃了一顿饭。会见中,任弼时同志做了形势报告,指出:同志们经过十分艰苦的长途行军,仗打得很辛苦,本应多休整几天,但形势急迫,部队稍作休整后,要准备再渡黄河,参加汾孝战役。

王震司令员在中原突围中的 60 多天里一直没有刮胡子,胡子长了有三四寸长,见到毛主席后,他才刮了胡须。王震司令员还亲自接见了掉队回归的同志,鼓励大家振作精神,准备继续战斗。他问一个回归的小战士,你是从哪条路线回来的,小战士说是从群众路线回来的,后查他确实是在陕南柞水掉队后由沿路群众一站一站送回延安,而且所带的步枪和三颗手榴弹一件也没丢。在我们大部队回到延安时,已有 400 余名沿路掉队的干部、战士由地下党和群众护送回到延安,在中央交际处报到了。

经过 10 余天休整,部队东渡黄河,参加了汾孝战役,收复了山西的中阳、永和、石楼、大宁、蒲县、赵城、孝义等县城。

毛主席曾称,三五九旅经三年南征和中原突围,回到延安,共经历陕西、山西、河南、湖北、湖南、江西、广东等七个省,行程 16000 余里,是第二次长征。

2003 年 1 月 12 日

原载《文史月刊》2003 年第 12 期,第 17 ～ 22 页。

# 重返皖西

◎ 张国平

　　1946 年 7 月，我从山东七师政治部调到苏皖边区政府，住在淮阴。这时，内战已公开打起来，前方紧张，后方也很忙，伤员多，待分配的干部也多，组织上动员我们参战。这时，苏皖边区政府成立了一个支援前线的船舶管理总处，组织上便把我调到高邮船舶管理处。在赴任前的一天，我在淮阴见到王进臣同志。1943 年至 1944 年，我们两个就曾在皖西工作，因此相见甚欢，畅谈了一些别后之情，得知他是 1946 年 3 月和桂林栖一道离开大别山，来华中分局汇报请示工作的，目前正在集中干部，不日将返回大别山，开展敌后游击战争，配合正面战场作战。他动员我去大别山，我说不行，因为我已接受任务到高邮船舶管理处了。

　　不料我到高邮才一个多月，就接到苏皖边区政府电报，要我立即到华中分局组织部桂林栖处报到。我明白了，肯定是王进臣告诉了桂林栖，桂一点我的名上面就给了。桂林栖为什么要我上大别山呢？因为 1943 年我从军部特务团到七师，任桐西大队九中队指导员，之后又到江南，对这一带很熟悉；又因我是舒城人，家在大别山。虽然我身体不大好，但为了开辟游击根据地，还是愉快地服从了组织的决定。

　　9 月，我拿着边区政府的电报找桂林栖报到时，他身边已集中了 10 多个干部，但回大别山的时间却还未最后决定。我们天天跟着部队行军。不久，杨震受钟大湖同志指派，从大别山赶来，向桂林栖汇报大别山的情况。杨震汇报时，桂林栖把我也喊去了，叫我听一听。

第二天，桂林栖专门找我谈了一次，他要我将华中分局的新决定告诉杨震，我说：大别山现在的游击大队扩大为游击支队，下属若干大队，准备叫你任三大队大队长，我当指导员；张有道任二大队大队长，其他的暂时不定。第二个决定是扩大工委，下属若干县委，其中一个叫潜舒县，以潜山北部为基地向舒城方向发展，书记为王进臣，我和你为县委委员；番号为皖西游击支队第三大队。我把这个情况向杨震传达后，桂林栖又找我们俩谈了话。杨震问什么时候走，桂说还没决定。后来，杨震找我说："老张，我们俩向桂林栖提议先走。"这样，经桂林栖同意，我就和杨震化装成商人，拿着国民党乡政府开的通行证上路了。我改姓余，假称是堂兄弟。

　　我们离开苏北时，华中军区张鼎丞司令员找我们谈话，主要是谈形势和交代政策。他说：现在全国形势主要是向有利于我方发展，但我们现在还存在不少困难，据中央决定，现在我们要到蒋管区广泛开辟游击战争，既在正面打，又在后面闹。你们到大别山到处闹，配合正面战场，但不能硬打硬拼。你们在敌后肯定很艰苦，敌人会向你们进攻。但从形势发展来看，预计三年我们就可以会师，你们准备三年奋斗。他要我们注意：一要宣传、组织群众，壮大自己力量，宣传我军在各战场军事进展情况；二是打击最顽固的反动分子，保护革命军人家属；三是开展统战工作；四是发展武装，如果有十分把握的话，就打一个胜仗。我把这些指示牢记在心。

　　经过几天准备，我们出了解放区。第一站到泰州。我们路上见人就吹生意经，把江湖上的一套也拿出来了，一路上很顺利。在泰州，我们坐汽车到十二圩，又坐船到镇江，第二天坐火车到南京，再坐汽车到芜湖。在芜湖住两个晚上搭小轮到安庆，中途在大通住了一晚上。从安庆坐汽车到高河埠后，就步行前进，正好碰到大队部的侦察班，时间约在10月上旬。

　　找到钟大湖、张伟群后，我们把华中分局的决定和张鼎丞、桂林栖的指示做了汇报，于是，先宣布大队部改为支队部，钟大湖为支队长，分别以杨震连和张有道连为基础，成立第三、第二大队，每个大队约100来人。同年12月间，在五师独二旅副政委熊作芳的指导下，又将二师来的一个连编为大队。大队长荚存秀，另一个连分到二、三大队，独二旅的一个排和部分干部充实到各个大队，增补二师营教导员程一湘为支队政治处主任。

　　1947年春节刚过，桂林栖带领20多个干部回到大别山。桂上山后，开了个会，一是传达中央、华中分局指示，大体与我和杨震带来的精神差不多。第二是重新配备干部，把我调到二大队当教导员，参加潜太县委。从此我又在皖西大地投入紧张激烈的敌后游击战争。

原载陈忠贞主编：《皖西革命回忆录》第三部《解放战争时期》，安徽人民出版社，1991年，第22～24页。

# 岳西斗争片断

◎ 滕野翔

1946年冬，我从华中分局到苏皖边区五地委。大约一个多星期以后，便同桂林栖同志带领的刘秀山、王进臣、张家英、余平、姚守永等20余名干部，携带新式轻武器和一部电台，一起到大别山坚持武装斗争，由杨效椿同志率领一个连护送我们过了淮河，经过半个月晓宿夜行的急行军粉碎了敌人多次袭击，终于1947年1月下旬在桐城花家祠堂附近找到了坚持皖西斗争的钟大湖、张伟群同志。

2月间，桂林栖在潜山后冲主持召开了皖西工委扩大会议。会上，先由桂林栖介绍了全国形势，接着研究了斗争任务和方针策略，决定成立岳北、潜太、舒六县委和桐庐、庐北工委。我、刘秀山、王进臣、余平、张家英分任各县（工）委书记。并决定皖西支队扩编为五个大队：一大队由芙存秀任大队长，刘健民任教导员，与岳北县委一起，主要活动于岳西、英山、霍山、六安四县边区；二大队由张有道任大队长，张国平任教导员，与潜太县委一起，主要活动于潜山、岳西、太湖三县边区；三大队由杨震任大队长，靳柱阳任教导员，与舒六县委一起活动；四大队由黄抑强任大队长，余平任教导员，与桐庐工委一起活动；五大队由姚守永任大队长，张家英任教导员，与庐北工委一起活动。

岳北县委和一大队活动在岳西的巍岭、枯井园、黄柏园、沈家桥、猪头尖、南田、头陀河、梓树坪、黄尾河、马家河一带的游击根据地，面向舒城的晓天，六安的东西溪，霍山的磨子潭、太平畈、漫水河以及英山的草盘地等地进行游击活动。

我们的活动区内土顽多,碉堡密。敌岳西县三区所在地蛇形岗有连环碉堡和寨墙,驻扎一个自卫中队,环绕在周围20多里内的还有迎水乡的主簿园大碉、沈桥乡的沈桥大碉、西美乡的头陀河大碉、河清乡的河口寺大碉等。碉内均驻有敌乡警队或自卫队,其中主簿园大碉是个顽固碉堡,敌人自吹是"安徽第一"。它由一个主碉和四个辅碉组成,碉寨内可驻扎一营兵力,扼守潜、舒、霍通向岳西的交通要道。舒城晓天境内还有所谓"模范大碉";六安的东西溪建有子母碉,守碉的乡警队都相当顽固。

我们当时的主要任务是发动群众抗丁抗捐,开展游击战争,扩大游击区,避免打硬仗,因为打硬仗伤员多了安置困难。同时争取敌乡、保人员,建立两面派政权。敌沈桥乡乡长储东旺及乡警队和我们建立了关系,我们通过他们取得岳西和舒城两方面的有关情报,甚至连敌方的"清剿"命令都送给我们看。我们的人从沈桥街上经过,他们就躲着不出来,有时在街上碰了面,也装作不认识。当时的沈桥乡乡公所实际上成了替我们办事的机构。刘邓大军到大别山后,该乡乡长和大部分的乡警加入革命队伍。岳西成立县民主政府时,储东旺还当了衙前区的副区长。头陀河碉堡通过做工作,也与我们建立了两面关系。我们进入该乡地境时,他们不打我们,我们也不打他们。主簿园大碉的敌人开始很顽固,我们给其乡长写信,他不理睬。当时我们没有重武器,光靠步枪,像主簿园这样的大碉是打不下来的。我们就逮住该乡黄金保保长,责令他把当地十几名绅士请来开会。我们向他们宣传形势和党的政策,晓以大义,同他们商量,他们一致答应采用文办法解决,督促乡长同我们接头。从此,我们从巍岭到头陀河、黄尾河,可以由主簿园直穿而过,不必再从别处绕道了。局面虽然很快打开了,但环境仍极其艰苦,我们经常吃不上饭,无衣换洗。这里是革命老根据地,人民热爱子弟兵,五黄六月,他们节省粮食,宁愿自己饿着肚子也要把粮食让给我们吃;三九寒天自己彻夜坐在火宕边烤火却把床铺让给我们睡;许多青年参加了游击队。如果没有这样好的群众,我们的困难就会多得多,甚至坚持不下来。

4月间,从鄂西北突围过来二三十人,由鄂西北军区二分区参谋楚毅和指导员刘烈带队,在张深沟和我们相遇。开始,双方都误认为对方是敌人,还相互打了一阵。后来觉得不对头,一探听才知道是自己人。我们会合后,这支队伍编为我们一大队二连。

也在这个时期,刘昌毅带两个大队过来了,与我们在黄尾河会合后,随即至潜山地区与皖西工委会合。此后,刘部的第二大队,由孔令甫、梁诚带领向西开辟英山地区。他们新到，不熟悉情况，依托我们第一大队游击区向英山游弋。孔、梁提出由岳北县委统一领导，我们则派刘健民同志带侦察员配合他们行动。这时，我们的武装力量壮大了，活动的范围也扩大了。舒城的晓天、霍山的太平畈、英山的陶家河等地都经常去。

为了把岳北游击区连成一片，我们集中两个连和两个游击队采取各个击破的方法，把几个敌乡公所逐个地解决了。对主簿园大碉的乡警队，我们干脆通知他们缴枪。迫于我们的政治攻势和军事压力，他们答应缴枪，但为了应付其上司，约定晚上行动。我们晚上去的时候，敌乡长和乡警队朝天放了几枪，就扔下枪支逃跑了。我们收了二十几支好枪，烧了碉堡。稍事休息，又逼近天堂，进兵东山。这时，敌黄羊乡乡长写信要求与我们拉关系，等我们去接头。我们就驻到乡长家。老百姓见我们驻在乡长家，胆子大了，都主动与我们接头，他们再也不怕担"通匪"的罪名了，因为乡长的家属也"通匪"了嘛。

我们从黄羊殿到青天畈，写信给河清乡乡长，要他与我们接头。河清乡乡长姓汪，很反动，声明不与我们拉关系。我们决定夜间攻打河口寺碉堡。守碉的乡警队打了一阵就弃枪逃跑了。我们收拾好枪支，随即掉头去打晓天。晓天的"模范碉堡"守敌多，火力强，我们打了两天两夜没有打下来，就转去打东溪乡乡公所。在东溪敲掉敌一个碉堡，缴了十来支枪。接着打磨子潭乡公所，土顽弃碉逃跑，我们进驻磨子潭。至此，我们一大队活动基地内敌人的乡公所武装已基本解决了。

在磨子潭，我们听说从北边来了大部队，已占领霍山县城，便立即派侦察员化装侦察，与南下的三纵八旅接上了头。我随即进城会见了三纵副司令员郑国仲和副政治委员阎红彦，受到首长热情接待。此时三纵党委决定，郑国仲率部队到岳西地区建立后方基地，我们便协同三纵教导团于9月19日解放了衙前镇，从此，岳西人民解放斗争进入一个新的历史阶段。

（金友文、程志顺　整理）

原载陈忠贞主编：《皖西革命回忆录》第三部《解放战争时期》，安徽人民出版社，1991年，第25～28页。

# 远志当归黄熟地

◎ 张凯辉

    1946 年 12 月间，我随熊作芳同志到鄂东寻找独二旅主力，途中离队又归队的艰险历程，时常在我脑海闪现。

    1946 年 8 月，我独二旅副政委熊作芳遵照旅党委的分工，率领部分武装和干部 300 多人先期到皖西，其时我任警一连副指导员，随队到达。寒霜遍野的严冬很快到来了。敌人在鄂皖边区部署重兵，建立"三网"（碉堡、公路、情报网），实施严密"清剿"，强化保甲制和"五家连坐法"，实行法西斯统治，竭力破坏我地方党组织，四处搜捕和枪杀我军伤病掉队人员。

    情势如此严峻艰险，以致原定在 8 月底由独二旅政委张体学率部到皖西与先期到达的熊作芳会合，具体部署执行中央关于坚持大别山斗争指示的计划一直未能实现。熊作芳同志非常焦虑和惦念，在派出张有道等同志到鄂东联系未果的情况下，又同钟大湖、张伟群、程一湘同志商定，由他和旅部作战科长石寿堂率领我们警卫排共四五十人的小分队，于 12 月初，从潜山魏岭出发，途经岳西太湖重返鄂东寻找张体学同志和独二旅主力。

    经过六七天的夜行晓宿，四处寻探，仍无结果。这天白天，我们来到英山县杨柳湾东南面的一座高山密林中，向山上群众了解到有个反动保长，竟带领国民党军队枪杀我独二旅十几名掉队战士。大家非常气愤，决定为战友报仇，乘天黑下山直奔杨柳湾，将敌保长住的一座独立瓦屋包围封锁起来，可惜的是保长不在家，未能报仇雪恨。

从那里向东北一架大山前进，在大雾弥漫中爬向高山。凌晨三四点钟，到达山上一个名叫羊角尖的小村庄宿营。为了保障大家安全休息，石科长指示要我们手枪班派两人顺着原路下去担任侦察警戒。当时大家都十分疲劳，派谁去呢？班长涂正国是原五团侦察连副连长，我是党小组长，为了让大家休息，就决定由我们两人回原路去观察监视敌人。

浓雾开始消散，我们决定返部复命。当我们刚下山梁走到一条山丘田埂中间，耳边突然响起行人急速的脚步声。猛回头一看，只见追赶我们的几个敌人便衣，已跨上同一条田埂，离我们只有两三丈远，并大叫："站住！捉活的！"为了迅速甩掉敌人，又不暴露部队驻地，我俩离开来路往右边山上跑。这时对面山梁上来敌约一个营的兵力，也一齐向我们开火。激烈的枪声等于向我们部队报了信，这使我们放下心来，便宁愿向前猛跑被打死，也决不当俘虏。一连跑了五个山头后，才在一座半山腰的茅草丛中，停下来隐蔽休息。喘了一会儿粗气才看清涂正国的一条单裤已被撕成一条条的，光着一双脚，鞋早就跑丢了。我当下把带底的袜子脱给他当鞋穿。休息了一会儿，我们便赶紧起身寻找队伍。由于事先没有约定集中地点，加上这里峰峦起伏，重岭叠嶂，一旦脱离，就很难寻找。所幸老涂在抗战后期曾来过这里，还记得些具体地名。他向一位正在砍柴的老农妇打听后对我说：队伍今晚可能上桂子山，因那里山高林密便于隐蔽。于是一等天黑透，我们就向竖在前方黑乎乎的桂子山前进。

直到深夜才爬上山顶，叫开一家老乡的门。一个老农见到两位夜半临门的"不速之客"，吃了一惊。老涂说："我们是新四军五师的，去年还到您这里住过。"老农"啊"了一声说："原来是自己人！"马上让我们坐下，叫起儿媳妇给我们做饭，这时我才想起我们已一整天没吃饭了。我们询问了这里的一些情况，得知我们队伍未来此地。饭后他又让出一个铺给我们休息，凌晨又为我们烧好早饭。天刚亮，我们从他家后门上山，才走几步，就听到前门狗叫声和一片嘈杂声，有人气势汹汹地问："共军来过吗？"老人坦然地回道："没有。"我们怀着对老人的感激之情，疾速而去。

黄昏时分，我们钻进了一条狭山沟。我们发现狭山沟对面茂密森林中有一烧炭人住在草棚里，于是就商定晚上在这里"安营扎寨"。烧炭人见我们是新四军，便热情招待我们吃饭、住宿。他还告诉我们这里地属英山，离鹞落坪不远，敌人从未来过，在当时的乱世中可算个"世外桃源"。在草下面丈把远处有一条山间小溪，涓涓流水声清晰可闻。草棚里炭火正旺。我已半个多月没有洗澡换衣，便在火上烧壶水洗了澡，并把衬衣脱下洗好烤干。这也算是我们掉队后难得的一次小"休整"。

次日，我们赶向鹞落坪，四处打听得知，我们队伍确实未来过，我们决定再进皖西。为了绕过青天畈敌据点，必须找个向导深夜偷摸过去，碰巧在路上遇见一个手拿柴刀的青年农民，看他纯朴机灵的样子，便对他说，我们是新四军掉队的，今晚去潜山找队伍，请他帮忙带路。他不仅答应给我们当向导，而且十分热情。在路上边走边聊，他告诉我们，他舅父家来人讲，他们那里到了一支新四军四五十人的队伍。他还主动表示为我们在鹞落坪深山密林里找个秘密隐蔽地，由他去帮我们找这支队伍。听了向导这番话，老涂有些动心了。他乘休息之机，把我拉到路边说不妨试试，我也抱着侥幸心理，于是我们决定立即返回鹞落坪。

返回途中，路经向导住地。他提出要把手里的砍柴刀送回家去，还说马上就回来。我们焦急地等了半个多小时，才见他行色匆匆地跑来，继续领着我们向西走，一直走进一条长满一人多高茅草丛的深山沟。时已深夜，淡淡月光下要不是他领着，我们根本找不到路。我们走到一座非常隐蔽的砖草屋前停下，向导上去叫开了门，对房东大嫂介绍说："他们两位是新四军的同志，让我带路到这里来的，一天都没吃饭了，请你做点饭吃吧！"大嫂立即动手给我们煮饭。我坐在灶门前烧火，只见这位大嫂双眉紧锁，显得非常忧郁的样子。我们每人吃了两大碗苞米糊，就找稻草铺在地下睡觉。我睡在烧火凳边上，用手枪和军帽当枕头，由于疲劳不堪，很快进入梦乡。

正在甜睡中，隐隐约约听见"开门！快开门！你们家藏有新四军"的叫喊声。我猛睁眼爬起一坐，立刻意识到中了敌人"请君入瓮"的奸计，赶紧推醒老涂。为了轻装，我甩掉军棉上衣，同时将枪机保险打开，伸手打开后门，见门两边各有两个敌人把守着，离后门两尺远，就是一座陡峭的长满杂树的山坡。我甩手两枪击毙门左边的两个敌人，随即和老涂像长了翅膀一样，往山上猛奔。我俩用两只手使劲将树枝往两边拨，我的鞋也被树根挂掉了，就光着脚向山上爬，奋力穿过树林，登上山顶，终于冲出土顽武装的包围。

这次上了敌人的当，老涂比我更懊悔。他低着头越走越快，我在后面怎么也追不上他。他的身影渐渐在巴茅丛中消失，我不断地喊："老涂！老涂！"一直没有回音。嗓子喊哑了，又尽了一切努力找啊，等啊，都没有能找到他。虽然只穿两件单衣，仍急得全身冒汗。原来虽有离队之苦，但两人在一起还可苦乐同尝，遇事互勉互帮，何况他又是一位有经验的老侦察员。想到这里眼泪不禁夺眶而出，但是我是个共产党员，就是有天大的困难，我也要尽快找到队伍。

这时，天还未亮，我好像处在茫茫的孤岛之中。为了辨清方向，我以高山上的残雪为方位物，从残雪的右边即东边下山。天亮之后，我从一对看山的老农夫妇那里打听到此地属英山，山下地名叫青田畈，广西军和保安队经常来此搜查。老大娘见我只穿一套单衣，还光着脚，就将一件破烂的大襟粗布单袄给了我。看得出来，他们确实没有别的衣服给我了。我把它穿在身上扣纽扣时，发现布纽扣全烂了，一个也扣不上。老大爷顺手从墙上取下一双草鞋和一副草鞋带子。我用草鞋带子束住腰身，将手枪插在腰间；保险带挂在脖子里面，又穿上草鞋。这样，从外观看像个化装的侦察员了，也觉得暖和一些。

我怀着感激的心情告别了老人，走下山去。考虑到这一带敌人搜查严密，必须作进一步化装。我的大舅是位名中医，我小时候从他药房里识得许多药名，如远志可安神、祛痰，当归有镇静、补血、调经作用，熟地有滋补作用，还有什么天麻、地丁、三黄、五白等等，因此可装扮成药材贩子，去寻找部队。这时，天又下起了大雪，天空灰蒙蒙一片，看不清远山近坎，但在沿途群众的帮助下，我拖着严重感冒呕吐的病躯，顶着大风雪，于第三天傍晚来到岳西的凉亭坳。

在凉亭坳，我敲开一家破草房门，对房主说："我是湖北去安徽贩药材的，因不识路错过了旅店，今晚想在你家借宿一夜。"他满口答应，并让老伴给我做苞米糊吃。他们很快就猜出我是什么人了。他一边控诉国民党"遭殃军"的罪恶，一边主动夸赞起新四军来，说"四老板"的队伍如何纪律严明，对人和气，不拉夫，买卖公平，吃了人家粮食，还把钱放在米缸里。我顺便打听新四军何时到过这里，老人说今年七八月份来过，还领我到门外看"遭殃军"最近贴的布告，那上面尽是些悬赏活捉张体学和诱降我军战士的话。第二天一早，我因感冒只吃了半碗米糊，就告别老人，正准备上路却被老人一把拉住，说："你吃这点饭，走那么远的路怎么行呢？

我让老伴炒点苞米粒给你带在路上吃!"盛情难却,我只好感激地接了临时炒熟的半升苞米粒洒泪而别。一年以后,部队行军又来到这里,我当即去拜访两位老人,但这里已是物是人非,地上除了一堆堆烟灰,什么也不见了。但愿他们平安无事。

又过了两天,我到了石门镇。该镇地势十分险要,东南北三面环山,只有这西面一条山路通进去,街头竖着一座敌碉堡。正在我愁着不知从哪里经过敌人据点时,忽见山边小路转过来一位中年农民。我等他同我靠近后,便对他说:"我要到潜山那边贩药材,想走小路又不知从哪儿过去。"这人打量我一番,答非所问地说:"在这附近山里,有个'四老板'的队伍,队长姓王,专门打富济贫。"他所说的王队长叫王贵,确实同我们一起活动过。我看他不像坏人,便对他直说我是同王队长一起的。他听后态度变得更加亲切,带我绕过敌人的据点,找到一户曾掩护过我们的基本群众家,主人像亲人般地接待我,我也像回到了自己的家。从此,我就不需冒充药材贩子了。

翌日一早,我就动身前往魏岭。在魏岭山脚下,我一眼就认出了熊作芳同志的警卫员戬俊,战友相见分外亲热,我俩边走边谈,互相介绍了情况。原来在我和老涂遇敌掉队后,熊副政委带队在鄂东继续行动了两天,仍找不到独二旅主力和张政委,便决定返回皖西。在皖山附近,他们遭到广西军一个营的偷袭,石科长受伤被俘,警卫排伤亡几人,少数被敌人截断,不过当时都已归队。当天夜里,戬俊把我带到熊副政委住的山间瓦房,一进门他便呼喊:"副政委,张副指导员回来啦!""快进来!快进来!"熊作芳同志有病躺在床上,听到呼喊便激动地招呼我进去,同我紧紧地握手。见到首长,我再也无法控制自己的感情,两眼泪水直流。熊副政委拍拍我的肩膀,满意地说:"很好啊!我们又经历了一段艰难的战斗历程。艰苦而激烈的战斗,使我们失去联系,依靠中央指示航向和人民群众的支援,加上我们坚强的革命意志和革命团结,又使我们胜利地回到一起来了!"

原载陈忠贞主编:《皖西革命回忆录》第三部《解放战争时期》,安徽人民出版社,1991 年,第 64 ~ 70 页。

# 定滁全县总队独立营到皖西

◎ 程一湘

苏皖四分区定（远）滁（县）全（椒）县总队独立营，原为新四军二师六旅十七团三营，是 1946 年上半年贯彻党中央精简整编指示，实行部分主力部队地方化时改编的。

1946 年 6 月下旬，国民党军队在大举进攻我中原解放区时，又进攻我华东解放区。我营在定、滁、全一带苦守几天后消耗很大，和上级失去联系，为了保存有生力量，县总队长吴万银、政治部主任刘海燕、独立营营长石时轮、教导员陈业湘（后改为程一湘）、副营长莫存秀共同商量，决定插入敌后，打击牵制敌人，相机打回定滁全根据地。这样，我们就分散在合肥、巢县、含山、和县之间打游击，同时进行宣传，反对国民党打内战，破坏敌人扩军、征粮。这就引起敌人的注意，调动兵力对我们"围剿"。在敌人前堵后追的情况下，我独立营一、三两连在巢县中垾附近会合后就向西横渡巢湖。吴万银同志率领二连在原地活动一阵后损失很大。

刘海燕、石时轮和我率领一、三两连渡过巢湖后即向皖西挺进，准备从寿县方向打回根据地。部队行至舒城县晓天镇附近，与敌人打了一仗。这时听老百姓说从西边过来几万新四军，我们怀疑是国民党的军队，为了避开这支军队我们就上了大别山。事后得知这支部队是从中原突围出来的我军皮定均旅。

上山以后，听说桐城、潜山、岳西一带有新四军七师留下的游击队，我们就放弃了从寿县方向打回根据地的打算，设法寻找游击队，想通过他们向上级报告我们营的活动情况，并请示今后任务。经过一段时间寻找，我们终于在潜山水贵和钟大湖、张伟群部会合。在他们帮助下，我们便去舒城、桐城、岳西、潜山、霍山、六安一带活动，同时等待时机与上级取得联系。这期间正是皖西局面最紧张、斗争最艰苦的日子，我营的到来，为坚持皖西游击战争，增加了一批力量，对稳定部队情绪，提高士气起了一定的作用。

大约在八九月间，钟大湖同志要我带一个连，在刚从湖北回来的刘健民指导员的引导下，去鄂东找五师突围部队领导，汇报二师、七师在皖西部队活动情况和请示今后任务。经过 10 多天的行军作战，终于在鄂东黄梅、广济一带与五师独二旅会合。我当即向旅政委张体学汇报了皖西部队活动情况，并请他将我营离开根据地后的活动情况转告苏北军部。张政委即向中央汇报，两天后收到中央回电，并在欢迎会上宣读。电报祝贺二师、五师、七师的部分部队在大别山会合，要求大家在张体学同志统一指挥和领导下，在敌后发动群众开展游击战争，建立游击根据地，配合人民解放军正面战场的作战。

根据中央指示精神，张体学同志对皖西工作发表了意见，并要我随独二旅副政委熊作芳同志先行到皖西做些准备工作，待鄂东工作处置完毕后，再到皖西来和我们会合。

归途中，我们一路拼杀，才突出国民党第七十二军的重围。回到皖西后，我向钟大湖同志传达了中央电报指示和张体学同志的工作意见。此后，我们在熊作芳副政委领导下和皖西部队协助下，一边在潜山、舒城一带游击。一边等待张体学同志，但是由于敌人围追堵截，张体学同志和独二旅一直未能来到皖西。

1947 年 2 月，皖西支队扩编，钟大湖任支队长，桂林栖任政委，我任政治处主任，并以我营为基础编为一大队，莱存秀任大队长。

1947 年 3 月，我奉熊作芳副政委指示回苏北根据地汇报工作。到苏北后，我向原六旅旅长陈庆先汇报了我营离开根据地后在皖西活动的情况。陈庆先同志听完后，鼓励我们说："蒋介石吹牛说三个月消灭八路军、新四军，连你们一个小小的游击队也没能消灭。你们营深入敌后，打击了敌人，扩大了政治影响，为我们旅争了光。"接着我又赶到山东华东局所在地，向国区部部长曾希圣、副部长李步新汇报了大别山斗争形势并请今后任务。曾希圣同志告诉我，桂林栖已带了干部、电台去了大别山，要我暂缓回去。后来组织上分配我到野战军工作，从此我离开皖西，踏上了新的征途。

原载陈忠贞主编：《皖西革命回忆录》第三部《解放战争时期》，安徽人民出版社，1991年，第71～73页。

# 战斗在寿六合霍

◎ 赵　凯

在淮南铁路以西的寿县、合肥县、六安县东北部、霍邱县东部、舒城县北部及怀远、凤台两县在淮河南岸的所属部分，处于国民党安徽省政府所在地——合肥的外围，被桂系视为禁脔，一有风吹草动，他们就可充分利用淮南铁路和若干公路，调动兵力进行"清剿"和奔袭。然而淮西这片土地，是皖东北进出大别山区的必经之路，是毗邻国民党心脏地区南京的战略要地。因此，我们建立寿六合霍根据地，坚持淮西武装斗争，对牵制敌人，配合主力军正面作战，具有重要意义。

## 敌后淮西风雨狂

日军投降后，驻合肥、蚌埠、淮南三镇的伪军摇身一变，成为国民党的接管军，敌伪顽公开合流，向我寿东南抗日根据地大举进攻。我淮西独立团在团长彭济伍、政委杨效椿率领下，被迫自卫，在戴柿园经过激烈战斗，因寡不敌众，撤出战斗，越过淮南铁路，转移到津浦路西定远县吴家圩子。

寿东南抗日民主根据地被国民党占领后，重新建立保甲制度，杀害我抗日干部。广大人民重新陷入水深火热之中。国民党寿县调查室专员王济川、叛徒陈建国在"清剿"队掩护下，率领别动队一批狐群狗党直扑寿东南，到处成立"自首办事处"，强迫反抗者写"自首书"，到处抓人、捕人，乘机敲诈勒索。

在白色恐怖下，为保存力量，我们党的地方组织完全转入地下。中共苏皖四地委通知杨刚、孙祝华、刘云锋等同志抓紧和寿东南地下党联系，加强领导。当时全区地下党员总共不过六七十人。

根据当时敌强我弱的不利形势，四地委决定，将撤到淮南路东的淮西独立团和寿县区乡武装整编为新四军二师六旅十七团和两支武工队，归苏皖四地委和四分区直接领导。根据地委决定，两支武工队分别由杨刚、冯道生负责，主要任务是插进淮西，侦察敌情，了解我地下党组织、党员表现状况和群众思想情绪，为部队返回淮西做好准备。

1946年1月至3月，武工队先后派三批人员返回淮西，一面了解敌情，宣传教育干部群众；一面向地下党组织转达四地委指示，要求转入地下的党员要竭力保存力量等待时机，不可轻举妄动，注意依靠群众，团结中下层进步人士（包括争取国民党乡、保、甲长），开展抗粮、抗捐、抗丁等活动，抵制苛捐杂税，同敌人进行合法斗争，保护群众利益。同时，将部分不易隐蔽的和已经暴露身份的党员骨干转移到淮南路东学习，总结创建寿东南抗日根据地的经验，分析打回淮西的有利条件和不利因素，提高信心，增强勇气，准备投入新的战斗。

## 轻装冒雨进淮西

中共苏皖四地委在向苏北转移前，于1946年1月3日下午在定远县老人仓召集我和杨刚、曹云鹤、董完白、冯道生5人谈话。地委负责同志黄岩、陈庆先、李国厚、杨效椿等在座，由黄岩同志宣布地委决定，指示我们5人挺进淮西敌后，成立中共寿（县）六（安）合（肥）霍（邱）工作委员会，任命我为工委书记，杨刚为副书记兼组织部长，曹云鹤、董完白、冯道生为委员（后在1947—1948年又增补董吉贤、张慕云、宋孟邻、孙祝华4人为工委委员）；成立寿六合霍县政府，我和董完白分别为正、副县长；同时组成寿六合霍县游击总队，我兼政委，冯道生任大队长，曹云鹤为政治处主任，陶汝维任大队副，陈克非任副参谋长。我们的任务是：坚持淮西武装斗争，建立敌后政权，牵制敌人，配合我主力军正面作战。

为了便于开展敌后武装斗争，在四地委的支持下，我们以两支武工队为基础，又从部队抽调一些有战斗经验、熟悉地方环境的干部战士，共计124人，组成县总队，其中共产党员就有75人，多数同志是原来的区、乡干部，而且都是当地人，个个称得上是"活地图"。这支部队经过短期整训，于3月初在定远邓家圩子召开誓师大会。李国厚同志代表四地委宣布寿六合霍工委、县政府和县总队正式成立，并部署了任务。杨效椿也讲了话，对我们鼓励很大。最后，我代表工委和全体同志向党宣誓：坚决完成党交给我们的光荣任务，誓死保卫淮西人民的利益，坚决斗争到底！

3月9日傍晚，我们这支队伍从定远县吴家圩子出发，冒着蒙蒙细雨，踏着泥泞小路，神不知鬼不觉地跨过淮南铁路，回到了十分熟悉的、正遭受国民党反动派蹂躏的淮西。

天刚拂晓，我们到达大松棵庄子驻下。村里老百姓看到我们回来了，好像久别重逢的亲人，都跑来问长问短，有的为我们烘烤淋湿了的衣服，有的主动为我们站岗放哨，要我们睡觉。一位大嫂高兴地说："做梦都没想到你们回来得这么快。这下可好了，不用东躲西藏了。昨天钱集自卫队还来催陈三木匠去办自首，三木匠躲在外边不敢回家。你们一回来，自卫队再也不敢下来了。"

这天下午，驻钱集的敌自卫队听到风声，派出一个排来到大松棵庄子火力侦察。我们拉出队伍穷追猛打，敌人吓得马不停蹄跑到瓦埠街，又连夜抢了几只船逃回寿县城。

工委分析：目标已经暴露，敌人必来"清剿"。为了扩大影响，我们连夜召开群众大会。会前，我们这支百十人的队伍，先高唱《三大纪律八项注意》，然后向群众表明坚决同淮西人民一道战斗到底，不达胜利绝不罢休的决心。第二天，群众奔走相告，一传十，十传百，消息很快传开，淮西大地响起一声春雷，震撼着群众的心扉。


## 游击健儿征战忙


我们这支精干的武装工作队，是远离后方的一支孤军，面临着敌人层层封锁和不断"清剿"，随时有遭奔袭被打垮的危险。工委同志分析认为：我们的活动绝不能局限于过去抗日根据地的范围，要开展大范围的游击斗争，采取跳跃方式，昼伏夜出，严格封锁消息，作远距离夜行军，力戒在一个不大的地方长期周旋，同时深入做好群众工作，加强和地下党联系，广泛开展统一战线活动，争取一切可以争取的力量，逐步由宣传群众到组织群众、武装群众，由秘密活动逐步变成半公开活动。

我们在淮西的活动引起敌人的极大恐慌，国民党安徽省政府主席兼省保安司令李品仙，很快调来广西军一个团，省保安团一个团，加上敌寿县自卫大队和一些区乡自卫队向我疯狂"清剿"。

为了对付众多的敌人，我们除留下少数同志利用地下党和群众关系隐蔽活动之外，还挑选精干同志83人，实行远距离跳大圈子、大胆向外活动，每天夜行军60里，向大别山外围地区游击并散发传单。当敌人在寿东南"清剿"合围时，我们队伍已渡过瓦埠湖和淠河，到达六安、霍邱边界，打下了敌霍邱县花果园乡公所，缴获步枪60余支。待"清剿"队目标转向六安、霍邱边区，我们又转到淠河以东的合肥县金桥山洼里驻下来。隐伏两天后，突然打了大土豪王三横圩子，解决了游击队的给养问题。接着又转向六安、合肥两县交界的地方活动。在郭家圩子，我们被敌人发觉，敌保安团长杨蓬山，拂晓前亲率一营人向我驻地围攻。我们突围后，在牛尾山上与敌人周旋。虽然大家全身淋湿了，走了40多里山路，又整整一天没吃上饭，但同志们的情绪仍十分高涨。我们打死打伤敌人50多人后，又悄悄地绕到合肥长镇以西徐家圩子我们的一个联络站隐伏下来。

每当"青纱帐"起来的时候，就是对我们有利的时候。我们抓紧时机创建游击根据地，不断扩大队伍，逐步建立隐蔽政权。彻底摧垮敌人情报组织和保甲制度，坚决镇压少数罪大恶极的敌人。我们这支队伍在战斗中不断得到壮大，粉碎了敌人的无数次"清剿"。到1948年冬，我们县总队已由124人发展到1500多人，有机枪21挺，步枪1100多支，驳壳枪200多支，又策动敌县区乡武装3000多人起义，有力地配合了我们主力军的正面作战，支援了淮海战役。

## 地方政权渐巩固

"枪杆子里面出政权"，我们在淮西三年，一边坚持武装斗争，一边进行政权建设。

1947年冬，中共皖西区党委派宋孟邻、张慕云等6人到淮西工作，又于次年2月将中共寿六合霍工委改为寿六舒合县委，隶属皖西四地委。寿六舒合县委、县政府成立后，先后建立7个游击政权，30多个乡政权。县游击总队有4个直属中队，一个警卫排，是全县游击部队的主力。另外各区有区大队，乡有乡中队。这批武装对于我们巩固腹心区，扩大游击区，争取建立两面派政权起到了重大作用。我们的武工队对国民党基层政权中可以争取的人，常做出三条规定：1. 帮助我们搞情报；2. 不准给"清剿"部队带路；3. 向我们缴纳税款。这样建立起来的两面派政权，按章收税，保障我们发展起来的武装有衣穿，有饭吃，有微薄的津贴费。

也有些敌乡保长很反动，公开站在敌人方面反对我们，经多次争取、警告无效，我们就坚决予以镇压。如敌寿县炎刘乡长吴善文、高塘乡长吴杰、三义集恶霸地主张纯卿等，都死心塌地为国民党卖命，破坏我们的税收，强制两面派政权不准向我方缴纳粮款，乱加"通匪"的罪名坑害群众。在广大群众强烈要求下，我们坚决将这些为虎作伥的坏家伙镇压了。这样一来，在两面派政权中震动很大，缴款纳税十分踊跃，过去不是两面派政权的乡、保长也纷纷询问我们游击队驻地，主动找上门来合作。如我们第三次打下高刘集，枪决敌乡长王德祥后，有两个多月没有人敢来当乡长。后来一个姓龚的被派来当乡长。赴任之前，他就暗中托人和我们取得联系，保证不做坏事。我们同意他当乡长后，他一切都按我们的意图办事。当然，对这些灰色政权的人，我们也时时加强对他们的前途教育，争取他们诚心为人民多做好事，给自己留条出路。

1948年春，我游击区内已建立7个区级政权，即一区（瓦埠）、二区（曹庵）、三区（吴山庙）、四区（陶楼）、寿合区（高刘、炎刘）以及定合、六合两个办事处。

各区配备的区干，既熟悉本地情况又同当地群众有血肉联系，对两面派政权的争取都有些线索或有些可靠的关系。

我红色游击政权的建立，对近在咫尺的国民党省府所在地合肥是个很大威胁。合肥北郊土山乡就有我们的游击政权。我们游击队往往在夜间到城边活动，闹得城内"一夕数惊"。李品仙曾多次气急败坏地说："合肥西北乡'土共'不铲除，我誓不为人！"但是因为我们有群众支持，敌人"剿共"不得人心，所以他虽多次派大队人马来"清剿"，每次都扑空。有一次，敌军查营长得知情报，气势汹汹地奔袭我县总队，以为必能大获全胜。没想到不仅扑了空，反而在归途中于吴山庙附近遭我游击总队伏击，死伤50多人，灰溜溜地逃回合肥。李品仙的牛皮吹了出去，却无法收回。

最可笑的事是国民党合肥县党部调查室主任娄养真，办了个《逍遥津报》，专辟一栏攻击我游击队。由于他搞不到我们游击队的情报十分苦恼，最后挖空心思派遣一个变节自首分子叫李飞邻（抗日时期当过我方乡长）打入我高塘乡游击队，以搜集情报。结果李一到游击队就如实作了交代。我们将计就计，叫其把假情报送到合肥，娄养真对李送来的假情报如获至宝。每当我们看到《逍遥津报》上按我们的意图刊登的文稿时无不当作笑料。

原载陈忠贞主编：《皖西革命回忆录》第三部《解放战争时期》，安徽人民出版社，1991年，第74～80页。

# 中原部队某团同经扶县保安团的一次和平谈判纪略

◎ 邱铭宏

    1945年秋，中原部队进驻大别山。驻地西起罗山涩港，东至商城，长达300余里。其时重庆谈判，已达成《双十协定》。国人属望的和平局面，似有端倪。举国上下莫不欣慰。

    腊月，我的家乡吴陈河邱西湾村进驻中原部队一个团部。周团长（湖南人），毛副团长（江西人），陈参谋长（北方人、名与籍贯不详）和参谋处住我家，因而与团首长经常接触。

    春节后的一天，忽见士兵喜形于色，不知其故，问陈参谋长，他说："重庆谈判，和平实施通知，正式下达，从今天起……我们双方各驻防地，不再冲突，听候上级指示行事，因此官兵高兴。"这一消息传出后，部队所在地军民欢欣鼓舞，倍添节日气氛。团的春节娱乐活动迅速展开，如耍狮子、舞蹈、宣传等等，整日锣鼓喧天，非常活跃，陈参谋长拿出很多书报给我看，并将我的春季衣料拿到缝纫班给做好。原定正月初八去校，因参谋长美意，为我加工衣服，加之等候李志熙同学，一直等着，推迟了入学期。

    正月十二这天，见士兵打扫环境卫生，有点异乎寻常。上午9时，陈参谋长对我说："今天团部有客，请你陪客，在团部吃午饭，干吧。"我谦叙数语，参谋长说："不必套言，走吧。"遂一同来到周团长住室（大伯父宅），已见毛副团长和另几位参谋正同周团长围炉絮语。我虽入座，但心里一直在想请的是谁，哪里的客。

约 11 时，士兵报说："他们来了"。陈参谋长、毛副团长走出迎察（接），我亦随着出来，见一行三人进村，前一人个子不高，后二人一个像副官，一个像警卫，没带武器，背有挂包。当握手通名时，才知道是国民党经扶县保安团长黄古儒的大队长——陈嵩瑜。陈参谋长问道："黄团长今天没来？"陈嵩瑜说："黄团长今天有事不来，叫我代替他来。"陈参谋长引进屋，入座后，略为寒暄，随即开饭，菜酒很丰盛，宴席气氛也很和谐。大概是因为级别的关系，周团长没有参加宴会。

饭后陈嵩瑜到周团长住室问好后，陈参谋长说："今天请黄团长，想协商些具体事情。陈大队长来是一样，'和平谈判'实施指示下达，贵方接到了吧？"陈嵩瑜说："接到了。"陈参谋长接着说："这是国家民族的幸福，我团响应上级号召，特邀请贵方洽谈，我想今后为了减轻士兵的疲劳，不再敌视，放宽双方的来往，安定军民的情绪：诸如双方士兵探亲、赶集都不加限制，允许自由通行，可以吗？"陈嵩瑜说："可以，我赞同。"陈参谋长接着说："我还提个建议：望贵方将烂泥冲和吴尖山两处岗哨撤销（每处岗是一个中队人）。缩小军事区，我方在陡山河以西，你在河以东，如同意采纳，既表现贵方的和平诚意，又免除士兵的日夜辛苦，不好吗？"陈嵩瑜考虑很久说："陈参谋长这条意见，须由黄团长裁定。超出了我的职能，待回去请示黄团长后，再作答复。"我看双方渐入僵局，插话说："参谋长，这一款，看来陈大队长不能做主，暂难谈妥，搁下提别的有关事项进行商谈吧？"陈参谋长说："陈大队长是个有限度的代表，不能深作要求，不提了。贵方是不是有什么意见？若有可以提出商量解决。"陈嵩瑜说："没有。"会谈至此，局面硬化，闲扯一会儿，陈嵩瑜告辞回陡山河去了。两天后我同李志熙去校，而后情况，便不清楚。

原载政协河南省新县文史资料研究委员会编：《新县文史资料》第 3 辑，1989 年，第 79～82 页。

# 坚持在大别山上

◎ 钟大湖

抗日战争的烽烟刚刚熄灭，国民党反动派又积极准备发动反共反人民的内战。为了做好自卫反击，中共中央华中分局向皖西根据地增派一批党政干部以加强领导，调进新的部队以壮大人民武装。在皖西地区中共组织的统一领导下，团结战斗，不断取得胜利，牵制了敌人兵力，为配合全国的战略反攻，策应刘邓大军挺进大别山创造了良好的条件。

## 成立皖西大队

1945 年 8 月，我当时任新四军第七师沿江支队沿江团二营教导员。带着该营五连和一支手枪队在皖南的贵池、东流、至德一带开展工作。日本帝国主义投降不几天，团部命令我立即带队返回接受新任务。8 月中旬，待我们回到无为团部时，见到团长周亚发，他简单地对我交代了几句，说七师部队和地方干部都要撤到苏北，决定我同湖东中心县委书记桂林栖留下来，就地坚持武装斗争。由于情况紧急，沿江团大部分队伍已经出发，团长说完就走了。

第二天，我到无为西北部尚礼岗附近的大徐家找到了桂林栖。见面后我俩和沈博、朱振忠就在大徐家开了个会，讨论今后的斗争方式、活动地点、行动路线等问题，明确了几项任务：

一、做好善后工作，部署好地下党组织，向群众广泛宣传新四军主力北撤原因，使人民群众坚信新四军还会回来。

二、整编部队。将留下来的沿江团三营两个连和手枪队合编为新四军皖西大队，下属七连、九连、短枪队，配备电台，共300多人。由桂林栖任政委，我任大队长，沈博任教导员，朱振忠（中）任副大队长。七连连长张有道、政治指导员吴茂生、副连长陈同良、副政治指导员朱传道，九连连长曹士和、副政治指导员王玉英、余其美，短枪队长姚守永、政治指导员刘健民。

三、部队转移到皖西大别山打游击，充分发动群众，扩大游击区，广泛开展敌后游击战争。会上还确定了以舒、桐、潜三县交界地区作为目的地，因为这一带自土地革命战争以来就是我党在大别山区的根据地之一，群众基础好，为我们坚持武装斗争提供了十分有利的条件。

会后，我们立即着手自卫战争的准备工作，首先安排好地方干部，部署好地方党组织，接着把部队撤到巢湖中的姥山岛上进行整顿。由于主力部队已经撤走，国民党大兵压境，我们许多同志没有留下来的思想准备，都想跟大部队走，部队思想比较混乱。为了稳定部队情绪，统一思想，提高坚持敌后斗争的信心，我们首先召开干部会议和党员会议，统一党员、干部思想，研究上级交给的任务和我们的具体执行办法，详细讨论了做好部队思想教育、赶制冬服、向皖西山区进军的路线等问题，并制定出具体的计划和措施。然后召开全体军人大会进行动员，让战士们深刻理解我们坚持皖西地区斗争的重要意义。

第三天晚饭后，我们便乘船离开姥山，半夜时在庐江县藕塘上岸，又行走了20多里，到达金牛东边的张家老屋宿营。这时，敌人的正规部队和地方反动武装正在到处搜寻我们，妄图在我们立足未稳时就将我们消灭掉。我们在张家老屋仅休息一上午，就遭到庐江县敌人的进攻，只好边走边打，不料在桐北又迎面受到了驻桐城敌兵的堵击。接着舒城的敌人也出动了，形成一路紧追、两面夹击的严峻局势。我们走一路打一路，从平原地区打到山区，一直过了舒、桐交界的二姑尖，到了长岭的张家楼，才把敌人甩掉，按计划到达了目的地。

## 成立中共皖西工委

张伟群在抗战时期就在皖西活动，1945年初任桐怀潜县委副书记（不久任代理书记）。日本投降前重返桐西，兼任山里工委书记和西大队政委，他们在七师北撤时，留下来坚持斗争。

我们进山后，在桐、潜交界的西岭同张伟群带领的近100名地方干部和武装会合。9月，我们在桐城县蒋铁乡的孙家湾开会，决定两支队伍合并，成立中共皖西工委，成员5人，桂林栖任书记，张伟群任副书记兼皖西大队副政委，我和沈博、朱振忠为委员。会上明确了下一步的任务，整顿、审查、恢复和发展党组织，发展武装，广泛开辟游击区，开展统一战线工作，打击反革命分子；确定了具体斗争方式，以桐、潜交界的蒋铁、水贵、后冲、螺丝岭一带山区为中心，向周围发展，部队分散活动，保存有生力量，调整干部，做好政治思想工作，充分发动和组织群众，广泛开展游击战争。

9月中旬，皖西大队分四路活动。一路由桂林栖、张伟群带领，携带电台在潜、岳、舒边界以大水河、龙山、林家冲、彭家河、倪家河、魏岭一带活动；一路由张有道带七连一个排在潜、太、岳边界活动；我带一路在潜、桐、舒一带活动；沈博和朱振忠则各带一个排到庐江、巢湖一带活动，他们走到巢湖，部队先后遭敌袭击受损，沈、朱相继到苏北去了。刚成立的工委没几天就走了两个委员。

这时期，敌人仍然追得很紧，在皖西地区部署了桂系一个师，还有各地的反动武装四处追袭我们。10月，桂林栖、张伟群带领的一路队伍在潜山彭家河附近被敌人袭击，张伟群负伤，电台被打掉，我们同上级的联系中断。几天后桂、张带队转移到潜、桐交界的西岭同我会合，我们研究了部队思想情况和敌情，考虑到与上级失去联系，困难将会更多，决定派张有道和刘健民带七连一个排去湖北找新四军五师，请示今后如何配合行动，并向他们要部电台。

张有道去后好长时间没有消息，而周围环境日愈紧张，我们很焦急，经研究由桂林栖去苏北向军部汇报请示工作。1946年3月间，桂林栖由姚守永带一个短枪班护送去苏北了。这时皖西工委成员只剩下我和张伟群二人。领导力量的减少，部队的损失，以及与上级联系的中断，使我们面临着严重的困难。敌人加紧"围剿"，我们部队分散几处，整天行军打仗，缺乏弹药、钱、粮，吃不上饭，没地方住，天寒地冻，风餐露宿，加上得不到上级指示，部分干部、战士情绪低落。我和张伟群都感到这样下去，部队会垮掉。我们研究决定把部队集中起来，进行教育整顿。

此时，留在津浦路西坚持斗争的新四军二师六旅十八团政治处主任刘海燕，带领突围出来的两个连100余人转战到皖西，在舒、潜交界的魏岭同我们联系上，编入皖西大队。部队增强了生力军，对稳定当时部队思想、提高士气起到了很大的作用。

## 李先念来信

1946年3月底，派往湖北寻找五师的刘健民带回五师师长李先念3月20日给我和桂林栖的亲笔信。信的内容主要是听了刘健民的汇报，使他了解我们这里的情况；指示我们要日益提高警惕，准备应付国民党反动派重打内战；要团结一切可以团结的力量；要掩护五师一批干部经过皖西去华北、东北，并要我们在短期内将安徽敌情再报告一次。

李先念同志的来信，说明我们皖西大队作为一支坚强的武装力量的存在，受到五师首长的重视和信任；同时，也肯定了我们坚持皖西斗争的意义和成绩。我们接信后，立即行动，收集皖省敌情，准备护送去华北、东北的干部。后因战局变化，我们搜集的情报没有来得及送去，五师这批干部也没有到皖西来。

## 恢复发展党的组织

1943年到1944年间，国民党在皖西山区大搞"清乡"运动，党组织遭受严重破坏，到1945年秋我们进山时，这一带党的活动基本停止。皖西工委面临着一个重建地方党组织的艰巨任务。进山后，工委一方面在部队中发展党员，使党员在指战员中占70%左右，每个大队、游击队均建立党的支部或小组；另一方面在地方把失去组织联系的党员重新组织起来，吸收一些工农积极分子入党，审查恢复一批虽然以群众身份向敌人办了一般手续，但没有暴露共产党员身份，仍秘密为党工作的党员的党籍，并联系了一批向敌人办了自首后没干坏事的党员，让他们继续为党工作，接受组织考查（察）。这样，在桐城、潜山、怀宁、舒城、太湖、庐江、六安等县，先后恢复组织关系和发展新党员数百人，组建一些区委、支部和小组，建立工委同各地党组织和党员的单线联系，开设党的地下交通站、联络站和情报站。各地党组织和党员在进行群众工作和统战工作，搜集情报和交通联络，补充兵员和伤病员安置，以及物资供应和惩办叛徒、反革命分子等方面，发挥了重要作用。

潜山茅草湾的地下党员华孔昭，是工委单线领导的地下交通员，多次勇敢机智地通过检查严密的敌占区，往返于皖西、苏北之间，为沟通皖西工委同上级的联系，做了很大贡献。他的小弟弟，年仅十四五岁，在敌人一次"清剿"中，把游击队存的一支枪埋藏起来，敌人抓住他严刑拷打，他始终不泄露游击队的秘密和埋枪地点，最终被敌人枪杀。在对敌斗争中，我们还牺牲了一批优秀的地下党员，如后冲西岭的地下党员华兆岩同志，他利用小药铺做党的交通站，后因身份暴露，不幸于1948年春被捕，任敌人严刑逼供也不泄露党的机密，最后英勇牺牲。

## 发展壮大队伍

1945年秋至1947年秋，刘邓大军南下前是我们坚持大别山斗争最艰苦的时期，敌人常常追着我们屁股打。大雪封山时，我们还身穿单褂单裤，脚着草鞋，吃的是野果、粗玉米，一天只一餐，有时连一餐都吃不上。睡觉就找石洞，或在树林里拿枯草枯叶铺一铺，有时干脆找野猪窝睡。尽管这样，我们还是依靠坚强的信念、党的领导和政治思想工作，依靠广大指战员的英勇献身精神，依靠人民群众的支援，坚持了下来。我们把一批干部派到皖西各地，组织了许多游击队，到处发动群众，打击敌人。同时，五师中原突围后部分部队陆续来到皖西，增强了我们坚持大别山斗争的力量和信心；从苏北、湖北来的一批干部，又加强了部队和地方党的领导力量。到1947年8月刘邓大军南下皖西时，我们除了拥有人数较多、活动范围较大的张有道、杨震、姚奎甲、姚守永、刘健民、黄大荣、莫存秀等游击大队外，还有十几人、几十人不等的高荣、张琪、杨启文等20多支游击队。整个部队虽然牺牲了数以百计的指战员，但总人数仍达 3000 多人，并且经受了严峻的考验，成为一支特别能战斗的队伍。

在皖西敌后，我们跟敌人交战百多次，缴获枪支几百条，控制了皖西山区和平畈的大块地区，始终拖住国民党桂系的一个师和大批地方反动武装，为策应刘邓大军挺进大别山，配合全国正面战场的战争做出了自己的贡献。

原载陈忠贞主编：《皖西革命回忆录》第三部《解放战争时期》，安徽人民出版社，1991 年，第 1～7 页。

# 皖西烽火

◎ 张伟群

1945 年 8 月，日本投降前夕，沿江地委通知，要我进入桐潜舒山地任中共大别山工委书记兼游击大队政委，继续坚持山区斗争，要求哪怕是坚持一个山头也是好的。我到山里后，同姚奎甲带一支小队一起活动，杨震、杨启文、彭年、张海等游击队仍分头活动。当时这几支武装一共不过百把人。但不久，桂林栖、钟大湖率 300 多人来到山里，组成了皖西工委，成立皖西大队。这时我任副书记兼皖西大队副政委。以后又有二师、五师的一些部队陆续到达皖西，到 1946 年 10 月间，部队发展壮大，分别建立 3 个大队及许多小游击队。这时据华东局和军部指示，建立了皖西支队，在工委统一领导和指挥下，同国民党反动军队进行了无数次战斗，有力地配合了全国解放战争主战场的作战。

## 彭家河遭袭击

皖西工委成立后，各路游击队都按计划迅速行动：沈博、朱振中先后要求带队到庐江、巢湖一带活动，不久回苏北大部队；张有道带七连两个排以鹞落坪为基地在太、岳、潜边界活动；杨震游击队以长岭、猫儿尖为基地向舒城方向发展；杨启文游击队在安菜山、晓天一带活动；张海游击队在马鞍寨、龙井关原地游击；钟大湖在桐潜边界活动，桂林栖和我则带九连和手枪队各一部，到达潜北。本来想多走点路，因天已拂晓，只好住下，并派九连副指导员余其美带一个班到左侧制高点上放哨。我正脱衣准备洗澡时，隐隐约约看见前面有黑点子向我们移动。我因近视看不清，叫通信员看，发现是敌人，就把部队叫起来，向放有哨位的那个山头靠拢，准备战斗。哪知刚到山脚下，山头上枪弹就雨点般向我们打来，原来余其美思想麻痹，没有按命令行事，结果制高点被敌人抢先占领，我们只好折回头向左侧突围。敌人发现我在指挥战斗，向我瞄准打枪，子弹擦额而过，我的眼镜被打碎了，头部负伤。突围时背电台马达的战士走错方向被俘，马达丢失。突围后我们回到桐潜边界的后冲休整，总结了这次失利的主要原因，是没有把岗哨及时放在指定的制高点上。

## 重重困境

敌人得知我们返回山区，加紧了反革命"清剿"。我们地方党组织大都遭到国民党反动派的破坏，一些人投降了，没有投降的同志也流落外地，这使我们失去了联系群众的中间环节，部队无法扎根，有如断线风筝飘忽不定。敌人还把小路两边的茅草结在一起，白天明哨，晚上暗哨，特务队、巡逻队、递步哨、流动哨往来不息，大小碉堡遍地林立。我们稍不注意，踏断了草结头，敌人就跟踪追来。我们一旦被敌发现，在山区则漫山梆子乱敲，在平畈则铜锣遍地乱响，敌人正规军、地方武装、特务便一齐追来。许多群众因同情我们而遭惨杀害，我们的军烈属家都被敌人挂上了"匪属"牌子，晚上不准关门。敌人有时冒充我们混入军烈属家，有些基本群众受骗上当，当场被杀害，有的刽子手竟把被害者心脏扒出来炒着吃。就是在这种残酷的环境中，不少群众仍冒着风险为我们通风报信，送药送粮，希望我们回来。

在这严峻的形势下，我们急于同上级取得联系，但电台丢了马达，和上级联系中断，只好把收发报机埋藏起来，派交通员华孔昭去华中分局报告情况代领经费。接着我们又派张有道、刘健民两同志带两个排到湖北宣化店向五师求援。这时，我们得知华中分局正给我们送来100两黄金，由两个老家在潜山螺丝岭的同志以护送其父亲尸骨回乡安葬的名义暗中运送，我们则派手枪班去接应。谁知他们到了陶冲驿，就被驻青草塥的武装特务连人带金子一起抓去了，那两位同志也被杀害。我们就只好等待张有道他们的消息了，但左等右等他们就是不回来，而我们的处境越来越困难。后来得知因为五师也要转移，并有一批干部要经皖西到苏北军部，需要他们当向导。张有道和刘健民商量后，由刘健民取道武汉返回皖西，并带回李先念同志的一封信。张有道到五师未回，发生曹、陈叛变事件后，经工委同意，桂林栖去苏北军部汇报情况，工委委员只剩下我和钟大湖两人，部队也只有二百来人，而且缺衣少食。在面临着生死存亡严重威胁的时刻，留下坚持的同志不灰心、不丧志，坚信革命必胜、蒋军必败，以百倍勇毅和凶残的敌人进行殊死的拼搏。

## 关于皖西人民自卫军

我们部队在对外宣传中早就用过"皖西人民自卫军"的名称，而不是正式番号。据张有道同志回忆，早在七师北撤，桂林栖、钟大湖奉命率部就地坚持时，桂林栖就曾宣布说：我们的部队番号就叫"皖西人民自卫军"，如在本地坚持不住，就转移到大别山去。当天晚上，桂林栖在草拟的告皖中父老的布告落款就是皖西人民自卫军。次日派一个排到无为严桥街上和附近村庄贴布告，引来许多群众的围看和同情。我们知道的"皖西人民自卫军"的称号是桂、钟到大别山同我们会合后的事。1945年9月，党中央提出"向北发展，向南防御"的战略方针，撤出淮河以南八个省区的人民军队和党政干部。军部和华中局指示我们留下坚持的部队不要叫新四军，要改用灰色名称，如叫民兵武装。皖西工委成立后，经过充分讨论，决定将皖西大队对外改称皖西人民自卫军，人员和部队建制、归属均未变动，但群众仍叫我们新四军。后来，刘昌毅部到皖西与我们会合后，部队仍叫皖西人民自卫军。为了打出皖西人民自卫军的旗帜，我们草拟了一些标语口号在各地散发，有时我们动员一些老人和小孩在夜里将标语、传单贴到敌人驻地或丢在敌人身边。天亮后敌人见了非常害怕，赶紧撤离。有一个国民党连长，一早看到传单，吓得摸摸自己的脖子说：他们怎么没有把我的头砍掉！我们清除反动分子的布告也用皖西人民自卫军的名义。那时我们写标语、传单是花工夫的，先根据当时当地情况，拟好草稿，交给群众讨论，最后定稿。如原来我们写"清剿清剿，百姓不得了"，读给群众听后，群众提出不要"得"字，改为"清剿清剿，百姓不了"。又如"撤棚撤屋，百姓痛哭"

等等，这样宣传，群众欢迎，小孩当歌唱，效果很好。

## 挂车河夺粮

1947年二三月间，老百姓闹春荒，部队也没有吃的，挂车河有一个国民党的粮库，却囤积了大批粮食。我们就发动山区老百姓携带扁担、稻箩、麻袋，在皖西大队的武装掩护下，浩浩荡荡地翻过屋基岭，直奔挂车河粮库，打开仓门搬粮食。

闻讯而来的人越来越多，川流不息，从头天晚上直搬到第二天上午。桐城县城的保安团闻讯也不敢伸头。从潜山过来一支广西佬队伍，在陶冲驿碰上成群结队搬粮的老百姓就问往哪儿搬。老百姓说往山里挑，并吓唬他们说，昨天晚上不晓得从哪儿开来许多新四军，满山都是。广西佬一听，吓得掉头就往回跑。

我们还在别的地方打了敌人粮库，既解决了军粮，也帮助老百姓度过了春荒。

1947年9月11日，我在潜山龙山，听到刘邓大军解放桐城的消息，便急忙带人赶到桐城，会见了部队负责人。敌后三年，我们艰苦备尝，但皖山红旗始终未倒，人民武装越战越强。现在面对我兵强马壮的主力部队，我全身热血沸腾，激动万分，深深感受到我们坚持皖西游击战争的重大意义。与刘邓大军会合后，皖西出现了一个新阶段，皖西人民武装配合主力积极投入创建新皖西的斗争中去了。

原载陈忠贞主编：《皖西革命回忆录》第三部《解放战争时期》，安徽人民出版社，1991年，第8～12页。

# 皮旅东路突围记

◎ 许德厚

　　1946 年初，党中央、毛主席为了避免内战，争取民主，实现和平，同国民党签订了停战协定，停止一切军事行动。然而正当全国人民欢庆协定生效时，国民党反动派却违背诺言，纠集 30 万大军，将我中原军区部队重重包围在东西不到 100 公里、南北仅 20 公里的狭长地带。6 月 26 日，国民党军对我中原军区部队发动全面进攻，占领了我阳平口、邓店、沙窝、余集、白雀园等地，妄图在 48 小时内将我军一举包围歼灭。

　　为了粉碎敌人的阴谋，中原军区决定主力于 25 日向西突围。24 日，我们一纵队王树声司令员把掩护主力西进的任务当面下达给第一旅司令员皮定均和政委徐子荣，要求第一旅原地坚持 3 天，牵制迟滞敌人，掩护主力突过平汉铁路，而后视情况机动作战。第一旅位于中原军区驻地最东面，在我旅东、南、北三面，会集了敌人第四十七军、四十八军、七十二军和第七军等部。我旅接受任务后，经过周密准备和部署，全力以赴，进行了顽强的阵地抗击，机动作战，并以一部兵力化装佯动，迷惑欺骗敌人。为了最大限度吸引敌人，旅党委决定不惜一切代价，完成掩护任务后，向东转移。这样与主力背道而驰可以吸引更多的敌人，减轻主力的压力。

　　27 日，敌人疯狂进攻，占领了我一线阵地后，旅首长根据敌情，为了避开敌人的锋芒，来了个声东击西，以一部兵力在正面节节抗击，旅部和部队主力傍晚冒雨转移到白雀园西南 15 里路的刘家山（冲）地区，把抗击敌人与机动突围任务紧紧地结合起来。28日早晨，阳光普照着大地，一支7000人的劲旅，像一支利箭指向西南周家山、九龙山（小界岭西南）敌人第一道封锁线。经过3天激烈的战斗，我军顺利完成掩护任务后，于29日突然以90度大转弯再破敌人潢（川）麻（城）公路黄土岗、福田河公路第二道封锁线向东疾进。

东进突围中，我们旅处境险恶。敌人大军前堵后截，我军既无情报来源，又无军用地图可循，但在旅首长的指挥下，充分发挥了侦察兵的作用，有效地保证了突围的顺利进行。

一

28日，我旅掩护主力向西突围之后，要从敌人包围圈的缝隙里钻出来，一天走七八十里路。虽然每个人都很疲劳，但又很愉快，早把艰险和炎热抛至九霄云外。傍晚，旅部驻到河南省经扶县东南边陲的田铺镇。

当时我在第一旅任作战科长，旅部刚刚驻下，我即派出了警戒，参谋们分别去调查了周围情况。张介民参谋长叫我同他到皮定均旅长住处，与徐子荣政委、方升普副旅长、郭林祥副政委一起研究情况，部署第二天的行动。张参谋长汇报情况后，皮旅长说："这里距经扶县县城三四十里路，西南是红安县，东南是麻城，正东是潢川公路上的两河口、福田河，是敌第七十二军的主要防线。我们明天要出敌不意地以90度急转弯，突破潢麻公路，向东进入大别山。过路时，要尽量靠南，从黄土岗附近通过，避开小界岭、两河口敌主力集结地，但仍要准备打一场恶仗。现在最大的困难是，我们的电台同上级联络不上，敌情地形不熟悉，连一张军用地图也没有，我们部队从哪里走，怎样走，简直成了睁眼瞎子。目前，敌人前堵后追，我们处境危险，大家要集思广益，考虑究竟怎么办。"这时屋子里陡然静了下来，正巧有只大花猫扑打腾腾地追赶着一只老鼠，方副旅长笑着说："这只猫挺凶的！"张参谋长说："它们在紧张地战斗呢。"大家都被逗笑了。

屋里的空气顿时缓和下来，徐政委说："现在困难很多。好在老皮、老方你俩是立煌县人，对大别山地形、民情都熟悉；此地群众条件好，对我军感情深。告诉各级干部要加强侦察工作，注意调查研究，困难一定可以战胜的。"皮旅长接着说："侦察工作是军队的耳目，明天把侦察队放到前头走在尖兵前面，侦察情况，调查道路，找向导。杨斌廉（侦察科副科长）、周光璞（队列科副科长兼侦察队长）都走在前面部队；各级指挥员一律走在自己部队的前头，掌握情况，及时指挥部队。要现地侦察、询问群众、捕捉俘虏、监听电话、收集文电、询问过路邮差等，运用各种侦察手段，广泛收集情报，及时报告我们。中国大得很，总有我们共产党走的路。"最后，他对张参谋长说："许德厚同志过去做过侦察工作，也叫他同侦察队走到头里。"从此，我就一直同侦察队走在前卫连的前面。

## 二

29日凌晨，周光璞带着侦察队已在村南头待命，我和杨斌廉等一行人，就和侦察队一起出发了。路上，我向周光璞传达了旅首长的指示，决定经黄土岭直奔张店，越过潢麻公路。为了赶到前卫营前头，我们边走边商量，并从向导那里弄清了张店一带的地形和敌新十三师的情况。上午9时许，到了张店，登上村边的小山包，发现黄土岗到福田河的公路上冷冷清清，我们用望远镜仔细观察，杨斌廉说："没啥动静。"我也没看到什么情况。这时，侦察员把张店向导带来了。向导说："这两天看不到军队，公路上来往的军队也不多了，听说到北山去啰！"我让侦察参谋李洪斌留下来等着向一团王诚汉团长和旅首长报告情况，我们先过公路。周光璞向山下的侦察员一挥手，就带着侦察班跑步过河，立即上了公路，向土门场、旗杆店、王家冲前进。

我们顺利地过了公路，但心里总觉得不踏实。果然，离公路900米的地方，敌军3个人转出山弯朝我们迎面走来。为了迷惑对方，周队长装着是敌人便衣队，大声发问："你们是哪一部分的？"穿着美式军装的"国军"，哪能看得起我们这些穿着破烂的便衣队呢？他们气势汹汹地反问："你们是干什么的？"趁敌人不备，周光璞已唰地掏出手枪，侦察员范德福、王天禄把枪栓一拉，三支枪口对准了他们，顺手卸了他们的枪，缴了美制发报机。"我们是新四军。你们哪部分的？去干什么？老实说！"这3个草包吓得脸也白了："我……们是十三师谍报队的，去黄土岗师部，修发报机的。""你们部队都在哪里？黄土岗、福田河有多少人？"我紧接着问。

站在后边的那个小个子说："报告长官，大部队前两天向北去了，现在这里人不多……"

这时，前卫团已过了公路，为了不耽搁时间，我们就把这3个"战利品"送给旅首长，很快上了黄土岗东北的山包。

刚走了几里路，从东北面来了两个农民模样的人，见到我们显得有点紧张。我温和地说："我们是新四军，咱们是家人，别害怕。"他们一听说是新四军，脸上立刻露出了笑容告诉我们："中央军前两天都向山里去了，黄土岗、福田河有也不多。"话音刚落，就听到了枪声，一团同黄土岗出来的敌人打起来了，战斗进行到中午，全旅顺利通过了公路。

我们侦察队不停地前进，快到老庙时，迎头来了个青年，走路很有劲。侦察员挡住他的去路，我用湖北腔问："老乡，做什么事去？"

"到乡里送情报去！"他从口袋里掏出一小卷纸晃晃说。

"什么情报？"杨斌廉一听顺手把情报接了过来，那个敌人情报员想报功，忙说："国军已经占领了沙窝、余集、白雀园和泼陂河，把共军全消灭了。"原来他错把我们当成国民党军队的谍报队了。

旁边的侦察员忍不住想笑，我急忙瞪了他们一眼。"附近有没有大军？"我问。

"没有了，都打到里边去啦！"

"两路口、福田河也没有吗？"

"啊，那里有。"

"前面的大村子是么子地方？"

"那是旗杆店乡公所。我们乡里的民团多，情报送得快，还是个模范乡哩！"他讨好地说。

"送情报的每个村、乡都有吗？"

"都有，这是政府统一规定的，4个钟头一趟，村到乡，乡到县，么时候接到么时候就送，谁不送就要当共军来办！"

我和杨斌廉小声商量，将计就计，叫这个情报员带路。

我们装成国民党第七十二军的谍报队，计划首先控制乡公所的武装，搞情报，弄粮食，让部队美美地吃上一顿，等后面部队到来，我们再走。

一切进行得很顺利。到了乡公所，我们采取先礼后兵的手段，先用一个班控制炮楼，不声不响地收缴了武器弹药，派出警戒，封锁消息，收集情报，筹备粮食。那个敌乡长却糊里糊涂把我们待如上宾，直到大部队来到时，他才发现上了当，但又无可奈何，只是口口声声说："对不起！对不起！"

我们把20多个俘虏交给第一团，把缴的20多支步枪零件拆下来，砸坏扔到水塘里。一边监听电话，一边整理情报，发现附近没有敌人正规军，立即报告给首长。当晚赶到风波山北的王家冲宿营。

黎明，我们迎着晨曦，向着商城县东南方向前进。部队绕过风波山，中午到达瓦西坪。这里是土顽县长顾敬之老窝，敌情严重，山势险要，部队休息做饭，侦察队就在东面的山头上部署侦察、警戒。

敌第七十二军一个团和金家寨、商城的保安团，赶到瓦西坪南北高地堵截我军。侦察队首先和敌人遭遇了，经过一场激战，旅首长命令第一团以勇猛的动作抢占了石鼓岗一线高地，他们很快打开了前进的通路，掩护全旅在"七一"翻过了高入云霄的天险大牛山。

## 三

7日早晨，我们沿着叶家畈、深沟铺、漫水河、千笠寺、大化坪、青枫岭、磨子潭，由西向东穿过山区。这一带山高林密，路少人稀，风景优美，侦察员们见景生情，高兴地小声唱起了洛阳曲子。乔清和同志见战友唱得高兴，接着说："你们唱得不错，下面听我说一段：大别山真正美，红军当年在这里，青山绿水任你走，山南山北打游击。"他这不押韵的顺口溜，竟把大家逗乐了。

9日，我们进到漫水河。据老百姓说："漫水河有九十九道弯，白天黑夜脚不干。"侦察员都是身强力壮有经验的骨干，人称"飞毛腿"。可是一到这种地方，照样生病。我同周光璞商量，对生病烂脚的同志，宿营时要照顾好，让他们吃药、穿泡、洗脚、包脚、晒太阳……以保障继续行军。

快到青枫岭时，迎面慌里慌张地跑来两个农民，我们就问："哎！老乡，跑么事？"他们说："前面有大军。"一听有敌情，我侦察队和尖兵连立即悄悄地抢占旁边的山包。李参谋跑步报告前卫第二团团长钟发生、政委张春森和旅首长。很快，皮旅长和方副旅长来到前沿，分析了情况，认为敌人到的时候不会长，向东就这一条路可走，只有消灭当面的敌人，方能继续向东进。遂决定第一团从正面佯攻，第二团从右边南山迂回，两面夹击敌人。至下午5时左右胜利结束了战斗，共毙俘敌100多名。杨斌廉同志详细询问了俘虏，得知这部分敌人抗日战争时期投降了日寇，现在摇身一变又成为国民党的安徽省挺进第四纵队，是昨天急急忙忙赶来堵拦我军的。

11日晚，旅直和第一、三团主力宿营在磨子潭街上。该镇依山临水，是大别山东陲的交通枢纽，山高水深，风景绚丽宜人，但对我们战斗行军的前卫侦察部队来说，却有点吉凶莫测，须要百倍警惕了。

第三团的先头侦察部队先进入磨子潭街里，镇上的民团和镇公所人员已闻风而逃。吕文斌参谋进入乡公所里，拿起正在响的电话，受到国民党军队徐参谋长的大声训斥："你们乡里么事不接电话？告诉你们，今天共军要到你们那里，要特别注意……我们部队也要去……"这位湖北土生土长的吕参谋，同这位"义务情报员"谈得很投机。

得知以上敌情后，我在街上就向刚刚到达的皮旅长和张介民参谋长做了汇报。皮旅长听了便斩钉截铁地说："电话在哪里？走！我去讲讲。"我同旅长到了乡公所，在电话旁边的侦察员焦急地向旅长说："电话里乱得很，弄不清楚。"北方人到了南方，听不懂话，旅长说："让我来。"皮旅长把耳机放在机座上吱吱吱地摇起来，然后拿起听筒用安徽话讲了起来。旅长问："喂！喂！你哪里？""我霍山电话局。""快给我接县政府！我要报告情况。"很快县政府接通了电话。皮旅长以磨子潭乡镇人员的口吻向县里接电话的人说："不好了，听说大队共军开来了，我们怎么办呀？我们准备跑！"皮旅长紧追不舍地说："我们的大军在哪里？怎样向他们报告情况呀？"在这火急万分的时刻，对方回答说："听说四十八军派部队到磨子潭去了，你们可注意同大军联系，有大情况时要马上同我们说……"为了保护情报来源，皮旅长交代，这架电话由通信参谋李太民专门看守，不准别人乱用。

旅长得到四十八军今晚要到磨子潭来的消息后，向旅领导们谈了敌情，一起分析了情况，当即确定：通知部队，人不卸装马不下鞍，随时准备行动；要第三团全部过河到东岸；组织旅侦察队和工兵排在浠河上架浮桥，直属队和各团调查情况，特别注意调查浠河徒涉点和渡船点。

当夜的天气，却意外地同我们作对。浠水上游的岳西县天空电闪雷鸣暴雨如注，河水暴涨，令人心忧的情况不断报来："天下雨了"，"河水涨了"，"桥脚冲垮了"，"人冲走了"，"桥架不起来了"。旅首长们睡在一间大房子里，可没有一个人能睡着觉。大约12点左右，我同负责架桥的周光璞同志满身泥水赶回来报告情况说："河水越涨越大，浮桥架了冲垮，又架，又冲垮了。按现在的情况浮桥架不起来了，怎么办？"事不宜迟，皮旅长翻身坐了起来，当机立断地对大家说："立即通知部队全部过河，组织好徒涉、泅游，不准出事故！"徐政委和其他首长一边起来一边异口同声说："好，马上过河去！"旅首长一声军令，部队立即行动。

在老乡们帮助下，终于找到一个可以徒涉的地方，可风狂雨骤、河水咆哮，外面天黑得伸手看不见五指，没有光的人把干粮、鞋、衣服都弄丢了；有光的人则打着手电筒和火把，霎时间磨子潭像夜市一样热闹起来。这一行动惊动了刚赶到河东岸大山顶上的敌第四十八军一个团的先头部队，他们以轻重机枪的密集火力突然向磨子潭射来，一道道火光，一簇簇火龙喷向大地，叽叽的枪声伴随着风雷、闪电，震动着大地。枪声响后，灯光全熄，部队秩序井然地分头徒涉，终于赶在敌人前面抢渡到对岸。在夜幕笼罩下敌人摸不清情况，堵击仓促，射击盲目，在我过河部队反击下，慌忙退缩到山上。第二天，太阳从金鸡岭北山上照射过来时，占领该地的敌人，使用迫击炮、重机枪火力，疯狂地向继续渡河的第二团部队阻击，在第一、三团有力的战斗配合下，终于安全地从磨子潭上游抢渡过了浠河。

12日拂晓，一整夜没有合过眼睛的旅侦察队在周光璞的带领下，又向东南前进了。旅长鼓励大家说："侦察队昨天又是一夜没睡觉了，侦察员就要有点英雄劲头。侦察兵成了万能兵了，既是陆军会打仗，又是海军会游泳，又是工兵会架桥；既会侦察又会通信……"张介民参谋长风趣地说："侦察兵本事还大呢！还会抓（俘虏）、偷（窃听电话）、抢（缴敌人武器弹药）、摸（夜摸敌人哨兵）……"大家说着笑着，向山林进发。

旅主力部队抢渡磨子潭后，为了迷惑和甩掉敌人，粉碎敌人的围歼阴谋，我们从黄土岭向东挺进，到了黄泥畈、白果树一线。杨斌廉同志带侦察队在前头，询问了从桐城来的商人和学生，他们说见到不少国民党军队，有的正向我们这边开来。为了进一步弄清情况，我们把几个商人和学生带给旅首长。皮旅长仔细问个清楚，然后斩钉截铁地说："看来向东走，此路不通，我们只有来个90度的大转弯，向北跳出敌人的合围圈，跃出大别山。"几位旅首长简单商议之后，即将部队后卫变前卫，向北疾进，直插毛坦厂，终于机智地跳出了敌人的合击圈。

## 四

13日，第三团前卫向毛坦厂挺进。周光璞、杨斌廉带领侦察队先抵毛坦厂侦察情况，消灭了乡民团局子。获悉11日曾有敌正规军到过毛坦厂，去向不明，霍山也有一股敌人正向毛坦厂前进，看来敌情越来越严重了。13日中午旅党委在毛坦厂召开紧急会议，决定以五天五夜不停地连续行军，跃过皖中平原，进抵苏皖解放区。会后开全旅军人大会，号召全体指战员咬紧牙关，发挥人民军队吃苦耐劳、英勇顽强战斗的革命精神，以坚定、连续、迅速的行动，夺取中原东路突围的最后胜利，并要侦察队提前出发，侦察敌情、地形、河流、道路，调查行军路线。

会议刚结束，皮旅长就向我和保卫科长莱真同志交代任务说："旅部决定组成先头侦察队，由许德厚任队长，莱真任政委，周光璞任副队长，刘石安任党支部书记。以现有侦察队为骨干力量，加上警卫连一个班，带上电话员，立即出发，赶在前卫部队前一天或半天的行程，沿南官亭、官亭到合肥西北四五十里的吴山庙一带进行侦察，发现情况及时向旅部报告。完成任务后就在那里等待部队。"最后旅长问我们有什么困难，我问："没有地图，没有粮食吃怎么办？遇到敌人打起来后，找不到主力怎么办？"旅长边从他仅有的一本袖珍分省图上把安徽地图撕下给我边说："粮食吃完了，你们身上带着法币可以用嘛！要是打散了，到苏皖边区迎河县去。遇到大的情况及时报告，小的情况自行处理。"莱真说："我们一定完成任务！"为了赶到前卫部队前面，我们带侦察队一个排和警卫连一个班，三挺机枪，四五十人提前出发。下山的时候，旅首长还在山头上久久地目送着我们这支刚刚成立的轻骑兵，给了我们莫大的鼓舞。

侦察队跑步下了山，越过前卫团，经过南官亭、施家桥、山南，向北官亭、吴山庙前进。半夜到了施家桥附近，我们接上六安到舒城的电线，谎称是国民党第四十八军谍报队和敌人通话。

"喂，乡公所吗？"我问。"不是，我是六安县政府，你是哪里？"对方反问了一句。

"我是四十八军谍报队，来六安县找部队的。"

"大军都到山里去了，附近没有新的部队……"

我得到情报后立即破坏了电线，留下便衣向旅部报告。

盛夏的夜晚，旗杆院村里乘凉的人还没睡觉。我们找到村公所，以敌军官的身份，叫他们派了向导，就沿乡村大道向官亭、吴山庙前进。从向导口中了解到去官亭需从施家桥和思古潭的石头桥上过河，这条河是通巢湖的一条支流，并不宽，但水深，堤岸陡，上下几十里都要从这桥上过，桥头有敌自卫团站岗把守着。我们让两个侦察员返回去向旅首长报告了上述情况。

我和几个老侦察员走在前头，望见乡公所里还亮着鬼火似的灯光，我们没去理它，径直抢过河去。忽然，敌保安队的哨兵问了声："谁？""自己人。"我泰然自若地回答。"哪部分？""四十八军的！"我没有等他再往下问便立即反问："你们是干什么的？""保安队站岗的！"我问："最近大军从这里走过没有？"答："大军不从这里走，都从大道走了。"我故意加了一句："后边有我们的军队从这里通过，马上准备点茶水！"那个保安队员连声答应"好！好！"就这样，我一面说着，大家一面不慌不忙地从石桥上过了河。

我们前一天早晨出发后，就没有停过步，没吃过热饭，两天一夜没休息，铁打的人也要拖垮。我和政委商量，准备天明之前找个安全地隐蔽休息，收集情报，也要防止遇到意外敌情。我们跑步到高山包黄小庄附近，这里有两户人家，还有个小炮楼，四周很开阔。这时天已大明，趁着还没有人看到，我们像飞燕似的进了院，关上大门。房主院里是两个院一个门，中间有一座炮楼，约8平方米，高10多米，四周有射口，能看到四周来人，是很理想的隐蔽防守的地方。家里有60多岁的老夫妇和两三个几岁的孩子，他们对我们这些不速之客感到很惊奇。我先和房主人上到炮楼上，我指着大寨子孙家岗问老乡："那是什么地方？"他回答说："是乡公所。"根据观察到的情况，我拟订了战斗时的腹案，两挺转盘式机枪向西和北两个方向，控制着敌人可能来的方向。

我们下了炮楼同莱政委召集班、排长研究了情况，布置了警戒，封锁了消息，只准人进不准人出，随时准备战斗。莱政委还给房主做了工作，湖北人同安徽老乡谈起来也很亲切。其他人除少数同志能走路外，大多数人包括我在内一躺下就起不来了，卫生员从这屋里爬到那屋里给大伙看病、治脚、挑泡、换药。吃饭时，好多人还是爬着来，跪着吃。60多岁的老大爷和老大娘关心地要接过战士的碗，帮助盛饭。战士们婉言谢绝说："老人家，吃过饭我们还要准备打仗呢！"老人一面盛饭一面心痛地说："你们真苦哟！"当战士们看到当过红军、打过游击的莱政委脚比谁都烂得厉害，两脚板下撕去像鸡蛋大的一块皮，露出了红肉，谁还能说苦呢？我真是担心莱真同志走不了啦，但他还是照常从这屋跪走到那屋，把脚跷到一些同志的面前，鼓励同志们说："革命总是要吃苦的，只要我们的脚掉不了，就能坚持走到解放区。比起红军长征，这点困难算个啥！"同志们虽然默不作声，但却极大地增强了精神力量。

我们休息一阵，等脚好些后准备离开这里时，才向房东说了实话："我们是新四军。"老人高兴地说："我早看出咱们是一家人啦！"

我们提前吃了饭，用各样的布包了脚，做了充分准备，还按三大纪律八项注意向群众作了宣传，给了钱，在下午四点多钟又踏上征途。由于我们充当"国军"，行动比较自由，沿途吃饭、喝水也较容易，侦察情况非常方便，白天很远也能看得清楚。天黑后，我们决定到乡公所去侦察情况，迎面碰到不少去看戏的群众，有人告诉我们，乡长也来看戏了，就在后面。我便随机应变地说："我们就是要找乡长办事。"转眼间一个小青年说："哎，这不是乡长来了！"我们立即上前作了自我介绍，乡长说："你们看不看戏？要看戏我们一块儿去。"我说："我们要吃饭，请你同我们返回去一下。"就这样很自然地把乡长带走了。到半路上缴了他腰里的驳壳枪，从他口中调查了合肥、大蜀山、官亭、六安一带的敌情。又给他做了工作，叫他给我们带路过了合（肥）六（安）公路一直带到吴山庙西南十几里的地方。我们于15日拂晓，在一个炮楼附近停下，等待主力部队到来。

我们40多人在皖中平原敌人的心脏里建立起"秘密根据地"，还在两个炮楼上架起机枪，封锁了消息。那位带路的乡长，既不敢放，又不能亏待，真正成了包袱。好在侦察行动还算顺利，派出龚建有同志率侦察小组到官亭、吴山庙、高刘集附近，弄清了敌情，写好报告。16日上午，我们派作战参谋刘世凯到高刘集以北，找到部队报告了情况。结果吴山庙的敌人，被我们第一团包围消灭了。

五

我们旅于17日跨过了淮南路，刚要做早饭时，广西敌军第一三八师向我追来，第二团由前卫变成了后卫，我旅一面抵抗，一面疾速向定远县方向前进。

侦察队走到朱湾附近时，遇到一个穿便衣的人，把我们带到朱湾。向他了解敌情，才发现他是敌人探子，便下了他的枪，绑了起来。将情况报告了王诚汉团长，部队随即打掉了乡公所。

天黑后，旅首长命令部队继续北进，通过了定远县西三十里铺。旅首长指示我带侦察队到金山、长山头的山上，向北面蚌埠方向侦察警戒。当时我们虽然很疲劳，还是按旅长的指示进入到指定的警戒位置。

经过了解，这一带山区是不久前我军刚刚撤离的淮南根据地，还留下一个孙司令带一部分部队经常在这里进行游击活动。18日上午，我旅进入这一带的大洪山区，经过大金山、团山在沙涧一带宿营时，游击队的同志找上门来给我们介绍情况、带路。这天的行程只有三四十里路，部队休息，恢复体力，准备最后越过津浦铁路。

19日早晨，部队迎着朝阳向东前进，全旅预定在津浦铁路的明光（嘉山）到管店车站之间进入解放区。第二团是前卫团，中午走到红心铺附近休息时，捉到敌广西军两名便衣探子，供称敌孙良诚部集中在津浦铁路沿线布防，企图在明光、定远地区拦截消灭我军。根据情况的变化，旅首长迅速改变路线，决定从管店火车站以南、三界车站以北的老强营附近过铁路。

夏日的中午，气候闷热，在树荫下休息也像在蒸笼里一样。下午两三点钟，侦察队随着右路前卫第三团前进，经炼铺、仁和集、大横山的南侧，转向东北，插到张老营，过了铁路到老三界再上一个大山头，才能到达中嘉山、老嘉山一线，进入苏皖解放区。过铁路的这天夜里，天气晴朗，但地形复杂，道路崎岖。旅首长指示侦察队到铁路以南和以西侦察警戒，了解情况，防止敌人袭击；要周光璞同志派出工兵排在铁路上埋设炸药，破坏铁路，严防敌人火车增兵截击我军。

天亮前，第二、三团从敌人的碉堡之间过了铁路，控制了铁路东侧的高地和敌人的碉堡。工兵排长杨立德同志把炸药埋到过路点靠三界车站方向。8时左右，敌人从滁县、三界方向突然开来了四五节装甲列车。杨排长扭动了发电机纽，轰的一声，铁道上浓烟四起，我轻重机枪火力齐射，把敌人的装甲列车打了回去。当爆炸的硝烟散去后，敌人看清铁轨没有炸断，装甲列车像一串灰老鼠似的又向我阵地开来。霎时间，我火炮轰鸣，打得敌人装甲列车向北逃去。战斗在铁路上的侦察兵龚建有同志光荣牺牲，为我们突围的最后胜利献出了宝贵的生命。

八九点钟，部队全部过了铁路，在兄弟部队接应下，终于胜利到达苏皖解放区。我和侦察队的同志站在中嘉山的山顶上，望着皮旅战士的队列如洪流滚滚而来，同志们忘记了疲乏和伤痛，内心由衷地感到无比喜悦。

（董铁志　整理）

原载陈忠贞主编：《皖西革命回忆录》第三部《解放战争时期》，安徽人民出版社，1991年，第29～44页。

# 两渡汉水　驰骋皖西

◎ 刘昌毅

　　1946 年 6 月，蒋介石在美帝国主义的支持下，悍然撕毁停战协定，调集重兵，向中原解放区大举进攻。我中原人民解放军，遵照党中央、毛主席"立即突围，愈快愈好，生存第一，胜利第一"的英明决策，在李先念、郑位三同志为首的中原局和中原军区的领导下，以气壮山河的英雄气概，兵分数路，杀出了 30 万敌军的重重包围，胜利地实现了战略转移。当时，我作为第一野战纵队副司令员，参与指挥了突围战役的南路作战；突破平汉（线），强渡汉水后，部队以武当山为中心，掩护各分区作战略展开，进行反"清剿"斗争。此后在军区主要领导经中央批准回老解放区，兄弟部队转移外线，又与中央和友邻失去联系的极端困难情况下，我收拢 1000 余名干部战士，以退为进，千里回师大别山，在皖西地方党的密切配合下，开辟了地跨 9 县的皖西根据地，组建了拥有 3 个支队 4000 余人的皖西人民自卫军，积极配合了全国其他解放区的作战。

## 一

　　6 月 25 日晚，我一纵（一旅留下掩护主力突围）由河南光山泼陂河一带向鄂西北方向突围，纵队领导（司令员王树声、副政委刘子久、参谋长张才千、政治部主任吕振球）带机关在三旅后跟进。适逢大雨滂沱，山洪暴发，道路泥泞，部队行动困难。30 日，纵队机关在警卫团和四、七团各一个营的掩护下经过一夜的行军作战，消灭沿途设伏的敌人近一个团，于 7 月 1 日清晨进抵平汉铁路王家店。这时天已大亮，敌加强了王家店铁路沿线的阻击力量，其第六师三十七、三十八团对我实施前阻后追，情况十分危急。上午 9 时，纵队以七团三营及警卫团一个营为北翼，四团一个营为南翼，向铁路沿线之敌发起攻击，战斗进行得非常激烈。天空中，敌机俯冲扫射、狂轰滥炸；地面上，敌火炮、装甲列车与铁路两侧的明碉暗堡构成交叉火网对我实施拦阻射击。我两路突击分队利用镇边残垣断壁，交替掩护，展开攻势；后卫部队英勇阻击敌追兵。经过几十分钟激战，摧毁敌暗堡和装甲列车，击退敌守卫部队，终于打开了一条通道，使纵队机关及部队迅速过了铁路。

部队越过平汉线，在安陆赵家棚集结，然后继续西进。7 月 7 日，我们在宜城县流水沟收集到 6 条小木船，每次只能渡一个多连。在背后有强敌追击、空中有敌机轰炸扫射的情况下，经过两天两夜战斗，纵队主力强渡汉水，安全到达西岸。但与敌血战的阻击部队三旅八团、二旅六团一个营及部分后勤人员 3400 人，未来得及渡河，由三旅旅长闵学圣带领进入伏牛山区坚持斗争。

7 月 21 日，我三旅七团、二旅四团在谷城县西南石花街之苍峪沟，歼灭了阻拦我前进的敌人一八五旅五五三团一部 500 余人。8 月上旬，纵队进至房县西南馆穆河地区，敌整编十六旅尾随紧追，不断对我袭扰。13 日，我率七团两个营在一段险要山道两侧设伏，以假象造成敌人错觉，待敌全部进入我伏击圈时，我军轻重火器齐发，敌人前临悬崖绝壁，后无退路，仓皇失措，成了瓮中之鳖。此仗，我一举全歼该旅四十七团一加强营 800 余人，缴获迫击炮 4 门、重机枪 4 挺，我军仅轻伤 1 人。

8 月底，党中央和中原局为适应斗争形势的需要，决定在鄂西北的部队归一纵建制，成立鄂西北军区。为坚决执行党中央的战略部署，继续牵制敌人有生力量，配合各主要战场的斗争，部队分散到武当山周围的 10 余县，发动群众，建立政权，开辟根据地。9 月中旬，我带领七团攻打均县草店和县城南关，消灭敌一保安团，缴获一批弹药和部队过冬急需的物资，特别是弄到一幅二十万分之一的鄂西北地图，解决了纵队一直使用省区图不便于指挥作战的燃眉之急。其后，七团等部队进至老（河口）白（河）公路以北、汉水以南地区机动作战，掩护各分区展开工作。该团在汉水边消灭那县保安团 100 余人后，与敌六十六师和十师在均县娘娘山、郧县茅坪展开激战。茅坪战斗中，敌两个旅将我七团及襄河大队包围在山上。我重创敌军后，毅然采取敌进我进战术，于黄昏时分大胆地从敌人防范最严密的地段实施突破，穿越老白公路，回到武当山。

鄂西北军区部队迅速地战略展开，使敌人惊恐万状。国民党最高当局多次电令武汉行营"加紧清剿"。敌以数十倍于我之兵力，采取分割"进剿"的策略，切断我各游击区的联系，逐步将我军从各活动区域挤压出来。随着冬季的到来，斗争形势日趋恶化，部队连续作战，弹药极缺，服装、粮食等给养得不到补充；加之鄂西北地瘠人稀，许多地方连吃水都很困难。部队被迫几度进入神农架原始森林，在高山野岭、天寒地冻的恶劣条件下作战，战斗减员和非战斗减员不断增加。部队面临着严峻的考验。

1947 年 2 月初，鄂西北军区在老观窝召开党委常委紧急会议。遵照党中央既要坚持对敌斗争又要保存实力的指示，会议决定精简军区机关，并报请中央将年老体弱的同志（包括军区领导）转移华北，年轻力壮的充实部队。在会议举行的第二天，老观窝北面的部分部队受敌袭击被冲散。党委经过反复研究同意我带两个警卫连、侦察队及机关部分干部前去收拢。不到几天，就收拢了七团的几个连及其他分队 1000 余人。

敌人发觉了我们这一行动，便扩大包围圈，集中兵力对我堵截。农历正月十六日，敌整编六十六师将我部围困于保康县西的康家山。这里地形险要，敌人居高临下，情况对我十分不利。我侦察队及一个营刚刚从两山之间沟底通过，准备占据路两侧的制高点，敌人就将部队拦腰切断，并猖狂叫嚣："这一回你们再也跑不出来了！你们就是飞毛腿，再能打也跑不出这方圆 60 里的包围圈！"

这一仗关系我军生死存亡。为了突出重围，我一面指挥部分兵力在正面迷惑敌人，一面命令七团七连从侧翼迂回，攻占敌制高点。该连在王挺基连长的带领下，利用晨雾攀上悬崖，似天兵突然出现在敌人面前，用仅有的 5 枚手榴弹（其中一枚还不响）和只有少量子弹的 5 挺轻机枪，将扼守在江家山顶对我威胁最大的敌一加强连全歼，并缴获了敌人的通信联络信号，从而在敌人的包围圈中占据一个重要支撑点。我们利用敌人的联络信号，以假乱真，边打边走。傍晚时，从汗家垭子向千家老林突围。途中，部队几次被敌阻截冲散，又几次在约定地点会合。我指战员以"压倒一切敌人而绝不被敌人所屈服"的英雄气概，经过三天三夜的浴血奋战，终于胜利地突出重围。然而，部队唯一的电台被打坏，与上级和友邻部队失去了联系。

2月下旬，正当部队在荆当远地区继续与敌周旋时，王树声同志派联络员给我送来一封信，信中说："经中央批准，我和刘子久等人即日化装北返，张才千已率四团过长江找李人林部，今后你同党中央直接联系。现在敌人集中全力对付你，日后如何行动由你自定，望保重。"我立即召开干部会议传达了王树声同志的信，并对部队今后行动方向做了研究。大家认为，大别山是我党坚持武装斗争的老根据地，群众基础和地理条件较好，目前已成为敌人控制比较薄弱的地区。为摆脱四面围追堵截之敌，会议决定：再渡汉水，重返大别山。同时，为便于指挥，将部队编为2个大队，加上3个直属连和机关约1000人。

汉水是一道天然屏障，敌人妄图借此阻止我部东渡，在河两岸加强防守。3月初一个夜晚，部队以强行军抵钟祥县石牌以南汉水西岸。侦察连找来了一位老渔翁，这位老人的独子不久前送二旅五团过河时被敌人杀害。当他听说我们也是当年的红军时，立即用他隐藏的一只小木划子，载着我两名作战勇敢有经验的同志，趁夜幕划向对岸，在敌人眼皮底下巧妙地弄到一条船。有船就是胜利。我们很快地渡过去一个连，将敌一保安队全部缴械，又夺来6条大船，赶在敌追兵到来之前，将集结于西岸的部队全部安全渡过汉水。为了表示对老渔翁的敬意和对他死去儿子的抚恤，我们给了他30块银圆，并嘱咐他赶快隐蔽，以免再落敌手。

二渡汉水的成功，是我军由被动变为主动的转折点，从此踏上了夺取新胜利的征途。

二

二渡汉水后，部队沿途击溃阻截之敌，经京山、随县、安陆、礼山等地，在七里坪以北郭家河地区，遇到原二旅五团失散的人员。据他们说，五团不久前在该地区受敌袭击被全部打散，我们便收容了该团少数人员，于3月中旬经麻城、商城进入皖西立煌（现金寨县）。曾几何时，康家山战斗中敌六十六师致电武汉行营，声称业已全歼的鄂西北我军，仅月余光景，又奇迹般地出现在大别山区。

这时，湖北保安十团等敌人在我背后紧追不舍，妄图消灭我们。一天清早，部队行军至金寨县南的吊桥崖，这里群山环绕，一条流溪横贯山前。部队过溪时，许多同志因溪底苔滑而摔倒。这使我从中得到启示：我们的战士摔倒了能爬起来，我要叫敌人摔倒了再也爬不起来，利用这里的有利地形打敌人的伏击。具体部署是：以弹药较多的两个警卫连为火力队，一大队为突击队，二大队在山右侧准备石块圆木，侦察队对该地区实施封锁。为打好这一仗，我们对部队进行了政治动员，使指战员明确此仗的成败直接关系到部队的生存和能否立足大别山。我们在山腰一户地主家里弄到肥猪和粮食，中午指战员们吃了一顿饱饭，于下午2时进入设伏区域。片刻，敌人露头了，800余人在狭窄的山道上像蚂蚁群似的爬行。待敌大部进入我"口袋"后，猛烈的枪弹、手榴弹和无数的石块圆木突然倾泻敌阵，我指战员犹如猛虎下山，奋勇杀敌，把敌人打得晕头转向，乱作一团。我仅用不到1小时，就以轻伤1名的代价大获全胜，歼敌两个营和一个团部，缴获迫击炮2门、重机枪3挺，各种枪械250支，子弹数万发和大批军用物资，特别是缴获了美式电台1部，为恢复与上级的联系提供了条件。几天后，部队又在霍山漫水河、岳西大岗岭相继击溃和消灭尾随跟踪的敌湖北保安团一加强营及英山县保安自卫中队。

我军初到皖西，连战皆捷，狠狠打击了敌人的气焰，解决了部队自鄂西北转战以来弹药不足、物资奇缺的问题，进一步鼓舞了士气，增强了指战员坚持敌后斗争的信心。部队打胜仗的消息很快传遍四方，老百姓纷纷传说："当年的红军又回来了！"中共皖西工委获悉后，派人到黄尾河与我们联系。3月27日下午，工委书记桂林栖带领的皖西游击大队在潜山县大佛寺找到我们。经他们建议，部队转移到潜山县后冲休整。

在后冲我主持召开了领导干部联席会议。双方介绍了情况，研究了坚持和发展皖西革命斗争的若干问题。当时，由鄂西北转战到皖西的部队，有两个大队（各有三个建制连）、三个直属连、一个干部队。一大队由三旅七团组成，二大队由警卫部队及其他部队混编组成。这支部队共有940余人，其中干部约200人（包括后经地方党组织护送到苏北根据地的张力雄、张秀龙、汪乃贵等5名旅职干部），战斗骨干多，武器较好，有战斗力。皖西工委在白色恐怖下，依靠群众，扎根群众，保存了骨干，在潜（山）、舒（城）、桐（城）等县交界山区进行隐蔽的游击斗争。

根据上述情况，会议决定实行统一领导，成立皖西人民自卫军和临时党委、临时指挥部。我任司令员，负责全面工作，侧重军事指挥；桂林栖任政委，并分管地方党组织及群众工作。会议还确定保留原皖西工委及下属组织。会后，为尽快沟通与上级电台联系，我们派两名营职干部将密码送往邯郸。

后冲会议解决了党在皖西地区的统一领导问题，为部队坚持皖西斗争、创建和发展敌后根据地、迎接革命高潮的到来奠定了基础。

## 三

后冲会议后，部队开始了开辟皖西根据地的新战斗。为了主动配合主力粉碎国民党对我解放区的"重点进攻"，我们确定了以皖西为重点，重建大别山根据地，长期坚持斗争的方针，即：放手发动群众，发展地方武装，主动出击歼灭敌人，扩大游击根据地。

我们以皖西工委活动地区为基本区：将孔令甫、梁诚二大队配置在岳（西）、霍（山）地区（岳西县以北）；钟大湖、张伟群皖西游击大队配置于舒（城）、桐（城）等地；胡鹏飞、何德庆一大队作为全区机动作战的拳头，主要活动于潜（山）、怀（宁）、太（湖）、岳（西）各县。我们运用毛主席各个击破敌人的思想，抓住敌地方武装各自保存实力的弱点，采取先近后远、先内后外的战术，首先将游击根据地中对我发展阻力大、对群众危害大的敌据点拔掉。五六月，连续攻克潜山源潭铺和痘姆、怀宁石牌镇、舒城庐镇关、六安毛坦厂等敌重要据点。石牌镇是敌后方屯集军粮、转运兵员的重镇，部队夺取该镇，将敌储存的十几万斤粮食分给了当地群众；攻打毛坦厂，缴获了一批缝纫机，为后来我军缝制夏服冬装提供了物质条件。七八月，我们以胡何大队为主，向山外实施机动作战，由潜山一直打到宿松县境，攻克望江县城。相继在石牌（第二次）、项岭、王家岭、野人寨、黄泥岗、徐家桥、趾河、五河等地与敌交战，均获胜利。同时，将岳西县敌区、乡公所大部拔除。孔梁二大队、钟张大队分别在岳、霍和舒、桐等地，积极配合一大队袭扰打击敌人。在短短的5个月间，我军累计大小战斗50余次，杀伤敌3500余人（包括敌正规军、保安团、自卫队），缴获各种枪械 1700 余件和大批军用物资。

我军连续战斗的胜利，使皖西形势大为改观，突出地表现在游击根据地和地方武装的扩大，西面的根据地原只有潜山县源潭、槎水、黄柏几个乡，后扩大到岳西县五河、太湖县黄泥岗在内的纵横 100 余公里、连接成片的二十几个乡。部队有了较稳固的后方基地，行动更加自如。我们在主动歼灭敌人的同时，还派出大批干部和若干小分队，到各县宣传群众、组织群众，积极发展地方党组织和地方武装，将战斗中缴获的部分枪支弹药拨给各游击队组，使有的区由原来仅十几个人的游击小队，发展成为 100 余人的队伍。有的县还建立了乡小队、区中队、县大队构成的三级地方武装体制，成为配合主力作战、保卫新生的民主政权的骨干力量。

我们在皖西沉重打击了敌人，迫敌撤出了十几个据点，龟缩于各县城附近；乡下恶霸地主纷纷逃进城里；社会上层人士逐步向我们靠拢，白色恐怖的局面被扭转。同时牵制了敌人，使驻扎在合肥的桂系部队迟迟未能北移。几经蹂躏的老苏区人民从胜利中又看到了希望，对部队严格遵守三大纪律八项注意，给养补充主要向地主老财筹款和从缴获中自行解决的做法倍加赞赏，特别是实行了减租减息、取消苛捐杂税、开仓济贫的政策，激发了群众的革命热情，群众积极支援子弟兵，对根据地的巩固和发展起了重要作用。

8 月初，根据形势发展需要，部队实行统一整编，成立了 3 个支队。一支队由原一大队及新组建的潜、怀两个县大队组成，支队长胡鹏飞、政委何德庆、副政委刘秀山、参谋长张有道，下辖 4 个大队；二支队由原二大队和新发展的游击队组成，支队长孔令甫、政委梁诚；三支队由原皖西部队组成，支队长钟大潮、政委张伟群。3 个支队共 4000 余人，分别活动在六安、霍山、岳西、太湖、潜山、桐城、舒城、宿松、怀宁等县。随着根据地的扩大，又成立了 3 个分工委，书记由各支队政委兼任。为了巩固和发展根据地，集中力量打击敌人，我们以一支队为基础组建了第三十七团（2200 人），团领导暂未确定，由一支队直接指挥。

这次部队整编是当时皖西革命形势发展的标志。在几个月时间内，形势发展得如此之快，是我们事先没有预料到的。这是我们遵照党中央和毛泽东同志创建根据地的一系列方针政策，依靠地方党和老苏区人民，坚持大别山独立作战的必然结果，它为刘邓大军南下皖西创造了有利条件。

# 四

1947年8月底，部队拔除岳西县清真、王河等敌据点后，进至储家冲休整。一天，我们从国民党报上看到刘邓大军南下大别山的消息，即以电台用约定密码进行联络。次日凌晨，机要科科长张确兴冲冲地送来了我军邯郸指挥部的电报：

"刘邓大军在羊山集一举全歼敌宋瑞柯整编六十六师，现已南下东至六安，西抵麻城。三纵陈锡联司令员即派侦察连到帽顶山与你们联系。"

这是部队自康家山战斗以来第一次与上级取得联系，使我们心情异常激动。正在这时，侦察员急返报告：安徽保安团一个营纠集岳西、潜山敌县大队共600余人，分兵三路对我偷袭。话音未落，枪声四起。我立即组织部队迎敌，并将电报的精神迅速传达给部队。指战员们喜获佳音，斗志倍增，决心用战斗的胜利迎接刘邓大军到来。战斗中我一支小分队穿插至敌背后，抢占制高点，向敌发起攻击，使我军变被动为主动，迅速扭转战局，造成敌腹背受击。经过一个多小时激战，俘敌200余人，缴获长短枪近300支、子弹数万发。

翌日，我率一支队在霍山城与三纵阎红彦副政委带领的部队会合，两支部队一片雀跃欢腾。随后，我们根据当时的敌情，对如何配合作战等问题进行了研究。当得知三纵伤病员多，缺少棉衣、经费时，我们即将部队准备过冬的部分棉衣和经费支援了他们。

9月上旬，一支队由北向南，奔袭攻占岳西县城后，第三次拔除敌据点石牌镇，继而攻望江（第二次）、捣太湖、占徐桥、取华阳，以摧枯拉朽之势连克数城，共毙伤敌1000余人，宿松守敌慑于我军威，弃城西窜。

这一时期，在临时指挥部的统一部署下，主要加强党的组织和各县民主政权建设，广泛发动群众大力支援子弟兵，掀起了参军支前的热潮。

11月上旬，在太湖县刘家畈，刘伯承、邓小平同志听取了我和桂林栖关于皖西军政情况的汇报。当我谈到曾派干部送密码一事时，刘伯承司令员说："密码本收到啰，我们和中央知道你们到皖西来了。从鄂西北一路打到皖西，与在这里的同志一起在大别山坚持下来，远离解放区独立作战，是很艰苦的。我们在向大别山进军时，也将你们战胜困难的事迹向部队进行了宣传。"

第二天，野战军司令部在刘家畈召开由三纵领导和皖西部队支队以上干部参加的会议，总结经验，部署工作。刘伯承、邓小平同志再次对部队进行了勉励。决定成立皖西区党委，并从三纵各旅分别抽调一个团为骨干，以皖西部队活动地区为基础，组建皖西军区，建立3个军分区，将分工委改为地委，对原皖西人民自卫军的干部也作了安排：一支队何德庆、胡鹏飞调三纵七旅分别任副旅长、参谋长；从三纵调陶怀德、张力行、温思生分别任三十七团团长、政委、政治处主任；二支队孔令甫、梁诚分别任第一军分区司令员、副政委，刘秀山任第一专区专员；三支队张伟群、钟大湖分别任第二军分区政委、副司令员。桂林栖任皖西区党委副书记、皖西军区副政委兼区党委宣传部部长，调曾绍山、彭涛分别任军区司令员、政委，我则调任三纵副司令员。还决定三十七团调三纵七旅，后因皖西军区多次要这个团，经野司批准，三十七团又归属皖西军区（该团在大军渡江作战后，编入三兵团十军三十师，番号改为九十团）。从此，皖西部队4000余名指战员汇入到刘邓大军征战南北的滚滚洪流。

从中原突围到转战鄂西北，开辟皖西根据地，我们这支部队，纵横驰骋数千里，进行了极其艰苦卓绝的斗争。在那"敌军围困万千重"的岁月里，刘化棋、李克宽、郭怀玉、江家银、吴茂德、赵良易、张小河等团、营、连干部，以及许多没有留下姓名的指战员，英勇地献出了他们的血肉之躯。广大指战员发扬我党我军的光荣革命传统，凭着坚定的革命信念，顽强的斗争意志，无畏的献身精神，勇敢的战斗作风，过了一次又一次的艰难险阻，经受了一次又一次的严峻考验，夺取了一个又一个的胜利。事实证明，我们这支部队是党培育的拖不垮打不烂的队伍。

原载陈忠贞主编：《皖西革命回忆录》第三部《解放战争时期》，安徽人民出版社，1991年，第45～56页。

# 从鄂东转战到皖西

◎ 熊作芳

    1946 年 6 月下旬，中原军区独立第二旅掩护中原主力部队向西胜利突围后，即分路突围东进，于 7 月中旬到达皖西地区。在与二师、七师留在这里的兄弟部队会合后，共同战斗了 8 个月。这段历史虽然已有 40 多年了，但当时的一些情景还历历在目。

    1946 年 6 月，国民党调集 30 万军队，将我中原军区部队层层包围，压缩在鄂东宣化店地区，妄图一举消灭。为了粉碎国民党的企图，中原军区遵照中共中央指示，决定在敌人向我发起总攻击前提前突围，并决定第一纵队第一旅（皮定均旅）和独立第二旅掩护主力突围。

    6 月底，在掩护主力部队胜利突过平汉线后，独二旅即从禹王城地区分途向东突围。7 月中旬，各路部队经过多次战斗，先后到达预定会合地岳西县冶溪河地区。这时，定滁全县总队独立营教导员程一湘带的一个连和七师留在大别山坚持的连指导员刘健民带的一个班，也到冶溪河附近同我会合。随后，皖西工委派去寻找五师的一个连，由独二旅团长王兴发和七师连长张有道带领，也从桐山冲来到冶溪河同我们会合。

    部队到达冶溪河后，我们即将以上情况和准备继续东进苏皖解放区的打算，分别向中央、中原局和中原军区做了汇报。次日上午收到中原局祝贺突围胜利的复电。下午旅党委即召集团以上干部开会，动员布置东进。正开会时，接到中央来电，内容大意是：你们胜利突围很好。部队到齐后，留在大别山坚持，将部队彻底分散，进行广泛的游击战争，以营、连、排为单位行动，甚至必要时可派部队到长江以南活动，并以张体学为书记组成鄂皖地委，统一领导大别山区的斗争。

根据中央电报指示精神，旅党委研究决定，将部队和地方干部分散到皖西、鄂东、豫南等地区坚持斗争。根据斗争需要，拟在蕲（春）黄（梅）广（济）、黄冈、皖西、经扶（现河南新县）四地区分建中心县委；将四、五、六3个大团改编为6个小团，另以旅部特务营和程一湘带来的一个连编成特务团。干部的去向是参谋长李继开同我到皖西；四团的两个小团由旅长吴诚忠、政治部主任余潜带领到蕲、广，必要时派部队过长江；六团的两个小团到黄梅、太湖；潜山、岳西、舒城、桐城、六安等县已有二师、七师的游击队，如果那里的武装力量不足，可抽一个小团去五团的两个小团中，一个小团到黄冈找漆少川，由政委张体学、副旅长何耀榜率领五团的另一个小团先到蕲、黄、广地区，把留在该地区的干部安排组织好后再去黄冈，如果情况不允许，就先到皖西找我会合。同时决定以张有道所带的连组建成鄂皖边独立游击大队，张有道为大队长，以鹞落坪为中心开展活动，拟在该地区建立一个联络点。

这时，情况比较紧张。除原来跟追我旅的敌人外，原追击皮定均旅的敌人被甩脱后也转而堵截我们，计有敌第七军、四十八军、七十二军所部及鄂皖边各省、县的保安部队等。因此，在冶溪河期间，中央不断来电告以敌情，指示我部分散行动。

在冶溪河我们与尾追的敌人打了一仗，击溃川军第七十二军一部，抓获一些俘虏。随即，六团即向黄梅方向行动。四、五团和旅部根据当时情况只好继续向东转移。我们边走边打，几乎天天遇到敌人，随时都要准备打仗。这样，我们独二旅共牵制敌正规军8个旅、10个保安团，坚定而有效地执行了中央赋予的"牵制敌人"的正确方针，为主力部队的战略行动提供了有利条件。

8月上旬，部队转战到太湖县大竹岭，在与敌人打了场遭遇战后，旅部分别召开了干部、战士大会，向指战员进行了分散行动的动员，讲明中央决定留独二旅坚持大别山游击战争的重要战略意义，对在冶溪河做出的决定进行了具体部署。然后，旅领导干部分头带领部队出发。

我和李继开率领旅直的警卫营二连和一个警卫排、一个侦察班及部分警卫人员，还有 29 名地方干部，加上同我们一起行动的程一湘带的一个连和刘健民带的一个班，总共 300 多人，携带电台一部，行动到太湖大竹岭东南广福的山沟出口处，就与一个师的敌人遭遇了。我当即命令团长王兴发、营教导员方敏带警卫二连阻击，命令警卫连副指导员张凯辉带警卫排从左边翻过高山（竹麻尖）为大部队开辟一条通道。经过一场激战我们才冲出重围、继续前进。但王兴发、方敏带领的一个连被敌截断，伤亡较大，电台发报机也被打坏，他们剩下的人员返回鄂东。第三天，我们到达太湖县薛义河时，敌军两个团的兵力又封锁包围了我们。我见敌人一个团的兵力占领了薛义河东边的横山梁，从南向北运动，企图阻我渡河，便命令部队迅速跑步下山，以一个排兵力强渡，首先抢占了河对面的制高点，用机枪牵制住敌人，掩护部队乘机过河，再向东北方向突围而去。敌人一直追到潜山县天柱山后，我们才把敌人甩掉，于 8 月 13 日到达潜山县后冲皖西工委所在地。这时，我们只剩下 200 多人。

到后冲后，刘健民同志立刻派人送信给皖西工委的钟大湖、张伟群同志。第三天，钟、张派手枪队员把我们接到了孔士坊他们的住处。见面后，我先请他们看了中央的电报指示，然后传达了独二旅党委对执行中央指示的打算。随后，同他们共同分析了斗争形势，认为国民党军队将会对留在大别山的部队加紧进行"围剿"，坚持斗争的任务将是艰巨的。我们的方法是遵照中央指示，将部队分散，广泛地开展游击战争和隐蔽地做些群众工作，建立若干个隐蔽的工作点。至于一些具体问题，待张体学来后再研究决定。在张未来之前，我们同二师来的部队与皖西工委一起活动。

当时，皖西工委和皖西大队已在皖西地区做了大量工作，为坚持敌后斗争打下了一定基础。我们一到，几个伤病员很快就被妥善安置在魏岭群众家休养治伤。事先经张体学同意到华东解放区找军部的李继开等干部，也都是皖西工委派地下交通员化装护送走的。由于有了群众工作关系和统战关系，敌人活动的情报我们很快就能知道，敌人三次"清剿"，有两次都能事先得到情报。这次二师、五师留下的部队会合后，大家都互相受到了鼓舞，增强了坚持斗争的信心和力量。

我到皖西 20 多天后，张体学还没有来，独二旅主力分散后的情况也不知道，心情十分焦虑。因此，我与钟大湖、张伟群商量，决定派张有道去鄂东寻找。9 月上旬，张有道带着 4 个侦察员和我给张体学的信上了路。从孔士坊出发后，为了避免与敌遭遇，他们避开大路，翻山越岭，攀悬岩，涉激流，夜行晓宿，闯过了敌人一道道封锁，通过潜、岳、太交界的大山区，终于到达鄂东英山地区。经过 10 多天的寻找没找到独二旅的主力和张体学同志，只好返回后冲。

又过了一段时间，张体学还是没有来皖西。我心里更是惦念，便又同钟、张、程商量，决定亲自带一个排去鄂皖边寻找。12 月上旬，我带着警卫排、手枪班、侦察班共 40 多人和程一湘一个连从魏岭出发。到皖山后将程一湘和一个连留在该地活动，等我们回来接应。为便于行动，我们夜间行军和访问群众，白天隐蔽休息。当时敌人仍在鄂皖边进行"清剿"，到处张贴布告，散发传单，悬赏活捉张体学。我们即使夜间行军，还是不断碰到敌人，只能边打边走，加上下雪，行走非常艰难，一直走了 10 多天才赶到蕲春、英山地区。找了好多地方，访问了许多群众，仍没有搞清张体学和独二旅的去向。因为敌人一直在追踪我们，只好又回返。

在回返途中，与程一湘会合。当晚，在一个小山村宿营，拂晓遭到尾追而来的广西军一个营的袭击。我们一面还击，一面从后门和窗口冲出，抢占了后面的小山。这次作战我们虽有少数伤亡，但终于摆脱了敌人。前后二十来天时间，我们才又回到魏岭。

而后，我根据当时的情况分析，估计张体学和独二旅一时来不了皖西，故在后冲与钟大湖、张伟群同志商量，为了更好地坚持斗争，需要加强对三支队伍的统一领导和指挥。经与钟、张反复研究，仍按华中分局关于将皖西大队扩建为皖西支队的指示。初步决定将原二、五、七师的部队合编，仍称皖西支队。我带来的干部本来数量较多，职务也较高，但为了解决皖西支队干部不足问题，同时又照顾大局，团结兄弟部队，我严格要求自己带来的干部，正确对待，服从分配。这些干部除少数同志去了鄂东和苏北外，留下的一些人分别到支队部和三个大队，警卫排没有动，手枪班则与钟大湖的手枪队合在一起活动。这样，我们既圆满地完成了整编任务，又有效地团结了兄弟部队。

整编后，为粉碎广西军对我桐潜山区游击队的"清剿"，张有道所带的二大队深入到山外平畈地区，采取"敌进我进"战术，袭击敌人据点，以牵制敌人。有一次，在桐城新安渡以南的安合公路上设伏，活捉敌怀太师管区中将司令张凌云等 6 名将校军官，缴获一些武器和钱物。这一胜利，打击了敌人，鼓舞了群众，扩大了我军的影响。后来，支队召开大会表扬了他们的行动。一、三大队提出了向二大队学习的口号，积极开展武装斗争。

春节刚过，桂林栖同志从苏北回到皖西，还带来二三十名地方干部和一个警卫排。桂回来后，我们进行了多次交谈。他谈了全国解放战争的形势及华东、苏北战场的情况以及他来的经过，并说华东局要他转告我独二旅遭受了些损失，剩下的人员都在鄂东、豫南一带隐蔽活动。张体学同志已经中央批准离开大别山经南京中共办事处转到华北解放区去了，因此，要我不要再去找独二旅了，留下来与当地同志一起领导皖西的工作。皖西有从三个师来的部队，要注意做好团结工作，并注意和独二旅留在鄂东活动的游击队取得联系，以便指导他们的活动。

通过交谈，决定开两个会，一是开一个由桂、钟、张、我和张有道五人参加的小会。会上，桂林栖同志传达了华东局对皖西斗争的指示及过来的经过情况；钟、张汇报了桂林栖走后和我们到皖西后的一些情况。二是开了县委书记、大队长和随我们行动的连以上干部参加的大会。会议主要内容是由桂林栖介绍全国解放战争的形势和他来时华东局国区工作部对坚持大别山斗争的指示，以及坚持大别山斗争的意义，并宣布正式成立岳北、潜太、舒六三个县委和桐庐、庐北两个工委及干部配备。

我和桂林栖同志一起活动了近20天时间后，向他提出去华东局一趟，主要是想去了解独二旅的情况，向华东局要一部电台，组织研究后同意我去。为了安全起见，决定选派秘密交通员何东初带上警卫员舒成友同我一道去华东，走时还通过关系在国民党乡公所开了路条，说是做生意的。

3月中旬，我从潜山县的后冲出发，经过安庆地下交通站坐船到了南京交通站，再经上海地下联络站安排，取道海上到了山东，找到华东局。华东局领导高度赞扬了大别山区的游击战争，鼓励我们说，你们在大别山以500人牵制大量敌人，起到5000人甚至5万人的作用，对整个解放战争的胜利是有贡献的，并由国民党统治区工作部曾希圣部长办理我回大别山的事。十几天后，曾希圣对我说，电台已在上海买到，拟运到安庆交通站，并派原由我从鄂东带到皖西的县委书记姚去非带两个译电员先去大别山，然后叫姚去非回山东接我们。约过了一周，苏中军区来电报，说姚和译电员在皖西西岭保公所被敌人抓获，译电员逃到苏中，姚去非下落不明。于是华东局领导叫我不要经上海回去，可到山西找刘邓大军。这样我便经邯郸、晋城等地，随由原五师部队改编的十二纵转回到大别山，被留在鄂豫军区工作，开始了新的战斗。

原载陈忠贞主编：《皖西革命回忆录》第三部《解放战争时期》，安徽人民出版社，1991 年，第 57 ～ 63 页。

# 坚持中原斗争的日子

◎ 曾玉清

1945 年 8 月 19 日，日寇宣布无条件投降后，蒋介石匆匆忙忙地从峨眉山下来，打着所谓"恢复交通""接受日军投降"的幌子，直接向我各解放区发动进攻。我中原解放区地处战略要地，是解放区的门户，首当其冲遭到蒋军的疯狂进攻。

我中原军区部队，为了保卫人民抗战胜利的果实，进行了半年之久的自卫反击，先后解放了桐柏、新野、枣阳、襄樊、唐河、光山、汝南等城镇，给了反动派以沉重打击。后来由于蒋军向我进攻日益加剧，我军由平汉路以西的桐柏山区，越过平汉路，向东转移到大别山区的宣化店、泼陂河、白雀园。

1946 年 1 月，朱德总司令根据毛主席和蒋介石在重庆谈判达成的停战协定，发布了我军停止一切军事行动的命令。

正当全国各地人民欢欣鼓舞，庆祝国共两党达成停战协定之际，蒋介石却调集了 30 万军队，将我中原军区重重包围，并在我军驻地周围日夜增修碉堡工事，构成了七道严密的封锁线，妄图困死我中原抗日有功的部队，达到其消灭中原部队的罪恶目的。

为适应新的情况和任务，中原军区决定，将主力部队整编为中原野战军，随时准备机动作战。

我团原为新四军第五师十四旅四十团，整编为一纵队一旅第三团。我仍任团长，黎光任政委，青雄虎任参谋长，赵绍明任政治处主任。我团在旅首长的领导下，担任白雀园（旅领导机关驻地）以北双轮河阵地的防御。

旅首长在给我团下达这一任务时强调指出：你们三团是在大别山地区成长壮大起来的，长期在这里打游击，情况比较熟悉。双轮河是商城、潢川等地进入大别山的必经之地。当面之敌有国民党第四十七军、第七军、第四十八军等部队，随时都有向我进攻的可能。现在把双轮河一线的主要防御任务交给你们，这是对三团指战员的信任，也是你们的光荣！

我们领受任务后，立即召开了营以上干部会议，传达上级的指示，并特别强调了双轮河的阵地防御，不管敌人从哪个方向来，我们都要坚决顶住它，消灭它！

根据敌情和任务，我们很快完成了防御部署：一营担任右翼阵地防御，三营担任左翼阵地防御，二营居中担任正面防御，并视情况左右机动。各营进入阵地后，根据双轮河地区的地形特点，用了两个月的时间构筑了防御工事，形成了野战防御体系。一开始，我们处在与敌人对峙阶段，还比较平静。随着时间的推移，到了三四月间，敌人便开始嚣张起来，不断在我前沿阵地寻衅，制造事端。

有一天，敌人借口我侦察员越过他们阵地搞情报，居然在我二营的防御阵地正面，集中了一个多营的兵力，偷偷向我二营阵地运动，准备发动突然进攻。我发现这种征兆，即令二营指战员秘密做好战斗准备。同时，按预定的作战方案，令一营从右插入敌侧后，断敌后路，三营在左翼相机侧击。

一营打响后，我二营在营长支永胜、教导员汪德修指挥下，副营长孙传永（孙华山）率四、六连突然从正面出击，对敌形成了前后夹击。敌人没料到我们有这一招儿，当发现其后路被切断已成为瓮中之鳖时就慌了手脚。正当来犯之敌欲进不得、欲走不能的时刻，我们的轻重机枪、迫击炮一齐开了火。冲出战壕的勇士们，与敌人短兵相接，白刃格斗。经过数小时激战，除部分敌人夺路逃跑外，其余全部被我消灭。这一下子，狠杀了敌人的嚣张气焰，我团阵地一寸也未被侵占。

自1—6月长达半年之久的坚守中，我们和其他兄弟部队一样，除不时同敌人进行反蚕食、反包围作战外，还要与贫困饥寒作斗争。在此期间，敌人一面向我连续地袭扰进攻，一面在周围严密封锁，禁止粮食、布匹等物资进入，造成我军严重缺衣少食的困境。

我们团部驻扎在白雀园北面的陈家畈，周围耕地有限，村庄又稀又小，群众很少的一点余粮，早已支援了部队。因此，筹粮困难极大。为了减轻当地人民群众的负担，我们团党委规定，所有部队都要订出严格的生产节约计划，并将每日三餐改为两餐，上午吃干的，下午吃稀的；多吃稀的，少吃干的。同时，还号召"要靠山吃山，靠水吃水"，"向高山要烧的，向河沟要吃的"。

指战员们都自觉响应号召，积极行动起来，上山打柴、开荒、挖野菜；下河沟、稻田摸田螺、捉鱼虾；天下雨了，就去荒坡、田埂上捡地耳、采蘑菇。最辛苦的是那些捞鱼虾、打柴的同志们，他们堵堰抽水，用绳子牵着吊桶，一桶一桶地抽，浑身上下被泥浆溅得像泥人一般。打柴的同志，不怕山高路远，每次回来全身汗水像雨淋一般。他们弄回来的水产和野生食物，因缺油少盐，只能凑合着吃。不过在当时还是非常可口的。

有一天，我们获悉驻地东南方 10 多里的山沟里有一户财主，家里囤积很多粮食。团政治处与财主协商办好买粮手续之后通知部队，除担任阵地警戒的连队外，其余人员全去扛粮。同志们说要运粮食，一个个高兴得跳起来，有的拿着粮袋，没有粮袋的就拿裤子或被单，浩浩荡荡地整队出发了。

部队很快来到这个只有十多户人家的小村子。领队的同志办好买粮手续，大家按照顺序有条不紊地装完一组走一组。指战员们满载而归，情不自禁地唱起了歌儿："大别山区真正好，艰苦日子我们熬，为了民主争自由，反对内战要记牢。"那次筹借的粮食虽然不多，但作为突围前的准备，还是很有意义的。

在艰苦求生的日子里，部队始终保持着高度的戒备状态，时刻注视敌人的动向，在解决生活困难的同时，仍然坚持军事训练，进行时事政治学习，部队的情绪始终十分饱满，为粉碎蒋介石围歼我中原部队的阴谋和胜利突出重围做好了充分的准备。

原载《铁流千里》编写组：《铁流千里——中原东路突围纪事》，四川人民出版社，1986 年，第 11 ～ 14 页。

# 不平常的春节

◎ 罗耀星　王建民

　　春节是我国人民的传统节日，人们对它有着美好的记忆和热情的向往。每逢春节到来，家家户户贺新春，喜气洋洋，辞旧迎新。

　　回溯 40 年前（1946 年），我们中原军区一纵队第一旅，在河南光山县白雀园度过的那个春节，更是一个不平常的春节。当时全国人民经过浴血奋战，终于取得抗战胜利，国共两党经过重庆谈判，签订了《双十协定》，它是我们经过长期艰苦斗争而赢得的第一个和平春节。

　　但是，当春节来临时，我们却处在国民党军队的包围之中。虽然"停战令"于 1946 年 1 月 13 日发布了，可是"停战令"的墨迹未干，蒋介石便命令他的军队，在我白雀园防区周围恣意挑衅了。尽管形势紧张，处境困难，生活艰苦，但全体指战员都以革命乐观主义精神，准备过一个欢乐的节日。

　　旅首长理解战士们的心情，决定抓紧暂时停战和平的时机，把春节过得更有意义，既要活跃部队生活，稳定思想情绪，又要广泛进行宣传教育，加深军民情谊。郭林祥副政委说："机关连队都应利用春节普遍组织军民联欢，宣传活动要造成声势，以群众喜闻乐见的文艺形式，广泛宣传我党我军保卫和平、反对内战的主张，揭露敌人假和平、真内战的阴谋，在生活上要保证指战员吃好，可以用生产费买点花生、糖果；一、二团北方人多，可以吃顿饺子。"方升普副旅长说："搞文艺活动，领导要带头，我看踩踩高跷倒蛮有意思。"皮旅长和徐政委接过话说："那你老方和老张（指旅参谋长张介民同志）就带头踩吧。"方副旅长说："徐政委身体弱一点就算了，老皮还要上。"徐政委却说他也要踩高跷，只是化装上街他干不了。这样，一支像样的高跷队首先在旅首长和司令部里组织起来，随后，政治部、供给部和连队也闻风而起。于是，跑旱船、耍狮子、舞龙灯等也陆续组织起来，并进行了认真的排练。

2月上旬，大家盼望的春节终于来到了。那天，风和日丽，碧空如洗。这支万花如锦的游行队伍，浩浩荡荡地在"热烈欢呼停战令颁发""坚决拥护《双十协定》""保卫和平，反对内战"的巨幅标语引导下，在雄壮的军号声中，按司令部、政治部、供给部的顺序，向白雀园街头走去。高跷队走在最前边，阵容十分壮观。方副旅长浓妆艳抹扮作穆桂英，张参谋长扮成地主土老财，作战科科长许德厚扮成花枝招展的樊梨花，侦察科副科长杨斌廉化装成丑老太婆，参谋罗耀星穿着道袍、挂着胡须，扮成八仙过海中的吕洞宾，不少警卫员、通信员和老战士扮成五花八门的小生、花旦、小丑，有的还扮成丑汉奸、特务，等等。高跷队进入街头，群众喜笑颜开。他们将早已准备好的鞭炮，噼里啪啦地放了起来。大街上人山人海，锣鼓喧天，高跷队随着锣鼓的节奏，翩翩起舞，尽情表演。方副旅长踩着五尺高的跷，顺手接过政治部王建民制作的飞机模型，一手举到半空，他背后甩着一条大辫子，动作轻盈敏捷，前俯后仰，博得观众啧啧称赞，鼓掌喝彩，一些老大娘指着方副旅长和许科长说，这俩妮装化得真像，真是好看。不少年轻人也赞美说，他们从来没见过这样高的高跷，这么好的本事。娃娃们跑前跑后，不断拍手叫好。

高跷队后面是旱船、龙灯、狮子，还有技艺超群的单刀、双剑等技能表演。跑旱船的姑娘，一个是政治部通信员陈金海；一个是警卫员杜心亮，他们装扮得惟妙惟肖。撑船的老汉，是通信班班长尹立明，他边划边唱，形象生动逼真。

白雀园的群众深有感慨地说："俺们早盼望国泰民安，今儿可好啦，我们终于把和平盼来啦！"有的还说："这回蒋介石说话可得算数啦，他要再打内战，俺们决不答应！"

白雀园街上成了人的海洋，形成空前热烈的军民大联欢，也是一次军民反对内战的大示威。

白雀园演出后，大家兴趣很高，高跷队又到泼陂河纵队部，去向纵队首长拜年。

当我们在锣鼓伴奏下，出现在纵队首长面前时，首长们都欢笑起来。王树声司令员夸奖说："你们一旅真行，开了个军民同庆的好头！"还风趣地指着方副旅长说："好啊，你方升普竟成了现代的'巾帼英雄'啦！"代季英政委也满面笑容连连点头说："踩得不错，有点意思。"并叫警卫员传话，准备好好地招待大家，让高跷队尽情地表演一番。

当白雀园的军民正在欢天喜地地欢度抗日战争胜利后第一个春节时，蒋介石正磨刀霍霍，准备向我中原解放区发起进攻。不久，蒋介石的部队，在美帝国主义的全面武装和支持下，发动了"围歼"我中原军民的进攻。白雀园春节联欢的欢歌笑语，被蒋介石发动的内战炮声代替了。

原载《铁流千里》编写组：《铁流千里——中原东路突围纪事》，四川人民出版社，1986 年，第 15 ～ 17 页。

# 还　击

◎ 张静波

小界岭地处商（城）、麻（城）、新（县）边界，系鄂、豫、皖三省的交通要道，是历史上闻名的古战场。1938 年，日军曾由这里向武汉侧背进攻。历代战争，给这里留下了无数白骨和累累弹痕。而今，它却成了我中原军区的门户。1946 年初，我们一团就驻防在这里。国民党反动派为了消灭我中原军区部队，不惜一切代价要抢占这个战略要点，还扬言：共军不退出小界岭，就不能停战。

敌人不分昼夜在我对面山头上赶修工事，筑碉堡，设鹿砦架铁丝网，巡逻队不断向我阵地逼近。一场激战在酝酿中，并随时都可能爆发。

4 月 25 日拂晓，敌新编十三师约 7000 余人，从麻城福田河与两路口一线展开，向我一团一营一连和三连的阵地，三营七连的灵家山阵地、八连的陶家山阵地，以及营部驻地周家河发起进攻。战斗，首先在一营正面打响。为了反击敌人，一连指导员赵林冒着大雨，率领一排冲向敌人堑壕，战士们把两颗手榴弹塞进敌人碉堡，摧毁了敌人的火力点，一阵猛冲猛打，打得敌人乱了阵脚，慌忙向后撤退。但敌人在退至第二道防线时，却以密集火力向我射击。我 16 岁的新战士吴小妮和另一名新战士，在追击中都中弹牺牲。三连二排长宋银堂，也被敌人炮弹击中英勇捐躯。敌人以一个营的兵力多次从正面向我攻来均未得逞，但仍不死心，拂晓又向我三营阵地偷袭。敌人先头部队刚跨过分界线，被我前沿分队打了回去。接着，敌人又在炮火掩护下强攻，仅在我七班守卫的不足 100 平方米的山头上，半个小时就落下数十发炮弹。整个阵地硝烟滚滚，火光冲天。其时，一个外号叫"赛诸葛"的老战士，满脸尘土跑到三排长跟前说："排长，敌人的炮火很猛，咱们蹲在山头上，工事不坚固，要吃亏的。"他抖了一下落在头上的沙土，又说："应该派一个警戒分队伸到靠近敌人的树林里隐蔽，待敌人步兵接近我前沿阵地，他们的炮火向纵深延伸时，再迅速进入阵地，突然打他个下马威！"趴在旁边的史培成副连长，没等三排长答话，就抢先说："对，叫敌人的炮火来轰击山头上的石头吧！咱们不见兔子不放鹰！"

史副连长重新部署了兵力，规定了各种兵器的射击距离，又派出几个特等射手配属一挺机枪，隐蔽在阵地的侧面，专打敌人的指挥官和督战队，阻击敌人的机枪射手。

突然，山根响起了枪声和手榴弹的爆炸声。这是我们的警戒分队打响了。不大一会儿三排长朝山上跑来，向史副连长报告说："敌人的步兵像王八一样刚伸出头来就被我们打回去了，被打倒的足有30多人，我们一根汗毛也没少。"

太阳照射在山头上，敌人的攻击又开始了。同志们正瞄准已选定的目标，史副连长发出口令："要稳住，要打得准，打得狠！"指导员王刚接着说："对，不要急，不要过早惊动敌人，让他不敢前进，才能暴露他们的弱点。"

战士们悄悄地隐蔽在土坎后、弹坑里、被烧焦了的树根旁和草丛中，严密地监视敌人。敌人开始像乌龟一样地向前蠕动，接近200米、100米、50米了，还没有遭到我们的反击，以为我们早已被他们的炮弹炸光了，便无所顾忌地直起腰来。只听到史副连长一声"打！"，顿时几十颗手榴弹飞向敌群，步枪、机枪一齐开火，冲在前面的敌人被我们打倒了，督战队又驱使后面的涌上来，敌人依仗着人多，像潮水一样，一浪高过一浪地卷了上来。此刻，只听史副连长大喊一声"拼刺刀！"，顿时便杀声如雷，枪刺闪光，战士们猛地冲了下去，敌人吓得调转屁股向山下滚去。督战队拼命叫喊："不准退！不准退！谁退我崩谁！"啪！啪！"两枪将两个向后跑的士兵打倒了。在督战队的威逼下，敌人又涌了回来。这时，我们埋伏在阵地侧面的特等射手，"砰！砰！"两枪，就把敌人的指挥官和督战队队长打倒滚下了坡，其余的敌人便连滚带爬地退了下去，在我们的阵地前沿丢下了100多具尸体。

七八点钟以后，天渐渐阴沉下来，云层就像压在高山顶端。虽然已是4月天气，战斗一停，蹲在潮湿的战壕里仍觉寒气逼人，战士们穿的补丁摞补丁、去了棉絮的夹衣，又被树桩、石尖、弹片、刺刀撕得不能遮体，加上雨水、血水的浸泡，我们每个人都更觉得寒冷、饥渴。满身血迹的史副连长见此情况，即利用战斗间隙，抓紧时机重新调整战斗部署，大作动员。他见了老战士就拍拍肩膀说："准备好，下一次战斗还要看你们的！"见了新战士说："好样的，看着点，老同志怎样打你就怎样打。"在他的鼓舞下，阵地上又活跃起来了。一个河南籍的战士，拍了拍手中的枪托说："这一仗是小意思，就像大热天吃凉粉，还没尝着味就完了。"另一个战士很遗憾地对王指导员说："我的动作慢了一点，只干掉了两个，我要再快一点，就把敌人军官捅掉了。"一个外号"猴子"的战士也说："我们班长一冲锋枪就干掉 10 多个，我这步枪一下子只能干掉 1 个，弄了半天，才干掉 4 个。"

大家一边说笑，一边加紧修整工事。有的忙着在敌人尸堆里收捡弹药，个个心里都在盘算，下一次战斗中怎样才能打得更狠。

轰隆一声，一发炮弹飞来，砸到山头上。接着敌人的火炮便一齐发作了。炮弹不断地落在我阵地上，石块、弹片满天飞，震耳的爆炸声和尖锐的呼啸声响成一片。空气中弥漫着浓厚的火药味，山头在改变着地形，有几个战士被掀起的尘土埋在工事里。敌人的第三次进攻又开始了。七连正面的敌人，正向八连方向运动，看样子敌人是要集中兵力先攻八连阵地。

史副连长被压在炸塌的掩体下，他使劲挣脱出来，上气不接下气地喊："同志们，敌人的炮弹坑就是最好的掩体。"王指导员艰难地从土堆里爬起来，抖掉头上的尘土，用手擦着眼睛，大声地喊："同志们，这个山头被炸平，也是我们的，为保卫我们脚下的每一寸土、每一棵草，战斗吧！"他用手使劲地抹了一下脸上的血汗又喊："大炮不能解决战斗，我们要叫敌人活着上来，死着滚下去。"史副连长拿着望远镜朝山下一望，看到黑压压的一片敌人正往山上爬，便扭转头说："打仗不在人多少，要看我们打得巧不巧，各人选择好自己的战斗位置，看我的动作行动。"这时，每一个战士都聚精会神，瞪着眼睛死死地盯着敌人。

敌人排成三个三角队形，从三个方向，慢慢地向山上爬来。走在前面的人，抱着冲锋枪，腰里挂着一圈手榴弹，背上还背了一把大刀，看样子是敌人的敢死队。在每一个三角形的后面，队形越来越大，越来越密。当爬到山腰时，后面已连成了一片。快要接近我阵地前沿时，已形成密密麻麻的人群，不分梯次，不分队形地向山上涌来。当敌人离我前沿阵地还有七八十米时，三排长说："敌人太多，早点打吧？"史副连长用手往下按了按说："不要急，等一等。"敌人离我约30多米时，敌人的火力开始向纵深延伸射击，敌指挥官狼嚎般地喊叫着："给我冲，冲上山头1万元！"史副连长看准了时机，喊了声"打！"就端起挺轻机枪，站立着向敌群射击。战士们把几十颗手榴弹掷了过去。史副连长接着喊了声"出击"，便首先冲了下去。同志们也趁着手榴弹爆炸的烟幕，端着寒光闪闪的刺刀，一齐向敌群冲杀过去。喊杀声、枪炮声、刺杀声和嘹亮的冲锋号声，交织在一起，震得山摇地动，爬在前面的敌人一下子乱了阵脚，有的被刺倒，有的调转屁股往回跑，一批敌人倒下去，又一批敌人冲上来，就这样反复冲杀，谁也不知道冲杀了多长时间，谁也弄不清打垮敌人几次冲击。炊事班的同志也拿起扁担、石头、棍棒参加了反冲击。有的捡起敌人尸堆中的武器同敌人拼杀。敌人虽然陈尸遍野，但他们依仗人多，在督战队的威逼下，仍然成群地向山上涌。这时，史副连长急中生智，立即命令六班长和九班长各带几个人，从西侧向敌后插过去，以配合正面的冲杀。这一下可起了作用，敌人的后队乱了，前面的也垮了下去。敌人的第三次进攻又被我们打垮了。

八连与超过自己30倍的敌人多次冲杀，给了敌人以极大杀伤，自己也付出了一定的代价，人越来越少了，弹药也打完了，刺刀也弯了。正在此关键时刻，敌人又发起了第四次冲锋。只见史副连长大喊一声："掀石头砸呀！"一句话提醒了大家，满山的石块立刻滚将下去，敌人有的被砸破了脑袋，有的被砸断了腿，连人带石头一起滚下山沟。阵地上能搬动的石头都搬光了，就用枪托、棍棒、锹、镐、拳头和敌人继续拼杀。史副连长抓住一个军官模样的人，用两只铁钳一样的手，硬把他的两只眼睛抠了出来。这时跟在后面的通信员惊骇地问道："连长，你的脚跟咋啦？"他低下头一看，才发现自己的鞋子、袜子和脚后跟不知什么时候被火烧焦了。

八班一个机枪手，腿被打断了，仍趴在一块石头后面射击。几个敌人快要冲到他跟前，当卫生员去背他时，他猛力把卫生员推开说："快去同敌人拼啊！"他抱着一颗手榴弹，拉出了引线，一使劲滚进了敌群，"轰"的一声与敌人同归于尽。后来发现他的遗体周围有6个敌人的尸体。三班的特等射手，隐蔽在一块大石头后面，接连干掉5个敌人。突然，一梭子机枪子弹向他飞来，擦伤了他的脸，他顺手摘下帽子放到石头上，然后就地滚，滚到另一个石头后面。敌人的机枪仍在继续向他的帽子射击，他仔细地观察敌人，慢慢地伸出枪口，"砰"的一枪，敌人的机枪射手连机枪一起从土坎上滚了下去。

战斗停下来了，肚子开始饿得叽里咕噜乱叫。这时，我们才想起来，还是昨天下午吃了一顿稀饭，炊事班的同志们参加反冲击时，把桶、勺、铲也作为战斗武器打了出去。在三班的阵地前，还躺着一个敌人的尸体，头上还扣着一个饭桶，饭菜糊了他满身。

这次战斗，我们一、三营打得英勇顽强，旅、团首长非常满意，向参战连队表示慰问，及时给我们补充了弹药和粮食。后来，根据战局的发展，为了保存有生力量，旅、团首长命令我们撤出阵地，到犀牛望月山一线布防，去迎接新的战斗。

原载《铁流千里》编写组：《铁流千里——中原东路突围纪事》，四川人民出版社，1986年，第18～23页。

# 深入虎穴捉"舌头"

◎ 程广毅

## 二进潢川城

我旅（前身为豫西抗日独立支队）于 1945 年 10 月 1 日，奉命由豫西南桐柏山开往中原，当抵达豫南潢川县城的时候，上级将侦察潢川城敌伪情况这一任务交给了侦察排排长乔清和。乔清和挑选侦察员孟亿澡、郑才两人作为助手，于当天装扮停当，携带手枪顺利地混入潢川城。他们走东街、串西巷，查明了城中敌情，于黄昏时分正准备返回时，在紧靠城门的地方被敌保安团发现了。敌人派兵围追过来，他们三人分头迎敌，互相策应，机智地撤出了城。转眼又混了进去，东放一枪，西捣一阵，虚虚实实，变化多端，打得敌人摸不透底细。

夜幕降临了，三个侦察员凭借夜暗的掩护，打得更勇敢。乔清和边打边虚张声势："不要死的，捉活的，捉活的！"这叫喊声随风传播，好像城中到处是我们的人。敌人惊慌失措、自相残杀的枪声像炒豆般地响了起来。就在这时，乔清和不慎将脚扭了，只得撤出战斗，到城外的山坡休息。侦察员孟亿澡、郑才向乔清和说："排长，你休息着，我们俩再进城干他一下！"乔说："那好！你们快去快回。"他俩迅速摸进城去，见保安团的士兵正在灯光下打牌，便乘敌人不备，两支手枪瞄准敌人，一下子撂倒七八个，马上一溜烟似的跑了回来。

第二天，乔清和的脚好了。晚上，他们三人又化装为商人，再次混进了城。由于他们已知道保安团的番号、兵力、武器配备、官长姓名及活动规律，便径直向保安团的驻地走去。保安团因头天晚上的混战，一见他们三个进来，以为大队人马在后，犹如惊弓之鸟，慌慌张张地不敢应战。三个侦察员从前门进，敌人即从后门翻墙逃跑。宽阔的保安团大院瞬时空无一人。他们到处搜查，发现正屋墙上还放着步枪，厨房内摆着已杀好的五头猪和三只羊，笼子里肉菜俱全。他们把步枪上起刺刀，压上子弹，放在身边，然后饱餐了一顿。乔清和还在木牌上用粉笔写下九个大字："八路军到此，不许捣乱。"

## 报　税

5月上旬的一天晚上，一团侦察班长席纪武，带领侦察员段永怀、陈希居、赵志高化装成商人，潜入余集西南10余里的一个山村，隐蔽在村头一座破庙里观察。这里距敌人阵地不远，村西边紧靠潢川麻城公路。过了一会儿，只见有三个税务员打扮的人出现在破庙附近，侦察员们冒充商贩前去报税。未等税务员反应过来，席纪武就掏出手枪警告说："不许声张，跟我们到庙中来！"经盘查，原来他们是商城县税务局派出来收税的。这下可把侦察员们难住了。押着他们，没什么用处，放了他们，又怕走漏风声。后来，还是席纪武想了个主意，他说："我们不如借用他们的服装，扮作税务人员，这样便于盘查行人，了解情况。"主意一定，侦察员们就把三个税务员暂时捆绑起来，拴到庙内的桩子上，留下赵志高一人看守。

三个化了装的侦察员站在村口，见人便盘查。下午3时许，一个商店阔佬模样的人，带着五辆人推独轮车向席纪武他们走来，看那来头，不像一般的商人，侦察员顿时提高了警惕，陈希居迎上去要他们交税，阔佬模样的人快步走过来给席纪武递上香烟，嬉皮笑脸地说："老兄，都是自己人，来，请抽烟！"

席纪武一本正经地说："不管什么人都要交税，这是顾县长的命令。"

那阔者一听说顾县长，忙插嘴说："兄弟！我们主要是去搞情报的，顺便带点盐去敌占区装装样，可不是为了赚钱。不瞒兄弟说，我是国军一六二旅旅部副官，请诸位行个方便，交个朋友嘛！"

席纪武听他这么一说，将计就计地说起客套话："唉，原来是这样。理当！理当！不过这时天色尚早，你们过去容易被共军识破，不如在此休息一下，待天黑以后再走。"那副官见"税务员"为他出主意，满口答应了。可他做梦也没有想到这是我们的侦察员们想先稳住他，挨到天黑再收拾。

为了迷惑敌人，侦察员假献殷勤，帮他们找吃找喝。敌副官三杯酒下肚，便将他们旅的兵力及分布状况、长官姓名，毫不隐讳地说了出来。

正当敌副官说得起劲的时候，突然外面一声枪响，引起了骚动。原来被我们捆在庙内的税务员挣断绳子跑了出来，大声喊叫："抓共军！抓共军！"在场看守的赵志高制止不住，便朝着一个的腿上开了一枪。

枪声一响，席纪武使了个眼色，侦察员陈希居、段永怀同时掏出手枪，对准敌副官，严肃地说："我们是新四军，识相的老实点。否则，别怪我们不客气。"正说着，一个推车的家伙伸手要掏手枪，被段永怀一枪击中胸膛，倒在地上。陈希居也眼疾手快地缴了敌副官和两个敌人的枪。敌副官吓得浑身发抖，不知所措。席纪武提着手枪对那几个家伙说："听着！你们想活，就跟我们走，想死，就在这个地方！"敌人连连哀求："想活！想活！"

正当侦察员押着俘虏要出村时，突然一阵枪声大作，敌人从山头阵地上下来一个排，向他们猛扑过来。为摆脱敌人的追击，他们只好把敌副官这块肥肉丢掉了。但是，他们脑袋里装满了已经"缴获"的敌情，胜利地返回驻地，给首长和作战部队提供了可靠的敌情情报。

原载《铁流千里》编写组：《铁流千里——中原东路突围纪事》，四川人民出版社，1986年，第24～27页。

# 小界岭的早晨

◎ 郝振杰

　　小界岭的夜晚是深沉的。1946 年 6 月，中原大地战云密布，我部防区小界岭的正面，布满了国民党的广西军，敌人剑拔弩张，杀气腾腾，不断制造摩擦，并嫁祸我军破坏和谈。种种迹象表明：敌方将停战协定视如废纸，一场恶战即将来临。面对敌人的挑衅，我们的态度是针锋相对，寸土必争，在积极备战的同时，开展强大的政治攻势，揭露敌人破坏停战协定、妄图挑起内战的阴谋，瓦解敌人的斗志，扩大我军的影响。

　　天将破晓，小界岭上一片静寂，只有几只麻雀在灌木丛中聒噪。空气潮润清新，将喊话声送出很远很远。

　　一天的政治攻心战开始了。

　　"蒋军士兵们，你们拿枪杀自己的同胞，为蒋介石卖命，良心哪儿去了？！"

　　敌人阵地一片静寂，只听见"哪儿去了……哪儿去了……"的尾声在山谷中回荡。

　　"中国人不打中国人，玩火者必自焚！"我们又大声喊道。

　　敌人依旧没有回声，可能是出于恐惧，"哒哒哒……"从敌人方向传来一串枪声。

　　在开始的日子里，敌人就是这样以沉默和枪声回答我们。但是，我们知道，敌人的士兵正是在沉默中倾听着我们的喊话，敌人越是沉默，我们越喊得起劲。慢慢地，敌军官沉不住气了，他们大声斥骂着，不许士兵们听我们喊话。然而，也许是无济于事，也许是连他们自己也受到了感染，不久，便听不到斥骂声了。后来，喊话成了家常便饭，敌人也习以为常了，断断续续地还回喊几句。有几次，我们还未开腔，敌人已经先喊叫起来。最后，喊话还有了"联络信号"，每当喊话将要开始的时候，敌方阵地上"叭……叭……"地用轻机枪来几个点射，子弹从我们头顶掠过，似乎是表示一切准备就绪，已经在洗耳恭听了。于是，大家便诙谐地开着玩笑说："欢迎的礼炮响了，咱们该上场了。"有时，我们也零星地放几枪，以示回应。接着，就放开嗓门喊起话：

"广西军的弟兄们，你们都是穷苦人的子弟，不能为当官的卖命啊！"

敌军阵地上一个沙哑的公鸭嗓子答话了："我们当官的管得严哪，我们这里有饭吃，你们太苦了，过来吃顿饱饭吧！"

"我们是人民子弟兵，不刮老百姓血汗钱，你们吃的是老百姓的血和汗，吃了也不香！"我们立即反驳道。

公鸭嗓子沉默了一会儿，又大声问道："你们日子怎么样？"

"我们都是自愿参军的，不挨打、不挨骂，官兵一律平等；我们知道你们都是被抓来的壮丁，成天挨打受气。不要再给蒋介石当炮灰了！""你们的父母、妻子、儿女盼着你们回家团聚呢，欢迎你们弃暗投明！欢迎你们过来瞧！"我们大声地劝告他们。

…………

几天后的一个傍晚，天上乌云翻滚，雷鸣电闪。两个自称是蒋军班长的，偷偷摸摸地爬了过来。我辨别出其中一个是那公鸭嗓子。只见他俩脸庞消瘦，骨瘦如柴，身上军装泥一块、水一块散发着一股刺鼻的汗臭味。我们热情地接待了他们，请他们在工事里坐下，还捧出家乡带来的灵宝大红枣和花生。他俩贪婪地吞吃着大枣、花生，嘟囔着说："我们来参观参观，见识见识，我们长官说你们没吃没喝，抓住俘虏就杀……"

"哈哈哈……"我们忍不住大笑起来。他们也不自然地笑了，说："龟儿子！简直是造谣、欺骗！你们这里真好。"

"你们上当了！"我严肃地告诉他们，又向他们讲解了遵守停战协定的道理，介绍我党的政策、方针，揭露了国民党反动派妄图挑起内战的阴谋，他们听了连连点头称是。公鸭嗓子还附和说："过去我们奉当官的命令，不是甩手榴弹就是打冷枪，想挑起事端，你们不还击，不打内战，真是仁义之师啊！"

这以后，敌人经常三个一群、五个一伙地跑到我们阵地上来，有的要东西吃，有的要旱烟叶子抽，更多的是来了解我们军队的生活情况，打听形势和家乡的消息。我们抓住这个时机，做了大量的宣传教育工作。不少敌军士兵动心了，有的私下对我们讲，想掉转枪口对准他们阵地干一下。敌人几次想制造摩擦，士兵们不听指挥，开起枪来，枪口抬得老高、子弹尽朝天上飞。

敌人无计可施了，急忙在一个夜晚把广西军撤走，换上了新十三师的三个团。

朝霞映红了东方的天际，小界岭的又一个早晨降临了。

"十三师的弟兄们请注意，我们欢迎你们到前线来……"

我们的攻心战又开始了。我们坚信，十三师的部队同样要步广西军的后尘。

因为，真理的声音是封锁不住的。真理的力量是任何力量所不能抗拒的。我们在传播真理的喊话声中，送走了一个又一个夜晚，迎接了小界岭上一个又一个早晨。

早晨开始了，我们的喊话——攻心战斗在继续着，向蒋军播送着反战的声音。

原载《铁流千里》编写组：《铁流千里——中原东路突围纪事》，四川人民出版社，1986年，第28～31页。

# 突围纪实

◎ 王子波

1946 年 6 月 20 日

我们营到沙窝南面犀牛望月山前线来担任防御，已有一些日子了。

上午，我和营长武占魁同志又到四连阵地去，战士们正忙着修整工事，准备迎击敌人新的挑衅。

阵地周围，尸骨散乱，修工事的地方，挖出不少白骨。可见，这里曾经历过一番激战。1938 年，日军进攻武汉时，曾遭到中国军队的英勇抗击。然而，国耻未雪，抗日烈士们的尸骨未寒，蒋介石却又要打内战了。

我们被围困在中原已近半年，面对蒋介石的种种阴谋，我们进行了针锋相对的斗争，战胜了无数艰险困苦。蒋介石挖空心思想吃掉我们，国民党反动派早就把我们当成"瓮中之鳖"；一些国民党的御用文人，已把我们描绘成"四面楚歌"；好心的朋友也深感我们的处境险恶，日夜为之担心。这里是火热的斗争，我们经受着种种磨炼和严峻考验，胜利最后是属于人民的。谁笑到最后，谁将笑得最好！

6 月 24 日

提起笔来，想增补一点往事：自 4 月 25 日蒋军袭占我小界岭阵地后，中原形势就一直没有缓和。敌人常向我们挑衅，《双十协定》就像夹在蒋介石的手指缝里一样，随时都会被他撕毁。内战简直就像箭在弦上，一触即发。

我们获取粮食和弹药都十分困难。敌人朝我们的前沿阵地喊叫："过来吧，我们这里有洋面馒头吃。"连洋面馒头都成为他们"攻心"的炮弹了。敌人的疯狂和无耻，竟到了如此地步！然而，馒头对正义之师会有什么诱惑力呢？人民战士的钢铁意志可以战胜一切！前些日子，就在沙窝前线，敌人向我们发动一次进攻，被我们狠狠地揍了一顿，打死十几个，剩下的缺胳膊少腿狼狈地滚回去了。战士们讥讽地说，原来用洋面馒头喂出来的是这样一些狗熊！打退这次进攻后，军调部三十二执行小组还来这里"调查调停"过一次。执行小组代表中，除了美蒋代表，还有我们一团参谋长王秦五同志。那一天，美蒋代表煞有介事地到现场"调查"，大家也曾寄托过一点难以捉摸的希望，但是，事实很快就证明：它不过是蒋介石和美国人狼狈为奸的一个骗局。面对大量无可辩驳的证据，蒋方代表一味抵赖，美方代表熟视无睹，在那里装蒜，演了一出滑稽剧，蒋方代表还借口"调查"想到我们阵地上侦察，被我方代表巧妙地利用美方"太上皇"的作用，使他们未能得逞。当时的情况是：美方代表故作姿态，明显是"做戏"的，他是又滑又赖又懒，而蒋方代表则趁火打劫，明显是想借机搞我阵地情报的，他们是又赖又狂又刁。蒋方代表想上我阵地的无理要求，美方代表却颇不以为然。况且，那天烈日当空，天气炎热，美国人一个个又大腹便便，要去爬陡峭的山头，那滋味也是够受的，故有不屑一去之意。美蒋代表的这种各怀鬼胎的矛盾，就这样被我方代表抓住了。后来，我们又派四连指导员王明和杜之学等几个红军老战士，充当"马夫"，把他们送到小界岭国军那边。虽然事后想起美蒋代表那一副无赖相和不可一世的神气样，还叫人恶心，但对"调查调停"无济于事，随即也就无人介意了，独有通信班的小鬼们直埋怨：太亏了，不该叫那些骗子吃了我们的粽子。那天正是端午节。

听说我们周副主席还在重庆谈判，争取长期全面的停止内战。同时，也听说蒋介石有美国人撑腰，马歇尔在重庆是"太上皇"，蒋介石不过是个"儿皇帝"，但却神气得很，谈下去怕也不会有什么结果。不过，这也没什么，谈不好就打，没有什么了不起，正好也出一出还被围困的闷气。

### 6月25日

这几天来，不祥之兆甚多。有消息说，敌人已对我们形成三层包围。第一线之敌已经整编完毕，改换了美式装备。又据说，蒋介石已密令他的将领们，三日内查明我军情况。各线之敌都有调动，当面之敌活动也甚频繁，不时向我们打些冷枪冷炮。情况紧急，大有"山雨欲来风满楼"之势。蒋介石的蟹将们想必正得意地在地图上指向我们画箭头，画圆圈，打叉叉，以示消灭。他们狂想，他们沉醉！按照他们所想，这一次中原"共匪"该真要做他们的饺子馅了！

等着吧，茂林事变的便宜不会再有了。

6月26日

今早，全团奉命向独二旅交防。交防后到哪里去还不知道，原说是到砖桥作机动部队，但又不一定，这一次不像是普通的防务交替，上级还保密很严。

天黑时，团里又紧急通知，务须当夜12时前赶到白雀园集结，40里路的夜行军是注定了。

老百姓对我们顾盼流连，依依不舍，似有所察，若有所失，使人心动，好在还有新的部队开来，暂时还可得到点安慰。天阴，气压低得很，说不定就要下雨。

6月28日

突围，突出敌人重围去！

连日大雨滂沱，我们已经移动了好几个地方，但始终走得不远。今天到了胡家湾。

昨天，在黄家湾，我和营长从团首长那里接受了任务。今天，在余家大堂，又向全营作了思想动员。在这里久困下去，或者和敌人决战，对我们都是不利的，党中央作了要我们立即突围的决定，我们必须为胜利突围准备战斗，为革命的最后胜利保存力量。

既然谈不好，那就打。这早就符合我们的情绪。因此，突围当然也就不是什么值得惊奇和恐惧的事了。

营的军人大会后，部队情绪简直就像一炉沸腾的钢汁，这钢汁泼到哪里，哪里就要燃烧，泼到谁身上，不致死也要剥他一层皮。

党中央和毛主席号召我们："一切为了生存，一切为了胜利。"这是置之死地而后生。现在世界上再也没有像这样的号召，所产生的力量是那样地神圣不可抗拒了。为了生存而战斗的人们一定会胜利的。

6月30日

昨夜，因为情况变化，在破堂附近的野地里，整整待了一夜，人未卸甲，马未下解，能有这样一夜休息，可算好过了战士们。尽管刚下过雨，地上是那样潮湿，但是，连日来昼夜兼程的疲劳使大家一倒下就睡着了。那个香甜儿，真叫人眼馋！战士们不顾一切地鼾睡，只有干部和哨兵们活动着。我和营长都不时地走动走动，把人叫醒活动一下，免得睡久了受凉。

夜露打湿了行装，晨雾茫茫，东方鱼肚白的时候才出发。战士们站起来的动作众人一态，差不多都是先伸一伸腰，随即高兴地说："好痛快！"痛快什么？好歹睡了一觉。这样的痛快，也许只有军人才能理解。

现在明白了，前几天在白雀园一带兜圈子，是为了迷惑和牵制敌人，掩护主力西去，而我们则要向东。

近响午时，天甚热，从福田河和黄土岗两个敌军据点之间的张店通过第一道封锁线，什么动静也没有。路边有一张布告，乡公所奉令告示：最近情况紧张，递步哨的情报工作必须加强。不言自明，这是针对我们的，可笑！

过了封锁线，中午过磨石冲，顺手打了一个乡公所，俘伪乡丁 27 人，缴获步枪 8 支。最有趣的是缴获的一份谍报，说"皮定均匪部，已于 26、27 两日窜往白雀园，估计可能向东北逃窜。"怪不得另有消息说，今天驻福田河的一个蒋军师部，还要率部向白雀园压缩前进。对不起，先生们！你们判断错了，这个"匪部"正经过你们的门口向东去了，但不知压缩到白雀园的这个徒劳，该打谁的屁股?!

### 7月3日

6 月 30 日在瓦西坪，一团前卫同堵截之敌打了一阵就顺利通过了。

今天，又从白沙河通过一道封锁线。中午，在卷棚桥休息吃午饭。大雨，河水陡涨，三个连全被山洪阻隔，最后用绳子才把大家拉扯过来。冲走一箱子弹，叫人非常心痛。

几天来，还是昼夜兼程、风雨无阻地走。前天一昼夜就赶了百八十里，翻了两座上下都是 60 多里的大山——王家山和大牛山。翻山，驮枪炮的骡子都累垮了，为了爱护这些无言的战友，枪炮都卸下来由人抬着走。身体弱的同志走不动了，由强一点的搀着走，能走就是胜利。四连一个战士的脚，骨头都露出来了，还是坚持着走。

### 7月6日

7 月 3 日，从白沙河通过敌人最后一道封锁线，我们就完成了掩护主力突围的任务，自己也算突出了重围。历尽艰苦，总算走完了这决定性的第一步。

在吴家店，已经休息三天了，再做一些准备，还有1000多里的敌占区要通过。这里的气氛，呈现一种奇特的平静，原来驻在这一带的敌人，都往砖桥、白雀园、泼陂河那里"压缩"合围我们去了。他们已经"胜利"地占领了那里，我们来，他们往，互不相扰，正好换了一个防。现在这里已是线外，十分安静，谁也没有来打扰我们。人来人往，哪里像有什么战争。

突围是个不寻常的字眼，常不免被人联想为如此这般杀开条血路突出重围云云。那当然耸人听闻。而我们这次则可能会被人感觉平淡，好像没有打什么大仗、恶仗，就摆脱了敌人，算不了什么。然而，战争固然是残酷的，但并不完全意味着总是大动刀枪，像我们这样突出重围，几乎是兵不血刃而制敌，更是谈何容易！这乃是大本事，是战争指挥的高度艺术。为了夺路而去，我们有时甚至是擦着敌人的鼻子过去的。这样干需要的是大智大勇，是机动灵活。在党中央英明决策和正确方针指导下，皮、徐等首长充分显示了这种才干，奇迹般的事实，当会更加激动人心！相形见绌，蒋介石的将军们算什么呢？当然，我们才走完突围第一步，但却是决定性的一步。还有1000多里路要走，前面还会有险阻，斗智斗勇还有续编在后头。

### 7月7日

吴家店这一带从前都是苏区，我们乍一到，老年人似乎就认出我们是什么队伍了，只是心照不宣谁也没有敢来道破；年轻人也觉得我们同别的队伍大不相同，男女老少都想亲近我们而又心存疑虑，常常久久地看着我们不肯离去，像是有什么探询，有什么期待……

今天上午，房东老大爷几经吞吐，终于鼓起勇气问我："你们到底是什么队伍？我不怕杀头，你们是不是红军回来了？"行动就是宣言，老人看到伪乡公所跑了，我们开仓分粮，还有群众纪律好和各种宣传工作，很自然地想到了红军。他猜对了，不禁喜出望外："盼了你们十几年呀！可回来了！再不走了吧？"多么深情，多么殷切的希望呀！老人潸然泪下。但是，为了最后胜利，眼下我们还得走……

原载《铁流千里》编写组：《铁流千里——中原东路突围纪事》，四川人民出版社，1986年，第112～118页。

# 掩护主力部队转移

◎ 郑　里

6月25日，王诚汉团长、陈行庚政委来到三营前沿阵地给我们交代了任务。王团长说："中原军区部队奉中央命令立即突围，向新的地区转移。你们三营要坚守阵地，迷惑敌人，拖住敌人，掩护主力部队突围，完成任务后，向旅部驻地白雀园方向撤退。"他停了一下又强调说："在这两三天内，要尽力拖住敌人，完成任务后，撤离阵地时，要隐蔽，要快。"陈政委说："你们既要拖住敌人，又要能摆脱敌人，拖要拖得住，摆要摆得开，这就要靠你们多用脑子。"我说："这是上级对我们最大的信任，就是剩下一个人，也要完成任务！"王团长笑着说："不是要你们只剩下一个人，而是要你们一个不少地突围出去。"我坚定地说："请首长们放心，我们保证完成任务！"郑营长接着说："我们部队有各自为战的传统，我们准备用游击战、麻雀战同敌人周旋。"团长、政委都满意地笑了。

一场掩护军区主力部队突围的战斗开始了。自25日夜到26日夜，我们派出七个小分队，先后对敌前沿阵地进行火力侦察，各连都派出一至三个战斗小组，出没在东面的几个山头上，给敌人造成我向东突围的错觉。

26日，敌人开始对中原军区部队发起总攻。敌人在炮火掩护下，向我七连、九连阵地，进行试探性攻击。经我反击后，敌人立即撤回，我既不追击，也不恋战。

下午，敌人攻击的次数越来越频繁，使用兵力越来越多，火力越来越猛。天快黑时，敌人一个营分两路向我七连、九连阵地攻击。当敌人距我100多米时，看我阵地还没有动静，以为我们已经撤退，就大着胆子直起腰来往前冲。当敌人接近我阵地50米时，战士们的手榴弹、步枪、机枪一齐吼叫起来，打退了敌人的进攻。在我阵地前，敌人丢下了十几具尸体，再也没敢轻举妄动。

当晚，天下着蒙蒙细雨。我们在夜幕的掩护下撤离了阵地。当后卫班走到我跟前时，宋班长说："教导员，走吧！我们这是最后一个班啦。"我看了看坚守半年之久的阵地，感到一股热流涌上心间，余集啊！再见！

当我们离白雀园还有20多里时，接到团部命令："敌七十三军先头部队已侵占沙窝，旅部已安全转移，你营速从白雀园以南、沙窝以北地段渡过白沙河，占领白雀园西南一带山头，阻击敌人。"雨越下越大，当我们到了白沙河边，天已大亮，河水正在猛涨。沙窝方向的枪声也越来越近，这是二团的后卫部队在边打边撤。郑营长说："立即徒涉过河！"可是，当九连到了河边时，因河水猛涨，已不能徒涉了。我们就地寻找了些木头、竹竿等漂浮物渡河。有的被水冲走几百米远才爬上对岸。

沙窝方向的枪炮声停止了，据侦察员报告，二团的后卫部队摆脱了敌人，已完全转移。从余集方向尾追我营之敌，已在白雀园与南北方向压过来的敌人会合。27日上午接到团部命令，要我们在这里再坚持一天。这时敌人开始向我山头阵地无目标地乱打炮，说明敌人还没有弄清我们的去向。我们按照团首长的指示派出七个战斗小组，分守在左右两个山头上迷惑敌人。又派出一个小分队，主动袭击敌人。战士们一会儿在这里打一阵机枪，一会儿又在那里甩颗手榴弹，使敌人摸不着头脑。九连连长白云祥还派出一个捕捉小组，去摸敌人的哨兵。一个外号叫"猛张飞"的战士，绕到敌人哨兵后面，潜伏在路边的一个厕所里，一个敌人刚来到厕所门口，就被"猛张飞"用早已准备好的布带子，一下子套在脖子上，背起就跑。当他跑出2里多路，回到我阵地时，放下一看，敌人已被勒死了。我们就这样，又和敌人周旋了一天一夜。

27日夜，接到团部紧急命令："掩护主力突围的任务已经完成，立即转移，追赶部队。"我们每个人除携带枪支弹药、干粮和鞋子外，轻装回到了部队。 29日，我们通过了潢麻公路，占领公路东侧的山头，阻击黄土岗方向之敌。经一两个小时的战斗，击退了敌人。终于完成了掩护主力突围的任务，跟着部队向东挺进。

原载《铁流千里》编写组：《铁流千里——中原东路突围纪事》，四川人民出版社，1986 年，第 119～121 页。

# 智取大牛山

◎ 钟　和

6 月 30 日午夜 1 点多钟，我们接到王团长的指示说：敌人已发现我们向东突围，正在调集部队向我追击，前面也发现敌人企图在大牛山进行堵击，我们必须同敌人抢时间，部队马上出发，明天翻过大牛山。你们三营为旅的前卫，掩护主力部队通过。我们接受任务后，部队很快就出发了。

7 月 1 日上午，我们到了瓦西坪，刚进村就发现敌人 20 多个便衣武装队员。前卫连 6 挺机枪一齐向敌人开火，敌人被我突然攻击，纷纷狼狈逃窜，部队很快占领了村子周围的山头。过了一会儿，旅侦察连和一营方向也打响了。当我跑回我营前哨阵地时，发现有六七十个敌人也向我营阵地爬来。营长郭刚一声令下，顿时枪声、手榴弹爆炸声、喊杀声震撼了山谷。敌群一时大乱，连叫带爬地滚下山去了。我没有追击，坚守着阵地。这时，皮旅长来了，他指示我们说："下午要通过天险大牛山，据侦察发现山上有小股敌人，你们要隐蔽接敌，迅速消灭敌人，控制有利地形，掩护全旅通过大牛山。"我们接受任务后，部队来不及吃饭就出发了。

战士们的情绪是可以理解的。自突围以来，每天都少不了同围追的敌人干上一两仗，同时还得追赶部队。这样，大家休息就更少了。到了瓦西坪，旅首长命令部队稍作休息，同志们甭提有多高兴啦。一来我们已经突破了敌人的封锁线；二来明天是我们党诞生二十五周年纪念日；三来瓦西坪风景秀丽，便于隐蔽。谁不想在这里美美地睡一觉呢？可现在还没捞上打个盹，敌人却又跟着屁股追上来，战士们怎能不气愤!

当然,情况确实是严重的。尽管我们已进入敌人兵力较薄弱的地方,却还没有突出敌人的重围。根据旅的部署,下一步我们将继续东进,而大牛山是东进的必经之路,一旦敌人控制了这一关口,肯定会有一场激战。

不一会儿,王诚汉团长急匆匆地来到我们营,指着枪响的方向,劈头对我和营长郑刚说:"国民党七十二军的一个团、顾敬之的商城保安团和金寨保安团已围抄过来,企图将我们堵在这山坳里,旅首长命令我团攻占前面的一个山头,掩护旅直和二、三团抢越大牛山。徐政委号召全体指战员:抢过大牛山,向党的'七一'生日献礼!现决定由你们营拿下右翼山头,抢占制高点,为部队开辟一条前进的道路。"

王团长指的那个山头,远远望去山峰险峻,山高林密,要攻占这个山头,任务是艰巨的,也是重要的,它是抢过大牛山必经之地。但我们的战士,素有不畏艰难的顽强精神。王团长话音刚落,郑营长就果断地说:"请转告旅首长放心,我们保证完成任务!"我连忙补充一句:"我们一定用战斗的胜利向党的生日献礼!"

"好,立即行动。"王团长说完就走了。

团长刚走,几个连长、指导员就一齐围过来,争着要求打头阵。时间不容许我们多考虑,郑营长和我交换了一下意见,决定由七连担任主攻,八连为二梯队,夺取右翼的制高点,九连攻打左翼的一个小山头。

七连虽然才组建不久,但连里有不少从黄河北来的老骨干。连长谷有信是豫北人,个儿不高,平时话也不多,指挥打仗却有两下子。突围以来,他已带着部队打了几个胜仗。这次把主攻任务交给他们连,他的劲头就更大了,带领战士们向右翼的山头飞奔而去。

山头上的敌人已发现我们,轻重机枪疯狂地向我们齐射,子弹像暴雨似的倾泻下来。谷连长和指导员崔静波一商量,很快从全连抽出二十来名战士,组成了一个突击班,每人配给五枚手榴弹,并把全连所有的轻机枪全都配备给他们。待一切部署停当,战士们在机枪火力掩护下,向山头冲去。

山上的敌人以为我们连续几天行军,已失去了战斗力,不可能突破他们的封锁线。因此,凭着有利地形拼命顽抗。谁知我们的战士一个个攻如猛虎,敌人怎能阻挡得住?我们一阵机枪猛扫,几排手榴弹猛炸,就把他们打垮了。几分钟前还张牙舞爪的敌人，丢下武器，在山坡上四处逃窜，我突击班很快就占领了山头的制高点。

九连夺取大牛山右翼的小山头更是巧妙。当七连攻打右翼山头时，九连也做好战前准备，突击班的战士都换上蒋军的服装，走在连队前面。他们进至山脚前，敌人发现了："站住！哪一部分的？"

"他妈的！你没有长眼睛，我们是旅部搜索排的！"二班长小王拍了一下左胳膊上的臂章，怒气冲冲地大声答道。

敌人还没有来得及分辨真假，突击排就开枪了，几个敌人应声而倒。山头上的敌人见我们已经冲上山，顾不得抵抗，慌忙逃下山去。

山头上出现了暂时的宁静，我站在山头东侧观看大部队行动的情况，忽然耳边传来熟悉的声音："教导员，吃点东西休息一会儿吧！"我回头一看，原来是七连文书许世平端着一菜缸子肉站在跟前。我惊喜地问他："怎么，你把猪肉带上山来了？"

"是啊！我们特意留着过节吃的东西，哪能留给敌人。"小许愉快地说着："教导员，你看，连队好多人也都带着猪肉，准备着在山头上欢度党的生日哩！"我环顾四周，果然不假，要不是山头上还飘散着刺鼻的硝烟味，根本看不出这里刚才发生过一场激战。我们的战士就是这样英勇而又乐观。

大约过了半个钟头，山下敌人的重机枪又叫起来了，迫击炮弹也接二连三地落到我们这个山头上，升起团团浓烟，敌人开始反扑了。经过刚才一场较量，战士们心中有了底，这阵子任凭敌人打得多凶都不予理睬，等到敌人的步兵撅着屁股，爬得很近了，大家才一齐喊："一、二、三！"扔下一批手榴弹，把敌人炸得满山坡乱滚乱爬。

敌人第一次反扑失败后，马上派出一个营，由西边的高地向我左翼迂回，发起第二次冲锋。刚爬到半山腰，就被我九连的战士挡住了。九连连长白云祥端着一挺歪把子机枪，朝密集的敌人猛扫，敌人经不住我火力的扫射，急忙调转头往下跑。"追！"九连长一声令下，战士们端着刺刀反冲下去，将敌人约一个连的兵力歼灭在山沟里。

左面九连在酣战，右面八连也同商城敌保安团干上了。他们依仗国民党正规军一个团在前面打，也想乘机捞一把，谁知碰上我们八连这颗硬钉子，便宜没捞到，反碰得头破血流，丢下几十具尸体向西北败退下去。这时，大牛山一线的几个制高点都被我军先后攻占，从而掩护着旅主力向大牛山顶前进！

7月1日，太阳还没透射过来，我朝大牛山上望去，只见盘旋而上的部队宛如一条腾空的巨龙在浮游，先头部队已快登上了主峰——九峰尖。这山很高，海拔1900米，山势险峻，山路崎岖，上下十分困难。看着大部队冲破敌人的拦阻即将越过这天险的隘门关时，我和同志们的一种快慰之感顿时涌上心头。我高兴地对七连指导员说："老崔，告诉战士们，敌人的阴谋又破产了，再坚持一会儿，我们的任务就要完成了。"正说着，团部通信员送来通知，要我和营长立即赶到皮旅长那里去。

在大牛山过去一个小山坡上，我们见到了皮旅长，他正和徐子荣政委说着什么，一看见我们就高兴地迎上来："好！你们来了，吃过饭了吗？"当我告诉他们在山头上"会餐"的事，他们爽朗地笑起来。徐政委关切地询问部队有没有伤亡，郑营长说："伤员增加了一些。"

皮旅长听说伤员又多了，心情顿时沉重起来，他那张过度疲劳的脸庞上，两道浓眉锁得更紧。他沉默了一会儿，语重心长地叮嘱我们，要干部、战士开展团结互助，照顾好负伤的同志，让他们一起突围出去。

我们胜利地翻越了天险大牛山，实现了自己的诺言——用战斗的胜利向党的生日献了一份厚礼。

原载《铁流千里》编写组：《铁流千里——中原东路突围纪事》，四川人民出版社，1986年，第122～126页。

# 突破青风岭

◎ 武占魁

翻开我军战史，有这样一段记载：

"……1946年5月，蒋介石对我中原军区之围攻部署已大体就绪。6月，对我全面发起进攻。我为粉碎敌人的'围歼'阴谋，争取主动，转入外线作战，创立新的根据地，中原军区决定于6月25日，主力部队越过平汉路向西突围，令该旅于原地战备集结，担任掩护任务，保障主力西进之侧后安全，待主力突出重围越过平汉路之后，视情况追随主力西进或作机动转移……"

上面所说的"该旅"，就是当时的中原军区第一纵队第一旅。我那时在二团二营当营长。

在我们胜利地完成了掩护主力部队突围的任务之后，于6月28日拂晓，开始突破敌人的包围圈，而后向东突围了。一连10多天，我们都是且战且走，但对手大都是些地方土顽，很少遇到蒋介石的正规兵力，这一方面是敌人对我们的行军方向还没有弄清楚，以为我们不会离开大别山地区，另一方面是慑于我军的声威不敢和我军轻易交锋。直到我们离开金寨县的吴家店，向霍山、舒城、桐城方向挺进时，他们才着了慌。

行军途中，我们从老乡口中得知，敌人有一个营驻在青风岭南面20里的地方。据说后面还有敌人的部队，看样子是想赶到青风岭来堵击我们。上级命令我营做好战斗准备，加速前进。

本来，部队开始突围以来，每天都在翻山越岭，行军打仗，没有得到很好休息，也很少吃过一顿饱饭，再加上这几天连续跋山涉水，有的同志走着走着竟晕倒了。有的牲口因为力气用尽，跌卧下去就再也爬不起来，真是人困马乏，已经到了十分严重的境地。但此刻听说前面有敌人，强烈的阶级仇恨，立刻变成了巨大的战斗力量。一个战士，赤着脚，头上缠着绷带，一听说前面遇上了敌人，奋力挣脱了搀扶他的战友，一把抢过自己的枪，把牙一咬，跟着大家就往前面冲去。

饥饿、疾病和疲劳，都没有把我们吓倒，敌人的堵击也绝不可能阻挡我们胜利前进！

情况变化得比我们预料得快。我营刚渡完河，有的连衣服还没穿好，六连的尖兵班就在离青风岭北面四五里的黄土岭和敌人遭遇了。一阵枪声，把战士们的饥饿和疲劳全部赶走了。我们一口气跑了七八里，爬上了黄土岭，战斗已经结束了。六连连长崔文义迎面跑来，向我报告了刚才的战斗情况。阳光照射着他那汗涔涔的脸，眼里闪耀着胜利的光芒。看他那股兴高采烈的劲头，谁也不会想到我们是经过了14天艰苦行军而极端疲惫的人。教导员王子波同志也笑着说："崔文义呀！只要有仗打，吃饭睡觉不算回事。"

情况仍然很严重。刚才打掉的只是敌人的一个尖兵班，敌人的主力部队，扼守着青风岭没有下来。根据情况，很可能还要大打一下。我和教导员向部队作了部署和动员，叫大家做好战斗准备，就登上黄土岭顶峰，观察青风岭的地形。

比黄土岭还要高出700多米的青风岭，被密密麻麻的树木衬托着，显得更加高峻，稠密的树林挡住了我们的视线，能够看到的只有自西向东一字排列的四个山峰。我心里暗暗想道：这样险峻的山势，不要说上面有敌人重兵把守，就是平常爬上去，也得出几身大汗！不过，我相信我们的战士，即使再险峻的山峰，再凶恶的敌人，也是能够攻得上拿得下的。我回过头来，一眼看见钟团长和张政委满头大汗地爬上山来，我忙迎上前去，把情况和地形向他们作了简要报告。团长一边向敌人那边观察着，一边掏出手巾擦头上的汗。几分钟后，团长对我说：

"占魁同志，情况你们是清楚的，用不着我多说。一句话——我们一定要拿下青风岭！否则，我们几千人只有在这里等着敌人来'围歼'。旅里已经查明，除了夺路翻越青风岭，别处无路可走。"他停了一下又继续说："团里决定，由你营从正面主攻，一营沿黄土岭向右翼侧击，八二炮连马上就到，配合你们攻击。"政委接着问："部队的情绪怎么样？"

"听说敌人企图阻击我们，战士们都气得直骂。刚才五连指导员还提出他们要先打。我们的意见还是让四、六连先打……"教导员回答说。

团长点点头表示同意，随即把他宽大的手，搁在我的肩上，恳切地说：

"占魁，部队是疲劳的，任务是艰巨的，但我相信你们一定能完成任务。"

"请首长放心，我们保证完成任务！"我和教导员同时回答。

下午3点钟，在炮火掩护下，我们向敌人发起攻击。右翼六连眨眼就不见了，尽管我们用力跑，还是撵不上他们。当我和教导员上到距青风岭西北400多米的小山包时，六连已接近青风岭主峰。激烈的战斗展开了，枪炮声和手榴弹的爆炸声响成一片。不一会儿，我清楚地看到冲在最前面的六连一排被敌人阻在距主峰不到百米的一个山包上，不能前进。四连由于被密密的树枝遮住，看不见他们的行动，但从枪声和手榴弹的爆炸声来判断，他们进展得也不快，难道就攻不上去吗？我暗自问着，拼命往前赶去，偏偏因为我右臂在豫西抗日时负了重伤，到现在一直未好，还用绷带吊着，行走极不方便，一种焦急、不安的心情紧紧地抓住了我，眼睛也被汗水弄模糊了，突然我脚下一虚，一头栽下坡去，一根松树挡住了我，上不来，下不去，幸好通信班班长赶来，把我拉了起来，我立即派他到四连了解情况。刚转身，听见教导员的声音："老武，六连发起冲锋啦！"我紧跑几步，看见六连分三路向敌人冲去，右翼二排已插到主峰西侧，正面两路只能看到几个机枪射手，边走边端着机枪射击，冲到前边的几个人被树木和手榴弹炸起的烟幕遮住看不清，我正睁大两眼担心地瞧着那几个身影，突然他又喊："上去啦！上去啦！西边、西边。"我顺着他手指的方向看去，果然二排有四五个人，甩了一排手榴弹，紧跟着就冲上了山顶，同时，也看见敌人从东南方向败下去。我长长地舒了一口气，一块沉重的千斤石，从我心头落了下来。

战斗仍在激烈地进行着。据通信班班长回来报告：四连那边地形很难攀登，两次冲锋都没有上去，现在准备从东边迂回打击敌人。我刚给五连交代了支援四连的任务，看到六连通信员小刘带着一个俘虏向我们走来，他右手握着小马枪，左手提了个包袱，嘴里不知在对俘虏说些什么，走到我跟前时，把包袱放下，向我敬个礼："营长，这是我们二排抓的俘虏，连长叫我送来。这些家伙全是土匪，你瞧！包袱里还有女人的裤子。"

我顾不得管这些，只是急着问道：

"你们打得怎样？"

"我们二排先占领山顶，六班打得最好，六班长申虎旦左臂负伤后，还把敌人扔过来的三个手榴弹甩给了敌人……"小刘兴奋地一口气往下说着。"好啦！"我想，"我们对首长的保证实现了！反动派！你休想拦住我们。"

从俘虏口里得知，我们面前的敌人是国民党第四挺进纵队的一个营，主力还未到。枪声由近而远，由第一个山峰移到了难以攀登的正面陡壁，六连又从东边攻占了第四个山峰。但顽固的敌人，仍据守在第三个山峰作垂死抵抗。我们再次向第三个山峰发起攻击。这时，太阳已快靠近西山顶了。经过十几分钟的战斗，雄伟的青风岭终于驯服地躺在我们的脚下。战士们集合在被炮弹打烂的树丛中，充满战后特有的愉快心情，把所有的饥饿、疲劳和疾病，全都忘得干干净净。

当晚霞映红青风岭东山坡时，我们穿过树丛，迎着山风，继续踏上了艰苦漫长的征途。

原载《铁流千里》编写组：《铁流千里——中原东路突围纪事》，四川人民出版社，1986 年，第 127～131 页。

# 抢渡磨子潭

◎ 万俊斌　孙华山

磨子潭位于淠河西岸，对岸两座高耸入云的大山，成为大别山东陲的天然屏障。

7月11日下午，我们到达磨子潭。驻在淠河两岸镇子上的民团，见我先头部队到达，一枪未发就逃跑了。三团作战参谋吕文斌大步跨进民团队部，听见桌子上电话机铃声响个不停，他拿起话筒，听到里面连声吼叫："朱队长哪里去了？你们干啥吃的，为什么不接电话?!"

吕参谋对着话筒"嗯"了一声。对方气势汹汹地问："你是朱队长吗？"

"你是哪个？"吕参谋故意用和电话里相似的湖北腔调问道。

"我是徐参谋长，你怎么连我的声音都听不出来！"

"啊，参座，对不起，对不起！"吕参谋装着敌人的语调表示歉意。

那家伙得意忘形地说："告诉你，听说一股共军已到达大化坪，正向东开进，你们要加强警戒，千万不要放过他们！整编四十八师已派出一个营的先头部队，还配属了一个炮兵连，今晚赶到你们那里堵击共军。我马上再派部队去增援你们，来一个前后夹击，一定可以全歼这股共军。这是个好机会，老弟！打胜了有赏呀！哈哈……你听见了吗？喂！怎么没有声音？你听见了没有？"

吕参谋将计就计，向敌军官进一步探听情况。他从容不迫地说："是！是！参座，请放心，增援不必要，只要有小弟我在，有我们这个中队把守渡口，保证他们一个也飞不过磨子潭。"稍停，吕参谋装着请示的口吻说："不过……假若共军不走这儿，我们怎么办？"

敌参谋长趾高气扬地说："我们四面八方皆有兵，磨子潭是共军必经之路，你们还怕他不来。我再告诉你，河对岸高地有我军两个营把守。你们一定要坚守渡口，不得有误！"

吕参谋学着敌人的口气，说："是，是！一定！我们要效忠党国，不成功便成仁！"

吕参谋很快将这一情况向旅首长做了汇报。首长们认为这些情况很重要，便果断决定：三团天黑前派出一个营先渡过河去抢占对岸的制高点，确保后续部队渡河的安全，并一再告诉一、三团在场的领导同志，要向部队讲清楚，情况是紧急的，部队要随时准备渡河，动作要快。

三团参谋长青雄虎听了吕参谋汇报的情况也很高兴，他拍着吕文斌同志的肩膀说："你这一角色演得不错喽！以后我推荐你去当演员。"吕参谋哈哈大笑说："演这种角色真憋气，我当时真想痛痛快快地骂他一顿，可是……"

青参谋长满意地说："这些情况很有价值，不暴露我军的真实情况，便巧妙地了解到敌人的部署。这很好，有利于我军的行动。"他根据旅首长的命令，即令一营副营长张泽清率领一支精干部队迅速渡河占领对岸的制高点，严密警戒，保障主力部队安全渡河。其余部队做好渡河准备，待命行动。

入夜9时左右，忽然间，西边天空乌云翻滚，雷鸣闪电划破了夜空，磨子潭水深、流急。这恶劣的天气，给我们渡河造成极大的困难和焦虑。但它也有利于部队隐蔽渡河。淠河上游下着暴雨，磨子潭的河水上涨很快，狂风暴雨严重地影响着部队渡河的行动。在这种情况下，旅部通知：命令三团主力全部从刚架起的浮桥上开到对岸，占领有利地形，掩护后续部队渡河。

当三团二、三营及团部渡河时，夜色黑得对面看不见人，渡口这时人喊马叫，灯光四射惊动了东边大山上的敌人，不知什么时候，敌人已占领了淠河对岸金鸡岭四三五高地。敌人发现我渡河处有灯光，便开始阻击我军的渡河，敌人的轻重机枪疯狂地向我射击，枪弹火光划破了漆黑的夜空，密集的子弹嗖嗖地从头上飞过。当时，拥挤在河滩上的部队，顿时鸦雀无声。渡河的部队冒着敌人的火力迅速向对岸抢渡。在人马拥挤之下，旅部工兵好不容易架起来的浮桥被压垮了，人马坠落水中，会泅水的人，千方百计向对岸游去。

渡口被敌火力封锁，浮桥被压垮，小船仅有一只，怎么办？在这千钧一发之际，皮旅长当机立断，令工兵和前卫部队立即到上游选择新的渡口。渡河部队仍源源不断涌来，敌人的炮火也跟踪而来。少数同志在急流中失去了生命。部队在没有别的手段过河时，只好全部徒涉过去。大部分人员是在水深齐胸、颈的急流中，人拉人用尽全身气力，拼命抢过了洪水滚滚的潕河。

12日深夜2点左右，我三团一连在去宿营地的路上和敌人遭遇。指导员查恒萍大吼一声："注意！抓活的！"一下子把敌人吓跑了。敌人如此稀松，可能是当地的民团。

与此同时，一营营长赵连城听到枪声，当即命令一连跑步抢占阵地。一连很快占领了金鸡岭南的三三五高地，与敌人形成对峙。赵营长叫司号员调回前出担任警戒的第三连立即返回参加战斗。可是，始终未能联络上（后来据说回到鄂东军区了）。磨子潭东北山地犬牙交错，十分复杂，一边是悬崖峭壁，一边是孤山林立，但敌人在我猛烈火力压制下，不敢下来，我们也难以上去。于是，我一、二连在阵地上和敌人对峙着。敌人凭着迫击炮和轻重机枪的火力威胁我天明后渡河的二团部队。

在战斗激烈的时候，我三团和一团都投入了战斗，集中火力掩护二团迅速渡过了潕河，一直坚持到12日上午，才最后撤出战斗，跟随主力东进。

抢渡磨子潭的这场惊险紧张的战斗，打退了敌军整编四十八师的凭险堵击，粉碎了敌人妄图合围、歼灭我军于磨子潭的阴谋。

原载《铁流千里》编写组：《铁流千里——中原东路突围纪事》，四川人民出版社，1986年，第132～135页。

# 开　路

◎ 张国治

骄阳西沉，暑热消退。我和一团四连的同志正在打谷场上做游戏，指导员王太元忽然要我到连部去。他说："组织上了解你会划船，决定把你调到工兵分队。"从此，我被编到工兵排七班代理班长。

## 练　武

工兵排成立后的第四天，就移防到白雀园河对岸的曹家畈，进行游泳、撑船、架桥、爆破训练。6月22日，晴空万里，阳光灿烂，上午8时许，皮旅长、方副旅长、张介民参谋长在许德厚科长陪同下，来到训练场，看我们训练。表演的第一个项目是徒手横游白鹭河两个来回（约800米）。比赛结果蔡恒君、倪俊两人同时到达终点。接着是武装游泳，只见蔡恒君一手举枪，一手举衣服，从容自若往返游了四个来回。宣布比赛成绩时，大家热烈鼓掌，赞扬蔡恒君。倪俊不服气地说："哼！水面上游得再快，敌人也能看到，有真本事，同我到水下面去比试比试。"首长从倪俊不服输的话音里受到启发，决定从各班、排选三人同他专比潜泳。哨音一响，四个人同时潜入水中，四五分钟后，另三个同志相继浮出了水面，倪俊却去向不明。大家凝神以待，直到19分钟时，一个人头突然钻出水面，大家边指边喊："倪俊在那里！"倪俊潜入水后，顺水游了3里，又逆水游了3里，才回到起点。张参谋长风趣地说：

"倪俊成了泥鳅啦，潜游第一名不会有人同你争了。"倪俊不好意思地低着头，心里却乐滋滋的。

操舟表演开始了，白鹭河东岸并排靠着四只木船，船体宽四尺余，长约一丈二尺余，船上有桨、篙、帆，要求每个操舟者每样工具都要操作自如。表演开始了，王石柱不慌不忙地走上船去，站稳身子，然后使劲地向水底撑下第一篙。小船驶离岸边两丈多远。他立在船头，使桨如同蛟龙翻水，把小船掀得左右摇晃，但他使帆技术还不够熟练。结果我比他先到达终点。表演结束后，皮旅长高兴地说："我们有自己的工兵啦！南方到处是水网河流，你们要好好地练，到时候靠你们给我们这些旱鸭子开路呀！"

## 摆　渡

7月5日，天气转晴，满山的花草和树木挂满了露珠，被刚出来的太阳一照，宛如一片五光十色的明珠瑰宝。这时大雨刚停，被山洪隔绝的交通尚未恢复，旅部同二、三团之间往来受到严重阻碍。当大家隔岸观望的时候，侦察科副科长周光璞来到工兵排，研究借船摆渡问题。船，在这大山峻岭中，去哪里借呢？没有船怎么渡河？大家正发愁时，不知是谁说了一句："用木筏摆渡。"于是，大家当即分头行动。大别山树木很多，在排长指挥下，不多久就扎成一只长4米、宽2米的双层木筏。但因洪水太急，木筏在水中阻力又大，试航未成功。经过研究改进，在木筏中间固定两条板凳，让过渡的同志坐在板凳上。运送数次后，木筏又往下沉，筏上的人膝盖以下都泡在水里，行驶的速度也慢了，只得由王石柱一人操作，我同蔡恒君跳入水中推筏前进。这样运送十几次后，木筏越来越下沉，渡运只得暂停。午饭后，一团侦察排席纪武从数里外的村庄借来两只小渔船，长约2米，两头尖，最宽部位也不过40厘米。使用时，两只并在一起，中间用一根木杆连接，放入水中，最大载重300斤左右。我们用木板上下两侧加固后，可乘坐三四人，或运两麻袋大米。工兵排会游泳操船的6个同志，三人一班，一人撑船，两人在水中推，轮流进行，往返渡运，直至圆满完成了100多人次和60余包大米的渡河任务，受到旅、团首长的表扬。方副旅长风趣地说："这玩意儿胜过登陆艇呢。"

# 架 桥

磨子潭是大别山东陲的门户。7月11日下午,我们刚到磨子潭小街,周光璞副科长就带领侦察连的排以上干部和我们正、副班长到河边察看水势。由于连日大雨,河水陡涨,河面宽达200米以上。确定架桥点后,周副科长即令侦察连部分同志,协助我们工兵班搜集船只和器材,迅速架桥。为了尽快把桥架好,侦察连抽出20多名同志,紧张地跑了两个多小时,找遍了磨子潭小街和附近村庄,才筹集5只小木船,一批木架、木板和铁丝、绳索。这时,排长杨新田带领八、九班也赶到了,大家全力架桥。原定方案是用铁丝架木板桥,供单兵通过,由于河水阻力大,未能成功。这时,三团一营要过河去担任警戒,周副科长派我带4名会划船的同志,用5只小木船渡他们过河,其余同志按新方案继续架桥。为了尽快架好桥,我们由两岸同时向中间作业。开始还顺利,快合龙时,因水深流急,木架怎么也固不稳。周副科长决定把中间的木架撤掉,用4只木船连接在一起,横摆在中间,铺上木板,桥终于架成了。当部队从桥上通过时,风云突变,雷雨大作,河水陡涨,小桥被冲得摇摇晃晃。与此同时,警戒分队与敌人接火了。三团急待过河的部队也到达桥头,靠近小船的两个木架因连接的铁丝被挣断,漂浮起来,整个桥身随之晃动。在这紧急关头,我们排十几个会游泳的同志全部跳入水中,有的抱住晃动的木架,有的托住木板,竭力让同志们继续过河。不料一个恶浪涌来,桥架相继倒塌。部队被迫转向涉渡点。这时,4只小船都已沉水。我同王石柱合撑唯一的一条船,很快把近百名伤病员和女同志渡过河去。此时,领导决定我们赶部队去,留下王石柱继续渡零星人员。敌人以猛烈的炮火封锁河面,炮弹炸起的水柱,枪弹打起的浪花,搅得淠河似鼎沸的油锅一般,王石柱撑着小船镇定自若,冒着弹雨,往返渡运。当船又一次驶向彼岸时,轰隆一声巨响,木船被炮弹炸翻,顿时,水柱腾空而起,王石柱高大的身躯摇晃了一下,也随之倒入河中。我们站在山头上,睁大眼睛,希望再能看到他从水中浮起来。可是,等了许久也没看到他。我的眼睛湿润了……

# 炸铁路

朦胧的月光笼罩大地，分不清高山与平地。忽然，倪俊同志轻轻叫了一声："班长，你看那是什么？"我抬头望去，两条铮亮的铁轨像银剑直刺天边。啊！津浦铁路！过了铁路就是苏中解放区，真叫人高兴！

刚过津浦路，工兵排奉命停在道路一侧。大家猜测时，许德厚科长传达了旅首长的指示，要工兵排迅速做好炸铁路的准备，并向排长杨立德详细交代了炸铁路的地点和时机。分析敌情后决定在部队过铁路点向三界车站200米到300米处的路轨上各埋设一捆炸药，待敌火车运兵来阻截时进行爆破。全排编为两个组：一组负责明光方向，另一组负责滁县方向。由于炸药少，只在滁县方向埋设了炸药。我们刚进到指定的爆破位置，就隐约听到隆隆声。情况紧急，只好把八块炸药绑在铁轨上，赵二锁接好雷管电线后，全组即分散隐蔽在护路沟内，听排长杨立德的指挥口令，随时准备起爆。用炸药实施爆破，多数人都未见过，不免有些慌张。排长对大家说："怕个啥？听我的，你们靠后点，上刺刀，敌人来了，同他拼，包管没事！"我们焦急地等了八九分钟，一个庞然大物出现了，隆隆声震撼大地。敌人的装甲火车距我部队过路点近1000米时，车上的轻重机枪像泼水似的扫射过来。我们担心子弹把导火线打断。排长一边提醒赵二锁不停地检查电线，一边叫曲小奎随时做好接线的准备。装甲火车愈来愈近了，只见排长将手摇发电机猛力一摇，轰隆一声巨响，烟柱腾空升起，装甲火车像狗熊一样紧急刹住了车，车厢发出铿锵的撞击声，倒退到三界车站去了，停在那里喘着粗气。烟雾消失了，敌人发现铁轨没有被炸断，又仗着装甲火车的优势隆隆地向北开来，我们已占领东山头的部队集中火力向装甲火车猛烈射击。这时，敌人既怕挨炸，又怕停下挨打，像过街老鼠躲躲闪闪，声嘶力竭地边叫边打地向北逃去。事后，首长和懂爆破的同志评论说，未把铁路炸断，是因我们的炸药太少，但它对打击敌人的嚣张气焰，减少我们部队伤亡是起了很大作用的。

当年，这支年轻的工兵分队，虽然技术还不精良，装备也很简陋，但为保障部队千里突围发挥了重要作用。

原载《铁流千里》编写组：《铁流千里——中原东路突围纪事》，四川人民出版社，1986年，第136～140页。

# 电键声声

◎ 顾玉平

电键声声，像欢乐的百灵鸟的歌声，飞过黑黝黝的山峰，飞过雾蒙蒙的长空，飞向远方。

旅部这部唯一的手摇马达式电台，是在抗日战争后期，由太行军区挺进豫西时装备给我们旅的。电台编制人员，有我、报务主任胡克、报务员杜立智等同志。这部电台伴随我们挺进豫西，转战中原，度过了艰难的岁月，也分享了胜利的喜悦，它是我们的宝贝疙瘩。我们像爱护自己的眼睛一样爱护它。每天工作完毕，总把它擦拭得干干净净。

1946年1月13日停战后，我旅进驻光山县的白雀园。我们这个电台，上同纵队、军区及太行、晋冀鲁豫、延安总部，下同各团昼夜沟通联络，随叫随到，畅通无阻。电波传送着喜人的消息、紧急的军情和上级的指示。由于人手少，我们从来不分白天黑夜，刮风下雨，即使生了病，仍然坚持工作，每当大家听到自己拍发出去的上级指示，来了一份又一份杀敌的捷报的时候，大家都会以水当酒庆贺一番。

在白雀园驻下不久，由于国民党蓄意破坏停战协定，妄图消灭我中原军区部队，发动全面内战，我中原军区部队被迫突围。我们旅奉命掩护主力西进，又要自己突出重围。在这军情紧急的情况下，空中通信联络的任务就显得愈加繁重。当时，我虽然年纪较大，但在关键时刻，还是要亲自上机。当然，主要还是由老报务员胡克、杜立智等同志日夜值班。在准备突围的日子里，嘀嘀嗒嗒、嗒嗒嘀嘀，电键声声，从我们电台上发出的电波，划过长空，飞越万水千山；我们昼夜开机，保持着同延安总部、太行军区、中原军区和纵队的联络，不断接收着上级领导机关的指示。由于联络畅通，尽管处在敌人的重重围困之中，我们依然在党中央和上级领导机关的指挥下作战，心里很踏实。

情报是军队的生命，无线电台是军队的耳目。掩护主力突围任务完成后，我旅向东突围。电台是我们与上级联络的唯一工具，旅首长特别关心电台的安全和同志们的工作，每到驻地，立即派人协助我们架线，并要求保持联络不得中断。为了保证完成任务，我组织胡克、杜立智、田文智等同志新老搭配，按技术高低、身体强弱具体结合，使工作更有效率，每逢休息或到宿营地大家都不顾疲劳，第一件事就是分秒必争地架线、开机、呼叫。我旅向东突围途中，前有堵截，后有追兵，自然条件异常险恶，但困难难不住我们。工作时没有桌椅，搬几块石头凑合凑合；天下雨了，搭块油布遮一遮。一开机就不停地呼叫，口干舌燥，人眼中布满了血丝，嘴唇干裂了口子，依然坚持。每当同上级联系上时，一种难以言喻的欢快心情便油然而生，什么疲劳都忘了。

突围的征途布满了意想不到的困难。6月26日，敌人向我中原军区发动全面进攻后，我们电台同中原军区和纵队的联络突然中断了，我们千呼万唤，一直联系不上。7月3日晚，部队到达吴家店休息，皮旅长亲自指示我说："要赶快向上级联络。"报务人员从白天到晚上，昼夜轮换守在电台旁，全神贯注，调整频率，排除干扰，以娴熟的指法，嘀嘀嗒嗒、嗒嗒嘀嘀不停地呼叫，一次一次又一次，从明月初上，一直呼叫到东方破晓，整整一夜，不知呼叫了多少次，上级电台总是出不来。这下可把我们急坏了。说到急，最焦急的还要算旅首长。自从我们掩护主力西进后，首长们时刻惦记着军区和纵队行动的安全，脑海中跳动着种种遐想：主力通过平汉路没有？挺进到哪个地方了？……情况不明，不能不叫人担心。而我们自己，虽说跳出了敌人的包围圈，下一步应该如何行动？又是多么需要得到上级指示呀！可偏偏在这个节骨眼上，我们与军区和纵队联系中断。

4日、5日过去了，6日还是一样联络不上，这怎能不叫人心急如焚呢？

几天来，皮旅长、徐政委、方副旅长、郭副政委、张参谋长等都日夜守在我们电台旁边，但谁也没有办法。不得已我们只好向延安总部联系，可是也一样，头两天同样没有声音。然而，"天无绝人之路"，到了第三天，正在我们濒于绝望时，延安总部终于发来了"快走！关机！快走！快走……"的电文。

"联系上了，我们和延安联系上了！"消息传开，旅部一片欢腾。"快走！"这两个字，传达了党中央给我旅的指示。这是党中央对我旅的亲切关怀，这是伟大母亲对孤儿的召唤，犹如沉沉雾海上的灯塔，使全旅指战员心明眼亮。旅首长以大无畏的革命胆略，率领全旅五千健儿，以最快的行军速度，怀着"快走！快走"的叮嘱，冲破了一切阻力，终于和苏中解放区的兄弟部队胜利会师了。

原载《铁流千里》编写组：《铁流千里——中原东路突围纪事》，四川人民出版社，1986 年，第 141 ～ 143 页。

# 风雨突围路

◎ 李堂明

## 一床被子

从突破潢麻公路封锁线进入大别山以来，脚上的鞋成了至关重要的珍宝。那人迹罕见的山路，碎石浮砂，荆棘丛生，一双崭新的草鞋，顶多穿一两天，就破烂了。因此，上级号召我们：人人动手打草鞋。数千人同时打草鞋，顿时稻草变得十分紧张。尽管我们想了不少办法，采集了一些茅草、野麻掺和着打，还是供不应求。我向连长诉苦说："没有东西打草鞋了。"连长把目光停在我那床心爱的被子上，嘴一努说："这不是吗?"接着，斩钉截铁地说："把它撕掉打草鞋!"是啊，用布条打草鞋，既柔软又耐磨。当我要撕被套时，惋惜之情油然而生。

我出生在河南辉县一个贫农家庭，12岁起就给地主放牛。晚上，往草堆里一钻。冬天，偎在牛肚子旁睡，从没盖过被子。那年大旱，秋后颗粒无收，全家被迫逃荒。一个大雪纷飞的寒夜，又冻又饿，躲进一座破庙，风疾雪大，我们冻得直打哆嗦。父亲叫母亲搂着孩子睡，又脱下他的破棉袄给我们盖上，自己在最外面挡着风雪。我们艰难地熬过了一夜，父亲的身上却堆了厚厚的一层雪，永远地睡去了。从那以后，我总是在想，什么时候才能有一床被子啊!

1943年7月，我参加了八路军。第二年秋天，参加开辟豫西抗日根据地的斗争后，我不仅领了一支枪、一套新军装，还领了一床粗布被子。当我第一次盖上这床被子时，心潮起伏，激动得整夜不能入睡。从那时起，这条被子帮助我度过了敌后抗战的寒冬腊月，也曾盖在伤员身上，温暖战友虚弱的身体。狂风暴雨之夜，它不止一次地铺到老乡漏雨的茅屋上，还曾被拿去开客店以换取微薄的租金，帮助连队战胜国民党的经济封锁。眼下要让它为千里突围出力，我还能说什么呢！

## 半碗剩饭

突围以来，几乎没有好好吃过一顿饭，本来就不满的粮袋多半空了。大别山山高人稀，常常是走了半天看不到一户人家，有时碰到村庄，即便能买到点南瓜、番薯，也远不能满足需要。

一天中午，部队到了瓦西坪，这是商城县一个小山村。司务长段耀荣把全连的米收起来，准备让大家吃一顿饱饭。谁知全部收齐后才 10 多斤。稀饭还未煮熟，猛烈的炮火陡然响起，密集的机枪声响成一片。我们立即投入战斗，眼看着就要到嘴的饭还没有吃成，全旅便冲出重围，冒雨前进了。

眼下，一点粮食也没有了。大牛山下的小村庄里静悄悄的，老乡们受敌人的欺骗宣传和威胁，跑光了。同志们一声不吭地坐着，几个平时最爱说笑的人，也饿得不想说话了。机枪手杜宝珠艰难地站起来说："我去找点吃的。"我点点头说："要注意群众纪律。"过了一会儿，老杜端着一个粗瓷碗回来了。我一看，原来是已经发酸的半碗剩饭。老杜把碗递到我面前，风趣地说："大家凑合着吃点吧。这可是供灶王爷的饭，咱们这些活神仙吃了，就甭愁饿肚子。"一席话说得大家都笑了，情绪顿时活跃起来。

我接过碗，这时才看到那凝得像糕一样的剩饭，已经被划成五小块，大家便津津有味地吃起来。

## 第二生命

沿漫水河向东，人马从早到晚都在悬崖绝壁上爬行，每天要翻越三四座上下十几里的高山。由于日晒雨淋，加上泥泞山路，大家经常跌跤，每个同志都衣衫褴褛，遍体伤痕。虽然行路艰难，我们的机枪却在老杜肩头，昂首向上。副射手杜树森要帮他扛一会儿，连叫他几声，他竟像没有听到似的。杜树森赶上去扛他的枪，他头一歪，换个肩，不停步地说："你这小杜，背着你的弹药箱吧，到时别误了供子弹就行了。"小杜逗趣说："看你抱住它不肯放，要是它会说话，就该做你的媳妇了。""哈哈！"老杜笑了，"你说它不会说话，碰到敌人，它说的比唱的都好听，媳妇怎比它强！"这可不假。这挺机枪，是1943年从日寇手里缴来的。我们用它打退了敌人无数次的疯狂进攻，曾多次掩护战友们向敌人勇猛冲锋。老杜爱它如命。战斗中，他非等敌人临近了，才来个准确的点射，然后一边数着敌人的尸体，一边轻轻拍着机枪说："好伙计，又该给你记功了！瞧，又干掉几个。"行军途中，从不离肩，谁要想扛一会儿，他就伸出粗壮的胳膊说："比比力气看！"下雨天，他就脱下军装把枪包起来。山险路滑，他就把枪抱在怀里走。7月10日下午，部队在青风岭突破了敌挺进第二团的堵击，次日又在磨子潭与广西军及当地保安团干上了。为了赶在敌人大部队增援之前突出去，我们冒着敌人的炮火强行渡河。由于连日大雨，河水陡涨，浊浪湍急，架桥难，唯一的办法是徒涉。连长谷有信带着大家徒涉，几次都没有成功。敌人的炮弹不断落在河里，激起高高的水柱。我万分焦急，我们班大多数同志都是北方"旱鸭子"，老杜更是个大"秤砣"，在这样的急流里自身难保，再加上沉重的机枪，怎么行？这时，老杜一步跨到我跟前，坚定地说："还是我扛吧，我在，枪就在！"说着就把机枪斜背在身后，下水了。

狂风夹着暴雨，急流把人冲得东倒西歪，恶浪劈头盖脸。我们互相拉着腰带，结成一条人的锁链，在波涛中艰难地前进。敌人的机枪、大炮向着河面轰击，不断有人被流弹击中，被汹涌的河水卷走，后边的同志又抢上一步，把链条接上。忽然，老杜跌倒了，河水吞没了他高大的身躯。"老杜！"我不禁大喊起来。但一眨眼，他又从水里站起来，只见他双手紧紧抓住机枪，奋勇渡过了激流。

原载《铁流千里》编写组：《铁流千里——中原东路突围纪事》，四川人民出版社，1986年，第173～176页。

# 忆中原北路突围

◎ 马兆祥

    1946年中原突围后，我回到了阔别已久的延安。有人对我讲：你们打了败仗，敌人把你们赶回来了。我听后深感难过，我觉得这是一种误解。我认为我们中原军区是打了胜仗，而且胜利不小。读《中原突围史》(军事科学出版社) 一书，即可一目了然。我是跟随中原野战军第二纵队突围的，我亲身经历那次艰苦卓绝的殊死大决战，而且在战斗中负伤。现在把我亲历中原突围的情况写出来，还历史本来面目。

    我是八路军的老战士，在延安中央党校整风学习后，随八路军三五九旅（南下支队）到达新四军第五师（中原军区）参加作战。

    我新四军第五师兵强将勇，战功显赫，威震敌胆。先后受李先念、郑位三、陈少敏、任质斌和王震、王树声等同志的领导、指挥。抗日战争时期，打了许多鼓舞人心的胜仗，有力地保护了广大人民群众的生命财产安全。侵华日军投降后，按照党中央、中央军委和毛泽东主席的决策，新四军第五师、八路军南下和北返部队共同组建为八路军、新四军中原军区。蒋介石为首的国民党反动派准备于1946年7月1日发动总攻，企图一举歼灭我军。毛泽东洞察秋毫，及时识破了国民党反动派的阴谋诡计。他号召我全体军民，奋勇反击，保卫抗战胜利果实，并指示中原军区："立即突围，愈快愈好，不要有任何顾虑，生存第一，胜利第一。"

    在敌人发起疯狂进攻的前三天，中原军区司令员李先念以一个政治家、军事家的超凡胆略，临危不惧、镇定自若地全面指挥作战。他命令我军于6月26日晚夜幕降临时分，分数路齐心协力向外突围。我军如数把插在敌人心脏里的利剑，以迅雷不及掩耳之势，勇猛出击，跳出包围圈，从此拉开了全国人民解放战争的序幕。

我中原军区二纵队在正、副司令员文建武、周志坚，政治委员任质斌同志指挥下，以十三旅和十五旅四十五团，掩护中原局中原军区和行政公署等机关突围，攻克了平汉铁路沿线敌人的重要据点柳林、何家店、平靖关等咽喉要塞，歼敌主力一部。我军在初战告捷后，即挥师向西直进，抢渡了唐河、白河、丹江，进入了秦岭山区，并在陕南创建了新的革命根据地，很快打开局面，发展了4个军分区，建立起10多个县的党政军组织。在半年时间内，开展和完成了多项工作任务。1947年春，得到党中央同意，我军主力北渡黄河抵达山西晋城，经过半年时间的休整和补充，改编为晋冀鲁豫野战军十二纵队，跟随刘邓大军千里跃进大别山，又打回被敌人蹂躏的中原地区……

9月中旬，我十二纵队经豫东淮阳地区汲冢休整。陈毅军长应李先念同志之邀，在百忙中亲自赶来慰问和看望我纵队全体指战员，并讲了话。陈军长说：中原地区是战略要地。我当军长在名义上领导你们，实际上我们没有见过面，你们在豫鄂、中原地区孤军作战多时，战果不小啊！你们辛苦了！抗战中你们取得了很大的成绩，部队和解放区在不断地扩充壮大。中原地区是日伪蒋的心腹之地，敌人把你们视作眼中钉，对你们恨之入骨。抗日战争胜利后，以蒋介石为首的国民党反动派首先调30万大军包围你们，妄想先下手为强，消灭你们。你们不但没有被消灭，还像猛虎出笼般地突围出去，转战各地，这可了不起啊！是你们牵制了蒋介石的30万大军，配合支援兄弟部队打了不少大胜仗。这些胜利的取得，是和你们分不开的。按照党中央毛主席的决策，你们进行的中原突围是很成功的，你们取得了伟大胜利！我原以为你们损失会很大，没有想到你们仅一路就有万余人，我很高兴。有少数人认为你们打了败仗，那是错误的想法，是无知的表现，应很好地教育和纠正。现在我们大团圆了，兄弟部队之间要互相学习，互相帮助，形势是越来越好！根据党中央毛主席的战略部署，我军实行的大反攻开始了，我们还要打更多更好的大胜仗，迎接新时期的到来，争取全国解放战争尽快地胜利……陈军长的报告激起了经久不息的掌声和欢呼声。

李先念司令员接着讲：我们的老军长陈毅同志在百忙中前来慰问看望我们，对我们的教育意义特别大，使我们受到了启发，增长了见识，增强了部队的战斗意志和凝聚力。我们要很好地组织学习、讨论，应用到实际工作行动中去……大家高呼："感谢陈军长的教导！""毛主席万岁！""共产党万岁！""八路军、新四军团结胜利万岁！"……陈毅军长的这次讲话，使我军干部、战士备受鼓舞，大家摩拳擦掌，准备投入到埋葬蒋家王朝的滚滚洪流中去。前进！前进！再前进！胜利！胜利！再胜利！

中原军区副司令员兼参谋长王震率领，旅长郭鹏、政委王恩茂指挥的二纵队三五九旅和干部旅，在突围中通过鸡公山、李家寨、武胜关越过京汉铁路，进军四望山，沿桐柏山，抢渡了洪水澎湃的唐河、白河和丹江。经过昼夜行军，在一天拂晓到达豫陕之间的荆紫关山脚下，突遇敌军胡宗南部 4 个师、刘峙部 5 个师向我军前后夹击……在敌机的轮番疯狂轰炸下，我军面对强敌以一抵十，进行猛烈还击。经两昼夜激战，敌我双方伤亡较大，但我军终于杀开了一条血路，进入陕南山区……我军跋山涉水，经过秦岭山脉，回到了陕甘宁边区和党中央所在地——延安，受到陕甘宁边区和延安党政军民的热烈欢迎和慰劳，当时的场面十分感人。在欢迎我们的大横幅上写着三五九旅"威震华夏"四个大字。毛主席和党中央的许多领导同志在中央党校大礼堂接见和欢迎全体指战员。朱德总司令首先登台讲话："把同志们欢送出去，又欢迎回来，同志们辛苦了！……"这亲切的话语立即引起了全体指战员的热烈掌声。大家情不自禁地高呼："毛主席万岁！""朱总司令健康长寿！""中国共产党万岁！""八路军、新四军胜利万岁！"……我军在延安休息了 10 多天，奉中央命令，随即开赴晋西北吕梁山地区整训补充 3 个月后，又奉令调回陕北，投入到保卫毛主席、保卫党中央、保卫陕甘宁边区的斗争。

原载马焰等：《驰骋江淮河汉》，解放军文艺出版社，2001 年，第 349 ～ 352 页。

# 中原突围片断

◎ 王景瑞

我是在胜利坚持4年大别山黄（红安）麻（城）经（扶）游击战，在战争中学习战争，并背着新四军五师大悟山整风学习班给我的错误处分（把我的党籍按1937年10月算，十一届三中全会后，中央组织部给我恢复1927年3月的党龄）之后参加中原突围的。我虽然受到不应有的组织处分，但我的革命意志并没有消沉。当时我的基本思想大有"好汉不怕远征难，万水千山只等闲"的气概。只要其他同志能够做到的事，我也一定要做到；家贫显孝子，国难识忠良，在突围的关键时刻再看英雄！

突围之前，我的职务是鄂东区粮食局副局长，局长是任泉生同志。我的任务是发动群众做布鞋，慰劳南下的三五九旅。在这之后，我的主要任务是，往机关运粮食（大米），后来边区党委和五师司令部等领导机关转移到铁路西的桐柏山区，大悟山只留下一个教导团。任泉生同志也随大军去了路西。我带着家属进入大悟山北麓的村庄住下，村里空荡荡的无人，夜间老伴吓得直打哆嗦。第二天清晨，却突然热闹起来，几个县的财经局局长找我来了，边区参议员任启衡（任士舜的叔父，梅店人）和参议员任鹤宾等也赶来坚决要和我们一起行动。黄冈地区的税收人员，黄安（现红安）和黄陂中心县的税收人员也挑着一担担边币、一些银圆，源源（不断）地到来。我们没有武装作掩护，有的人只有几支短枪、几个手榴弹，我们把银圆送给了教导团。教导团不同意我们和他们一起行动。我们只好请参议员和熟悉当地情况的干部，同舟共济，共同出主意想办法，互相帮助，由二位参议员和全体人员作证，把不便捎带的 13 担边币当众烧毁。事后，任泉生同志向李先念司令汇报时，先念同志说："烧得好。"轻装之后，我们组成约 200 人的便衣队伍，用担架抬着两位参议员行军，就这样信心百倍地等待中原大军回师宣化店。

当中原局和豫鄂边区党委驻在宣化店的时候，有 100 名左右的县团级以上地方干部也住在宣化店附近的菜园里，其中也有我。后来组织上派我再回信罗边任县委书记。当时县委的中心任务是帮助过路干部转移和引路，夏忠武、王光力等许多同志都是从这里走的。县委的其他任务是收税征粮、维护治安等。我住在杜家畈，和各区的区长相处得很好。我和各区负责人约定：同生死共患难，在突围的时候，一定要把各区负责人和愿意跟着走的同志集合在一起走。

1946 年 6 月 26 日中原突围，信罗边县委是 6 月 28 日才接到通知的。我们紧急集合，组成便衣队伍，从东双河车站附近过铁路，没有敌人开枪，过了铁路就是信南根据地，就像回到了家乡，我们很快找到宋珺同志。他纪律严明、是非分明、爱憎分明，命令我们把公家的钱都交公。从此在宋珺同志带领下，我们团结一致，跟着干部旅走。信罗边的人有事大多找我。在这支队伍里还有地委的同志，我们互相帮助，就这样走上了突围的征途。在路上，我曾遇见潘友谞、张子明、王治国、王安民等同志。还看见过郑位三、王震、陈少敏和许多我熟识的同志。蔡承祖同志曾赠给我一匹好骡子，荆紫关战斗之后，我赠给了三五九旅一位负伤的营长。从此之后，我全靠两条腿走路。过丹江时，我们脚不着地臂挽臂地漂过了江。过江后，脚烂了。在弹雨中过漫川关后，吴祖贻同志命令我负责做说服工作（陈大姐和李子祥也在场），带领一个连的干部化装突围。有的干部号啕大哭不愿意离开部队。没有当年的哭，就没有今天的笑。中原突围胜利万岁！

原载马焰等：《驰骋江淮河汉》，解放军文艺出版社，2001 年，第 353～355 页。

# 中原突围第一夜

◎ 欧阳树强

宣化店。昔日这个鄂东不起眼的小镇，因为是中原军区战役运筹的机关所在地，它的知名度居然传遍国内外。

突围前几天，在宣化店的河滩上，搭起高大的戏台。军区政治部楚剧团，连续几天演出精彩的传统剧目，吸引着十里八乡的军民前来观赏。河滩上，还有许多小吃小卖的，好不热闹，呈现出一派太平景象，而这一切都是为了麻痹敌人。

一天，骤然接到军区司令部的紧急通知，要求各单位必须迅速地搞好轻装，准备长途行军转移，待命出发。

一个难忘的日子——1946 年 6 月 26 日的傍晚，军区机关的大队人马，在河滩上短暂地集结调度。虽然没有激昂的动员，彼此间也没有话语，但人人心中有数：一定有重大行动。随着一声令下，部队紧张有序地出发了，一直向西奔去。

在行军中，我们电台中队紧跟在参谋处与机要部门的后边。我是电台一分队报务员，电台是纵队中备受关注的部位。

天色渐渐黑了。按照司令部的命令，大家把白毛巾系在左臂上，作为夜间辨别方向的一种标志；还要熟记当天的识别口令，以防不测。一路上没有大声说话的，没有抽烟的，体现出严明的军纪。

蹚过一条小沙河，翻过一座小山岗，强行军的速度越来越快。急促的脚步声、马蹄声，汇成的洪流滚滚向前，势不可当。

行进中，前面有一女同志，看样子太累了，将背包放下想要歇一下，立刻有两位男同志上来，抢着替她背背包，鼓励她一道前进。

我们电台分队最辛苦的是摇电班。行军时要负载"死沉"的电台机器，宿营时又要手摇沉重的发电机马达，真够苦的。培班长是位体魄健壮的铁汉子，一路上坚持背负几十斤重的发电机，没有休息过，许多人劝他，让备份手换着背一下，他只是一笑了之。大家十分敬佩他的顽强精神。

部队行至 29 日午夜时分，前面平汉铁路方向打响了。枪声、炮声越来越激烈，火光冲天。一会儿，从远处传来了我军发起攻击的军号声，这威武雄壮、发起攻击的号声，一阵阵吹响、响彻夜空，激动着人心，驱走了疲劳，激励着战友们奋勇前进。

这时，前头传来指挥员的口令："跑步前进，不要掉队。"口令鱼贯似的向后面的部队传递，部队跑一阵走一阵地交替前进。有的同志摔倒了，立即爬起来再跑，汗水像下小雨似的湿透了衣裳。

靠近铁路了，睁大眼睛一看，令人大吃一惊。这里对付我军的手段，远比看守监狱还戒备森严。

首先，从剪断的缺口踏过去，是用铁蒺藜组成的铁线网障碍；接着，就是几米深的大壕沟。再过去，只见一线式碉堡林立的射击区。当踏上平汉铁路的铁轨时，只见一列巡逻到此的装甲列车已被我军击毁，正龟缩着躺在那里，动弹不得。

国民党煞费苦心，用障碍区、射击区与铁路线构成的封锁，被我军的重锤砸开了。当通过铁路后，我们的心情是多么兴奋、激动，过了一阵，冷静下来，想到粉碎封锁线的勇士们，冲锋陷阵而洒尽鲜血时，心情忽然沉重起来。至今，我对那些为突出重围而献出生命的烈士，仍然寄予深切的怀念。

一夜没有合眼，快到黎明时，两眼皮总"打架"。在行军途中，自然而然地打起盹来。人们称这种现象为"走路睡觉"。不料，瞬间就一头栽到前面同志的背包上，两人一块儿跌倒了，马上相互扶了起来。从深夜至拂晓，又从清晨至晌午。原有的睡意早已被强行军的意志与激烈的战斗气氛所驱散。

烈日当空。约莫跑出距铁路线好几十里后，才休息一会儿。人也累了，肚也饿了。大伙从路旁的小溪中，舀一缸子凉水解渴，边吃点干粮，边议论起来。通信员小张大有所悟地说："怪不得在突围前演出几天大戏，原来是为了冷不防猛一下突出来呀!"电台队长田正本、报务主任苏明说:"这就是军事的谋略,为了迷惑敌人,出其不意,攻其不备嘛!"

这是一个极不平凡之夜。这一夜受到的磨炼与启迪是我终生难以忘怀的。

原载马焰等:《驰骋江淮河汉》,解放军文艺出版社,2001年,第398～400页。

# 停战前的一仗

◎ 陈士俊

抗日战争胜利后，全国人民盼望和平。蒋介石却调兵遣将，疯狂进攻解放区，积极发动内战。为了粉碎国民党军队的进攻，新四军第五师首长决定发起桐柏战役。历时两个多月，前后两个阶段的桐柏战役共歼敌 9000 多人，牵制了国民党五六个军的兵力，为其他解放区的战争胜利做出了贡献。

桐柏战役后，我中原军区部队撤向平汉以东的豫南、鄂东北一带时，接到中共中央停战命令，1946 年 1 月 5 日，国共双方初步达成停止国内军事冲突的协议，约定最迟在 1 月 13 日午夜，双方军队应在各自位置上停止一切军事行动。1 月 12 日，我们部队刚到达定远店附近的黄家岩一带，就接到国民党以两个团的兵力即将向我十五旅进攻并企图抢占宣化店的消息。为了打击国民党军队的嚣张气焰，坚决维护停战协议的执行，12 日晚，第十五旅旅部紧急通知各团，要求在 1 月 13 日天亮前把部队调定远店至宣化店公路边的指定地点集结待命。部队经多日长途行军，很是疲劳，脚上的水泡一个接一个，多想休息一会儿。但我们通信排还是连夜将调动部队的紧急命令送到了各营，准时完成了送达紧急命令的任务。13 日上午，敌人从公路上浩浩荡荡向我防区进攻，因我们有所准备，又占据了有利地形，将敌人击溃，消灭了一部分国民党军队，取得了战斗胜利。

按旅部原来的作战计划，我们 3 个团的兵力部署在公路沿线，又占据了有利地形，完全可以吃掉国民党这两个团。战斗打响后发现四十三团没能按规定时间到达指定地点，给敌人留有活动空间和部分有利地形，虽消灭了国民党军一部分，但未能全歼。原来是两名通信员因疲劳在路上休息而未将命令及时送达，贻误了战机。这次事件，深刻地教育了我，这就是对上级的命令、决定，一定要准确无误地执行，否则将会给革命造成重大损失。这件事我一生铭记在心。

原载马焰等：《驰骋江淮河汉》，解放军文艺出版社，2001年，第409～410页。

# 中原东路突围亲历记

◎ 何根毅

我抗战末期在豫西参加八路军皮（定均）徐（子荣）支队，1945 年 10 月与新四军五师会合后，编为中原军区一纵队一旅。中原突围时，我在旅政治部通信班工作。

## 一

1946 年 6 月 26 日，我旅完成掩护中原军区主力部队向西突围任务后，旅首长决定撤离白雀园，乘夜隐蔽开进刘家冲集结，相机向东突围到苏皖解放区。当天夜晚，阴雨霏霏，道路泥泞，行军速度很慢。天亮时分才到刘家冲，隐蔽在树林里。28 日从刘家冲出发，我们以神速的行动，从敌军间隙穿插，边打边走，在小界岭越过麻（城）潢（川）公路封锁线，突出敌人包围圈，开始了东进的征程。

我们顶着淫雨天气，昼夜不停地走了 3 天，同志们个个疲惫不堪，旅首长决定在瓦西坪稍作休息，再通过东进的咽喉——松子关。这时，侦察员跑回来报告：敌人已经埋伏在东面的两座山头上。首长当机立断，改变了休息计划，部队立即行动，命一团攻占前面山头，掩护旅直和二、三团抢越松子关。

一团的勇士不顾疲劳和饥饿，发扬猛打猛冲的战斗作风，经过两个多小时战斗，把敌人打垮，占领了山头。我们沿着一团打开的通道，向松子关前进。走到山脚仰望上山的队伍，犹如巨龙盘旋上升，由于疲劳和饥饿，到了半山腰就走不动了，张着嘴直喘粗气。偏偏天公不作美，又下起了瓢泼大雨，雨水顺着头往下浇，水在脚下哗哗地流，人们隐没在云雾里，稍站不稳，就滑倒在地。崎岖山路虽然难行，但我们坚持着一步一步地向上攀登。

爬上松子关顶峰，举目远眺，悬崖峭壁，万丈深渊，松树竹子漫山遍野，片片彩云在脚下飘动，好像置身于茫茫大海之中。

突围以来的连续行军作战，使得我非常疲劳，走路还打盹，坐下还打盹，有时部队走了还不知道，有时又会迷迷糊糊撞到前面人的身上。我们整天在大山里行动，山高林密，人烟稀少，随身带的干粮吃完了，不少单位已经断炊。我和李宪争、齐宽凯几个参军时间不长的年轻人，没有经历过这样的艰苦环境，政治部的年长者组织科科长卢富贵、保卫科科长莱真等，对我们非常关心。教我们怎样行军走路，如何洗脚保护脚板，亲自给我们挑脚上的泡，还鼓励我们说："困难是暂时的，要鼓起勇气，增强革命信心。"把我们当成革命的幼苗来扶持，使我们感受到革命大家庭的温暖。

## 二

7月4日，我们到达皖西金寨县的吴家店。这里是大别山中心地区的一个小集镇，是第二次国内革命战争时期著名的苏区，群众基础好。旅首长决定在吴家店休息，恢复体力，筹集粮食、草鞋，查明敌情，准备下一步东进计划。

老区人民从我军纪律严明、举止言谈以及对人民的态度，一眼就认出是红军回来了。但是由于红军走后受国民党残酷迫害的记忆犹新，他们时刻防备敌人的耳目，警惕敌人的报复，所以表面上对我们冷淡、疏远，而暗地亲近我们，向我们诉说国民党军的罪恶行径，同时还告诉我们，吴家店祠堂有国民党粮库。这消息对我们说来，真是雪里送炭啊！

旅政治部立即派人前往查看，看守仓库的匪军早已闻风逃遁，仓库里边尽是稻谷和白米。首长决定满足部队急需粮食后，开仓济贫。而群众怕部队走了反动政府找麻烦，不敢去仓库背粮。我们就向群众宣传，说明粮食是国民党从劳动人民手里榨取的，应当归还贫苦人民。各团还组织人员把分给群众的粮米送到他们家里。群众也主动帮部队碾米、磨面，甚至把自家养的猪、鸡杀了送给部队。军民亲若一家人，有的大娘大嫂给部队缝补衣服，赶做鞋子；有的做糍粑、年糕送给部队吃。我们说声谢谢！都以三大纪律八项注意婉言谢绝。群众纷纷传言：你们回到老区就是到了家，咱们军民一家人嘛！

我们通信班住的那家房东大娘看到我给她家背回一袋稻谷就杀鸡做菜款待我们，我们婉言谢绝了大娘的盛情后，她知道我们还要走就帮我们找稻草、布条打草鞋，还拿出她儿子的一双八成新布鞋，非要我穿上它好走路。望着大娘真挚慈祥的面容，我含泪叫了声："娘，娃儿收下了。"就是这双鞋，伴我走完了中原突围的后一半征程。人民恩情重如山，它鼓舞着我战胜一切困难，夺取突围的最后胜利。

# 三

离开吴家店，涉过漫水河，翻越天险青峰岭，7月9日傍晚到达磨文潭。磨文潭位于潪河西岸，是大别山东陲的门户，旅首长料定敌人会在这里截击我们。到达磨文潭就命令三团派出一个营渡过潪河，占领有利地形担任警戒。其余部队，人不卸装，马不下鞍，就地休息，埋锅做饭，相机渡河。就在我们刚端上碗要吃饭时，潪河东岸枪炮声大作，"啾……"的子弹声伴着"咚……"的迫击炮声，响彻磨文潭的上空。我把米饭装在上衣口袋里，掂起枪就向渡河地点奔去。潪河河面不宽，但水流湍急，部队在两岸水面上拦有一条绳子，我扶着绳子，班长拉着我一只手向前移动。河水两边浅，中间深，脚蹬不到底。我们渡过潪河后就沿着山道向东南挺进。7月10日到达毛坦厂，在这里召开了全旅军人大会，旅首长号召全体指战员咬紧牙关，忍受艰难，发扬人民军队吃大苦耐大劳、英勇顽强的革命传统和阶级友爱精神，以坚决神速的行动，争取五天五夜的急行军，跃过皖中千里平原。会后彻底轻装，除武器弹药和必需的服装外，一切多余物品和炊事担子、没有铁掌的骡马，都统统丢掉。

六安和合肥之间，是一望无垠的平原。7月13日夜晚，我们这支跳过大别山的人民军队，借着皎洁月光，以急行军的速度，跨过六合公路，向大平原挺进。17日过淮南路，进入定远地区，摆脱了敌人的堵击。

# 四

　　7月18日下午，我们到达定远的池河。这里距津浦路不远，跨过津浦路就是苏皖解放区。但由于四天五夜的连续急行军，部队已经到了精疲力竭的地步。许多同志没有鞋穿或打赤脚，或用破布包缠。我鞋子早没有了，用布条缠着脚，走起路来一跛一歪，简直像鼓槌一样。为了加快前进速度，旅团首长们，站在路边大声呼喊："快跟上！过了铁路就是苏皖解放区了！"顿时，人们都提起精神向前跑。

　　7月20日天亮，我们在张八岭以北的石门山过铁路。铁路两侧都是起伏地形，沿线有碉堡和工事、护路沟贯通。我跟着队伍快步踏上铁路，真想多看两眼，这是我第一次白天看到铁路，还没见过火车是啥样！铁路边的碉堡被我们包围着，敌兵在里面向外窥探，但不敢向我们开枪。

　　我们旅直越过铁路走上东侧一条山岭，一团部队正过铁路时，从滁县方向开过来一辆装甲火车，边走边向我们部队开枪。子弹从我们头顶嗖嗖飞过，打在岩石上直冒火星。旅首长命令参谋通知二、三团组织火力向装甲车射击。用炸药炸铁路，掩护一团过铁路。顿时，我们的轻重机枪齐鸣，铁路上冒起一股股白烟，装甲车狂鸣着，像乌龟似的返回了滁县方向。我军还用迫击炮轰击敌人碉堡和两翼增援之敌。张参谋长说："狠狠打，我们给苏皖人民一个见面礼。"

　　我们这支队伍，经过24天征战，粉碎了国民党军的追击、堵截，克服了一切艰难险阻，终于胜利到达苏皖解放区，受到苏皖人民热烈欢迎。我们驻地，满街墙上贴出了红色标语："同志们辛苦了！""向你们学习，粉碎蒋介石对苏皖地区的进攻！"儿童团打着红旗，向我们欢呼。群众纷纷送来大批的大米、白面、猪肉、鱼、鸡和蔬菜。房东老大娘更把我们当儿子看待，她们心疼地说："看，娃们都瘦得不像样了。"赶忙给我们做吃的，缝补、清洗衣服。我们倍感亲切和温暖。只有亲身经历了中原突围艰苦斗争的人们，才能深切体会胜利回到母亲怀抱的喜悦心情。

　　原载马焰等：《驰骋江淮河汉》，解放军文艺出版社，2001年，第489～494页。

# 中原东路突围二三事

◎ 袁文通

    1946 年 6 月 26 日这一天是不平凡的一天，也是我永生难忘的一天。中原军区一纵一旅奉上级指示完成了掩护中原部队主力向西突围任务后，由旅长皮定均、政治委员徐子荣等领导同志率领，在这天夜里开始集结部队，准备冲出敌人的包围圈，向苏皖解放区挺进。这天夜晚，天空乌云密布，天气由闷热转而下起了瓢泼大雨，为了迷惑敌人，开始时部队伴装跟随主力部队向西突围，走到半夜时突然掉转方向，向东南方疾进。天亮的时候，旅直各单位已全部跳出了敌人的包围圈，到达了预定集结地——刘家冲。从刘家冲开始，部队每天行军都在百里以上，遇见小股敌人就战斗，遇见较强的敌人就绕着走，走走停停，打打战战，经过数十次战斗，24 个昼夜的奔波，部队终于到达了苏皖解放区。

## 一、吴家店补充给养

    跳出敌人的包围圈已经六七天了，由于突围之前时间仓促，指战员们的干粮和粮食已经基本吃完了。正在这时，领导决定在安徽金寨县的吴家店休整两天。我们做粮秣工作的，不顾疲劳马上深入群众调查了解哪儿有富豪，哪儿有粮仓。吴家店一带是过去红军时代的老苏区。四处可见一些苏维埃时期的老标语，如"中国共产党万岁""工农红军万岁"等。这些标语虽然被国民党用石灰渣刷过并经过风吹雨淋,但仍现出了鲜艳的红色。群众知道我们是当年的红军时,无不欣喜,奔走相告"当年的红军又回来了"。他们很快告诉我们,距吴家店不远的山坳里就有一个大粮仓,我们跑去一看,真有一个大粮仓,守粮仓的国民党官员早已跑光了,粮仓里堆满了大米,看见白花花的大米真是高兴死了。我们很快向领导做了汇报。我们的供给部部长范惠、粮秣科科长张成义听了汇报,都非常高兴,亲自到粮仓查看。范惠同志指示我们,马上通知部队派人来领粮食,每个单位不仅要把吃的、带的粮食都领足领够,还可以用大米和群众交换猪、羊和鸡、鸭,改善伙食,也可以用大米和群众换鞋子给战士们穿。我和宋秋冬、张太康等几个粮秣员白天给部队发粮食,晚上就睡在粮仓里。在白雀园时,我们吃的大米都是糙米,就是把稻谷放在擂子上擂一擂,把谷壳去掉,做出的饭又青又不好吃,这仓库里的大米白生生的,做出的饭香喷喷的,真好吃。我们几个商量,想用大米换些肉类改善伙食。第二天,我和张太康两人,每人背了一袋大米(约百十斤)到附近老乡家里换鸡、鸭。到了老乡家里,老乡说啥也不要我们的粮食,老乡说:"鸡是自己养的,想吃就抓几只吃吧,大米我们不要。"我们说了好多好话,老乡就是不答应。可是,我们有铁的纪律,老乡若不要我们的大米,我们也不能拿老乡的鸡。后来,我们分析老乡不要我们的大米,可能是怕我们走了,反动派回来整他们,于是经过商量,我们给老乡挖了一个地洞,把粮食埋好,这样,我们用两袋大米换了一只鸡。中午,我们吃上了大米饭和清炖鸡,真香,长了20岁,这还是我头一次吃这么好的饭菜呢。

三天快过去了,部队的粮食已领足领够了,没有人再来领粮食了,但是粮库的大米依然堆得高高的,我们只发放了三分之一,剩余的大米咋办?大家议论纷纷,有的同志提议干脆一把火烧了,最后还是请示了领导。范惠部长听了我们的意见后,把眼一瞪说:"这可不是小事情,咱们把它烧掉了,反动派回来后没有吃的,还得向群众摊派。等我请示一下旅领导再说。"很快,范部长回来说:"旅长、政委都在,他们都说,为了减轻老百姓的负担,还是把大米给反动派留着吧。"

## 二、突围路上添了一枝花

范惠同志是在豫西一分区行署当专员的时候和薛留柱同志相识、相爱、结婚的。

日本投降后，一分区南下和李先念领导的新四军五师会合后，改编为一纵一旅，范惠同志调一旅任供给部部长，薛留柱同志也调入供给部工作。中原突围前，留柱同志已怀孕，即将临产，部队里另外有几个女同志也即将临产，其他的女同志都化装离开部队到太行解放区去了，可是留柱同志坚决要和部队一起突围，为此，部队领导专门给留柱同志配备了一头骡子。薛留柱同志同战士们一起每天行军100多里。跋山涉水，风吹日晒，虽然是骑在骡子上，可是颠簸的滋味也不好受。经过五六天的急行军，在到达安徽吴家店的这天夜里，留柱同志平安产下了一个女孩。为了纪念中原突围，有的同志提议就给她起名叫范中原，范惠和薛留柱同志都认为这个名字很有纪念意义，乐呵呵地同意了。在吴家店休息了三天部队又上路了，为了照顾产后身体虚弱的留柱同志和"一枝花"——范中原，部队领导决定派出几名战士轮流抬着她们娘俩，跟随部队前进。留柱同志躺在担架上，看着部队又要打仗，又要照顾自己和孩子，实在是拖累了大家，当部队到达安徽的磨子潭时，她和范惠同志商量，把孩子寄养在群众家里，等胜利后再来接她。正好有家姓项的农家，刚生了孩子，可是孩子夭折了，经过商量，这家愿意收留孩子。和孩子分别的时候，夫妻二人紧紧抱着孩子，亲了又亲，他们默默地告诉孩子，等革命胜利了，我们一定要来接你。

全国新中国成立后，范惠和薛留柱同志多次给安徽霍山当地政府写信，请求帮助查找女儿范中原，并亲自到安徽霍山寻找，当地政府对此事非常重视，但由于范中原曾几次被转托寄养，情况比较复杂，直到1974年才找到。找到时，范中原已和当地的一个农民结婚，并育有4个子女。后来，他们时常带着孩子到北京同父母团聚。现在范中原已经当上了奶奶、姥姥，儿孙满堂，在安徽农村过着富裕、幸福的生活。

## 三、我的枪掉了

7月7日离开了吴家店，经过10多天的急行军，部队到达安徽定远以北距红心铺不远的一个山坳里短时休息。在这10多天里，我们没有一天吃过三顿饱饭，有时一天只能吃一顿，常常是白天行军打仗，夜里12点以后才宿营，宿营后赶紧埋锅造饭，烧热水烫脚，往往休息两三个小时就又赶路了。没过多久，战士们带的粮食差不多都吃光了，也没再遇到机会给部队发粮食，经常饿得很了，也就习以为常了。可是疲劳和瞌睡是最难对付的事，常常是前面的部队稍一停留，后面的同志就一个接一个地倒在地上，呼噜呼噜地睡着了，前面的同志开始行进了，后面的就一个叫一个地跟着往前走。许多同志说，啥时候到了解放区，一定要美美地睡上一觉。

在这个山坳里，参谋长张介民同志给旅直各单位做了动员报告，大意是：我们突出重围后，在敌占区已经奋战了20多天，大量的敌人围追堵截，企图把我们这个旅吃掉，但是，蒋介石的阴谋失败了。再有一天的路程我们就要到达预定目的地苏皖解放区了，希望大家团结一致，艰苦再战，做好准备，渡过难关，彻底胜利地完成中原突围任务。而后，供给部部长范惠同志对供给部的全体同志讲了话，大意是：一、要管理好财务，全旅的经济并不富裕，仅有的几麻袋银圆驮在三四匹骡子身上，决不能丢失，更不能落在敌人手中；二、大家要团结一致，互相帮助，对有病的同志要落实照顾的人员，争取一个不落地都到达解放区；三、万一部队被打散了，每个人都要设法过铁路，然后往东北方向走，到安徽自来桥集合。

听了动员，大家开始都非常激动，后来听到"万一部队被打散了……"一下又紧张起来。看来津浦铁路是敌人对我们进行阻击的最后一道防线，我们定要做好拼搏的准备。我身上带了一支土八音枪，是河南巩县（今巩义）造的，它是张太康同志在豫西抗日时期从敌伪手中缴获过来送给我的。我把它擦了又擦，共有五发四〇三子弹，平时枪弹夹里只装一发子弹，这时我把它全装在子弹卡里随时做好战斗准备。

和往日一样我们又开始了急行军，十几个小时过去了，已经到了半夜，部队走走停停，平时我的手枪都是用铁卡子卡在左腰部皮带上，今夜为了取枪顺手，就把枪卡在右腰部皮带上。部队停下来后，我仍习惯向右倒下就睡，枪口着地从皮带上顶了出来我也不知道，等我被别人拍醒后，继续向前走，走了五六步时，我突然发现我的枪不见了，赶快回头找，才走两三步，范惠同志碰见我，一把抓住我的胳膊问："你干啥去？"我说："我的枪丢了。"他一把拉住我说："快走，不要了，跟上你的位置。"我知道他是怕我掉队。部队规定的纪律非常严格，行军路上谁挨着谁是规定死了的，两个人中间决不允许任何人插进来，你要是掉了队，谁也不让你插进队伍里，你只能掉到队伍最后面，因为大家都很疲劳，如果没人管你，你可能会趴在地上睡几天都不会醒。范惠同志怕我掉队，所以他说宁可不要枪，也不能让我掉队。又走了几十里，天已蒙蒙亮了，我们听到了"做好准备，就要过铁路了"的传令，我们的步伐更快了。长这么大，我还从来没有见过铁路是啥样的，1945年冬过京广铁路时是在夜里，当时情况又很紧急，一路跑着就过了，啥也没看见，这次一定要好好看看。走到铁道边时，天已经大亮了，一个指挥部队过路的同志低声说道："快跑，敌人的铁甲车快来了。"我一面跑一面想，不管怎样也要看看铁路是啥样的，跑上铁路后我又趴下，用手摸了一下铁轨，心里想，就是两根铁棍，火车咋在上面跑呢？过了铁路就爬山，当我们爬到半山腰时，敌人的铁甲车开过来了。这时旅直各单位已全部过完铁路上山了，当后卫一团的部队正陆续穿越铁路急速前进时，敌人的铁甲车开过来了，最早过铁路的二、三团已奉命将迫击炮、轻重机枪对准铁甲车一齐开火，打得敌铁甲车没敢停留就走了。就这样，全旅部队经过24个小时不分昼夜的艰苦行军战斗后终于胜利地到达了苏皖解放区，中原军区一纵一旅的中原突围胜利结束。

原载马焰等：《驰骋江淮河汉》，解放军文艺出版社，2001年，第495～500页。

# 跟着皮定均中原突围

◎ 贾　宏

　　1959 年 4 月初，皮定均司令员和中央军事学院的高级将领来禹参观治山治水。皮司令员在县委招待所接见了县委书记刁文，招待所在县前街路东。当时我在县二中任支部书记。闻讯，怀着激动的心情进见这位足智多谋、英勇善战的老首长。在招待所门前，见到皮司令员。

　　"皮司令员，您来了！"我亲切地说。

　　"你知道我是皮司令？"皮司令员诧异地问。

　　"我是您的兵，在一旅二团工作跟着您参加中原突围。"我笑着说。

　　"啊！上车！上车！"皮司令招呼着让我上车。这时县委副书记张家柱也上了车。

　　皮司令在车上接着问："你知道家里情况吗？"

　　"很长时间没回去了，不大了解。"我说。

　　"禹县剿匪反霸情况如何？席子猷、李银安弄住了没有？"皮司令关心地问。

　　"禹县剿匪反霸情况很好，席匪、李匪都弄住伏法了。"我说。

　　"那很好。"皮司令点点头说。

　　这天晚上，皮司令员让我和他住在一起，彻夜侃谈。最后，皮司令员说："革命成果来之不易，我旅突围前 6000 人，突围后不足 4000 人，2000 多位同志掉队和牺牲了！"……

　　皮司令离开禹县时，张家柱、李振华请皮司令讲豫西抗日根据地开辟情况。皮司令说:"你们找贾宏好了。"

32年过去了,回忆当年,历历在目,如今我已是古稀之年,别无他求,仅以此篇献给我曾在这里工作20多年的又一故乡——禹州。

1944年,日寇侵占豫西后,党中央、毛主席派皮定均司令和徐子荣政委率先遣支队挺进豫西敌后开辟地区,解救苦难中的豫西人民。1945年初,王树声将军又率军来到,河南军区成立。豫西地下党中心县委书记张思贤同志建立地方政权,我做情报工作,后任伊川县江左区武委会主任,南下桐柏时又调任二团司令部书记。8月15日日寇投降,敌、日、伪合流进攻,我军奉命南下,三五九旅北上与新四军五师会合于桐柏山区,成立中原军区,后又东进大别山。1946年6月,蒋介石撕毁停战协定,围攻我中原军区,我军被迫突围,我跟随皮定均的一旅,经过20多天的艰苦战斗,突出重围,到达华东解放区。

## 大别山区的半年苦熬

我们在东进途中,国共两党重庆谈判停战命令下达,我军就地停止行进。所以6万子弟兵只占据了大别山区一个长不过200里、宽不过50里的狭小地段。这里地脊民贫,本来就不足以供养6万大军所需。蒋介石又以假和谈真内战的两面派伎俩,背信弃义,调来10个正规军、19个保安团约40万大军,把我们团团围住。妄图制造第二个皖南事变,借机消灭我军。一是围困,在我驻地周围设置三道防线,数千个碉堡;二是封锁,禁向我区运粮运物,又在边沿地区抢购粮食;三是蚕食挑衅,停战命令生效后,又强占我光山县城,西线的蚕食战被击退后,东线又侵占我小界岭,蚕食战天天有,为此,周总理曾迫使军调组赴宣化店调处;四是投毒暗杀;五是策反暴动;六是引诱瓦解;等等。妄图将我军扼杀在大别山中。

我军在党中央、毛主席的亲切关怀下和其他解放区的大力支持下,坚定战胜敌人的信心和决心,提出半年苦熬:与敌人针锋相对地发扬南泥湾精神,开展大生产运动。连队发动战士掏铁沙卖铁沙,编斗笠卖斗笠,打鱼、砍柴,炊事员开饭馆,理发员开理发店,机关办消费合作社;组织工作队在农村征粮,主要是搞地富的藏粮,并对工商农贸业合理征税。我就是这时由团司令部抽到工作队配合工作的。这个工作队是由地方行政干部组成的随军工作队。

在军事上，边防部队执行毛主席的"人不犯我，我不犯人，人若犯我，我必犯人"的战略方针，展开反蚕食斗争，敌侵我夺，来来去去；在内部开展宣传教育，揭露敌人阴谋，巩固部队和团结群众的工作。敌人的卑鄙伎俩都一一被粉碎了。

但是，在与敌人斗争中，我们的生活是非常艰苦的：我们的军队常是一天吃两顿稀饭，有时吃一顿，甚至吃不上饭。为防止特务投毒，有时弄到粮食也不敢吃。油盐极缺。衣服是1945年冬在桐柏山区时每人发的一套棉军装，1946年春由棉袄换成夹衣，天热了又由夹变成单。鞋子是自己打的草鞋。钱是分文没有，连党费都没法缴。当时大家的要求是：一能填饱肚子，二不被特务杀害就行了。我们的艰苦斗争拖住了蒋介石的几十万军队不能动，为其他战场我军战事部署赢得了时间。

## 接受命令

蒋介石的假和平真内战的阴谋被粉碎后，在东北、西北、华东、华北等战场连吃败仗，于是恼羞成怒，决定先从中原开刀，命令部队于1946年6月26日开始大举向我中原军区进攻，并扬言要在48小时内消灭我中原军区和6万子弟兵。我军获悉此讯加紧部署，奉毛主席和中央军委指示，主力向西突围。为了迷惑敌人，以我一旅（即皮旅）作为掩护主力西突，先向东进攻，吸引敌人兵力，待主力突过平汉铁路，算完成任务，可随意择机行动。这个任务是艰巨的。实际上，是以我旅作牺牲，换取主力西突的胜利。旅首长接受命令后，加紧部署，佯作东进，各哨所向东进击，以吸引更多的敌军到东边来，减少主力压力。当时我带领一个工作组做民运征粮工作。

## 被冲破的雨夜

1946年6月25日，已将突围的消息传达到各单位，大家都立即做准备。这时我还在下边办理税务手续，下午约5点钟接到通知叫马上回去。队长宁治国、指导员张子光叫我快收拾东西，我问什么时候走，他（宁治国）说："副团长去开会，回来就定了。"并说："咱这里添了几位新同志，分到你组去，你的任务是把全组同志带到解放区。"同志们都在慌忙地收拾干粮和行装，送还用具，袁希峰、郭元照帮助清理消费合作社的账目和东西。炊事员做好晚饭叫了多次都顾不上吃。工作基本就绪，队长、指导员召开全体会议，讲了突围的艰苦性，要求大家坚定信心，服从命令，遵守纪律。会后又将一些骨干同志集中起来，张子光同志讲："这次突围是一次艰巨险恶的行动，路上的事情不可预料，说老实话，谁死谁活都不敢说，为此，我们想定一条协约：行军路上都要紧密联系，互相照顾、很好团结，如哪位同志挂彩（负伤）了，大家要想办法帮助他走，如果情况不允许或伤势严重不能自理，决不能让他活着落入敌人手里，不如干脆补一枪，死了随敌人的便吧！"同志们听后都表示坚决执行协约。会后对我们征粮征税有功的同志代上级发了奖，加上消费合作社盈利，我得了9块银圆。发给工作队经费60元银圆，缝了个布袋，由宁治国队长携带保存。

6月底天气炽热，暑气袭人，临战思想弥漫，同志们也急躁与不安。天将黑下来时我走到余集街上，正遇到二团副团长付东山同志，他急匆匆地对我说："快回去告诉宁队长赶快出发。我这上去（指设在余集东山上的哨所）就开始进攻了，您到西北岗上等着，团部的人到了一块儿走。"我把付的话作了传达就随队出发了。我们刚走出余集西头，东山上的机枪就打响了。

我们走出余集三四里路在一个小山坡处等候，约有半小时，政治处主任吴主兴同志带领团直属队来到了，他轻声作了简短讲话就要出发，天公无情，有意助纣为虐似的乌云密布，开始下起雨来，接着又是倾盆大雨。这个地区是工作队第二组的工作区，因其地理熟悉，由郭元照组长等同志做向导，向西北方向前进。天黑得伸手不见五指，同志们只得前后紧靠，摩肩接踵，听着脚下的水声蜿蜒前进，雷鸣电闪时晃一下队形，闪光过后显得更黑。同志们借着荧光捉摸下前进队列，赶快跟上一步。雨越下越大，山洪暴发遍地是水，道路全没，浅的没膝，深则及胯，还有更深的水窝子，同志们靠手牵手蹒跚前进，虽是战略转移应保持高度秘密动作，但不得不前呼后应地互相照顾着：这里有水坑、石头、荆棘等传递讯息。尽管如此，仍有人碰到石头上或掉进水坑里，弄得像个落汤鸡。康文敬同志身小力薄，跌倒几次精力难支。我们正在左跨右跳地前进，呼的一声炸雷在头顶开花，大家不禁打了个寒战，还未清醒过来，又呼腾一声。一些人嘈杂起来："快、快、快！"我回头问："怎么了？怎么了？"张指导员的骡子掉在水沟里了。"李金安同志回答。我又问："人呢？""人没关系。"他又回答一句。我们在山沟里转来转去走了一整夜，天亮时出了山沟，通过一个小山包到了一个叫邓湾子的村子上，由于山洪暴发河水挡住去路而原地休息。问当地群众离余集多远，回答：只有 12 里。

6 月 26 日天一亮，前方的枪炮声响得更激烈。一、三团的防线处也同样响起了枪炮声。三个团的防线是个三角形，我们所处的位置是三角中心，如果防线被敌人突破，有遭包围的危险。所以，领导同志心急如焚，一次次跑到河边看水势、那洪水汹涌澎湃而下，据群众讲深有丈余。无奈，只能将警卫部队部署在村子东边的小山包上等待水落。直到下午 5 点来钟水落半槽，结成人墙徒渡。第一批先由一个战斗排过河占领对岸山头。我是第二批，有三四十人，手拉手连成一条绳向对岸渡。我们将要过完，敌人就赶来了，敌人到河边看看水势，又遭到我军的阻击，未敢渡河，缩回去了。

## 声东击西越过小界岭

我们全部过河后，转过一个山头，在一家独居户门前集中后继续前进了。朝西北方向转来转去走了一夜，第二天早晨又向西南进发，走入山脊上的公路，听着南、北、东三个方向的枪声渐渐西移。不了解领导意图的人都感到迷惑，有的说："怎么向枪声急的方向走呢？"有人接着说："叫你走你就走，不会错，用不着你操心。"中午时分拐下东边的山沟，这里林木茂密，散居着一些人家。这时传来命令："就地休息，不准做饭、吸烟和走动。"找水喝也被禁止了。

由于两个夜晚没有睡觉，大家都感到疲劳，有的躺在山坡上，有的靠在树上就睡了。天将黑时传来命令："快吃干粮、喝水，准备出发。"约在晚 8 点钟列队前进，顺着林木掩盖的山沟走了一夜，6 月 28 日上午进到小界岭南边的山脚下。前哨侦察员捉到敌人三个特务，得知小界岭上的敌人倾巢出动向西北方向追击我们去了，我们安全地通过小界岭。同志们高兴地说："笨蛋的敌人，万万没有想到我们一下子跳到他们屁股后边来了，他们就成了无头的苍蝇到处瞎碰去了。"我们爬上东山坡回头看时，皮司令还在盘问那几个特务。

通过小界岭要穿过潢（川）麻（城）公路，在过路点的不远处驻有敌军一个师，口令传来"人人都做好战斗准备"。大家顿时紧张起来，检查枪支弹药，缩短队形，接近公路跑步前进，一阵风似的跨过公路。队伍将要过完，敌人约有一个营的兵力，耀武扬威地向我军追来。皮司令派了两个连，埋伏在公路两旁的小山上，敌人进入伏击圈，一齐开火，打得敌人丢盔弃甲抱头鼠窜，打死打伤一些敌人，缴获部分枪支弹药。当时我正走上东山顶，回头观阵，非常热闹。

## 强越松子关

7月1日上午11点钟左右，来到松子关前的一个大山冲上，靠近东山有条土大路。在深山沟走了几天几夜，猛然见到一个大山冲，天大了许多，空气也新鲜了许多。接到命令原地休息搞饭吃。山沟里村子很少，有个小村子只有几户人家，早被连队占了，到哪里搞饭吃呢?! 有同志说旅部在前边集上，于是我们商议也到集上看看或许能搞到点吃的。还未走多远，后边的同志就高声喊着快回来，又要出发了。

松子关已被敌人挡住了，队伍绕道到山东边顺山冲而下走有几里路，又叫原地休息搞饭吃。路边上只有几户人家的小庄子被连队进入，站满人群，甭说搞粮食，就连个炊具也难找。恰好路边有个油坊，有两口炒油沫的大锅，便借用它来做饭。有的同志去弄粮食，有的同志洗锅、生火弄菜，就地有片苋菜，有半人深，弄了些，用手掰巴掰巴下锅了。弄粮的同志回来了，弄的是头道糙米，有百分之三十多的还是稻子，就那样下锅了。没有碗筷弄了几个破碗破盆和小柴棍轮着吃，盛菜没有家伙就用搓油沫的木槎瓢，弄出菜来油花子飘了一层，同志们风趣地说："今中午还改善生活呢。"刚开始吃饭又通知出发，同志们急了，有的用手抓，有的用棍夹，大口大口地吃着饭，嘴不停地吐着糠。前边的枪声越响越紧，催走的命令越来越急，同志们未吃饱，更未吃好，扔下就跑。跑了几里路在一个山包处隐蔽待命。旅首长们正在指挥部队向敌人进攻。这时我的肚子开始疼痛腹泻。约有20分钟通知前进。我们走到山垭处看到三团的通信参谋陈生章同志牺牲了，尸体安放在水沟内盖了些树枝；管理员胡玉胜和通信员孙明二同志负了伤。我们夹杂在队伍中下到山底河边处，一条大河横贯东西，水不深，而河床宽度有几百米，乱石交错，凹凸不平。枪声像刮风，子弹似雨点，打在水面和石头上，发出乒乒乓乓的响声，战士们就从这弹雨中跃进，危险性很大！我向下游一看，离我们百米处不仅河床窄还有半截拦水坝，我叫了声"同志们，跟我来！"我们在树林的掩护下走到断坝的对岸安全跃过河去。同时也给后续部队带出一条新路。

过去河进入了摩天岭的西北山角，沿西山坡南进。当时我感觉发烧，特别是渴得要命，眼前只有稻田地里有水，水色乌黑混浊，樟棉漂了一层，实在不卫生。可是想到未来的战斗和生命只好爬下就喝。

先头部队已进到摩天岭的西南角，像条巨龙前不见头后不见尾。敌人的射击目标扩展了射击面，有些子弹从我们头上飞过。后边传来"快走"的命令一道接着一道，而前边的人群好像有意抗拒似的，仍在慢慢蠕动，有人急了骂前边人不听命令，但待自己走到时才知道是人多路窄根本走不动。

## 攀越摩天岭

下午5点钟，我们冒雨拐上摩天岭山角时，看到前边有棵大树，一些人站住向树下看，我走近时才知道是炊事员老李同志已经牺牲了，从担架上移下来，头向上面朝天停放在大树下。他是偃师人，父子二人都参了军。他儿子看着父亲，也无能为力，走了。上山时仍因人多路窄分散队形拨开荆棘向上爬，最后转入羊肠小道。天已黑下来了，雷打电闪下起雨来，天越来越黑，雨越下越大，黑得对面不见人，雨淋得浑身水流。我的肚子翻滚疼痛，每隔几分钟就得泻一次。摩天岭不仅高上下百里，而且坡陡到处是悬崖；路不仅窄而且乱石交错，棱角突出。经过几昼夜的急行军已被磨破了的脚在石缝中蹿来跳去，同志们都把心提到嗓子眼上了：一怕掉队，二怕掉崖，三怕碰脚。我加上拉肚子，行进十分艰难。有不少同志摔倒碰得皮破血流，但都是咬紧牙关自忍自理。天将明时才上到山顶，下山不多会儿就大明了。看到四周昏昏一片，除能看到眼前的树外，向外尽是灰蓝色的水纹波浪，再走还是这样。有同志说："我们是来打顾敬之的，可该吃大鱼了。"顾敬之是敌方商城县县长，因霸占群众土地太多外号"顾半县"，传说他的水塘中有千斤重的大鱼，故有此论。有同志好奇地用石头向水波中投，你投我也投，都没有水声。直到9点多下到山脚时，仰脸上望，才知是云彩在半山腰浮动。有同志说："咱也成神仙了，会腾云驾雾啦。"

接到命令搞饭吃。翻过摩天岭，山更高村子更少。我们早有经验，连队过后不易找到合适之处，只能在人们不注意的地方打点主意。同志们已是一昼夜地跳跃奔波翻山越岭又饥又累急需休息和吃东西了。当时，袁希峰、郭元照和我三个组长走在一起，加上其他同志共8个人，决定就近搞饭吃，于是大家东张西望找门路，郭元照同志看见山沟里有间房，我们就去了，一看是一间草房，秸秆扎的墙壁已残缺不全，房内只有一个小女孩，有七八岁，穿的既破又脏，问她，什么都不说像个哑巴。屋内空空的，找个遍没有任何吃的东西，正在犯愁，袁希峰同志从磨底下扫了半碗麸子，也感到是个救星！张建中不死心向上边山沟里看，他说："我看那里像南瓜叶子，种的有南瓜。"大家催他去看看，他将南瓜秧子翻个遍找到一个拳头大的南瓜蛋。就这样加水煮了半小锅，每人喝了半碗。这时部队已经过完，我们成了最后尾巴赶快下山。

10点钟又要出发，我发烧但仍坚持着走，走了一段实在走不动，可到哪里去找医弄药呢！无奈我掏出别针，叫同志们给我扎静脉血管进行放血疗法。他们不敢下手，我急了，叫他们撑住我的胳膊，自己给自己扎针。接着要翻越大别山的最高峰——大牛山（也叫大牛尖），约在12点多已上到三分之一处。我头疼发烧心里发慌，冷汗直流，气喘吁吁，实在走不动了，正巧路边有棵大树，我要躺下休息，因天已不早了，既要翻高山，还有很远的路程，同志们怕我掉队，再三劝说帮我走。我想既不能背又无法抬还怕他们掉队，坚持要他们先走。同志们真诚地说："你一个人病这样重，将来怎么办呢！"我说："我要是死了就算啦！如不死还有军队我就跟着走，军队过完了再想办法。"同志们仍是恋恋不舍，最后在我的坚持督促下只好走了。当时，我已把生死置之度外，感到活的希望很小！但头脑还清醒，面北祝家人，就将永别了！革命愿望，千仇百恨，一切的一切都要付之东流了。由于思想轻松了，倒下就睡着了，醒来时已是下午3点多钟了，感到身上轻松了许多，而肚子饿得很。身边有一片黄瓜地，秧子已被踩平了，我想找点残渣瓜把吃，就慢慢地走着，细细地看着，从这头到那头，却连个黄瓜疙瘩也没找到。正在失望之际，看到一根黄瓜秧子钻进石堆缝里结了一根小黄瓜，大头如大拇指，小头如小指粗，约有三寸长，体积有一大口，我不由自主地笑了，真是天无绝人之路呀！吃着，当即加入队伍向上爬 10 多里山路。这段山坡较缓还可以爬，再向上还有十几里且坡度很陡，估量下自己的体力不好上去，想着还得想办法找吃的。看到东南方树林里有座房子，我采取试探的方式慢慢接近，直到房后既未发现敌人也没看到群众，耳朵贴墙上听，屋内有些人说话，我判断不是敌人就转到院子前面，伸头一看是我们的人，就放心走了进去，一看是一连连长杨树岐同志带几个战士在做饭吃。他看见我就叫通信员给我盛饭，通信员铲铲锅只有半碗玉米面糊糊。杨说："你在这里吃，我们得赶部队先走啦。"我赶快扒拉扒拉就转回上山了。这段山陡得像靠在墙上的梯，上一段就得站住喘喘气。上到山顶时太阳已落入地平线，如不是山高就看不到太阳了。虽离宿营地还有几十里，我想无论如何也得休息一下。刚坐下，团部司务长李华光同志带着几个炊事员上来了，看到我就问："老贾你饿不饿?"我回答："那还用说。"他说："我这兜里有煮的豌豆你掏着吃吧。"我掏了一把，告诉他说："您上来歇一会儿，我得先走了。"我下到山底时已是凌晨以后了，一片漆黑，找不到本单位，只是朝有灯明的地方走，刚见部队天已亮了，又出发了。

## 吴家店休整

翻山越岭走了两天，7 月 4 日傍晚到达安徽省金寨县（原为立煌县）的吴家店。它是深山环抱中的一个小集镇，设有敌人乡公所，我们前哨部队到达就将其消灭了。此地是红军诞生的摇篮之一，也是皮定均司令员和方升普副司令员的故乡。群众基础很好。我们从河南省商城县余集出发时已经过九昼夜的冒雨行军打仗，跋山涉水，没有几个小时的安静休息，同志们极度疲劳，鞋子早已穿破，脚上打起了血泡，听到休息的命令，如临大喜，奔走相告。旅首长命令打开蒋政府的官仓放粮。从中拿出一部分作为我军给养，向群众换来大米、白面和猪肉，供同志们吃饱吃好，这是突围以来的大好时光，也是突围取胜的关键一着。正是由于这次休整，我们才恢复了体力，鼓舞了情绪，坚定了信心和意志，取得了最后的胜利。

我们组住在吴家店西 3 里路的高山脚下，同志们进房后简单打扫下卫生，架起门板或垫上铺草躺下，眨眼工夫就睡着了，吃饭时怎么叫都叫不醒。特别是张建中同志，拉了几次都不起来吃饭。旅首长命令：一是吃饱，二是睡好，三是温水洗脚，四是备足鞋子这四大任务。我成了督促官，催这个，逼那个，除以上四项任务外还要彻底轻装，将身外衣物清掉打成草鞋。

## 冲破青风岭

7月8日，从吴家店出发，在两山谷中的漫河东进。

漫河在群山之中顺着两山的走势向东北方向蜿蜒而下，弯弯曲曲，时靠左，时依右，很不规则；路又是和河相反，水左路右，水右路左，穿插行进，每个湾要过一道河，有"七十二道鞋不干"之称。7月天气正是多雨的季节，雨天山洪暴发，晴天山泉争流，河水上涨，浅则没踝，深则及膝。我军又是在敌众我寡、前有险关后有追兵的情况下前进，时刻都做着战斗准备，每人都把鞋上串上带子，牢牢地绑在脚上，踏进河水，沙子泛起，注满鞋内，出水走路满脚受刺，比赤足走在沙子上还难受。脱掉鞋子倒沙子吧，既怕掉队而且转眼又是河水还得蹚，所以只好忍受着剧疼行进。本来已打满了血泡的脚又受到满鞋沙子的折磨就更坏了。不少同志已是疼痛难忍，拄起棍子，一瘸一拐地向前蠕动。有时爬个山梁，翻个山腿子，转个湾子又下到河底，一干一湿，鞋子坏得很快，在吴家店出发时每人带了三四双鞋子，几天时间都穿完了。有的同志脚肿得像个发面馍穿不上鞋子，用棉花套或破布把脚包成一个大疙瘩，空身一个还是走不动。

在吴家店轻装时我除身穿一身单衣还留了个棉布单子未扔，一天走到山梁上，遇见二团参谋长王波同志和作战参谋杜元学同志，王看见我就说："老贾你咋弄的，还背个小包包？"我说："就剩这个了，一扔什么都没了。"他又说："扔了吧，到解放区什么都有。"我说："遵命。"过了山就将单子换了两把蒜了事。

艰苦行军三天，7月10日中午到达千笠寺。这里山谷开阔，村庄较多，大家就地吃饭。这是几天来比较安静的一次午餐。饭后继续东进，走20余里，从一个山峡里转向正北，通过一个清澈见底、水深及胯的水潭，爬上石坡，我亲眼看到张弘源和温子端两名同志印在石板上的血脚印。这时脚疼成了同志们的议论中心，抬头看见山坡上有座庙，有同志就开玩笑说："快去求神呢，保佑你的脚不疼。"

我们岔入一条几步宽的人行道，从庙角处走上山垭，南北向两架大山，像两条大蟒蛇横卧那里，人行道沿山腰向北延伸，山势很陡，林木荆棘丛生，西斜的太阳照在山坡上，闷热的气流使人喘不过气来，有同志说："快走吧，进入前边的林荫道就好了。"正在这时，通信员跑过来说："青风岭的路口已被敌人堵住啦。"恰好皮司令从后边走过来，命令一团跑步到前边去。我们到西山的东坡隐蔽。我们走到一个破草庵处拟搞点吃的，那里只有一个老头，开了些荒地，什么东西也没有，拔了几棵豆子架火烧起来。枪炮声响得像刮风，一个炮弹冒着白烟，哧哧叫着，落到我们身边，以为敌人发现我们的火光目标，赶快转移了。

太阳西沉，西山影已上到东山半腰，未夺关前进，不约而同地担起心来，如不能突破，被敌人包围在山沟里，实在前途难卜，忽而慎玉明同志指着东山说："你看咱们人从南山头上去了。"眨眼工夫枪声响了，接着北边的枪声、手榴弹声、喊杀声汇成一片，约有几十分钟，敌人溃散了，我军夺关而过。我们于晚8点左右进到青风岭山顶，遇上老乡王长水、石和尚等同志，他们说："听见枪声一响脚也不疼了，从山下一个劲儿冲到山顶。"我说："您真不愧是拉不垮、打不败的钢铁战士呀！"

我军夺了青风岭后，前头部队继续追歼逃敌，我组所在的四连留在青风岭垫后堵击后边追敌。青风岭只有几户人家，在路北边一排房子坐北向南面对山林，离上山的路口只有六七十米远。此夜，全连人员荷枪实弹除岗哨外相依而息，时刻准备着战斗。我们组住在东房面对路口，一夜相安无事。第二天早晨7点来钟，饭已做好，战士们都到屋内取饭时，几挺轻机枪架在门外地上，一股敌人约有六七十人从山下上来，他们以为我们走远了，也没有严密地战斗准备，匆匆而来，我先发现正要高喊，恰好朱连长从屋里出来，有点措手不及，高喊："他妈的！来了不是？"跑去端起机枪就打，战士们听到喊声都拥出来了，敌人被这突如其来的威胁吓呆了，未敢抵抗转身正南，抱头鼠窜，钻进山林。我军的任务是，突出重围，保全自己，故未追击。


## 夜渡磨子潭

磨子潭是个小镇店，位于安徽省霍山县漫河西岸。

为堵后追之敌，我在的四连出发很晚。当天上午天气晴朗，风和日丽。由青风岭缓坡东进，没有高山峻岭，走路也感到舒适。约在晚上12点钟后才到了潠河西岸向磨子潭转弯的路口处。接到命令原地休息做饭吃，先头部队已到磨子潭，正在搭桥，不准卸装要准备随时出发。附近有个小庄子连队进驻了，路边有座破草房是好久无人住了，屋内潮湿，地上有些零乱的碎草发出熏人的霉气，蛛丝网扯了满屋子，蚊子嗡嗡叫，乱向人脸上撞。没有办法找饭吃，就地躺下睡着了。约在3点多钟，通信员跑来传令："潠河渡口已被敌人堵住，要跑步前进抢渡。"我把同志们叫醒，出了门，通信员就催着快跑，路程有20多里，跑得气喘吁吁只恨嘴小。这时前后的枪声响成一片，有同志讲：二团驻的范家场已被敌人攻占了。思想越发紧张，我们从磨子潭街中穿过，到南头时见到二团政委张春生和原团长陈玉兴二人隐蔽在东房檐下，指挥部队前进。一个参谋牺牲了，弓身躺在地上，两匹大马被打死在他们面前。我说："张政委您还不走！"他们一齐说："甭管俺，要顺着山根向西南跑。"我们跑出街南头，看着我军的人群一条龙似的奔向西南的渡口，而东山上敌人的枪炮子弹集中在那里，炮弹炸起的水柱，枪弹打起的水花，人马蹚起的水浪，汇成了沸腾的海洋，危险极了！我说："咱们从这里走，车福田、赵金川两位同志随在后，其他同志随人群跑去了。"我们三个人插向东南徒涉，虽离敌人近些，但避开了敌人的集中射击目标。踏进河水由浅及深，中间没顶，扒几下就过去了。车福田同志还喝了几口水，浑身衣服和背的东西全湿了，我出水时鞋子内注满了沙子，站在一块石头上涮脚，敌人一颗子弹打在我的脚下，我迅速跑开了。转过一个小山包，看到两名战士划了一条小木船，因掌握不住方向，被洪水冲向敌人占领的山根，结果如何，不得而知了。

这次抢渡潠河（磨子潭是潠河上的渡口），皮司令从电话中得知敌人的军事行动，预先派三团一个营过河占领对岸山头，可以控制渡口安全过河。但由于雨大天黑，大家疲劳和麻痹，被敌人袭击后夺走了山头，封锁住河口，后经一、三团攻下两个山头，才掩护二团渡河。我军损失一个连，为突围以来最大的一次损失。

## 飞过千里平原

7月13日夜晚，我军从毛坦厂出发，这是离开大别山脉踏上皖中平原的第一步。蒋介石已判清我军意图，调来三个正规军和十几个保安团堵截我们。旅首长据此决定，不分昼夜急行军，预定五昼夜越过皖中平原，到达华东解放区，每昼夜行进200余里，再一次强调轻装，除枪支弹药外其他东西一律扔掉。毛坦厂是大别山系余脉，浅山和丘陵相向。我们沿山岭北进，到夜里3点来钟时既饿又渴，但无处寻觅食水。我借着星光看到树丛上挂了个什么东西，就把它摘下来，手摸着有尺把长，粗粗的什么都不像，咬了一口酸溜溜的，吃吧，怕有毒，不吃吧，感到能解渴，就咬了两口，其他同志也轮着咬两口，天明时一看是一根老黄瓜种，皮子已成了黑黄色了。它成了宝物，用心拿着，谁渴了就咬一口，以救燃眉之急。

飞越皖中平原时由于军队过于疲劳，实际走了七天七夜。急行军中是昼夜不停，风雨不止，只能在前方敌情不明或条件许可时就地休息一下；一天只能吃一餐、两餐，每次都要限定时间得在一个小时内办完搞粮、做饭、吃饭、集合等全部工作。同志们疲劳得腿拉不动，眼睁不开，只要是原地休息，不管是泥是水就往下躺，一闭眼就睡着了。身上带的东西除枪支外全部丢光，连个帽子也没有。张建中同志浑身上下就剩个裤衩了。过六（安）合（肥）公路时两名战士经过水塘边时掉进水塘里，开始以为他们因悲观情绪自己跳进去的，结果是因疲困打盹掉进去的。由于疲劳过度，同志们走起路来东摇西摆，前仰后合，行动迟缓，故超过了预定时间。

我在毛坦厂大轻装时将雨伞换个大草帽，晴天遮太阳，雨天遮雨，坐时当座，热时当扇，睡时当床，将身子一圈躺在上边，除头和脚外都可不粘泥。草帽和我同舟共济到达解放区。

千里飞渡是要冲破敌人的重围，休息吃饭都要服从这个大局。我们随军工作组更困难：一是体力不如战士强壮，都是精疲力竭自顾不暇；二是纪律观念差，遇到紧急情况时随意乱跑不好集中，所以吃饭问题多是自己想办法。还得在连队占据的空隙间才能搞到点吃的，饿肚子、吃生食是常事。不过也有好处，稍离开点部队没有关系。在飞越皖中平原时我曾向群众多次讨过饭。那里男人称老板，女的称老板娘子，这样一称呼便能讨点剩饭或锅巴吃。对此我感到好笑，居然当起要饭花子来了。约在7月的十六七号，军队行进在定远县南一个大寨子休息吃午饭，我赶到时寨子已被占满了，感到进寨无望，向西看约有2里路的石头岭上有个草庵子，我去了，我组的车福田、赵金川二人提前到了。这里只有一个老头在看南瓜，没有其他吃食，摘了个大南瓜放在笼里蒸。我们三个人硬把一笼南瓜吃完了。给钱，老人不要，说："自己种的算不了什么。"当时我们工作队因征粮得奖自身还有几个钱，遇到机会还可买点吃的，战士们一个钱没有更困难。我获奖的九块银圆送给李葆光、尹国良、王长水、程栓、袁希峰等五人各一块，剩余的钱也是集体花。

淮南铁路是淮南通向合肥的交通要道。为预防敌人重兵把守，计划夜行百余里在黎明时突过，为缩短距离三个团齐头并进，但由于军队疲劳行进迟缓，到第二天早上8点多钟才到达路边上，没有敌军把守，只有稀疏未挖成的机枪掩体坑。我军截住两部客运汽车，对两个蒋政人员进行盘查。部队迅速越过淮南铁路（当时未铺铁轨），于是我们也加快了步伐前进。走出约有2里多路，看见二团二营营长武占魁同志高喊着："快过来！后边敌人追来了，如不是你在后头，就开枪了。"我向后边一看，黄腾腾的敌人正在追来，离我们只有半里多路。我们跳进干枯的水塘，二营的轻重机枪、步枪一齐开火了。敌军是桂系的一三八师，原布防在淮南路上堵截我军的，他们没料到我军行动迅速，他们赶到时我军已顺利通过了。他们从后边追来，遭我军迎头痛击之后龟缩回去了。

过去下塘集前进到定远地区，这里是新四军二师的根据地，当时由于蒋军进攻，我军撤退了。二师师长罗炳辉同志病逝后葬在这里。此地群众受到共产党的教育觉悟很高，见我军如见亲人。当地盛产西瓜，7月天正是西瓜成熟季节。为了维持军纪，旅首长严令公买公卖，不准进瓜田。但是，群众见到我们同志，拿起瓜硬向手里塞，给钱他们不要，同志们将钱撂在地上就跑，他们又拾起钱在后边撵着叫。我们感到奇怪的是：40年代的老太婆都是大脚板，男的当家，妇女劳动，上集卖瓜时男人们背杆称到集上等站，女人将瓜挑子送到集上再回家种田。

## 突破最后一关

津浦铁路是蒋军的最后一道防线，也是我军突围的最后一天。前面蒋介石所设置的数道防线被（我军）一一突破，（就）把赌注下（放）在最后一关，既有重兵把守，又有铁路交通易于调兵，这一关要比前边几关险恶得多。旅首长充分估计到这些情况，作了详细研究和部署，动员同志们坚定信心和决心突过这最后一关；同志们都把神经绷得紧紧的，准备着一场大血战，死活在此一举。

7月19日下午，我军从池河出发，离津浦铁路近百里，同志们都鼓足勇气突过铁路，胜利就在眼前了。向东北方向走了几十里，根据侦察员汇报的敌情，又转向东南，同志们在疑惑地议论着，传来口令说："明光车站有敌人把守，需绕道40余里。"走路的任务加大了，同志们虽感到困难，但兴致很高。这段路都是沟沟壕壕崎岖不平，实在难走，直至天色黎明才到了预定地点石门山一带。铁路是靠东山根蜿蜒而进，山坡上碉堡内敌人的灯光像鬼火一样闪烁不停。三团在前，二团旅直居中，一团垫后。我们越过路壕，从两个土包间的壑口处爬上铁路，快步越过了。预料的险关口静静的，我们不由自主地长出一口气，感到万幸。二团过完登上东山坡，沿着羊肠小道向东北方向前进，三团、旅直都过来了，一团先头部队刚爬上铁路，敌人的火车开来了，轻重机枪像泼水似的扫射，我们的部队奋起还击，火车将一团隔为两段，过了铁路的回头对敌人进行夹击，轻重机枪、手榴弹一齐投向敌人，有的战士奋不顾身扒住车厢，将成束的手榴弹扔进车厢内，炸得敌人齐嚎乱叫，招架不住，快车向北逃去，又触上了我军埋设的炸药包，轰的一下，跑得更快。管店、明光车站的敌人闻讯赶来配合南来之敌对我军进行夹击，情况顿时又紧张起来。皮司令下达命令："要二团回头，全旅的迫击炮每门留三发炮弹，每挺重机枪留二百发子弹，轻机枪留五十发子弹，其余的打完，要狠狠打击敌人。"又指示："非战斗人员向着太阳走。"我军集中火力给敌人一个激烈反击，敌人又退缩了。正在这时，东山顶上又发现了一股武装部队，以为是敌人，皮司令又分出兵力争夺山头。我身边连队的连长同志把手枪一挥说："跟我来。"战士们蜂拥而上，还没爬到山顶，已听到由西坡先到达的同志高声喊着说："是自己人。他们是淮南大队的同志，来迎接我们来了。"同志们闻讯，才真正出一口气，喜笑颜开地说："突围胜利了！胜利了！艰苦奋战20多天，终于取得最后胜利。这个胜利打破了蒋介石消灭我中原军区的黄粱美梦。我们向世界宣告：敌人的战略部署破产了。"

这次战斗虽然要比原先预想得好，但我们也付出了一定的代价，我带出来的董十一同志在战斗中奋勇当先，不幸牺牲了。

敌人未敢再来追击，我们真像久别故里已进了家门的人，无忧无虑，扬眉吐气，黑瘦的脸庞，喜笑颜开。队伍收拢后归还建制向东行进，走有二三十里，进入盱眙县境。天气骤变，下起雨来。这里是苏皖边区的边沿地带，地方党政同志组织欢迎，每过一个庄村，路边都摆满了茶水和食品，站满了人群，他们喊着欢迎口号，亲热地端起茶水，拿着食品往同志们手里塞。有的议论着说："看看都瘦成啥啦！真可怜人！"一位妇女干部冒雨赶着毛驴给我们送面。是夜，在仇集附近宿营，地方兄弟部队担任警戒，群众送来饭菜，铺好床铺，我们饱食、安息了一夜，第二天移驻到盱眙县城北10里路的庄上。中原突围东路皮定均司令所率的一纵一旅彻底粉碎了蒋介石的重兵围追堵截，胜利结束。

突围到江苏省淮阴后曾有过一个总结：自6月26日到7月20日早晨止共计24天，实际行程2400里，大小战斗25（23）次[①]。有的红军战士说："论里程没有长征远，论紧张情况超过红军长征时，这次突围我旅担任的任务最重，损失最小，突出重围最早，影响最大。"1955年第一次实行军衔制时，毛主席批示："皮旅有功，由少晋中。"当时的旅长级都定为少将，唯独皮定均定为中将。

## 移军淮阴

我军奉华东局命令以5天的时间转过洪泽湖到达江苏省淮阴区的马头集驻下，才算真正安静了。华东局给我们每人发了两套新军装和两套衬衣，保证给养供应。陈毅军长又特别强调，要吃得饱、休息好。全旅的地方行政干部集中起来成立个干部大队，原豫西一分区副专员董敬斋同志任大队长，原荥阳县委书记党峰同志任总支书记。战斗部队，只休息了一个星期时间，便奉命开赴苏北的丁埝、林梓、高邮一带，配合粟裕将军打七战七捷去了。

## 尾 声

1947年，皮定均担任华东野战军第六纵队副司令员，一次在界首县秋渠驻地

---

①皮定钧旅中原突围，时间从1946年6月26日至7月20日，孤军转战24昼夜，行程1000余公里，大小战斗23次。

和老首长会面。当时我在秋渠区任区长，一天下午我带着通信员找到老首长住处，皮司令热情地接见了我。谈到中原突围时皮司令关心地问："你感到突围中艰苦吧？"我说："我们很倒霉，天天打仗。"他又问："当时你在哪个单位？"我说："原先在二团司令部，突围时在二营四连。"皮司令解释说："中原局决定以咱这个旅作牺牲，先向东打，将敌人吸引过来，掩护主力向西突围，他们过了平汉（现为京广）铁路算完成任务。我们完成任务后，考虑到随主力向西，必然会把敌人引向主力，如向北突，沟河纵横，行动不便，所以决定向东突。二团老战士多，是个主力团，以二团作牺牲，二营是主力营，四连是个尖刀连，前边紧把你调前边，后边紧把你调后边，左边紧调左边，右边紧调右边，不是你倒霉，就是安排的你天天打仗。"首长这样一说，我才明白了当时的情况。临别时首长送我一支美国造信号枪和一支六五马步枪，还有 200 发子弹，皮司令歉意地说："我们六纵近来净打消耗仗，枪支多余的不多，如打出击战可以多给些。"又说："虽然给的枪支不多，但意义重大呀。"

（本文作者贾宏，1919 年生，原籍伊川，现籍禹州市。1944 年参加革命工作，原任河南省五三农场党委书记、劳改三支队政治委员，已离休。）

原载中国人民政治协商会议禹州市委员会文史资料委员会编：《禹州文史资料》第七辑，1994 年，第 141 ～ 163 页。

# 中原突围亲历记

◎ 周培德

  1945 年 8 月 15 日日寇宣布无条件投降，中国人民终于取得了抗日战争的彻底胜利，全国人民渴望和平。毛主席、周副主席带着全国人民的和平意愿，亲飞重庆与蒋介石进行了 40 余天的磋商和斗争，达成了《双十协定》。为了表达我们的和平诚意，我方做出巨大让步，豫西抗日根据地，就是我们主动让出的。我豫西纵队在王树声率领下南下，和王震领导的三五九旅、李先念领导的五师，三大主力会师大别山，成立中原军区。李先念任司令员，邓子辉、郑位三任政委，编成 12 个旅 6 万余人，司令部设在宣化店。当时，我在中原军区第一旅（即皮定均旅）任二团一营三连一排排长。

  1946 年 1 月 13 日停战协定生效，国共军队停止敌对，各守阵地，待命整编。但蒋介石背信弃义，调集 35 万大军，[①] 包围我中原部队，妄想将我 6 万多中原部队全歼在中原地区。于 5 月 23 日上午，敌指使一个连突然冲入我军阵地，蓄意制造事端，挑起内战。本着"人不犯我，我不犯人，人若犯我，我必犯人"的一贯主张，我驻宋庄小界岭犀牛望月的部队向敌人来个迎头痛击，不足两小时全歼入侵之敌 125 人。国民党到停战三人调停小组，诬陷我军破坏停战协定。为此，于 6 月初，我方代表

---

①据中共中央党史研究室《中国共产党历史》第一卷下册，蒋介石调集 8 个整编师又 2 个旅，约 22 万人，围攻中原解放区。

周恩来、国民党代表张治中、美方代表白劳（罗）德三人由武汉飞到宣化店，经实地调查，是国民党无故入我小界岭阵地，完全无理，必须登报认错，向我方道歉，并保证今后不再发生类似事件。在三人小组完成调解任务后，周副主席传达了党中央对中原部队的突围指示："留一个旅拖住敌人作牺牲，掩护主力十一个旅向西越过平汉向西突围。"

## 接受任务

6月24日下午3时接到我一旅首长纵队部发来的特急电报，要皮定均司令员和徐子荣政委立即到纵队部接受任务。当他们赶到时，中原军区已发布了突围命令，主力已开始向西突围，一旅执行牵制敌人掩护全军西进的任务。纵队司令员王树声说："这是一个艰巨的任务，也是一个光荣的任务，党把这个任务交给你们，是对你们最大的信任。你们在豫西敌后活动了一年多，有独立作战的丰富经验，一定能战胜敌人，最后胜利一定属于我们！"旅长、政委向队首长保证说："请首长放心，我们一定以战斗的胜利，回答党对我们的信任。"此时，敌人即将发动总攻，情况紧急，王司令员又作了扼要指示："主力今晚就开始西进，你们按已定方案接防，要用一切办法，拖住敌人，迷惑敌人，使敌人在这三天之内找不到我军的行动方向，等主力越过平汉线后，也就是中原突围的初步胜利……"当旅长、政委带着任务回到旅部驻地白雀园时，已是深夜了。

## 换防出击

赶回旅部，立即作换防出击部署。25日零点旅部命令：一团向东和东南接防，抗抵敌七军和七十二军；二团向西方向接防，抗击敌四十五军；三团向西（南）方向接防，抗抵敌四十九军。在50里长战线上，我们3个团8800人主动咬住了敌人4个正规军约12万人无法西进。当我们和二、三旅兄弟部队换防相别时，双方均很激动。我作了首诗，以表达当时的心情：

> 生死离别在战场，

面向西北拜爹娘。

盼弟早日到延安，

兄留中原战蒋帮。

挥泪告别后，我一旅全体将士信心百倍，斗志昂扬，又利用白雀园周围河流纵横、丘陵起伏的有利地形，趁连日大雨，全线出击，拖住了大量敌人，使其无法脱身西进。经过连续三昼夜的激战，歼敌2000余人，我军主力已越过平汉线，西进600余里。我一旅近千名战友的鲜血赢得了中原主力突围的初步胜利。

## 九路迂回

在完成牵制敌人、掩护主力突围、掩埋好近千名战友的尸体后，10余万敌人，从四面八方向我一旅扑来。为了摆脱敌人，旅首长果断决定："以营为单位，把全旅分为九路，由旅团干部，直接指挥各路，和敌人展开不同方向的迂回作战。"九路大军，有的向东，有的向西，有的向南，有的向北，当时是东西南北到处打击敌人，迷惑敌人。在大雨滂沱的夜晚，把敌人打得晕头转向，不知所措，出击怕挨打被歼，不出击又怕我军突出去，敌人是处处进退两难。就这样，经过两夜一天的迂回奋战，我军突然来个紧急东进，把10余万敌军甩到了背后，登上了小田岭东南的风波山。敌人这时才大梦初醒，用大炮、机枪向我军原驻地白雀园周围盲目轰击。炮声隆隆，我军在风波山上看得一清二楚，战士们个个嘿嘿大笑说："咳！这些笨蛋，打得像真的一样，蛮激烈哪！"

## 活捉张天寿

掩护主力突围、甩掉10余万敌人是全军的两大喜事，7月3日早晨，我军一个女同志生了个胖小子，这又是一件喜事，全军皆欢喜。在当时的情况下，的确也是个难卸的包袱，带孩子无法行军打仗，孩子托给谁成了大家议论的中心。有人提议把孩子交给地下党抚养，这会安全可靠，这建议已得到多数人的支持。在这决策的关键时刻，皮定均司令员认为把孩子托给地下党抚养不妥，他说："我军走后保甲长追查孩子的来历，到那时，不但孩子保不住，地下党也必然遭到破坏。"他继续说："我们应采取以毒攻毒的办法，学会在特定条件下的生存规律，掌握主动，让敌人给我们养活孩子。"于是决定，派几个侦察员，通过可靠渠道，到40里外的天河口镇捉来了伪镇长张天寿，当面对张说："按你作恶，杀有余辜，可是今天不杀你，给你一个立功赎罪的机会，要你替我们办一件你能办得到的事。我们有个婴儿，交给你抚养，抚养费银圆300块，三年后来接，你在婴儿得在，否则后果你负。"当时，张天寿叩头感谢我军不杀之恩，还当场表示一定养好孩子，立功赎罪，还谢绝不收分文，甘愿效劳。按照我军政策，还是如数付300银圆抚养费。果然，1949年11月部队到天河口接孩子时，孩子长得又胖又结实。这时，张天寿也因抚养革命后代有功，土改时受到当地人民政府的宽大处理。张天寿再一次感谢共产党的伟大，是皮定均旅长给他的新生。这也表现出皮定均司令员的卓识预见。

## 巧夺青风岭

青风岭是进出大别山的唯一通道。它的南面是高耸入云陡峭险峻的天柱山，无法通行；北面是浠河支流，水势湍急，深不可测。7月10日上午我军赶到山下时，敌人一个团已占领了山顶，唯一的石板路已被敌火力严密封锁，后面还有敌两个师追来，形势十分危急，若不迅速歼灭青风岭敌人，我军就有腹背受敌之险。当时分析，正面进攻，敌人居高临下，我伤亡必大又难保取胜，故旅部决定：一团正面猛烈佯攻吸引敌人的火力注意力，暗令二团轻装上山迂回到敌侧后。二团战士用绑腿带吊上峭壁，用刺刀、柴刀劈开密林。双脚踏过树枝、荆棘、尖石，鲜血淋淋，人人忍痛登上了青风岭右翼主峰，我军已居高临下，向敌侧背发起了冲锋，分两路冲向敌群，杀声震天。敌人见我军从天而降，已溃不成军。这时，正面攻击的一团战士趁势冲上山顶，不到两小时，全歼守敌800余人，缴获大批枪支弹药，胜利走出了大别山。

## 强渡磨子潭

7月11日上午部队赶到了磨子潭。磨子潭位于浠河西岸，是个山高水急的险要地方。旅首长为了摸清敌情，用伪乡长的口气，给霍山县政府打电话说："不好了，听说大队共军开来了！咱们大军在哪儿？怎样给他们报个信呢？"果然，不出所料，从对方电话回答中得知：敌四十八军已从霍山派出一个师速去堵击，估计今晚12点左右会赶到磨子潭。为了赶在敌人到来之前渡河，旅部决定：三团派出一个营担任警戒，工兵排赶搭浮桥。当时是人不卸担，马不下鞍，等待渡河。由于水深流急，浮桥无法架通，到夜里11点，又决定分路徒渡。让各连身材高大结实的战士，下水结成一条"人绳"，抗击着洪水的冲击，让战友们扶着他们的身体，一一渡河。一、三团顺利渡到河东岸，敌人没料到我军会比他们早到磨子潭。没等敌人接近河东岸，我军徒渡已快接近结束。听到渡河动静，敌人就盲目射击，我一、三团向敌人反击，敌人未站稳脚跟就逃往北山。这时，天已大亮，昨天主攻青风岭的二团到上午9点也赶到磨子潭西岸，我一、三团集中火力，压住敌人，掩护二团强渡磨子潭，二团顺利渡完。歼敌100余人，我军伤亡了30余人，部队继续向东前进。

## 毛坦厂轻装

经过20多天的突围，于7月13日，我军赶到安徽西南快出山的毛坦厂。部队经过连续作战，长途跋涉翻山越岭，加上梅雨连绵，脚板像发面馍一样，用手一握，先出青水后冒红水，每走一步，鲜血印地，行进打仗均很困难。因此，旅首长在毛坦厂山坡上召开全军动员大会，号召全体指战员，发扬人民军队吃苦耐劳、英勇顽强的革命精神，以坚决神速的行动预计用五至七昼夜的时间，跃过皖中千里平原，为了确保完成任务，部队必须彻底轻装，扔掉一切累赘的东西。要求，炊事担子、公文箱子，伤残牲口一律扔掉；战士除武器弹药外，只留一套随身军装。这样就大大加强了部队的机动性，达到说走就走、说战就战、轻便灵活，保证日行200里的需要。

## 官亭吃西瓜

7月14日晨4点我军直插六（安）合（肥）公路上的官亭镇。二团直逼六安城下，一团兵临合肥外，吓得敌人不敢出城，三团和旅部开进官亭镇。这时正是西瓜成熟季节，又逢集，一街二行，摆满西瓜。我军严格执行三大纪律八项注意，用银圆买西瓜吃，群众说我军是仁义之师，人老几辈，从未见过！还有不少群众给我军提供了不少的有用情报，扩大了我军在蒋占区的良好影响。正在这时，已和中央失掉联系20多天又联通了。中央得知一旅尚有7000多人，鼓舞全旅争取突围的彻底胜利。官亭东距合肥20公里，东南距南京250公里。蒋介石得知我军直插官亭，从各战场急调18个师，前堵后追两面夹击四面合围想歼我军。为了突出重围，部队改为一日一餐（每餐两小时）。各连组成战斗排和行军互助组，保证部队既能打仗，又不掉队。全旅分为三路，齐头猛进，迂回急进，避敌重防，连续七天七夜强行军1500公里，跃过皖中平原，把蒋介石的18个师甩到背后300多里，我军直插到津浦铁路上的明光和管店车站伺机过路。

## 夜过津浦路

到明光、管店附近，已是7月21日，我军经过七昼夜的连续作战和强行军，已十分疲劳，又据侦察得知，这里有重兵孙良诚部堵截，故决定：沿路西向南到张八岭和三界之间过路，由三团切断滁县铁路警戒南面之敌，二团切断明光方向铁路警戒北面之敌。旅直居中，一团殿后，保证二、三团的侧后安全，二、三团和旅直几千人分三路一涌而过。过完，天已快亮。当我一团刚过一少部分时，从南面开来了一列装甲车，车头上的重机枪向一团扫射。这时，石门山碉堡内敌人的轻机枪喷出火舌来，装甲车越来越近，1000米、500米、200米、50米……我们的工兵蹲在护路沟内聚精会神地盯住这个庞然大物。"炸"，一声令下，手摇电机一转，巨大的烟柱随着惊天动地的爆炸声腾空而起，大家问工兵："炸断没有？"回答："没有！"由于炸药太少，铁轨只拱了一个小弯，装甲列车却吓得倒退了几百米，见铁轨并没炸断，轰隆地又向我一团扑来，把一团隔成东西两段。这时，敌人南自滁县、北从明光分五路赶来，构成南北的钳形夹击，形势万分严峻。在这千钧一发之际，旅首长沉着应战，先令二、三团堵击住南北五路之敌，抗住钳形加击，又令一向著名的老虎一团，从路东西两侧向装甲列车发起冲锋，又集中全旅的迫击炮、重机枪集中轰击敌人碉堡，掩护一团冲锋。我全旅战士拼死奋战，冲上路基攀上车身，把很多手榴弹顺枪眼拉火投进车厢，车内不断响起爆炸声和敌人的惨叫声。这庞然大物，怕触雷不敢开快，怕挨打不敢停下，东躲西闪，长叫一声向明光方向逃走。一团全部到路东后，收拢部队登上嘉山，向淮河方向挺进。

## 登上嘉山

登上嘉山，已是我军的游击边沿区。人们已有一定程度的安全感，当时有三个战士实在疲劳了竟靠着一棵树睡着了。大部队向仇集方向挺进，淮南大队搜索队没有接住大部队，却接住了三个睡觉的战士，他们醒来已是过了五昼夜。当时部队疲劳闹出很多笑话。

## 强渡淮河

7月22日早晨我军攻克了江苏省的盱眙县，歼敌千余人到达淮河南岸。上午9时开始船渡。突然，四架敌机来袭，我军没高射武器，敌机低空射击，我300多个战友葬身淮河。这激怒了全体战士，一定要为炸死的战友报仇，一齐用步枪瞄准敌机，狠狠射击，终于击中敌机一架，起火坠入淮河，其他三架飞入云霄，再不敢低飞了。飞机高空转了几圈后，向南飞逃了。几小时全旅渡过淮河，进入八百里洪泽湖。湖水虽不深，但面积大，距岸最近也有150余里。在湖内，我们首先收拢部队，围圈取暖，采草根充饥，还潜水比赛取乐。在湖里整整泡了三天三夜到泗阳县杨庄上岸时，脚腿肿得像水泡，收缩后肉皮缩成一褶一褶，真是骨瘦如柴，脸黑似炭不像人形，欢迎群众无不落泪。

## 清江会师

7月25日，会师清江，在会师大会上陈老总致欢迎词。开始他说他今天要讲三个问题，把我们都吓了一跳，接着他说：一是白面猪肉、吃饱吃好，二是发放新装、理发洗澡，三是玩好睡好、消除疲劳。他那风趣幽默而又动情的讲话，深深地抓住了战士们的心，激起了阵阵掌声，长久不息。大家当时欢喜地流出了热泪，感谢陈老总对战士们的无限关怀。

中原突围至此，历时 31 天，行程 5100 里，打了 360 多次仗，歼敌 5000 余人，击落敌机 1 架。我军伤亡 2200 余人。圆满完成了党中央交给的牵制敌人、掩护主力、战胜敌军、保存自己的光荣任务，彻底粉碎了蒋介石企图围歼我中原部队的罪恶目的，表现了皮定均旅长的卓越军事才能和全旅指战员的自我牺牲精神。为全面反攻，解放全中国奠定了良好基础。它已载入我军的革命史册，流芳百代，永远鼓舞着全国各族人民及子孙万代胜利前进！

（本文作者周培德，1920 年生，禹州市人。原任中国人民解放军北京总后 5911 部队管理科科长。现已离休。解放战争时期曾任皮旅排长、连长。）

原载中国人民政治协商会议禹州市委员会文史资料委员会编：《禹州文史资料》第七辑，1994 年，第 164 ～ 172 页。

# 中原突围亲历记

◎ 张少卿

抗日战争胜利后，国民党企图独吞胜利果实，一举消灭我抗日力量，到处制造事端，向我军挑衅。为了顾全大局，和平建设新中国，以免人民重陷涂炭，我党与国民党进行了艰苦的斗争。签订了《双十协定》，成立了以美国、国民党、共产党三方代表组成的"军调组"，负责调解国共两党的武装冲突。"军调组"下设多个执行小组，分赴有关地区"调停"。

1946 年 5 月，驻扎在宣化店的我新四军第五师获悉周恩来副主席随同第三十二执行小组到宣化，便立即派驻在河口一带的独二旅（旅长张体学）四团全体官兵迅速抢修河口到宣化店的一段公路。我当时任四团三营七连指导员。这天大雨滂沱，大家冒雨修路，衣服全湿透仍不休息。路面刚修好，四辆卡车、两辆吉普车缓缓驶来，我们立即列队于路边迎接周副主席，欢迎执行小组。周副主席身着绿军装，神采奕奕地坐在吉普车上，见我们站在雨中迎接，他立即叫司机停车，不顾风雨，下车同我们握手，亲切地问好。

当天晚上，营级以上干部齐集中原军区礼堂参加欢迎会，我以军人代表身份与会。李先念致欢迎词后，请周副主席讲话。周副主席首先代表党中央、毛主席向大家问好，然后说："诸位客人，诸位主人，我是客人，我也是主人……"周副主席诙谐的话语，引起一阵又一阵雷鸣般的掌声。接着周副主席非常客观地分析了国内外形势，阐明国共两党互忍互让、团结一致和平建国的重要性。句句话情挚意切，有理有据，令人感动，使人信服。

但是执行小组还未离开宣化，5月下旬国民党新十五军四十五团向我独二旅四团三营阵地发起袭击，抢占了河口东北面的一个制高点，我军忍无可忍开枪还击。次日，张体学旅长向执行小组送去备忘录，要求实地调查。在我方代表任士舜力争之下，执行小组不得不到我方阵地察看，刚到阵地就发现数辆满载全副武装的国民党士兵的军车向我阵地开来，任士舜同志当即指着汽车质问国民党代表陈谦："请问，这些汽车装的是什么？为何向我方阵地开来？"美蒋代表无奈，只得将国民党军四十五团团长和我旅旅长张体学请来，共同察看我被占领的阵地。这块阵地，此时有两条战壕：一条由北向宣化店方向延伸，是国民党军占领后新挖的；一条由南向河口方向延伸，原是我们七连挖的，但是现在被填平了。在铁证面前，国民党团长不认账，一口咬定是我们进攻他们的，打死了他们的郭排长，并说郭排长正埋在对面山坡上。双方争执不休，只好找当地保长调查。这位保长我们是认识的，开始他双方都不想得罪，假装说："枪炮一响，我就钻到桌子底下不敢出门，谁知道哪一方先进攻的？"我说："你既听到枪炮声，那么就说说枪炮声先从哪边响起的吧！"保长说："枪声是从南边响起的，接着北边也放了枪。"至此，对方无话可说。我方代表任士舜提议到对面山坡看看郭排长的坟。走到坟前，任士舜对着国民党代表说："我们应该对这位排长表示哀悼，你们的官兵大多数也是不愿打内战的。抗战结束了，我们都是中国人，为什么要互相残杀呢？"

但是，打内战是国民党反动派的既定方针。1946年6月下旬蒋介石调兵遣将包围我中原解放区。我中原部队决心突围。6月26日晚，我独二旅受命秘密进驻宣化店接受防务，照常操练，以迷惑敌人，便于中原部队主力分东西两路连夜突围。6月29日，主力部队突破敌人包围，我旅按上级指示尾随皮定均率领的独一旅向东往大别山跟进。6月30日晨，国民党七十九军和新十三军察觉我军行动，立即向宣化店进攻。我们边打边撤，苦战三天，方把敌人抛到较远的后边。到了麻城县境，又发现白庙河对岸有堵截的敌兵。我四团受命阻击敌军，掩护大军强渡白庙河。此时正值洪水季节，河水陡涨，波涛滚滚。涉水而过，随时有卷入洪流的危险。我团除了抗击对岸敌军，还要对付天上的敌机，任务重，处境险。为了击溃敌军，胜利渡河，我们英勇战斗，终于完成了任务。过了白庙河，就跨进了大别山。此时我旅既要掩护一旅，又要吸引住敌军，所以尽量避免战斗，但有时又不能不战斗。

大别山，进入其中，只见大山、小山连绵不断。每天不是上山，就是下山，有时一天也难翻越一座山头。山中大雾弥漫，终年不散，走到浓密处，往往对面不见人。若是雨天，可见度就更低了，几乎像是在黑夜里。我连是尖兵连。8月上旬的一个雨天，我们发现前边山口有敌军堵住去路。敌人看不清我们，也不知道我们有多少人，只是用机枪盲目瞎射，用炮乱轰。体学旅长见状命令我们迅速消灭敌人。我与连长王成美当即各带一个排，分左右两路包抄上去，向枪炮响处不断投掷手榴弹，用机枪还击，接着全团投入战斗。在我军包抄围击下，敌人纷纷投降。事后方知这是敌七十三军三十四旅的一个加强团。此次战斗，俘敌千余人，缴获轻机枪百挺，步枪千余支，各种大炮30门，子弹无数。战俘经教育后释放，我们换上敌人较精良的武器，把不急需的武器埋藏起来，继续前进。

到了10月，我们已转战了黄冈、罗田、英山、浠水、蕲春、黄梅、广济、宿松、太湖、岳西、潜山等10余县，牵制敌军上10万，完成了掩护独一旅到苏北与军部会合任务。随后又折回大别山拖住敌人，与之周旋。敌人则误认为是我主力部队，紧紧咬住不放，尾追不舍。双方打打走走，部队都拖垮了。到了11月间，敌军七十三军虽然经过多次补充，仍不得不改军为师；敌三十四旅多次战败，后又被我全歼，再也无法恢复编制。我旅除作战牺牲的外，因寒冷和饥饿而减员、掉队的也不少。我们四团原是号称铁军的部队，这时只剩下170余人；我三营原有营连级干部18人，这时只剩下我和副营长钱国华同志两人。为了便于战斗，经过整编将三营现有官兵75人编为一个连。钱国华任连长，我仍任指导员，由团政治部主任冯一鸣同志带领。不久，在一次遭遇战中钱国华也光荣牺牲了。

1946年12月，我连同旅部会合。此时全旅官兵不足百人。张体学旅长见到我们热泪盈眶，紧紧握手，连声说"同志们辛苦了！"接着说："毛主席、党中央来电表扬我们，说我们坚持在大别山，牵制了10余万敌人，使我军在其他战场上有力地打击了敌人，我们光荣胜利地完成了党交给的任务。"最后，张体学旅长以严峻的口吻说："目前我们人员少，又缺衣少食，处境极为困难，为了不作无谓牺牲，我们要立即分散隐藏，自行找关系，或回家，或投亲靠友，只要不变节，将来党会欢迎大家的。"

数日后，体学同志化装去南京找董老，由董老设法送回延安。我回到家乡，从1947年2月起又同一些同志秘密组织地下工作团，发展到千余人，活动在武鄂地区，迎接解放大军南下。我终于回到党的怀抱。

原载中国人民政治协商会议武昌县委员会文史资料工作委员会：《武昌县文史资料》第4辑，1990年，第16～19页。

# 突破平汉铁路封锁线

◎ 蔡国宁

1946 年 6 月 26 日晚，中原军区司令部离开从 1 月份以来驻了 5 个多月的宣化店，开始了震惊中外的中原突围战役。

6 月 26 日下午 4 点多钟，我们三处三科的几位报务员正在驻地村边的沙河里洗澡，猛听得喊声，叫我们赶快回去。我们立即跑回到驻地，其他未去洗澡的同志已经在打扫卫生，伙房的饭已经做好，抬在稻场上了。很明显，这是要准备集合出发了。我们急忙进屋收拾了行装，拿着碗筷到外面打饭。

6 点钟就集合出发了。和往常演习的时候一样，向指定的地点宣化店方向前进。我们的驻地郑家大道，在宣化店大沙河的西岸，离宣化店 4 公里。

我们出发才走了 1 公里路就停下来"原地休息"。不久，前面传来口令："让开道路。"大家都让到了路边。天近黄昏，部队过来了，从我们的面前走过去。接着，大家都很熟悉的中原局和军区首长都相继走过来。这时，我们大家都清楚，这一次不是"演习"，而是真的开始突围了。半小时后，我们三处就插到大部队的行列，顺着郑家大垸旁边的大路向北进发了。

27 日晨，部队到达第二纵队司令部的所在地定远店，停下来休息。有 5 个多月的时间没有行军了，猛一开始行军，还确实有些不习惯。一晚上才走了 10 多公里路，就感到累，有些同志的脚底起了水泡，忙着烧热水烫脚。

下午 2 点，部队又集合出发，走得很慢，不久，干脆停下来，各单位彻底检查

"轻装"。前些时候,在动员突围时,曾进行过轻装。但是,有的同志认为自己的体力强,多几件衣物背得动,舍不得把超过的部分扔掉。加上那时天气比较凉,多余的一两件衣服穿在身上还受得了,穿在身上的衣物没有计算重量。而现在是大热天,气温很高,不可能穿多的衣服,所以,又存在"轻装"的问题。

这次"轻装"真是彻底。各单位的领导亲自检查,带着后勤人员拿着秤,逐个检查。大家都很自觉地扔掉超重的东西。一时间,道路两旁的稻田里扔下了许多个人用品和衣服。我有一件毛衣,是参军时从家里带出来的。这时我也毫不犹豫地把它扔到稻田里去了。附近村庄的农民和小孩,不停地在捡我们扔下的东西。有的人从家里拿着布鞋来送给我们的同志,也有给我们送茶送水的。

有一位老大娘走到我们的身边,噙着眼泪说:"孩子们,你们这一走,什么时候才能回来哟!你们走了,国民党来,我们穷人又不得了啊!"大家都有说不出的难受,都沉默地望着老人。过了一会儿,有一个同志说:"大妈!莫难受,我们一定会打回来的,放心吧!"前进的军号声响了,部队缓缓地向前移动。我们大家都挥手向那位老大娘告别。走了好一会儿回头看,还远远望见老人家的身影。

黄昏时,我们在彭兴宿营,按照老习惯,架起天线,开始电台的工作。

28日,白天走了一整天,晚上在涩岗宿营。这是属于河南信阳的一个小镇,除少数同志继续值班工作以外,大部分同志都进入了甜蜜的梦乡,为明天突破封锁线好好睡上一觉。

29日,天气晴朗,骄阳似火。8点多钟,中原局、中原军区和二纵机关部队以及十三旅的部队,集中在一个有树林的山坡上,由王震副司令员和行署许子威主席作战前动员。

他们在讲话中分析了国内的形势和中原军区所面临的严重局面,揭露了国民党蒋介石搞假和谈、真内战的阴谋。王震同志说:"今天晚上,我们就要突破平汉线,跳出敌人的包围圈,战斗将是很激烈的。同志们!晚上射击只有三千分之一的命中率,要大胆地向前冲。"

大约10时,部队开始出发,走了几公里路,中午到达朱堂店,休息做饭吃。天气很热,部队都分散在附近的一些有树林的丘陵坡地休息待命。这里离铁路大约15公里。我们三处电台的同志们一面休息,一面开机工作。

下午3时后，野战部队陆续向西进发，指战员们个个精神抖擞，头戴柳枝条编的伪装，秩序井然地迅速前进。5点多钟，我们吃过晚饭，机关部队开始出发了。我们走得很慢，走走停停。天黑以后，三处处长冯志陆同志突然吐血，医生护士来往奔跑，为他治疗，打针、吃药，大家都为他的健康担心。在这个紧张的时刻生病实在痛苦，无法安稳休息。冯处长不能骑马行军，临时由警卫排的战士们扎起一副简易担架抬着他前进。

离铁路线越来越近了，天黑已经好久，还没有听到枪炮声，这激战前的寂静，的确扣人心弦。

突然，前面响起了急促的机枪声和爆炸声，突围战斗打响了！

人们的精神紧张起来，行军的步伐也加快了一些。前方不时传来口令："向后传，跟上！""向后传，不要掉队！"黑夜里，除了脚步声，没有其他的声响。稻田里的青蛙叫声，清晰可闻。枪炮声一会儿密集，一会儿又停息。离铁路越来越近，逐渐可以听到清晰的机枪声、步枪声、手榴弹的爆炸声和迫击炮弹的爆炸声及军号声。

凌晨1点多钟，在一阵密集的枪炮声之后，我们走到了铁路线上。在铁路上担任警戒任务的战士们不断地提醒我们："跟上，不要掉队！""注意，不要摔倒了！"我们在铁路上大约走了十来米才走下铁路。有的同志在过铁路时还俯身摸了一下铁轨。这里是河南信阳柳林车站附近的何家店子。

跨过铁路线后，经过一片水稻田。田埂上水渍渍的，不少人都摔跤滑倒了，他们又无声无息地爬起来向前跑。大约离铁路线50多米，经过一间独房子，里面还挂着一盏油灯。在昏暗的油灯下，隐约看见地上横七竖八地躺着一些身穿黄军服、头戴大盖帽的国民党兵。

接着，我们下到河滩，在松软的沙滩上跑，速度慢，很吃力。急促的枪炮声又响起来，机枪子弹打得很低，发出"嘘嘘"的叫声。河面上像开锅的水似的鼓泡泡。炮弹在沙滩上爆炸，大家卧倒在沙滩上。过了大约十来分钟，枪炮声暂时停下来。部队官兵相互照应着，突然一起向西跑，蹚过了一条七八十米宽的沙河。水深处可淹没到膝盖。

翻过河岸，是一片丘陵地。由于地形可以作掩护，大家不再担心机枪的扫射，不久便恢复了正常的行军速度和节奏。

天亮了，我们行进到一个山坡上，前方传来"原地休息"的口令。在我们休息的路旁，靠放着一块门板，门板上贴了一张用绿色纸写的"战况海报"，说明昨晚10时许，我二纵十三旅三十七团二营奇袭何家店子，全歼驻守何家店子的敌整编十五师一三五旅四〇四团二营，俘敌70多名。那70多名俘虏都垂头丧气地坐在山坡上。宣传队员向我们介绍说，昨晚，我军的尖兵排，在抓获了敌人的岗哨后，急速冲入敌哨兵排（就是我们经过的那间单独的房子）将其全歼。部队进入何家店子后，敌人乱作一团，有的人没有来得及起床就当了俘虏，除少数敌人逃窜外，绝大部分都被我歼灭。

中原突围首战告捷，敌人企图围歼我中原部队于宣化店地区的阴谋破产了。

原载湖北省新四军历史研究会、鄂豫边区革命史编辑部编：《血火征程——中原突围老战士忆当年》，长江文艺出版社，1997年，第304～307页。

# 突围的七天七夜

◎余　渊

　　1946年6月上、中旬，中原军区突围的准备工作正在紧张地进行。我鄂东独二旅第四团领导干部刚作过调整，原团长黄学义被批准化装去华北，张海彪调来当团长，肖德明仍任团政委，李天锐任副团长，郑铎任副政委兼政治处主任，秦大进任参谋长，冯益民任政治处副主任。一营、二营、三营的营长，分别为孙国九、贺导海、阮雄，都是能征善战的强手。我们团参谋处，也作了调整和充实，原罗、礼、经、光支队的作战科科长马骏调来当作战参谋，原作战参谋刘文才改任侦察参谋，罗炎青任通信参谋，我仍任书记，还配备了两名测绘人员，突围前的思想政治教育、军事操练、军需储备和轻装、精简等工作，都在有条不紊地进行。6月26日，中原军区首脑机关和主力部队，已采取了突围行动。为了牵制和迷惑敌人，掩护主力部队顺利西进，中原军区决定独二旅暂在原地驻守，待中原军区机关和主力部队突过平汉铁路后再向大别山方向东进。

　　6月29日，独二旅命令各团按决定的行动路线突围。根据团首长的指示，我书写了全团部队集结突围的命令。晚上8时左右，独二旅旅长吴诚忠、副政委熊作芳率领旅部和四团的部队集合在华家河镇河边的沙滩上。部队秩序井然，静悄无声，只有下弦月的月光，照映着这支队伍。由于突围行动预先在连以上干部中进行了讨论和部署，所以团领导未作队前讲话，只宣布一声"出发!"队伍就开拔了。经过一夜的急行军，部队到达东大山的郭家河、檀树岗一带。天亮后宿营，团直单位休息在大山的树林里，拟到夜间，向麻城的乘马岗、福田河方向，突过举水。但据侦察获得的情报，敌人在乘马岗、福田河一线布置了重兵，企图阻击和歼灭我军。加之举水河山洪暴发水位陡涨，不能徒涉。旅、团首长决定，改变行动路线，拟从黄冈到罗田、英山，再转入大别山腹地。部队吃过午饭后，再进一步轻装，每人除留一点单衣、夹衣和一床被单外，其余日用品和杂物一律清掉。团政委肖德明带头垂范，他有一床心爱的毛毯，是从华北带过来的，伴随他南征北战多年，成色还有半新，这次把它清掉了。我们考虑到大山里老百姓生活贫困，把清出来的衣服和日用品在山沟里堆成几处，好让老百姓捡去使用。天黑后部队出发，夜半过岐（亭）宋（埠）公路，拂晓前到达陂安南的八里湾附近宿营。

　　7月1日下午，部队正隐蔽休息，敌整编七十二师的一个旅，由陂安南包围过来，战斗非常激烈。敌人的炮弹不断地落在团部驻扎的树林里，左右两侧的枪声，响彻不停。吴诚忠旅长和肖德明政委指挥一营、二营部队，阻击敌人，秦大进参谋长带领三营和团部，向北突过岐宋公路，掩护一营、二营撤退。入夜，部队集结在一片树林高地，一方面清查队伍，组织收容打散的人员，一方面进行紧急轻装。四团直属机炮连，原有迫击炮三门，重机枪四挺，因笨重不便行动，这次都处理掉了，只许他们配备轻机枪和步枪。此外，还动员少数年龄偏大、体质偏弱的干部和战士离队隐蔽。我们参谋处的测绘员董汉华、小陈两人被动员离队，领导对他们说：尽量设法到其他解放区，如果没有条件，就回家隐蔽。敌人捉住，只要不暴露自己身份、不暴露部队秘密，只承认是新四军战士，今后归队时仍然承认是我军干部。这两位同志，过去与我朝夕相处，工作关系密切，他们走时，热泪盈眶，紧紧同我握住双手，依依不舍地道别。政治处的一位夏干事，走时，还给他写了一纸证明是共产党员的信件，以便他到地方好找组织关系。团军需处和卫生队，也精减了几名人员。把各项急迫问题处理后，部队急速向麻城龟山地区转移。

　　7月2日下午，旅部和四团在麻城龟山地区一片树林里集合，旅副政委熊作芳作队前讲话。他说："目前我们的处境十分危急，敌七十二师的三个旅，向我们包抄追击，企图消灭我们，如果我们突不出敌人的包围圈，那真有被敌人消灭的危险……"他号召全体指战员，发扬艰苦奋斗、英勇牺牲的光荣传统，当遵守纪律、服从指挥的模范，用不怕疲劳、连续行军和战斗的精神，进一步轻装，行动快速，一定要突围出去，同华东主力部队胜利会师……话讲完后，四团的一营、二营、三营，分成三股行动。旅政治部主任余潜、团长张海彪、参谋长秦大进带领团直和一营为一股，团政委肖德明，带领二营为一股，副政委郑铎等带领三营为一股，各按行动计划分头突围。我们团直和一营这一股，仍在龟山周围活动，伺机摆脱敌人，渡过举水。

从7月3日到5日，是我们从华家河出发以来最紧张的三天三夜。敌人白天出来活动，我们就隐蔽在山林里；敌人晚间回据点守，我们就黑夜转移。有时敌人在山下行军，我们在山上看得清清楚楚。有时敌人纵向运动，我们就横向穿插，距离相隔很近，活动范围狭窄，像捉迷藏似的同敌人斗智斗勇。既要把敌人调出阻击的驻点，使他疲于奔命，又要他抓不住战机，处处扑空。我们虽然也饥饿疲劳，得不到休息，衣服湿了又干，干了又湿，草鞋坏了，打赤脚走，钻山林，爬陡崖，大家共着一条心，即保存部队，一定要突围出去。这三天三夜，是在高度战备、快速转移的紧张气氛中度过的，真使人喘不过气来。

7月6日，骄横的敌七十二师自恃人多，武器精良，同我军决战心切，大队人马开出驻点，而乘马岗、福田河一线出现空虚。此时，举水河的水位退落到可以徒涉。我们趁此机会，一夜急行军，直奔麻城黄土岗以西，渡过了举水，跳出了敌人的包围圈，向罗田、英山方向前进。

从6月29日到7月6日，我们同敌人苦斗了七天七夜，骄横的敌人实力虽数倍于我，但围歼我军的"美梦"却未能实现。

过举水后，我军途经麻城的木子店。据说我二营在此击溃敌保安队，消灭一个敌乡公所，营部通信班陈班长在此牺牲了。陈是黄冈人，家庭出身很贫苦，我在二营当书记时，同他熟悉，听说他牺牲，心里很难过。接着我们到了罗田的滕家堡。这个驻点，是我旅五团前一天攻克的，消灭了敌人的保安队，缴获了敌人的粮食、布匹和其他物资。前面英山的杨柳湾，听说也被我旅兄弟部队攻克。这些胜利对我们鼓舞很大。我们沿着滕家堡、杨柳湾和蕲春县的北部山区，停停打打，走了将近10天，于7月中旬到达安徽太湖县的冶溪河地区，同全旅胜利会师了。从此，我们展开了坚持大别山的游击战争。

原载湖北省新四军历史研究会、鄂豫边区革命史编辑部编：《血火征程——中原突围老战士忆当年》，长江文艺出版社，1997年，第639～642页。

# 为着全局的胜利

◎ 郭林祥

　　抗日战争胜利后，震惊中外的中原突围，谱写了一部气壮山河的革命英雄史诗。中原军区第一纵队第一旅，在完成掩护军区主力向西作战略转移后，挥师向东，冲破敌人重围，胜利到达苏中解放区，就是这部史诗中的灿烂篇章。

　　1946年6月，中原上空战云密布，烟尘滚滚。国民党反动派依仗其美帝国主义主子的支持和优势兵力，悍然下令于6月26日向我中原军区发起进攻，挑起全面内战。他们得意忘形，趾高气扬，狂妄地宣称：未来24小时内将会出现"惊人奇迹"。党中央为了保存有生力量，及时指示中原部队"立即突围，愈快愈好，生存第一，胜利第一"。

　　面对数倍于我并有着优良装备的敌人，要想从他们的层层封锁中突出重围，是要付出极大代价的，我们决心以小的牺牲换取大的胜利。中原局、中原军区党委决定：要我旅担任掩护任务，保障主力突围的后侧安全。中原军区副司令员兼第一纵队司令员王树声亲自给皮定均旅长和徐子荣政委交代任务，命令我旅原地坚持，牵制和迷惑敌人，使敌人在3天内找不到我主力的行动方向，等主力过平汉铁路后，再根据具体情况自行选择突围方向。王司令员说："主力今晚就开始行动，你们赶快回去布置，要用一切办法拖住敌人，迷惑敌人，掩护主力西进。"

　　任务明确后，我们立即召开了旅党委会，几位主要领导同志深深懂得：党交给我们的这个任务是光荣而艰巨的，是中原局、中原军区和纵队对我旅的极大信任。

为了党和人民的需要，为了赢得整个突围全局的胜利，不可避免地要付出一定代价。最后，到会的团以上领导同志一致表示：为着全局的胜利，要以自我牺牲精神，用鲜血和生命来完成党和上级赋予我们的光荣任务。

我旅当时驻防在中原军区的最东面，旅部就驻在白雀园。国民党反动派为防止我军向东突围，在光山、潢川、商城、麻城周围部署了整编七十二师、四十七师、四十八师共5个旅的兵力，在东、南、北三面构筑了深达几十公里的封锁区。军区主力向西突围后，我旅就成了保障军区主力侧后安全的主要力量。为了把大量敌人吸引到东边，我们决定采取坚守阵地、机动防御和部队佯动、声东击西的战术手段，白天故意向东佯动，造成主力向东转移的假象，迷惑和吸引敌人，以保证军区主力出其不意地向西突围。

6月25日晚，我旅3个团在白雀园东南的西余集、沙窝和北面的双轮河地区坚守阵地。26日拂晓，敌人开始对我中原军区发起进攻。下午，敌人加强了攻势，从麻城之黄土岗、小界岭方向猛攻我西余集、沙窝阵地；来自潢川、商城的敌人，猛攻我双轮河地区，企图从三面突破我旅防线，"围歼"我旅于白雀园地区。为了争取时间，我们依托工事和山、川、河谷等天然障碍，顽强地抗击敌人。自6月26日至28日，全旅指战员面对数倍于我之强敌，进行了英勇顽强的搏斗，使敌人每前进一步都要付出沉重的代价。我们坚决执行了纵队的命令：阻击3天，掩护军区主力西进，越过平汉路。3天，在人类历史的长河中不过是极其短暂的一瞬间，但是在严酷的战场上却是以分秒来计算的。时间就是胜利，为了全局，为了胜利，全旅指战员决心不惜一切代价和牺牲，坚决完成阻击任务。

当时，我们旅的领导集中思考的是生存和胜利两个问题。一是如何完成掩护主力向西突围的任务，经研究，决定以白雀园为中心，用部分兵力坚守阵地，正面吸引敌人；大部兵力白天向东佯动，迷惑敌人，保障军区主力向西突围。二是完成掩护任务后，如何带领这支部队冲破敌人层层封锁，保存这支革命力量。当时，对自身突围的方向进行了认真的分析，如尾随主力西进，则会把敌人兵力全部引向西边，不利于军区主力行动；如向南突围，不远就是长江天堑；向西北回豫西根据地或北渡黄河，容易暴露我军总意图。为了分散敌人兵力，调动和牵制敌人，继续掩护主力西进，旅党委决定：向东突围。

6月29日凌晨，我旅向南进至田铺击退敌人进攻后，突然来一个90度大转弯，向东挺进，巧妙地插到敌人背后，突破敌人的封锁线——潢（川）麻（城）公路，登上了小界岭东南大别山主脉的风波山。

但是，我们前面的征途仍然险象丛生，吉凶未卜。正当全旅沿大别山的崇山峻岭飞兵东进时，敌整编七十二师一个团和商城、金寨两个保安团已埋伏在大牛山西面瓦西坪的两个山头上，卡住了我们前进的道路。大牛山，位于大别山腹地，峰峦叠嶂，山高坡陡，上下100里，是鄂、豫、皖三省交界的天险要道。敌人占据着有利地形，居高临下，扼守山头。如不迅速粉碎敌人的堵截，全旅就有被歼灭的危险。这时，旅领导果断命令一团立即攻下右翼石鼓岗山头，打开一条通路，掩护二、三团和旅直强越大牛山。一团是有名的"老虎团"，具有猛打猛冲的战斗作风。不到两小时就攻上了山顶，打垮了堵击的敌人。全旅沿着这条杀开的血路，在党的生日"七一"当天越过了大牛山。

7月3日晚，部队到达金寨县的吴家店。这里是老苏区、红四方面军的根据地，群众基础好，我们决定部队在此休整补充。驻下后，立即架设电台与军区、纵队和党中央联系。旅领导都焦急地守候在电台旁，电键声声，撞击着我们每个人的心弦，大家多么渴望能听到中央的声音，得到上级的指示啊！电台的报务人员连续几昼夜不下机，个个都熬红了眼，但一直没联系上。在这种情况下，旅党委及时分析了形势，研究了情况，最后果断地做出决定：到苏皖解放区去。于是，我们靠着仅有的一本袖珍分省地图，具体研究了行动方案，确定了突围路线，挥师东进。

部队冒着倾盆大雨，沿着大别山区的漫水河在曲折崎岖的山岭上艰难地行进着。整天爬山涉水，战士们带的粮食吃光了，鞋底磨穿了，脚泡烂了，大家都默默地咬着牙坚持着。在部队走过的路上，留下了一行行殷红的血迹。有些地方是10年内战时期蒋军制造的"无人区"，在那里，到处是断垣残壁，杂草丛生，四处不见人烟，只有我们这支数千人的部队挺进在人迹罕至的深山古道上。

"漫水漂来千笠寺，青风吹去万人愁。"古刹千笠寺的山门上一副醒目的对联映入我们的眼帘，我旅于7月10日到达青风岭。青风岭，峰峦险峻，高耸入云，像一堵巨墙横亘在面前。岭上激烈的枪声告诉我们，敌人已抢先占领了青风岭，山间一条狭窄的石板路被敌人轻重机枪火力严密地封锁着。二团奉命立即拿下青风岭，勇士们奋力攀上悬崖峭壁，采取穿插迂回战术，出其不意地向敌人侧背发起了冲击。国民党安徽省挺进纵队二团在我军凌厉的攻势下，纷纷缴枪投降。

部队突破青风岭后，即赶到大别山东陲门户磨子潭。从敌人的电话里获悉：整编四十八师一部午夜12时将赶到磨子潭，妄图消灭我军于大别山中。磨子潭，在潨河西岸，敌人一个营已抢先占领对岸大山，密集的机枪火力封锁着河面，炮弹不时地在河中爆炸。开始我们想架桥过河，令工兵排三次架桥未成，只好徒涉渡河。一面用猛烈的火力压制敌人，一面命令三团派一个营冒着弹雨，抢渡磨子潭。在三团的掩护下，一团、二团和旅直先后渡过潨河，向安庆方向挺进。敌整编四十八师赶来堵截，旅领导立即命令部队后卫变前卫，巧妙地跳出了敌人又一个合围圈，于13日中午抵达大别山的出口处——毛坦厂，使国民党反动派妄图消灭我军于大别山区的阴谋彻底破产。

穿越了大别山，全旅日夜兼程，飞兵皖中平原，国民党反动派急忙调集3个整编师和10个保安团，对我组织新的合围部署，妄图将我"一举歼灭"。

面对新的敌情，我们组织了精干的侦察队，走在前面实施侦察。同时，为便于平原作战，部队改变了行军队形，以一昼夜100多里的速度连续5天急行军，飞兵疾进。途中，碰到小股敌人就吃掉它，发现敌主力即避实就虚，绕道前进。当部队进至合肥西北之吴山庙和下塘集地区时，一团前卫九连奇袭了吴山庙，不费一枪一弹，就消灭了伪寿县保安队。由于部队极度疲劳，人困马乏，当天没有越过淮南路。天亮后，敌一三八旅从北向南拦腰向我截击。我以二团掩护主力，采取"叫花子打狗，边打边走"的战术，越过淮南路，进入定远西北的大洪山区，胜利地越过了皖中平原。

7月19日，部队来到离津浦铁路只有40多里的红心铺。这里是突围的最后一关，过了铁路就是苏皖解放区了。铁路沿线的明光、管店、三界、张八岭等大小车站都有国民党正规军布防，明碉暗堡，戒备森严，我们这支经过长途跋涉、极度疲乏的队伍能不能突过津浦铁路，到达苏皖解放区呢？中午，旅党委在红心铺附近一片松林里召开了紧急会议，研究了作战方案，决心在翌日清晨6时以前越过津浦铁路。大家深信，在这支具有光荣革命斗争历史和英勇顽强战斗作风的部队面前，没有克服不了的困难，哪怕是刀山火海也要闯过去，铜墙铁壁也要冲破它！

正在开会时，据二团俘获的敌便衣探子供称：敌第七军孙良诚部从明光出动向南截击我军，蒋介石还派侦察机沿铁路侦察我军行动。情况进一步核实后，我们立即改变了行军路线，迅速折向东南，决定当晚在张八岭以北、张老营车站以南之间突破敌人封锁线，越过津浦铁路。到黎明时，二团、三团和旅直机关以神速、秘密的行动顺利地通过铁路。当后卫一团通过时，天已大亮，敌人的装甲列车由滁县赶来拦截，密集的子弹像泼水一样"哗哗哗"地向我们倾泻过来。三团指战员奋不顾身地集中迫击炮、机枪向装甲列车猛烈射击，工兵排以炸药爆破路轨，阻止敌装甲列车前进。经数小时激战，全旅于20日突过津浦路，胜利地到达了苏皖解放区。

至此，我旅自6月29日（26日）从大别山腹地突破敌人封锁线后，在敌人的围追堵截下，翻高山、攀峭壁、涉险滩、走平原，斩关夺隘，克服了饥饿疲劳和伤病残等无数艰难险阻，经过23次战斗，毙、伤、俘敌1000余人，行程1500多里（1000多公里），终于结束向东突围的战役，胜利实现战略转移。

当副旅长方升普同志代表旅党委向华中军区报告时，张鼎丞、邓子恢等军区首长关切地问："部队损失大不大？"他回答说："不大，还是一个旅，近5000人。"首长连声说"大喜事、大喜事呀！"便高兴地拍起手来，在场的美国记者史沫特莱也激动地表示：一定要把这个胜利消息告诉全世界！

我旅向东突围取得胜利有许多因素，最主要的是这支部队坚决执行了党中央、中原局和军区的指示；有一个坚强的党委领导核心，有旅领导的机智果断，灵活指挥，在极其困难、复杂的险境中分析判断敌情，定下正确决心，出奇制胜，变被动为主动，一次又一次地战胜了敌人；有全旅指战员思想上、行动上的高度一致，为了人民的解放，为了全局的胜利，克服了无数艰难险阻，付出了很大的代价和牺牲。我旅是一支具有光荣斗争历史的英雄部队，1944年组建豫西抗日独立支队挺进豫西时，支队的连、营、团各级干部中，许多是红军战士。有的连队是红军发展起来的建制连队。他们经过长征，踏遍万水千山，为抗日战争的胜利立下了功勋。他们有着红军的优良传统和战斗作风。一不怕苦，二不怕死，英勇善战，一往无前。在向东突围的日日夜夜里，他们在梅雨天和酷暑中长途行军作战，忍受和克服了极大的困难，经常吃不上饭、喝不上水，脚烂了，病倒了，负伤了，掉队了，但是只要一听到枪声和命令，战士们个个就像小老虎似的扑向敌阵。全旅20多名女同志中，有的已是孩子的妈妈，其中 3 人在突围中生了孩子，她们忍受着生理上的极大痛苦，顽强地跟随部队一起行军作战。她们的信念是：一定要突出去，爬也要爬到解放区。就是这钢铁般的意志和革命毅力，使她们战胜了一切艰难险阻，取得了突围的胜利。

这次突围的胜利，与兄弟部队的配合、地下党和人民群众的支援是分不开的。表面上看，我旅是孤军向东突围，实际上，没有主力部队把大批敌人引向西边，没有鄂东独二旅原地坚持斗争，牵制敌人，我们要想取得胜利是相当困难的。在突围途中，党和人民群众时刻都在关怀着我们。特别是大别山革命老根据地的群众，虽然长年生活在白色恐怖下，当他们看到"当年的老红军回来了"，怀着满腔热情像对待亲人那样，把一双双鞋子送到战士手里。正当我们在皖中平原最困难的时候，淮南地下党的同志冒着生命危险，黑夜里与我们取得联系，提供了重要情报，派人给部队当向导，为部队做饭、烧水，帮助我们顺利地越过了淮南路。我们到达淮南大洪山区时，在那里活动的游击队又积极协助配合我们收集情报，侦察警戒，这是多么感人的军民鱼水深情啊！

中原突围虽然过去 47 年了，但当年突围的战斗情景仍历历在目。这次突围留给我们的宝贵精神财富是什么呢？我认为，首先是要有坚定正确的政治方向，不管遇到任何狂风恶浪，碰到任何艰难险阻，坚信党中央的正确领导，坚信突围必定胜利，强敌面前不低头，泰山压顶不弯腰。其次是有顾全大局的"一盘棋"思想，为了取得战略全局的胜利，不惜牺牲局部和个人，坚决执行命令。最后是加强党的领导和思想政治工作，保证部队在任何情况下，都能成为一支坚强的战斗集体。我们这支英雄劲旅之所以能取得突围战役的全面胜利，就是因为它始终保持了坚定正确的政治方向，坚决执行党中央和中原局的指示，顾全大局，紧紧依靠人民群众，团结一致，同心协力，英勇战斗，敢于压倒一切敌人而决不被敌人所压倒。正是由于这种勇往直前的革命精神，激励着这支部队不断地前进。所有这些，在新的历史时期，对于我们更加紧密地团结在以江泽民同志为核心的党中央周围，加强我军的革命化、现代化建设和建设有中国特色的社会主义，都具有十分重要的现实意义。

原载李少瑜、曾焕雄主编：《鏖战大别》，军事谊文出版社，1993 年，第 80 ～ 87 页。

# 宁肯牺牲自己　掩护主力转移

◎黎　光

1946年夏季发生的中原突围，已经过去47年了。但是，我中原军区第一纵队第一旅的指战员顾全大局，不怕牺牲，掩护主力转移的可歌可泣的英勇事迹，却深深留在我的记忆里。想起那些难忘的日日夜夜，至今仍激动不已。

## 受领任务

6月25日下午，鄂东北的天气异常闷热。当时我在一旅三团任政治委员。接到旅部的电话后，我和曹玉清团长挥马扬鞭迅速赶到旅部参加旅党委会。皮定均旅长说："蒋介石已命令郑州绥靖公署主任刘峙统率11个整编师约30万兵力，准备向我中原解放区发动进攻。为了保存力量，争取主动，中原军区主力决定分南北两路向西突围。李先念司令员、郑位三政委、王震副司令员命令我们一旅在原地牵制敌人，掩护主力西进，待主力越过平汉铁路后，再伺机突围。"由于情况来得很突然，会场十分肃静，大家都目不转睛地听着旅首长的指示，生怕漏掉一个字。

徐子荣政委接着说："军区把掩护主力西进的任务交给我们旅，这是党和人民对我旅的高度信任，也是我们全旅指战员的光荣！"他环顾了一下在场的同志，提高了嗓音说："我们要同数十倍于我们的敌人周旋，要想办法拖住敌人，掩护主力，没有勇于牺牲的精神不行，没有打恶仗的精神准备不行。即使我们旅付出了重大牺牲，也必须坚决完成任务，决不能辜负党的信任和重托。"他还要求各级政工干部要深入到战士中去，做好思想政治工作。会上，还研究了完成任务的各项措施。

我和曹玉清团长马不停蹄地赶回团部后，连夜召开了团党委会，传达皮旅长、徐政委的讲话和旅党委会的决定。各营营长、教导员听了传达后，情绪激奋，争先恐后地要求将最艰苦的任务交给他们，并一致表示：不管多么艰难困苦，只要还有一个人，就要勇敢地战斗下去，坚决完成任务。

这种情绪也感染了我，我觉得周身泛起了一股热流。我站起身，大声说道："党和毛泽东同志一再教导我们，必须懂得局部利益要服从全局需要这一个道理，要有照顾大局的观念。我们以小部队拖住敌人，掩护主力突围，这是战略全局的需要。我们面对的是美式装备的强大敌人，一定要有同敌人血战到底的决心，要有灵活机动的战略战术。现在，考验我们的时候到了。我们团一定能打出自己的威风。"接着，我又讲起了 10 年前我在山西吉县掩护红军东征回师的历史。那是 1936 年 5 月，东征红军在返回陕北的途中，遇到了国民党军队的围追堵截。为了使红一方面军主力通过吉县，顺利西渡黄河，师长贺晋年命令我团坚守吉县某山口，阻击敌人。我团进入阵地后，接连打退了数倍于我之敌的 10 多次集团冲锋。但是，部队伤亡也很大，且三面受敌，处境十分危险。这时，贺师长给我打电话说："黎政委，你们团的情况我都知道了。但是我这儿没有兵力支援你们。你们必须坚守到主力部队全部通过山口后，才能撤出阵地。为了革命的全局，为了保存主力，你们要不惜付出最大的代价，做出最大的牺牲，甚至要有全部报销的决心。"放下电话耳机后，我同团长重新部署部队，组织部队轮番出击，终于将进至我侧后的敌人压了下去。经过一天一夜的浴血奋战，我们胜利地完成了任务。

讲完这段故事后，我对大家说："宁肯牺牲自己，也要掩护主力，这是我们人民军队的本色和光荣传统。现在，为了掩护主力突围，粉碎国民党军队的围攻，每个共产党员、革命军人一定要坚决服从命令，听从指挥，不怕牺牲，连续作战，坚决完成旅党委交给我们的战斗任务。"团党委会议结束后，我稍稍休息了一下，就到各营检查工作去了。

# 磨子潭战斗

中原突围开始以后，宣化店周围方圆百里地的枪声、炮声、喊杀声响成一片。在宣化店东线白雀园加固好的工事里，我一旅指战员迎头痛击企图西进合围我主力的国民党军队。白崇禧的桂系军队起先打几发炮弹，派出小股部队，向我阵地试探进攻。为了黏住敌人，战士们跃出壕沟，一阵扫射，敌人便纷纷退了下去。恼怒的敌人用密集的炮火向我阵地倾泻下来，发疯似的向我阵地发动了一次又一次进攻，但在我旅阵地前沿一次又一次败退下去。在我团阵地前面的开阔地里，满是敌人的尸体。

阻击了两天之后，为了吸引和迷惑敌人，旅党委决定采取欲东先西的策略，以有利我旅东进。除坚守前沿阵地的部队外，旅党委抽调预备队（包括我团的一营、二营）和旅直属队，佯装成向西转移的样子，在白天大摇大摆地向西开进。敌人因不明我旅底细，只好在远处尾随。当我旅主力连夜冒雨向西走出了 30 里，突然挥师向东，杀了个回马枪，一下子就插到敌人侧后刘家冲隐蔽起来。与此同时，我旅坚守阵地的部队抗击敌人至深夜，在滂沱大雨中，甩开正面之敌，亦撤至刘家冲，与先期到达的部队会合。6 月 28 日清晨，我旅从刘家冲出发，急行军向西南插入敌人在周家山以西的阵地，冲破了敌人的第一道封锁线，钻到了敌人后方。次日，我旅又出其不意地突破了敌人第二道封锁线——潢（川）麻（城）公路，进入了大别山主脉。我们以不可阻挡之势，边打边向东推进，并抓住时机稍作休整。7 月 10 日，我旅前卫二团在青风岭与敌人遭遇，经过 4 小时激战，击溃企图堵截我军的敌安徽省挺进纵队二团后，就开始向大别山的门户磨子潭进发了。

磨子潭地势险要，潾河水流湍急，河东岸三座山峰挺拔陡峭，易守难攻。这时，我团担任旅的前卫。我们急如星火地赶到磨子潭后，就获悉敌整编四十八师一部正由霍山县向磨子潭开来，企图在此险关阻击我军。皮旅长命令我团必须在天黑之前全部渡过潾河，在河东岸掩护旅直和一、二团渡河。这一天，阴雨连绵，河水陡涨，水深流急，难以徒涉。幸好，先期到达的侦察连搜集了几只小木船。我和曹团长商量了一下，决定让一营先渡河，抢占河对岸有利地形。二营、三营和团直抓紧时间，依次过河。一营过河后，边搜索边前进，准备伺机占领高地。不巧，敌人发现了我军，已先期占领了一座山头的敌军突然向三连开火，子弹像蝗虫一样飞来，三连难以前进。熊营长当即命令三连迅速攻占这个山头，掩护主力过河。三连指战员低姿运动到山脚下，但悬崖峭壁难以攀登，加之敌人居高临下，火力十分密集，三连无法攻上去，他们就地选择地形，同敌人展开火力对抗，以吸引敌人的注意力。熊营长乘机率领一、二连抢占了另一座山头，同敌人的阵地互相对峙，以火力牵制和压制敌人。

深夜，旅直属队和一团陆续赶到磨子潭。为了加快过河的速度，侦察员动员来了几位当地老乡，在老乡的指引下，我们在下游不远处选择河水较浅处，连夜徒涉潠河。过河后，为了掩护旅直和一团过河，我团3个营在河东岸一齐向敌人阵地猛烈开火。敌人为了阻挡我军前进，用炮火封锁河面，炮弹偶尔落在渡河部队的周围，但天阴夜黑，很少命中目标。一团和旅直过河不久，天已拂晓。这时后卫二团赶到了磨子潭，敌人仗着大炮和轻重机枪多、弹药足，用火力严密封锁了渡口。已渡河的一、三团，在旅首长的指挥下，集中轻重武器，压制敌人火力，掩护二团过河。二团在河西岸巧妙避开敌人的火力，跑步向下游运动，选择河水较浅处迅速渡过潠河。这时，一营三连的阵地仍然处于敌火力控制下，白天无法撤出阵地，后来与团部失掉了联系。事后得知，三连一直坚持战斗到深夜才撤出阵地，因找不到一旅又折返大别山，与当地坚持游击战争的鄂东独二旅会合，后编入五团，继续战斗在大别山区。

# 五昼夜急行军

部队渡过磨子潭后，继续向东挺进。当走出40多里地时，得知蒋介石正调集3个整编师和10个保安团的兵力企图在六安、合肥之间布置一个包围圈"围歼"我旅。当敌人从桐城赶来堵击时，我旅突然掉头北进，将敌人甩掉，于7月13日抵达大别山东麓毛坦厂。为了赶在敌人军事部署完成之前跃过皖中平原，旅党委在毛坦厂召开紧急会议，决定部队连续五昼夜急行军，横跨皖中平原。会后，我们立即向全体指战员讲清面临的形势，使大家认识到时间就是胜利，动员干部战士不怕疲劳，不怕艰苦，咬紧牙关，迈开双脚，不停地走，连续走他五天五夜，争取安全抵达苏皖解放区。

部队在大别山区的 10 多天时间里，天天行军打仗，翻山越岭，已十分疲惫。适逢梅雨季节，细雨淅淅沥沥地下个不停，战士们的脚都磨破了、泡烂了，骡马的掌子也脱落了，蹄子泡肿了，走起路来一瘸一瘸的，有的倒在地上就再也没有站起来。机炮连的战士们不忍心丢掉牲口，宁肯自己背、抬机枪和迫击炮，牵着牲口走。当部队走出大别山区时，已是人困马乏，精疲力竭。我们只觉得两条腿像灌了铅一样不听使唤，肚子饿得"咕咕"直叫，各连干部都希望能让部队歇个把小时，吃顿饭再走。皮旅长得知后，立即对我们团的领导说："部队很苦、很累，我都清楚。可是现在多走 1 里路，胜过以后走 10 里路；现在早走 1 个小时，胜过以后走 10 个小时。为了赶在敌人前面不被敌人吃掉，没有别的法子，只有拼命走，拼命快走。请你们告诉部队，大家咬咬牙，坚持下去，就说我代表旅党委谢谢大家了。"

皮旅长的讲话传达到部队以后，一些原想稍微休息一下的同志，又站起来上路了。我组织团政治处的同志深入到连队，具体帮助制定"不让一个同志掉队"的措施。各连很快出现了党员帮助群众，干部帮助战士，体力强的帮助体力弱的感人景象。为了抢在敌人的前面，干部战士互相勉励，不停地走，在通过皖中平原期间，我们团每天都要走八九十里路，有时一天甚至要奔袭 100 多里。

持续不断的急行军，要靠双脚一步一步地走。脚成了革命的本钱，最值得重视。那时，从我们这些团领导一直到班长，管理教育最基本的一条就是把战士的脚管好，各级干部的基本功就是帮助战士保护好双脚。一旦部队作短暂休息，我和团长就分头到各连检查部队烧水洗脚、喝水吃饭的情况。此时的班长们什么都不顾，就是一门心思买柴给全班烧水洗脚。战士们洗脚时，先用温水泡一会儿，再加点热水，直到把走麻了的双脚烫得感觉到痛，恢复知觉为止。烫完后就挑泡，然后班长再一个一个地仔细检查。有的战士实在太困了，刚一坐下立刻鼾声大作，不要说推他、叫他，就是在他耳边打雷也醒不了。班长给他洗脚、烫脚、挑泡，不然，他就走不动了。只有保护好脚，走好路，才能打胜仗。这双铁脚板真是革命的宝啊！

## 冲破最后一关

津浦铁路是我旅东路突围的最后一关，过了铁路再走半天就是苏皖解放区了。旅首长号召大家"咬紧牙关，突破最后一道封锁线"。

这时，我团是旅右翼的前卫。7月20日凌晨4时，我团到达铁路边，没有发现敌人。二营支永胜营长指挥两个连抢占路东两个制高点，严密监视可能南来之敌，又命令1个连隐蔽在铁路两旁，掩护后续部队通过铁路。拂晓前，我团和旅直已全部穿过铁路。正当一团过铁路时，突然从三界火车站开来的一列铁甲车吼叫着向我军疾驶而来。铁甲车上轻重机枪疯狂地向我过路部队扫射。工兵预先埋设的炸药未能炸断铁轨，埋伏在铁路两旁的二营战士，用机枪和步枪同时向敌铁甲车开火，手榴弹也在敌铁甲车中开花。敌人见势不妙，连声嚎叫着一溜烟地向明光车站逃去了。一团很快通过铁路，敌人出动的追击部队也被我击溃。

我旅指战员历尽千辛万苦，胜利地完成战略转移任务，终于踏上了苏皖解放区的土地。当我同苏皖部队的战友们握手、拥抱时，情不自禁地流出了喜悦的泪水。

原载李少瑜、曾焕雄主编：《鏖战大别》，军事谊文出版社，1993年，第95～101页。

# 磨子潭战斗前后

◎ 周朝臣

中原突围时，皮定均旅长、徐子荣政委率领的一纵一旅在完成掩护主力西进任务后，从白雀园出发，巧妙地钻过了敌人的两道封锁线，沿着鄂、豫、皖三省边境，走大别山脊背向东穿插。一路上，我们冲破了国民党正规军和保安团的层层阻击，强越天险大牛山，突破峻峭的青风岭，来到了霍山县的磨子潭。

这是穿越大别山的最后一道险关，旅首长估计敌人一定会在此拼命堵击。磨子潭位于淠河西岸，水深流急，下游和淮河相通，对面群山壁立，如果被敌人抢先占领，河面将被牢牢封锁，我旅就很难渡河。所以，虽然时间已是傍晚，天又下着雨，仍命令工兵连夜抢搭浮桥。同时，利用仅有的几只小船，让三团一营尽快地渡过去抢占对岸山头，以掩护部队渡河。

当时，我担任旅政治部首长的警卫员，睡在磨子潭边小镇的一家药店里。大约深夜3点钟，我习惯地醒来，去查看一下首长的马喂饱了没有。回来刚躺下，突然枪声四起，我急忙跳下床，只听得首长在叫喊："小周，快，快，旅部开始渡河了！"

我跟着首长急匆匆地赶到河边，只见河滩上已黑压压地聚满了等待渡河的部队。这时，皮旅长、徐政委、张参谋长等旅领导也都到了，同志们让开一条路让首长先渡河。我们几个警卫员保护着旅首长，迅速渡过河去。岂知旅直属队刚渡过100余人，山头上突然响起了密集的枪声，子弹嗖嗖地在沙滩上飞过，逼得部队只好在河坎下匍匐前进。原来是敌整编四十八师一七六旅的1个营抢先占领了制高点，正与我先期过河的三团一营展开激战。

情况十分严重，如不把敌人压下去，不仅渡河计划将成泡影，已渡河人员的安全也将受到威胁。皮旅长小声对参谋长张介民说："老张，快组织火力，把敌人压下去。"霎时，只听得张参谋长沙着喉咙喊："快传苏排长过来！"苏来水同志是旅部警卫连的一排长，以勇敢机灵而闻名全旅。听参谋长叫他，苏排长快速向司令部跑去。张参谋长见他来了，立即命令他带领全排将敌人占领的山头夺过来，并说："愈快愈好。"苏排长回答："是！"随即带领全排消失在夜幕中。

大约过了吃顿饭的时间，前面山头上突然响起了手榴弹爆炸声，原来苏来水同志带领的一排在三团一营的掩护下，悄悄地摸上了敌人的山头，猛然一阵手榴弹，直炸得敌人晕头转向，鬼哭狼嚎。敌人在黑暗中摸不清我军虚实，慌忙溃逃，苏排长带领全排控制了阵地。

这时天已渐渐亮了，雨也停了，浮桥由于水急始终没有搭成。部队在当地老乡的指引下，从浅水处徒涉过河。

打退了阻击的敌人，我们继续向南前进，但旅首长的心事更为沉重了。因为从敌人那里得知情报，国民党3个正规旅和10多个保安团已在前面六（安）合（肥）之间平原地带布成"口袋"，企图将我旅一口吃掉。几位旅首长边走边商议着。只听得皮旅长忧心忡忡地说："老徐啊，前有重兵堵截，后面敌人又穷追不舍，情况严重啊！"徐子荣政委点点头说："是啊，看来我们该有个对策，首先调整旅直属队，加强第一线的战斗力；其次要彻底轻装，便于迅速行动，翻越几座大山，摆脱敌人。"

中午，旅部在一个小山沟里召开了各团干部会议，宣布了旅首长的决定，旅部除留下几个参谋、警卫、通信人员，所有机关人员全部编入连队。这一条执行得还顺利，而彻底轻装就碰到了困难。我们从白雀园出发时，就已经轻装，一些辎重被打了埋伏。而现在要求更严格了，除武器弹药之外，其他包括电线、骡马以及被毯、衣服等生活用品都要丢掉，实在舍不得。但是，军令如山，决不允许讨价还价。于是，山沟里堆满了丢弃的东西。特别是那些骡马，怎么赶也不肯跑，最后只得将它们紧紧地拴在树上。但这些骡马有恋主之情，看见部队出发了，嘶鸣不休，有一匹战马，当部队走出几里之外，仍挣断缰绳追上了队伍。

这可说是关键时刻的果断决定，从此部队的战斗力加强了，行动也迅速了，几乎每天能行军百里，终于摆脱了国民党军的追击和堵截，胜利地走出了大别山。

原载李少瑜、曾焕雄主编:《鏖战大别》,军事谊文出版社,1993年,第116～118页。

# 一个连的突围纪实

◎ 刘 崎

1946年6月26日，是一个极不寻常的日子。因为这一天，是决定中原军区部队生死存亡的重要时刻。就在这个时刻，一纵一旅第二团二营的营长支永胜、教导员汪德修向全营连以上干部传达了旅团的决定：先原地抗击国民党进犯军，待我军区主力越过平汉路后，再自行突围。要求不管在任何紧急情况下，要绝对服从命令，严格遵守纪律，确保战略转移任务的顺利实施。并令四连断后，掩护部队安全撤出一定距离后，再自行撤退，跟上部队。

当时，我在二营四连任指导员，我和孙华清副连长返回连部后，马上召开紧急会议，进行动员布置，清还群众的东西，打扫驻地卫生，擦好武器，整装待发。驻地群众见我们马上要走，都纷纷前来以十分关切的口气问我们："你们什么时候再回来？下这么大的雨怎么走？"

我们恳切地告诉群众："蒋介石要撕毁'停战协定'，围攻中原解放区，我们只得暂时离开你们，不久一定要打回来的。"

"希望你们赶快回来，让我们能过上太平日子。"群众殷切地嘱咐我们。

倾盆大雨一股劲地下着，群众看到自己的子弟兵什么雨具也没有，纷纷把斗笠和其他雨具拿来送给我们。我们体谅群众的困难，一一婉言谢绝了。出发时，驻地群众都依依难舍，和我们握手话别。我们忍痛道谢，含泪离别了亲人。

我们冒雨离开了驻地，按照营部的命令，迅速占领了阵地。过了一会儿，敌人向我发起了进攻。孙副连长把掩护任务交给二排排长刘学平。当敌人进入我火力射程之内时，只见刘排长一声令下："打！"顿时，机枪、步枪子弹和手榴弹一齐飞向敌群，阵地前沿丢下许多尸体。敌人挨了这一闷棍，原地卧倒，再不敢轻举妄动了。我们坚持到掩护任务基本完成，就命令部队迅速撤退，尾随大部队前进，当我们撤出1里多地时，敌人才像乌龟一样慢慢腾腾地爬上了山，胡乱打枪，好似鸣鞭放炮，欢送我们胜利前进。

经过几天的急行军，我们到达了大别山腹地立煌（今金寨）县的吴家店。这里是老苏区，群众听说我们就是当年的红军，都喜形于色，奔走相告。见到了自己的军队，好似见到分别多年的亲人，问长问短，无话不说。尤其令人难忘的是，家家腾房屋，户户送柴米，让自己的子弟兵吃好睡好。

副旅长方升普的家就在吴家店附近的一个小山沟里。他自从参加二万五千里长征后，就没回过自己的老家，这次路过故乡，多么想回家去看看自己的亲人呵！为了保卫首长的安全，团部命令我连派干部战士护送，谁知走到离方副旅长家不远的地方，有一条大河，洪水滚滚，截断了去路。我们只好在河西岸休息，望河兴叹。方副旅长翘首远望，在饱览了家乡的山山水水之后，不禁感慨地说："天公不作美，征夫徒思亲。"我们就此返回了驻地。

7月的大别山，本应骄阳似火，却阴雨连绵，加上山高谷深，路窄溪多，行起军来，步履艰难，险象丛生。指战员有的光着脚行军磨破了脚板，仍情绪高昂，一往直前。有的同志疲劳过度，一跌倒下去，就再也未苏醒过来。我们含泪埋好同志的尸体，又继续向东挺进。有的同志不慎从高山上掉进悬崖峡谷，刹那间人就无影无踪了。战友们挥泪以示哀思，仍奋不顾身地朝前疾走。我们经过几天的艰苦行军，突破青风岭后，到达了安徽省霍山县的磨子潭镇。当时，我们连紧跟在前卫五连的后面。赶到镇上时没放几枪，就将敌乡保人员及10多名武装匪徒全部俘获。镇上照常营业，我们的战士虽然又饥又渴，但牢记我军的宗旨，做到秋毫无犯。群众见我军纪律如此严明，消除了疑虑和恐惧心理，纷纷走上街头，有的还热情地送来食品和香烟。正当我们与五连连长肖朝群谈论这次战斗的收获时，支永胜营长和汪德修教导员同时赶到了。他们急忙地问："你们的战果如何？"

我们答："俘获敌20多人枪。"营首长高兴极了，接着吩咐我们：把缴获的坏枪甩掉，俘虏交上来，迅速集中部队，准备过河。

我们将要过的这条河，名叫淠河，河面宽，水又深，流势急，给部队抢渡带来不少困难。团长曹玉清命令一营涉水过河，占领河对岸的山头阵地，掩护大部队安全渡河，二营准备器材，抢搭浮桥。在一营涉水过河后，皮定均旅长来了。他根据敌情，命令三团全部涉水过河。顷刻间，战士们一个个跳入河中，手拉着手，奋勇地向彼岸冲去，敌人的炮火发疯似的向我渡河处打来，妄想阻挡我们前进。可是，全团在我一营的有力掩护下，顺利地渡过了淠河。

部队渡过河后，因天黑雨大，就地宿营。第二天拂晓前，部队饭还没有吃到口，敌人又向我们进攻了。在我们驻的后山上，响起了一阵阵的激烈枪声。部队紧急集合，这时支永胜营长来到我连，命令部队迅速占领后山阵地，给来犯之敌以迎头痛击。直到快天亮时我们才摆脱敌人，朝东南方向疾进。

历尽千辛万苦，我们于 7 月 13 日终于走出了大别山。战士们如猛虎下山，以日行军 100 多里的速度，迅速穿过六（安）合（肥）公路，于 7 月 15 日拂晓到达官亭镇，这个镇是军事要地，有国民党的地方保安团队驻守。当我连进入该镇时，敌人还在睡梦中，副连长孙华清带领尖兵排冲进去，很快就将伪军改编的敌地方民团百余人消灭了。镇西头碉堡内的敌人，发现我军已进入镇内，开始向我射击，企图负隅顽抗。我当即命令机枪手向敌碉堡射击，一梭子子弹还未打完，敌人的火力被封锁，我们冲进了碉堡，又将 20 多名匪徒全部活捉，缴获各种枪 20 多支。这次战斗，不到 20 分钟就胜利结束了，我无一伤亡。战士们风趣地说："蒋介石养的这些草包，见到我们就乖乖地举手投降。"

官亭战斗后，部队日夜兼程，继续向东挺进。抢越淮南路，通过定远地区，于 7 月 19 日到达津浦路边。20 日凌晨，当我连正越铁路时，碉堡内的敌人问我们："你们是哪一部分的?"

"我们是新四军，路过此地，不准打枪，否则，就把你们的碉堡炸掉。"青雄虎参谋长理直气壮地警告敌人。

敌人听说是新四军，吓得丧魂落魄，不敢打枪。我们鱼贯式地通过铁路，占领了路东的一个小山包。支营长命令我连掩护大部队安全通过，待旅部过来后再把任务交给二团，自行撤离。受领任务后，孙副连长一面命令二排占领阵地，一面命令冯国清班长将 10 多枚手榴弹捆在一起，埋在铁轨下面，准备炸掉列车。战士们刚埋好手榴弹，"轰隆轰隆"传来了列车的吼叫声，原来是一列满载敌军的火车。一声巨响，埋藏的手榴弹和战士们甩出去的手榴弹同时爆炸了，弹片和硝烟一齐飞向车厢，吓得敌人乱作一团。由于手榴弹爆破威力小，火车未被炸翻，继续向前开进，直到离爆破处约 1 里多地时才慢慢地停下来。这时，火车上的敌人跳出车厢，向我猛烈射击，碉堡内的敌人也向我鸣枪，后续部队冒着枪林弹雨，跑步越过铁路。

旅部过来了，皮旅长来到我们连，他见到我们就问："你们是三团哪个连？"

"我们是三团四连。"孙副连长和我立正回答。

"前面的敌情怎样？"

"左前方那列火车上的敌人在阻击我们。"我们回答了皮旅长的提问。

皮旅长拿着望远镜观察铁路上的敌情，突然又问："你们连还有多少人？"

"还有七八十人。"我们回答。接着，旅长命令我们："你们再坚持一下，二团马上就来接替你们。"说罢他就走了。

一会儿，二团来接替阵地。我们刚刚撤走，敌人就分几路向我猛扑过来。后面部队边打边撤，我连冒着酷暑，忍着饥渴，急行军 20 多里，才甩掉敌人，就地休息并做饭吃。刚吃罢饭，敌人又追上了，将我连钳形包围。在这十分危急的情况下，孙副连长命令二排排长刘学平带领 1 个班掩护，他自己带领一部分部队冲出包围圈，抢占有利地形，组织火力网，掩护全连安全撤退。

经过长途跋涉，克服无数艰难险阻，我们终于胜利地到达苏皖解放区。当地群众敲锣打鼓，热烈欢迎我们这支钢铁部队胜利到来。

原载李少瑜、曾焕雄主编:《鏖战大别》,军事谊文出版社,1993 年,第 119 ～ 123 页。

# 一场空城计

## ——忆宣化店一次奇特的"调防"

◎ 张凯辉

这件事，就发生在 1946 年 6 月下旬中原突围前后的中原局、中原军区所在地——宣化店。当时，我作为一名负责警卫的基层干部，亲身经历了这场举世罕见的"空城计"，至今仍历历在目，记忆犹新。

宣化店，地处鄂豫边界礼山（今大悟）县境内，是一个四面环山，只有一条南北街，住着百十户人家的小镇。因为它是中原局、中原军区机关驻地，一时名扬中外。镇西边有一条与街道平行的小河，名叫竹竿河，中原局、中原军区领导机关就在河的东边。河西有一所学校，当时作为"国际招待所"，住着执行军事停战调处任务的第三十二执行小组，两地相隔不到 1 里。在宣化店地区周围，敌人部署了 30 多万军队，正虎视眈眈地注视着我军的一切行动，妄图一口吃掉我们。住在这里的美蒋代表，实际上就是以合法身份安插在我们眼皮底下刺探军情、监视我军的"眼睛"。为了保存力量，争取主动，出敌不意地突出重围，中原军区司令员李先念决定调一支精干部队秘密赶到宣化店，接替警卫任务，掩护中原首脑机关和主力安全隐蔽向西转移。于是一场"空城计"就形成了。

这场"空城计"，是由中原军区司令员李先念亲自部署并导演，鄂东独二旅政委张体学担任主要角色，在斗争极其尖锐复杂的环境中进行的。在某种程度上，比当年诸葛亮智退魏兵摆的那场"空城计"要复杂得多，不仅兵临城下，而且城内还安插有敌人的"眼睛"。没有超人的革命胆略和机智勇敢、随机应变的革命精神，是不敢轻易采取这个行动的。

6月23日，鄂东独二旅旅长吴诚忠、政委张体学、副政委熊作芳，突然接到中原军区司令部的紧急命令，要他们三人立即赶到宣化店。当时，我们独二旅各团分别驻扎在宣化店以南40余里的吕王城、四姑墩、陂安南一带，负责武汉、河口方向的防务，把守着宣化店地区的南大门，是中原军区的南线前哨阵地。吴诚忠、张体学等接到命令后，预感到一场大的军事行动即将来临，立即扬鞭催马，赶至宣化店中原军区司令部。李司令员见他们进来，就交代任务说："已决定主力分南北两路向西突围，29日晚越过平汉铁路。你们的任务就是配合一纵一旅掩护主力向西突围，待主力越过平汉路后，你们再走。"为了抢在敌人之前做好准备，吴诚忠旅长先返回旅部传达部署去了。留下张体学和熊作芳，又接受了一项特殊使命。李司令员要张体学带领一支精干部队和少数参谋人员，秘密赶到宣化店，接替首脑机关的警卫任务，制造假象，掩护中原局、中原军区机关和警卫部队安全隐蔽向西转移。最后，李司令员十分风趣地对张体学说："你就在宣化店唱一场'空城计'吧！"

张体学受领任务后，置个人安危于不顾，表示坚决执行命令，完成掩护任务。他深深知道这个任务是多么光荣而艰巨，压在他肩上的担子是多么沉重，责任是多么重大，但他有信心有勇气去唱好这场"空城计"。

回到旅部的第二天，他就和吴诚忠旅长召开了团以上干部会议，认真研究了如何完成掩护任务和演好"空城计"等问题。最后决定由张体学先带少数精干人员赶至宣化店，接替中原军区司令部的"办公室"，然后即调旅警卫营1个排，携带全副武装，迅即赶赴宣化店，接替军区机关驻地的所有"门卫岗哨"。

6月25日，张体学带着几名参谋、机要和警卫人员赶到宣化店。当他们到达中原军区司令部下榻时，副司令员兼参谋长王震向张体学面授机宜，要他就在此坐镇，使这里的工作照常运转，并以中原军区警备司令部的名义在此办公。从此，这里虽换了人员，但形式依旧，不仅司令部的牌子照常挂着，而且里面有人照常办公，直通第三十二执行小组的电话也照常保留。

6月26日凌晨，旅警卫营首长传来旅部紧急命令，要我连派一连干部带1个排，携带全副武装，迅速赶到宣化店，跟随张体学政委执行警卫任务。当时，我在一连任副指导员，经与连长陈义德商量，决定由我率领一排前去执行这个非同小可的任务。这个排军政素质好，战士老、党员多、觉悟高、忠实可靠，曾先后跟随张体学等旅首长迎接警卫过从汉口到宣化店途经吕王城的周恩来、董必武等中央领导同志，完成任务十分出色。这次听说要到宣化店去执行警卫任务，一个个兴高采烈，斗志昂扬。上级虽然没有动员突围，但从这次不寻常的任务来看，大家估计要突围了。我们抓紧时间吃饭，立即出发，向宣化店急进。当我们到达宣化店时，为了不让美蒋代表察觉我军的行动，我们就住在镇上靠南头东边的几家商店里，隐蔽在店铺后面活动。部队驻下后，我和吴排长立即赶到中原军区警备司令部报到。根据张体学政委的指示，立即带领战士分别接下了中原局、中原军区首长和司令部驻地的门卫岗哨。至此，由张体学"主演"的"空城计"，已准备就绪，全面开始了。

当时，虽然军区领导机关和警卫部队还没有撤走，但我们的到来，已为他们安全秘密转移创造了有利条件。根据我当时听到和看到的情况，突围行动严格执行了李司令员关于"出敌不意"的指示和要求，组织准备工作相当严密，行动也是非常秘密的。出发时间选择在黄昏后至午夜，行军路线不走大路走小路，而且是分梯次伪装撤离。当时，宣化店镇上的居民都不知道我中原主力已开始突围，只有我们机警的哨兵才知道他们的去向。记得当天黄昏，我们放哨的战士王校龙悄悄地告诉我两个"秘密"的消息：一个是我中原军区主力已全部伪装，经宣化店东边沿山小路向西运动；一个是王震参谋长已备好马鞍即将率领司令部少数参谋人员先行出发。然而，住在河西"国际招待所"的美蒋代表却蒙在鼓里，做着他们"一举围歼中原共军"的美梦。

这里特别值得记述的是，26日傍晚，李司令员在张体学的陪同下，从军区驻地走出来，漫步在宣化店街头，从北到南，又从南到北，谈笑风生，镇定自若。这一非同寻常的散步，好像是他在默默地向宣化店群众告别，更像是他正在"导演"自己设计的"空城"妙计。这个行动，给住在河西"国际招待所"的美蒋代表吃了一颗"定心丸"，作了一个政治姿态：你们不是说共军要突围吗？可是我这位司令官还在此闲庭信步哩！翌日清晨，我从下哨战士小王口中得知：昨晚我方为迷惑敌人，军区文工团为第三十二执行小组举行了专场演出，李司令员、郑政委已于昨晚午夜率领中原局、中原军区领导机关和警卫部队安全隐蔽撤离了宣化店。听到这个消息，我高兴极了！

这时，宣化店依然那样宁静，街上人来人往，商店照常营业，好像什么事也没有发生似的。其实，我们的首脑机关和主力部队已经秘密转移了，留在这里的只是我们独二旅的一支精干小分队，宣化店真正成为一座"空城"了。

然而，敌人是狡猾的，他们经常施展讹诈伎俩，试探我军虚实。前几天，蒋方代表突然向我方提出所谓"备忘录"，诡称"据了解，共军集结，准备突围"。我方代表任士舜中校当即予以驳斥："纯属造谣。"直至26日傍晚，当看到李先念将军还在宣化店街头散步，部队照常出操、站岗时，他们才相信了。一计未成，又施一计。为了摸清我军行动的底，美蒋代表又使出了新花招。28日，美方代表突然向我方提出："要求会见李先念将军。"这下可给我们出了个难题，李司令员早已离开宣化店，走出几十里了，怎么能回来会见美方代表呢？我方代表任士舜中校即向"中原军区警备司令部"报告，张体学机智地以警备司令的名义通过我方代表答复美方代表："李将军身体欠佳，改日再行会见。"这一招十分巧妙，既没有说不会见，也没有说立即会见，而是采取拖延时间的策略，为我军胜利突出重围争取时间。这时，我独二旅四团二营指战员正在顽强地坚守佛塔山阵地，打退敌人多次进攻，牢牢地把守着南大门，而我军主力正在向平汉铁路挺进。

为了继续迷惑宣化店的美蒋代表，张体学决定再从独二旅前线抽调六团一营赶到宣化店"驻防"，加强这里的警卫力量。当日午夜，六团一营在营长马启春、教导员何海清的率领下，星夜兼程，以急行军速度，于29日拂晓赶到宣化店。张体学政委站在宣化店镇南头亲自迎候，当他见到该营全部伪装、动作敏捷、情绪高涨、个个汗流浃背，向前跑来时，满意地笑了。六团一营根据张政委的指示，立即将4个连分别进驻原中原军区领导机关和警卫部队住过的几个村庄，部队照常出操、上课、唱歌，并向宣化店南北方向派出侦察警戒。住在河西的美蒋代表看见我们这么多部队仍在宣化店，一切活动照常，司令部机关的参谋们照常办公，门口的哨兵照常站岗，心里更加踏实了。他们自以为摸到了我们的底，确信中原军区司令部仍在宣化店，洋洋得意地陶醉着他们妄想在"48小时内全歼中原共军"的美梦。可是，他们万万没有料到，我中原军区领导早在3天前就率领主力撤离了宣化店，并正在胜利突围中。

当天下午，我方在竹竿河畔的"国际招待所"，举行招待会，招待第三十二执行小组全体人员，正当美蒋代表频频举杯，预祝他们即将取得"胜利"时，张体学由我方代表陪同来到席间，郑重宣布："很遗憾，由于国民党军背信弃义，向我军发动进攻，李先念将军已率我军胜利突围！"这一历史性的宣告，给正沉醉在梦幻中的美蒋代表当头一棒，一个个惊得目瞪口呆。

一场"空城计"成功了！当日黄昏，太阳余晖映射在宣化店上空，微风拂拂。这时，只见张体学政委迈着轻快的步伐，面带胜利的微笑，走到集合在宣化店东边的部队面前。他没有讲话，只简单宣布了出发的命令即骑上他那匹棕色的骡子，率领六团一营两个连和我们警卫营一连一排踏上了突围的征途，向东大山挺进。

原载李少瑜、曾焕雄主编：《鏖战大别》，军事谊文出版社，1993年，第141～146页。

# 特殊使命

◎ 马启春

"轰""轰"……伴随着一阵阵炮声，阵地上硝烟弥漫，尘土飞扬，碗口粗的大树被齐腰炸飞，敌人又开始向我进攻了。然而，坚守在阵地上的鄂东独二旅六团一营指战员，毫不畏惧，奋力抗击，擦干身上的血迹，抖掉头上的尘土，顽强屹立在山头阵地上。

当时，我在一营当营长，和教导员何海清一起坚守四姑墩阵地已经3天了。战士们又饥又渴，疲劳至极，但一想到自己肩负着"守卫南大门"、掩护军区机关和主力向西突围的重任，一切疲劳、伤痛全忘了。他们紧握手中武器，誓与阵地共存亡，决不让敌人前进半步。

四姑墩，位于礼山（今大悟）县东南，地势险要，丘陵山峦起伏，汉口至宣化店公路像一条长蛇，从此地山谷蜿蜒穿过。我们阵地正南约10公里的河口镇，就驻扎着国民党整编七十二师新十五旅的1个团。为了守住南大门，保障主力西进的安全，我营奉命一直坚守在四姑墩阵地上。我营的左翼是坚守佛塔山阵地的四团二营指战员。3天来，我营在兄弟部队的配合下，打退了敌人一次又一次进攻。6月28日下午4时许，当我们又一次打退敌进攻时，团指挥部通信员突然传来团首长的命令，要我营马上撤出阵地，去执行新的紧急任务。

"到底是什么任务？为什么这么紧急？"我边走边琢磨着，不一会儿就赶到了团指挥部。团长见我来了，神情严肃地说："你们的阻击任务已经完成，现在要交给你们一项特别任务。张体学政委来了一份急电，要你营立即撤出阵地，于明日拂晓前赶到宣化店，你看还有什么困难？”

“没有，保证完成任务！”我满怀信心地回答团首长后，立即返回营指挥所，与何教导员一起研究了如何完成这光荣而艰巨的任务，并马上召集各连领导开了个短会，部署撤离计划。

黄昏前，我们把阵地交给兄弟部队后，分批悄悄地从前沿阵地上撤了下来，并抓紧支锅做饭。部队吃罢晚饭，稍事休息，就连夜出发了。

四姑墩距离宣化店约有35公里。当晚夜色漆黑，天下着大雨，道路泥泞难行。全营800多名指战员冒雨摸黑，沿着公路朝宣化店方向急进。沿途经曾家港、砚盘岗、吕王城、黄陂站、烂泥畈、张家湾等地，于翌日凌晨4时到达宣化店镇。

张体学政委早就在镇街口等候多时了，看见我们排着整齐的队伍，秩序井然地赶到目的地，显得十分高兴。当时，我和何教导员跑步上前，向他报告：

“政委同志，六团一营奉命前来报到，请首长下达任务。”张政委看到眼前站着的一营指战员，个个头戴伪装、全副武装，虽跑得汗流浃背，但情绪高涨，斗志昂扬，满意地笑了。他挥动着有力的手，对我们说：“同志们辛苦啦！”接着，他简要地介绍了情况，交代了任务。

原来早在突围前，李先念司令员就在宣化店亲自部署并导演了一场“空城计”，要张体学带一支精干部队秘密赶到宣化店，接替这里的警备任务，掩护中原局、中原军区机关和警卫部队隐蔽地撤离宣化店。6月26日拂晓，当国民党军大举向我中原解放区发动进攻时，张体学就带领旅警卫营1个排秘密赶到宣化店，接下了中原局、中原军区和司令部驻地的岗哨，唱起了“空城计”的首场戏。就在当日傍晚，李先念司令员在张体学的陪同下，仍漫步街头，然后带领中原局和军区机关悄悄地撤离了宣化店。从此以后，张体学就以“中原军区警备司令部”的名义，与住在这里的军调部第三十二执行小组美蒋代表周旋，继续演“空城计”这出好戏。然而，我们的敌人是非常狡猾的，为了探听我军虚实，美方代表于6月28日主动提出要求见李先念将军。张体学机智地通过我方代表任士舜答复美方：“李将军身体欠佳，改日再行会见。” 此计不成，又来一计，美蒋代表提出要参观巡视我军的营区。 可是，军区机关和警卫部队早已撤离宣化店了，怎么办？为了继续迷惑敌人，张体学决定从独二旅前线抽调 1 个营前来"接防"。这就是要我们营于拂晓前赶到宣化店的来由。

张体学政委简要介绍情况后，对我和何海清说："你们将部队迅速进驻宣化店周围的几个村庄，原地休息待命，一切活动如出操、上课、唱歌、打球、站岗、放哨等等，照常进行。遵照张政委的指导，我立即指挥各连，分头进驻原军区机关和警卫部队住过的几个村庄，并向宣化店镇南北两头派出警戒。部队刚驻下，天就亮了，我们立即开展各项活动。起床号音划破清晨的寂静，响彻山谷；部队集合出操的口号声、脚步声，伴随着威武雄壮的歌声，组成了一曲曲美妙动听的交响乐。而这时住在竹竿河西"国际招待所"的美蒋代表仍在睡梦之中。

29 日上午，美蒋代表及随行人员在我方代表任士舜的陪同下，跨过竹竿河上的木桥，来到河东镇街上，接着又转到镇外山冈上。他们看到宣化店依然是一片平静，好似往常一般。在中原军区机关门前，站着威严的门卫哨兵，办公室里传出"嘀嘀嗒嗒"的发报声，在大街小巷行走着一队队巡逻执勤的战士，在操场上整齐的步伐伴着雄壮的口号，呈现一派生龙活虎的景象。美蒋代表看在眼里，喜在心里，以为共军的首脑机关仍在宣化店，他们妄图"一举围歼中原共军"的美梦就要实现了。然而，他们连做梦也没想到，我中原军区机关和主力部队早在 3 天前就已撤离宣化店，正在向西挺进。

当天下午，正当我军准备冲越平汉铁路封锁线时，我方代表为答谢军调部第三十二执行小组调处工作的"成绩"，特举行宴会，招待第三十二执行小组全体人员。竹竿河畔的"国际招待所"，洋溢着一片"友好"的气氛。那时，我们营的全体指战员仍在宣化店周围站岗、放哨、巡逻、执勤，扮演"空城计"中的重要角色。正当美蒋代表酒意正酣的时候，张体学政委带着警卫员突然来到了"国际招待所"，庄严宣布："很遗憾，由于国民党军背信弃义，向我军发动进攻，李先念将军已率我军胜利突围！"这一庄严宣告，犹如一颗重磅炸弹，吓得美蒋代表丧魂失魄，目瞪口呆。

张体学政委说完后，脸上露出胜利的微笑，转身而去。他来到"行政院"善后救济总署湖北分署驻宣化店办事处，向吴显忠主任告别；接着又把我和何海清二人找来，亲自交代任务。他亲切地对我们说："中原军区主力就要越过平汉铁路，我们的掩护任务已经完成，我准备带你营两个连和旅警卫排马上撤离宣化店，向东转移。你（指着我）带两个连暂时留下，负责保护第三十二执行小组的安全，待护送他们上路后再走。"张体学说完后即带领二、四连和旅警卫排离开了宣化店，踏上东进的征途。临行前，他再三嘱咐我："一定要保证第三十二执行小组全体人员的安全，把他们送上车，插上'星条旗'，送上公路，待汽车启动后，就算完成了任务。"

傍晚，我遵照张政委的指示，来到了河西第三十二执行小组驻地"国际招待所"，向我方代表任士舜转达了张政委临行前的指示。任士舜同志听后连说："好！此事体学同志已向我交代过。"说完，他即向美蒋代表提出："为了保证你们的安全，请你们在天黑前尽快撤离宣化店。"美蒋代表得知国民党军正向宣化店地区推进，制造种种借口，拖延时间，迟迟不走。任士舜同志曾三次催促他们，但他们仍不肯登车上路。这时，从侦察员报告中获悉：汉口方向之敌正向这里开进。我也隐隐约约地听到从那边传来的隆隆炮声，顿时急中生智，向任士舜同志提出："如果他们再不走，就在山后打几枪，制造点紧张气氛。"任表示同意，我即转身悄悄地向营部机炮排排长小张交代，命令他立即带领全排在后山小高地上迅速展开，把两门小钢炮和重机枪架起来，朝第三十二执行小组驻地附近连打两炮。有发炮弹正好落在竹竿河里，激起冲天浪花，重机枪也怒吼起来了，子弹呼啸着从他们房顶上飞过。这一招真灵！美蒋代表以为这里要发生激战，炮弹子弹威胁着自己的安全，吓得连忙从桌底下爬出来，匆匆地收拾行李，登上他们的汽车。

看到美蒋代表如此狼狈相，我和同志们强忍住笑，为他们送行。当他们向武汉方向开去后，我和任士舜同志心情激动，握手话别。即将分手时，他含着眼泪，深情地对我说："请转告王震和体学同志，我一定执行首长的指示，继续留下来，坚持和平斗争。我随时准备牺牲、坐牢，也许这次一别，我们再也见不到面了。祝愿你们在前线多打胜仗，多消灭敌人，我们在谈判桌上就腰更硬，理更直，斗志更坚定。相信在不久的将来，我们一定能胜利重逢。"说完，他随手从自己挂包内掏出一顶丝蚊帐送给我留作纪念。听了老首长的临别赠言，我内心很受感动，愉快地接受了这件充满革命情谊的珍贵礼物。临别时我对任士舜同志说："请首长放心，我们坚信这场战争的最后胜利一定是属于人民的。我们决心在前线多打胜仗，用实际行动来保卫首长的安全，我们一定能活着见面的。"

护送第三十二执行小组登车上路后，一度紧张的心情总算轻松了许多。我立即带领一、三连和营部机炮排，趁着夜暗迅速撤离宣化店，向东大山方向前进。

（吴卫国　整理）

原载李少瑜、曾焕雄主编：《鏖战大别》，军事谊文出版社，1993年，第147～151页。

# 坚守佛塔山　会师冶溪河

## ——忆突围途中的独二旅四团

◎ 肖德明

　　中原突围前夕，我鄂东独立第二旅四团随旅部驻守在吕王城附近的张家湾，扼守着中原军区的南大门。当时我在该团任政治委员，团长张海彪，副政委兼政治处主任郑铎，参谋长秦大进。记得当时一营驻扎在老君山一带，二营坚守在佛塔山，而三营在吕王城附近也是团的预备队。当面之敌是国民党整编七十二师新十五旅，他们有 1 个团驻在河口镇，与我二营佛塔山阵地相距很近。由于敌我双方严阵以待地对峙着，经常有些摩擦，但都是在各自的阵地上鸣枪射击，没有主动出击。

一

　　1946 年 6 月 24 日，独二旅党委在吕王城召开团以上干部会议，我团主要领导均参加了这次会议。会上，旅部领导传达了军区首长关于我旅担负掩护中原首脑机关隐蔽转移和主力向西突围重任的指示。特别强调佛塔山是我中原军区的南大门，要我团不惜一切代价，坚决守住佛塔山，因为佛塔山一旦失守，吕王城、宣化店将受到严重威胁。接着，研究了如何保证完成掩护任务和各团分路突围等问题。会议结束后，我即迅速返回团部，召开会议，进行部署，并将坚守佛塔山这一光荣而艰巨的任务，交给了原守备在该阵地的二营。然后，随同该营营长贺导海风尘仆仆地登上佛塔山顶，观察地形和敌情。

佛塔山，高 100 多米，是丘陵地带隆起的一座山头。它位于今大悟与红安交界的河口镇东北约 7 公里处，是宣化店的南大门，中原军区南线的前哨阵地。突围前，这里一直是敌人殊死抢夺的咽喉要地。

当我和贺营长登上佛塔山时，五连指战员正严阵以待地坚守在佛塔山主阵地上，他们派出 1 个排哨延伸隐蔽在阵地前沿。这个连以能攻善守、敢打硬仗恶仗而闻名全团。早在抗日战争时期，五连全连勇士在梁子湖月山战斗中，浴血奋战，坚守阵地一昼夜，击退敌数次集团冲锋，终于胜利地完成了掩护主力转移的任务。后来，三五九旅南下部队用船将该连从腥风血雨的湖中接了出来。这次我们将五连这把钢刀插在佛塔山主阵地上，团的几个领导都由衷地感到放心。当时，六连配置在五连的左侧阵地，四连为营的预备队，和营部一起守备在山后的村庄内。25 日，在这一触即发的激战前夕，旅长吴诚忠带着参谋人员汗流浃背地登上佛塔山阵地视察。蹲在堑壕内的二营指战员见旅长来了，个个喜上眉梢，情绪高涨，纷纷表示："人在阵地在，誓与阵地共存亡。"有的战士交头接耳，低声议论道："旅长都来了，这次可要打大仗了，我们要好好教训一下国民党匪帮，叫他尝尝我们的厉害！"

吴旅长望着掩体内生龙活虎般的勇士们，个个荷枪实弹，机警地凝视着远方，满意地笑了。他举起望远镜眺望前方，看看敌人有什么动静。然后转过身来对我说："看来佛塔山将有一场恶战，你们要有充分的思想准备，困难再大，也要守住这南大门，保证中原首脑机关安全撤离宣化店！"

6 月 26 日，国民党反动派对我中原军区部队悍然发动进攻，开始，驻在河口方向的敌人用六〇炮、迫击炮试探性地向我佛塔山阵地轰击，并组织小股部队向我阵地窜扰，均被英勇的二营指战员打退了。后来，敌人改变战术，加强攻势，先以猛烈炮火袭击我主阵地，接着以连、营为单位组织集团冲锋。敌督战队驱赶着蜂拥的亡命之徒，向我阵地猛扑过来。面对众多的敌人，我适时地调整了兵力，加强了侧翼的火力拦截。果然，这一招很灵，我阵地正面五连与侧翼六连组成了交叉火网，给进攻之敌以很大杀伤。只见山坡上敌军像割稻谷似的一排排地倒下去，茅草里与乱石堆旁，到处都是敌人的尸体。

过了一会儿，骄横的敌人组织更大规模的进攻。瞬间，阵地上硝烟弥漫，枪炮声与手榴弹的爆炸声交织在一起。敌人沿山坡密密麻麻地向我阵地冲了上来，形势异常危急。在这严峻的时刻，我二营勇士们以大无畏的英雄气概，跃出战壕和敌人展开肉搏战。复仇的刺刀，捅进敌人的胸膛，枪托砸得匪徒脑壳迸裂。有的重伤员拉响自己身边的手榴弹和敌人同归于尽。貌似强大的敌人被我军指战员的英勇行为吓破了胆，一个个晕头转向，不知所措。缺胳膊断腿的匪兵，躺在乱石堆旁，哭爹喊娘；有的匪兵为了活命，拔腿就跑，弃枪逃窜。

敌人的强攻又一次被我二营指战员击退了。我趁战斗间隙，命令战士们迅速跳出堑壕，打扫战场，并组织担架运送伤员到团卫生队包扎。我老伴余新华同志，那时才 20 多岁，在团卫生队当护理员，亲自上阵地转送护理伤员。回忆起这次战斗，她激动地说："坚守佛塔山的指战员，真是英勇无畏的钢铁战士。有的战士肚皮被弹片炸裂，血流不止，躺在担架上痛得嘴唇都咬破了，但从不吭一声。那时医疗条件很差，没有什么药品，血淋淋的伤口溃烂了，只有用盐水洗，有的伤员疼痛得常常昏厥过去。有的重伤员由于行动不便，多数安置在群众家里养伤，有的隐蔽在山上的石洞里，留下卫生员守护治疗。后来据群众反映，我们走后，敌人灭绝人性地进行残酷的报复，纵火烧山，有的重伤员被熊熊烈火活活烧死。"

佛塔山这一仗，我团二营指战员打得英勇顽强，一直坚守了三天三夜，直到29 日下午仍坚守在阵地上，为掩护中原军区领导机关安全转移和主力向西突围，做出了卓越的贡献。在这次战斗中，共毙伤敌 200 余人，缴获步枪 200 余支，轻机枪数挺和弹药一批。然而，我们也付出了血的代价，伤亡 50 余人。

二

6 月 29 日傍晚，我们已完成上级交给的掩护主力转移的重任，旅首长命令我们撤出阵地，按照原定计划，向东突围。当时，我们怀着悲愤的心情，挖坑掩埋好牺牲的战友，然后互相用手轻拍一下，暗示马上撤出阵地，向团部靠拢。为了制造假象，迷惑敌人，我们一面派出小分队袭击骚扰敌人，一面在阵地上用树枝茅草做成假人竖在山坡上，在夜幕掩护下悄悄地从前沿阵地撤下来。按照原定计划，我们团随旅部一起向麻北方向突围。当天晚上，我们全团在土门坳会合。首先进行思想动员，接着，部队进行轻装，清理文件箱子，将不便保留的重要机密文件统统烧掉，把机关多余人员充实到连队，然后妥善安置伤病员，把他们安排在可靠的群众家里，并留下卫生人员，负责护理治疗。

翌日清晨，全团在一个空旷的稻场上集合，旅副政委熊作芳威武地站到稻场中央，异常严肃地给我们讲话。他说："你们在佛塔山顽强地坚守了三天三夜，粉碎了敌人的多次进攻，牢牢地守卫了南大门，保证了中原局和中原军区首脑机关安全转移。眼下敌人仍在疯狂地尾追堵截我军东进，我们要发扬人民军队压倒一切敌人而决不被敌人所屈服的光荣传统，排除万难，奋勇东进，向华中主力部队靠拢。"

熊副政委的讲话简明扼要，坚强有力，深深地激励和鼓舞着广大指战员。记得那天狂风呼啸，暴雨倾盆，干部战士冒雨行军，因没有雨具，浑身透湿。然而，不管多大困难，也阻挡不住我军前进。这支英雄部队似一把犀利的钢刀，向麻城以北方向直插过去。

7月1日，当部队进抵麻城乘马岗地区时，突遭敌人疯狂阻击。原来敌人想利用举水大涨，在麻城以北、举水以西地区设置了一道封锁线，妄图阻我东进，"围歼"我军于麻北地区。开始，听说乘马岗只有敌1个营的兵力，我团决定以迅雷不及掩耳之势，消灭这股敌人，夺船强渡举水。当时一营为前卫，和敌人一接火，就碰了个"硬钉子"，经派出小分队侦察，才得知当面之敌有两个团的兵力。旅长吴诚忠、副政委熊作芳当即决定后撤，向林店以东转移。这时前卫一营变为后卫，掩护二、三营和旅直机关转移到林店以东高地集结待命。部队宿营后即忙着做饭吃。就在这个时候，张体学政委风尘仆仆地带领警卫营一部、六团一营两个连和部分机关干部赶来与我们会合了。当晚，召开了旅党委会。鉴于麻城以北地区敌情严重，敌人封锁甚紧，不易通过，经研究决定，部队迅速离开此地，向东北方向穿插，绕道黄土岗与福田河之间，渡过举水，突破敌封锁线。会后，部队连夜向东北方向疾进。

第二天拂晓，当我团进抵黄土岗以西丘陵地带时，又与敌三十四旅1个营遭遇。我即命令部队迅速展开，趁敌混乱之际，叫身边的司号员吹起冲锋号。前卫一营听到号令，似猛虎一般，冲向敌阵。战士们端着闪光的刺刀与敌展开白刃格斗，杀得敌人丢盔卸甲，狼狈逃窜。二营在侧翼紧密配合，用密集火力杀伤溃逃之敌。三营在后边阻敌增援，断敌退路，保障攻击部队的安全。这一仗打得干净利索，激战数小时，毙伤敌50余人，俘敌100余人，缴获轻机枪1挺，步枪30余支，敌这个营大部被歼，我仅牺牲2人，伤10人，这是我团继佛塔山战斗后的又一次大胜仗。战斗结束后，我们认真执行俘虏政策，一不打，二不骂，三不搜腰包，经教育后多数被释放回家。有十几名身强力壮、贫苦出身的愿意加入我军，我们就地补入连队。

后来，敌后续部队相继赶来增援，我们交替掩护撤退，于黄昏前转移到潢川至麻城公路以西高地集结待命。为了防止敌人进犯，部队分别抢占3座山头，我团坚守一座山包，六团一营和旅直机关、警卫营各占领一座山包，严阵以待地监视着敌人的动静。

晚上，旅党委又召开了紧急会议，这是张体学政委从宣化店唱"空城计"回到部队后召开的第一次团以上干部会。会上，张政委介绍了中原军区首长与领导机关安全撤离宣化店，以及当前敌封锁甚严，我三次强突均未成功的情况；熊作芳副政委讲述了我旅突围几天来的战斗情况和下一步的行动方案。会议根据当前敌情，决定以营为单位分散行动，抢渡举水，向冶溪河挺进。

三

紧急会议后，独二旅旅直和四团分三路按预定方向行动。一营和干部大队由旅政治部主任余潜和四团团长张海彪率领，经宋埠以北向红安八里湾方向探进，寻机过举水，然后挥师东进。二营由我和旅作战科科长石寿堂率领，先原地坚持，牵制当面之敌，掩护一、三营迅速展开，待他们安全转移后，再撤离阵地，抢渡举水向东挺进。三营由团副政委郑铎率领，沿土门坳绕道八里湾，经黄冈、浠水向冶溪河前进。六团一营两个连和旅警卫营单独一路，由张体学、吴诚忠等旅领导率领，由范店向东，绕道福田河通过敌封锁线，经罗田、英山到冶溪河。

分散行动后，一、三营相继撤出阵地，我率二营指战员接他们坚守的山头，掩护他们安全转移。翌日，我派侦察员下山了解一、三营的行踪，得知他们早已走远了，这时我才感到轻松了许多。尽管眼前敌军压境，隆隆炮声不断在山谷中回荡，敌人还在不断地组织小股匪徒进犯。但旅首长和一、三营指战员早已安全转移，我们坚守在山头阵地，感到非常欣慰。

雨一直在淅淅沥沥地下个不停，堑壕里到处是水，指战员们全身糊满了泥浆。许多同志的脚因长时间浸泡在水里，脚板皮都脱落了，露出血淋淋的肉，疼痛难忍。但为了劳苦大众的解放他们没有一个人叫苦。几天来，尽管风吹雨打，吃不上饭，他们仍忍饥挨饿，巍然屹立在阵地上，多么可爱的战士啊！我利用战斗间隙，派人到山下群众家里买点红薯，分给阵地上的同志充饥。由于数量不多，每人也只能分到一个红薯，这是战斗中的救命粮啊！

第三天下午，敌人发觉我主力已经转移，便懊丧地撤走了。我抓住这一有利时机，率二营辗转来到红安东北之三角山地带，在山顶上隐蔽休息。记得山上有座庙宇，我们在和尚那里弄到一点粮食伴着野菜煮食。我们还派出小分队在附近袭击敌乡公所，搞点粮食，解决部队的吃饭问题。当时，同二营一起的有旅卫生队的同志，我叫他们抓紧用中草药给战士们敷洗溃烂的脚板。

在三角山休息了3天后，天气晴朗，我率二营下山。当前卫连到达潢麻公路边时，突然从西南方向传来清脆的枪声。我赶快派侦察员去了解敌情，并叮嘱营长贺导海同志，如果是一营遭敌阻击，由你营掩护牵制敌人，让一营先渡过举水。果然不出我所料，一营在抢渡举水时遭敌阻击，无法涉渡。贺营长即率部奋勇扑向敌人，掩护一营顺利跨越急流滚滚的举水河。

猖狂的敌人被击退后，我即组织部队抓紧时间打草鞋，做好过河后东进的准备工作，并找来向导下河踩水选定渡河点。在当地群众的引导下，我们在浅水处顺利地渡过举水，从中馆驿往东南方向穿插进入山区宿营。为了防止敌分割袭击，我即召集连以上干部会议，提出四条要求：一是一旦遇有险恶情况，部队被打散时，按指定的3个集合点自行集中；二是一定要严格遵守"三大纪律八项注意"；三是严格控制灯火，不要烧火堆，打电筒，发音响，注意伪装隐蔽；四是各连布置好警戒，防敌袭扰。

敌人发现我们渡过举水，尾追不舍。我们吃完饭后，准备连夜出发，部队刚集合，敌1个连追上来了。我即命令二营1个连向西北方向突围，把敌人吸引过去，我率部队急速东进，终于把敌甩掉。当我们抵达英山的桐山冲时，见到了蕲（春）太（湖）英（山）浠（水）边县委书记钟子恕同志。他欣喜地握着我的手激动地说："体学、余潜同志已经在前面走了，他叫我转告你们，快率部队到冶溪河会合。"我即将这一喜讯传达给全体指战员。同志们闻讯后，个个喜笑颜开，精神振奋。我趁机号召同志们，咬紧牙关，继续前进，争取早日到达冶溪河，与兄弟部队会师。

接着，部队急速向鄂皖边前进，途中未遇到敌情。经过长途跋涉，我团三营于7月17日顺利抵达岳（西）太（湖）边境的冶溪河，与先期到达的我旅各团胜利会合。一营和我带的二营是第二天才赶到冶溪河会合的。战友重逢，大家高兴得跳了起来，纵情高呼："我们胜利了！"

到达冶溪河后，我顾不得疲倦，连忙给张体学政委汇报一路上的战斗和行军情况。张政委满意地拍着我的肩膀说："你们四团在这次突围中任务完成得很好，现在要好好休整，准备继续东进。"

在全团的总结大会上，我将旅首长表扬我们的话传达给同志们，大家听了深受鼓舞。后来，为了把大批敌军牢牢地拴在大别山区，支援兄弟解放区的作战，奉中央指示独二旅停止东进，留在大别山区分散坚持游击战争。从此，我们艰苦转战在大别山区，反复与敌周旋，度过了极其艰难的峥嵘岁月。

（徐广信、兰兆宏　整理）

原载李少瑜、曾焕雄主编：《鏖战大别》，军事谊文出版社，1993年，第152～159页。

# 突破岐宋公路

◎ 刘　远

　　1946 年 6 月底，鄂东独立第二旅在完成掩护中原军区主力突围后，挥师向东挺进。

　　一天清晨，天刚麻麻亮，我们五团整装集合在黄陂王家河松林掩映的山坡上。团首长神情严肃地宣布突围命令，部队即旋风般地向东北方向疾进。当时，二营是前卫。团部、一营及干部大队位于中间，我所在的三营担任后卫。由于孤军在敌人巢穴中周旋，我们沿途常受到敌人明碉暗堡的火力袭击。有一次，当前卫二营和团部、一营刚走过时，敌人突然从碉堡里冲出来疯狂地向我们三营追击，企图截断我们后卫，形势十分危急。这时，我在九连任指导员，我们连和七连采取交替掩护、边打边撤的战法，才把追敌甩掉，于傍晚 9 时许抵达黄安（今红安）县八里湾附进宿营。部队经过一天的长途跋涉与艰苦奋战后，立即派出警戒，隐藏在寂静的山村生火做饭，准备第二天突破岐（亭）宋（埠）公路一线。

　　岐宋公路，处于潢（川）麻（城）公路的南端，南抵岐亭，北至宋埠，是敌人围困我中原军区部队设置的重要封锁线，也是我们独二旅五团东进的必经之路。抗日战争时期，日军经常在这条公路线上，拦截我过往抗日将士和地方干部。现在，国民党反动派又在这里设置封锁线，调整编七十二师一部把守这咽喉之地，妄图阻我东进。因此，全团指战员人人心里都明白，过岐宋公路必有一场恶战。

　　当天晚上，团部召开连以上干部会议，研究部署穿越公路的战斗方案。根据敌情和地形，团首长命令三营为前卫，一营担任后卫掩护干部大队选择另一条路突过去。我们三营根据团首长授予的战斗任务，立即作了以下部署：由我和副连长率领九连二排打头阵，任务是迅速抢占公路要点，堵住公路两头的敌人，掩护连长所率的一、三排及七连3个排冲过公路，抢占有利地形，建立前哨阵地，再掩护团部和一营突破岐宋公路。

翌日凌晨，我们由八里湾附近出发。天刚亮，我率领的尖兵排，就抵达距公路约1公里的一个村庄旁边。当尖兵班已越过村庄、快接近公路时，突然从前边悄声传道："前边有敌人！"

听说前边有敌情，我立即跑步上前察看，只见满山遍野都是些穿黄衣服的敌兵。面对着穷凶极恶的敌人，我斩钉截铁地下达战斗命令："各班抢占有利地形，准备战斗！"

我的话音刚落，敌人的步机枪就一齐向我们猛射过来。这时，二排长带领的尖兵班已走到敌人的"鼻子"底下，和敌人展开白刃格斗。有的战士身负重伤，在敌群中拉响自己的手榴弹和敌人同归于尽。由于敌众我寡，二排长和尖兵班的同志在这次猝不及防的遭遇战中全部壮烈牺牲。看到这个情景，我悲痛极了，决心为战友们报仇！

我和副连长带领剩下的两个班正冲到村前的平畈上，遇到了这股敌人。幸好这里有两座隆起的坟包可作掩体。我们就利用这两堆坟丘架起两挺轻机枪，向密集的敌群猛烈开火。复仇的子弹颗颗射向敌人的胸膛，阵地前沿倒下了许多敌人的尸体。敌人觉察到我意抢占公路、掩护大部队向东突围，便组织兵力向我集团冲击，并用炮火猛烈轰击我阵地。瞬间，阵地变成一片火海，有的战士衣服也被烈火烧着了，弥漫的硝烟笼罩着田野。敌人杀气腾腾地从两侧包围过来，妄图吃掉我们。副连长看到情况危急，便跑过来向我建议：

"指导员，我们避开敌人的锋芒，暂时撤下去吧！"

"没有上级命令，怎么能随便撤呢！"我严肃地回答他。

"我们这里只有两个班的兵力，敌人反冲击包围过来怎么办？"副连长再次要求撤下来。

我镇静地安慰他说："我早就观察好了地形，万一敌人冲过来，我们就顺着稻田边的水沟往村庄里撤。"

我的话音刚落，敌人真的冲过来了。副连长迅即带1个班往下撤，途中3位战士被敌密集的火力击中，我意识到眼前形势严峻，再拖下去将不堪设想，就带领剩下的最后一个班，按照预定的路线，顺着水沟撤到村庄内。

这个村庄约有百十户人家，村中间有一条巷子像条街道。我撤到巷道中间时，敌人已追到村子边沿了，狂叫"抓活的！"幸好我们连长李学尔带领一、三排扼守在巷口，看到我带领的尖兵排正遭受敌人的追击，便高声喊道：

"老刘，赶快往回撤，我来掩护你们！"

李连长随即组织部队反冲击，把敌人压了回去。当我撤到村后一座小山包上时，营长米国兴来了。他命令我率尖兵排坚守这座土丘，掩护九连和七连向这里靠拢。临走时他反复交代：

"你们九连撤回来就守在这小山包上，坚决阻击敌人。待七连撤回来时，请传达我的命令，叫七连连长和指导员迅速把部队带到营部阵地上来。"

这时，我们连长李学尔身先士卒正率部向敌冲杀，掩护七连往后撤，敌溃退缩了回去。他趁势率部与七连同时撤到我们阵地上，我们与七连又会合了。战友重逢，格外亲切，我及时向七连连长张荣华和指导员蔡玉亭传达了营长的命令。正当七连准备转移的时候，我们的阵地突遭敌炮火的猛烈轰击。小山包上烈火熊熊燃烧，一发炮弹落在七连指导员蔡玉亭和通信员小张的身边。炮弹爆炸掀起来的泥土把他俩埋起来了，待扒出来后，通信员小张已满身血迹当场牺牲，指导员蔡玉亭同志也身负重伤。

紧接着，敌人集中数倍于我之兵力轮番向我阵地冲击。我指战员们奋勇抗击，坚守阵地，连续打退了敌人10余次集团冲锋。阵地前沿横七竖八躺满了敌人的尸体。我们百余人的连队，经过反复拼杀最后只剩下29位同志。

敌正面进攻遭到惨败后，改由从左后方迂回包抄的战术来分割夹击我们。我发现这一情况后，立即向米营长报告，他命令我连要密切注视敌情的变化，随时做好出击的准备。不一会儿，在稀疏的枪声中忽然听到我右前方山上传来"嘀嘀嗒嗒"的军号声。司号员告诉我，这号音是在调我连到那边山上去。我接到调令后，把阵地移交给七连，立即和李连长一起带着29位经过战火严峻考验的战友，向传来号音的方向奔去。

经过一段急行军，我们来到团部。副团长康洪山见到我们，劈口就问："你们连还有多少人？"

我指着身边军装褴褛满脸烟尘的战士说："还有 29 人。"

康副团长目不转睛地看着面前这 29 位可敬可爱的战士，有的身上还缠着血迹斑斑的绷带，深情地说：

"同志们，你们打得很英勇，很顽强，不愧为英雄的部队。现在团部还没有过去，我命令你连迅速抢占公路边的制高点，坚决堵住公路两端的敌人，掩护团部突过岐宋公路。你们一定要守住阵地，就是剩下最后一个人，也要坚守阵地。"

我们按照团首长的指示，怀着为牺牲战友报仇雪恨的坚强决心，迅速抢占公路旁的制高点。挖好临时工事，架好机关枪，揭开手榴弹盖，严阵以待，准备和敌人决一死战。我们等候了一个多小时，未发现什么动静，正在纳闷时，突然营部通信员传来通知，要我连立即撤出阵地。我们随着通信员一起撤到公路东侧的举水河边，米营长在河边已准备好了渡船，正待我们登船摆渡呢！营长一见我们，就高兴地说：

"你们的任务已经胜利完成了，团部已经安全突过封锁线。"

我们听到这胜利消息后，个个欢喜若狂，情不自禁地跳了起来。原来就在我营与敌激烈交战的时候，团部在一营掩护下，选择敌守备薄弱的公路地段，出敌不意地突过了岐宋公路。

（徐广信　整理）

原载李少瑜、曾焕雄主编：《鏖战大别》，军事谊文出版社，1993 年，第 166 ～ 170 页。

# 难忘的几次战斗

◎ 冯益民

中原突围时，我在鄂东独二旅四团任政治处副主任。冶溪河会师后，四团改称四支队，下辖两个小团，我任小四团政治委员。回忆我在坚持大别山游击战争的艰苦岁月，有几次战斗，至今仍难以忘怀。

## 首战九节沟　再战来榜河

7月20日拂晓，独二旅各支队从冶溪河出发，分别行动。当时，四支队跟旅部一起，支队长康洪山带小四团随吴诚忠旅长行动，支队政委肖德明带小七团随张体学政委一起转移。这两路，彼此策应，向安徽的太湖、霍山、岳西方向前进，当晚宿营于岳西九节沟一带。

第二天清晨，部队突遭敌整编七十二师三十四旅两个团兵力的围攻。敌人凭借着精良的装备，像疯狗一样朝我们扑来，形势万分危急。

九节沟，地处大别山腹地，山连着山，沟连着沟，山高林密，坡陡沟深。吴诚忠旅长当即命令我团担任后卫，抢占有利地形，阻击敌人，掩护部队转移。我团一、三营指战员迅速迂回上山，抢占制高点，严阵以待。当敌人进至离我阵地只有几十米时，只听到一声号令："打！"吴旅长手挥短枪，沉着地指挥着战斗。

顿时，一营的机枪手们射出了一串串仇恨的子弹，三营的阵地上甩出了一颗颗复仇的手榴弹。随着呼啸的子弹和爆炸声，阵地前丢下了数十具敌人的尸体。敌第一次强攻被我英勇的指战员打退了。同志们拉开了枪栓，装上子弹，准备着敌人的反扑。

不一会儿，敌人又开始进攻了。这一次，敌人改变战术，从三面向我们压来。我团在吴旅长亲自指挥下，集中主力，选择敌较薄弱的一路，狠狠地打。经过数小时的激战，打退了敌人一次又一次的进攻，终于撕开了一个缺口，掩护旅直和部队迅速向霍山方向转移。

这次战斗，打死、打伤敌300余人，我方仅伤亡几十人。首战告捷，战士们欢欣鼓舞，士气高昂，歌声、笑声回荡在山谷中……

九节沟战斗后，敌人并不甘心。国民党命令整编七十二师、四十八师前堵后追，妄图消灭我独二旅于鄂皖边地区。当我们行进至霍山境内的来榜河一带时，敌整编四十八师两个团又前来堵击。

当时，我军除了四支队，还有旅直和警卫营。这一次，敌人采取"尖刀式"打法，集中兵力直插独二旅旅部，企图先吃掉我指挥机关，切断我通信联络，然后一举"全歼"。当时，旅部正在发电报，情况十分危急。吴诚忠旅长立即命令我团从侧翼猛攻，警卫营迂回到后面打敌屁股。经过3个小时激战，又给敌很大杀伤，敌人的"围歼"计划又落空了，我军化险为夷，转移到了鹞落坪。

九节沟、来榜河两次战斗的胜利，给敌人以极大震动。


## 激战陈汉沟　转战牛头冲


8月上旬，独二旅四、五支队和旅直经昼夜行军，辗转来到太湖大竹岭。在这里召开了连以上干部会议，吴诚忠旅长、张体学政委分别讲了话。正在开会的时候，尾追之敌整编七十二师的新十三旅、三十四旅又追来了。旅领导研究决定，兵分三路，由吴旅长、张政委和熊作芳副政委各带一路，分散转移。我团随吴旅长行动，为了避敌锋芒，吴旅长决定向宿松、英山方向转移。敌人像一群恶狼不分昼夜地追堵我军，几乎每天都有战斗，有时一日数战。频繁的战斗使指战员几天得不到休息，有时连饭都吃不上。饿了，吃几把生米，摘几颗野果充饥；渴了，喝几口凉水。许多战士没有鞋穿，赤脚行军，脚板上扎满了野刺，磨起了许多血泡。艰苦的环境考验着我们每一个指战员。

8月的大别山区，烈日似火。记得中旬的一天，我团在宿松的陈汉沟东30里处休息，正在吃中饭时，敌人悄悄地爬了上来，把我们团团包围。吴旅长命令我迅速抢占有利地形，掩护部队突出重围。我即带领部队迅速上山，抢占了制高点。为了节省子弹，我命令战士们等敌人靠近了再打。

100米，50米，30米……

"打！"随着我的一声号令，所有的轻重武器一齐吼叫起来。刹那间，硝烟弥漫，血肉横飞。子弹像雨点一样在阵地前交织成网，敌后续部队像蚂蚁一样在蠕动。我们的战士早就憋不住了，他们置生死于度外，凭借着有利地形，与敌展开激战，打退了敌人数次强攻。经过几个小时的浴血奋战，我们终于摆脱了敌人，杀出了重围，于9月初转移到湖北英山地区。

9月4日，当我们行进到英山牛头冲一带时，敌以1个团的兵力顽强堵击。当时，我团只有两个多连的兵力。敌众我寡，情况十分紧急！吴旅长命令我带七连断后，掩护旅直和部队转移。战斗一直进行到黄昏，我们完成阻击任务后，主动撤出阵地。由于山大林密，加上不熟悉地形，我们和吴旅长从此失去了联系。当晚，我在一个小村子里，找了一个向导，问他这一带有什么敌情，他说：川军是天黑才到这里的，把好多湾子都驻扎了。于是我请他为我们带路，终于从敌人夹缝中巧妙地穿插出来。

第二天凌晨，我们抵达英山县南的一个小湾村，部队在这里吃完饭，就到山林内隐蔽休息。天刚蒙蒙亮，突然听到离我们不远处传来一阵猛烈的枪声和手榴弹声。约半个小时后，我从望远镜里看到七八个人正向我们隐蔽的山林跑来。待他们走近时，才认出是支队政委肖德明、旅供给部部长马友才和他们的警卫人员。战友相见，格外亲切。他们详细地介绍了六支队政委黄世德为掩护部队突围，不幸中弹壮烈牺牲的情况，我们听后心情难过极了。战友们个个摩拳擦掌，发誓要为黄世德政委和死难烈士报仇。


## 险渡上巴河　重返东大山

肖德明、马友才与我会合后，部队共有100余人。我们商定继续向英山、罗田方向转移。这样，一来可以避开敌之主力，二来便于寻找张体学，以便了解党中央、中原局的指示。经沿途访问群众，才知道张体学已率部向黄冈、黄陂方向转移。9月10日记得是中秋节这一天，一小股敌人又尾追上来了。战士们愤怒地骂道："狗日的，不想活了，中秋节都不让我们好好过。"我们决定集中两个排的兵力教训一下他们。下午，这两个排选择一有利地形，阻击尾追之敌。经过1个多小时的交火，敌人留下了几具尸体，其余灰溜溜地溃逃了。打这以后，我们顺利地进入罗田天堂寨山区，休息两三天后，又继续向黄冈、黄陂一带前进。

几天后，我们西进到浠水东汪岗一带，准备渡过上巴河。白天部队在山上一个小湾子里隐蔽，并派出便衣侦察员去查明上巴河的水情、渡口的敌情及行动路线。侦察员回来后报告说："过河地点及其附近没有发现什么敌人，河边上也有船，可以过河。"当晚10时左右，天空漆黑一团，伸手不见五指，我们趁夜暗悄悄地来到河边。平静的夜里显不出有任何异常情况。于是，我们分乘三条船过河西去。

大地，死一般地沉寂；天空，像一个罩着黑纱的巨人默默无声。

前面两条船载着先头部队悄悄地向对岸划去，快速而有力。当他们快靠近河岸时，敌人的枪声突然炒豆般地响了，照明弹的火光映红了天空，先头部队和我们失去了联系。

事发突然，必须果断处置。肖德明、马友才和我乘坐的第三条船，决定马上改变行进路线，立即下船上山，跑步绕过敌人的驻地，向黄冈大崎山方向前进。从火光中，我们看出敌人刚到不久，听口音是川军。好险啊，又是一次死里逃生！

经过几天的行军作战，我们四处打听，仍没有打听到张体学的消息。又几经周折，辗转奋战，我们终于在9月中旬，回到了离别两个多月的东大山，很快和刘名榜、何耀榜、肖先发、彭超等领导会合。从此，我们在罗（山）礼（山）经（扶）光（山）中心县委领导下，一直坚持在东西大山地区，与敌人巧妙周旋，直到与刘邓大军胜利会师。

（彭剑青 整理）

原载李少瑜、曾焕雄主编：《鏖战大别》，军事谊文出版社，1993年，第201～205页。

# 在鏖战大别山的日子里

## ——忆战斗在敌后的独二旅五团

◎ 张汉成

中原突围时，鄂东独立第二旅面对十倍于我之强敌，以果断而迅速的行动，跳出敌包围圈，向东挺进。当时，五团从黄陂王家河一带出发，于当日晚抵达黄安（今红安）八里湾。

一

第二天清晨，五团前卫部队在岐（亭）宋（埠）公路与敌军先头部队遭遇。我军猛打猛冲，越过公路，智渡宋埠边的举水河，大踏步跨过黄冈平原，进入大崎山。部队到达罗田河铺大河时，大雨滂沱，为了赶在山洪暴发前渡过这条近百米宽的大河，彭超团长、汪进先政委亲自指挥渡河。除利用仅有的一只渡船载运辎重及少数伤病员过河外，在沿河上下的三四里地段，全团以营、连、排为单位展开，择浅处涉水或泅渡。当数尺高的水头猛冲下来时，部队已安全地渡过了大河。待尾追之敌赶到时，洪水已将他们阻挡在彼岸。

次日拂晓，雨还不停地下着，部队不顾风吹雨打，泥泞路滑，继续朝前疾进。行军途中，忽然传来口令，要干部大队派10人跟随团副政委杨信义，带1个加强连去执行任务。经过两个多小时急行军，听到前面有激烈的枪声，后续部队跑步前进，原来是奔袭滕家堡。此地是罗田县较大的集镇，位于一条大溪的两侧，街南北都筑有碉堡，驻有县保安团1个中队和1个乡公所，还有一座大型军粮仓库。开始，敌人以为我先头部队是小股游击队，企图顽抗，不断用机枪向我扫射。杨副政委命令重机枪压住敌人火力，敌人发觉我军是主力部队，像兔子一样放弃碉堡逃跑了。我军进到这个百户商民的街上，严格遵守"三大纪律八项注意"，做到秋毫无犯。在街上买油、盐、菜和日用品，都照价付钱。干部大队的同志在街上展开宣传，揭露蒋介石抢夺抗战胜利果实、悍然发动内战、妄图消灭我军的阴谋，并按照政策征收商税。有的商人除交纳税款外，还捐献一些防暑清凉药品，我们都作抵交商税打了收条。接着，我们烧毁了敌碉堡，打开军粮仓库，将万余斤米、面分给部队和周围群众。此后，我们又打下平湖和英山的杨柳湾等敌军据点。

突围半个月来，部队多在雨天里行军，没有很好休息。到英山陶家河，天气晴朗，且离追敌尚远，故在此休息了两天，接着继续行军，于7月17日到达安徽省岳（西）太（湖）边境的冶溪河，与旅直和四、六两团会合。旅党委在冶溪河召开团以上和地方县以上干部会议，传达中央指示，决定留下坚持斗争。会上，张体学政委指出独二旅的任务是在鄂皖边广阔地区，分散开展游击战争，创建根据地，继续牵制敌人。同时，确定四、五、六团改称为四、五、六支队，每个支队编为两个小团。当时，五团以二营为基础，成立了小五团，由原营长潘继义任团长，原团副政委杨信义为团政委；以一营为基础成立小八团，由原团副参谋长谢挺任团长，原团政治处主任李东成为团政委。

冶溪河会议后，紧追不舍的各路敌军也逐渐麇集鄂皖边，独二旅迅速分途转移，跳出将要形成的包围圈。五支队经岳（西）太（湖）边折向西北。一天上午，部队刚到达一高山谷地，前卫营便与敌军遭遇。支队长彭超亲自指挥这个营在山头上阻击敌人并命令其他营向右侧山头运动，相互接应，掩护后撤。

为了粉碎敌人的"围剿"，支队政委汪进先集合部队进行动员。他说："我中原部队胜利突围，使其他战场的我军能主动出击，大量歼敌。我们担负的任务是艰巨而光荣的。在敌人占绝对优势、我们没有后方可依托的情况下，决不能盲目恋战。"他号召全团指战员要再接再厉，牵着敌人的鼻子走，把他们牢牢地拴在大别山区，争取早日取得战争的最后胜利。经过动员，我们的斗争方向更加明确，信心更加坚定，埋怨情绪一扫而空。部队在鄂皖边的岳西、太湖、宿松、英山等县境内广泛开展游击战争。

由于敌强我弱，我们只得忽东忽西、忽南忽北地跟敌人兜圈子。而敌军则利用各县保安团队为前导，猖狂地对我军进行围、追、堵、截。在斗争极其艰难的情况下，部队昼伏夜动，白天依靠丛林为掩护，不冒烟火，吃干粮、喝泉水。记得有一次，五支队隐蔽在英山境内的大山中，干粮吃完了，只好摘群众刚熟的苞谷充饥。在这样特殊的环境里，部队仍然严格执行"三大纪律八项注意"，写纸条讲明情况，包着法币，留在田里，作为赔偿费。

后来，敌人的包围圈渐渐缩小了，以支队为单位的活动受到了极大的限制，不得不化大为小，以两个小团为单位分散行动，以适应反"围剿"斗争形势的需要。就在这个关键时刻，汪进先政委因患重病，离队隐蔽。电台则因缺乏电池，只好秘密保存，就此中断了我们与上级党的联系。

开始，两个小团还能相互呼应，彼此配合。经过几次反"围剿"战斗，情况发生了意料不到的变化，两个团遭到分"剿"，被围困在英山、罗田之间的丛山峻岭中。一天，在英山、麻城间，我们与李东成政委带的少数部队会合了，为了跳出敌人的包围圈，经过一天一夜的急行军才到达罗田县河铺附近的大山岗村。部队刚停下来做饭吃，又被敌军包围，只得边打边撤，撤退中罗辛楚副主任带着我们二三十人朝东南方向的一个山头撤退，从此，我们与杨信义、李东成政委失去了联系。这时大雨倾盆，夜幕降临，我们抢渡了山下一条大溪河。凑巧，山洪暴发，滚滚流水挡住了追击的敌人，我们才安然地在溪旁的一个小山庄里休息。这里有三四户人家，我们却只见到一位老大娘，从她口中得知，敌人强迫村民搬了家，粮食都藏起来了，我们只好用南瓜充饥。

二

部队分散游击后，我们已成孤军。罗辛楚副主任带着我们这支小队伍，在大别山辗转10多天，仍然找不着大部队，怎么办？他决定返回东大山老根据地去，如找不着，就在那里打游击。我们在开往东大山途中，先后与团供给处王主任和旅部的潘参谋等10多人会合。经长途跋涉，我们安全到达了鄂豫边的天台山。这里是我党的老根据地，有我党的秘密支部。据说，自中原突围后，这里没有部队回来过，我们就在此地宿营。次日，地下党的同志告诉我们，敌人已经发现我们进入天台山，估计要来搜山。于是，他们带领我们隐蔽在偏僻的高山密林中。果然，敌人包围了这个小山村，挨家挨户进行搜查，威胁群众交代我们的去向。富有革命传统和斗争经验的革命群众，巧妙地应付和支开了敌人。他们说："我们远远看见一小股武装向北面走了，没有到过我们这里。"敌人信以为真，向北追去。为了减少目标，使地下党支部免遭破坏，除王主任和旅部潘参谋等人继续留在这里隐蔽外，罗副主任带领我们离开天台山向大悟山方向前进。

大悟山是鄂中的屏障。在礼山（今大悟）县城夏店及其周围集镇仍有国民党正规部队和保安团队驻守，不时"清乡"搜山。我们刚到大悟山北麓，就遭到毛庙集敌人的袭击。战斗中，我们一挺轻机枪被打坏，几个同志被打散。此后，敌人频频"搜剿"，我们夜间只能在小山村或山腰的独屋住宿，白天隐蔽在松林里。时已霜冻季节，为解决过冬棉衣，罗辛楚除找地主富农筹款外，还在大路上征收行商税。虽然解决了御寒棉衣问题，可是游击队的行踪却暴露无遗，敌人跟踪"追剿"，更增加了我们活动的困难。尽管如此，我们有当地人民群众的有力掩护，敌人也无奈我何。有一次，我们被敌人围困在高山丛林中，接连好几天不能下山。一位姓刘的贫农寡妇，年约三十，她十分关心游击队，冒着生命危险上山给我们送饭。只要听到敌人有什么动静，她都及时向我们报告。当游击队的隐蔽所被敌发现，遭到袭击时，她又领着我们沿着崎岖的羊肠小道摆脱了敌人，使游击队转危为安。

## 三

我们在大悟山经过3个月的"清乡"与反"清乡"、"围剿"与反"围剿"的艰苦战斗后，有的同志因受伤离队隐蔽，不少同志因遭敌袭击掉了队，最后只剩下四五个人。为了避开大悟山的险恶环境，罗副主任决定到（黄）陂孝（感）边的小悟山去打游击，或许在那里能够找着自己的部队。1947年1月下旬，罗辛楚带领的这支小游击队转战五六十里到达陂孝边的小悟山两侧活动。他把那挺卡壳的三八式轻机枪背着，到黄陂姚家山，交给我地下党员姚成都保存。据姚说，我们部队突围后不久，原陂孝指挥部连指导员田舜如等3人曾来过姚家山的竹林寺，因敌人严密搜山，待不住而走了。1946年9月，独二旅六团团长石建金带着200人左右的部队也到过姚家山一带，因追敌数倍于我，加上蔡店、梅店敌军配合"围剿"，石团长带领部队于夜间向东突围，再没有回来。这些情况说明：敌人对小悟山的控制是极其严密的，我们这支小游击队回到这里，能否站得住脚，前途如何，还是个值得深思的问题。

罗辛楚副主任和大家一起分析了当时的具体情况，一致认为在小悟山开展游击战争，重建根据地的条件是具备的。一是小悟山是老区，又是抗日民主根据地，有地下党的支持，有较好的群众基础；二是小悟山与大悟山相衔接，东起黄陂的蔡店、梅店、官田畈，西至孝感的东阳岗、周家巷、青山口、槐河店，有广阔的回旋余地；三是我们这支游击队虽然人数少，但素质高，善于隐蔽和与敌周旋。如果能够正确运用抗战时期行之有效的政策，紧密依靠当地人民群众，是可以坚持斗争，发展壮大，争取最后胜利的。认识统一后，我们决心留在小悟山，重建根据地。

当时，小悟山周围的敌情是十分严重的。孝感的东阳岗、周家巷、青山口等地都驻有国民党保安团队；黄陂的蔡店、梅店两地分别驻有保安团1个大队、1个分队，另外蔡店伪乡公所约有20余人枪，梅店驻有国民党邱定嘉特务组，等等。这些敌人经常到双河集、梅店一带骚扰，还有突围时投向敌姚集乡公所的1个叛徒的助纣为虐。面对小悟山周围百倍于我的敌人，不能不慎重对待。

根据周围的敌情，接受大悟山的教训，我们决定紧紧依靠当地群众，充分运用抗战时期的斗争经验，采取积极稳妥的具体措施，开展游击活动。一是迅速动员复员、隐蔽、掉队人员归队，发展和壮大游击队。二是为了照顾根据地人民的利益，采取"不猎窝下食"的办法，到敌占区去找地主、富农筹借粮款。三是走访有影响力的绅士，讲明形势政策，争取同情和支持，或者保持中立。四是对伪保长除讲明形势外，要求他们保护群众利益，及时报告敌情，争取立功赎罪，如有违反要追究责任。经过一段时间的工作，我们在小悟山终于打开了局面，站稳了脚跟。

游击队归来的消息很快传遍小悟山。一些在中原突围后，受尽敌人折磨的地下党员、基层干部和群众，以及掉队的隐蔽的干部战士，犹如大旱之望云霓一样，高兴得跳了起来。陈家嘴的地下党员陈庆朋首先参加游击队，拿起枪杆与敌人进行针锋相对的斗争，后来成为罗辛楚的有力助手。在他的带动和影响下，原高望乡农救会会长王成联，原滑石乡农救会会长孙公池，原塔城乡基干大队长丁厚高，以及部分积极分子相继参加了游击队。这些同志都是本地人，是群众中的骨干，熟悉情况，有斗争经验，有他们参加，游击队如虎添翼，如龙归海。

游击队归来的影响所及，不仅在老根据地内，而且迅速传播到在敌人内部坚持斗争的同志们那里。他们不怕牺牲，勇夺敌人的武器，回归游击队。高望乡王家长冲的王威，原是鄂豫边区银行印钞厂的交通员，掉队后被国民党抓去当兵，一听说游击队回来了，他带着4个人和4支枪，逃脱敌人的追捕，回到黄陂县北乡参加了游击队。接着，在黄陂敌狱中的几个同志闻讯越狱逃出，在路上夺取敌乡公所的枪支，也参加了游击队。王家湾有正义感的青年知识分子王知（王承传）不满国民党的腐败统治，亦前来要求参加游击队，后来还光荣加入了中国共产党，当了阳岗区的区长。

这支得到人民群众拥护的游击队，以惊人的速度，由小到大、由弱到强地迅猛发展。罗辛楚将游击队整编为3个小队。一小队以陈庆朋为队长，在孝感顺山、阳岗两区及以西地区活动；二小队以王威为队长，在方梅区及东南地区活动；三小队以丁厚高、王大文为队长，在蔡店区及东北地区活动。整编后的游击队，既集中进行远距离奔袭，狠狠地打击敌人，又分散游击，筹借粮款，镇压坏分子，进行扩军。游击队活动神出鬼没，智勇非凡，出奇制胜，捷报频传。一次，陈庆朋带一小队在孝感顺山区活动，得悉周家巷敌有1个大队部和1个中队，当官的天天在街上与商人打麻将，士兵在营房内赌博，输了钱就下乡敲诈勒索，群众非常痛恨。驻街西南头碉堡的1个分队，天天夜间聚赌。在一个漆黑的夜晚，陈庆朋带领20名有作战经验的战士，偷袭敌街西南头碉堡。当接近碉堡楼时，敌哨兵正在看赌博，所有枪支都架在一旁。游击队突然冲进碉堡，吓得30多个敌人目瞪口呆，举手就擒。当时游击队人数比俘虏少，他们巧妙地将敌三五人用绑腿捆连在一起，令每人背一支下掉枪栓的枪，将他们押出碉堡，向西北方向撤退。走出约2里，被敌人发觉，用火力追击，游击队留下一个小组用机枪还击。敌人不明虚实，未敢追击，游击队胜利返回山区。战斗结束后，陈庆朋集中俘虏训话，说明共产党领导的游击队优待俘虏，不搜身，不打骂，并说："你们大多数是劳动农民，是被迫当兵的，如果愿意参加游击队，我们欢迎；愿意回家，我们资遣。"当时有 10 人报名参加游击队，其余的发给路费遣送回家。

还有一次，王威带的二小队活动在观义乡沿城河公路一带。当地群众报告，路东敌乡公所每晚聚赌，并有姚集乡公所的人参加，共有 10 多支枪。王威得悉后立即带领游击队，活捉 1 个伪乡长和 1 个大地主。经过当地士绅说情，分别交出数百银圆，并保证不再与我为敌，实行释放。方家潭、官桥、泥河一带有 4 个反动保长，游击队一去，他们就向敌人报告。王威采取"枪打出头鸟"的办法，于一个晚上，分别将其镇压，群众拍手叫好。

蔡店国民党乡公所有个坏家伙，是长冲畈的人，经常领着敌人追踪游击队。为了铲除这个祸害，丁厚高带领三小队在蔡店通往长冲畈路上的一片松林里设伏，将他活捉就地枪决。敌人闻声赶来，游击队早已无影无踪。

游击队由于连战皆捷，深得群众拥护，到刘邓大军千里跃进大别山时，已发展到近百人枪。1947 年 10 月，罗辛楚得知刘邓大军到七里坪，除留王威、陈庆朋各一部在黄陂、孝感坚持斗争外，他带部分游击队于 11 月挑着埋藏的银圆北上迎接大军。12 月，罗辛楚回到小悟山，分别成立了黄陂、孝感两县人民政府，他任孝感县县长。

罗辛楚同志是钟祥县人，出生于 1924 年，突围时为独二旅五团连指导员，二营教导员，后为五团政治处副主任，是一位年轻有为、文武双全的革命干部。他担任孝感县县长不久，于 1948 年 7 月，在解放东阳岗的战斗中光荣牺牲，时年仅 24 岁。陂孝北小悟山人民至今还在怀念他。

原载李少瑜、曾焕雄主编：《鏖战大别》，军事谊文出版社，1993 年，第 206 ～ 213 页。

# 顽强坚持　斩断"尾巴"

◎ 钟铁夫

1946 年 7 月中旬，我鄂东独二旅各团在冶溪河会师后，根据中央指示，决定留在大别山区坚持游击战争。为了便于开展活动，部队整编为 3 个支队，每个支队下辖两个小团。我在六支队小六团任政治委员，团长是陈国卿，全团有 800 余人。开始我和支队长石建金率领部队，主要活动在蕲春、英山、罗田三县边境，后来，我和石建金分开了，他带走一半部队。我和团长陈国卿率领另一半部队，仍在原地坚持游击战争。

一

当时的鄂东地区，在国民党的残酷统治下，乌云密布，到处一片荒凉，群众生活极为贫困凄惨。敌人为了围堵我军，在主要交通要道上，筑碉堡，设哨卡，疯狂地纵火烧山，驱逐我离开山林。更为恶毒的是，敌人为了割断我军与人民群众的联系，实行"移民并村"和"五家连坐"。许多村庄被敌捣毁焚烧，残垣断壁，满目疮痍。当时我们这股小部队处境极为困难。鄂东的 8 月，经常暴雨倾盆，战士们赤脚爬（跋）山涉水，脚板磨破溃烂，别说敷药治疗，就连清洗伤口的盐水也弄不到，只有忍着钻心的疼痛，坚持转战在大别山区。那时，对我们最大的威胁是饥饿，没有一粒口粮，几乎到了山穷水尽的地步。指战员们全靠山上剥树皮、挖草根、采野果充饥，渴了喝口混浊的泉水。由于部队缺医无食，一个个威武的勇士基本上都成了病号。许多同志的腿由于长时间被泡，溃烂发肿，脓血腥臭，有的战士发疟疾，高烧持续不退，部队非战斗减员剧增。我和支队长石建金分手时，还有100多人，经过一段时间，只剩下不足50人了，面对这一困境，我和陈团长心急如焚。

有一天，我们刚冲出敌人的包围圈，在山脚下停顿休息，一位发高烧的战士刚坐下，怎么也站不起来了。只见他脸色蜡黄，呼吸急促，浑身颤抖，正在这时，远处响起了枪声，敌追兵又赶来了。部队马上转移，我急忙叫来两名战士背他走，但他死也不让背，气喘吁吁地对我说：

"钟政委，我怕不行了，别背我，拖累同志们，你们快转移吧！"

我被眼前这位坚强的战士所感动，哽咽着说："您是一位好同志，病成这个样子，我们怎能忍心丢下你不管呢！"

他略微睁开眼，内疚地说道："不是首长丢下我，而是我跟不上部队了。你们快转移吧，我慢慢地爬进草丛里，也许能躲过敌人的搜捕，如果我能活下来，一定要追赶部队！"

多么坚强的战士啊！敌追兵越来越近，我率部队急速转移。后来，他是幸存下来，还是长眠在茫茫山林中，我就不得而知了。40多年来，我一直怀念这位坚强不屈的战士。

尽管眼前的处境极端险恶，但任何艰难困苦也吓不倒我们。40余人的战斗集体，个个置生死于度外，处处洋溢着团结友爱和革命乐观主义精神。在这艰难的岁月里有三餐饭使我终生难忘。

一次，我们从敌包围圈中冲出来，隐蔽在一个空旷的村庄内。战士们个个饥饿难忍，我疲倦地坐在残垣断壁的屋檐下，猛然发现我的脚旁放着一个箩筐，只见筐内覆盖着厚厚的一层黑稻壳灰。我顺势将手插入筐内，竟然从底层掏出一把黄灿灿的麦粒，我惊喜地喊道："这里有粮食！"战士们听说有粮食，呼啦一下围拢过来。我小心翼翼地将覆盖的稻壳灰捧出来，让每人抓了一把拌有黑灰的麦子。有的战士将麦粒捧在手中吹一吹，有的连灰也不吹就把麦粒全部塞进嘴里。一捧带灰的麦粒，真是一餐救命粮啊！吃完后，我们将钱和感谢信放进筐内，感谢当地的人民群众。

又一次，我们在山巅上宿营歇息，战士们穿着被荆棘撕得上不遮身下不蔽体的破烂衣服，蹲在岩石和树林下栖身。突然，从草丛钻出一只野兔。大家喜出望外，围拢追逐着这只"不速之客"，终于将这只野兔就擒。战士们如获至宝，立即用刺刀杀掉并剥皮，架起柴火烧熟充饥。当时，每人撕了一小块刚够塞牙缝的兔肉嚼食，吃得津津有味。有的战士风趣地说："蒋介石想困死、饿死我们，老子不但没有被饿死，今天还在山上吃'山珍'打牙祭呢！"

还有一次，正是酷暑季节，天气炎热，我们在一条隐蔽的小河沟里洗澡。有的战士发现河沟里浮游着群群小鱼，卵石底下还藏有小螃蟹，同志们就动手在水中捕鱼。不一会儿，就捞到满满一钢盔鱼蟹，生火煮熟了一钢盔鱼汤，我和战士们美美地喝了一口带有腥味的鱼汤。

# 二

在那异常艰难的日子里，还有一个最大的威胁，就是敌人的尾追了。我们的屁股后面总是紧紧跟着一个"尾巴"，你走他走，你停他停，你到这个山头，他就尾追到那个山头，飘忽不定，好似阴魂不散的魔鬼，老纠缠着不放，使你昼夜不得安宁，整天处于紧张状态中。

根据敌人跟踪的特点，我们相应地采取了对策，昼伏夜行，一夜换几个山头；敌进我出，敌人进山搜捕，我们就出山，到敌巢附近潜伏，敌出我进，敌人出山，我们即进山隐蔽在山垭树丛中。尽管采取了以上对策，但屁股后面这条"尾巴"总斩不断，整天还是不得安宁。

一天夜晚，我们在一个"移民并村"后的空寂村庄内，弄到一点麦糠和野菜做了一锅饭。刚准备开饭，枪声响了，敌人来了，我们赶紧将饭装进一个竹筐内背上山。到山上时每人盛了一碗饭，仔细查看，发现饭内密密麻麻的蚂蚁在蠕动，原来竹筐内筑有蚂蚁窝，气得战士们直跺脚。

8月的鄂东山区，连阴雨下了七八天，当我们爬到英山县境内一座大山上时，发现有一座古庙。我和陈团长商议，决定部队进庙躲躲雨休息一下。忽然迎面走出一位尼姑，我和气地向她说明来意，她惊慌地说道："国民党兵常来庙里搜查，发现了会杀掉我烧毁庙的，阿弥陀佛！"

我带领战士们在庙宇的屋檐下刚休息一会儿，果然"尾巴"又追来了，逼得我们不得不离开古庙，冒雨转移，战士们恨得咬牙切齿。

还有一次，我们在蕲春县境内的一个山坳里，拣了点群众丢弃的南瓜藤、豆角和菜叶，拌着糠煮了一锅粥。正准备开饭，敌人一个连包围了山村，我们边抵抗边撤退，有位战士端着锅将粥全泼光了，双手还烫起了一层泡。战士们气愤地找我和陈团长请战："首长，我们打吧，这条'狼尾巴'不彻底斩断，我们一天也不得安宁。"

"仗一定要打，但要瞅准机会，打个歼灭仗，赔本的'生意'是不能做的。"我耐心地给战士们解释。

报仇雪恨的一天终于来到了。8月中旬的一天清晨，雨过天晴，我率部行进在蕲春县境的荆竹山附近的山腰上，远远望见右边山垭处像是有一群人，我举起望远镜远眺，原来是一小股敌兵在蠢蠢蠕动。战士们听说右边山上有敌人，个个摩拳擦掌，义愤填膺，要求坚决打掉这个"尾巴"。我看时机已到，便和陈团长商议，立即派出侦察员前去侦察敌情。侦察员速去速回，面带喜色向我和陈团长报告说："敌人有15人左右，正懒洋洋地躺在山坡上休息。"

我和陈团长根据敌情和地形，立即研究战斗方案，决定分3个战斗小组，我带10名战士绕到敌人后面，迂回包抄；陈团长率10名战士，从左面接敌开火；一名排长带10余名战士从右边攻击。战斗方案定下来后，各战斗小组刀出鞘，弹上膛，迅速越沟坎，钻草丛，隐蔽地接近敌人。当我的枪响后，3个战斗小组的勇士们猛打猛冲，一齐扑向敌人。颗颗复仇的手榴弹在敌群中开花，把把犀利的刺刀捅进敌兵的胸膛，山坡上血淋淋一片。这一仗打得真过瘾，只用了10分钟就干净利索地解决了战斗，15名敌兵无一漏网。当场击毙12名，3名受伤的匪徒跪倒在地举枪投降。共缴获各种枪10余支，子弹近百发，手榴弹数十枚。在敌尸中还搜出罐头、饼干、食盐等战利品。我和战士们高兴极了，几个月来憋在心头的仇恨和疲劳一扫而光，战士们站在山坡上，自编顺口溜，兴高采烈地唱道：

> 大别山哟好大的山，敌人进山我出山。
>
> 大别山哟好高的山，敌人出山我进山。
>
> 大别山哟好多的山，横贯鄂东真威严。
>
> 敌人打我摸不着，我揍敌人连锅端。

接着，我和陈团长审问受伤的俘虏，敌兵畏缩着脑壳颤抖地说："我们是整编四十八师二十三团一营二连一排的，排长带弟兄们回据点拿给养去了，叫我们在这里等他。"

撤出战地前，战士们从敌尸身上扒下衣服、鞋袜、帽子等。个个穿在身上互相逗趣嬉闹。面对此情此景，我心想眼前的战士装扮成一群国民党兵，何不趁热打铁，扩大战果，以假乱真，捣敌巢穴！于是和陈团长商议，先派一名战士化装成国民党兵到敌驻地去探听一下虚实。陈团长一听我的计谋，欣然同意。遗憾的是，这位战士走后，我们等了许久，一直没有回来。陈团长急不可耐又装扮成敌军官，带着10余名化装成国民党兵的战士出发了。他们一路上斜背着枪歪戴着帽，大摇大摆地唱着小调，就像电影《三进山城》一样有趣。当他们刚接近敌据点，行进至一座碉堡前时，被敌哨兵拦住，大声问道：

"哪部分的？"

陈团长机警地回答："十八团二连一排。"

敌哨兵半信半疑，忽然又扳动枪机。陈团长迅速还击，带领战士边打边撤。当我听到枪声时，判断可能出师不利，出了问题。果然不一会儿，陈团长带领战士们安然无恙地回来了。

这一次装扮敌人奇袭敌巢虽未成功，但跟随我们的"尾巴"却被彻底斩断了。

（徐广信、兰兆宏　整理）

原载李少瑜、曾焕雄主编：《鏖战大别》，军事谊文出版社，1993年，第214～219页。

# 从年关行动到白门头伏击

◎ 张有道

　　春节，是中国人的传统节日。每到过年，人们合家团圆，欢天喜地，载歌载舞。而我们这些从战争年代过来的人，那时常常是在战火纷飞中度过这传统节日的。

　　记得 1947 年春节即将来临的时候，我们皖西支队第二大队的几个队干部聚在一起，商量着怎样过这个节日。当时我任大队长，副大队长是刘常胜。会议一开始，我先谈了思索几天的一个方案，想趁年关之际，积极活动，镇压一批国民党特务、恶棍，以打击一下敌人的嚣张气焰。这一阵子，国民党广西军一七四师对我皖西游击根据地进行残酷"清剿"，实行"梳篦"战术。为了保存实力，我们天天在山里头转来转去，常常是几天吃不上一顿饭；寒冬腊月，不少战士还穿着单衣。大伙儿早就憋了一口气，一听说要向敌人出击，那高兴劲儿就甭提了。会上，你一言我一语，对出击的方案进行了认真的讨论，并且把这次行动称作"年关行动"。

　　腊月三十日，按照传统的习惯，人们开始吃年饭了。一时间鞭炮声此起彼伏。这天下午，我率部队悄悄地从孔士坊、神王寺出发，直插潜山县棋盘乡，一枪未放，端了敌人的乡公所，十几个乡丁还没有弄清是怎么回事就成了我们的俘虏。然后我们乘胜出击，绕过源潭铺，于半夜时分来到杨四房，抓住了作恶多端的国民党潜山县储少惶特务行动队成员杨清，当即带到干鱼嘴镇压了。

　　我们的"年关行动"给敌人以沉重打击，尤其是对杨清的镇压起到了杀一儆百的作用。那些平时耀武扬威的特务、坏蛋也收敛了许多，国民党的各乡公所都戒备森严，生怕被我们端了个底朝天。敌人提心吊胆地过了一个不安稳的春节。老百姓却是欢天喜地地到处传颂着我们的神威。

然而，我们的行动也强烈地刺激了敌人，他们恼羞成怒，伺机报复。春节一过，国民党广西军一七四师就兵分几路，对我军经常活动的棋盘、三妙、龙井关、槎水、源潭、岭头，直到龙潭河一带实行大搜山，找不到我们就抓老百姓，对我们构成了极大威胁。

对敌人的这一手，我们早有准备。"敌进我进，敌人上山，我下平原，把敌人从山上调出来。"于是，我们决定跳出敌人的搜索圈，在平原地带与敌人周旋。

这一天，我们在屋基岭一带从敌人的缝隙中穿出来，悄悄地来到童家铺附近，把敌人从桐城到青草塥的电话线切断了2公里。然后，趁着黑夜前进到范家岗西南二三里的白门头。

这里是桐城至安庆的交通要道，过往敌人十分频繁。因此我们决定在白门头的公路上设伏，拦截敌军车，消灭过往敌人。对这次设伏行动，我们进行了极其认真的部署。这样，既可以缴获敌人物资，解决部队困难，又可以破坏敌人的交通，把敌人从山中调出来，还可以扩大我军的影响。

部队在白门头驻下后，即派出警戒封锁消息，村里的人只准进、不准出，几百号人的队伍住了一晚上，一点风声都没有走漏。

第二天一大早，我们就派侦察员化装成老百姓，有的拿着锄头，有的拎着粪筐，在公路两侧的田里和村边游动，观察动态。部队则在村子里严阵以待。

"大队长，敌人来了！"大概到了10点钟左右，派出的侦察员赶回来报告说。我用望远镜看去，只见从范家岗西头的山坡下走过来了30多个人，他们有的穿着黄军装，有的穿着便衣，有的挑着担子，有的抬着轿子。那气派十足的架势，像是个什么达官贵人来了。

"准备战斗！"

我带着部队悄悄地摸到公路边，进入伏击阵地。

敌人做梦也没想到在这里会有我们的埋伏，他们大摇大摆地朝这边走来。当进入我们的伏击圈时，我使了一个眼色，一个侦察员走上前去，拦住了敌人的去路，大声喝道："站住！不要走！"

敌人看到我们的便衣着装，以为是遇到了地方保安团，根本就没放在眼里。一个当官模样的人走过来，傲气十足地反问道："你们是哪一部分的？"

为了争取不动一枪能把敌人全部活捉，我想还应该继续迷惑他们。于是我随口答道："我们是巡逻队，所有来往行人都要检查！"

那个军官骄横地说："你要晓得我们是国军哟！"

"对不起，我们是奉命行事。"我一边不卑不亢地回答一边斜眼瞟着那个躺在轿子上的人，想把这个"大官"从上面"激"出来。

"是什么事呀？"这一着儿果然有效。只见从轿上滚下一个50多岁的高个子，他枣核脸，仰鼻孔，一脸络腮胡子，身穿一件黑华达呢、水獭皮大翻领的虎皮大衣，内穿一件深黄色毛华呢的短貂皮袄军服，衣袖上有红红的将军标号，腰间系着一条插满手枪子弹的皮带，歪挂一支八音手枪。一看就是一个来头不小的人物。他趾高气扬地问："你们的头儿呢？"

站在一边的副大队长刘常胜故意说："你找我们头儿干什么？你有什么话就说吧，我就是负责人。"

这时，我们的人已经把他们给包围了起来，下手的机会到了。

"把他的枪下掉！"我下达了命令。

那家伙还从来没见过这阵势，顿时把眉毛一竖，双眼一瞪："你……"

还没待那家伙说完，说时迟，那时快，战士们一拥而上，把他的枪下掉了，其他的几个还来不及把枪掏出来，就全被缴了械。然后用绑带把那些穿将、校军服的6个人全都捆了起来。直到这时，他们还未醒过神来。

"你们是……"

"我们是新四军！"一听这话，那个家伙吓得魂飞魄散，瘫倒在地上。

我们带着俘虏、枪支和担子，往东南方向撤离阵地。

不到一个时辰的工夫，部队撤到一个村庄后的山坡上休息。为了解敌人的真实身份，我派张指导员去审讯那个"大官"。

通过审讯，我们摸清了这个军官叫张凌云，是怀太司管区司令长官，国民党"国大代表"，国民党中将军衔。

一听抓到了这么个大官，战士们可高兴啦！他们纷纷围了上来，控诉国民党以及伪"国大"的滔天罪行。刚才还是趾高气扬的张凌云，顿时像泄了气的皮球。

我们在这个小村庄休息了一会儿，继续向东南方运动。在转移途中，由于张凌云等人想趁机逃跑，在十分火急的情况下，我们只好将这些家伙全部枪毙了。

白门头伏击战生俘国民党中将的消息，像长了翅膀，传遍了皖西大地……

（张小泉　整理）

原载李少瑜、曾焕雄主编：《鏖战大别》，军事谊文出版社，1993 年，第 255 ～ 258 页。

# 顺武冲脱险

◎ 林国安

记得那是 1946 年的冬天，坚持敌后斗争的黄冈中心县委书记林桂华同志已英勇牺牲了，手枪队被打散了……在这种情况下，党派漆少川同志回黄冈继续领导这个地区的斗争。我随少川同志从罗田辗转回到黄冈。

一天，少川同志要召开一次手枪队的会议，二十来个队员都要来。为了准备这次会议，我领受了一个任务，为他们办好伙食。那时候，这任务可不怎么好办，几个与我们有联系的湾子全被敌人强迫并到碉堡附近去了，一时很难接近；别的湾子许多同情我们的群众，但由于国民党特务到处装作我们的人半夜去叫门，叫开一家捉一家，害得一些基本群众真假难辨，莫说卖粮食给我们，就是问个路也没人敢轻易回答。

在这种情况下，我只好到顺武冲去找四母娘了。四母娘是我嫡亲的婶娘，四叔过世很早，她跟前只有一个儿子和一个孙女。儿子国卿年纪比我大，孙女只有六七岁，一家三口人两个能做活，日子还混得过去，到她家搞斗把米，想来不是很费力。此外，她住的湾子有个"九老爷"，是国民党乡代表，因而国民党对这个湾子还放心，不常派兵去"清乡"，加上这湾子地形我熟，万一碰到敌人，跑起来也容易。

半夜里我翻窗子进了四母娘的家，说明来意之后，她说家里没有现成的米，要我等明天国卿哥整好了再来拿。我一听今晚要跑空路，有点不太情愿地说："又要深更半夜地来回摸，你就不能叫国卿今夜赶着整点出来？"

"深更半夜整米，不是有意惹别人起疑心？怕跑路你就在这里住一夜，明天保证你有米背上山，误不了事。"四母娘边说边叫醒国卿哥，要他腾开铺让我挤一夜。走了好长的路，我也有些人困马乏，心想就住一夜，未必这么巧，单单我住这一夜就碰上敌人了。于是我心安理得地住下了。

一夜无事。第二天一早，国卿哥忙着在外面舂米，四母娘为我做早饭，我无事可做，帮着往灶里搁火。米还未下锅，小侄女气吁吁地从外面跑进来说："奶奶，队伍来了！"一听这话，我唰一声掏枪就往后门跑。四母娘一把拉住我说："莫毛手毛脚的，让我出去看看。"话音没落，我听见堂屋里有好多脚步声，保长徐国英扯着喉咙叫："国卿，国卿，拿茶水来招呼队伍。"这时四母娘也慌了，忙往楼上一指，要我上楼，她转身迎出去招呼那一伙匪兵。

楼上有一块砖那么大的小亮孔，贴着亮孔往外看，好家伙！门口1个班守着，还架着1挺机枪，稻场拐角树下安上了一对岗哨，各家各户门口都有匪兵进出，一个当官模样的人正在叫"九老爷"家的大门。看这情形，敌人要挨家挨户地搜查。我跑是跑不成了，只好准备来武的。我把枪上满了子弹，把手榴弹盖子扭开，选了一个好位置，敌人不上楼便罢，一上来我就和他们拼了。心想：要提我一个，总得要他们贴上十个八个的！

我在楼上虽说轻手轻脚地选位置，楼下还是听得出声音。这一下把四母娘吓慌了，她故意在厨房里搞得锅碗瓢盆乒乓响，想把楼上的声音盖过去。幸好这时堂屋里的匪兵正在吼吼骂骂地催搞饭吃，楼上的响声没被发觉。

过一会儿，堂屋里传来"通通"的脚步声，又进来了好几个人，其中一个人粗声粗气地说："国英，国英呢？把国英给我找来！"也不知是当时心慌还是隔了层楼板听不清楚，我把"国英"听成了"国卿"。心想糟了，敌人把国卿哥叫去一定不是好事。四母娘只这一个独子，如果敌人把国卿哥抓去了，四母娘怎么生活啊！想到这里，我暗下决心，不能在这里等死，从房上跑，房背后就是山，只要一上山就有办法了。我轻手轻脚摸到楼角里，想搬开两根瓦条钻上房顶。谁知瓦条腐了，一搬就掉在楼板上"通"的一声响。这一响，惊动了堂屋里的匪兵，也惊动了厨房里的四母娘。说时迟，那时快，只听见厨房里传来一阵"呼呼叽叽"的声音，椅子倒了，瓦盆子砸破了。接着又是两声清脆的巴掌声，小侄女"哇"的一声哭了起来。哭声中听得四母娘在放声骂道："淘气的，叫你莫动你偏要动，你不晓得堂屋里的队伍等着吃饭……"四母娘这话显然是说给我听的。

"快做饭啰！个把破盆子有什么要紧的，莫误了老子们的大事！"厨房门口传来一个匪兵的声音。

"你说得倒轻巧，个把盆子未必是抢来的？买起来又不得好几块钱。"接着，四母娘对侄女说，"还不滚到一边去！"显然，她是在指桑骂槐。

"你嘴里放干净点，搞毛了我把你这坛坛罐罐统统砸烂！"

"么样，未必她惹了祸，我骂不得？"

四母娘就是这样机灵地把我刚才闯的祸遮盖过去了。事情过了之后，我才有些悔恨，我怎么这么横呢？要不是刚才四母娘随机应变，还不知闯出什么祸来。

过了一阵，四母娘把做好的饭端到堂屋里，她趁匪兵们正在抢着吃饭之机，轻轻地摸上楼来，压低嗓音说："我的小老子，你是生怕堂屋里的队伍不晓得你么样？趁早给我安分点躲着，外头我去应付！"

"不行，这里不能躲，吃了饭他们就要翻箱倒柜了，楼上躲得住？"我回她。"躲不住怎么办，到了这地步，只有撞运气了，撞得过去是我们的福分，撞不过去该我们倒霉！"她说罢就要下楼去。

正在这时候，我忽然心里一亮，主意来了。我赶紧拉住她说："你赶紧到'九老爷'那里去，就说我在这湾里，要他赶紧把队伍引开，不然的话，出了事手枪队要找他算账！"四母娘听了我这主意，点了点头，匆匆地下楼去了。

没过多大工夫，湾里哨子响了，堂屋里的匪兵听见哨音，都跑出去了。我贴在亮孔里一看，匪兵们正在稻场里集合，100多人，好几挺轻机枪，那个貌似中队长的家伙指手画脚地说了几句，随后由"九老爷"带路出了湾子……

队伍走后听四母娘说，"九老爷"听说我在湾里就吓慌了，那时候谁不晓得手枪队厉害？他赶忙找到匪军中队长说："这湾子我负责，我领你们到别的湾子去看看。"就这样把队伍哄走了。

我抱起平白无故挨了两巴掌的小侄女，亲着她的小脸说："细爷害你这回挨了打，二回细爷带糖来给你填情！"四母娘在一旁半真半假地说："回去对少川说一声，二回要来换个人来，再莫要你来，做事总是这样冒里冒失！"

我红着脸，不知说什么才好，本来嘴就笨，经她这一训，嘴更不听使唤，半天才说出一句："有了头回，还有第二回？未必我就不晓得改？"

回去后，我如实把情况向少川同志汇报了，不消说，挨了一顿严厉的批评。

（挥健　整理）

原载李少瑜、曾焕雄主编：《鏖战大别》，军事谊文出版社，1993 年，第 273 ～ 276 页。

# 马鸣风潇潇

## ——中原化装突围前后的回忆

◎ 黄正夏

化装突围也是一场战斗。每一个化装突围的同志都时刻面临着危险和生与死的考验。回想 60 年前中原突围，我深知人民是战争的力量之源，有了人民的支持，革命才无往而不胜。我和吴芷英从中原化装突围到东北，一路风险，却屡屡化险为夷，都是那些知名的和不知名的党员和群众关心、帮助的结果。今天，我记下这段经历，就是为了纪念和感谢那些曾经帮助和支持过我们的同志。

### 离别宣化店

夺取抗日战争的最后胜利，争取中华民族的彻底解放，是我们盼望已久和为之牺牲奋斗的伟大事业。

抗战胜利后，中国何处去？中原何处去？党中央、毛泽东在思考，李先念、郑位三在思考，我们也在思考。鉴于中原地区的实际情况，我们十分清楚，尽管民族战争的硝烟已经散去，但蒋介石妄图消灭中国共产党和人民解放军的野心不会改变，内战的阴霾又笼罩着大地，中原战事不可避免，爆发只是时间早晚问题。为此，在李先念、郑位三等领导下，中原军区积极调动兵力，准备应对内战。

1945 年 11 月，我从边区教育战线转任罗（山）礼（山）应（山）中心县财经局局长。一天，接中原局组织部通知，命我迅速赶至宣化店，拟赴襄樊（今襄阳）

地区开展工作。我是随同时任中原军区第九团团长幸元林带领的一支干部队伍行动的。工作队一行过应山长岭岗入随县时，又接中原军区通知，暂不去襄樊。而后，工作队在随县双河镇编入中原军区干部旅，向东转移，折返宣化店。

在宣化店，有我时隔多年未见的领导和战友，有正在大别山西大山休息待产的爱人吴芷英。当时我是多么想抽出时间向领导汇报思想和工作，多么想去见吴芷英一面，告诉她我们的行踪，鼓励她一定要战胜目前的困难。但后来一切都来得那么突然，那么迅速。在宣化店我们只吃了一顿饭就启程出发了。中午，刚到宣化店就遇到中原局民运部部长吴祖贻，约我下午去谈一谈，了解一下鄂西北的情况。结果，吃完饭部队就走了，汇报无法完成，想去西大山见一见吴芷英也成了奢望，只好托时任鄂东专员任泉生转告吴祖贻，说明情况，也只好写一个便条委托宣化店当地的镇支书送给吴芷英。

1946 年 1 月 10 日，部队出湖北入河南，在离光山县城大约还有 30 公里路段时，传来指示，要求每位指战员准备好绑腿、草鞋，作长途行军打算，再有两三天工夫，即可到达其他解放区了，并嘱咐千万不要在路上买零食和喝生水。因为已发生多起国民党军队的投毒事件。13 日，国共两党停战协定生效，中原部队为顾全大局，立即停止前进，原地待命。我们已编入干部旅的成员都重新分配工作，我被分配到经（扶）麻（城）商（城）工委。赵辛初任工委书记，吴光治任副书记，我任工委委员兼沙窝中心镇镇长。

部队虽然停下来了，但在思想上有一点我们是很清楚的，那就是内战迟早要爆发，摆在我们面前的工作重点就是如何发动群众，尽快地多筹集军粮。当时老百姓也困难，在沙窝附近驻有张体学等率领的鄂东独二旅，供给十分紧张。在筹集军粮过程中，我和吴光治反复商议，搞粮食绝不能搞平均摊派，不能在老百姓身上增加负担，而是要瞄准大地主和余粮户。我们走访当地群众，了解哪些是余粮户，估计余多少，粮食大多藏在哪里。随后，我们一个个有的放矢地做工作，进展比较顺利。可也碰到狡猾的，比如有一个李姓地主，群众反映他是当地的首富，至少有余粮上百石。我们去做他工作时，见面他就说："我认识张体学，小时候他光着屁股，整天就在我们附近卖油条。"一听说要借粮，态度看起来也很慷慨，说："好说，好说，乡里乡亲的，帮忙是应该的。"可是当我们问能借多少时，他却叫起苦来说："我家人口多，其实也不富裕，但还是尽我所有，借三五石吧！"

我们有同志说："听说你是沙窝的首富，恐怕不止三五石吧？能否再多借一点。"

"我们不白吃你的粮，我们给你打借条。"

"真的没有，你们如果发现我有秘密仓库，尽管去拿。"硬是不愿多借。后来，我们通过一位贫农的帮助找到了李姓地主家的秘密仓库，缴获粮食上百石。其实，当时我们还知道李姓地主另外两个藏粮点，各大约藏粮一二十石，我们没有动它，也给地主留有充足的余粮。我们这样做，既使部队有了粮食，群众也非常拥护。为此，张体学在会上曾表扬我们的工作方法和工作成绩。我也是这时认识张体学的。

战争是残酷的，对女同志来说就更加残酷。2月25日，我在沙窝镇接到来自宣化店的电报："吴芷英生小孩难产，病危。速回。"吴芷英原本隐蔽在西大山，快临产时，没有交通工具，只好骑着马，一路颠簸奔往宣化店，"羊水"完全流尽，造成难产，只好剖腹产。但结果是我和吴芷英所没有想到的。医生是从重庆大后方学校才来边区的，缺乏经验，在剖腹生产时，小孩就已经死了。在手术中，他更是连胎盘也忘记取出来，还把做手术时用的棉条缝在肚子里了。这样，吴芷英便接二连三地发高烧和伤口化脓，幸亏当时中原局组织部部长陈少敏知道了这个情况，下令从"善后救济总署"弄来大量的青霉素进行医治，才止住了高烧。吴芷英在宣化店外围的民间住了两个多月，经过这些痛苦的摧残与折磨，身体虚弱极了。

到了3月，中原军区的处境是极其危险的，已处于断粮阶段，完全没有米粮供应了。根据中央的有关指示精神，中原局和中原军区于3月16日决定：为了牵制敌人进攻华北、华东、东北解放区，准备将来寻机突围，立即复员两万人，保持部队主力机动性；严肃制度，节衣缩食，实行苦熬方针；运用各种方法分散一批干部，化装转移或就地隐蔽。

鉴于我和吴芷英的具体情况，中原局组织部决定我们化装突围。当时，组织部曾为我们制定了三个方案：第一是与吴芷英一道作为伤病员乘火车北上。组织部副部长张成台找我谈话，通知我到军区医院检查，结果没查出什么毛病，不够伤员条件，所以这个方案取消了。第二是就地隐蔽。已经确定就地隐蔽的职务和社会头衔——宣化店民教馆馆长。结果因为我鄂西北口音较重，在宣化店又没有任何熟人作掩护，所以这个方案也否定了。第三就是回襄樊或鄂西北。我在到鄂豫边区工作前，曾任均县地下党县委书记，后来国民党悬赏缉拿，才撤至竹沟，来到鄂豫边区，现回襄樊或鄂西北也恐难以立足。

我和吴芷英最后化装突围的方案，是当时组织部干部科科长须浩风一手筹划和安排的。须浩风的姐夫是位地下党员，当时在上海青浦任教员，而吴芷英是上海人，也曾在上海从事过地下党工作，所以决定我们先化装到上海，再转到其他解放区。方案确定以后，我们便刻制了假图章，并做了旗袍、长衫，打扮成新婚不久的学校教员模样，以"岳母病重，速回上海"的加急电报为理由，化装突围。由于口音差别，我与吴芷英商定，在到武汉之前，路途一切事宜由我出面应付，从武汉到上海沿途，则一切由她用上海口音处理。

5月初，我们从宣化店搬到了孝感王家店，做从花园乘火车回武汉的准备。在王家店，我们找到了当地乡政府，请他们设法送我们至花园。接待的同志看我们一身教师装扮，就问原来是干什么的。当得知我们在边区从事教育工作时，便夺口而出："那你们认不认识何汉亭？"我们喜出望外。何汉亭原是鄂豫边区育才学校的学生，毕业后还在学校负责一段后勤工作。吴芷英当时是育才学校的校长，与何汉亭十分熟悉。何汉亭是王家店乡政府的乡长，听说吴校长来到王家店，迅速赶来。何汉亭帮我们找来了一副轿子，并安排了两名农民党员做轿夫，把我们装扮成"新婚夫妻回娘家"的样子。吴芷英坐在轿子里，我背着花布包袱跟在轿后，路边的农家小孩围观鼓掌，"新媳妇回娘家啰！"我赶忙向孩子们发糖果。在路上遇到了广西军的哨卡，因为我和吴芷英都做过秘密工作，有些经验，我不慌不忙地走上前，递了一包烟，说了声："老总们辛苦了。"两位农民党员也上前说："我们就到附近亲戚家。"广西军二话没说就让我们过去了。

到了花园镇，两位农民党员直接把我们抬到花园车站内的一家小饭铺，那是地下党的联络点。在花园镇，我们只待了一个多小时，就由联络员（饭铺伙计）到火车站买了车票。他一直送我们上火车才离去，临走时还叮嘱"到家来信啊！"

"到家来信啊！"多么亲切的语言，多么真挚的感情，让我一辈子也难忘那送别的场面，让我一辈子明白一个道理，人民是我们的衣食父母，天下共产党员是一家人！

# 从武汉到上海

到武汉后，我们迅速找到曾在鄂豫边区洪山公学学习的黄群。他对我们分析：最近武汉各旅店都查得很紧，越是小店铺查得越紧，大店铺相反查得要松一些，也可能不查。因为国民党军队也知道，共产党人都很穷，一般是住不起大旅店的。另外，凡开大旅店的也都有一些社会背景。因此，他建议我们就住在他家开的中南大旅社。中南大旅社离武汉港码头较近，档次在当时算得上是一个中等偏上的旅店。

住下后，我们就试图找关系买船票。正在这时，旅社的茶房（服务员）进来问我们有什么要求，吃饭没有，很是热情，很是周到。我与他渐渐地聊开了，开始问这问那，其中包括年成如何，收成啥样，我还给了他5元"关金"小费（相当于当时10万法币），并委托他帮忙买两张船票，越快越好。结果，第二天我们就登上了去南京的轮船。

其实，那个茶房就是地下党员，他叫什么名字我已记不得了，但我一直在想念着他。因为后来他说了一句让我记一辈子的话。那是"文革"期间，各单位都在外调，当我单位外调人员找到那位"茶房"时，他说：当时我就知道他们是共产党员，别看他一副地主大少爷的打扮，但一开口就问我"年成如何？""收成怎样？"真的地主大少爷是不会问这些的。我知道是我们的同志，所以尽快帮助买到船票，安全送他们离开武汉。

同船的还有田坤和小周夫妇，当时我们并不认识，后来一起去苏北时才知道。他们也说在船上就断定我们是新四军，因为我和吴芷英都穿着毛边鞋，这是当时边区流行的。船到九江时，停留了几个小时，我们上岸，吴芷英把她母亲给的、她从上海带到鄂豫边区留着纪念的一枚珍贵的金戒指卖掉了。因为我们带的钱太少了。到南京后，我们换乘火车到了上海。

在上海，我们先住在吴芷英的妹妹家。吴芷英的妹夫叫邬烈荪，当时在上海警察局做抄抄写写的文书，思想也较开明，这使我们更放心，有警察局的工作人员作掩护，相对更安全些。他也知道我们是共产党员，只是不说而已。他在与我的交谈中，也流露出对国民党政府的不满，对国家前途的担忧。他说："看来蒋介石政府是非垮台不可，你看1927年军阀孙传芳在上海不是垮台了吗?"他还带我去过警察局，让我看看全上海的高楼大厦。站在警察局的楼顶，我想起两句古文："请看今日之域中，竟是谁家之天下。"邬烈苏悄悄地对我说："过不了多久，这儿就是你们的啦!"邬烈苏的父亲也较开明，他当时在上海洋行工作，一谈到国民党政府的腐败时就激动，说："想中央，盼中央，中央来了真遭殃。"

安排停顿后，我们就想如何尽快和组织联系。吴芷英首先找到了同父异母的二哥袁绮祥。因为他是中共地下党员，当时在上海银行工作，想通过他帮忙联系上海党组织。可是，由于形势紧张，袁绮祥所接触的组织已通知暂时中断联系，这条路走不通。吴芷英在上海关系很多，经过再三考虑，她决定去找高中时的数学老师陈圭如，陈老师把我们请到家，见到了她的丈夫胡曲园老师。他们当时都是复旦大学的教授。在高中时，吴芷英是一个积极的学生运动骨干，深得陈老师的信任。当得知吴芷英离开上海这些年的经历时，两位老师感到非常欣慰，陈圭如老师还送了一双半高跟鞋给吴芷英，并答应带她去见著名的民主人士罗叔章大姐。因为罗大姐与周恩来、邓颖超有密切联系。

经过商定，吴芷英与罗大姐在上海国泰大商店前见面，罗大姐指示吴芷英将化装突围的情况写个报告交给她，由她代我们送上去。3天后，邓颖超派秘书给我们送来了生活费，告诉我们3件事：一、听候统一安排，去苏北解放区；二、周恩来和邓大姐公开住址是上海马恩南路107号，但那里不能去，周边有特务监视；三、中原来的李实正在上海，代表中共参加由国民党、美国三方主办的"善后救济总署"，任秘书长，他和他的夫人可能来看你们。

李实在鄂豫边区长期任行署教育处处长，是我们的直接领导。听说我们来到上海，李实夫妇也很高兴。当天下午，我们就约好在一家咖啡店见面。这让我们如释重负，几个月来压在我们心里的一块大石头终于落了地，由组织护送回解放区有希望了。

接上组织关系后，我们给邬烈苏家买了一石米，从他家搬到陈圭如老师的老朋友蓝先生家，生活算是安定了。从此，我们就一方面等候邓大姐那里统一安排，一方面怕久等万一生变故，也开始找关系想办法：考虑如何尽快回解放区。首先，我们找到了须浩风的姐夫，可他告诉我，苏中已"六战六捷"，上海形势紧张，到解放区一时还不行，要等时间和机遇。接着，吴芷英又决定大胆走一步棋，那就是给她的同学，时任宋美龄秘书的冯光灌写信。在信中，吴芷英叙同学之谊、离别之情，告之想从南京乘飞机到北京等。没过多久，冯回了信，希望吴芷英告诉时间，她将到机场接送。

冯光灌是一个文静贤淑的女青年，一位了不起的女性，一位真正的共产党员。她一直没有结婚，长期隐蔽在蒋介石、宋美龄身边为党工作。1949 年，在蒋介石、宋美龄离开大陆飞往台湾时，她还一直陪到机场送行，等到正式上飞机时，却立即宣布不去台湾，与宋美龄和同去的国民党官员"Bye，bye"。至此，宋美龄才知道她是潜伏在身边的共产党人。

9 月初，李实通知我们，"善后救济总署"将有一批物资运送到苏北，我们可与中共方押送人员随行，到苏北解放区。

## 度尽劫波兄弟在

经李实的安排，我们从上海乘舰艇到苏北。由于我们的身份已公开，所以不能自由行动，必须待在舰艇上。在舰艇上，我们和田坤夫妇、彭绳吾、吴亚雄等从中原出来的同志相遇。国民党军队也派了七八个人在舰艇上。双方各占舰头和舰尾，互不讲话。但国民党人员气焰嚣张，十分放肆。他们在舰艇上又是打牌，又是搓麻将，大声喧哗，吵得我们无法休息。有一次，在餐厅吃饭，因为他们自己内部言语不和，大吵起来，在互相谩骂中竟有人指出其对方是共产党捣乱。我们的同志听了，实在忍无可忍，便指责他们为什么胡说。他们抵赖不承认，结果与他们闹了起来，直到舰艇上的大副出面调停，才平息下来。

在海上行驶了一天一夜，我们到达苏北陈家港（连云港以南）。这里已是解放区，属新四军的控制地，对我们来说是回到家了。由于舰艇要在陈家港靠岸，却不肯发出"允许靠岸"请求信号，港口的新四军发出警告，不经岸上我方批准，将视为侵犯我方主权，我方将开炮驱逐或轰击来舰。这一下吓坏了国民党人员，他们又是敬礼，又是作揖，央求我们向岸上的新四军说明，并立即申请批准靠岸，其前倨后恭的丑态暴露无遗。上岸后，我们乘汽车至淮阴县城。

在淮阴县城，我们过了中秋节（9月10日）。第二天，接到华中局组织部通知，要我们赶到淮安。在淮安，华中局组织部部长曾山接见了我们，告诉我们已接到中原局的来电，知道大家的情况，根据中央指示精神，大家将准备撤往山东和东北。还说粟裕率领华中解放军已取得了"六战六捷"的胜利，现正进行第七次战役，敌人已向我军布置的口袋蠢动，估计还有三四天时间，就可能打完这一战役。到时，你们就可以大摇大摆地从大路撤往山东了。

从淮安出发，我们雇了板车，女同志坐在车上，男同志跟随行走。经宝应、高邮、新安、郯城，到达临沂。在临沂，华东局组织部的负责同志，向我们传达了中央最新指示精神：中原突围出来的干部，原则上都去东北集合待命，如果到达东北时解放战争打得好，你们将留在东北分配工作；万一出现挫折，准备撤退至苏联学习。另外，山东战争也即将爆发，如果愿意留下，也可以留在山东打游击。这段时间，陆续来到临沂的还有赵家驹、逯刚夫妇，吴光治、高珞夫妇，汪心一、米琳夫妇和任泉生等同志。他们都是我在边区时的老领导、老同事。赵家驹还是我的老同学，1937年在武汉我们住湖北省立第一中学时就相识相知，经过抗战的磨炼，我们又在临沂相逢，真是感慨万千。正道是"度尽劫波兄弟在"。

我们经过商议，决定都去东北。华东局对我们特别照顾，也非常尊重我们的意见。不久，派一辆大卡车送我们，经莒县、诸城，到达烟台附近的滦家口。在车上，吴芷英遇到了在上海地下党工作时的一位同志，正要去青岛工作，从诸城下车，我们便托她带两封信到青岛发出，一封是吴芷英寄往上海的，一封是我寄往襄阳老家的。在过高密附近的胶济铁路时，我们遇到了紧急情况。当时国民党部队正从济南出发，向潍坊进军，进攻高密。飞机在低空盘旋，炮弹就落在县城公路附近，我们一车子人都很紧张。司机同志很了不起，他一方面叮嘱我们不要慌张；一方面沉着应战，开足马力，强行冲过了胶济铁路，闯过了高密，顺利到达莱阳城。

莱阳是个美丽的城市，那里盛产闻名遐迩的莱阳梨。当时正是梨子上市的时节，价格很便宜，我们买了很多梨，应该说那是我们一生中吃得最好的水果了。在开始买梨时，我们还闹了一个笑话。我们在挑梨时，专挑外表光滑的梨子。卖梨者一见就乐了，笑着问我们："你们都是从外地来的吧？你们挑的是阳梨，表面好看不好吃，皱皮巴巴的才是莱阳梨，味甜水分足。"真是人不可貌相，梨不可表相。

山东是一块英雄的土地，山东人民是英雄的人民。在山东，我们一路上看到许多大姑娘，后面扎着大辫子，推着一车车粮食在支前，也有骑着毛驴、唱着歌上前线的，还不时有人给我们送来熟鸡蛋。当我们住下时，许多老乡来看我们，因当时我们都穿军装，与我们亲亲热热地拉着手，问长问短，认为我们是从前线打仗回来的，亲如一家人。

我们在滦家口住了三四天，后经当地人民政府安排一艘大约五六百吨的小火轮，派一个警卫班和一挺轻机枪掩护我们夜渡渤海。在集合前，我们清点人数，从各方面集合准备去东北的干部共107人。当时，大家都笑了。说如果再增加1名，就真的成了水浒英雄一百单八将了。带队的领导交代：这次我们从长山岛偷越渤海口到安东（今丹东），只能选择在没有月亮，而且又可能有暴风雨的夜晚进行。因为这尽管危险，但比较安全，叮嘱大家把随身带的文件、组织介绍信等贵重物件集中放在一起，如遇紧急情况一律投入海内。

这是一次难忘的海上之旅，是一次生命潜能的搏击，是一次生与死的考验。当晚，海面刮着大风，小火轮离开港口，顷刻间就像浮萍一样在大海中漂泊，同志们大都被颠得晕头转向，不由自主地全呕吐起来，有的上吐下泻，动弹不得。107人当中只有我、逯刚等4人不晕船，我们只好跑上跑下，跑前跑后，一会儿照看大人，一会儿又帮助料理小孩。乘员都像害了一场大病。屋漏偏逢连夜雨，正当大家动弹不得时，突然发现敌舰，小火轮马上关掉发动机和全部灯光，任由船在海上自由漂荡，这样颠簸就更厉害了。同志们一个个屏住呼吸，连呕吐的声音也强压下去。大约过了半个小时，才知道是路过的敌舰，并没有发现我们。于是，船又开足马力前进。在天亮的时候，海水退潮，火轮搁浅了，我们才发现已到了朝鲜境地，离仁川只有几十海里了。

到安东，我们被安排在"毛泽东路"的安东招待所，大家正想好好休息一下，吃晚饭时，又接到通知，要马上转移。因为此时国民党军队已占领辽阳本溪，正准备进攻凤城，向安东进逼，所以我们在安东没过夜，就乘火车出发绕凤城到宽甸。

当时，江仲华大姐和彭涛等中原突围出来的同志已到了宽甸。江大姐任宽甸县委组织部部长，彭涛任安东省委组织部科长。在彭涛的安排下，安东省委组织部副部长黄凯、当地地委组织部部长吴学周（吴克苏）先后接见了我们。吴部长说："你们在中原打过游击，有战争的经验，我们这儿正需要像你们这样有军事经验的干部，希望你们留下来，就地坚持游击战争。"在宽甸，我们与彭绳吾、任泉生、赵家驹等分手了，他们都留下来就地分配工作。我与吴芷英、吴光治、高珞等商议，还是坚持按中央决定去"北满"。

从宽甸出发，我们经桓仁、辑安，然后到临江，一路沿鸭绿江边向北走。鸭绿江水清澈透底，碧波荡漾，两岸还不时传来朝鲜姑娘美妙动听的歌声，使人忘记了战争带来的疲乏。在去临江的路上，我们有幸遇上了肖华将军，他当时正指挥部队取得全歼敌第二十五师、活捉敌师长李大麻子（李正谊）的胜利。我们向肖华将军介绍了新四军第五师和中原突围等有关情况，他对我们非常客气，见我们十分疲劳，又穿着单薄，就命令后勤部门给我们每人发一套军大衣和棉鞋、棉帽。后来，我们又遇到了原新四军第七师政治部副主任周桓同志，谈起将去"北满"，周桓说："我们正准备用汽车押送俘虏到'北满'，你们就参加押送吧，这样过长白山要容易些。"这当然是我们求之不得的好事。

押送俘虏的车队由原新四军第七师的军法处处长带领，还有一个警卫排，俘虏中有敌二十五师师长李正谊及以下校官10余人。在车上，李正谊开始装熊，不吃不喝，哼哼唧唧。几天后，听说他情绪好一点了，我便找他谈话，想与之沟通，解决其思想问题。他跟我说："说老实话，开始我是很不服气的，我们第二十五师全副美式装备，解放军就几支破步枪，我们怎么就被打败了，我莫名其妙就当了俘虏，想不通。现在看来，国军是一定要败的，你们会取得天下的。因为我们走到哪里都是黑的，老百姓全躲着我们，不跟我们讲真话，也没有粮食吃，拖去拖来，疲劳极了。而你们走到哪里都能得到他们真心的拥护，说打就打，说走就走，这是民心所向，国军哪有不败之理！"到了图门，俘虏换由当地军区押送到东北军区，我们改乘火车赴哈尔滨。

"文革"时有一部电影叫《逆风千里》，讲的正是解放军押解国民党第二十五师师长李正谊爬长白山到"北满"的故事。影片中描写他从不低头，还耀武扬威与地方土匪保持联系，企图逃脱报复。这完全是虚构的。其实，李正谊开始怕我们枪毙他，就装熊称病。但到通化，当地统战部门出面宴请他，他才打消顾虑，慢慢改变了态度。我讲这个就是想说明，尽管电影是虚构的，但真实的故事更精彩，一方面反映解放战争的惨烈，另一方面也证明中国共产党的战略战术比国民党要高超一些。

到哈尔滨东北局报到那天，正好是1946年12月30日，大家都在高高兴兴迎新年。第二天林枫接见我们。他说："这几天战事很紧张，根据中央指示，新四军第五师来到东北的干部，可先到佳木斯集中待命，战役打得好，就地分配工作，如果暂不顺，送你们去苏联学习，将来再回国工作。背包要随时打好，听候安排。"1947年1月3日，东北局组织部李之琏接见我们。他说："敌人攻占松花江北岸，正准备倾全力解决北满，保卫临江的战役已打响，北满主力部队正准备南下松花江。北满解放区的形势已稳定，现在就分配你们工作吧。"后经组织安排，我任东北行政委员会粮食总局处长，吴芷英任粮食总局办公室主任，吴光治任东北民主联军驻绥芬河办事处秘书长，高墙任东北行政委员会经委办公室科长。从此，我们又开始了新的战斗。

1949年5月，我们又从东北南下支援全国解放战争，又回到了湖北。

原载《党史天地》2007年第1期，第27～31页。

# 我亲历的中原突围

◎ 刘及时

1946 年 6 月，蒋介石在召开政治协商会议期间，悍然撕毁停战协定，迅速调动军队对中原解放区形成包围圈。国民党调集 10 个整编师、25 个旅共 30 多万人，将成立不久的中原军区部队 6 万余人包围在以宣化店为中心、纵横不足百里的狭小区域内。国民党梦想制造第二个皖南事变，打算在中原解放区召开纪念"七一"大会前后将我们一网打尽，一举消灭中原地区革命武装力量。

在此之前，中原军区抓紧一切时间积蓄力量，时刻准备粉碎蒋介石发动的内战。中原三军从"中原会师"到"中原突围"的 6 个月就像是一场短跑中的冲刺阶段。

危急时刻，中原军区遵照中央军委"立即突围，愈快愈好""生存第一，胜利第一"的指示，为保存实力，争取主动，决定除留下一部分人员在当地坚持开展游击战争，牵制敌人，掩护主力行动之外，主力于 6 月底分路突围。

6 月 26 日，李先念、王树声、王震三军在隆隆的炮火中争取先机，有计划地开始实行震惊中外的"中原突围"。自此，解放战争全面展开。

中原三军在"中原突围"的战略转移实施过程中从国民党的包围圈里冲杀出来，经过一次次血与火的拼死搏斗，闯进国民党兵力空虚的地区。

当时中原军区主力先是一起越过平汉铁路，然后分南北两路突围。北路由李先念、王震率领 1 万多人分两翼向西，其中左翼由郑位三、李先念率领到达陕南后与陕南游击队会合，开辟豫鄂陕根据地，右翼由王震率领冲出重围，重返陕甘宁边区。

南路由王树声、刘昌毅率9000人在武当山地区建立鄂西北根据地。

皮定均率领一纵一旅的7000人负责掩护主力突围，他们在原地抗击三天后向东到了苏皖解放区。中原军区其他部队在战斗中虽伤亡惨重，但在被敌人打散后仍坚持在大别山打游击。

军区部队在这次突围中损失很大，除进入解放区的三五九旅、一纵一旅外，其他部队在解放战争中再也未能成为主力野战部队，原有的根据地缩小了很多。最令人心痛的是，在突围过程中牺牲了很多同志，特别是那些被国民党杀害的没能突围出去的伤病员，那种惨烈的状况让我永远忘不了。

当时我在鄂西北军区任侦查科科长，突围开始后我跟着王树声、刘昌毅从南一路向西。突围中我曾带一个连的同志奉命阻击敌人，随后与大部队失去联系。在后来一个多月的日子里，我带着剩下的二十几个同志凭着对革命事业的忠诚和必胜的信念，在敌人的包围圈里独立作战。途中多次遇到国民党军的围追堵截，我们采用毛主席游击战的战术跟敌人周旋。敌人多时我们能绕就绕，能躲就躲；敌人少时我们就想办法消灭他们，用缴获来的物资弹药补充、武装自己。突围时与国民党军和保安团交战过程中的一些经历令我至今难以忘怀。

## 打阻击的英烈

突围时我们经常正面遭遇敌人，一般情况下，敌人数量都比我们多，每到这时我们就得随机应变抽出一小部分人打阻击，掩护大部队撤退。虽然同志们都很清楚，打阻击十有八九意味着牺牲。但每当遭遇战发生，在大敌当前的危急时刻，命令一下，大家都是义无反顾地往前冲，没有人退却。

面对数倍于我们的国民党军队，我们只能昼伏夜行地躲开大路，翻山越岭走小路，一心想赶上西去的大部队。但因为处在敌人的重重包围圈中，一路上经常迎面撞上国民党军和保安团。

在敌强我弱的情况下，我们白天躲在山里的树丛中观察周围的情况，等到晚上再行动。那时下雨天是我们行动的好时机，大雨会及时冲刷掉我们行动时留在路上的痕迹，常常让在后边追踪的敌人失去目标。

突围路上，每到一个新地区，我就让同志们隐蔽好，然后带上通信员到前边看地形。有时还得冒险潜到附近的村里去找群众了解敌情，研究下一步的行动路线。

国民党部队当时靠美国人提供的精良武器装备"围剿"我们，他们很多部队都配有卡车，"追剿"我们的速度大大提高。

当时我们很多战士用的还是日本的步枪，又因长时间奔波，人困马乏，根本没有能力与敌人进行正面较量，只好边打边撤跑到一座山边，我让同志们分散上山。尾随过来的敌人开始还在后边追着我们打乱枪，等我们都躲进山后枪声就停了。为了摆脱这股敌人，我们很快翻越了这座大山。见天色已晚，我让大家下山后穿过土路，到对面的山上宿营休息。

没想到就在我们快到路边时，敌人竟突然出现在我们面前，看着远处隐藏在路边的美式卡车我们一下子明白了。

当时跑在前边的两个战士没来得及躲闪就被等候已久的敌人打倒了。我们见这阵势赶紧往回跑，大家分散躲进身边的灌木丛，藏在岩石后利用手里的武器抵抗敌人的攻击。

看着人数比我们多好几倍、火力也强很多的敌人，我当即大声命令拿机枪的二班长王常友带两个人顶在前面打阻击，掩护其他人迅速往后面的山上撤。好在这时天色已晚，周围的光线也暗了下来，我们借助灌木丛的遮挡撤到了半山腰的安全地带。摆脱敌人后我清点人数时发现王常友和那两个打阻击的战士没跟上来。他们为了掩护其他同志撤退跟敌人拼到最后，献出了宝贵的生命。

这次遭遇战让我感到深深的自责，特别痛心的是，因为我的一时疏忽让我们失去了5个好同志。最让我们伤心和愧疚的是，当时由于敌众我寡，敌人始终在我们后面穷追不舍，使得我们根本无法去掩埋王常友和其他同志的尸体，大家只好在黑夜的细雨中远远地向这些烈士默默地致哀。

这些牺牲的同志大多是从抗战时就参加革命队伍的老兵。在突围中，我们损失了很多像他们这样有战斗经验的同志。

# 机智脱险

突围时我们手里没有地图，在与大部队失去联系的日子里，我们只能白天躲起来观察地形，晚上估摸着向西行动。后来在战斗中我们从一个被打死的军官身上找到一张军用地图，于是我们凭借这张地图，按照上级事先部署的大方向一路向西，打算突围到武当山地区去打游击。

路上我们伏击了一个车队，抓到一个敌新十三旅的军官，缴获了一些国民党的军服、胶鞋和现钞。我们用这些钱从村民手里买了一些土豆和玉米，简单弄熟后充饥。

随后我叫大家脱下这些天一直裹在身上已变馊的军装，换上从敌人那里缴获的国民党军服。我们把脸洗干净，用老乡家的剪子剪了头发，然后装扮成国民党新十三旅的一个侦察小分队上了路。

记得7月中旬的一天，我们冒着大雨走了30多里路，在天黑前赶到了一个被敌人占据的叫王家集的村子，侦察后我们了解到村里有敌人的一个保安小队。

一般来说，保安队的战斗力比较弱，当时我们又急需补充弹药物资，所以我们认为应该打他个措手不及，消灭这伙敌人。

我们仍扮作国民党正规军，抓住村边的哨兵，从他那里弄清了村里保安队的情况，然后押着哨兵直奔村公所。哨兵是个被抓壮丁的穷人，路上主动向我们交代说今晚保安队要聚餐，为他们队长过生日。

路过村里打谷场时，我们看见几个在突围中被敌人抓住后杀害的伤病员尸体，还有因收藏这些伤病员被杀害的群众尸体，他们都被敌人用绳子吊在树上和一个临时搭起来的木架子上示众，反动派妄图用这种残忍的白色恐怖吓唬老百姓不再帮助共产党。我们看到这些气愤极了，恨不得马上就把眼前的敌人消灭掉。

当时保安队的晚餐还没开始，他们的小队长由两个班长和几个女人陪着，在村公所正守着一桌冒着热气的饭菜说着吉祥话。我们的突然出现让他们有些吃惊，但见我们是国民党军的打扮，以为是自己人，纷纷站起来准备跟我们寒暄。我们冲过去迅速缴了他们的枪，其他同志也急速冲进后院的两个厢房，解除了那里保安队的武装。

这一切进行得迅雷不及掩耳，直到战士们把俘虏押到院子里，那个队长还把我们当成国民党军，结结巴巴地一个劲儿地跟我解释说：长官，别误会，都是自己人，我们是县保安大队三分队的。

我跟他说，没误会，我们是解放军。我怕他没听懂，就解释说，就是过去的八路军。他听我这么说才瞪着眼睛不吭声了。

我让战士们把这几个保安队员绑了起来押到后面的厢房里。

大家忙着清点战利品，一班长李宏平走过来说，这回咱们还真吃着肥肉了，光机枪就3挺，还有1挺重机枪！子弹、手榴弹管饱！他贴近我说，西屋里有满满一屋的粮食！

我让同志们赶紧补充弹药，把身上的干粮袋都装满。然后让战士们分头去通告村里的老百姓赶紧到这里来分粮食。

这时大家才注意到桌上那些还没动过的饭菜，大盘子里又是鱼又是肉的，中间的盘子里还有一只鸡，桌上还摆着一罐刚开封的烧酒。有的战士气愤地说，这帮家伙吃得这么好，有多少都是从老百姓身上搜刮来的！有的说，这个恶贯满盈的队长杀了我们那么多人，该把他处理了，为那些死难的烈士报仇！

我让李宏平带个战士把这个杀害我军伤病员的保安队队长拉出去就地正法，又派几个战士找群众把打谷场上被敌人杀害的烈士们的遗体都掩埋了。

村边的瞭望哨急忙跑来说，敌人来了！是国民党的正规军，看上去大约有一个连。

这伙敌人来得突然，一个连的正规军我们眼下还打不过，于是我们迅速换上从保安队俘虏身上扒下来的衣服。

我从墙上摘下他们队长的外套穿在身上，留下几个战士看守厢房的俘虏，便带着其他人来到村边。敌人不敢贸然进村，在村边摆开了阵势。

我们也架上机枪准备战斗。我让李宏平大声问他们是干什么的。

当他们知道我们是保安队后就趾高气扬地喊话说他们是国民党军第十军的一个连，追击路过这个村子的"共匪"。

我们"毕恭毕敬"地把他们让进村公所，端茶递水招待他们。

他们连长一副盛气凌人的样子，在众人的簇拥下进了屋，一屁股坐在中间的椅子上，眯着眼，撇着嘴不吭声了。

副连长提着嗓子，大声喊着要我们赶紧给他们准备晚饭。

李宏平赔着笑脸跟他们连长说，刚有一股"共匪"从这儿跑过去，上峰命令我们必须跟踪追击消灭他们。

我也客气地跟那个连长说，你们刚到，辛苦了，先在屋里喝茶，我们一会儿就回来招待你们。

我们边说边做出急急忙忙赶着抓"共匪"的样子往外走，在敌人满腹狐疑的眼神下跑出了村子。好在这时已天黑，又下起了雨，我们二十几个装扮成保安队的同志趁着夜色在雨中向西北方向的大山跑去。

没走多远就听见村里响起了枪声，估计是敌人发现了那些被我们锁在厢房里的俘虏，知道上了当。我们一鼓作气跑了三四十里路，进到山里。大概是天黑又下着雨，敌人也就没追出来。

## 船工老陈

当我们突围到白河时，天上下着瓢泼大雨，河水暴涨。看着湍急的河水，我知道必须有船才能安全过河，可四周哪儿也找不到渡船。我让大家隐蔽好，自己带着李宏平连敲了几家门，总算打听到一个姓陈的船工家可能有渡船。

老陈开始因为看见我俩穿着国民党军的衣服就跟我们兜圈子，说自己的船被那些从这里路过的军队抢走了。我们不相信，就用国民党军的口气吓唬他，要他赶紧找船渡我们过河去抓"共匪"。

船工看上去很害怕，他哆嗦着苦着脸说："老总，真是没有船啊！"

这时他那缩在一旁的小儿子也吓得跑过来抱着他的腿大哭。因为一时弄不清楚他是不是我们的基本群众，周围又都是国民党军队，我们不愿轻易暴露自己的身份，就跟他僵持了很久。

李宏平忽然发现船工的床铺底下有我们中原军区部队路过时留下的一张欠条，上边写着曾借过船工陈家的土豆和玉米一共3斤半，落款是河南军区政治部小分队。

我们这才明白他是我们老区的基本群众。我们赶紧跟他解释说，我们也是八路军。

老陈不相信，依旧抱着他的小儿子低着头不吭声。我们跟他说了解放区的一些人和事，让他相信我们是八路军。后来李宏平还说到了新四军五师的几个老乡，没想到这时老陈忽然一下子激动起来，他流着泪告诉我们说，他的大儿子叫陈武升，就在五师，前几天跟着李司令突围，临行前还捎话回来说，他们一定要打回来的！

我们一边跟老陈道歉一边继续请他帮忙渡河。老陈什么话也没说，跑到屋外找来了船桨和竹篙，带着我们的战士从草丛里拖出来一个破旧的竹筏子，用这不起眼儿的东西把我们二十几个人分两次渡过了河。

我们走时老陈哭了，他嘱咐我们以后要是见到他的大儿子陈武升，一定跟他说要常给家里捎个信，报个平安，好让他们放心。老陈流着眼泪拉着我的手说："哪怕是带个口信也成啊！"

没想到我和老陈的道别成了永别，后来听一个和他同村的老乡说，老陈回村不久就被村里隐藏的内奸告密，被后面"追剿"我们的保安队和国民党军第十军抓起来杀害了，他那不满10岁的小儿子也被一起当作"通匪"家属给杀了。老陈的老婆当时带着女儿回娘家不在村里，侥幸逃过一劫。当时解放区像老陈这样帮助过我们而后来被敌人杀害的地方干部和群众不计其数，有时半个村子的革命群众都惨遭敌人杀害。

经过一个多月的浴血奋战，我们终于突出重围与大部队会合，继续在大别山地区跟敌人斗争，直至全国解放。

我们要向参加中原突围的将士们致敬，正是他们在突围中牵制了大量敌人，在战略上配合和支援了其他解放区军民的武装斗争。他们的英勇事迹和对人民解放事业的贡献，我们永远不会忘记。

（作者是抗战时期总参一局作战参谋）

原载《百年潮》2015 年第 4 期，第 62～65 页。

# 化装突围经历记

◎ 刘　勤

61 年前，中原突围。为保存干部，减轻突围的负担，中原局决定安排部分干部化装转移到其他解放区去，这项工作由中原局组织部具体负责。

在这之前，已有团、县以上干部 300 多人陆续成功地运用此法转移出去了，这回轮到我和我丈夫徐德。当时徐德在新四军中原军区江汉军区三分区司令部任作战科长。有一天，陈少敏大姐关切地问徐德："你们在白区有什么关系可以利用？"徐德回答："我们还没有可用上的关系，但作战参谋单新民的老母亲从河南来部队探亲，由于敌人封锁很紧还无法回老家。"陈大姐说："这个关系可以利用。"便立即找来单新民同志，单介绍说："敌人封锁严密，俺妈在部队待了几个月了没法回家。"由于时间紧迫，我们来不及向单新民的母亲说明，只好一边走一边做老人的思想工作。于是，我们在宣化店领取了一笔路费，换上便装后，就赶往宣化店以北的定远店，向组织部部长报到。组织部负责策划我们的突围路线、应对策略及装扮的合理身份。

我们三人的身份是这样安排的：徐德是河南人，河南口音，与单母以叔嫂相称。我与单母以母女相称。但我是湖北口音，编成因河南七年大旱把我嫁到湖北当童养媳，所以有了湖北口音。这样的组合必须单母认可才行。单新民同志给母亲耐心做了说服工作，又经大家做工作，老人才表态同意，即徐德是她小叔子，因为嫂子（单母）到湖北探亲，兵荒马乱的，小叔子不放心，由河南老家来接嫂子回家。这一段对付敌人的说辞单母和徐德都必须记牢。组织我们行动的同志还让我们夫妇在房间里自导自演了两天，把对付敌人的说辞背熟，交代了行动路线，并把行动路线写在小纸条上，叮嘱我们每走过一个封锁线就撕去一节，一旦遇到不测立即把纸条吞下，不能泄露我们的交通线，个人出了事绝不能连累组织。说心里话，要离开大部队第一次独自面对面与敌人较量，我们心里也没底，组织部的同志一再叮嘱我们：不论遇到什么情况，都要按照预定的方案对付敌人。我们也鼓励自己，只要不怕牺牲，勇敢机智地与敌人舌战就能闯过去。

经过两天的精心准备，在6月的一天，我们俩护着缠着小脚的单母就上路了。我们离开定远店向光山县敌人重点封锁的防线走去。单新民的姑父家就在光山县附近。单姑父是地下党员，我们的老交通，他每天到信阳市卖豆腐，路很熟。到单姑父家已是深夜，为了掩护我，单姑妈剪下一缕长发给我的短发做成一个假发髻。当时国民党的保甲制度很严，为了不连累单姑父一家，我们决定不休息，连夜摸黑赶路。路上下起大雨，我们互相搀扶着冒雨在泥泞中艰难前行，趁着蒙蒙的晨雾，单姑父带着我们钻入一条隐蔽的小路，绕过了敌人重兵把守的第一道哨卡。闯过这道哨卡，我们的胆子也壮了起来。单姑父给我们指明去信阳方向的路，与我们默默地摆摆手就消失在大雾中。我们三人继续向西北方向敌人重兵把守的第二道封锁线——信阳走去。

当时的信阳，形势严峻，行人稀少，敌人必定会严加盘查，我们做好了与敌人面对面地较量的思想准备。临近信阳哨卡，只见两个敌哨兵端着上了刺刀的步枪对行人一一严加盘问。我们互相鼓励着，要按照预先准备的方案对付敌人。徐德陪着单母，我走在他们"叔嫂"的前头，敌人端着刺刀指向我们，喝问："去哪儿?"我答："回娘家，娘家在正阳县袁寨单楼，这是我娘，这是我舅，兵荒马乱的他们不放心，到湖北接我回娘家。"我大胆地答着话。毕竟没经历过这种阵势，单母被气势汹汹的敌人、明晃晃的刺刀吓得两腿直发抖。徐德机警地避开敌人的目光，佯装胆怯。这时敌人一边用刺刀逼着我们，一边喝道："把包袱打开!"为了掩护单母，我大胆地对敌哨兵说："老乡，你也有爹妈，吓唬老太太干吗? 老人家没出过远门，害怕……"我一句接一句，不让对方插嘴，敌人还不放过我们，又搜我们的身，又来回地翻包袱。他们没有发现什么可疑的东西，只得放我们过了哨卡，我们又闯过了一关。其实，临行前组织部利用缴获的敌军通行证，给我们开的通往敌军一三七师的证明就藏在单母的小脚心儿里，万幸敌人没有发现。我们不动声色，装着急赶路扶着单母顶着烈日向东北方向的正阳县走去，晚上就到了袁寨单楼——单新民同志的老家。

一进单家门，本打算好好休息一下，可是单新民同志的媳妇见老母亲让两个陌生人亲热地搀扶着，顿时生了疑心，一个劲地追问。尽管我们长途跋涉又饿又累，还是担心发生意外，只休息了几小时，就决定尽快上路。我们给老人家留下了一点儿钱，告别了这一路用生命掩护我们的单母，就匆匆离开了单家。

按原计划由单新民同志的叔叔送我们从单楼到涡河。但一上路就遇到卖菜的问单家叔叔："他们是你什么人？"他便吓得吞吞吐吐面色紧张，我们怕他走漏风声，只好让他回去。我们俩混在赶集的人流中按照既定的涡河走去。涡河是敌人最后一道封锁线。一路上，我们为了规避闲人没有住店，就在村边的麦场歇息，天不亮就动身出发。

临近涡河，环境渐渐好起来，我换了件好一些的衣服，装扮成国民党一三七师某部连长张少武的太太，徐德扮成张少武的哥哥，专门送我去探望正在徐州火车站当差的张少武。原藏在单妈妈小脚里的敌军一三七师通行证这时起了关键作用。我提的布包里装着给丈夫做的鞋。走到敌人哨卡已是中午时分，哨兵问："你们去哪儿？"我说："去徐州火车站一三七师探望我丈夫张少武，兵荒马乱的，张少武的哥哥专门来送我。""你们为什么不走大路，坐火车去？"我答道："家穷，没钱。"这时被哨兵称为鲍连副的人走过来，搜查我们的东西，见我们除了给张少武捎的鞋及衣物，没有什么东西。我看快中午吃饭了，就把证明信送到鲍连副面前说："鲍连长，你要是不信，就打电话与一三七师联系，我们路上出了事你可得负责，你们可得管我们吃住啊。"可是敌人很警觉，既不给我们饭吃，也不放人。我们与敌人磨嘴皮子，磨到下午2点多，徐德在一旁说："要不你自己走，我也不送你了。"当时周围时时有枪响，鲍连副有些紧张，他再次看看我手里盖着大印的国民党军一三七师的通行证明，动了恻隐之心，见我老乡长老乡短地死缠，这家伙真把我当成了国民党军的家属，就护送我们通过哨卡，并对我们说："昨天晚上还和新四军打来着呢，这里很危险，前面的大村子里就有新四军，你们得绕道过去。"听了他的"忠告"，我们心中暗喜："本来只知道我军大概方位，不明确具体的接洽地点，这下可找到自己的部队了。"我们离开哨卡，先按鲍连副指的方向走，混入行人堆里，边走边打听，怎么到那个村子。走了一段路后，我们就绕着向鲍连副指的那个大村子走去。刚接近村子，就有四位身着新四军灰色军服的人，从隐蔽处迎上来问："你们从哪里来？"我立即答道："从新四军五师来。"他们说："赶快走，我们是来接你们的，上级说有人来。"

见到自己的同志，一直悬着的心一下子放松了。一路危险、艰辛都化为无以言表的兴奋，终于闯过来了，突出了重围，我们胜利了。感谢党组织的周密安排，感谢单妈妈一家在危难时的深明大义，与我们患难与共，战胜敌人。我们只有努力工作，以战斗的实际行动来报答上级党组织的关怀和爱护，来报答恩重如山的父老乡亲。

我们在四师休整了两天，在四师同志的带领下，从涡河行军到了邯郸新四军接待站。在这里我们与许多原五师的老首长、老战友会师了。大家由衷地庆贺这次胜利突围。

（五师分会供稿　徐新民　整理）

原载北京新四军暨华中抗日根据地研究会编：《铁流12——纪念新四军成立70周年会议论文集》，2007年，第382～387页。

# 中原突围纪实

◎ 王定烈

　　1945 年 8 月日本投降后，国民党军围攻我豫中，无奈我从豫中突围，转战嵖岈山，参加桐柏战役。此后，改编为中原军区第一纵队二旅四团，我任团长，杨勤（劲）任政委。

　　1946 年 6 月，在得悉敌军准备发动进攻，妄图一举歼灭我中原部队的消息后，上级决定在 26 日分三路突围。一纵队为西南路，王树声司令员令我四团担任后卫，掩护全纵队转移。三天，行程近 200 里。28 日到达大悟山的汪洋店以东 10 余里处宿营。29 日凌晨，突然接到纵队命令，要四团变为前卫，务必于黄昏前赶到王家店，为全纵队突围杀开一条血路。驻地距王家店还有 80 余里，部队本已相当疲劳，正值暑热，气温异常地高，有 70 多人中暑晕倒。下午 5 点钟，抵达离王家店以东 30 多里的垄家畈。接纵队命令：“待命。”令我和杨劲政委立刻到纵队司令部去。首长介绍部队态势：全纵队近万人摆在离铁路以东 30 多里的地方，暴露在敌人面前，人员密集，机关庞大，真要等到天亮后敌人从地面、空中一齐打来，后果不堪设想。为了保卫纵队的安全，我们按王司令员的指示：“火速赶回驻地，分头抢占附近的有利地形，控制制高点，做好防御战斗准备。”当三营冲向垄家畈西北的大米山山顶展开的时候，敌人一八五旅也从西南拼命抢占这个山头。八连抢先一步登上山顶，将从对面冲上来的敌人压下山去。在山头的西南，敌人迅速增加到两个团之众，并集中猛烈的炮火轰击。八连 20 多名干部战士当场牺牲。敌人抢占了山头。八连连长周泉在负伤的情况下，又向山头发起攻击。激战一夜一天，周泉壮烈牺牲，高地还是被战士们夺回。四团拼死在各个制高点与敌人搏杀，用鲜血和生命保卫全纵队的安全，60多人牺牲，100多人负伤。

黄昏，纵队主力才开始向铁路方向运动，晚8点多钟，我团才撤出战斗，跟进再变为后卫。天快亮了，我团还未到达铁路线。这时，南北两侧之敌突然夹击过来，后面的追兵也堵上来。情况万分危急！我、杨劲、常志义参谋长当即各带一路部队向北、向南顶着，相互交替掩护，边走边打。一来不让敌人合围住我团，二来给前面大部队争取更多的时间，确保安全。

到了7月1日上午8点后，发生了意外情况：纵队直属队五团第三营二旅直属队的一部，还有十五旅的部队集结在离王家店只有四五里的地方，敌人的迫击炮不断向我军停留地域轰击，人喧马叫，伤亡严重。我立即跑步赶到纵队司令部，王司令员一见我，忙问："定烈同志，你们团还有多少人？"我说："昨天阵亡60多人。""那就好。"我问："司令员，怎么不冲过铁路线？"他说："昨晚二旅六团全部、五团大部已冲过铁路西面去。二旅直属队掉队走错了方向，在小河溪敌人据点附近被打散，带队的参谋主任也失踪了，五团三营因掩护旅直也未过去。"

形势已到了万分紧急的时刻！二纵队已越过平汉路。三旅方向情况不明，一纵大部队已成为突围部队的最后一部分。机关庞大，兵力单薄，而且极度疲劳，已处于孤立无援的境地。这时，敌人三十团第二营及野战炮营第二连乘铁甲列车从广水赶到了王家店。王家店以东磨山上的炮兵向我集结部队轰击，敌整编第十一师从孝感方向赶来增援，3架敌机也俯冲扫射，打开的突破口被重新合拢，第一纵队机关及十五旅部队被交叉火力压制在丘陵和田畈地区。

在这千钧一发的时刻，王树声司令员号召指战员："不惜一切代价，坚决摧毁敌碉堡，冲过铁路就是胜利！"命令我团做前锋发起攻击，为部队突围杀开一条血路，四团第一营交给我指挥。由杨劲、常志义率二营、三营和五团三营分两路平行向王家店以南突击敌人防线。我带一营向花园方向卡住铁路，并令一连副连长陈世谦负责保护王树声司令员过铁路。

当敌人发现我军突围时，便猛烈扫射。四连连长胡金星等多人负伤。三营营长冀述礼带领部队猛冲下山岗，摧毁敌人3座碉堡，歼灭敌军2个排，打开了突破口。

大部队分多路从约 1 千米的这个突破口地段横越铁路，就在此刻，敌机临空轰炸扫射，部队又有点乱了。汉口来援之敌第十八师已乘铁甲列车打来。我和杨劲大吃一惊，急忙顶上去，这时一个副排长想往后撤。我呼喊着："向后撤，这是什么时候！"我朝天连开三枪，稳住了部队，和杨劲亲自带上这股队伍又冲了上去！同志们拼命抵抗，又有几十名勇士阵亡。一直顶到纵队主力全部过完，才撤出战斗。我团是最后一支突破敌人封锁线的部队。

7 月 1 日当晚，赶到赵家棚宿营，纵队又令我团改为前卫。发现敌滇军的一个旅当天已抵安陆，有堵我军西渡之势。时值天降大雨河水暴涨，在大邦店附近抢渡涢水，没有船，只好采取集体泅渡。7 月 9 日下午 5 点左右，王司令员亲自来到团部对我说："有紧急任务给你团，今晚你们要赶到汉江内流水沟（属宜城县），把江上的船只搞到手，部队能不能渡过汉水就在此一举！"

部队已到了极度疲劳的地步，可我二话没说，从这儿到汉江边的流水沟约有100 里，又是心急火燎地连夜急行军。7 月 10 日上午 9 点钟抵达流水沟，总共搞到 5 条船，大的能装二三十人，小的能装七八人。当天下午开始渡河，速度之慢令人着急。

"同志们，现在到了最关键的时刻，我们要不惜任何代价抢渡过去，为大部队争取时间。船装重武器，人、马集体泅渡。"我大声喊着。全团各连排毅然臂挽臂跳进洪流，到达西岸，后面上万人的队伍，由于船实在太小、太少，过江过得很慢。天一亮，敌机就不断临空轰炸扫射，人马密集，伤亡惨重，船被炸沉 2 只，直到夜幕降临时，还有不少部队在江东岸过不来。后尾三旅已无法再渡，只好沿江北撤。13 日，四团主力集中在快活铺以北，同敌十六旅激战，整整打了一天。我团为掩护纵队前进，又转为后卫。

7 月 21 日晨，我团奉命再度转为前卫，当到达石花街西南的苍峪沟时，突遭国民党军第五五四团的疯狂阻击。在这十分危急的情况下，王树声司令员遂立即发出命令：张才千指挥第四团、第五团和第十五旅的第四十四团，坚决拿下黑山口。一声令下，担任主攻任务的我团指战员不顾疲劳，在第五团、第四十四团的配合下，激战一昼，终于在黄昏前攻占了黑山口。与此同时，第七团在第九团的配合下，先后攻下石花街外围的各主要制高点，西进的道路已经打通。石花街战斗，共毙伤国民党军 300 余人，缴获电台 2 部、机枪 3 挺、步枪数十支、山炮 4 门、迫击炮 1 门、战马 10 匹、子弹 5 箱。7 月 24 日，中央军委来电祝贺："庆祝你们粉碎敌一个团又六个连的大胜利。"

四团从老山出发到停止西进经历了 37 个日日夜夜，行程 1000 多里。前后担任五次后卫，五次前锋。付出了总伤亡 300 余人，另因痢疾等疾病掉队者 400 余人的巨大代价，但在战斗中没有损失一个建制班排，较好地落实了中央"生存第一，胜利第一"的指示，粉碎了蒋介石一举消灭中原解放军的图谋。

（五师分会　供稿）

原载北京新四军暨华中抗日根据地研究会编：《铁流 12——纪念新四军成立 70 周年会议论文集》，2007 年，第 388～393 页。

# 忆中原突围

◎ 马兆祥

1945年日寇投降后，蒋介石企图独吞抗战的胜利果实，玩弄假和谈真内战的阴谋诡计，一方面邀请以毛泽东主席为首的中共代表团赴重庆和谈，另一方面速调其反动军队，加强美械装备，向我解放区大举包围，发动蚕食和进攻。国民党首先令其30余万嫡系主力部队包围侵占了我中原解放区的50余县，将我中原军区李先念、王树声、王震部团团包围在鄂东宣化店小小的一块地区达半年之久，妄图一举歼灭之。

在十分险恶的形势下，1946年春，毛泽东主席、党中央、中央军委毅然做出决策，"生存第一，胜利第一"，令中原军区部队即速实行突围。此时，董必武、周恩来同志先后亲临宣化店，代表党中央同中原局和军属领导人共同研究部署具体突围的计划（行动方向和时间），争取突围的主动，越快越好。

我军在突围前的两个月，首先通过统战渠道和各种关系护送1000余名伤病员，乘平汉铁路火车转移到我华北解放区。随后，部队进行了精简、整编和训练，做到了兵强马壮、武器精良。每个指战员摩拳擦掌，只等一声令下，立刻投入突围战斗。

1946年6月24日和25日，中原局、中原军区司令部和所属各单位部门及警卫通信部队，自上而下进行了战备检查和动员，战士们擦亮枪支，后勤部门对公文、行李、骡马鞍架等都做了处理，战斗部队进行了战前编队。中原局常委、组织部部长陈少敏同志亲自率领秘书长顾大椿、各部部长和科长，以及参谋人员张成台、夏农台、吴祖贻和马兆祥、李其祥等同志对机关部队进行了严密的检查和检阅。

1946年6月26日，夜幕降临，我中原中央局、中原军区司令部和直属队伍共1000余健儿，首先清扫了所住营房和街道，向老乡们道歉和告别，部队步伐整齐地离开了宣化店，从容地行军40里，在二郎店宿营。第二天早饭后，部队集合在一块平地上，首先看到李先念司令员站在一个较高的田埂上。全体官兵肃静，李先念司令员以最洪亮的声音讲话："同志们！我们艰苦奋斗，流血牺牲，抗日战争胜利了，国民党蒋介石反动派不仅夺取了我们抗战胜利的果实，还调动30多万嫡系大军将我6万主力团团包围了半年之久，企图一举消灭我军，还要活捉我。同志们，你们看怎么办呢？"全体指战员一致高呼："打出去！要生存！求解放！"我军愤恨蒋匪军的声音和怒气震撼了整个山谷。顿时，全体指战员增加了无限的勇气和力量。李司令员最后说："同志们，好！我们同心同德，飞快地出师吧！"

1946年6月底，我中原中央局、中原军区司令部带领直属机关、警卫部队和主力部队第二纵队，到达平汉铁路火车站魏家店、广水花园沿线以东的山谷之间隐蔽。晚上，我指挥首脑机关和直属部队按次序分成四路梯队，横跨平汉铁路。约12点钟，前面的炊事员走错了路，耽误了后续部队一个多小时。这时，半山腰传来我军司令员吹的联络号声，队伍中一位指挥员高呼："同志们！我是周志坚（二纵队副司令员兼十三旅旅长），快向我这边走！"同志们听到后，感到十分亲切，认准了方向，很快上了轨道。东方露出了鱼肚白，天已拂晓。太阳出来时，看到我成千上万的指战员打了一夜仗，太辛苦疲劳了，满山遍野地躺在地上呼呼大睡。中午12点钟时，敌人携带大批轻、重武器赶到，刚向我军射击，倾盆大雨便从天而降，掩护了我军。我指挥机关和主力部队迅速占领平靖关居高临下，敌人只有望山兴叹，无能为力。下午，雨过天晴，漫山遍野的树木、花草，景象十分美好。黄昏时，我军下山，沿桐柏山脚，经应山、随县、桐柏、枣阳、邓县、新野，抢渡了唐河、白河，敌人大军已被我们甩在后面较远，沿途地方反动民团武装有的被我们一网打尽，有的望风而逃。

7月中旬的一天中午，我中直机关部队到达河南淅川县大石桥，正在做饭和休息时，陈少敏同志带着一个警卫班来找我们，召集张成台、韩东山、张文津、吴祖贻、李其祥、马兆祥等6人开了个短会。陈少敏同志首先关心地问明我们的主要情况，然后迅速传达了中原局常委和军区领导的命令。为了我军更好地行军和作战，将司、政、供卫、部署机关干部和警卫团组建为干部旅（对外番号为十四旅），由韩东山同志任旅长，张成台同志任政治委员，张文津同志任副旅长兼参谋长，吴祖贻同志任政治部主任，李其祥、马兆祥同志作旅领导协理。除警卫团不变外，机关直属队和干部队及勤杂人员编成两个团，番号为四十一团和四十二团。团长、政委、参谋长和主任人选，军区领导初步提了个名，最后由旅领导定夺。干部旅要紧随三五九旅，在中原军区王震副司令员兼参谋长的统一指挥下行军和作战。

下午1点，我们部队出发，继续前进。我们几位旅领导人分别到下面去，利用行军和休息时传达了上级的决定和指示，并组建团、营、连、排、班。团级领导是上级指定的，营以下领导人有的是民主选举的，有的是自告奋勇担当的。如夏农台和邓少荣原是部长级知识分子，自告奋勇地担任了营长，在最困难的环境条件下关怀、照顾战友们，为同志们服务。

当天下午山洪暴发，丹江洪水暴涨。强渡丹江是件大事，为了同敌人争先后，我干部旅男女老少3000余人手牵手，互助互爱地强渡了丹江。有的女同志体弱又不通水性，牵着骡马尾巴也渡过了丹江。下午太阳西下，红霞辉映在江面上，情景格外美丽。

当天晚上9时，三五九旅按预定计划攻克河南淅川县城，攻城云梯已架好，对指战员已作了动员，但突然接到党中央、中央军委急电：蒋介石令胡宗南部主力师从西安向西荆公路运兵，抢占秦岭山和荆紫关，企图阻拦我军前进，妄图一举歼灭我军。在这紧要关头，我军放弃夺取淅川县城，以整夜急行军，抢占荆紫关。

7月14日拂晓时，我军刚到达荆紫关的山脚下，蒋、胡匪军已先我军抢占了秦岭山和荆紫关的要地。在这千钧一发之际，在王震副司令员的亲自指挥下，三五九旅为主攻，我干部旅密切配合，猛打，猛攻，猛追，英勇奋战两天两夜，终于杀开一条血路。我军拿下了荆紫关，冲进了秦岭山区，通过了山阳、商县、柞水，敌我双方伤亡惨重，但我军取得了战役性的胜利，打乱了敌人的部署，使敌人惊慌失措。

8月份，王震副司令员率三五九旅和干部旅部分同志长驱直入，冲出秦岭山，威胁西安，经过陇东南，打回陕甘宁边区，回到党中央所在地延安。随后，李先念司令员率主力进入陕南，接到党中央、中央军委和毛主席的指示命令，我军在陕南和鄂西北、湘鄂地区创建革命根据地，坚持对敌斗争，配合全国各个解放区和兄弟部队进行战斗，迎来了全国解放战争的伟大胜利。

原载《铁军雄风——纪念新四军建军 60 周年学术讨论会论文集》，长江文艺出版社，1997 年，第 597 ～ 600 页。

# 文工团中原突围记

◎ 舒铁民

揭开解放战争序幕的中原突围，已是 70 多年前的事了。

当年中原军区政治部文工团随军突围的历史鲜有人提及。岁月悠悠，战友大多离世，当年仅 17 岁的我现在也已耄耋之年，现将印象较深的一些亲身经历写下来，以作为一种历史记录和纪念。

## "停战三人小组"视察

1945 年（全民族）抗日战争胜利后，根据中共中央指示，新四军五师、八路军河南军区部队和三五九旅南下支队于 11 月上旬合并组成中原军区，李先念任司令员，王震任副司令员兼参谋长，下辖野战军和地方部队 6 万余人。

中原军区政治部文工团于 1946 年 2 月组建，全团六七十人，除我们原新四军五师文工团成员、三五九旅南下支队的"鲁艺"师生外，大多是抗战胜利前后响应党的号召从国统区投奔解放区的知识青年，其中不少是重庆国立戏剧专科学校（简称"剧专"，中央戏剧学院的前身之一）和陶行知创办的育才学校的学生，可谓人才济济。

李先念、王震等军区领导对这些"墨水瓶"（王震对知识分子的谐称）格外重视。王震空闲时常来团里聊天，请大家抽烟，还考问大家认不认得陕北鄜县的

"郿"字。

中原军区成立后，国民党蒋介石即调遣 30 万大军，将我军重重包围在以湖北大悟县宣化店为中心、方圆不足百里的狭窄区域，并实行经济封锁，内战一触即发。在我方的要求下，5 月初，"停战三人小组"的我方代表周恩来，会同国民党代表王天鸣、美方马歇尔的代表白鲁（罗）德，连同中外记者 60 余人，从武汉前来中原解放区首府宣化店，调查是否有违反停战协定的情况。

在欢迎中外记者的晚会上，出现了有趣的一幕。台上的我方翻译竟然是一位高鼻梁的外国人，讲得一口流利的标准汉语。在为一位香港籍记者翻译之前，他大声说道："今晚，我感到很荣幸，一位中国人对自己的同胞讲话，要我这个美国人来做翻译。"这个开场白引起了场内的一片笑声。

后来才知道，这位美国人叫西德尼·里滕伯格（Sidney Rittenberg），因喜爱中国文化，便以其姓的谐音取了个中文名字"李敦白"。不久前，他以联合国善后救济总署驻华办事处观察员身份来到中原解放区。这段经历对他影响至深，后来他去了延安，加入了中国共产党，战后留在了中国，两次入狱，一生坎坷而传奇。

三方代表离开宣化店后，就中原地区停止武装冲突签订了《汉口协议》。根据协议，中原军区的伤病员得以合法地从武汉乘火车转移至华北解放区。为准备突围转移，部队进行了精简，一些中、高级干部化装转移至其他解放区，体弱、年幼人员就地疏散。

6 月 23 日，党中央致电中原军区："同意立即突围，愈快愈好，不要有任何顾虑。生存第一，胜利第一。"

6 月 26 日凌晨，我军获悉国民党军已从三个方向直扑宣化店，将在 7 月 1 日发动总攻，拟在 48 小时之内全歼我中原主力部队。当天深夜，文工团奉命紧急集合，跟随李先念、王震所率领的约 1.5 万人的突围部队北路军，静悄悄地离开了宣化店，走上突围之路。由此，拉开了三年解放战争的序幕。

## 大提琴的命运

一夜急行军，向西走了六七十里。走在自己防区，人们尚不知前路的艰险。文工团虽经过轻装，仍留下一些难以舍弃的演出"家当"，如幕布、服装、乐器和灯光器材等，或用马驮，或请民夫用扁担挑，已成为队伍的累赘。

两天后的下午，部队聚集在一个山谷中，席地而坐。神情严峻的李先念司令员和王震副司令员站在一块巨石上，向部队进行了战前动员。王震举起拳头高声问："蒋介石要消灭我们，你们答应吗？""不答应！""你们有信心突出重围吗？""有！"回声震荡着山谷，气氛紧张起来。随后，所有非战斗单位就地再度进行轻装。文工团的"家当"全部被抛弃在荒郊。

这时，有人和监督员发生了争执，那是文工团音乐组组长李季达。只见他像保护孩子一样双手护着一把大提琴，坚决不肯扔掉。就个人装备而言，李季达的轻装是团内最为彻底的，连换洗衣物都轻装了，但眼前这把他亲自绘图、选料、带领木工制作的大提琴，也是边区多年来唯一的大提琴，他执意要留下来。监督人员说："你现在不扔，到前面的检查站也通不过。"李季达喊道："我要找王震同志讲理！"

果然，当队伍走到检查站时，检查人员勒令扔掉这个"庞然大物"。李季达一气之下跑到司令部，竟然真的拿来了王震将军亲笔签发的大提琴放行令。

可惜，后来环境日益恶化，这把大提琴还是被扔进了一条不知名的河流之中。李季达无奈地望着他的"宠儿"孤零零漂流而去。

西向突围的第一道封锁线是平汉铁路。我军为快速突破此防线，决定将大队人马一分为二，从左、右两翼同时通过。文工团跟随王震的左翼部队。

6月30日午夜，我们急行军来到河南李家寨附近泥泞的田间小路上。在距离铁路约四五里的地方，队伍开始跑步前进。在伸手不见五指的夜晚，只能看到前面战友手臂上的一个白点，那是为防止夜间掉队而统一系上的白色毛巾。

平汉铁路的两侧都是水稻田，接近铁路时，大家加速奔跑。突然，枪声大作，据点内的敌人发现我军穿越铁路，开始疯狂射击，铁路线上巡逻的装甲车也射来炮弹。指战员们全力还击掩护我们，大家散开队形，冲上路基，跨过铁轨，跃入稻田，三三两两、跌跌撞撞地冲出了敌人的火力封锁网。文工团清点人数，没有人员伤亡。

7月初，我们进入豫西南平原。豫西南多河流，有唐河、白河、丹江等，属汉水流域。我们在敌机频繁的扫射之下，有惊无险地渡过了唐、白两河，冒着滂沱大雨来到丹江。

一到江边，大家都怔住了。因连日暴雨引发了山洪，平常可以徒涉的河道，如今让人望而却步。文工团决定将男女混编，手挽手组成七八条人链，涉水过江。

人链在江中被波浪和漩涡冲击得左右摇摆，有时一个大浪拍打过来，人链被击断，眼看有人要沉入水中，大家喊着"不能松手！不能松手！"又齐心合力接上链条。我个头矮小，行至江心，洪水淹及头部，身体漂浮起来，喝了几口浑浊的水，幸有前后战友相托。文工团战友全部安全过江。

## 鲍鱼岭突围

鄂、豫、陕交界处的荆紫关，是通往陕西的咽喉，山势险要。

左翼部队原计划从此出关，向陕甘宁边区靠拢，但已知我军意向的刘峙、胡宗南部依靠其机械化速度抢先赶到了荆紫关。7月中旬的一个夜晚，我军被敌军包围在荆紫关以南、郧西县东北的鲍鱼岭上。

天亮后，只见王震将军在山顶用望远镜观察着四周。我向山下望去，隐约可见穿黄色军装的国民党军。敌人没有马上进攻，只是向山顶发射迫击炮弹。我们随着炮弹的落向，不断地改换隐蔽的地点。

我军必须在敌军完成部署发起进攻之前突出包围。王震指挥部队迅速出击，战斗异常激烈。文工团随三五九旅旅直机关一起向山下冲去，周围山石重叠，没有道路，大家跌倒了又爬起来继续前进，在枪林弹雨中突出了敌军的包围圈。但左、右两翼部队未能按计划在荆紫关会合。

为避开强敌，左翼部队在王震的率领下进入陕南地区。我们日夜行军于荒山野岭之中，方向无定，逢山翻山，逢水过水，可谓走不完的路、爬不完的山、蹚不完的水。

在一次夜行军中，我忽然看见前面的战友海啸离开了队伍，独自向左前方走去，我将他拉了回来，他喃喃地说："唉，我睡着了。"由于日夜行军，缺少睡眠，大家不仅习惯于坐着睡、站着睡，还能边走边打瞌睡。加之敌人采用当年我军对付日寇的"坚壁清野"策略，我军所到之处荒无人烟，也找不到食物，为疲劳和饥饿所困，文工团开始减员。

7月16日这天，我们急行军在一条漫长的山谷之中，谷底是一条弯曲无尽的小河，只有一条小路从中穿过，当地人称之为"七十二道脚不干"。起初，每走到河边，大家都脱鞋而过，但队伍行进的速度很快，一脱一穿，就会跟不上队伍。后来，大家只好穿鞋蹚水，沙石积在鞋内，一些同志的脚磨烂了，不得不离开队伍。

路边的玉米大多被前卫部队摘食，所剩无几，文工团跟随旅直机关行军在后面，饥渴时只能去嚼玉米秆。王震知道后，立即让我们随前卫部队行军，以解决食物问题。次日，文工团随部队先行出发，穿梭于崇山峻岭之中。

那一天，从早到晚都在爬山。以为前面的山是最后一座，当气喘吁吁爬至山腰时，只见山顶后面又冒出来一座。就这样一座接一座，一座比一座高，一连翻过了11个山头。部队的行进速度很快，文工团员纷纷掉队。

傍晚，随军到达宿营地的只有我和海啸等几个人，所幸当天没有敌情，掉队的人或被后卫部队收容，或陆续到达宿营地。我们虽然没有饿肚子，但跟不上队伍的步伐，会拖累有战斗任务在身的前卫部队。于是，第二天清晨文工团又返回旅直机关行军。


## 苦中作乐


每当我们在穷山僻野中行军一段时间后，指挥员就会带领部队走出山沟，打下一个由地方武装镇守的乡镇，让饥饿、疲倦不堪的战士们能稍事休整，补充营养。

7月30日，部队占领了陕西柞水县红岩寺镇。我们住在一户人去楼空的大院子里，倒下便睡。领导发下话来，文工团今晚可以自行宰猪一头，但是不能让猪叫，以免惊动四周。

于行前等几个身强力壮的小伙子自愿牺牲睡眠去完成任务。他们找来绳索、刺刀和斧头，来到猪圈。看准目标后，一拥而上，将一头肥猪按倒在地，迅速以绳索将猪嘴和四肢捆绑起来，用刺刀将其开膛破肚，分解成若干小块，清洗后放入锅中煮，准备第二天全团饱餐一顿。

次日拂晓，忽听镇外枪炮声大作。我们从酣睡中惊醒，来不及整队就跑出镇外。原来是被赶跑的地方武装又组织力量从山上打了回来。战斗结束后，我们未返回镇上。一锅久违的冒着扑鼻香气的炖肉，便犒劳了打退敌人的警卫战士们。

在上午的行军途中，前方突然传来敌情。我们停留在一道堤坎边。只见头戴草帽、脚穿草鞋的王震将军疾步赶往前面，看见我们坐在路旁，关照我们要隐蔽好。不久就听到激烈的枪声。枪声过后，传说王震亲自指挥了战斗，活捉了一个国民党军官，缴了他的枪。王震问他："你服不服？不服的话，警卫员，把枪还给他，老子跟他再打一次！"警卫员把枪递过去，国民党军官不敢接枪，不停地点头说："我服！我服！"

突围中，人们苦中作乐，数李季达的趣事最多。

文工团音乐组组长李季达是随三五九旅从延安南下的，曾是"鲁艺"的音乐老师，一个常被邀请参加党内会议的党外人士。他一口标准的四川话，讲起话来似放机关枪，行起军来速度很快。爬山时，我们走"一"字，他走"之"字，说这样不累。

他多才多艺，不仅能演奏多种乐器，还能制作乐器。在边区物资极其匮乏的情况下，他带领木工制作了小提琴、中提琴、大提琴、板胡、扬琴、木琴及半音竹笛等一批中西乐器。

李季达没有行李，晚上睡觉时脱下身上那件自己设计的长筒型夹袍，解开衣扣张开来便是一床夹被，再将左右两只裤腿上的系带解开（未像通常那样缝死），使上、下系带相连，两条裤腿又变成了一只睡袋。

每晚宿营后，我们都以稻草铺地相挨而睡。某天早上，与李季达相邻睡觉的人开玩笑地说："李季达，昨天夜晚，你身上的'革命虫'（队伍里对虱子的戏称）都爬到我身上了！"他不假思索地说："哦哦，对不起，对不起，以后不会了！以后不会了！"大家疑惑不解。

第二天夜晚宿营后，只见他不声不响地在自己铺位两边用稻草垒起了两座高高的草垛，然后一本正经地对邻铺的人说："我计算了一下，在一个晚上，我身上的'革命虫'是爬不过这座高山的，你们可以放心睡觉。"惹得众人哈哈大笑。

和李季达在一起，不仅增长知识，也有无穷的乐趣。遗憾的是，他不久也掉队了。

# 最后的冲刺

8月初，根据中央指示，队伍停止西进，就地在陕南分散打游击，以牵制蒋介石向其他解放区投放兵力。

王震将军本想将文工团带到延安，但由于处境日益险恶，为避免不必要的损失，他召集大家说："这次突围很艰苦，你们的表现很好，经受了革命的考验，这一段历史，将来我会为你们证明的。以后的日子会更艰苦，你们走不动时，可以自行离队，无论走到哪里，我相信你们都是革命的种子，一定会生根发芽、开花结果的。"随后，给大家分发了离队时必需的路费和便服。

部队向西至宁陕一带游击活动。文工团掉队的人日益增多，经常是清晨出发见一面，傍晚露宿不见人。

一次，通过敌人在制高点上以机枪封锁的地段时，文工团支部书记胡代伟被击中，生死不明。随后文工团团长徐苓、陆滨夫妇掉队被俘。

国民党唯恐我军在当地立足，调动9个旅对我军日夜追堵。中央决定三五九旅离开宁陕，返回陕甘宁边区。

部队继续西进，在秦岭丛山中寻道直奔川陕公路，抵达了秦岭南麓的华阳镇。华阳为千年古镇，坐落于傥骆古道（"蜀道难，难于上青天"即指此地）的幽谷老林之中。

胡宗南部觉察到我军欲夺路前往陕甘宁边区，派兵穷追不舍。我军连续数天翻越了数百里的荒山野岭，于8月19日突破被封锁的川陕公路，又一鼓作气抢渡渭河，越过陇海铁路，进入渭水平原。此时，文工团已减员至不足10人。

这里已接近陕甘宁边区。田间的玉米秆上已悬挂了王震将军用红笔写下的命令："注意三大纪律八项注意，秋毫无犯！"面对眼前一片绿油油的玉米地，大家虽然饥肠辘辘，却没一个人去掰玉米充饥。

忍着饥饿，大家冒着瓢泼大雨，于28日抵达胡宗南重兵设防的最后防线——西兰公路附近。彭德怀将军派来部队牵制增援之敌，接应三五九旅。

王震作了最后的战斗动员："同志们！这是最后一天了，边区的兄弟部队就在前面迎接我们，我们一定要坚决打过去！"说罢，他身先士卒，亲自率领八团，集中全部机枪和弹药，向正面的敌军猛攻。我大队人马冲过公路，渡过泾河，于8月29日在甘肃宁县地区与接应的部队胜利会师。

## 小长征

9月5日，队伍来到陕甘宁边区的庆阳，受到当地群众的热烈欢迎。他们送来了全羊、瓜果、蔬菜、烟酒以及全新的服装、被褥。部队休整后，面貌焕然一新。

离开庆阳后，又经过11天的行军，队伍轻松愉快地穿行在秋高气爽的黄土高原上。两个月来，大家第一次放声高歌唱起了陕北的"信天游"。

9月27日，部队抵达延安。中共中央在杨家岭大礼堂召开了欢迎大会，毛泽东在讲话中高度赞扬了三五九旅不怕困难、不怕牺牲的精神，突破了数十万大军的围追堵截，胜利返回延安。

根据湖北省编撰的《中原突围史》记载，中原突围历时63天，途经豫、鄂、甘、陕4省，行程5000余里，浴血战斗90余次。其艰苦境况，李先念司令员曾电告中央："自通过豫西南平原，进入豫鄂陕山地后，主客观的各种情况即进入严重阶段，部队困苦之况，不亚于红军长征后一阶段。"故人们将中原突围称为"小长征"。

突围中，文工团的同志大都掉队了，随军走到延安的只有海啸、李吟谱、王燎荧、杜利、傅思有和我6人。从大后方来的"墨水瓶"都未能走到延安。后来得知，突围中受伤的指导员胡代伟回到了根据地。因掉队被俘的重庆剧专生陆滨女士在襄樊（今襄阳）老河口监狱被敌人杀害。其他掉队的同志，或投奔李先念将军的右翼军，参与开辟陕南根据地；或辗转到全国其他解放区。如王震将军所言，他们是革命的种子，无论走到哪里，都会生根发芽、开花结果。

新中国成立后，文工团的战友们大多在各地从事文艺工作，其中一些同志走上了领导岗位。

李季达在陕南掉队后，又去找到了李先念的右翼军。新中国成立后，他在北京电影制片厂作曲组工作，曾为电影《智取华山》等影片作曲配乐。当时我在北京人民艺术剧院（即北京人艺的前身），因李季达在边区曾制作过扬琴，我还就我国扬琴如何借鉴欧洲扬琴能演奏半音、转调等问题向他求教过。

李季达是音乐界两位"科学怪人"之一（另一位是合肥张氏四姐妹之弟张定和）。在北京家里，他为自己设计了一个方便书架，约六七层，呈圆柱状，可转动，他将常用的书籍乐谱摆在上面，置于座椅边，随手可取。他的作品也"科学化"，复杂而难演奏，也不太动听。由于他工作专心致志，行事风格特殊，日常又不修边幅，故成家也晚。后来，他被调往长春电影制片厂，我们从此失去了联系。

（作者为中国音乐家协会会员、国家一级作曲家）

原载《协商论坛》2017 第 10 期，第 51 ～ 54 页。

# 皖山依旧展红旗

◎ 张有道

1946 年 10 月，经中共中央华中分局的批准，皖西大队改编为皖西支队，下辖 3 个大队，我任二大队大队长。这时敌人加紧了对皖西区的"清剿"。我们采取敌进我进的战术，在皖西地区开展游击斗争。下面是皖西支队游击斗争的几个片断回忆。

## 夜袭三桥镇

1946 年 12 月间，我们队伍驻扎在潜山县源潭乡小路口的沈家老屋。一天晚上，我们向岭头乡天明保转移，走到张家大屋遇到天明保保长。他一把抓着我的手说："我的小老子，你们怎么还在这里？从桐城青草塥来了一个团的广西军，正在向这里包围呢！"我立即召集干部们分析情况，讨论向哪里转移，保长插嘴说："向公路南边转移好，你们不能进山。现在广西军已有一个营往大佛山上埋伏了，还有一部分正从东南边往这里来，你们快走吧！"

过去遇敌一打，我们就往山里退。敌人掌握了我们的活动规律，企图从山上出其不意地兜击我们。这一次我们偏不往山上退，而是悄悄地转移到公路南边，在三妙乡的徐家老屋住下来。到拂晓忽听杨四房方向枪声大作，原来是敌人自己互相打起来了。我们就到徐家老屋背后的小山头上看热闹，战士们高兴得跳了起来。

这一次敌人扑了空,不甘心,就赖在那里不走了。这可得想办法,把他们引出我们的游击根据地。我和干部们讨论,大家认为只有用敌进我进的办法,到敌人后方去活动,才能把敌人引出山外,保护山里安全。思想统一后,部队吃过早饭就向南行动了。

我们到了怀宁县的竹林窝,从几个小贩那里了解到三桥镇驻有敌怀宁县自卫队一个中队,"县太爷"正给他母亲做七十大寿,请了两个戏班子唱赛台戏。我们决定打他一个袭击战。晚饭后,部队便斗志昂扬地快速前进。

在离三桥还有三四里路时,部队暂停前进。在明月当空的夜里,除听到前面时有时无的锣鼓声外,别无动静。找到三个老乡问明情况后,我们就把部队分成两路,一路由华品山带到戏场去打,另一路由副大队长刘长胜带领到祠堂里去打,张海游击队随我在街头指挥位置,准备支援。副排长万金海一马当先,左手提着步枪,右手握着手榴弹,到祠堂门外 30 米处,随手将手榴弹扔了过去,炸倒了哨兵。万金海立即端着枪冲进祠堂。祠堂内的敌人中队长听到爆炸声赶忙跑到大门口,咋呼道:"哪个打手榴弹了?""我!"万副排长说时迟,那时快,一扣枪机让他做了糊涂鬼。战士们直冲到第三进,才看到有十几个敌人,便用枪逼住,缴了他们的械。另外一边,我们四连一排赶到戏场,只见五六盏汽灯照得黑夜如同白昼,看戏的群众在万人以上。大约有一个营的敌人坐在台前看戏,三面围着无数的群众,考虑到群众的安全,稍一迟疑,被敌人的哨兵发现先开了枪。我们的机枪班长就端起机枪对台前敌人猛烈扫射起来。群众一听到枪响,四面乱跑,唱戏的演员来不及卸装就跳下后台。

这时,戏台上所有的汽灯都被打灭,坐在台前看戏的一营敌军也被群众冲散,各自乱跑。有一个敌兵向我这边跑来,我开始以为是我们的通信员,就喊:"我在这里,你快来!"他果然跑到我面前,一看不是自己人,我举枪对着他:"不准动!"他掉头就跑,被我一枪击中,就再也爬不起来了。我捡起他的枪一看,嗬,还是一支德国造的新枪哩!

枪声仍在不断地响,人群仍在纷纷乱跑,整个戏场乱得一团糟。我立即命令吹号集合,经检查缴长短枪 36 支,只有四连一个战士的腿被打伤,整个战斗只进行了半个小时。撤出战斗后,战士们情绪很高,兴奋得睡不着觉,表演着各自在战场上的威风和敌人的丑态,有的学着唱戏的穿花衣戴花帽从台上往下跳的动作。这天夜里，好不容易才使战士们安静下来。

第二天，侦察员回来报告：为母亲做寿的人是宿松县的县长程超群。在武装方面，除本地一个中队外，又从石牌请来一个营保护他。这个营被冲散以后，尚未完全集中起来。县长有4个警卫，被当场打死2个，县长弟弟及中队长也被打死。

三桥这一仗打响后，周围几十里到处都传闻新四军来了成千上万人，差点儿逮住宿松县县长，吓得"进剿"源潭、槎水的广西军掉头就跑。这样，我们又顺利地回到游击根据地。

## 会师大佛寺

1947年3月下旬，我们二大队驻扎于槎水乡大佛寺，接到支队领导来信说："据可靠消息，霍山、岳西交界处来了我们部队。我们已经派了刘健民同志带侦察班去找，如找到就带到二大队地区。请你们派人注意到北边与他们联系，望做好吃住及情报等工作。若到了你们地区，请立即派人来告诉我们，由你们规定会合地点，我们即去与他们会合。"

我们得知这个好消息，情绪立即沸腾起来，一面派华品山带一个班向逆水坂、魏岭方向去联系；一面派侦察员分头到桐城、潜山县城方向侦察，布置警戒情报工作。同时派人准备粮食和住处，忙得不亦乐乎。次日上午接到华品山来信，说已与鄂西北军区刘昌毅部联系上了，暂住龙潭河。我考虑龙潭河是万丈深谷之地，地形不利，一方面立即派人送信，请他们把部队转移到槎水乡仰家享堂一带，下午我去与他们会合；另一方面写信报告支队领导，约定总会合地点在大佛寺。

下午4点，我到了仰家享堂，早已站在村口等我的华品山将我带进一幢三进的大房子里，一进门看到一个身穿国民党校官制服的大个子。他问华品山："大队长来了没有？"华用手指着我说："这就是大队长。"大个子看了我一下，惊喜地说："哦！你就是张大队长啊！"随即伸出双手握住我的手，"你们辛苦了！"我也紧紧握住他的手不放。他把我拉进一间房子，一进门就喊："张大队长来了！"我一看屋里坐满了人，先站起来与我握手的是一位身穿国民党校官草黄色制服、个子中上的首长。他那突出的高额头，一双明亮的眼睛给我留下深刻的印象。我坐下后，发现在座的人都奇怪地盯着我，接着那位首长又盘问我的来历。我觉得我脸上正在发烧，心里有些难受。心想，与他们会合，本来是件欢欢喜喜的事，怎么成了这种场面呢？我打量了一下自己，才发现原来毛病出在自己身上。当时，我因布置情报工作，化了装，外面套上一件黑色长衫，头戴礼帽，脚穿皮鞋，手拄文明棍，一副士绅模样。为了消除他们对我的怀疑，我干脆把我的历史从头到尾介绍给他们，并将七师北撤，我们留下坚持，与张伟群、杨震等游击队会合，后来又有二师、五师部队来到大别山，以及我两次到五师地区联系等情况向他们作了汇报。我又向四周看了看，发现他们个个脸上都露出了笑容。

这时给我让座的人首先指着高额头的首长说："这是鄂西北军区副司令员刘昌毅同志。"接着依次介绍了胥治中、张力雄、汪乃贵、梁诚等同志，他指着带我进来的这位首长说，这位是胡鹏飞同志，又自我介绍说，他是原七团政委何德庆。接着，刘副司令员介绍了他们转战的大致情况。因为刘昌毅司令员是一位勇将，国民党扬言：刘昌毅来投降给他军长当，捉住刘昌毅奖赏多少黄金，打死刘昌毅赏多少现洋……国民党反动军队，大概都想得奖赏吧，所以一直在刘部后面纠缠，到了安徽立煌、霍山境内，刘部打了三次漂亮的伏击战。其中在吊桥岩，当刘昌毅布置好埋伏圈时，跟在后面的保安团还边说边笑，有的吊着驴嗓唱着"一马离了西凉界……"他们哪知道离了西凉界，却是进了埋伏圈，这吊桥岩成了他们的奈何桥、望乡台，给他们"伴奏"的是暴烈的手榴弹、火力强大的机关枪，四面八方炸得山响。处于深山峡谷的保安团被打得鼠窜狼奔，乱成一团，一个个跪在地上举手投降，收缴的重武器太多，只得就地销毁。说到这刘昌毅不无惋惜地说："当时不知你们离得这么近，要知道你们就在这里的话，我们把这些重机枪、迫击炮带来给你们多好！你看，我们身上穿的校、尉官军服都是从敌人那里缴来的啊！要不然，我们还穿着破棉袄哩。"刘昌毅同志告诉我，他们就是靠这身衣服才发现皖西有我们部队。在黄尾河附近，当地的国民党保、甲长以为他们是"国军"，便都来告共产党新四军的状，使他们一下就找到了皖西支队的队伍。

此时，气温已开始回升，战士们仍然穿着破旧棉衣，更没有衣服换洗，刘昌毅同志问我们能否搞些钱和布，我做出肯定回答。第二天我带他们来到马家畈大佛寺一带住下。我回到大队部同刘长胜副大队长研究后，共同商定叫军需陈良玉将1500

万块法币给他们送去，还抬去几头猪，挑了几十担大米和蔬菜前去慰问。刘副司令员表扬说："你们这种大公无私的共产主义风格是值得我们学习的。"

下午，桂林栖、张伟群、钟大湖等同志带一部分队伍来到大佛寺会合。当即，由桂林栖政委主持，开了一个盛大的欢迎会。桂林栖政委热情洋溢地说："同志们辛苦了！我代表大别山党组织和全体指战员，热烈欢迎你们胜利到来！你们到达大别山后，不顾辛苦疲劳，英勇顽强，连续打了几个胜仗，为此对你们表示热烈的欢迎和亲切的慰问！我们与你们这次会师，大家都欢天喜地，如过节一样，可我们的敌人却害怕得很，因为我们在敌人的心脏中插进一把钢刀，我们比钢刀胜一百倍。"桂林栖政委还讲了全国各大战场的形势，要我们认识到革命道路虽然曲折，但前途无限光明，今后两支兄弟部队并肩战斗。最后，刘副司令员也讲了话，他感谢皖西工委和皖西支队的热情接待和支持，号召从鄂西北来到大别山的全体同志，要安下心来，向原坚持大别山斗争的同志们学习，同心协力，团结奋斗，为早日创建好大别山根据地而贡献力量。

刘部来时名声、目标都很大，为了使他们很快地安全休整，我们建议他们部队分散，跟我们各个大队一起行动以减小目标，迷惑敌人。这个意见提出后，刘副司令员谦虚地说："好，到你们这里来，听你们安排好了。"当时便决定分散。孔、梁大队到三大队地区和王平发（即杨震）一起在潜山、舒城、霍山等地活动；刘副司令员带着干部队伍和桂林栖、钟大湖、张伟群到潜山后冲一带，胡鹏飞、何德庆也去了，但他们两人领导的大队即胡何大队暂由李文忠营长、王家惠教导员、石磊科长等带领，与我们二大队一起往潜山、岳西、太湖等县交界处活动。

## 大闹潜、太、岳

1947年8月初，刘昌毅、桂林栖、胡鹏飞、何德庆、钟大湖都到了槎水乡西保的徐老屋、储家老屋等地，并集中了三个大队，即胡何大队和皖西支队一、二大队以及手枪队，约800人。领导们研究决定，今后一段时间在潜、太、岳三县转战，寻机消灭区乡土顽，打击外来敌人，巩固根据地，扩大游击区，要闹得敌人不得安宁。

在槎水乡住到第三天的上午11点，有许多群众送来情报说："广西佬一个团从青草塥正向龙井关赶来。"这时有的同志主张与敌人打一仗,多数领导同志认为打也是一场消耗战,不合算,就决定转移地区。可是我们二大队已与敌人打起来了。桂林栖同志就命令我二大队掩护,其他部队向西撤走。在讨论下一步行动方向时,我想趁这次兵力集中的机会首先把我们二大队活动区域的土顽扫荡一下,扩大政治影响,便向刘、桂等领导同志要求先向南行动。领导同意我的要求,就决定张国平带张海游击队留在万山(天柱山)以东地区坚持游击战,其他部队由刘、桂、钟率领向南前进。

部队在牌楼驻下后决定打黄泥岗,敌人总兵力近一个营。为了使领导便于了解情况,我用手指头沾口水在桌子上画图,引起大家哄堂大笑说:"张有道真滑稽,从来还没见过沾口水画图的。"我把情况汇报后,大家一讨论,决定当晚就去打,分工:皖西支队一大队打碉楼,胡何大队打仓库,我们二大队对地形熟,负责打敌援兵。

晚上10点钟我们到达黄泥岗,首先切断一切电话线,扒掉通往潜山县的石桥。一大队跑步将碉楼围住,用机枪、手榴弹猛打。敌人在碉楼里喊:"不要打了,我们缴枪!"他们把枪一捆一捆从碉楼上往下放,而后举着双手走出来。为了震慑守祠堂仓库的广西军,将碉楼放火烧着,火光冲天,照亮整个黄泥镇。

仓库这边战斗激烈。敌人在祠堂前面用麻袋装大米筑起墙工事顽抗,一时攻不下,天又快亮了,估计敌人援兵快到,有人提议撤走,我坚决要求打。这时意见不一致,争持不下。刘昌毅把拐棍往地下一戳,就地坐下,说:"要走你们走,不打下我是不走的了!"大家看到刘副司令员决心这么大,都横下心,集中力量坚决打。我们发现祠堂后面无窗无门,只有一片小竹园,无敌看守。因此在祠堂前发起猛烈攻击,把敌人注意力引向正面,同时派一个班秘密地转到祠堂后面,把墙挖开一个洞。这个班带一挺机枪,轻巧地进了祠堂,看到敌人正爬在工事上顽抗,就用机枪、手榴弹从敌人屁股后面猛揍起来。敌人发现我军已攻进祠堂,惊慌失措,四散奔逃。这时天已亮了,有一部分敌人逃到河边,正遇到我二大队迎头痛击,打死打伤十几人。这一仗共消灭敌人200多人,缴100多支枪,还有1挺轻机枪。到岳西后,决定去打五河区政府和各乡公所。当时,我们分工:胡何大队打敌区政府两个碉楼,我们二大队打区政府边上乡公所的两个碉楼。经过两个小时激战,碉楼全被攻破,活捉敌兵30多人，内有1名乡长，缴长短枪40余支。我们又通过政策攻心的办法，收缴了乡保武装。沙村乡乡长刘道的老婆韩淑德，当年曾在苏区做过妇女工作。我们对韩谈话进行教育，她同意回去叫刘道来投降。果然，3天后刘道就带着乡公所的二十几名乡警携枪来投降了。

从攻打黄泥岗开始，到刘邓大军南下，我们二大队同胡何大队配合战斗10余次，打掉敌人几十个区乡公所，不仅巩固了根据地，使潜、太、岳边界的几十个乡连成一片，而且大大扩大了游击区。

原载陈忠贞主编：《皖西革命回忆录》第三部《解放战争时期》，安徽人民出版社，1991年，第13～21页。

# 杨新之圩脱险记

◎ 董完白

    1946 年 3 月以后，我作为中共寿六合霍工委和县政府的领导成员，和同志们一起在寿东南坚持游击斗争。1947 年 5 月间，我因长期露宿在外，患了疟疾，体质虚弱，需要休养，就带了通信员黄传忠到广岩村统战对象杨新之家小住。

    杨家是高刘集西北面的大地主，祖父是前清武举，他本人是读书人，也好弄枪使棒，甩枪能打飞禽走兽，为人胆大正直讲义气，常有怀才不遇之患，对国民党的腐败无能大为不满，对我党也有一定认识。他常向人说："我的前途寄希望于东方（指皖东北抗日民主根据地）。"在和工委同志的几次谈话中，他都明显赞成共产党的主张，同我们建立了密切联系。

    为了保护好这个关系户，这次一到杨家，我就叫黄传忠到外地了解情况，不让他知道杨新之和我们的深层关系，以防泄密。因为黄传忠本来是游击队中队队长魏阳春的通信员。魏阳春以我年高体弱需要照顾为名派他来跟着我。

    以前，杨新之三番五次要求参加共产党，由于条件尚不成熟，故未答应。这次前来小住，他认为机不可失，再次请求参加，我们已对他进行长期考察，加之其态度真诚，我答应加以考虑，但要做到三点：一要戒去鸦片烟，二要不怕吃苦耐劳，三要不怕抄家。这三条他全答应了，我便陪他戒烟。每天早晨天未亮，我就起床烧水泡茶，自斟自饮，捧着茶壶在村前转悠，其实也是借此机会，观察村前村后的动静。

    杨新之圩是孤庄独圩。四面是水沟，南北两条路通向外面，设有闸门。杨家房屋是四合头式的中间院子，东南和西北两拐角是炮楼，坐在室内能看圩外景物。

这天清晨，我正和杨新之一起喝茶，面向北窗坐着的杨新之突然低声说："敌人来了！"我转头面向窗外，果然见到几个穿军服的人，猫着腰端着枪从窗下走去。我不假思索，马上跑进东边的炮楼隐在门后，将盒子枪顶上火，静观事态的发展。这时，4个敌兵已穿过厅堂闯入内室，堆着笑脸向假装正在看墙上字画的杨新之发问："哪位是杨老先生？"

"我就是。各位有何贵干？"杨转过身子，不冷不热地问。

"不敢，不敢，听说你家来个老县长。杨老先生，你放心，这不与你相干的。"狡猾的敌人低头哈腰故意为他解脱。

杨新之把脸一沉："民不与官交，我家哪来的什么县长？"

杨的话声未落，黄传忠猛地从外面闪了进来，满脸自得走到杨前，奸笑一声说："杨先生，你还记得我吗？我前天从高刘集跟老县长一道来的，你还送我一包香烟哩！"

杨板着脸说："你们都是扛枪弄棒的，想来就来，想去就去。我哪敢问，我又认得谁？"

黄又纠缠着说："那，和我一起来的那个人呢？"

杨毫无表情地答："你走了，他也走了。"

黄传忠脸上浮起了失望之色，但还赖着不走，贼眼滴溜溜乱转。

我在炮楼门后暗处听了他们的谈话，心里一惊："黄传忠叛变了！"当时真恨不得一枪把他打死。但转而一想，我现在一定要冷静，趁还未暴露，我要想办法尽早脱身。我无心再听他们谈话，心想时间一长，就难免搜查，于是就走到炮楼通厨房的小门边，看到杨家雇工高四正自焦急（他的弟弟高五在我们队伍里扛机枪，我对他曾做过工作）。我轻轻地拍拍墙，高四闻声凑了过来。我指着厨房对面的门低声说："你快到门外看看圩沟外有没有人把守。"高四望了望，立即回来说："没有，一个人都没有。"我便叫他站在西门口遮着院子里的敌人，我悄悄地穿过厨房，快步跨过圩沟埂来到块洼地里隐藏起来，这才嘘了一口气。

这时，皮旅东进时因伤掉队而被我寿三区干部收容、隐蔽在杨新之家西北角炮楼上的4个新四军伤员，见到半里之遥的韩桥下埋伏了一排兵，其中有几个已进了村庄，处境危急，所以决定冲出去。平日为了安全，炮楼门被杨新之锁着。一时不能打开，他们就将长枪从窗口丢下，用绑腿接起来从炮楼上缒下来，溜到洼地里与我会合。

4个战士的伤已基本痊愈，他们催我快走。我说："不行，杨新之还在里面，他身上有一支二把盒子枪，敌人发现就有危险。我们一定要看个究竟，如果他被带走，我们就打他个埋伏，把杨新之救下来。这里地形好，敌人不易发现，我们有5支枪，旷野之间易于周旋，怕他什么！"他们都赞成我的意见。

我们埋伏等候了3个小时之久，才看到杨新之后面跟着个便衣向洪小店方向走去。我以为那个便衣一定是叛徒黄传忠，不禁怒火中烧，决心除掉他。我叫4个战士拉开距离，我从侧面逼近准备动手。这时远远望见杨新之一个劲儿地向我摇头示意，于是我便满腹狐疑地绕到街后等候杨新之。不久杨即匆匆找来，虽才半日，竟如隔世。

原来，我脱险后，高四料我走远就转身到杨新之、黄传忠面前边抹桌子边说："走了，走了，真的走了！"像是自语又像是为杨新之作证。杨领悟了他的话意，胆子顿时大了起来。黄传忠还继续纠缠。杨新之为了稳住敌人，便于我行动，一面推说实在不认识什么老县长，一面又假意殷勤说："诸位来了，就是朋友一场。既然是朋友，到这里说了半天话，烟茶还没招待，实在怠慢。我家有酒有菜，我们先喝一盅，边吃边讲老实话。"

一提酒菜，当兵的心就痒起来了，可他们还是催着杨新之讲清楚来人的去向，他们哭丧着脸说："要不，我们交不了差呀！""老县长也好，'那个人'也好，确实是走了。如若不信就请你们马上搜查！不过，他还丢下这么大的一支小马枪，吃过饭后，我给你们拿来。"于是命人端上酒菜，分宾主坐下痛饮起来。几个小兵黄酒一灌，酒足饭饱，连声道谢，接着要取枪走路。

杨新之借着吃酒的时间，早打好了主意。他故作忧虑地回答说："马枪当然是有，就在××郢子里藏着。不过新老四诡计多端，我们这么多人去，目标太大，不如我陪黄先生去取，诸位在此等候。"

4个敌兵同意了，心想跑掉和尚跑不掉庙。但黄传忠心里有鬼不敢去，推说遇到熟人不好，就将自己穿的便服换给个敌兵，让杨新之和那个小兵去取枪，自己和另 3 个人在杨新之家等候好消息，以便向敌人请功领赏。

杨新之领着那小兵到洪小店，买了一包纸烟给他，说："你是生人，我是熟人。到那里拿枪如果顺利，大家没话说；如果出了乱子，那就是我对不起你了。因此，你最好在此喝喝茶吃吃烟等候，还是让我先去看一下。"那家伙在这节骨眼上也无话可说，只好嘱咐杨新之快去快回。杨新之用了这个"金蝉脱壳"之计稳住了那个敌兵，便绕到洪小店街后和我会面。他积极主张我们转头打个回马枪，把他家中那4 个坏蛋收拾掉。

我考虑敌人在韩桥下埋伏的一排兵，一定派流动哨暗中监视村庄，如有发现就会马上包围上来，敌众我寡，我们肯定要吃亏，同时杨家的后果也不堪设想，所以没有同意他的意见。

后来，在杨家等候的 4 个坏蛋，等得不耐烦了，就派人到洪小店找到那个便衣，知道上了当，就会合埋伏在韩桥的一排人，到杨家抢劫一番而去。杨新之有家难归，就和 4 个皮旅战士一道找到赵凯同志参加了革命。几天后，魏阳春公开叛敌，我们始知魏阳春因为害怕艰苦，早已蓄谋叛变。他派亲信黄传忠跟着我是为了刺探我方情报，伺机将我出卖，以做投敌的资本。幸亏杨新之智斗叛徒，甘冒毁家的危险而让我和皮旅伤员脱险，经受了一次严峻的考验。魏阳春叛变后像疯狗一样，带领敌人到处捕杀我方干部群众，致使 20 多人被害，不少地下组织和联络站受到破坏，危害极大。为了巩固寿东南根据地，寿六合霍总队于这年 10 月，经过严密侦察，派出 30 多人的武装，在杨庙酒馆将其击毙，除了大祸害。

之后，根据形势发展，工委决定成立寿合区，任命杨新之为寿合区区长并发展其为中共党员。杨新之利用地方人事关系，出色地开展了统战工作。不久敌人对我"清剿"，一把火把杨新之家的房子全部烧了。对此，他毫无怨言，表示决心革命到底。

原载陈忠贞主编：《皖西革命回忆录》第三部《解放战争时期》，安徽人民出版社，1991 年，第 81 ～ 85 页。

# 把敌人拴在大别山

◎ 罗叔平

在麻城龟山风景区的公共活动场所的墙壁上，悬挂着一首由董老亲笔书写的一首五言律诗：

> 昔日游击地，今为产茶区。
>
> 龟峰名久著，牯岭德不孤。
>
> 烂漫红花剩，蒙茸绿草铺。
>
> 此山潜宝物，前进莫踌躇。

董老的诗唤起我对往事的回忆：1946 年 6 月，中原解放军突围时，我曾在炮火纷飞中路过这里。

1946 年 6 月 26 日拂晓，国民党七十二军新十五师对黄安（今改名红安）河口镇东北 15 里佛塔山地区我军独立二旅四团发动猛攻。蒋介石发动的全面内战从此打响。

6 月 29 日晨，中原军区副司令员兼参谋长王震同志的最后一个备忘录送交三十二小组，内称：政府军大规模围歼中原人民解放军的进攻已爆发，我方被迫采取自卫行动。李先念将军已离宣化店，请贵小组 29 日上午 11 时以前撤离宣化店……

我是三十二小组共方代表的翻译，奉命于上午 8 时将上述备忘录的英译本递交白罗素（德）中校。只见那个外表文质彬彬的美帝军官双手发抖，汗流浃背。他急忙向北平军调处执行部发电。据他宣布，北平回电说，已向南京三人小组请示，希三十二小组每小时与军调部联络一次。但一直等到下午 3 时半，北平方面仍无明确指示，而国民党军进攻宣化店的机步枪声却已从南北两方传来了。那天拂晓，到达宣化店掩护三十二小组撤退的我军独二旅的一个连不得不作紧急部署。白罗素中校只得下令卸电台，匆匆忙忙把行李装上吉普车，会同政府代表和我方代表任士舜同志，离宣化店南行。

头一天晚上，我就接到撤离三十二小组的命令：送走三十二小组后，东去赶独二旅，由张体学同志安排化装突围，去华北解放区。

29 日上午，当我把备忘录交给美方代表后，就顺便到宣化店街上溜达，向宣化店告别。只见街上空荡荡的，见不到穿灰军装的了，老乡也只偶尔有一两个横过街中间的大路。驻军房子的屋前屋后都打扫得干干净净，屋里也收拾得整齐清洁，完全看不出一两天前驻扎过军队的样子。垃圾堆上的纸屑都已烧成灰烬。军人合作社关了门，老乡的商店也都关了门。

我走到曾经住过的一家，只有老大娘一人在家洗衣。她向我注视了一会儿，竟鸣咽起来了："你们一走，'刮民党'又要来了……"我不知对她说些什么好，拿起木桶到小河边提回一桶水，然后向她告别："大娘，我们还要回来的……"我默默地衷心感谢这个供我军指挥机关驻扎了半年的宣化店，默默地向宣化店地区纯朴的富有革命传统的人民祝福。我发觉我是最后一个撤离宣化店的中原军区指挥机关的工作人员。

29 日晚，我们跟随留驻宣化店最后撤退的独二旅的一个连，赶到东大山中张体学同志的宿营地。当时担任坚持大别山掩护主力突围的独二旅的大部，已由吴旅长、熊政委先一天走另外的路东进。我被编入东进大别山开辟工作的干部队。30 日天气很热，又是接连翻大山，人人汗如雨下，衣服湿透。大山之中村落稀少，人民贫困，大多数人吃的是大麦稀饭，没有菜，缺油少盐。那天傍晚，越过黄安经七里坪北去经扶的大路，听老百姓说，南边七八里的一个集镇上，新近开到国民党一个营，昨天拦击东去的新四军，当新四军抢占山头准备还击时，他们却缩进碉堡里去了。我们过得很太平，但是在过大路时，下了一阵大雷雨，把大部分没有雨具的同志淋得像落汤鸡。第二天又过了一道封锁线。

第三天，即 7 月 2 日，计划过麻城大河（举水），但是过不去了。武汉绥靖公署命令桂军、川军迅速开进（黄）安麻（城）地区堵截我军。上午，正当我们冒着大雨翻山越岭东进，走到两山之间的夹道中时，忽然前面响起了枪声。林店，这个日寇侵占黄安、麻城时我新四军五师常来游击的地方，原来没有驻扎国民党军，前天开到了两营川军。昨天，吴旅长所部虽然"惩"了它的一个军事哨，俘虏了 4 个人，缴获了 1 挺机枪，但今天未能冲过封锁线。淋得透湿的张司令领头率队向后转，向麻城的西边插去。

是日下午，张司令听了侦察员的汇报，感到情况严重。为使干部能够跟上战斗部队，动员军区机关和干部队大轻装，严肃地说："什么都丢了它，只要能保存人！……现在，跑得快就是马克思主义！"傍晚又行动，打算走麻城以南，夜行军过大河。但走不多远，和吴旅长率领的队伍会合了。天又下起瓢泼大雨，伸手不见五指，估计走到天明也到不了河边，只得宿营。

我们 300 多人挤在一个小湾子里，四五十人挤在一间堂屋里。有些人拉一把麦草铺在地上虾子般地蜷卧下来，而多数人只得肩并肩地坐着打瞌睡。领导商议：山洪暴发，麻城以南举水水深河宽，难于徒涉，决定仍走北路。往回走，天不亮就出发。路滑，许多人跌到水沟里或水稻田里。经两小时急行军，又走到昨天到过的两山之间的夹道中。前面打响后，我们干部队奉命跑步紧跟迂回部队向举水支流的河边前进。在轻重机枪在我们头顶的吼叫声中，在我军壮烈的冲锋号声中，在手榴弹的爆炸声中，我们在半山坡上的树丛中、茅草中向前奔。许多人衣服被树枝挂破了，脚被刺破了。经反复冲锋，林店的寨子被我军拿下来了，俘敌百余人。我军伤亡 20 余人，其中有一个连长。敌人的增援部队迅即赶到，反攻甚烈。张司令等考虑，敌人已洞察我们的意图，大河边必配备有重兵，我军如强渡，必遭极大损失，乃改变决心，退出战斗，调回已到达举水支流河边的迂回部队。

西退了约 10 里，接到命令：一小时开饭完毕。当时肚子饿极了，但买不到米，甚至大麦、玉米面也搞不到多少。有的单位弄些豌豆煮熟充饥，有些人摘半生的野桃子放在挂包里当作干粮。我们单位饭食尚未进口，枪声响起来了。敌人攻来了！在"走"的号令声中，大家争先恐后地用漱口缸挖了一缸饭夺路上山。

武汉沦陷以后，在黄冈地区领导抗日武装斗争的、鄂东人民都知道的张体学同志，以机智灵活著称。这是十几年的战斗生活锻炼、加上对毛主席的军事思想和军事著述钻研学习的结果。他是个小个子，清癯的脸庞，一双机灵的、灼灼闪光的眼睛，成天在考虑问题。长期艰苦紧张的军队生活致使他有很严重的胃病。他走路很快，警卫员、通信员往往跟不上。在从东大山东行出发时，他对我们干部队说："你们现在有三件大事：吃饭、睡觉、行军——可能要行一个月的军。"他自己却比我们多一件事，就是还要工作。

雨又下开了，体学同志考虑，既然麻城大河一时难以强渡，到老根据地（黄）陂（黄）安南去"游"几天，摆下攻取黄陂威逼武汉的态势，还可以牵制一下敌人，调回一部分西追我军主力的敌军。他的意见得到独二旅领导同志的完全赞同。于是，部队从黄安以南西渡倒水。

在陂安南，我军即以营为单位，穿梭行动。这样一来，的确吸引了大批敌人。我们走到哪里都与敌军遭遇。往往是刚停下休息，饭还没有煮熟，哨上便响起枪声。"昼伏"，没有隐蔽场所；"夜行"，也时常此路不通——下午侦察过的道路，傍晚便开到了前来堵截的敌军。为保存力量、保存干部，我们不分昼夜行军与敌周旋。有时"游"到平汉铁路东侧，有时伸到黄陂城东。

老天有意和我们捣蛋似的，滂沱大雨几乎日夜不停，衣服很少有干的时候。雨中行军，不论布鞋草鞋，都经不起在夹着沙子的土路上擦一两天。拆被单或衣服打草鞋吧，又没有住下休息的时候。起初还有布把双脚包起来走路，不几天，什么布也没有了。我们从宣化店的招待所（三十二军调小组美蒋代表驻地）里带出来的床单、桌布、蚊帐等，很快被战友们讨完分光了。我把它们驮在司令部管理科留给我的5匹老马背上，打算让我军进大别山后派用场呢！牲口从到林店地区那天丢起，不几天都丢光了。到后来，不论干部、战士都经常是赤脚行军。被水泡肿了的脚掌，很快被石子擦烂，许多人脚底板血肉模糊，鲜血斑斑，拄着棍子艰难困苦地行进着。病号也只能步行，全军没有一匹牲口了——有的饿倒了，有的脚掌磨损而瘫痪了。干部队中的老红军说："长征都没有这样苦！"

这样"游"了个把星期，天终于晴了。举水两岸的敌情也侦察清楚了。大部队东渡倒水以后，封锁消息，在林店以北稍作休整，让指战员打草鞋。一天中午，是多云的天气，干部队接旅部通知，下午2点出发，行军80里，过麻城大河。

到达举水西岸，天已大亮了。南边福田河和北边什么地方的敌人机枪断断续续地咯咯咯咯响着。等候在河边的宣传队员（他们也只能坐在地上了），对每一个挂着棍子一颠一跛络绎来到的掉队同志说："迅速跟上！南北两边都有我们的警戒部队！"河床宽有半里，除几条流水外，满是黄沙。脚板一踏上黄沙，痛入心窝。

我竭尽目力向左右注视，拧开手枪皮套的扣子，下意识地右手按着枪机……但始终只听到南北两边断断续续的咯咯咯咯的机枪声。

金色的阳光披上山坡，我们总算过了河。前面传来命令：迅速上山！山头上横七竖八躺满了人。我们找到干部队，归了队。我们3个人也一步都挪不动了，在一棵小树旁坐下，躺倒，马上睡着了。

到此时，独二旅减员不多。据说，在福田河南边过河的后勤部队，牺牲了一些战友，损失了一些物资。进入大别山区后，敌情比较松弛了，部队可作短暂的休整了。看来，桂军对我情况还不很摸底，不敢轻举妄动。

7月15日左右的夜半时分，皓月当空，部队在麻城木子店附近山岭上行军途中"原地休息"。忽有通信员前来传令：立即去见张司令。体学同志对我说："现有一支短枪队出发去黄冈提款，你就随他们去黄冈吧！由黄冈县委安排你化装突围出去。"他叫警卫员打着电筒，写了给黄冈县委的介绍信，并叫警卫员从挂包中拿出12万元法币，一起给我，他紧紧地握握我的手。

把饲养员交到干部队队部，我把钢笔送给了他。我带着警卫员找到了提款队的负责人黄同志。

我们离队的站在路旁，目送队伍出发。看到熟人，有的伸出手去握一握，有的交谈几句。曾听到这样的交谈："你们上哪儿去？""黄冈。""脚板上不要抹油啦！""娘买 × 的，老子是去给你们搞饭吃的！"有个短枪队员把自己的备用草鞋递给从面前经过的战友。

我的心情是矛盾复杂的。一方面，我渴望迅速去到华北解放区，从事支援前线的军工工作；另一方面，却依依不舍离开同命运共患难六七年的部队。当张体学、熊作芳以及其他熟识的同志在月光下迈步前进经过面前时，我趋前紧紧握住他们的手，热泪盈眶。

短枪队都是便衣，大多穿黑土布衫褂，我们谁都没有背包（被单早已打了草鞋），人人肩膀上挂着一个雨淋得发白的挂包，带子上吊着一只搪瓷漱口缸或搪瓷饭碗和一条作为毛巾的布袋，内装牙刷、钢笔、小本子、子弹夹和备用草鞋等。头戴各式各样的斗笠，遮阳挡雨都是它，脚穿自己打的布草鞋或在小集镇上买的稻草鞋。不消说，我们每人都有一支驳壳枪——大都用红布包着装在皮套里挂在肩膀上，也有用红布包着插在腰里或放在挂包里的。我背的还是那支已背了几年的皮套磨得发亮的"王八匣子"（日本手枪的皮匣，圆形，有些像乌龟）。

到黄冈去本有大路可走，而我们却只能走小路山路，有时甚至在树林里、茅草中穿行。城镇都已驻扎国民党军，大路上有国民党军来往，我们昼伏夜行。

在离开大部队的第三天，一大早，我们到达离龟山高峰不远只有几户人家的一个垸子隐蔽休息。老乡们一见我们的举动，并见到有两三个穿灰军服的，便知道我们是新四军，从惊恐中安定下来。但也对我们很沉默。因鄂东群众对红军走了以后国民党的白色恐怖是有惨痛教训的。新四军已从平汉路两侧"开走"的消息传开了。龟山上的老乡还听说了麻城县和白果、宋埠等地开到了大批国民党军队。在过麻城大河那天晚上，我的警卫员向一家老乡讨碗水喝，一个老汉喃喃地说："你们走不远吧？……希望你们早点回来啊！……"

原以为10多人的小队伍，随到哪里都可以搞到吃的，殊不知在龟山上吃饭却成了问题。老乡们说，他们是挑点山货或木柴去集镇上换点玉米面或大麦回来，糊口度日。稻子收割还早，黄同志和我商量，我拿出几百元法币，好不容易向老乡分了10多斤玉米面，买了2个南瓜。煮南瓜没有油，吃饭没有筷子，我们只能折两根树枝当筷子。

那天夜里，我们翻过龟山。

到达转入地下的黄冈县委以后，便与黄同志和他带领的短枪队分手了。黄冈县委考虑很周到，特地为我和李同志（原礼山县县长，也奉命化装突围）扯了新柳条布，每人做两套便衣。便衣做成以后，我们装扮为小学教师，县委派便衣交通送我们到长江边的团风。

第二天一大早，我们就搭上了去上海的江轮。

7月份的京、沪、汉国民党报纸上，天天有中共中原军区李先念部"破坏停战协定""破坏罗山协议""猛袭国军""……西窜"……东窜"沿途掳掠烧杀"等颠

倒黑白、造谣污蔑的报道。我猜想着我军的艰难困苦和浴血奋战，我怀念着同甘共
苦六七年的同志们的安危。我遥祝他们平安!

一九七八年九月于武汉

原载鄂豫边区革命史编辑室编:《中原突围》第一辑，湖北人民出版社，1983 年，第 178 ～ 185 页。

# 西大岗破晓记

## ——回忆固始西大岗在革命战争的最后日子

◎ 杨宪智

### 新政权的诞生

1947 年 10 月，刘邓大军千里跃进大别山时，在运动作战中解放了固始西大岗。驻扎固始的国民党戴民权五十八师被人民解放军一举歼灭，地方民团和小炮队也被打得无处藏身。胡族铺区人民政府宣告成立，红旗在西大岗上空高高扬起。

胡族铺区公所设在胡族铺街上，称为第 6 区（后改为第 4 区），辖区包括现在的汪棚乡胡集一带、马岗乡新集一带以及杨集乡、胡族铺乡等固始西部的广大区域。谷涛同志担任区政委，李启令同志任代区长。区党组 5 人，谷涛任组长。全区只有 7 名党员，我任支部书记。区部工作人员 40 多人，区属工作队员 85 名（其中有 18 人是潢川干校分来的），还有 5 个匪队长（暂利用，后都被镇压）。区里有自己的武装大队，共有 135 名队员，其中老战士 25 人，其余都是新兵。武器装备除无大炮外，和正规部队相同。

我区为了开展工作，划为 58 个乡。除新集、胡集、杨集、胡族铺 4 个乡由区里指派乡长外，其余 54 个乡仍然利用伪乡长、保长暂当乡长。当时，领导成分内部情况错综复杂，阶级斗争异常尖锐。部分伪人员里勾外连，暗中造谣，煽动群众反对政府；有的甚至红黑两道，勾结土匪，抢劫群众。地方反动势力不甘心失败，对群众实行白色恐怖，残酷迫害，特别对"通共"的群众更不放过，"拔烟筒子"，杀死全家。群众顾虑重重，人心惶惶，不敢向政府靠近，工作极难开展。

区党、政组织经过深入调查研究，及时采取"严惩恶霸，打击首犯，利用从犯，依靠群众"的有力对策，加大宣传力度，对恶霸和匪首严惩不贷；教育从犯和伪人员改邪归正，重新做人；放手发动群众，区工作人员和工作队员走村串户，深入田间地头，说服教育群众，为群众解除后顾之忧。群众感到党和新政府真正在为他们办实事，与穷人一条心，就解除了疑虑，开始信任起来。有的群众检举匪首；有的冒着生命危险到区里通报敌匪活动信息；有的群众联合控告恶霸地主欺压他们的罪行，依靠新政府为他们报仇申冤。区、乡选出苦大仇深的贫苦农民，在公开场合揭露、控诉恶地主的罪行，并让这些农民担任村组干部和基干民兵，加强自保自卫，大张旗鼓地开展了打土豪、斗恶霸、分田地、分浮财的土地改革和减租减息工作。这样，很快稳定了社会，稳定了人心，打击了邪恶势力，打开了工作局面。

至 1948 年底，我区复查剿匪反霸和土地改革等工作已经全面展开。反动势力受到了重挫，地方人民政府得到了巩固，区、乡政权组织已基本控制在人民手中，农村基层干部已经趋于培育成熟，人民群众的思想觉悟有明显提高，土地改革和减租减息工作在中心乡村都已顺利铺开，人民的胜利果实得到了巩固，分得的五大财产和浮财已经有效利用，种田和支前的积极性空前高涨，贫苦农民扬眉吐气，鲜艳的红旗在西大岗迎风招展。

## 血洒白露河

1949 年是个极具划时代意义的年份。三大战役已经结束，红旗已插遍半个中国。将革命进行到底，已成为革命洪流，势不可挡。而蒋介石虽然名义上隐退，但仍操纵国民党军队，妄图凭借长江天堑，划江而治，逆转蒋家王朝覆灭的命运。

这一年春季，党中央"打过长江去，解放全中国"的战略部署已全面实施，江北渡江战役准备工作正在紧张而有秩序地进行着。

农历二月初，胡族铺区奉上级之命，要在几天内把地处北庙集旁的白露河大桥架好，以利南下大军顺利通行。区党委把这一艰巨任务交给了正在北庙进行剿匪反霸和支前工作的区大队二排，并由薛清海副区长负责。在薛清海同志的指挥下，全排47名战士不分昼夜，抢架白露河大桥。

正在这时，一双双罪恶的黑手伸向了他们。农历二月初七夜晚，一个个魔鬼似的黑影混进了胡族铺后寨院内，以匪大队长陈杰生、国民党区分部书记韩子云、伪区长石雪岩、伪乡长张仲和等为首的一伙国民党残渣余孽，密谋策划袭击北庙，抢夺枪支，建立反动武装，推翻人民政权，借以卷土重来。

这帮亡命之徒，由陈杰生、韩子云带两个土匪中队200余人串联北庙匪首祁志中、鲁明久匪部200余人计400人之众，定在农历二月初九上午突袭北庙。

农历二月初九上午，北庙逢集，人群熙攘。土匪们化装成卖草、卖菜的赶集人混到街上，以嘴咬红布条为记，以3声枪响为信号，伺机进行武装偷袭。10点钟，匪骨干吴黑盖、张干巴手挎鸡蛋篮子，假称向区长请示农会问题，闯进修桥指挥部。匪徒们掏枪打死2个正在擦枪的战士，夺去没上完零件的机枪，接着迅猛向我部发起进攻。在指挥部办公的薛副区长听到枪声，迅速向外冲击。这时，匪徒们已蜂拥至修桥指挥部，薛清海同志便带领五班长王连生和14名战士往院外冲杀。薛副区长感到有一个敌人伸手抓住自己的裤子，便手疾眼快叭叭两枪击毙了土匪，脱开身子冲了出来。他听见后面土匪在围攻李启令代区长住的洪家楼，便回身驰援。边打边冲之际，薛左膀已负重伤，鲜血染红了衣服。但他已将自己的生死置之度外，冲向敌群，猛烈射击。当他带领战士打到十字街口时，一颗罪恶的子弹射进了他的胸膛，他用尽全身力气高喊着："同志们，冲啊，为战友报仇！"这位智勇双全的年轻指挥员，把28岁的黄金年华交给了党和人民。战友们踏着他的血迹，与敌人展开英勇搏斗。五班长王连生被敌人卡住了脖子，他用力挣脱后，叭叭两枪打死两个土匪，刚想脱身，土匪小队长陈老虎和另一个土匪用刀向他砍过来，又被王连生当场击毙。此时，背后枪声大作，他倒在血泊之中。司务长宋炳然同志被敌人拦腰抱住，他将手枪夹在胳肢里打死了敌人。郑大荣，一个入伍不到3个月的新兵，在土匪向他脖子、胳膊连砍两刀，腰部中弹，浑身血肉模糊的情况下，依然紧紧咬住敌人的手指不放，直至殉难，献出15岁的年轻生命。

由于敌众我寡，在李启令代区长的指挥下，我部固守在洪家楼诱敌待援。驻期思集、王店的一〇一部队和区大队闻讯火速驰援，敌匪落荒而逃。此役我部有11

位同志壮烈牺牲。这 11 位同志，大都是外籍年轻战士，他们在五星红旗就要升起、曙光已经来临之时，竟惨遭残匪毒手，将热血洒在了白露河畔。北庙集之役，为西大岗在革命战争的最后日子里谱写了最壮丽的一页。

## 西大岗破晓

1949 年春，由于我区建立时间短，政权不够巩固，国民党的残余势力和地主、恶霸、小炮队不甘心灭亡，妄图东山再起，卷土重来。他们在胡族铺辖区内又重新组织了 40 多个匪中队，拥有武装土匪四五千人，凶狠地向我新生的政权扑来，扬言"捉谷涛、杀老八"，烧杀抢劫群众，进行反攻倒算。

4 月间，匪大队长蔡老五、左秃子等组织 1000 余人抢劫周集、道超集粮仓和装着粮食物资、支援南下大军的 50 多条船只，遭到区大队三排战士和民兵的勇猛还击，敌人死伤 100 多人，两个匪小队长当场毙命，保证了我运粮船只按时到达目的地，有力地支援了渡江战役。

5 月 13 日，匪团长张新路、张新桥、张仲和等阴谋攻打我区政府，抢劫枪支上山打游击，伺机反扑。我区在 12 日得到侦察员的情报，便主动出击，于这天夜里捕捉 12 名反革命分子，击毙了 7 名，匪队长张老黑被当场击毙。同时调集部队，兵分三路埋伏歼敌。果然，敌人在鄢岗、李集犯难。在我部英勇还击下，挫败了敌人 6 次猖狂反扑，敌死伤 50 余名，打死匪首孙老五，缴获枪炮 40 余支（门）。保障了我区人民的生命、财产安全和工作的顺利开展。

5 月底，匪首张新路、陈杰生等收罗残匪几百名，妄图孤注一掷，做垂死挣扎，被我剿匪联合部队消灭在河凤桥观音山。此役仅有张新路 3 人逃脱，但他们刚到二道河，就被我侦察员逮捕归案，捆押到胡族铺执行枪决。

我们在剿匪反霸斗争中，始终坚持党的领导，放手发动群众，充分依靠群众，取得了空前的胜利，辖区匪残消灭殆尽，共缴获敌人各种武器 1500 余件、子弹 17 万余发、手榴弹 2000 多枚和一些其他物资。反动残余见末日来临，纷纷向我军投降，缴出各种枪支 1000 余支、破机枪 6 挺、小破炮 5 门。

6 月间，我们又整编部队，配备武器装备，清洗了伪人员；对有破坏活动的反革命分子，实行杀、关、管政策。胡族铺正式成立了民兵连，发放了枪支、弹药。其他乡也建立了民兵连，每连100人左右。同时，通过个人申请、群众讨论，发展农会会员2万余人，建立了农协会组织，一切事情通过农协会决定，群众真正当家做了主人。

通过大揭大挖，我们对隐藏起来或流窜在外的恶霸地主、伪保长、伪乡长、国民党党部书记、惯匪等反革命分子实行镇压，把祝良之、王元凯、黄秃子、苏立生、高少轩、高文山、陆九勾、张老八、吕正刚、郭怀得等1800余名恶贯满盈的反革命分子分别实行了枪决、判刑和管制，压在人民头上的三座大山被彻底推翻了。固始县西大岗人民获得了彻底翻身解放。从此，西大岗上飘起了五星红旗。

［作者简介：杨宪智（1925—1997），马岗集乡人。1946年参加中国人民解放军。1948年2月加入中国共产党，曾随华东纵队转战大江南北。新中国成立后回地方工作，曾参加固始西大岗的剿匪反霸斗争。历任中共胡族铺区委书记、固始县人民政府第一副县长、县政协副主席等职。］

原载政协河南省固始县委员会学习文史委员会编：《固始文史资料》第4辑，1999年，第120～125页。

# 战斗在光山的片断回忆

◎ 李进堂

## 徒渡淮河　扎根大别山区

1947年6月30日，晋冀鲁豫野战军一、二、三、六共4个纵队，在司令员刘伯承、政委邓小平率领下渡黄河，实行战略反攻，向大别山区跃进。历经千难万险，于当年8月26日解放息县城，进抵淮河北岸，控制了乌龙潭、大埠口、小王湾等渡口。淮河是入大别山区的最后一道险关，渡过淮河就进入了大别山区。

我所在的部队是战勤总指挥部。8月26日晚8时，我随部队进入息县城待命渡淮。待命渡淮是个严峻的命令，谁敢怠慢！我们部队在息县城整整坐了一夜。27日上午，命令下达，大军正在徒渡。战勤总指挥部渡淮时间安排在下午2点。这时我们才知道昨夜刘邓首长为解决渡淮问题费尽了心血，徒渡路线硬是由刘司令员坐小船用竹竿探、用眼睛看找出来的。刘司令员正站在光山的濮公山头，观看他的大队徒渡；邓政委正在指挥阻击尾追敌军。他们从昨夜到现在，一刻也没有休息。

下午2点，我们战勤总指挥部到达指定的渡淮地点，见河床中全是大军在徒渡。徒渡以旅为单位，各旅依徒渡地点的水情，将部队分为4路、6路或8路纵队，战士们挽手鱼贯而行。各旅事先都挑选熟识水性的同志组成泅渡队，帮助不识水性的同志。我从不识水性，一走入河床，就有两个泅渡队员架着我的左右臂。起初我尚脚踩河底，渐渐水淹至我的颈部，我感到我在水中浮着，像鱼一样前进。渡过淮河，我们战勤总指挥部副司令员乔明甫兴奋地说："淮河险关，我们还是渡过来了！"同志们也都兴奋了，昂首挺胸，迈步前进。

8月31日，即渡过淮河的第五天，邓小平政委在北向店召开直属连以上干部会议。邓政委在报告中说："……我们的目的地已经到了。在这个地方，不是打游击，而是战略展开。这里是苏区，我们要在这里立足扎根……"

在大别山区立足扎根，是党中央的既定决策。8月27日，六纵解放光山县城，即日建立了光山县爱国民主政府。8月29日，二纵二十旅进驻南向店之西、殷家棚之北的五座楼，立即建立了光西县爱国民主政府。北向店会议后，部队相继调派大批干部到地方工作，建立区、村民主政权。这时，我也被转到了地方。不久光西县合并到光山县，县长是萧建波，副县长是王襄九，政委是魏钦公。下有8个区，我任罗陈区政委。县里有1个武装支队，分7个连，支队长项立志，副政委耿洪。各区也有1个排的武装力量。我们就是以这些武装为骨干，依靠群众，在野战军协同下，一面打击敌人，一面开展地方工作，立足扎根的。


## 火攻曾英　活捉金伯如


1947年底至1948年初，为实施战略再展开，晋冀鲁豫野战军主力相继转入淮西，只留少量部队协同地方武装坚持大别山区战略要地。光山反动武装小保队，认为他们的反扑时机已到，到处蠢动，袭击民主政权，杀害共产党员和群众骨干。这时，敌我斗争的形势十分严峻。我们依靠群众，和反动势力进行了殊死斗争。火攻曾英、活捉金伯如的情况，至今还在记忆中。

曾英，光山小保队头子。1947年12月底，勾结盘踞在南向店的国民党十一师部队，阴谋摧毁中共南向店区民主政权。

1948年农历正月十五，中共南向店区政委马文裕（原任二纵二〇旅旅部侦察科科长），率领区工作人员和区武装1个班共计40余人，游击到距南向店南10里的仰天窝地区。不料，曾英事前探知，在仰天窝四周设伏以待。马文裕不知情况，误入伏区。恶战结果，除警卫员小马1人脱险外，自马文裕以下全部人员陷入敌手。马文裕坚强不屈，当场被杀害。其余同志，被曾英小保队押解到南向店集，敲锣游街后，统被杀害于集东头小河边空地。曾英等众，以此为资本，到处造谣，蛊惑群众，胡说什么"共产党野战军被赶跑了""共产党南向店区委被消灭了""共产党不行了"等。

光山县委、县民主政府决定：必须迅速消灭曾英这股匪众。

1948 年 2 月 10 日（农历正月初一），曾英带领其小保队到殷家棚五座楼，名曰"欢度新年"，实际是"打秋风"，骚扰群众。县委、县民主政府得悉，决定乘其不备前往捉拿。县支队副政委耿洪立即率领支队主力第三连（连长叫吴保善），从天登岗出发，开赴殷家棚五座楼。夜 12 点，吴保善指挥三连将曾英驻地团团围住，亲带 2 名同志潜近岗哨，以猛虎扑羊之势俘虏了 2 个哨兵，从哨兵口中得悉曾英虚实。副政委耿洪分析敌俘供词后下令说："既然曾匪碉楼坚固，又居高临下，我们要像诸葛亮火烧战船一样，来个火攻碉楼，请'曾小姐'下楼，送他回娘家。"连长吴保善照计而行。霎时，碉楼上下烈火熊熊，烟雾滚滚，烟火入楼，人身难存，曾英和匪众果然下楼，妄图突围逃命，但逃路早被封锁。战斗结果，击毙曾部匪徒 20 余人，生俘 27 人；缴获小炮 1 门，机枪 1 挺，长短枪 30 支；曾英身中两弹未死，潜匿罗山转汉口，后投降。

县支队为了保卫民主政权，本着抗拒从严的政策，来了个"以其人之道，还治其人之身"，将俘获的曾部匪徒 20 余人押赴他们杀害马文裕区队同志的地方——南向店集东头小河边空地枪毙。南向店群众人人拍手称快，纷纷说："还是共产党行，为我们除了害。"

金伯如出身小保队，曾被新四军第五师俘虏过，回家后自诩有反共经验，被国民党光山县县长委任南向店乡长。金伯如为效忠主子，极力反共。刘邓大军转入淮西后，他更加嚣张，公然在南向店集强行召集群众大会，狂言"要在一月之内，活捉共产党县长萧建波！"

这是一场严峻的斗争！在金伯如狂言后不久的一天，南向店逢集，一个衣着整洁、仪态端庄的人站在高处，面向群众，侃侃宣传共产党的政策，接着宣布金伯如的罪恶。最后他提高嗓音，放慢语调说："金伯如不是要在一个月之内活捉我萧建波吗！今天我萧建波宣布，我一定要活捉金伯如！到底是谁活捉谁，大家看着吧！"

集上轰动了，"啊！萧建波来了！"一场针锋相对的讲话，成了当时整个南向店区的舆论中心。

金伯如自恃有百余人枪，夜郎自大，目中无人。1948年春，金伯如带着他的乌合之众到塔耳岗寻欢作乐，并在距塔耳岗1里许的一个湾里安排一场戏，恩赐乌合之众前去看戏，算是"与民同乐"。金伯如认为这样安排是"实者虚之，虚者实之"的诸葛妙计，这样他金伯如的行踪谁也猜不着。计虽妙，但群众着实痛恨其人，把金佰如的行踪和妙计都告知了县民主政府。支队长项立志得报，率两个连的兵力，由群众做向导，开赴塔耳岗，10点包围了金伯如的"寻欢作乐"处。金伯如在一个墙角边被活捉了。项立志乘胜指挥队伍赶到戏场，封锁住路口高喊："金伯如已被活捉，缴枪不杀！"一枪未发，俘虏了金伯如小保队。消息传开，南向店轰动了：到底是萧建波活捉了金伯如！

共产党对敌政策是：坦白从宽，抗拒从严，立功受奖。民主政府晓喻金伯如：只要不再杀害群众，愿意立功自新，可以保释。金伯如保证改过自新，县民主政府释放了他。

痛惩曾英，释放金伯如，共产党的对敌政策，在敌群中更加有了威力。小保队害怕抗拒会落从严的下场，凶焰大减，开明士绅逐渐靠向共产党，国民党光山县教育局督学余骏伯，就是在这一时期参加了革命。

## 接受欢迎　光山人民彻底解放

1949年元月底（农历腊月底），群众忙着过春节。我们光山县委、县民主政府、二分区地委、二军分区部队（六团），正驻在南向店集及其四周湾里，也忙着慰问军烈属和向群众贺春节。元月28日，中央电台传来消息：活捉杜聿明，淮海战役胜利结束。国民党准备南逃，其在大别山正规军正撤离南去。光山县城传来情报：国民党保安团撤离光山，国民党光山县县长程晓仓弃城逃跑……

29日，余骏伯来报，光山人民欢迎光山爱国民主政府进驻县城。当日欢迎代表亦前来联络，经上级批准，接受欢迎。

1949年元月31日（农历正月初二）上午8时，光山县委和县民主政府，从南向店进驻县城。入城的顺序是：前面是前导队，中间是县政委魏钦公、县长萧建波、副县长王襄九、县大队长李卿及县党政军领导和欢迎代表，后面是县大队。同时入城的还有鄂豫区第二分区、二军分区等机关部队。县城大街两侧，欢迎群众人山人海，掌声雷动，迎接代表将我们迎至城厢学校办公室。稍事休息后，县委进驻汪家大楼，县大队进驻大楼前院，民主政府进驻原县政府。从此，光山人民得到了彻底解放。

（梁俊民　整理）

原载中国人民政治协商会议河南省潢川县委员会文史资料研究委员会：《光山文史资料》第 2 辑　1991 年，第 6 ～ 12 页。

# 作孽自有应得

## ——熊作芳将军谈"宋大个子"特务大队被歼过程

◎ 熊作芳

在豫南地区，特别是在经、商、光边一带，一提到解放前的"宋大个子"，人们便知道是顽固反共、作恶多端、十恶不赦的国民党经扶县特务大队长宋应德。但是对这个死有余辜的土匪头子及其特务大队被我军全歼的过程，则众说纷纭，有的传说甚至带上了一些传奇的色彩。1988年金秋时分，笔者有幸陪同因公路过并顺道回到新县看望家乡、当年亲自指挥全歼"宋大个子"特务大队的全国政协委员、济南军区副司令员熊作芳将军，请他讲述了当年的情况和经过，使种种神奇的说法，成为真实的故事。

这位从土地革命时期就投身革命并长期战斗在豫南地区的老将军，谈起"宋大个子"，愤怒不已。他说：

"宋大个子"，是离我老家——周河乡付冲村刘湾不远的宋家畈村人，自幼好吃懒做，脾性粗野，游手好闲。1927年，他因参与赌博输光了钱，当时20岁出头，就当上了土匪，在沙窝的白云山和杨山寨、鳌山寨等光商边地区欺压老百姓。1929年，鄂豫边红军派部队打下至和寨，并在八里畈以南，周河以西，新集（现新县城）以东这块地区，建立了苏维埃政权，成立了游击队、赤卫军，发动群众打土豪、分田地，使这一地区的地主劣绅受到了极大的威胁。这些地主劣绅为了维护他们自身的反动利益，便联合起来组织了反动武装——民团，并把"宋大个子"收买利用，让他当上了民团的队长。从此，"宋大个子"勾结光山县民团和国民党军，对我苏区和老百姓烧杀抢掠，开始与民为敌，走上了反共反人民的道路。

红军打开八里畈之虞家畈被地主民团守的寨子后，这一地区的地主分别跑到潢川和光山等地，"宋大个子"又投靠了毛家铺的地主彭颂臣，继续作恶。1930年红军围攻打鼓寨，彭颂臣及其反动武装一举被歼，恰巧这时的"宋大个子"已被彭派出去抢东西，不在寨里，使这个十恶不赦之人得以漏网。这时，他的一些走卒和不明真相的人，便吹嘘他是该当不死的神人，致使其反革命气焰更加嚣张。之后，他又跑到光山县，当上了县大队的分队长。

1932年至1933年，鄂豫皖红军主力转移后，整个光南地区（现八里、周河、沙窝）由红军的基本区变为游击区，这时的"宋大个子"，乘机出来利用自己人情地形熟的条件，猖狂反共，配合国民党军对我军进行"清剿"，并大量搜捕群众，对苏区的乡村干部、共产党员红军家属和一些进步群众，见了就杀。据群众反映，仅在八里畈、西河、沙窝、周河等地，他就直接或间接参与杀害了上千人。我的父亲就是他亲手杀的。这个双手沾满鲜血的刽子手，对豫南人民犯下了滔天之罪。

抗日战争爆发后，"宋大个子"跑到经扶县开始担任县大队的中队长，后因与大队长尉良心闹矛盾，带着枪回了老家。日本侵略军投降后，蒋介石撕毁停战协定，发动了第三次内战，我中原军区部队进驻泼陂河，"宋大个子"这个时候又跳出来，组织反动武装，并担任了国民党经扶县大队的特务中队长。刘邓大军南下解放经扶县城后，他逃窜到乡里，与乡下地主继续组织反动武装，伺机继续反共反人民。刘邓大军主力向北转移，整个大别山区变为游击区后，他又积极扩大武装，成立了经扶特分大队，并担任大队长，使他反共反人民的罪行达到了登峰造极的地步。这个豫南人民的败类，充分发挥了他人熟、地熟、情况熟和具有长期反共经验的反革命长处，配合国民党正规军，在豫南到处"清剿"在这里坚持的游击队，屠杀我军民，千方百计地隔断人民群众与我游击队的联系，给我游击队在这一带坚持斗争带来了很大危害。

谈到这里，将军仇恨的目光中，闪烁着复仇的意念。当我问及"宋大个子"及其特务大队的被歼过程，这位当时担任鄂豫二分区司令员并亲自指挥全歼"宋大个子"特务大队战斗的老将军，则眉飞色舞，异常兴奋。在他的情绪感染下，我们好像跟随老将军一起，回到那40年前的战斗生活，又看到那令人振奋的战斗场面。

我们继续聆听着将军的述说。

1948年四五月份，我们在分区驻地八里畈得知：驻经扶县的国民党正规军一个团来到八里畈、西河、周河、沙窝等地"清剿"我们。得到这一情报后，我们立即转移到余家集以南地区，同时派出侦察班到西河、周河、付冲等地侦察，监视新集出来的国民党部队的行动。侦察班的侦察员们路过毛家铺时，在与一个老百姓的交谈中得知：今天早晨，经扶县保安团200人到余家冲去了，没见国民党正规军。得到这一情况后，一部分机智灵活的侦察员继续向前完成侦察任务，另一部分侦察员立即返回向分区报告。我们分区领导得到情报后，马上进行了分析研究，根据当时各方面情况的综合判断：这股敌人可能是经扶县大队到经东一边抢东西一边捉我们的地方干部，破坏我们群众工作的；也可能是国民党地方武装前来侦察我们分区的活动情况，其正规军随后就到。根据当时鄂豫区党委关于要千方百计地严打危害大的地方土顽的指示，我们决定乘国民党正规军未到之前，首先要坚决消灭到余家冲的这一股国民党县武装。因为当时尚未搞清敌人在余家冲具体的驻地，所以我们决定，以优势兵力，分成多路，将整个余家冲四面包围，争取速战速决，力求全歼。

当时围歼这股敌人的部署是：六团派一个连经龙潭冲、棱角山到西小界岭，从余家冲的冲头上由南向北搜查；另派两个连由周河直上孤儿山，控制制高点，然后以一个连的兵力以其南侧居高临下，向冲里搜查前进；再派一个连从孤儿綦北侧，向冲里搜查前进；最后派两个连由周河经冯家楼到上尉湾，再经磨盘石分两路由西向东搜查。

部署确定后，各连随即进行了简要的战前动员，干部战士士气非常高涨。拂晓前，各连兵力全部按既定部署进入战斗岗位，从四面八方布下了天罗地网。

分区机关带领五团经五马山到鄢湾，堵住余家冲的冲口子，防止敌人从冲口向北跑。当分区机关行至余家冲口上，我们发现由紫龙潭方向来了一个老百姓模样的人，他看到我们后扭头就跑，我们怀疑此人是敌人侦探，即命令警卫排前去追击。刚追到村口，即听到村子里响起了枪声。听到接火的枪声我们很高兴，可以断定敌人就在这个村子里。为了防止敌人逃跑，我们分区指挥所随即设在刚刚抢占的制高点上。指挥所刚设立不久，六团团长郭善平即派人前来报告，说余家冲被围之敌是"宋大个子"的特务大队。我一听说是"宋大个子"，更是仇恨满腔，同时也为寻找到这样一个围歼的机会感到无比高兴。

我随即派通信员向六团郭善平传达命令：一定要全歼这股敌人，活捉"宋大个子"！这时，战斗正激烈进行。起初，"宋大个子"还想负隅顽抗，后来觉得自己不是对手，便想尽快逃脱。他们先往东南方向的界岭溃逃，一到山脚遇到我军阻击便掉头向北，妄图抢占孤儿山制高点，可刚跨过山边，再次遇到我军强大的火力。紧接着，我军四面八方枪声大作，敌部乱作一团，村庄里、山林中，躲的躲，藏的藏，溃不成军。整个围歼战大约进行了一个小时。战斗刚刚结束，郭团长就派人前来报告："宋大个子"在溃逃中负伤，在孤儿山脚下被我军生擒，宋部120余人全部被我军俘获或歼灭，无一漏网。天亮后，部队打扫战场，清理战果：俘110余人，毙敌8人，缴获长枪80多支，手枪10支。当时缴获的"宋大个子"的六轮手枪，至今还保存在我的手里。

战斗结束后，根据党的首恶必办的政策，当晚我们亲自审讯并处决了无恶不作、死有余辜的反动分子"宋大个子"。

"宋大个子"及其特务大队被歼的消息传出，周围的老百姓无不欢欣鼓舞，奔走相告。这个残害老百姓的刽子手终于得到了应得的惩罚。他们都在不时地说着"善有善报，恶有恶报；不是不报，时辰不到"的民间俗语。第二天我们把全部俘虏带到沙窝后，对他们进行了教育，然后全部释放。

这场围歼战，沉重地打击了周围敌人的嚣张气焰。自此之后，不但经扶的反动武装不敢出来袭扰我们，就连光山的保安团也不敢轻举妄动，这场围歼战也极大地鼓舞了人民群众同敌人斗争到底的信心和决心。人民群众更加接近我们，从各方面支援我们。这也进一步坚定了我们二分区坚持豫南斗争的必胜信心。

这次全歼"宋大个子"特务大队的战斗规模虽然不大，但是很有影响，意义深远，是当时老百姓没有想到的。围歼战之后，有的老百姓不敢相信这是真的，有的老百姓则称我们是神机妙算的"天意军"。

我又向熊将军提问：在当时的情况下，你们是靠什么将这帮"地头蛇"一举全歼的？

熊将军笑着脱口而出："一是敌人错误地估计了情况。当我们从八里畈经沙窝到余家集方向行动时，这股敌人错误地判断为我们要到商城清区找豫鄂军区。所以，他们随我们之后即到经东'清剿'，破坏我们的地方工作。他们并不知道我们留有便衣分队在周河、毛家铺等地监视着他们的行动。二是我们靠当地群众提供及时、准确的情报。敌人上午一到，下午我们即得到了情报。"讲到这里，老将军深情地说："英雄的新县人民在战争年代为中国革命的胜利做出了巨大的贡献和牺牲，我们在这里的每一个胜利，都离不开他们的支援。这次战斗，如果没有他们提供准确的情报，并给予多方面的支持，是很难取得胜利的。我相信，他们的业绩将永载史册。三是靠我们对敌人行动企图判断的准确和决心快，动作迅速。我们得到情报后，当即定下决心乘敌孤军深入，脱离了经扶县正规军的依靠的有利时机，将其歼灭，我们的各级干部和广大战士，坚决地执行了分区领导的正确决定，动作迅速、果敢，翻山越岭，不辞艰辛，按照部署连夜赶到了指定位置，保证了这次战斗的胜利。"

（程世典　整理）

原载政协河南省新县文史资料研究委员会编：《新县文史资料》第 3 辑，1989 年，第 68～78 页。

# 艰难曲折的斗争

## ——独山县纪实

◎ 赵振华

虽然过去 40 多年了，但每当我回忆起那段跟随刘邓大军南下皖西，在六安独山的艰苦的战斗历程，心情总是兴奋不已。

## 血染独山

1947 年 9 月 2 日，我们南下干部随第三纵队进入新中国成立后的六安。当天，中共六安县委和六安县民主政府即宣布成立。我们在六安工作一个星期后，上级决定新建独山县。我们 40 多人便奔赴独山开展工作，以龙门冲、西两河口、南岳庙、石婆店、苏家埠等地为工作区，成立独山县委和县政府，李延泽任县委书记，张克前任副书记，我任县长，赵子厚任副县长，机关设在独山。并以三纵九旅和教导团部分武装及伤病员为骨干，组建独山县大队，由南下干部、本地人邹德胜任大队长，共 100 多人。

我们将干部分到下面开展工作，建立独山等五个区一个镇（苏家埠），并建立区委和区民主政府；接着，组织农会，成立乡民兵武装和六个区干队；随后，宣传土改政策，领导群众斗争地主豪绅。由于局势不稳定，我们又没有足够的武装保护群众，未能进行土改。这段工作只进行了一个多月。

后来，斗争日趋紧张，国民党军向皖西进攻，独山和两河口的吴貌非、宋守成等区干队负责人在形势恶化时叛变（吴、宋二人新中国成立后查出，吴被镇压），县委、县政府被迫撤到水晶庵一带，没有米吃，一天只能吃顿板栗或煮顿鱼充饥。以后，我们将机关迁到落地岗道士冲戴家茶行。这期间，县大队在霸王店打了一仗后与我们失去了联系。

11月1日，我和几个同志正在独山镇附近发动群众时，驻霍山县的国民党第七师一部和土顽从诸佛庵过来，突然包围县委、县政府机关。大家原以为落地岗是山区，比较安全，所以只注意六安县城方向，未注意霍山方向的敌情，加上哨兵失职，结果遭敌偷袭。机关里共有20多个同志，大家奋力向外冲，与敌展开顽强战斗，5位同志英勇牺牲，部分同志被俘，突围出来的只有赵子厚等5人。敌人撤退时，纵火烧掉机关全部房屋。我得知消息匆匆赶回，见茶行余烬未熄，几根倒下的房柱还在冒着轻烟，在残垣断壁之间发现4位烈士的遗体，此情此景惨不忍睹。这时，赵子厚等同志也返回，我们在去龙门冲路边的一条水沟里，发现张克前同志的遗体。我们组织群众装殓掩埋好5位同志的遗体，此时一股热血涌上心头，激起我对战友的深切怀念和对敌人的无比仇恨。

## 被袭之后

独山事件后不久，敌人对大别山的冬季"围攻"全面展开，县委、县政府机关不得不经常转移。从此，我们的斗争进入一个艰苦的时期。

我赶回道士冲的当天晚上，就和李延泽接上头，并与赵子厚找回分散在附近各处的10位同志。几天之后，我们从严家冲下来，到一个庙里开会，分析敌情，研究对策。决定一边寻找县大队，一边把分散在各地的干部和民兵集中起来，继续宣传、发动群众，开展游击战争，打击消灭敌人。会议结束的当天，我和李延泽、赵子厚、王振朝（县委委员）等几个同志就去找分散的人员，共集中20多名干部。在反敌围攻中，经常出现险情。齐头冲一个姓陶的甲长，经过教育原表现较好，便派他送信通知齐头冲的干部回来。他不但不送信，反而把我们在那里的负责人送交国民党区政府。我们考虑情况有变，便隐藏到落地岗对面的山上。第二天，敌人果然将落地岗包围，结果扑了个空。下午，我们见敌人撤走，便转移到齐头冲山上，却被敌人包围，原来敌人并未走远。我们突出包围，翻了几个山头，来到桃冲一个庄子上。此时已是 11 月底了。

连遭敌包围、袭击，大家行军、作战已两天两夜未合眼，十分疲乏。县委、县政府几个同志再次商议，认为我们必须尽快跳出敌人的包围圈子，找到县大队，以武装为后盾，再转回独山县开展工作，否则我们就有被消灭的危险。

根据情况分析，县大队可能去霍山方向。我们不顾疲劳，立即出发朝霍山方向前进，后在太平畈活动了一段时间。12 月中旬去漫水河时，不期在团山找到转战到此的县大队。同志们都非常兴奋和激动，更增添了坚持斗争的信心和勇气。只是县大队由于频繁作战，加上环境恶劣，大批减员，只剩下六七十人。

县委决定打回独山，行至小营口宿营时，我们的警卫班遭敌伏击。为防止再次被敌袭击，天未亮我们就冒着漫天飞舞的大雪和呼啸怒号的狂风，踩着齐小腿深的积雪，朝漫水河方向转移。走了不一会儿，大家便都成了雪人，刺骨的寒风像要把人们的骨架吹散，身体几乎被冻僵了，加上一天多未吃饭，一些同志快要晕倒了。但是，大家仍以顽强的意志，奋力前进。到达漫水河时，正巧碰上三地委、三分区的马芳庭、曾庆梅、霍衣茹等负责同志，听取了我们一个多月来转战情况的汇报，也指示我们回独山打游击，分区还给了一个连，以加强县大队。

1948 年元月，我们带着 20 多名干部和县大队一路苦战回到独山县南面的龙门冲。由于敌人在我方退出时实行白色恐怖，群众不敢和我们接触。根据这种情况，我们开展了以下几项工作：宣传全国解放战争胜利发展的形势，说明我们是不会走的，是一定能够取得最后胜利的，争取最广泛群众的积极支持；了解失散干部的情况，尽快把他们找寻回来；打击敌人的乡保武装，除灭罪大恶极的乡保长，打掉敌人的谍报机构。经过一个多月的工作，收到很大成效。但是，也引来敌人疯狂的围攻和"清剿"，县大队作战更加频繁，损失严重，这也促使我们不得不采取新的斗争策略。


## 跳出圈外

县委遵照上级指示，将力量相对集中起来，形成对敌斗争的拳头；同时改变原来"县不离县，区不离区"的硬性规定，打击、拖疲、消耗敌人，紧密配合外线部队作战,决定跳出独山县敌人"清剿"的范围,到金寨县内活动。我们来到金寨县后,在南溪见到鄂豫一地委书记刘毅,他给我们谈了敌我斗争的形势,并介绍了他们对敌斗争的经验,临了还给了三天的粮食。我们在金寨县活动了一段时间后又返回独山县境。一天,我们从两河口转到龙门冲,遇到两个挑小挑子的,原来是侦探,在我们正准备吃午饭时,引来一营敌兵将我们包围。我们与敌兵展开了一场激烈的战斗,冲出了包围,可是损失了19位同志,分区派来的那个连的连长和支部书记也挂了彩。

当时,我们不仅要与敌人的围攻、"清剿"作拼死的斗争,而且生活极为艰苦。一次,我们打退小保队的追击,经过急行军来到泡土岭,疲劳饥饿异常,想在这里闭闭眼。邹德胜还从老百姓那里买了两只老公鸡,准备改善改善生活。我们刚睡着,敌人来了,还有飞机在头顶上低空盘旋。一见敌人,同志们的精神"唰"地又都振奋起来,疲劳、饥饿一扫而光,端着枪就往外冲,如猛虎下山,九挺机枪借着有利地形一齐开火,敌人伤亡很大。可惜这时我们的弹药快用完了,只得撤出战斗,迅急蹚过下巴河。

我们有个机枪手,是解放过来的战士,台湾人,大个子,枪法很准。一次,我问他:"解放军同国民党军队有什么区别?"他想了想说:"国民党军队挖战壕,解放军不挖战壕。"后来,他的一只手在战斗中负伤,不能打机枪了。部队过下巴河时,水流湍急,他过河困难。我要背他过河,他用诧异的眼光看着我,不肯要我背,我坚持把他背了过去。这一背,使他非常感动,到处宣传说:"解放军同国民党军队就是不一样,国民党军队打败仗,当官的调头先跑,不管士兵死活;我负了点伤,赵县长亲自背我过河,解放军官兵之间真像亲兄弟一样。"以后,他作战更勇敢,拿一支步枪,或单手端着打,或趴在地上打,或架在树上打,仍然是弹不虚发。

## 西线转战

我们过下巴河后,经漫水河转移到太平县,向三分区司令员曾庆梅、副政委彭宗珠汇报了扩大游击区,转战独山、金寨、霍山等县情况。地委和分区领导研究,决定我们不再回独山县了,配合太平县开展工作,活动区域主要在漫水河、太平畈一带。

1947年冬，霍山县革命根据地在敌人围攻下，被从中切成东西两块。西线由李坚、杜炳南、惠举贤等同志领导，坚持武装斗争。我们独山县的干部便同他们一起活动，武装则有我带来的原独山县大队四五十人，惠举贤带来的原霍山县独立营四五十人，活动于下巴河、漫水河、黄栗树一带。在西线，我们经常带领部队破坏敌人的公路、桥梁、电信设备，打敌运输等。当时，由于敌人的封锁，部队供给极为困难，尤其是缺少粮食和食盐。为了减轻人民的负担，就通过打敌运输获得一些粮食和食盐，还要负担由湖北省转过来的48名干部的供给。这些干部跟着我们两个多月时间后，才将他们送了回去。

反"清剿"斗争十分严酷。1948年4月3日，太平县副县长梁平所带干部队突然被敌包围，损失惨重。我们急赶去支援，内外夹攻，才得以突围。

这年6月，我们与皖西区党委书记彭涛和马长炎带的华东野战军先遣支队在霍山县马家坊会合。彭涛对我说："你们有两个办法。一是跟我们走，跳大圈；二是在这里坚持。你看怎么办？"我考虑来考虑去，觉得还是留在霍山好，于是说："我们走了，如果回来情况更不明，还是在这里坚持吧。"他说："后头跟着国民党两个团，你们有没有信心？"我说："有信心，这么大的山，打游击还是有些经验的。"他要给我30匹牲口、2挺重机枪、2门迫击炮。我说都不要。这么多牲口怎么隐蔽，重机枪、迫击炮也扛不动，给我200发子弹就行了。最后，除如数给了子弹外，还是给我们留了1匹牲口。

不久，华野先遣支队在大化坪消灭顽匪国民党霍山县保警大队石家祥部，扩大了我们工作区的范围。于是，我们西线部队在歇马台准备再过下巴河向东扩张，但正赶汛期，河水又深又急，一时过不去。正在这时，敌两个团也朝下巴河方向行进。我们便放弃过河的计划，从敌两个团中间穿过去，向北经黄泥畈插到铁炉山，准备抄到敌人背后。可是，敌人亦返回头，将我们包围于铁炉山。漫山遍野都是敌人，但部队隐蔽在原始大森林里，不易被发现，敌人只是无目标地向山上打枪。这时，我们几个干部抵（碰）头开了个会。我小声说："今天的情况很严重，但若敌人不在下边放火就不要紧。"我要大家把手榴弹都解下来，如敌人未发现就隐蔽，发现了就冲过去。隐蔽到下午六七点钟时，一个班的敌人朝我们隐蔽的老树林方向搜索过来。我命令部队：敌人不到跟前不要打，到了跟前再打，然后向东南方冲去。其实，敌人并未发现我们，他们也不敢轻易往树林里钻，只是随便向树林里喊了几句，打了两枪，过后敌指挥部吹集合号，这个班也就走了。

天黑后，我们终于冲出敌人的包围圈，过新铺沟，来到一个庄子上。大家一天多没吃饭，都很饿，从老百姓家搞了些锅巴，泡上水，规定每人只准吃两口。饭后，部队冒着倾盆大雨继续赶路，转到金寨县边界又遇敌小保队，打死 5 个，活捉 4 个。当时，我们正在学习任弼时关于坚决不杀俘虏的一个讲话，便按政策精神将几个俘虏教育释放了。

第二天天刚亮，敌一股正规军来偷袭我们，邹德胜看到时敌人已快到门口，便"砰"地一枪撂倒前面的 1 个敌兵。大家听到报警枪声，迅速冲出去，将敌击溃。这一仗我们牺牲 1 个同志，还有 1 个同志负伤。

部队转移至黄石河后，遇到曾庆梅司令员，他要我到岳北指挥部任政委。但此后岳北指挥部并未成立起来，我则带部队护送曾庆梅同志到了舒六县，舒六县成立了西线指挥部，由张学祖任指挥，我任政委。指挥部一成立，我们就带领部队在山王河、与儿街、尖冲一连打了三仗，俘虏小保队 11 人，缴枪 11 支。区党委书记彭涛给了我们热情的赞扬和鼓励。

## 军民情深

在反敌"清剿"中，我们自始至终得到人民群众的衷心拥护和全力支援，甚至冒着生命危险保护我们的同志。

1947 年 10 月，两河口区干队叛变后，区长刘岱被一家群众保护起来，使他得以克服重重艰难险阻，终于在金（寨）霍（邱）交界的大岗一带找到我们。1948 年元月，泡土岭战斗后，我们 70 多人的队伍过下巴河转移到一个庄子上。群众像接待远方来的亲人一样，家家户户为部队烧水做饭。当时群众生活还十分艰苦，但家里有什么就拿出什么，有多少就拿出多少，有的发面粑，有的做大米饭，有的下挂面……有位老大娘，听到一个战士喊我赵县长，非常高兴，亲热地与我攀起家门来了，骄傲地说我们老赵家也有当县长的了。部队在这里饱饱地吃了一顿，美美地睡了一觉。我在金寨白大活动期间，时值隆冬，光着脚板没鞋穿。一位妇女看到心疼不得了，连夜为我赶做了一双厚厚敦敦的鞋，使我深受感动。我们驻守苏家埠期间，有位中年妇女交来一把手枪，深情地向我们叙述了一件感人的事情。那是 1948 年初，六合县委书记赵锦章在苏家埠宣传发动群众时被敌包围、追捕，在万分紧急的情况下，他跑到一群众家里。就是这家一位中年妇女当即将其隐蔽在房内，毫不犹豫地脱下自己身上的外衣帮他化装，并收藏好赵交给她保管的手枪，随后又找人护送赵锦章脱险。

## 迎接胜利

1949 年元月，皖西全境基本解放，三地委及时调整了行政区划，决定仍恢复独山县，由我任县委书记，杜炳南任副书记，王冲霄任县长，机关设在独山镇。军分区给了我们一支 35 人的武装。我们正准备出发到独山去时，地委派人通知要我们先到苏家埠接收国民党区政府罗鸿卿起义军队。过去独山县委、县政府曾做过罗的工作，我与罗也有过接触。这次罗部宣布起义前，敌六安县姓李的副县长曾去动员罗部撤退，被群众包围。敌副县长竟下令开枪，这时一个工人老奶奶突然从背后冲过去逮住李，将其紧紧抱住，李急抽出匕首刺老奶奶的手逃跑。我们接到通知后立即出发，到苏家埠完成接收罗部的工作。2 月，区党委决定撤销独山县建制，我调至专署工作，从此独山县完成了它的历史使命。

（姚昌喜　整理）

原载陈忠贞主编：《皖西革命回忆录》第三部《解放战争时期》，安徽人民出版社，1991 年，第 322 ～ 330 页。

# "他是我娘家兄弟！"

## ——舒六斗争生活散记

◎ 张冀凯

### 中农利益不能侵犯

1947年9月，我和余光、白鲁克、林杰等同志一道被分配到舒六县工作。

10月下旬，皖西区党委根据中央公布的《中国土地法大纲》，决定在全地区实行土地改革，以此来发动群众，巩固根据地。舒六县是皖西地区的前沿，虽然经过2个多月的群众工作，但村政权还没有完全建立，贫农团还不健全，民兵组织也没有完全组织起来；同时，国民党反动统治并未被完全摧垮，保甲制度、特务组织（每保，甚至甲都有中统特务情报员），逃跑的地主、恶霸、保长等反动势力仍在暗中威胁着人民群众。蒋介石的33个旅尾追着挺进大别山的人民解放军主力，在大别山周围绕圈子。群众看到今天路过的是人民解放军，明天是国民党部队，像走马灯一样。群众对我们能不能站住脚跟，还有怀疑。在这样的形势下，进行土地改革，显然条件不成熟。县委经过分析研究之后，决定先发动群众分浮财，下一步再考虑分田事。我和毛竹园区区委同志商量先找两户逃亡地主，经过宣传动员，讲明政策，组织群众分浮财。经过几天的宣传动员，几个村子只动员了40多人，大家分了一些粮食、衣物等东西，看来群众还有顾虑。第二天就听到有的人把白天分的东西，当天夜里又偷偷送回去了，不敢要地主家的东西。接着还发生这样一件事：五显村西北脚下一个小山庄，有个富裕中农，夜间被自称是贫农团的一伙人分了浮财，衣服、粮食搞个精光。我们感到很奇怪，我们的政策讲得很清楚，保护中农利益，只分地主、恶霸家的浮财，富农都不动，怎么能搞到中农头上呢？同时我们组织贫农团去分浮财是有计划、有组织的白天搞，为什么要黑夜去搞呢？是哪个村的贫农团搞的呢？立即组织人去调查了解，原来是一个逃亡保长冒充贫农团带一伙人搞的。这显然是有意搞破坏，扰乱人心，挑拨我们与人民群众的关系。为了安定人心，我们立即向群众和这户中农宣传我们的政策，讲清楚这不是贫农团搞的，而是坏人冒充贫农团破坏分浮财，有意破坏我党和政府的政策。我们向这伙人特别是为首的提出警告：限三天内把东西送还原主，并赔礼道歉，公开承认错误，政府不再追究，否则，你逃到天涯海角，也要捉拿归案，一切后果由本人负责。后来一些胁从分子把分的东西送回了一部分。

## 冷饭团与吃饺子

1947年冬，蒋介石集中兵力，对大别山区进行全面围攻。这次敌人进山后，采用碉堡政策，把大小村庄、重要路口、山口都驻上了部队，设上岗哨。白天还上山反复"清剿"搜查，像拉网一样，搜来搜去。我和毛竹园区的干部、战士们为了保存力量，不得不化整为零，分散隐蔽。我们思想上都做了充分准备，敌人不到面前不理睬，一旦被敌人发现，就和敌人拼，打死一个换一个，决不当俘虏。国民党的兵一般是怕死的，他们不敢到半山腰的密林草丛中搜查，只在山上乱打枪、喊话、骂娘，恐吓我们。

我们白天上山隐蔽，晚上到集合地点再集中起来，找个没有住敌人的小庄子做饭吃。有一天，我们找了两三个小庄子都有敌人，跑了半夜才找到一个没有住敌人的庄子住下，搞饭吃。没有菜，白米饭吃着特别香甜。开始几天，整天饿着肚子，天黑后下山才能吃顿饱饭。有一天炊事员聋子（山西武襄人，因打仗被炮弹震聋了，同志们都叫他聋子）做的饭特别多，同志们问他做这么多干什么。他说，吃不完，每人装一包饭带上山吃。他一下子提醒了大家，称赞聋子想出的好主意，又立一大功。可惜，这位同志在"围剿"中被敌人俘去，生死不明。现在，我还非常怀念这位勤勤恳恳、任劳任怨、热心为大家做饭、烧水的解放军战士。

1948 年 2 月，军分区派李同柱同志带一个 50 多人的武装来到毛竹园区和我们一起开展工作。新来的队伍加上我们十几个人的区干队，在李同柱同志指挥下，战斗力很强，完全能够对付敌人的区、乡武装和还乡团。

李同柱带部队到这个区正是农历正月初三，按北方习惯农历初一要吃顿饺子，可一直没有顾上吃。李同柱带部队来了，我们决定吃顿饺子，一是欢迎县大队同志，二是补初一的饺子，大家在一起欢聚一下，也算过年了。我们就住在江家山一个庄子上，忙着买肉和菜，准备包饺子。不料，有特务向敌人报告说区政府和区干队在某地准备包饺子过年。舒城县联防大队和还乡团共四五百人来奔袭我们，妄想一网打尽。包好的饺子已经下锅了，有的正准备吃，突然发现了情况，急忙撤出庄子上了山。敌人以为只有区干队和区政府几个干部，想一口吃掉，来势很猛却不知道还有部队在山上的另一个庄子。二十七团二营和基干团二连也碰巧赶到，我们立即兵分三路出击敌人。像赶羊似的，一下子把敌人打得溃不成军，狼狈逃窜，打死打伤敌人 30 多个。大家高兴地说：饺子没有吃成，但打了个小胜仗，这个年过得还不错！

为了从根本上解决吃粮问题，我和区委书记张学祖、李同柱等同志反复商量，决定打出去向山外要粮。事先经过调查，选好目标，带领部队、县大队夜间下山，奔袭敌人的区、乡公所或者包围地主的围子，向他们要粮、要钱。头两次我们去的人少，带回的粮食不多，后来就动员山区的群众，带着箩筐和我们一起下山，担的担，背的背，把粮食运回山里，分散存放在山上群众家里，和群众共同食用。后来是谁担回的粮，就归谁。这样我们和山里的群众吃粮问题就暂时解决了，也进一步密切了我们和群众的关系。

## 甩开敌人

但是敌人常常用奔袭的方式，有计划、有目标地包围一个地区，给我们带来很大威胁。有一次我和分区基干团的一个连到张母桥一带活动，晚上住在长冲口一个庄子。天亮时我们派出的流动哨和进山"清剿"的敌人碰上了，我们听到枪声跑出来一看，情况不妙，敌人已经分两路包围上来，也弄不清有多少敌人，连长便指挥部队往山上边打边撤。跑上山即发现天龙庵（这一带最高峰）已有敌人，堵住了我们的退路。连长指挥队伍从半山腰往西撤退，又和西边进山的另一路敌人碰上了。一下子把队伍打散了。这时我实在走不动了，坐在一块大石头上喘气，想想怎么冲过去，决定冒一次险。我穿的是便衣，提着手枪，有意放慢脚步，仍向天龙庵西边山梁上走去。山梁上只有几个敌人在叽叽哇哇地讲话，大部敌人都顺山梁追我们的部队去了。我走上山梁后，突然沿着往山沟去的小路飞跑，敌人才发现我不是他们的人。"这里还有一个！"边喊边打枪。我一口气跑下山沟，顺沟往山里跑，又翻一个山梁，跑到我们预定集合地点时，连长他们正在着急地等待跑散的同志们。我和连长观察了周围的山头，只见东、南、北三个方向大的山头上都有敌人在活动，说明这是敌人有计划地围攻我们这一带山区。这时还有10多个同志未回来，时间紧迫，不能再等了，我和连长决定向西北张家店方向转移，一口气跑出金子冲外10多里，跳出敌人的包围圈。第二天敌人撤退后，我们又回到天龙庵一带，在山坡上掩埋了2名牺牲的区干队员：一个叫包新柱，韦洼人；一个叫靳机匠，九井人。其他跑散的同志也先后回来了。

敌人突袭我们，我们也经常奔袭敌人的乡公所、还乡团，刷写标语，扩大影响。山区周围几个乡公所的乡长、还乡团等人员晚上不敢在乡公所住，甚至白天也得学我们"打游击"，不敢有固定地点。对那些作恶多端、极其反动的乡长，也曾捉住惩办了2个，事先把布告写好，盖上区政府的大印，一旦捉住这些坏家伙就就地枪决，同时贴出布告。这对打击敌人和瓦解敌人起到一定的作用。

## 鱼水情

1948年八九月间，我害了一场大病。平时像疟疾、疥疮、头痛、发烧、感冒等疾病，谁也不在乎，同样和同志们共同战斗。可我这次发烧却几天不退，而且是高烧，汤水不进，整天昏昏迷迷的，实在不能跟大家一起活动了。当时和我在一起的县长张国平同志跟区长常振英同志商量，想把我送到陶家大岭陶家养病。陶家在舒城县有点名气，老大陶复苏在县中当校长，又是县参议员。老二、老三也在外地教书，只有老四（也是知识分子）在家主持家务。我们活动到陶家大岭后就注意做些统战工作，特别是在和陶家老四接触中经常向他宣传我党我军的政策，讲全国的形势，揭露国民党反动派的罪恶本质。我们还主动向他借些书、报纸看，有借有还。陶老四还能谈得来，他对国民党的腐败是不满的，政治上比较开明。我们也发现县保安团、区乡土顽武装来山区"清剿"，从不进陶家大院，当然他们不会怀疑陶家藏着共产党的人。在陶家养病比较安全，吃住也较易解决。他们把我送到陶家大岭，先找陶家老四说明来意，老四有点为难地说："张政委在我家养病，吃住都没有问题，敌人来了怎么办？我们不敢负责！"张县长说："咱们都打开窗户说亮话吧，叫张政委到你家养病，是我们信得过你，你家的情况我们都知道，县保安团、区乡武装都不会来你家的，只要你真心保护我们，是不会出问题的。"老四沉默了一会儿说了真话："县保安团、区乡队，我可以负责，广西佬部队来了我可不敢负责。"张县长说："如果是广西佬部队来了，我们就把张政委转移走。但是，一有消息你要告诉我们。"这样老四答应下来了，我就住进陶家后院一个屋楼上，老四还专门向他家的长工、佣人打招呼，要他们绝对不能外传，以全家性命担保等。在陶家住下后，老四很讲友情，不仅在生活上悉心照顾，还想法子从山外请来一位老中医。我吃了两服药，逐渐退烧。经过20多天的治疗、休养，我的病情逐渐好转，身体逐渐恢复，我就离开陶家又开始工作了。在陶家养病期间，敌人的保安团带领区乡武装来过两次，都是从陶家大院门前经过未停留就走了。

1948年的秋末，敌人又进山"清剿"，我们事先得到情报，就转移到金子冲外的一个庄子。过了两天，听说敌人撤走了，我叫通信员莫怀阳去山里边探探情况，同时想和张县长取得联系。去了多半天，小莫才气喘吁吁地赶回来说："乖乖，好险，差一点儿当了俘虏！"我问他怎么回事，小莫说他走到金子冲上面快要翻岭时，想到路旁边一个单门独户的人家打听下岭那边的情况，刚走到门口，从门里走出两个身挂手枪的便衣。小莫一看是敌人的便衣队，扭头就跑。敌人边追边喊："站住！不站就开枪啦！"在这十分紧急时刻，房东儿媳妇听到喊声就出来了，一看追的是小莫，急忙喊话："不要追了！他是我娘家兄弟！再追就吓死他了！"这一喊敌人停住脚步。小莫急忙拐进竹林往山上跑了，在竹林里还听到敌人问房东儿媳妇："是你娘家兄弟，他跑什么？"她便说："还不是怕你们吗！"他们再讲什么话，小莫听不清了。我听小莫讲述后，十分感动地说："怀阳呀，你要牢牢记住，这是人民群众冒着多么大的风险来掩护我们呀！"敌人全部撤退之后，我带着莫怀阳到金子冲岭上去感谢人家。房东儿媳妇说："那天，我一看是小莫，真急人，我心里一急，顺口就说，他是我娘家兄弟，不要追了！幸亏敌人就信了，事后我还真有点害怕哩。"房东老太太和老头都说："我们在房里听外边喊话，还当真是她娘家兄弟来了哩。敌人走了后，媳妇才告诉我们，是张政委的通信员小莫来了，在门口碰上敌人，多危险呀！"

原载陈忠贞主编：《皖西革命回忆录》第三部《解放战争时期》，安徽人民出版社，1991年，第345～351页。

# 难忘的岁月

◎ 刘景华

## 南　下

　　1947 年 5 月底，组织上调我到太行区党委学习，在一起学习的涉县同志还有白鲁克、杨毓贵、常振英等 14 位同志。我们学习结束，便待命南下。行前由赖若愚做动员，要求各人行李轻装，思想上则要做好"打到敌占区，解放全中国"的准备。听了报告后，我们每个同志都感到心头发热，油然而生无限的光荣感和自豪感。

　　7 月上旬从太行山出发，我们干部队的五队书记是傅大章，支委有林杰、余光，林杰兼队长。一路经阳邑、武安、邯郸、大名，到山东阳谷。沿途各地政府和人民都是热情接待、热烈欢送。在阳谷休整半月，山东军区文工团还为我们演出京剧《三打祝家庄》。7 月下旬的一个夜晚，经旧寿张过黄河，进入敌占区。这时情况大不相同，头上有敌机盘旋，地下有敌军袭击。我们都置之不理，你捣你的蛋，我行我的军，每天日落行军，日出休息，至少行军 100 里。渐渐地，许多同志感到难以支持，行军时打瞌睡，宿营时不想吃，只想躺倒睡觉。这时大家都自然想到了太行山，当时太行山人民虽是糠菜半年粮，而我们在近一个月的学习中吃的却是米和面，每周还能吃两三次肉，党组织考虑得真周到，把我们体质养好些，就是为了使我们能适应艰苦的环境。同志们都立下誓言：一定要完成任务，报答党的信任和关怀，为老区人民争光。

过郓城、商丘、亳县、阜阳……到固始，9月初，我们终于进了大别山。不几天，马芳庭同志主持召开动员大会，于一川同志做了动员，随军干部被分送到各县工作，我被分配到舒六县毛竹园、中梅河两区。

# 扎 根

初到舒六县，首先碰到的问题是人生地不熟，又因为我们这批同志大都是山西、山东、河北人，几乎完全听不懂当地方言，开展工作十分困难。怎样扎根呢？我们牢记毛主席依靠群众的指示，发动群众，争取群众。国民党反动派欺压大别山人民很厉害，再加上地主的剥削和压迫，老百姓吃饭穿衣都很困难，我们一到就开地主的粮仓，分地主的浮财，群众很受感动。此后，有的还主动要求给我们带路，加入我们的队伍。在学习当地语言、熟悉环境之初，我们也受到了一定的损失。有的同志晚上住下了，夜里还乡团摸进来，还未弄清方向，就被敌人搞掉了，杨毓贵同志就是其中之一。另有一位同志，一次被敌人追赶，他向老乡问路，老乡连说带指，还未搞清，就被敌人追上了。为了消灭敌人，我们加强了武装力量，从部队抽调整连、整排到地方工作。中梅河区就有个班，班长是王世海同志，加上我们干部共十三四人。敌人经常在九井、干汊河一带活动，离我们的活动区域只有一二十里。吸取杨毓贵同志牺牲的教训，为了不让敌人摸到我们的规律，我们晚上睡觉常常不固定在一地，东家睡两小时，西家睡3小时，人是苦一点累一点，但是安全些。秋后天气冷了，我们南下时天气热，未带冬衣，只有多穿件夹衣。没有鞋就穿草鞋，我不会打草鞋，就找同志帮忙。来时带的被子、帐子、油布被敌人搞掉了，晚上睡在基本群众家，就生一堆火，搞些稻草，连垫带盖，前身烤热了，再转过身烤后背，我们管这叫"铺稻草，盖稻草，围着大火才睡觉"。在群众家，纪律是严明的，一是要打条子，条子以后可作为交公粮的凭证；二是不能难为群众，群众吃什么我们吃什么，常吃的是六谷糊，更谈不上有什么菜。环境恶劣时，有的从早到晚吃不上饭，到半夜里能吃碗六谷糊糊就感到分外香，也感到群众支援的宝贵。虽然环境艰苦，同志们没有一个叫苦的，大家只有一个共同的信念：坚持下去就是胜利。

## 坚 持

冬天来到了，国民党调集重兵对大别山区进行大规模的"清剿"，我主力部队和县区以上机关灵活地跳出敌人的"清剿"范围，留下小股武装就地坚持。舒六县中梅河区、毛竹园只留下了韩玉春、刘景华等 8 位同志。

大别山确实是个好地方，山清水秀，树木成林。这里从山头到山下，遍布杉树、松树、茶树和竹林，这种条件很利于我们进行游击战争，敌来我去，敌去我来，不愁站不住脚。于是，我们每天和敌人周旋，他们在山下"清剿"，我们就上山；他们从左边来，我们往右边去；他们"剿"到我们前头，我们就从后面打他们几枪。跋山涉水，滑跤、扭脚、树枝剐脸就全顾不上了。这段时间约莫有一个半月，特别艰苦，有时两天才能弄到一顿饭吃，晚上到山上睡在老百姓为防野猪吃庄稼时搭的六谷棚，白天下山联系群众，了解敌情。这一阶段，本地干部余建国做出了很大贡献。他人熟地熟，这个冲，那个镇，一清二楚。我们每晚宿营要换三四个地方，都是他带路、他去敲老百姓家的门，了解敌情也数他最有功绩。

在反"清剿"的日子里，我们每天都能听到枪声。同志们都说："我们的头是挂在皮带上的，能消灭一个敌人够本，消灭两个赚一个，为了解放全中国，死了也甘心。"正是有这种精神，我们在大别山坚持斗争的同志，没有一个逃跑的，没有一个投敌的，被敌人抓去没有活着回来的。

## 失 友

1948 年 4 月，主力部队和我县区机关回来了，集中在上滑水河。敌人"清剿"把粮食搞光了，部队和机关吃饭成了问题，我们就地坚持的 8 位同志主动请求下山搞粮食。县委领导同意了，又把回来的区干队拨给我们，共计 28 人，1 挺机枪，20 多支步枪。

我们由上滑水河出发，经下滑水河，转至毛竹园，遭遇上还乡团 100 多人，敌强我弱（我们队伍中有 20 位同志是彻夜行军归来，体力尚未恢复），天又下着毛毛雨，我们先后撤到下滑水河、上王庄，并派张世霞去毛竹园方向监视敌人，全队在上王庄休息。不料被还乡团发现，立即去梅河镇带来了国民党一个主力营，加上国民党联防队、还乡团共 500 多人，从东、西两面上山向我们合击。东边是大塘弯，西边是花家弯，我们的东边有一条四五十米宽的河，不远处又是一片竹园，敌人就隐蔽在竹园李家院子里。我们不慎陷入了敌人的包围之中，上午 10 时左右敌人对我们突然袭击，用轻重机枪加步枪向我们疯狂扫射，企图封锁我们的退路。我们猛烈还击后，决定立即分散突围。当时区干队王世海、谢小龙、吴秀武、汪林明、蒋龙丰、蒋仕才、蒋仕友、王安发、余世荣、蔡传海等 10 名同志已负了伤，我们要背他们突围，王世海同志用命令的口气说："不要管我，快撤！不然我们一个也走不了，你们走，我们掩护你们！"我们无法，只得含着泪离开了王世海等同志。由于他们阻击掩护，我们突围了，而王世海等 10 名战士当场战死，其中蒋仕才同志负重伤被俘，他坚贞不屈，被敌人打死又投尸池塘。噩耗传来，我们非常难过，没有不掉泪的，大家报仇的心像火一样。韩玉春同志和我找到曾庆梅司令员，曾司令员安慰我们，并说这个仇一定要报，要我俩带同志们先休息一下。不几天，曾司令员率部队在舒城西汤池狠狠地打击了敌营，歼敌 100 多人，不久又将该营全歼。这时曾司令员派同志带来口信，告诉了我们这个胜利的消息。

## 除　害

　　1948 年 3 月，敌四十八师的两名士兵竟在光天化日之下，残忍地轮奸了一个 20 多岁的孕妇，还持刀威胁该孕妇送钱来，否则就杀死她。这件事发生在中梅河镇上，当时许多镇民咬牙切齿，但敢怒不敢言。她丈夫拼死拼活地跑来，向我们哭诉。我们听后既伤心又气愤。当时敌人在这一带活动频繁，我们小股武装去了，若与敌遭遇会有全队覆灭的危险，怎么办？考虑到我们是人民的队伍，解救群众是我们应尽的义务，就是死也值得。事情紧急，即由这人带路，我和贾银锁带 4 个同志进镇抓敌。我们一到出事地点，首先按倒一个坏蛋，另一个拔腿就跑，被一个同志绊倒，两个坏蛋连连磕头求饶。我们二话不说，将他们捆住，押进山里。

　　在老百姓家，我们紧急审问了这两个家伙，他们磕头认罪，但又诡辩说是想弄点钱开小差回广西。我们责问道："你开小差没有钱就要钱，为什么轮奸妇女，还要行凶杀人？"这两个人面兽心的家伙说不上话来。

第二天上午，我们一面派人监视敌人，一面在中梅河召开群众大会，宣读了匪兵的罪状，宣判其死刑，当即将二匪枪决，并以区政府名义贴出布告。下午，敌人闻讯赶来，见到了布告和尸体，穷凶极恶地抓了5个镇民和过路群众，有卖香烟的，有挑木炭的，均在下午残忍杀害。群众对此愤愤不平，说："共产党、八路军杀的是坏蛋，国民党、中央军杀的是好人。"他们消除了疑虑，不仅敢跟我们接近，还主动替我们站岗放哨，通风报信，让房做饭，嘘寒问暖，与我们结下了鱼水之情。

# 缴　枪

1947年秋，我们听上白屋村的余建国讲，中梅河镇潘仁林镇长的枪就藏在保长陆奎郎家里，梅河镇上有他的弟弟了解情况。我们听了感到这问题确实很重要，如果不解除敌人武装，必然后患无穷，当时决定叫余建国带路，去抓陆保长弟弟。晚10时左右我们出发了，天黑得伸手不见五指，虽然只走了10多里路，总觉得有二三十里路那么远。陆奎郎的弟弟在街上开了个陆字商店，余建国带我们敲开门进去，要他交出潘镇长的枪，把他吓得不得了。过了一会儿他镇定过来了，便抵赖起来。余建国把他藏枪的过程、枪支的数量都说了出来，他还是抵赖说没见过。我们几位同志商量，带他上路。出梅河镇不远，他就软下来了，答应给我们去取枪，但又要我们保守秘密，以便在潘仁林和陆奎郎面前过得去。天亮前，我们在陆奎郎家房子天棚上取出12支枪、100多发子弹，全武装了我们区干队。

取枪以后，陆奎郎报告了还乡团，说这事是一位叫王金娥的妇女报告的，她还有个儿子是新四军。后还乡团抓住王金娥，在中梅河枪决了。我们知道这事都很气愤，同志们都表示要为死者报仇。陆奎郎以后被我们抓住镇压了。

过了三五日，上白屋山头上忽然传来两声枪响，我们立即警惕起来。几个同志摸到山头，碰到两个身穿长袍、头戴礼帽的人，我们几支枪顶住了这两位不速之客，问他们是干什么的。这两位连说"误会，误会"，并把手上的枪放在地上。经过盘问，才知道他俩是一直坚持在大别山的游击队同志，一位姓丁，一位姓王。他们听说我们在这里活动，故意放的枪，想和我们接个头。当时我们心里很高兴，便连连道歉，把枪还给了他们。详谈之后，知道他们离这里不远，有 10 多里路，他们多年坚持战斗，吃住都没有固定地方，还是日日夜夜、年年月月和敌人斗。他们穿长袍、戴礼帽是便于公开活动，把步枪锯短，为了好背在身上隐蔽。游击队同志又介绍说，他们这次来是想联合我们搞花果园保长江杰的枪。我们决定联合行动，不到半小时，就到了江杰的家。我们要他老婆把枪交出来，开始她还不承认，她怕以后被带走，吃苦头，便交出步枪 3 支、短枪 1 支。我们与游击队的同志分手了，我们共同战斗的时间只有一天，但到了今天，丁、王二同志的音容笑貌仍在眼前，永久难忘。

原载陈忠贞主编：《皖西革命回忆录》第三部《解放战争时期》，安徽人民出版社，1991 年，第 352～358 页。

# 战斗在金寨

◎ 张延积

## 一

1947 年夏，由冀南干部组成的南下干部第四支队，随刘邓大军二纵队南下大别山。到达商城后根据上级指示，我们支队留一个中队在商城开展工作，其余四个中队要迅速到达立煌县城听候上级分配。我们沿山路向东，翻越几座大山进入立煌县属的汤家汇，沿着山间河冲经南溪朝着立煌县城所在地金家寨急速前进。在我们到达之前，中原局曾分别任命李友久、杜润生为立煌县委书记和县长。9 月 3 日，金寨县被我东线三纵八旅解放，随三纵南下的太行干部于 9 月 4 日组成县委和县民主政府，由白涛任县委书记兼县长，余光任县委副书记。县政府成立后，立即开仓济贫，召开群众大会公审敌立煌县长李宣。两天后，县委接到上级指示，除留白涛等部分同志外，大部分同志要随军东进开辟新区工作，此时他们正急待着我们的到来。

9 月 8 日，我们到达金家寨与白涛等会合。太行、冀南的南下干部见面后格外亲切，各自畅谈南征见闻和亲身体会，共表创建大别山根据地的决心。

过了两天，鄂皖工委一地委书记刘毅同志到达金家寨，召开县团以上干部会议，传达刘邓首长和工委、军区首长的指示，指出：立煌县是大别山的腹心地区之一，是老苏区，群众基础好，决定将二纵队后方机关设在这里，定为地委的重点县，冀南干部队大部分留在这里，抽一部分到固始、霍邱一带随军开展工作。由于立煌县山高林密，可作为后方依托，决定将二纵队教导团放在东部和北部，将二纵队后勤部监护营放在西部，将二纵队政治部和五旅抽调的一部分干部放在西南部，从太行南下干部队中抽出一部分干部放在东南部的吴店区。当时在立煌县的部队和干部共有3000多人。

最后宣布县委会成员名单，由我任县委书记，白涛同志任县长。由于刚进山，群众尚未发动，残匪尚未肃清，我们的力量不能过于分散，区委书记均由县团级干部担任。同志们都能以党的利益为重，愉快地接受了组织分配，有的还再三表示愿到最艰苦的地方去工作。

第一次县委会议，作出三条决议：

第一，因为"立煌"是为表彰国民党将领反共有功而建，故首先要改县名，出安民布告。经县委研究，上级同意将立煌县改为金寨县，白涛同志当即亲自撰文，用通俗易懂的五言绝句，流利的书法，亲笔写了十几张《金寨县民主政府布告》张贴全县重要集镇。从此，金寨县便以新名称载入史册。

第二，建立区级党、政领导机构，任命区委会、区政府主要领导成员。每区配工作队30人至40人，人人配备长短枪。

第三，进行广泛宣传，组织政治攻势。

会后立即进行区乡政权建设，到9月底全县9个区已全部建立。同时在二纵支持下，抽调部分武装力量做骨干，组建金寨县大队共200多人，大队长王相卿、副大队长张泰升、政委张延积和副政委车盛珠。此外，各区也分别建立50人左右的武装，到年底全县人民武装力量发展到1000多人。11月下旬，为了适应反围攻斗争的需要，中共鄂豫一地委决定将金寨县一分为三，金寨东部建金东县，白涛任县委书记兼县长，并组成武装集团，由张绍基任指挥长，白涛任政委。金寨北部地区组建金北工委和金北办事处，工委书记李晓明、主任孙荣章，金北武装集团由黄耀华任指挥长，李晓明任政委。这时原金寨县只辖7个区，我任县委书记，张健三任副书记，县长是王相卿。并建立金寨独立团，由李华珍任团长，我兼政委，高峰任副政委，张泰升任参谋长，车盛珠任政治处主任。

## 二

我刘邓大军的到达、大别山区的解放，给老苏区人民特别是给广大贫下中农、红军烈军属以极大的鼓舞。当群众晓得我刘邓大军就是当年红军后，感情更加亲切，心情更加激动，无数往事涌上心头，有的热泪盈眶，如同亲人重逢。

许多人主动向我们介绍革命斗争历史和当地情况，有的还主动要求当向导领部队到深山老林清剿残余敌军，不少青壮年要求参军或出来工作。一时整个金寨群众欢欣鼓舞，革命热气腾腾。

从1947年9月初到11月底，鄂豫区（10月份后金寨上属鄂豫一地委）大部分山区为我军解放，有的县城如金寨、新县还一直为我军控制，敌民团土顽残部退居深山隐蔽，敌正规军虽有几次向我腹心地区实行反扑，但怕被我主力部队包围歼灭，也不敢久停。整个鄂豫区的大部分山区，形势是稳定的。

根据中原局关于放手发动群众，创建大别山根据地的指示，广大干部发扬了我党我军艰苦奋斗密切联系群众的优良传统，起早摸黑，翻山越岭向群众进行形势教育，宣传蒋必败、我必胜的道理，宣传党在新区的各项方针政策；在我军控制区发动群众进行政权建设，开展土地改革。他们克服语言不通和生活上不习惯的困难，访贫问苦，组织贫农团，培养积极分子，团结广大农民群众控诉国民党反动派的罪行，对地主恶霸展开诉苦斗争，提高基本群众的阶级觉悟。

同时，我全县武装力量向国民党土顽展开清剿，将军事进攻和分化瓦解结合起来，收效甚大。我们还通过区、乡政权，征集了一部分粮食和布鞋、草鞋，供部队和后方机关用，有500多名青壮年参军和脱产工作，从而使我县区武装和县区领导机关增加了新的血液，为我们坚持艰苦的游击战争，做了组织准备。

## 三

在坚持金寨县艰苦的武装斗争中，我们还多次得到上级首长的重要指示。

1947年11月上旬，鄂豫军区段君毅政委写信给县委，信中指示：我军进入大别山后，打乱了蒋介石的整个内战计划，出现了全国性胜利局面，敌人为了摆脱其被动局面，急忙调集20多个师的兵力准备进攻大别山区。要求县委搞好备战工作，依靠群众，坚持斗争。县委立即召开会议作了备战部署。

12月，邓小平政委、李先念副司令员、李达参谋长和鄂豫区党委书记段君毅率领警卫部队，到大别山腹心地区各县检查新解放区工作。首长们由商城南部黑河一带到金寨县漆店楼房村，听取了县委关于全县对敌斗争形势、土地改革、县区武装建设、党内思想状况等问题的汇报。

首长们对在新解放区正确执行政策问题，作出重要指示。最后，邓政委着重讲了如何坚持大别山斗争问题，强调指出：部队与地方之间，南下干部与原来坚持大别山干部之间要团结一致，县委是全县党的领导核心，应当有魄力组织各方面的力量搞好工作，坚决不允许有各自为政的现象。这是能否坚持大别山斗争的根本问题。县委立即召开会议，学习邓政委的重要指示，一致认为邓政委对金寨县工作的重要指示切中要害，是开辟新解放区工作的及时雨。

1948年5月上旬，我和金寨县县长林木森同志，金东县指挥长张绍基同志、政委周荣家同志率金寨县南、中两武装集团和金东县武装，到商城南部与二纵五旅十五团的部队会合。三县武装共1500余人，在商城达权店一带集中活动，遭到敌正规军的夜间包围，幸及时发现，迅速转移，未受到损失。但敌人尾追我军一整天，我军且战且走，直到湖北麻城交界处才脱离危险。在麻城木子店一带见到鄂豫军区司令部首长，三县的领导干部向王树声司令员、段君毅政委汇报了敌情。首长就鄂豫区对敌斗争形势和如何坚持武装斗争作了指示。王司令员强调指出：只要我们能在大别山坚持住，把敌人大量正规军牵制住，使我刘邓主力在外线大量歼灭敌人，将来全国胜利后，毛主席在功劳簿上也会给我们记上一份成绩。首长还在有限经费中挤出100银圆，让我们采购油盐。然后我们重返金寨、商城南部大别山区活动。

在金寨武装斗争局面极其困难的情况下，鄂豫军区副司令员郭天民同志在汤家汇听取了我的汇报，并语重心长地对我说："战胜困难最有效的办法是加强党内军内的团结，既要善于打击敌人，还要善于保存自己。"他讲到自己过去在红一方面军做过军事工作，和刘邓首长很熟。刘邓是我党我军卓越的政治家和军事家，只要能按照他俩的指示办，我们就能在大别山坚持住，并能取得最后胜利。

# 四

1948 年春，我刘邓大军主力部队遵照党中央、毛主席的指示，转移外线，大别山区只留下少量部队，配合地方武装坚持斗争。敌整编第四十八师的一个旅占领金寨县城，这时分散在全县深山老林的敌民团土顽武装也顿时猖獗起来，积极配合敌人正规军，袭击我县区武装和后方机关，杀害我工作人员。

在这困难时刻，鄂豫区党委、军区迅速转发了中原局关于坚持大别山武装斗争的紧急指示，指出："为了迎接严重困难局面的到来，各县力量必须迅速集中，要建立若干个百人左右的武装集团，只有这样才能打击敌人的乡保武装和地方爪牙，保卫群众的利益和保存我们的有生力量。"金寨县委根据中原局的电报指示，组成了县独立团及南、北、中共 4 个武装集团，各集团的指挥长由军队干部担任，政委由地方干部担任，划分活动地区，依靠群众就地坚持武装斗争。

1948 年的上半年是坚持大别山武装斗争最困难的时刻，以整编第七师、第四十八师为主力的敌正规军，配合敌民团土顽武装向我整个鄂豫区的深山区展开了反复的"清剿"和进攻。为了有效地打击敌人和保存我们的有生力量，我各武装集团都依托深山密林、偏僻山区作为活动基地。

我们面对的敌人是桂系部队和当地民团土顽。他们熟悉地形、会爬山，善于用迂回包围的山地战术，常采用夜间行动，长途奔袭，拂晓包围进攻的战术，妄图将我们一块块吃掉。而我们的干部、战士，大多来自冀南、冀鲁豫平原地区，别说爬山，很多同志在南下前还从未见过山，就是从太行山区来的同志也存在着生活上不习惯问题，患疟疾病的人数甚多，体质大为减弱。粮、油、盐、款都严重不足，在敌情紧张时部队经常忍饥挨饿。更为严重的是，在敌人连续"清剿"进攻下，我们已无后方可依托。

但是困难再大也吓不倒我们，越是艰苦，越能锻炼我们的革命意志。北方来的同志很快适应山区环境，掌握了适合山区特点的游击战术，战胜了各种各样的困难。

金寨县独立团和各武装集团，依靠广大群众，依托深山密林与"清剿"的敌人进行周旋，并找机会给敌人以回击。1948年2月下旬，我二纵后方医院警卫连，在北集团指挥长袁兴民同志和连长指挥下，伏击敌第四十八师一个营，保护了伤病员的安全转移。我县独立团在团长李华珍、参谋长张泰升两位同志指挥下，于1948年三四月间，在李集、汤家汇两地区，曾给敌第四十八师以有力的回击，并多次痛击过彭宗春、周相波两股民团土顽，消灭其100多人。我南溪、汤家汇两区武装，还在南石塘附近袭击过敌人正规军的后勤辎重部队，缴获粮食和其他军用物资50多担，使敌人受到很大损失。

在反"清剿"中，由于敌我力量悬殊，加之战术使用不当，我金寨各武装集团在初期曾受到不同程度的损失。1948年5月上旬，金寨县委遵照上级指示认真总结了对敌斗争经验教训，深刻体会到在敌强我弱的情况下，必须认真遵循毛主席提出的"灵活机动战略战术"的原则，改变"区不离区，县不离县"的脱离实际的指导思想，决定采取大集中，大迂回，越县界、省界展开游击战争，从而赢得了反"清剿"斗争的主动权。

1948年9月中旬，在我全国各战场节节胜利的形势下，敌人在大别山区开始收缩兵力，金寨县城于9月21日被我军收复。鄂豫区一地委所属的金寨、商城、固始、霍邱4个县城全部新中国成立后，地委为重新开辟山区工作，成立了金固霍工委和办事处，机关设在叶家集，由李晓明同志任工委书记兼办事处主任。

地、县两级党委，根据鄂豫区党委的指示，迅速派出干部和武装建立区、乡政权，发动群众剿匪反霸，吸收干部，扩大武装，筹款征粮，以支援前线。

此后，金寨县归属发生变化，我也调离岗位。但据我所知，1949年3月，中央决定恢复河南、安徽、湖北三省建制，撤销鄂豫、皖西、桐柏、豫皖苏、豫西等建制，金寨县划归安徽。4月，金寨上属的皖北行政公署发出电令，将金寨县划归皖北第三专署（即后来的六安专署），并由副专员田世五兼任县长，县政府暂设麻埠。7月后，六安地委从寿县、六安抽调一批干部到金寨工作，白鲁克任县委书记，田世五不再兼任县长，改由刘伟继任。

虽然金寨对土顽不断打击，但彻底消灭匪顽是在鄂、豫、皖三省会剿之后。9月5日，东、西、南三线剿匪部队同时进击，抄掉了匪首汪宪的"豫鄂皖边区人民自卫军总司令部"，并于9月7日解放了金家寨。中共金寨县委和县人民政府即由麻埠迁到金家寨，领导广大干部群众投入剿灭残匪、建设新金寨的斗争。

原载陈忠贞主编：《皖西革命回忆录》第三部《解放战争时期》，安徽人民出版社，1991年，第359～366页。

# 千里跃进大别山

◎ 刘伯承

1947 年七八月间，中国人民解放军晋冀鲁豫野战军遵照党中央和毛主席的指示，强渡黄河，千里跃进大别山。我军这一战略行动，恰似一把利剑插进蒋介石反动统治的心脏，它同东北、华北、西北、华东等战略区的反攻和进攻相配合，形成了对敌人的全国规模的巨大攻势。从此，中国人民解放军由内线作战转为外线作战，由战略防御转入战略进攻，扭转了整个战争形势，为夺取全国胜利创造了极为有利的条件。

今天，我们回顾这一段斗争史实，对于更好地学习和领会毛泽东思想，是大有裨益的。

一

到 1947 年 6 月，中国人民第三次国内革命战争已经进行了整整一年。经过一年的战争，敌人虽然受到了很大的削弱，但是，无论在数量上或者装备上它都还占着优势。蒋介石还在继续获得美帝国主义大量的军事援助和经济援助，还有广大的统治区可供搜刮，以支持其军事进攻。敌人对我解放区的重点进攻还在继续进行：集中了 31 个旅共 20 万人压在陕北战场上，集中了 56 个旅共 40 万人压在山东战场上。东北战场上的敌人虽已被迫采取"全面防御"，但也还保持着相当大的兵力。

解放区的重要城市延安、临沂和张家口等还沦陷在敌人手中。当时，从表面上看，可说是乌云依然弥漫天空，局势依然严重。

但是，毛主席高瞻远瞩，科学地分析了革命形势，指出战略进攻的时机已经到来了。

早在战争一开始的时候，毛主席就英明地指出："蒋介石虽有美国援助，但是人心不顺，士气不高，经济困难。我们虽无外国援助，但是人心归向，士气高涨，经济亦有办法。因此，我们是能够战胜蒋介石的。"[①] 战争打了三个月之后，毛主席又指出："除了政治上经济上的基本矛盾，蒋介石无法克服，为我必胜蒋必败的基本原因之外，在军事上，蒋军战线太广与其兵力不足之间，业已发生了尖锐的矛盾。此种矛盾，必然要成为我胜蒋败的直接原因。""敌人的野战军，一方面，不断地被我歼灭，另一方面，大量地担任守备，因此，它就必定越打越少。"[②] 到 1947 年的 2 月，毛主席更进一步地指出："我军如能于今后数月内，再歼其四十至五十个旅，连前共达一百个旅左右，则军事形势必将发生重大的变化。"[③] 事实正是这样，经过一年来的军事较量，敌人被我军歼灭了正规军 97 个半旅，连同非正规军共 110 余万人，被迫把全面进攻改为重点进攻，而且重点进攻也遭到了挫折，成了强弩之末。敌人进攻解放区的兵力，除了用于守备者，战略性的机动力量已经大大减少。在后方任守备的只有 21 个旅，且都分布在新疆、甘肃、四川、西康等省。在湘、桂、黔、闽、浙、赣等六个省的广大地区，只有一些地方保安部队。国民党的后备力量已经快用完了。同时，在敌人统治区域的伟大的人民运动，已经蓬勃发展起来，迅速地遍及 60 多个大中城市，形成了反对蒋介石反动统治的第二条战线。总之，蒋介石无论是在军事上或政治上都打了败仗，"已处在全民的包围中"。而我军则在战争中不断得到锻炼和发展，装备大为改善，士气极为旺盛，广大指战员掌握和运用毛主席战略战术的本领有了很大的提高。广大解放区在"前方打老蒋，后方挖蒋根"的口号下胜利地进行着土地改革。我军的后方更加巩固了。

所有这一切，都显示出中国人民最后推翻国民党反动统治的新的大革命高潮临

---

① 《毛泽东选集》第四卷，第 1083 页。

② 《毛泽东选集》第四卷，第 1101～1102 页。

③ 《毛泽东选集》第四卷，第 1108 页。

近了，我军转入战略进攻的时机基本上成熟了。

机不可失，时不再来！毛主席的意图是：在这样的情况下，我们不应等到敌人的进攻被完全粉碎、我军在数量上装备上都超过敌人之后再去展开战略进攻，而应抓住这个有利时机，不让敌人有喘息机会，立即由战略防御转入战略进攻。因而规定我军第二年作战的基本任务是："举行全国性的反攻，即以主力打到外线去，将战争引向国民党区域，在外线大量歼敌，彻底破坏国民党将战争继续引向解放区、进一步破坏和消耗解放区的人力物力、使我不能持久的反革命战略方针。"①

战略进攻的矛头指向哪里？毛主席英明地选定在大别山地区。大别山，雄峙于国民党首都南京与长江中游重镇武汉之间的鄂、豫、皖三省交界处，是敌人战略上最敏感而又最薄弱的地区。这里又曾经是一块老革命根据地，有经过长期革命斗争锻炼的广大群众，多年来一直有我们的游击队坚持斗争，我们容易立足生根。我军占据大别山，就可以东慑南京，西逼武汉，南扼长江，瞰制中原。"卧榻之旁，岂容他人鼾睡？"蒋介石必然会调动其进攻山东、陕北的部队回援，同我们争夺这块战略要地，这就恰恰可以达到我们预期的战略目的。

应当采取怎样的进攻样式？毛主席指示，进军大别山不能像北伐时期那样逐城逐地推进，而必须采取跃进的进攻样式：下决心不要后方，长驱直入，一举插进敌人的战略纵深，先占领广大乡村，建立革命根据地，以乡村包围城市，然后再夺取城市。

党中央和毛主席指定由晋冀鲁豫野战军主力担负进军大别山的光荣任务。以十几万大军远离根据地，一举跃进到敌人的深远后方去作战，这种独特的进攻样式，是史无前例的。不难设想，要实现这样伟大的战略计划，绝不是轻而易举的。当时，毛主席既估计到跃进大别山的有利条件，又充分估计到了到外线作战的种种困难，指出可能有三个前途：一是付了代价站不住脚，转回来；二是付了代价站不稳脚，在周围打游击；三是付了代价站稳了脚。并告诫我们要作充分的思想准备，从最坏处着想，努力争取最好的前途。

---

① 《毛泽东选集》第四卷，第 1126 页。

# 二

为了实现跃进大别山、夺取中原的战略计划，毛主席作了三军配合、两翼钳制的周密部署。三军配合是：除由晋冀鲁豫野战军主力实施中央突破直趋大别山以外，还由陈毅、粟裕率华东野战军主力为左后一军，挺进苏鲁豫皖地区，由陈赓等同志率晋冀鲁豫野战军的两个纵队另一个军为右后一军，自晋南强渡黄河，挺进豫西。三军在江、淮、河、汉之间布成"品"字形阵势，互为掎角，逐鹿中原，机动歼敌。两翼钳制是：以陕北我军出击榆林，调动进攻陕北的敌人北上，以山东我军在胶东展开攻势，继续把进攻山东的敌人引向海边，便利前述三军的行动。

当时，蒋介石利用黄河从陕北到山东所构成的"乙"字形天然形势，把主力集中于陕北、山东两翼，实施进攻，企图将我军压缩到"乙"字形的弧内，然后聚而歼之。在其联系两翼的战线中央，则凭借黄河天险只以少数兵力实施防御。这种兵力部署，很像一个哑铃，两头粗，中间细，其中央部分就成了要害和薄弱部分。毛主席正是要我们在这里实施中央突破。

我野战军接受任务后，全军为之振奋，立即进行渡河作战的准备。根据地的广大群众，也积极为部队的出征准备了大批的粮食、车辆和担架，支援前线。

根据毛主席的指示，我们把渡河地点选定在鲁西南的濮县至东阿之间。这里河宽水深，敌人自恃这一天险可抵"四十万大军"，仅在南岸分别构筑了滩头阵地和野战工事，用两个师直接扼守河防，另外摆一个师在嘉祥地区机动。为了迷惑敌人，我们采取了声东击西和支作战、主作战相配合的打法。发起渡河作战的前几天，以太行、冀南军区部队伪装主力，在豫北发起作战；以豫皖苏军区部队向开封以南地区实施攻势，以转移敌人的视线；我野战军主力则隐蔽地、神速地从豫北开赴渡河地点，并派冀鲁豫军区部队事先偷渡黄河，以接应主力南渡。6月30日夜，正当豫北、豫皖苏两战场我军大张声势、积极行动的时候，我们在东阿至濮县横宽300里的地段上，突然发起了渡河作战。在南岸我预设部队的接应下，在当地群众的支援下，我一、二、三、六等4个纵队共12万大军，以偷渡与强渡相结合的战术，一举突破黄河天险。敌河防部队立刻全线崩溃。

与此同时，华东野战军的 5 个纵队也在津浦路泰安至临城一线，发动了攻势，有力地支援了我们的行动。

我军胜利突破黄河天险，大大震动了敌统帅部。蒋介石为了堵住这一缺口，仓皇从豫北战场和豫皖苏战场调集 3 个整编师和 1 个旅赶来增援，并由山东调来王敬久统一指挥，分左右两路，向定陶、巨野推进。敌人的企图是坚守郓城，吸我屯兵于城下，然后以其右路主力拊我侧背，迫我背水作战，把我军歼灭于黄河、运河三角地带，或重新逼过黄河。我们看穿了敌人的这个诡计，趁势发起了鲁西南战役。将计就计，采取"攻其一点，吸其来援，啃其一边，各个击破"的战法：一面坚决围攻郓城，吸引援敌北上；一面派有力部队向西南急进百余里，直插敌人纵深，攻取定陶、曹县；又以一部兵力向正南猛插到冉堌集、汶上集地区，伏击敌人的侧背。7 月 7 日至 10 日，我军攻克郓城，歼敌两个旅及一个师部，同时攻下了定陶、曹县，全歼定陶守敌和敌左路军的一个旅。于是右路敌军三个整编师，就成了一条孤立的长蛇阵，摆在巨野东南、金乡西北的六营集、独山集、羊山集。这时，我各个纵队都已腾出手来。毛主席指示我们：应该放手歼敌。歼灭敌人愈多，对跃进大别山愈有利。我们遂以远距离奔袭的动作，迅速将敌人的三个师分割包围。独山集的敌人慌忙逃向六营集。14 日，我们发起六营集战斗，采用"围三阙一"的打法，网开一面，虚留生路，布下了一个口袋阵。入夜，我军由西面猛攻，敌阵大乱，果然纷纷夺路东逃，被装进了"口袋"。敌三个半旅及两个师部又彻底被我消灭了。

15、16 两日，我军继续攻击困守在羊山集的敌六十六师。由于羊山集三面环水，背依羊山，敌人又抢修了坚固工事，所以几次未能攻下。这时，蒋介石一面命令该敌固守待援，钳制我军，一面急调八个师另两个旅赶来寻我主力作战。但我趁敌援兵主力尚未靠拢的时机，于 22 日首先歼灭了金乡来援之敌一个旅。27 日集中兵力对羊山集的敌人发起总攻，经过一昼夜的激战，终于全歼了这股负隅顽抗的敌人。

我军突破黄河天险后，经过 28 天激烈的连续战斗，歼灭了敌人九个半旅和四个师部共 56000 余人，胜利地结束了鲁西南战役，取得了战略进攻的初战胜利，打开了跃进大别山的通路。

坐镇开封的蒋介石，不甘心于这一失败，又纠集其原在鲁西南的和新调来的五个集团共 30 个旅的庞大兵力，分五路向郓城、巨野地区的我军实施分进合击，妄图歼灭我主力于陇海路和黄河之间，或把我军逐回黄河以北，以堵塞这个被我打开的缺口。蒋介石还准备了更毒辣的一手，再打不赢，就掘开黄河堤坝，水淹我军。当时，我军打了胜仗，士气高涨，我华东野战军主力五个纵队结束了在津浦线上的攻势以后，也转出外线，开进到鲁西南，我们的力量更强大了。所以，好些指挥员要求再战，扩大战果。但是，党中央和毛主席权衡了整个战局，要求我们一定要先敌进入大别山，先敌在大别山展开，指示我们"下决心不要后方，以半月行程直出大别山"。

我们坚决执行党中央和毛主席的指示，立即调整部署，开始行动。为了利于我主力隐蔽地突然地实施跃进，以新编成的十一纵队在黄河边佯动，造成我军渡河北返的声势，吸引敌人继续包围；以豫皖苏军区部队破击平汉路，断敌交通；并决定待主力跨过陇海路后，中原独立旅即西越平汉路，直出信阳以西，做出挺进桐柏山的姿态，以迷惑武汉、信阳之敌。同时华东野战军的五个纵队也积极捕捉战机，打击敌人，以掩护我野战军主力南进。8月8日夜，正当各路敌人向我合击的包围圈将拢未拢，而由南向北进击的一路已越过菏泽、巨野公路，陇海路两侧完全没有敌人正规军的时刻，我们突然甩开敌人，兵分三路向南疾驰。第三纵队在左，沿城武（今成武）、虞城、鹿邑、界首之线直奔皖西；第一纵队在右，沿曹县、宁陵、柘城、项城、周家口、上蔡之线直奔豫南；中原局、野战军指挥部率第二、第六两个纵队居中，沿沈丘、项城、息县之线前进。从此，开始了千里跃进的壮举。

敌人在鲁西南扑空了。由于连日暴雨，河水猛涨，敌人又错误地判断我军只是在其大军压境的情况下"北渡不成而南窜"。所以，除从蚌埠抽调少量部队插到太和，协同地方民团在沙河沿岸扼守渡口，控制船只，防我南渡以外，急令其鲁西南的主力兵团尾我追击。敌人以为沙河以北的黄泛区这一天然障碍可以阻滞我军，妄图赶上来一举把我歼灭。可是，我军已先敌两天跨过陇海路，进入黄泛区，把敌人远远抛在后边了。

黄泛区是抗日战争时期蒋介石不顾人民死活，决堤使黄河改道造成的，宽达30多里，遍地积水污泥，浅则及膝，深则没脐，没有人烟，没有道路。为了争取时间，把敌人甩得更远，我军指战员不顾敌机轮番袭击，不顾连续行军的疲劳，在烈日当空的酷暑季节，艰难地一步一步跋涉前进。有时要从没颈的泥潭中把战友救出来，有时又只得眼看着军马被泥潭吞噬。同志们拉的拉，推的推，扛的扛，抬的抬，千方百计，终于把大炮、辎重、车辆拖过黄泛区。

正当我中路部队通过黄泛区的时候，我右路部队已奔赴沙河的新店渡口实施敌前强渡，抢过南岸；左路部队亦迫抵沙河，夺取了太和渡口；豫皖苏军区部队也进至沙河南岸。在他们的掩护与接应下，我中路部队于18日迅速渡过了沙河。蒋介石企图把我军歼灭于黄泛区的毒计，又被彻底粉碎了。

胜利渡过沙河后，为了快速前进，继续战胜敌人追堵，我各部队实行轻装，埋藏和炸毁了一些必须精简的笨重武器、车辆，并再次对部队进行动员，提出"走到大别山就是胜利"的口号。部队斗志昂扬，前进的速度更快了。

直到这时，蒋介石才大梦初醒，发现我军的矛头是指向大别山。于是，急忙赶调一个师零一个旅到汝河南岸的汝南埠一带，占领渡口，毁掉民船，摆开阵势，挡住我们的去路。

8月23日下午，我中路先头部队冒着敌机的轰炸扫射，架起浮桥，抢占了河南岸的一个桥头堡大雷岗。敌人马上从东、西、南三面构成一个马蹄形阵势，把这个小小的村庄围住，企图阻拦我军前进。

此时，我东、西两路部队已先敌越过汝河，逼近淮河，中路部队也有一个纵队先敌抢过汝河，继续南进，留在汝河北岸的，只有中原局机关、野战军指挥部和一个纵队的兵力。而紧跟在我背后的三个师的敌人，距离我们只有五六十里，不用一天就可以赶到。前有阻师，后有追兵，形势真是千钧一发，万分险恶。我们能否在短短几个小时内抢渡汝河，关系到整个跃进行动的成败，从而也关系到整个战局。战略跃进的光荣使命鼓舞着我们，此刻，面前即使横着刀山火海，我们也必须打过去！黄昏后，我和邓小平同志赶到了汝河北岸先头部队的指挥所，命令部队以坚决进攻的手段对付堵击的敌人。"狭路相逢勇者胜！"只要我们坚决、勇敢、不怕牺牲，就一定能够打过去。

强渡汝河的战斗开始了。纵队和旅的干部亲自下到团、营、连指挥作战。战士们英勇顽强地同数倍于自己的敌人拼杀。抢夺桥头堡的敌人被我击退后，我后续部队陆续渡河前进。各部队冒着敌机的低空轰炸、扫射和两边敌人近距离的侧射火力，边走边打，勇往直前，终于在大、小雷岗和东、西王庄一带杀开了一条血路，掩护着中原局和野战军指挥部突破敌人层层拦阻，胜利地闯过了千里跃进途中的这个险关。

就这样，我军以锐不可当之势，粉碎了敌人数十万大军的前堵后追，先后跨越了陇海路、黄泛区、沙河、涡河、洪河、汝河、淮河等重重障碍，经过20多天的艰苦跋涉和激烈战斗，终于在8月末先后进入大别山区。

这期间，华东野战军主力，在鲁西南地区辗转作战，机动歼敌，拖住了大量敌军，有力地支援了我们向大别山的进军。我陈赓兵团在晋南强渡黄河，腰斩陇海，东逼郑、洛，西叩潼关，接着又依托伏牛山在豫西展开，迫使陕北战场的敌人南撤，吸引尾追我野战军主力的敌人抽调三个师的兵力西顾。陕北、山东的我军，也已粉碎了敌人的重点进攻，并转入了战略反攻。

三

我军进入大别山后，以邓小平同志为首的中原局，立即号召部队和地方干部坚决地、义无反顾地为重建大别山革命根据地而斗争。重建这块根据地最根本的问题，就是要坚决执行毛主席在《解放战争第二年的战略方针》中所指示的："到国民党区域作战争取胜利的关键：第一是在善于捕捉战机，勇敢坚决，多打胜仗；第二是在坚决执行争取群众的政策，使广大群众获得利益，站在我军方面。只要这两点做到了，我们就胜利了。"[1]

在重建这块根据地的过程中，我们同敌人展开了反复的极端激烈、艰苦的争夺战。概括起来，可说是经过了三个回合的斗争。

第一个回合：迅速实施战略展开。

我军进入大别山初期，敌主力尚被甩在淮河以北，大别山区极为空虚。为了迅速立足生根，我们立即按照中原局的计划，分遣各部队向预定地区开进。以三个旅在皖西展开，两个旅在鄂东展开，九个旅摆在大别山北麓的商城、罗山地区，一面牵制敌人，一面就地展开。同时，将全区划分为豫东南、鄂皖、皖西、鄂东等四个工作地区，组成党的工作委员会，分别由各纵队抽调部队和干部，在统一领导下，

---

[1]《毛泽东选集》第四卷，第1127页。

开展地方工作。估计到新区斗争的复杂性和艰苦性，我们坚决精简机关，减轻装备，隐藏了一批辎重，减去了许多牲口，并训练部队迅速熟悉南方作战条件和生活习惯，以适应新的斗争环境。

就在我们实施战略展开的过程中，尾追我们的23个旅的敌人，也先后压过淮河，进入大别山区。敌人的企图是：以多数兵力摆在平汉线及其东侧，阻我向桐柏山、大洪山地区发展；以一部兵力实行分散"清剿"，摧毁我地方政权，使我失去立足之地；另以敌国防部部长白崇禧亲自指挥的桂系两个师实行机动，寻找我主力作战，把我军赶出大别山。

我军深入到敌人战略纵深地带，在无后方依托的条件下实施战略展开，创建新的根据地，这在历史上是空前的创举。要达到这一目的，就必须遵循毛主席"分兵以发动群众，集中以应付敌人"的原则，正确地解决兵力的集结和分遣的问题。部队既要打胜仗，又要占领地方。要打仗，就不能不保持相当的机动兵力；而要占领地方，又势必分散一部分兵力，以至削弱主力。打仗和占领地方两者虽有矛盾，但是又是统一的。因为只有多打胜仗，多歼灭敌人的有生力量，才能鼓舞士气，振奋人心，有利于占领地方；另外，只有多占领地方，发动和组织群众，才便于分散敌人，消灭敌人。

遵循着上述原则，在实施展开的同时，我们集中一部分兵力，于9月上旬在商城以北的河凤集地区打击了战斗力较弱而又孤立的敌滇军一个师。中旬，在商城以西的中铺地区歼敌一个团。下旬又在光山附近打击了东援之敌一个师。经过这三次作战，我们把敌人的机动兵力全部调到大别山以北地区，保障了我军在大别山南部的鄂东、皖西胜利展开。但是这三次作战，打得都不够理想，没有全歼敌人。这主要是由于我们刚刚由内线转到外线，由北方转到南方，缺乏无后方作战和山地、水田地带作战的经验。饮食不习惯，穿不惯草鞋，语言不通，地形不熟，等等，都给部队造成了不少困难。虽然我们在进入大别山之初，即已指示部队抓紧形势任务教育，指出创建大别山根据地必然会遭遇到暂时的困难，强调发扬艰苦奋斗的作风，但是，自强渡黄河以来，部队一直处在连续的行军作战过程中，未能休整和进一步进行政治思想动员，所以有些同志对重建大别山根据地的战略意义和艰苦性仍然认识不够。再加上群众未发动，政权未建立，粮食要自己筹，伤员要自己抬，打完仗也没有可以休整的时间和地方。因此，有些部队一时呈现出疲惫和纪律松弛的现象。有些干部，打起仗来顾虑重重，错过了一些歼敌的机会。为了及时解决部队的思想问题，我们于9月下旬在光山的王大湾召开了旅以上高级干部会议。小平同志严肃地指出：越是在困难的时候，高级干部越要以身作则，鼓励部队坚决勇敢地歼灭敌人。我们既反对在条件不可能的时候轻率地去作战，更反对在条件可能的时候不敢勇猛地去作战。小平同志强调部队必须认真执行三大纪律八项注意。指出毛主席在井冈山建军之初规定的三大纪律八项注意，绝不是什么简单的规定，而是党的路线和政策的体现，能否坚决执行，关系到我们在大别山能否站得住脚，一定要牢固地树立起以大别山为家的思想，坚决克服怕打硬仗、纪律松弛等右倾思想情绪。这次会议对后来的胜利起了重要的作用。

大别山的人民群众有着优良的革命传统。但是，由于土地革命战争和抗日战争时期我军主力三次撤出这一地区后，群众受过反动派极端残酷的镇压。再加上这次我军初到，当地的反动统治还未被摧垮，保甲、特务势力仍在暗地里威胁和控制群众。因此，群众对我军究竟能否长期在这里站住脚，还有些怀疑，虽然心里很欢迎我们，但在表面上却不敢过分接近我们。为了尽快地解除群众的顾虑，迅速把群众发动起来，我们积极展开了宣传工作，向群众说明我军已经发展壮大，这次打回来，是在歼灭了敌人100多个旅以后的战略大进军，我们再不会走了，一定要和大别山人民同生死共患难，为重建大别山根据地而斗争。同时，号召部队发扬艰苦奋斗、自力更生、联系群众的作风，担负起打仗、做群众工作、筹集给养等三大任务。当时，指战员们都背着沉重的粮食、弹药行军，抬着山炮翻山越岭。又值雨季，身上常常湿透，不少人连草鞋也没有，不得不赤足行军。干部们都将自己骑的牲口，用来运粮食、驮伤员，并亲自参加抬送伤员。部队在疲劳的行军之后，还得自己推谷子、舂米、做饭、打草鞋、打马掌。由于给养不能及时得到补充，有的部队曾二十几天不见油盐，甚至只能以清水煮马肉充饥。尽管如此，大家还是严格遵守群众纪律。就这样，我们克服了无后方作战的种种难以设想的困难，以自己的实际行动，影响了群众。群众逐渐活跃起来，与部队亲密合作，同心协力地担负起了重建大别山根据地的任务。

经过一个多月的艰苦斗争，到9月底为止，我们先后解放县城23座，歼灭了敌正规军 6000 余人，反动地方武装 800 余人，并且建立了 17 个县的民主政权，初步完成了在大别山地区的战略展开，取得了第一个回合的胜利。

第二个回合：积极寻机歼敌，进一步完成战略展开。

10 月 10 日，中央发表了《中国人民解放军宣言》《中国土地法大纲》，同时颁布了中国人民解放军口号和重新颁布了三大纪律八项注意。党通过《中国人民解放军宣言》提出了"打倒蒋介石，解放全中国"的口号，并且宣布了党的八项基本政策。据此，中原局发出了《放手发动群众创建大别山根据地》的指示，要求在全区普遍宣传党的土地法大纲，立即发动群众向封建地主恶霸展开斗争。并决定成立鄂豫、皖西两个区党委和军区。由每个纵队各抽三个团作军区基干武装，各抽调 1000 至 2000 名干部和老区翻身战士参加地方工作。由于区分了野战军和军区部队，野战军主要用于实施机动，歼灭敌人；军区部队则用于扩展地方，发动群众，繁殖游击战争，消灭地方反动武装。这就进一步解决了兵力的集结与分遣的问题。

当时，集结在大别山北部的敌军六个多师，妄图合击光山、新县地区的我军主力。我军即以一部分兵力在大别山北部牵制和迷惑敌人，主力即摆脱敌人的合击，乘虚出鄂东、皖西，寻机歼敌。

我三纵队首先在皖西六安东南的张家店，把在运动中的敌八十八师六十二旅全部消灭。这是大别山我军在无后方依托条件下，第一次消灭敌人一个正规旅以上兵力的重大胜利。与此同时，我出击鄂东的主力部队，以疾风扫落叶之势，扫荡沿途分散孤立之敌守备部队和地方反动武装，连克长江北岸的团风、浠水、广济、英山、武穴等城镇。三纵队于张家店战斗后，也进至长江北岸的望江地区。至此，我军已控制长江北岸达 300 余里，威震大江南北。蹲在庐山的蒋介石在江北隆隆炮声的震动下，日夜惶恐不安，生怕我军渡江南进，慌忙调兵追截。但是，他所派到大别山的部队，已被我分别牵制在大别山北部和皖西，由黄安、麻城地区赶来跟在我军背后盯梢的，只有战斗力较弱的敌四十师和五十二师的八十二旅。蒋介石便急令这股敌军兼程前进追截我军。敌人孤军来追，正是我们求之不得的良机。我们察觉这股敌人将从浠水向东南前进，如果把他诱进地形险要便于设伏的高山铺，杀他一个"回马枪"，是有可能在运动中把他全歼的。为此，便决心把分遣在长江北岸的部队立即作向心集结，准备打歼灭战。以攻克武穴的第一纵队回师高山铺设伏；以攻克团风的第六纵队闪到敌人左侧，在团风东北、关口以西地区待命，俟敌人进入我伏击圈时，从后面杀他一刀；以第二纵队主力在黄梅地区作保障。同时，调第三纵队主力西进，准备扩大战果。部署既定，我们便派出一支小部队，化装成地方游击队，前去和敌先头部队接触，边走边打，诱骗敌人。敌人以为有便宜可占，便节节追逼。26日晨，终于钻进我预设于高山铺附近的口袋阵里，被分割包围。这是一个狭长的山谷，洪武脑山、马骑山、界岭山耸峙于峡谷的两侧。埋伏于山上的我军，像一把大钳似的，从南北两侧死死地卡住了敌人的咽喉。敌人发现情势不妙，即拼命抢夺山头，企图突围。但是，闹腾了一天一夜，还是没有找到一线可以逃命的缝隙。第二天上午9时，我军一发起总攻，敌人立刻溃不成军，纷纷举手投降。蒋介石的12000多人马就这样全部覆灭了。战斗进行得如此迅速、干脆，以致当我军带着俘虏离开战场的时候，从武汉起飞的一批敌机，还在高山铺上空投下热馒头、烧饼，来支援他们的部队呢！

张家店、高山铺和这一时期的其他几次作战，都是在敌情十分严重、供应异常困难、部队人员和装备都削弱了的情况下进行的。但是，由于全体指战员坚决执行了党中央和毛主席的指示，响应了中原局的号召，发扬了英勇顽强的战斗作风，克服各种困难，终于取得了胜利。这些胜利大大打击了敌军和地方反动势力的气焰，鼓舞了群众的斗争情绪，提高了部队进行无后方作战的胜利信心，为进一步发动群众、建立根据地创造了极为有利的条件。

高山铺战役之后，已经是露寒霜重的深秋时节。我十几万大军仍然穿着单薄的征衣。如何抓住胜利后的有利时刻，尽快地解决冬衣问题，就成为摆在我们面前的一个迫切的问题了。党中央和毛主席时刻都在关怀着我们，曾打算从晋冀鲁豫根据地送棉衣来，或送银圆来就地采购。但是，千里迢迢，封锁重重，这是何等困难的事！因此，我们报请中央，由我们自己设法解决。解决的办法主要是依靠群众支援和全体指战员自己动手。我们规定了筹借材料的政策。经过宣传动员，广大群众热情支助。我们很快筹借到大量布匹和棉花。同志们用竹鞭、树条和自制的弹弓来弹棉花，用稻草灰染出灰布，全军上下自己动手做起棉衣来。不久，十几万指战员就都穿上自己亲手做成的棉衣，冒着风雪严寒，信心倍增地投入了更加艰苦的斗争。

这期间，挺进到苏鲁豫皖地区的华东野战军主力和挺进到豫陕鄂地区的陈赓兵团，都已胜利展开。至此，三军在中原的"品"字形阵势已经形成，紧逼长江，直接威胁敌人的统治中心南京和战略要地武汉。

第三个回合：把内线作战和外线作战相互配合起来，实施战略再展开，粉碎敌人对大别山的疯狂进攻。

蒋介石眼看我军在中原不仅已经立足生根，而且日渐根深叶茂，而他在陕北、胶东、东北等战场上又连吃败仗，大厦将崩，王朝将倾，便决心全力与我争夺中原。争夺的重点，首先是大别山。他从进攻解放区的前线又调回了 10 个旅，纠合原来在大别山地区的 23 个旅，共计 33 个旅的兵力，由伪国防部部长亲自指挥，对大别山展开了大规模的围攻。敌人采用了日寇冈村宁次惯用而美帝国主义所欣赏的"三网（谍报网、公路网、碉堡网）政策"和"三光（杀光、烧光、抢光）政策"，制造无人区，利用封建地主武装猖狂破坏。到处抓丁、抢粮，捕杀我地方干部，企图彻底摧毁我生存条件。

我军跃进大别山后，从全国战局来说，我们是处在外线作战。但是，就大别山这个地区来说，敌人集中重兵对我进行围攻，我们则又是处在外线中的内线了。斗争是复杂的，局势是严重的。但是，小平同志指出：敌人对大别山的疯狂围攻，是垂死挣扎的表现。大别山是敌人的战略要害地区，敌人越是接近死亡，越要拼命争夺。敌人已没有战略进攻，只有战役进攻了。它对大别山的围攻，形式上虽然同过去对中央苏区的围攻相似，实质上则完全相反。过去的围攻，是敌处于战略进攻，我处于战略防御的情况下进行的；现在的围攻，是敌处于战略防御，我处于战略进攻的情况下发生的。这并不表示敌人的强大，而只是敌人垂死前的回光返照。同时，我们跃进到大别山，正是要吸引大量的敌人向我进攻。把敌人吸引来得越多，我们背得越重，对其他兄弟战略区进行大规模的反攻和进攻就越有利。而各兄弟战略区的反攻和进攻，也正是对我们坚持大别山斗争最有力的支持。只要我们坚决执行毛主席指示的方针，在全国各兄弟战略区的配合和广大群众的支援下，一定能够粉碎敌人的围攻，把大别山根据地巩固起来。

如何粉碎敌人的围攻？当时党中央和毛主席指示我们：大别山根据地的确立和巩固，是中原根据地能否最后确立和巩固的关键，足以影响整个战局的发展。因此，南线三军必须内线外线紧密配合。由大别山的我野战军主力坚持现地斗争，由华东野战军和陈赓兵团向平汉、陇海线展开大规模的破击作战，寻机歼敌，调动和分散围攻大别山的敌人，直到彻底粉碎敌人的围攻为止。

正在这时，晋冀鲁豫根据地在党中央和毛主席的指示下，及时地给了我们有力的支援：增调来了两个纵队的兵力，送来了一批新战士和伤愈病痊归队的指战员，还带来大批弹药、药品和银圆。这真是雪里送炭，使我们更增强了粉碎敌人围攻和坚持大别山斗争的信心。

我们根据党中央的指示，分析了敌我情况，决定既要把敌人拖在大别山，以利于华东野战军和陈赓兵团在外线大量歼敌，又要在内线积极作战，以粉碎敌人对大别山的围攻。在大别山地区的反围攻，我们同样也采取内线和外线相配合的方针，一方面分遣了三个纵队转到外线，实施战略再展开：以新从晋冀鲁豫调来的第十、第十二两个纵队西越平汉路，分别向桐柏、江汉两地区展开；以第一纵队北渡淮河，在淮西地区展开，扩大根据地，在外线蔓延与发展游击战争，拖散敌人。另一方面则以第二、三、六等三个纵队留在大别山，和军区部队、人民武装相配合，坚持内线斗争。当敌人集中对我合围时，我外线部队便积极活动，兜击敌人之后路，内线部队则及时分散，机动歼灭小股敌人，或破坏敌之交通，袭扰消耗敌人。当敌人发现我主力已转到外线，被迫分散寻我作战时我们又灵活地、适当地集中力量，歼灭孤立之敌。广大地方武装则一面实行空室清野，保护群众，保卫地方政权；一面利用山区的复杂地形，开展游击活动，乘机消灭地主武装和小股敌人。这样，整个大别山的斗争就形成了内线外线犬牙交错的极为复杂的形势，包围我们的敌人，又被我们层层反包围起来了。

在这场艰苦、激烈的斗争中，我军全体指战员充分表现了大无畏的英雄气概，忍受了千难万苦，许多同志英勇地献出了自己宝贵的生命。素具革命传统的大别山人民，也充分表现了顽强的革命意志与崇高的革命气节。他们全力支持我军，和我们同生死、共患难，不避风险地掩护我工作人员和伤病员，替部队保存物资、带路、侦察敌情，协助我军战胜了许多难以想象的困难。

经过一个多月的斗争，来势汹汹的敌人在我军民合力打击下，无论是集中合击还是分兵"进剿"，都遭到了失败，从而陷入了进退维谷的境地。而这时，我转到外线的三个纵队都已乘虚展开。其中向桐柏、江汉两地区挺进的第十、第十二纵队，依托桐柏山、大洪山，建立了根据地，成立了桐柏、江汉两个军区，和豫陕鄂连成了一片。向淮西挺进的第一纵队，也开辟了豫皖苏十余县的工作，成立了一个新的军分区，使大别山和豫皖苏连成了一片。该纵队并与华东野战军主力及陈赓兵团在平汉线胜利会师。这期间，华东野战军主力和陈赓兵团对平汉线展开了大规模的破击作战，攻克了许昌等二十座县城，歼灭了敌整三师及第五兵团部等大量敌人。这些胜利有力地支援和配合了大别山的斗争。这样，我中原三军便在江淮河汉的广大地区完成了面的占领，迫使敌人不得不缩到铁路沿线。

敌人本来是想抓住大别山不放的，开始，我华东野战军主力和陈赓兵团在平汉线上几乎打烂了敌人的屁股，敌人还是咬着牙忍着痛不肯回师救援。但是，战斗进行了一个多月，敌人不但在大别山碰得焦头烂额，丧师减员，毫无所得，而且丢掉了桐柏、江汉和淮西广大地区，使他们的长江防线、武汉重镇和信阳基地直接暴露在我军的攻击面前。平汉、陇海两线又连遭我华东野战军主力和陈赓兵团的严重破击，蒋介石眼看中原不保，就不得不从大别山的周围先后调走 13 个旅的兵力去应付其他地区的失败局面。这样，敌人便只得退守据点，从而陷入线线被切断、点点被包围的态势。敌人在中原的全面防御体系遭到了粉碎，被迫转为分区防御，真可谓"偷鸡不成蚀把米""赔了夫人又折兵"。

经过以上三个回合的严重斗争，我们终于在大别山站稳了脚，深深地扎下了根，胜利地实现了毛主席指示的三个前途中最好的前途。在此期间，我中原三军互相配合，机动作战，共歼敌 19 万人，解放县城 100 余座，在 4500 万人口的江淮河汉广大地区建立了中原根据地。此后，我们遵照毛主席的指示，以军区部队继续坚持大别山根据地的斗争，及时将主力转出大别山，同华东野战军和陈赓兵团会师，实行大规模的机动作战，纵横驰骋，扫荡中原。逐鹿中原的斗争又跨进了一个新的阶段。

跃进大别山斗争的实践证明，毛主席战略进攻的英明决策，是马克思列宁主义军事科学在中国革命战争中一个光辉的发展。毛主席洞察全局，高屋建瓴，在指导革命战争中所表现的那种非凡英明和伟大气魄，是史无前例的。

原载刘伯承、叶剑英等：《将帅回忆录》（下册），四川文艺出版社，1991 年，第 69～93 页。

# 坚持就是胜利

◎ 陈锡联

  1947 年秋，刘邓大军千里跃进大别山，重建大别山根据地，是全国解放战争重要的转折点。此举像一把尖刀直插敌人心脏，威震南京、武汉，将战争向南推进了 1000 里，粉碎了敌人企图扭住我们在解放区打的阴谋。数十万敌人被牵制在大别山区，从而减轻了山东、陕北战场的压力，为各路大军反攻赢得了时间。中央军委在给刘伯承司令员、邓小平政委的电报中，高度评价了这一战略行动的重大意义。

  大军于 8 月末到达大别山北麓，我们三纵队按照刘邓首长部署，经固始直出皖西。继 8 月 31 日攻克豫皖边镇叶家集之后，9 月初又连克金寨、六安、霍山、舒城等县城。此时适逢秋收季节，我们在六安附近利用战斗空隙帮助当地群众割谷打场，村村寨寨，一派欢乐景象。马忠全率八旅乘胜向南展开，追歼残敌，解放了皖西大片土地。

  初进大别山时，北方战士不习惯走山路，不习惯吃大米饭，加之水土气候不适，长疮打摆子的不少。有的单位还误用桐油炒菜吃，弄得许多人拉肚子。我的一个警卫员也因把桐子当梨子吃，中毒死了。他是一个很好的小青年，死了很可惜。这个时期部队有些人讲怪话，有的人纪律也不太好，有的该打好的仗也没打好。9 月下旬，野司在白雀园附近的王大湾开会整顿军纪，一、二、六纵队旅以上的干部都参加了。因我的住地离那里比较远，当我赶到商城附近时，会议已经结束了，回去以后才听了传达。这次会议非常重要，对于统一思想、增强斗志、克服右倾情绪和严肃军纪都起了重要作用。三纵队由于一路打胜仗，伤亡不大，思想状况比较好。但通过贯彻这次会议精神，部队思想作风和战斗力又有新的提高。

10月上旬，三纵队在六安附近的张家店围歼了进犯皖西的敌八十八师六十二旅（歼其师部及一个整旅），这是我纵队进军大别山以来的首次大捷。10月下旬，在鄂东展开的一纵、六纵和二纵，协同组织了蕲春高山铺战役，歼敌四十师和八十二旅计12000余人。当时我曾奉命率三纵队4个团赶到张家塝以北地区集结待命，准备参战，但未能打上。他们又折回皖西。经过两次漂亮的歼灭战，大别山的局面就打开了，我们站住了脚，部队和群众的情绪都调动起来了，各级政权和地方武装发展很快。我认为，上述一个会议（王大湾会议）和两次歼灭战，对创建大别山根据地、实现毛主席预计的三个前途中最好的前途，起了很重要的作用。

还在高山铺战斗之前，大别山已是深秋季节了，早晚颇有寒意，全军指战员还身着单衣，老解放区路隔千里接济不上，刘邓首长决定就地筹办棉衣。高山铺战斗结束后，刘司令员亲自动手示范做棉衣。消息传来，我们很受教育和鼓舞。广大干部、战士都积极行动，出现了筹布弹花缝制棉衣的热潮。皖西解放区里有十几个富庶的县城和大集镇，棉花布料充足，加上筹办方法得当，三纵队的棉衣问题很快就解决了。

11月上旬，刘邓首长离开蕲北翻山到太湖刘家畈，一来是部署我们建立皖西军区，二来是看望坚持大别山斗争的同志们和从鄂西转战到皖西的刘昌义等同志。他是原五师的，1946年中原突围后转战鄂西，后来他们带着1000多人历尽艰苦来皖西与坚持大别山斗争的桂林栖领导的游击队会合。刘邓首长听取了他的汇报，并对其进行勉励。关于筹建皖西军区，研究确定曾绍山任司令员，彭涛任政委，桂林栖任副司令，刘昌义为三纵队副司令，并决定从纵队抽调3个团充实军区和所辖分区的武装力量。刘家畈会议以后，刘邓首长复经鄂东英、罗北上，去商南会合中原局机关。

11月中旬，皖西军区成立后，我率3个旅6个团西出鄂东，途经黄梅、蕲春、浠水、黄冈、罗田等地，于11月24日到达麻城宋埠、白果一带休整，开展政治学习和军事训练，向全纵队进行反攻形势和坚持大别山斗争重要意义的教育。10多天后，为粉碎多路敌人"大合围"的阴谋，配合友邻部队破击平汉路南段和在江汉、桐柏两区展开，三纵奉命坚持内线斗争拖住敌人。自 12 月 8 日起，我们连续战斗行军半个月，多次冲破敌第七、第二十八、第四十八、第五十八等主力师的大合击，并拖住他们在麻城、经扶、黄安、商城、固始等地区周旋，最后强渡金寨史河，经霍、岳边于年底进入英山东北一带隐蔽集结休整，并召开了几次重要会议，对留下坚持的干部作了动员和安排。1948 年 3 月初，三纵队继其他纵队之后，自英、岳边出发，经罗田九资河、麻城、河口等地北上，在商南停留了一个短时间，月底纵队主力穿越潢固公路，北渡淮河，转出了大别山。

南下大别山时，各纵都带有大批地方干部。随三纵到皖西地区开展工作的大约有 300 多人，他们大多数来自太行区，主要领导干部有彭涛、于一川（原长治三分区地委书记）等同志。他们分别进入皖西区、地、县各级领导班子。在以后的几年间，他们与当地群众一道坚持了艰苦的斗争，为巩固大别山根据地做出了贡献。

原载骆荣勋、郑明新主编：《挺进大别山》，河南人民出版社，1987 年，第 9～12 页。

# 回忆刘伯承同志在中原军区领导整党整军

◎ 陈鹤桥

刘伯承同志一贯重视部队党的领导作用，重视思想政治工作。自1947年秋，执行战略进攻任务挺进大别山，到淮海战役前一年多的时间里，刘邓大军在江淮河汉之间的中原地区进行了艰苦卓绝的斗争。由于部队处于无后方作战，长途行军，连续战斗，进入新区后有些部队分散参加开辟新解放区的工作，遇到的困难是很多的。在这种情况下，绝大多数同志都能经得起考验，克服困难完成任务。但也有少数干部在新的情况下，在执行战争任务和执行党的政策时发生过这样那样的错误思想和行为，有时还表现得很严重。这一切不利于我军继续前进，不利于完成党中央给予的打倒蒋介石、解放全中国的战略任务。为了要在大别山站住脚，为了要在中原创立新解放区，把中原建成我军继续前进的基地，我军除在军事上多打胜仗多消灭敌人的有生力量外，还要在政治上不断整顿，提高指战员的思想觉悟，加强党的领导作用，增强政策纪律观念，增强内部团结。因此，中原局中野前委和刘邓首长都非常重视部队的整纪、整党、整军工作。我当时在中原军区兼任中原野战军政治部组织部部长，对刘邓首长在指挥作战抓部队军事建设的同时十分重视抓部队整党整军的工作，印象非常深刻。这里我着重回忆刘伯承同志在组织指挥紧张的战役作战的情况下，亲自抓部队整党整军的一些重要情况。

# 反对右倾思想　严格整顿纪律

1947 年 8 月下旬，晋冀鲁豫野战军跃进到大别山，这在整个解放战争全局上具有重要的战略意义。但到大别山后，由于千里跃进中的紧张行军，大别山敌情又比较严重，部队在生活上也有些困难，部分干部战士出现了一种只看到敌情严重，斗志不高、信心不足的右倾情绪；同时，也出现了一些破坏群众纪律的情况。因此，在部队进入大别山后，刘邓首长一面指挥部队实行战略展开，打击敌人；一面又狠抓了部队的整顿纪律，提高斗志这个极为重要的问题。

6 月 2 日，刘邓首长在新县小姜湾村召开干部会议，提出整顿纪律。刘司令员严肃指出，干部到新区后纪律严重松懈，如不迅速纠正，我们肯定在大别山站不住脚。并在这次会上宣布了用枪打老百姓者枪毙、抢拿民财者枪毙、强奸妇女者枪毙的三条纪律。会后向全野战军颁发了整顿纪律的命令。以后我到野直和各部队检查整纪情况发现了一些严重违反政策纪律的问题，根据刘邓首长的指示都作了严肃处理，有的严重违纪案件还通报到各个部队，收到了很好的效果。

6 月 27 日，刘邓首长在白雀园附近的王大湾召开旅以上干部会议。会上刘伯承同志又一次指出："增强斗志，反对右倾情绪，克服纪律松懈现象是歼灭敌人，发动群众，建立大别山根据地，实现党的战略进攻方针的根本环节。"刘司令员讲到有的部队怕打硬仗时尖锐地指出，对敌人斗争丧失勇气就不是一个男子汉，勇敢的"勇"字就是男子汉戴上一个英雄冠。邓政委也作了重要指示，要求大家一定要牢固树立起以大别山为家的思想，坚决克服怕打硬仗、纪律松弛等右倾思想情绪。这次会议对坚持大别山的斗争，实现党中央的战略进攻的方针起了重要的作用。

10 月 12 日，在野战军指挥部由大别山北麓经麻城、黄冈前进到长江北岸并接连打了几个胜仗之后，刘司令员在干部会上讲话时又严肃指出："创立大别山解放区是我党我军正确的战略方针和坚定不移的政治任务。要创立解放区，必须转动打胜仗歼灭敌人、发动群众实行土地改革两个轮子，这是颠扑不灭的真理；而推动这两个车轮转动的原动力，则是提高信心，加强斗志，全党全军愈认识自己的政治任务和光明前途，信心就愈高，斗志就愈强，这两个轮子的转动就愈快，愈顺畅，而创立解放区的进程，就愈是突飞猛进。"

刘司令员根据进入大别山后一个多月的实践，反复告诫我们，由于我们部队某些同志信心不足，斗志不高，"有些部队避敌不打，躲躲闪闪，蒋军则以为我们已经溃乱，以为我们可欺，便猖狂起来向我们进逼。当我们在商城歼敌二十九团及在斛山寨击溃吴绍周部后，敌人立即发生恐惧，小心谨慎，视我为不可欺。我们在经扶（新县）、歧亭、柳子港、李家集等地连续给蒋军保安队和五十六师、五十二师等部歼灭性打击以及在东线皖西霍山地区一举歼灭敌人六十二旅以后，敌人将会更加寒心和谨慎，同时也给我们部队中某些不相信自己能打、对敌畏惧和避敌不打的错误思想以有力的打击，我们一些部队更加提高了士气，加强了斗志"。

刘司令员进一步严肃地指出："右倾情绪是障碍我们提高信心、加强斗志的东西，因此，也就是障碍打胜仗歼灭敌人、发动群众实行土地改革这两个轮子转动的东西，其结果就是推迟创立解放区方针的实现。"同时要求，要扫除队伍中的右倾情绪，必须明确地把当前基本形势（我军战略反攻后已取得的胜利和蒋军连打败仗，在军事、政治、经济上困难重重等）向全军每一个人不厌其烦地指明，使每一个干部战士都清楚地懂得，使他们的思想情绪随时都感到是光明的、愉快的。

在坚持大别山斗争中，刘邓首长在紧张的战斗环境中，还到各部队作报告，宣传全国和大别山的胜利形势，严厉批评某些人特别是干部中的右倾思想。政治部用发指示、在"政工往来"上写文章、派人到部队去传达等方法，及时地把刘邓首长的指示和决心传到部队中去。野直和各个部队利用战斗空隙开干部会，检查和批评右倾思想，严肃地整顿纪律，发扬了部队的积极因素，增强了战斗意志，决心战胜一切困难，多打胜仗，一定在大别山站住脚生下根。同时抽调大批干部配合地方同志，进行打击土顽反动派，发动群众工作。反复向大别山的人民群众宣传全国胜利的形势，讲明我军坚决消灭国民党军、誓与鄂豫皖人民共存亡的决心，同时我军多打胜仗，使人民群众敢于起来同国民党、土顽恶霸进行斗争。由于刘邓首长对坚持大别山斗争的坚强决心和他们对反对右倾、整顿纪律的严格要求，经过军队和地方工作的同志半年多的勇敢战斗和艰苦工作，部队在中原几路大军配合下，打了不少胜仗，地方工作也开展得较好，在大别山地区建立了鄂豫、皖西两个军区，继之，又建立了豫西、江汉、桐柏、豫皖苏和陕南等五个军区。在中原区党委和军区的领导下，县区政权和地方武装都相继建立。人民群众的革命信心也大为增强。正像刘司令员在一次干部会上所说的：我们是完成了跃进的任务，毛主席当时对我们执行挺进大别山的战略任务，作出了三个前途预测：一是付出了代价打到长江以后站不住脚；二是付出了代价站不稳，在大别山周围打转转；三是付出了代价站稳了脚。现在我们实现了第三个前途，敌人在大别山打也打不出我们来了，我们站稳了脚。

## 整党整军，准备好战略决战

1947 年 9 月，党中央召开全国土地会议，确定实行土地改革，并在全党开展整党运动。12 月，毛主席在《目前形势和我们的任务》的报告中又指出，土地制度的彻底改革是现阶段中国革命的基本任务，整顿党的队伍是解决土地问题与支援长期战争的一个决定性的环节。

1948 年 2 月 3 日，中原军区收到中央关于开展三查三整和民主整军的指示。3 月 7 日，毛主席发表《评西北大捷兼论解放军的新式整军运动》的评论文章，指出新式整军在西北解放军中已起到很重要的作用，并强调："这次胜利，证明人民解放军用诉苦和三查方法进行了新式整军运动将使自己无敌于天下。"

对于中央的上述重要指示，中原军区的部队在挺进大别山后由于执行战略展开的任务，因紧张的行军作战，有些部队分散到各县开展地方工作，当时还来不及系统地学习和开展查整。到了 3 月份，我野的主力部队集结并转移到淮河以北地区开始进行整党整军的工作。当时中原局、中原军区发了指示，邓小平同志、陈毅同志都作了报告，刘伯承同志在组织指挥的战役行动中也亲自抓整党整军这个十分重要的工作。在中原军区政治部里面，我们组织部和宣传部是抓整党整军具体工作的，我曾跟随刘伯承同志到几个纵队去了解整党整军问题。下面着重谈谈刘伯承同志在整党整军报告中的一些主要内容。

1948 年 3 月 9 日，二纵队刚从大别山区分散作战集结到临泉县境内，刘司令员就到二纵给连以上干部作整党整军报告。他首先讲了进军大别山以来的形势，接着，针对部队存在的右倾思想和违反纪律问题说，在战斗中部队有了减员，人少不可怕，以后会多起来的。可怕的是思想作风问题多，什么悲观失望，右倾怕死，纪律松弛，打人骂人，有的还搜俘虏腰包，三大纪律八项注意似乎也不灵了，真是要不得。从现在开始，我们要进行整党整军，三查三整。首先把思想搞通。今后我们的任务就是和华东野战军一起在中原消灭敌人。中原逐鹿，这里就是逐鹿场。同志们要吸取教训。你们连以上干部首先要整顿思想。自己思想混乱，部队就带不好。要整顿作风，把歪风邪气整掉。要发扬"三大民主"，走群众路线。对有缺点错误的同志，检查了就欢迎。

刘司令员到二纵作报告时，我正带着野政工作组在二纵六旅，同旅政委刘华清同志一起在十八团一个连队搞发动群众诉苦，开展"三大民主"，帮助干部整风以及在连队选举士兵委员会的试点。刘司令员讲完话后，我向他汇报了试点工作情况，他指示说，在连队开展"三大民主"很重要，使战士能够批评干部，帮助干部整顿作风，克服不良倾向。成立士兵委员会目前也很需要，试点后要普遍地建立。

1948 年 3 月，刘司令员在干部会上作了整党与整军作战相结合的报告，这里讲了五个问题。

（一）整党之必要。他说，整党是关系革命成败的重大问题，是全党极其重要的问题。刘司令员在列举了抗战胜利后出现的党内成分不纯、作风不纯的情况后说，如我们在大别山的情形，稍微苦了一些就发生思想上右倾、行动上糊涂的事，尤其在战争胜利关头整党就更必要了。

（二）怎样整法？达到怎样的目的？他说，这次整党着重于整领导干部，整的方针是"惩前毖后，治病救人"；整的内容是"四查"，即查思想、查立场、查作风、查工作。不管是地主富农出身还是工农出身的都要检查自己，看看自己组织上入了党，思想上是否也入了党，作风是不是无产阶级艰苦朴素的作风，自己是否合乎共产党员的标准。"四查"必须有纪律保证：第一，既往不咎；第二，今后严格；第三，转变要有具体表现。整的方法有三个：思想弄清，组织整顿，纪律制裁。这里要再三说明的是以思想弄清为主。只有对少数屡教不改的人，才用组织纪律制裁，这样才能达到党的思想一致、行动一致，坚决执行党的路线、方针、政策，才能争取革命胜利。

（三）整党必须与部队中三个民主相结合，就是政治民主、军事民主、经济民主。只有发扬了民主，才能联系群众，才能取得官兵一致、军民一致。

（四）整党必须与群众路线的练兵及作战相结合。用群众作战的经验来练兵，经常研究敌情，学习战术技术来迎接新的作战任务，在完成任务的成效上评定整党的成绩和练兵的成绩。

（五）党与群众密切联系，反对官僚主义，防止急性病。这次整党必须与土地改革一道进行，这样才是一个领导人民的革命党，才是联系群众站在群众之中的政党，而不是孤立的。目前整党这个艰巨的任务已摆在大家的面前，望大家努力让自己在政治上提高一步，推动全党向前进一步，争取胜利早日到来。

4月17日，刘司令员在野直及三、六纵队干部会上作《关于大别山斗争与全局问题》的报告时，又一次严厉地批评干部中一度出现的右倾情绪。他指出，我们要坚决执行伟大的基本任务，要在大别山地区，在整个中原地区歼灭敌人，创造解放区，把中原作为前进的基地，要把这一基地创造成功，任务才算完成。刘司令员说，现在我们是不断取得新的成绩，蒋介石一天天走向失败，他表现失败情绪是有根据的，我们个别同志也表现失败情绪就不对了。以前在大别山思想混乱，现在要充分弄清楚，要站队看一看是不是男子汉，想到历代的农民革命，没有共产党以前为什么不能成功，现在谈太平天国历史便领略得深刻些。范文澜同志最近写近代史对太平天国历史作了三条结论：一是不团结；二是保守，不愿到前头去；三是安于享受。现在不同了，有共产党，而且有毛主席为首的党中央的领导，敢不敢胜利？我想我们是敢于胜利的，饿一顿饭，多走点路那有什么问题。我们的干部更应该学习，思想混乱是从干部那里混乱起，干部强一点，基层就不会混乱。要人家不动摇就要自己不动摇。

我们执行机动作战的障碍是什么？如何扫除之？刘司令员接着说，最近中央指出我们发生了不好的倾向——"左"和右的倾向。首先是右倾，对敌人力量估计过高，对自己力量估计过低，使我们不能完成任务。我们在大别山虽然吃了些苦头，多付出了些代价，但是对自己的胜利看不到，这是右倾。到现在还有许多人把敌人力量估计过高，对打倒美蒋表示怀疑。我们说"左"倾不好，右倾也不好。今天我们要自觉地清算自己的思想。总之，中央特别强调，如果在五个政策（战争、整党、土改、工商业、镇反）上错了就会使革命遭受失败。

8月7日，刘伯承、陈毅同志在宝丰召开军区团以上干部会议，继续部署整党整军工作。刘伯承同志首先作整军动员报告，他回顾了延安整风的伟大意义和成效之后说，那次整风实现了"三层亮"，上有毛主席了解情况，中有同事知道自己的情况，下有党校许多干部揭发错误。他号召与会的领导干部，"要整首先从头整，从主要负责干部整起，尤其军人，如不进步危险甚大"，"只有自我批评与互相批评才能教育干部"。他要求以延安整风为榜样，通过整军解决三个主要问题：（一）在革命局势发展中，特别是在艰苦环境下的紧要关头，加强党的领导，根据当时当地的情况实行党的政策。（二）整党与士兵诉苦、"三大民主"相结合是整军最基本的问题。我们的建军原则是军民一致，上下一致，官兵一致。目前部队的不良倾向很多，这一原则需要好好检查落实。（三）在思想统一、组织保障、团结一致的基础上，提高军事素养，进行军队建设。

刘伯承同志在抓整党整军工作中，除到各部队讲话作指示外，还要政治部经常督促检查，通报好的经验，对做得不好的单位及时指出其问题。他经常听取政治部的汇报，有时对整党整军中某些做法和政策问题及时指出，要政治部通知各部队注意。有一次张际春副政委带着我和宣传部部长陈斐琴同志去向伯承同志汇报情况，他听后说，部队在三查三整时要注意避免和纠正某些"左"倾的做法，譬如部队在三查时，"查立场"这一项，为了提高阶级觉悟，从思想上查一查干部在土改中是否站稳了立场，这是必要的。但不要搞什么"阶级站队"一类"左"倾的做法。还有，最近一个纵队司令员对我说："我们在前方打仗，后方在家属中搞三查时翻我们的马搭子，真是不像话。"司令员的这个意见值得注意，说明前后方都要注意这一类与政策有关的问题。

伯承同志还非常重视部队的整党工作。中原军区整党整军是在执行一些重要战役任务空隙中进行的。由于刘伯承、邓小平等领导同志亲自动员，不断检查督促，各个部队都先后按中央的要求进行了查整运动，取得了重大的收获。

首先是正确认清了形势。对蒋军必败、我军必胜看得更清楚了，消除了对战争形势的片面看法，克服了右倾思想，增强了"打倒蒋介石，解放全中国"的胜利信心。

其次是加强了党委建设，增强了党的领导作用。对于如何把党整好，真正实现加强党委的领导作用，刘伯承等同志在整党中主要强调了以下几点：第一，着重把领导干部的作风整好。刘伯承同志强调说："这次整党，着重于整领导干部。"党委领导成员的思想作风纯洁了，党委领导就会坚强有力。因此，这次整党，各级党委认真做到"三层亮"，虚心听取批评，严肃检查党委和个人的思想作风不纯的问题。第二，要使党委能发挥领导作用。伯承同志要求高级干部要有党的观念，要带头尊重政治委员，尊重党委，尊重政治机关。这样有利于树立党委和政治机关的威信。在中原整党期间，伯承同志有两次严肃地谈到这个问题：一次是，1948年5月下旬，中原军区旅以上政治工作会议快要闭幕了，本来刘司令员准备到会上来讲一次话，但因为他要到前方指挥作战，不能来了。他出发前专门对张际春副政委说："这个会我不能参加了。我有个意见请你传达给到会的同志，这也是我自己常想的一个问题，就是作为一个革命军人，如果离开了党的领导，就不能成为一个革命军人。不管你是多高的指挥官，权威有多么大，一个口令能使成千上万的人向你立正。但这些只是党给予的，你个人没有什么可以骄傲的，你如果因此就昏头昏脑地骄傲起来，走向军阀主义歧途，那你就要离开党，那是非常危险的。因此，一个革命军人必须毫无条件地接受党的领导。"张副政委在政工会上传达了刘司令员的上述意见。并说，刘司令员希望把这个意见通过到会同志传达到部队里去。另一次是，1948年夏，刘伯承同志在一个纵队的干部会上讲整党整军问题，当讲到军事干部要尊重政治委员和政治机关时，他说，有个别的军事干部骄傲，不尊重政治委员和政治机关，影响团结，影响工作，这是很错误的。政治机关是党的领导机关，你军事指挥员是个党员，就要有党的观念，就要尊重政治委员和政治机关，支持政治机关的工作。政治工作做好了就能提高部队的战斗力，就能打胜仗。我是军区司令员，我在旧军队工作过，如果野政某一个部门哪一位部长、科长要了解我某一段历史问题，我就应当如实地向他讲清我的历史情况。因为他不是代表个人，他是代表党的机关来了解我的。刘司令员以自己是一个普通党员对待党的机关应有的态度为例，来启发教育高级干部，当时在座的同志听了都很感动。刘伯承同志对高级干部提出这样的要求，他自己也是这样做的。伯承同志对政治委员和政治机关十分尊重。凡是政治委员和政治机关下达的指示，他都带头执行，并要求军事干部严格照办。他经常说："政治工作是我党我军的创造，也是我军的优良传统，是我军克敌制胜的法宝。我尊重政治工作和政治委员，不是对哪个人，而是对党的这种制度和一级组织。"第三，要加强党委的领导作用，就要健全党委会的组织。在这次整党中，刘伯承、邓小平同志根据前一段实行党委制的经验和整党中提出的问题，对健全党委制提出了要求。5月份，在军区政工会上经过讨论，对党委会的组织制度和工作内容做了一些规定：除纵队、旅、团已设党委外，军区、分区也可设立党委，纵直、旅直和营一级都要设立党委，党委中可设常委；党委要定期进行民主选举；切实贯彻执行民主集中制的原则；讨论执行上级指示和方针政策；讨论一个时期的工作计划；掌管部队的思想建设；掌握和检查干部政策的执行情况。做到这些，就能把各级党委会建设好，就能发挥它的坚强的领导作用。

其三是提高了政策观念和纪律观念，克服了无政府无纪律状态。刘伯承、邓小平同志在整党中多次讲到严格执行党的各项政策，反复强调要认真执行三大纪律八项注意。刘司令员说，三大纪律八项注意是毛主席制定的，不能看成是一个枝节的问题，而应该看成是一个战略、策略和政策的事。有的干部不懂得这是个政策问题，是个大的问题。一切行动听指挥，包含着一个军事的、政治的和政策的事。不拿群众一针一线，包含着群众工作起码的政策问题。打仗听指挥，不拿群众的东西，筹款和缴获一切物资要归公，走群众路线，这完全是严肃的政策。在新区我们坚决执行三大纪律八项注意是一件很大的事，是革命军人一个起码的条件。

各级党委在整党中通过学习中央的指示和刘邓等领导同志的讲话，进一步提高了关于正确执行党的政策的认识，都检查了违反政策、违反纪律的事例，分析了原因，认识到了它的危害性，并且决心要不断检查纠正。这是一个很大的收获。

刘伯承同志对干部到了新区，经常发生违反政策纪律的现象看得比较深，他认为应当用历史上农民起义军失败的教训来教育干部。在四五月间华东野战军派慰问团带领文工团来中野部队慰问，华野文工团在中野直属机关部队演出话剧《李闯王》，剧情是说李自成的起义军打到北京推翻明朝统治以后，他的将领中有些人在胜利声中只顾个人享乐，抢掠财物，纪律败坏，内部发生分裂，因而丧失了斗志。到吴三桂勾结清军打到北京时，李自成连打败仗，只有40天就退出北京，最后终于失败。刘司令员对演这个戏很重视，他和其他首长一道观看了演出，还亲自接见了文工团全体同志，说他们演得好，演这个戏对将要胜利的革命军队是很有教育意义的。在接见客人后，他和副政委张际春、宣传部部长陈斐琴说，《李闯王》这个戏，要想办法在部队里也能演出，使正在进行整党的干部从中吸取教训。

其四是发扬"三大民主"，增强了部队团结，调动了干部战士的积极性。刘伯承同志说，整党与士兵诉苦"三大民主"相结合是整军的最基本的问题。要提倡"三大民主"，反对军阀主义。军事民主是官教兵，兵教官，对作战指挥和战后都可以发表意见。经济民主，连队经济公开，可以分伙食尾子。政治民主，大家可以互相批评提意见。我们部队缺乏组织力与贯彻力，实行"三大民主"就能够反对军阀主义，反对官僚主义。

我们部队在政治整军中实现了"三大民主"，批评了连队的工作和干部的缺点，给党支部也提了意见。有的连队干部问题多，还提出要求调动干部的工作，推荐个别的连排干部的名单，提请上级批准。成立了士兵委员会，经常开展"三大民主"的活动，发挥了一些作用。凡是这样做了的就能发挥干部战士的智慧，把他们的积极性充分调动起来。

发扬民主，开展批评与自我批评，增强了部队的团结。刘伯承同志说："我们的民主是在民主基础上的集中，在集中领导下的民主，只有发扬了民主，才能取得官兵一致、军民一致。我们部队中现在存在有不一致的地方，所以必须整顿领导。经过发扬民主达到了一致就是为着更好地集中。"在连续行军作战的情况下，中原军区部队中确实发生了一些不团结的情况，军内的军事干部与政治干部、上级与下级干部和官兵关系有不少矛盾；军外的军政、军民关系也有些问题。有些不团结的问题闹得很严重，妨碍了部队的工作。刘邓等领导同志多次严厉地批评一些不团结的现象。在整党整军中发扬了民主，开展了批评与自我批评，批判与端正了干部的思想作风。有些同志表示，为了党的利益，为了搞好部队建设，争取战争胜利，决心改善关系。部队内部相互检查了团结搞得不好，自己应负的责任，较好地解决了单位之间、上下级之间的许多矛盾，解决了军政干部之间、上下级之间不团结的问题。在整党中军队主动向地方干部和群众检查自己违反纪律，与地方关系中做得不够的地方。因而改善了关系，加强了团结。

其五是整党是与战争、土改、贯彻执行新区政策紧密结合进行的，大大地提高了部队战斗力，促进了地方建设。我军是在战争间隙中进行整党整军的，通过整党整军提高了干部的思想觉悟，改进了作风，增强了团结，组织性和纪律性有了提高。连队发扬"三大民主"，提高了阶级觉悟，改善了官兵关系，调动了干部战士的积极因素；在整党整军基础上，紧张地进行军事训练，干部学习毛主席军事思想，总结了作战经验，部队都抓紧了战术技术训练，提高了战斗力。在整党过程中，中原部队打了几个较大的战役，都打了胜仗，消灭了大批敌人，攻占了襄樊（今襄阳）、洛阳等几个重要城市，扩大了解放区。刘伯承同志说过，通过整党，用群众路线来练兵，迎接作战任务，又以完成作战任务的成效来评定整党和练兵成绩。事实正是这样。整党整军保证了作战的胜利，作战胜利又扩大和巩固了解放区；正确执行了新区政策，使新解放区人民信心倍增，积极参加土改、双减和城市建设。中原解放区各项建设工作的进步，加强和稳固了军队的后方，使军队得到了更多的人力物力的支援。这样，部队也能更顺利地进行整党整军，进一步提高军政素质，加强攻坚攻城和进行大兵团作战的训练，战斗意志和战斗信心得到加强，准备在同国民党军队进行战略决战中，争取更大的胜利。正如毛主席所指出的，"这次整军运动是在作战的间隙中进行的，并不妨碍作战。这种整军运动同我党正确地进行着的整党运动、土地改革相结合，同我党缩小打击面，只反对帝国主义、封建主义和官僚资本主义，严禁乱打乱杀，坚决团结全国百分之九十以上人民大众的正确方针相结合，这样就必然会使人民解放军的威力无敌于天下"。

原载骆荣勋、郑明新主编：《挺进大别山》，河南人民出版社，1987年，第13～27页。